中财传媒版 2020年注册会计师全国统一考试辅导系列丛书

# 会计通关题库

财政部中财传媒 注册会计师考试辅导丛书编写组 编



中国财经出版传媒集团
中国财政经济出版社

**图书在版编目（CIP）数据**

会计通关题库/财政部中财传媒注册会计师考试辅导丛书编写组编．
--北京：中国财政经济出版社，2020.3
（中财传媒版2020年注册会计师全国统一考试辅导系列丛书）
ISBN 978-7-5095-9635-7

Ⅰ.①会… Ⅱ.①财… Ⅲ.①会计学-资格考试-习题集
Ⅳ.①F230-44

中国版本图书馆CIP数据核字（2020）第029391号

责任编辑：王芝文　　　　责任校对：胡永立

中国财政经济出版社 出版
**URL**：http：//www.cfeac.com

社址：北京市海淀区阜成路甲28号　邮政编码：100142
营销中心电话：010-88191522
天猫网店：中国财政经济出版社旗舰店
网址：https：//zgczjjcbs.tmall.com
北京文昌阁彩色印刷有限责任公司印刷　各地新华书店经销
787×1092毫米　16开　22.5印张　600 000字
2020年3月第1版　2020年3月北京第1次印刷
定价：78.00元
ISBN 978-7-5095-9635-7
（图书出现印装问题，本社负责调换）
本社质量投诉电话：010-88190744
**打击盗版举报热线：010-88191661　QQ：2242791300**

# 前言 Preface

为帮助广大考生全面理解2020年注册会计师考试大纲和考试教材内容，在有限的复习时间内掌握教材的重、难点知识，顺利通过考试。中国财经出版传媒集团组织常年从事注册会计师考试辅导的名师、专家编写了“中财传媒版2020年注册会计师全国统一考试辅导系列丛书”。该系列丛书包括“应试指导”“要点随身记”“通关题库”和“全真模拟试题”四个系列，涵盖了专业阶段考试的六个科目，即会计、审计、财务成本管理、经济法、税法和公司战略与风险管理。

**1. “应试指导”系列：**紧扣2020年考试大纲和考试教材内容，考点精炼、结构合理，对考试有极强的指导性，帮助考生全面掌握教材精髓。在编写结构的设计上，根据考生的学习特点和备考要求，分为“命题规律及考试趋势预测”“各章考点精讲精练”“跨章节综合题演练”三个部分。

**2. “要点随身记”系列：**根据每章重要考点整理而成的备考“红宝书”，涵盖知识点全面，易于携带，旨在帮助考生更便捷地预习、复习和记忆考点内容，合理利用碎片化的时间，积少成多，掌握记忆教材核心知识点。

**3. “通关题库”系列：**包含大量针对性极强的练习题和对应的答案解析，帮助考生通过习题演练巩固理解知识点，更熟练地应用教材知识点解决实际题目中的问题。

**4. “全真模拟试题”系列：**在对历年考试试题进行分析归纳和命题趋势总结的基础上，由多名具备注册会计师资格的辅导专家精心设计了八套全真模拟试题，考生可以在充分复习教材内容的基础上，按照模拟考试时间及要求，进行热身训练，积累实战经验。

注册会计师考试辅导书市场品种繁多，但质量良莠不齐。考生在选择教辅时常常陷入盲目。该系列丛书利用作为教材出版单位的独特优势，在第一时间邀请注册会计师考试辅导专家编写，秉承“应试”“精练”的核心思想，力求帮助考生以最少的精力取得最大的效果，实现高效学习、顺利通关，是考生学习备考的第一选择。

最后，衷心祝愿各位考生顺利通过2020年注册会计师考试。

**编写组**

2020年3月

Contents

# 目录

## 第二部分 跨章节综合题演练

# 第一部分

## 各章重难点列示及通关习题演练

# 第一章　总　　论

## 本章考情分析

本章属于理论基础章，在考试中分数在2分左右，不是考试重点章。本章考试中应多关注：会计信息质量要求中的“实质重于形式”“谨慎性”以及会计六要素中“资产”“收入”的概念。

## 本章教材变化

本章今年没有变化。

## 基本内容框架

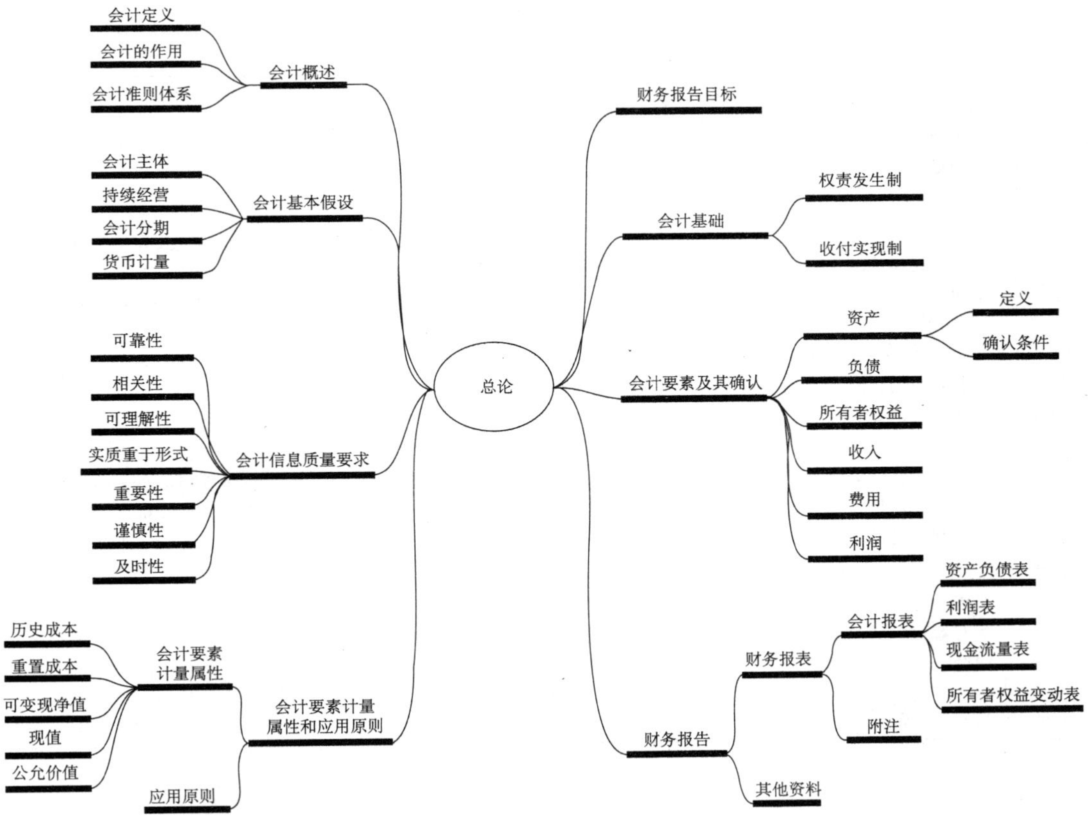

## 通关重难点例题解析

本章应重点掌握财务报告目标、会计信息质量要求和会计六要素的确认和计量原则四大问题。

### 一、财务报告目标

财务报告目标是向财务报告使用者提供与企业财务状况、经营成果和现金流量等有关的会计信息，反映企业管理层受托责任履行情况，有助于财务报告使用者作出经济决策。财务报告目标是财务会计的总纲，为了提供有用的信息，必须有相应的会计信息质量要求；会计信息要进行分类，基本分类就形成会计六要素，就存在何时确认与怎样计量的问题。后面的各章即围绕财务报告目标来展开。

### 二、会计信息质量要求

会计信息用于决策，会计准则规定了八个质量要求，包括可靠性、相关性、可理解性、可比性、实质重于形式、重要性、谨慎性和及时性。其中，实质重于形式的典型运用有售后回购、售后租回、关联方关系确定等；谨慎性的典型运用有计提资产减值准备、采用快速折旧法、计提保修费等。

### 三、会计六要素的确认

会计信息应该分类反映，最基本的分为六大类，即资产、负债、所有者权益以及收入、费用、利润，简称为会计六要素。

会计六要素的定义和确认条件

| | 定义 | 确认条件 |
|---|---|---|
| 资产 | 资产，是指企业过去的交易或者事项形成的、由企业拥有或者控制的、预期会给企业带来经济利益的资源。 | 将一项资源确认为资产，需要符合资产的定义，并同时满足以下两个条件：（1）与该资源有关的经济利益很可能流入企业；（2）该资源的成本或者价值能够可靠地计量。 |
| 负债 | 负债，是指企业过去的交易或者事项形成的、预期会导致经济利益流出企业的现时义务。 | 将一项现时义务确认为负债，需要符合负债的定义，还需要同时满足以下两个条件：（1）与该义务有关的经济利益很可能流出企业；（2）未来流出的经济利益的金额能够可靠地计量。 |
| 所有者权益 | 所有者权益，是指企业资产扣除负债后，由所有者享有的剩余权益。 | 资产－负债＝所有者权益 |
| 收入 | 收入，是指企业在日常活动中形成的、会导致所有者权益增加的、与所有者投入资本无关的经济利益的总流入。 | 收入确认条件：①与收入相关的经济利益应当很可能流入企业；②经济利益流入企业的结果会导致资产的增加或者负债的减少；③经济利益的流入额能够可靠计量。 |
| 费用 | 费用，是指企业在日常活动中发生的、会导致所有者权益减少的、与向所有者分配利润无关的经济利益的总流出。 | 费用确认条件：①与费用相关的经济利益应当很可能流出企业；②经济利益流出企业的结果会导致资产的减少或者负债的增加；③经济利益的流出额能够可靠计量。 |
| 利润 | 利润，是指企业在一定会计期间的经营成果。 | 利润＝（收入－费用）＋（营业外收入－营业外支出）。 |

### 四、会计六要素的计量

解决了会计六要素确认的原则，那入账的金额是多少？这就是计量问题。会计准则规定了五种计量属性：历史成本、重置成本、可变现净值、现值和公允价值。其中，历史成本考得最多，公允价值最时髦。

【例1－1】（2017年单项选择题）甲公司销售乙产品，同时对售后3年内因产品质量问题承担免费保修义务，有关产品更换或修理至达到正常使用状态的支出由甲公司负担。2×16年，甲公司共销售乙产品1 000件，根据历史经验估计，因履行售后保修承诺预计将发生的支出为600万元，甲公司确认了销售费用，同时确认为预计负债。甲公司该会计处理体现的会计信息质量要求是（ ）。

A. 可比性　　B. 谨慎性

C. 及时性　　D. 实质重于形式

【答案】B

【解析】会计信息质量的谨慎性要求，需要企业在面临不确定性因素的情况下作出职业判断时，应对保持应有的谨慎，充分估计各种风险和损失，不高估资产或收益，不低估负债或费用。计提保修费体现了会计信息质量的谨慎性要求。

【例1-2】（2016年单项选择题）甲公司2×14年12月20日与乙公司签订商品销售合同。合同约定：甲公司应于2×15年5月20日前将合同标的商品运抵乙公司并经验收，在商品运抵乙公司前灭失、毁损、价值变动等风险由甲公司承担。甲公司该项合同中所售商品为库存W商品，2×14年12月30日，甲公司根据合同向乙公司开具了增值税专用发票并于当日确认了商品销售。W商品于2×15年5月10日发出并于5月15日运抵乙公司验收合格。对于甲公司2×14年W商品销售收入确认的恰当性判断，除考虑与会计准则规定的收入确认条件的符合性以外，还应考虑可能违背的会计基本假设是（ ）。

A. 会计主体　　B. 会计分期

C. 持续经营　　D. 货币计量

【答案】B

【解析】会计分期的目的，在于通过会计期间的划分，将持续经营的生产经营活动划分为连续、相等的期间，据以结算盈亏，及时提供信息。由于会计分期，才产生了当期和以后期间的差别，在收入确认时，应分清是否属于当期收入，不能违背会计分期假设，本题的收入应在2×15年确认。

## 通关演练

### 一、单项选择题

1. 下列关于会计主体假设，表述不正确的是（ ）。

A. 会计主体假设将会计核算和其他经济实体区分开来

B. 会计主体假设明确了会计核算的时间范围

C. 一般来说，法律主体必然是会计主体，但会计主体不一定是法律主体

D. 会计工作中资产、负债的确认，收入的实现，费用的发生等，都是针对特定主体而言的

2. 不属于当期的收入和费用，即使款项已在当期收付，也不应当作为当期的收入和费用，这一做法体现了（ ）。

A. 及时性　　B. 持续经营

C. 收付实现制　　D. 权责发生制

3. 对于企业发生的或有事项，通常不能确认或有资产，只有当相关经济利益基本确定能够流入企业时，才能作为资产予以确认，体现了会计信息质量的（ ）要求。

A. 可靠性　　B. 相关性

C. 谨慎性　　D. 重要性

4. 资产按照其正常对外销售所能收到的现金或者现金等价物的金额扣减该资产至完工时估计将要发生的成本、估计的销售费用以及相关税金后的金额计量，其会计计量属性是（ ）。

A. 历史成本　　B. 可变现净值

C. 重置成本　　D. 现值

5. 企业取得或生产制造某项财产物资时所实际支付的现金或者其他等价物属于（ ）。

A. 现值　　B. 重置成本

C. 历史成本　　D. 可变现净值

6. 下列说法中，正确的是（ ）。

A. 在会计的确认、计量和报告过程中只可以选择货币为基础进行计量

B. 我国所有的企业、政府会计都是采用权责发生制进行核算

C. 重要性的应用需要依赖职业判断，企业应根据其所处环境和实际情况，从项目的性质和金额大小两方面加以判断

D. 谨慎性要求企业对交易或者事项进行会计确认、计量和报告应当保持应有的谨慎，应当低估资产或收益、高估负债或费用

7. 下列各项中，不符合历史成本计量属性的是（ ）。

A. 发出存货计价所使用的移动加权平均法

B. 现金结算的股份支付资产负债表日按照权益工具的公允价值确认的应付职工薪酬

C. 固定资产折旧

D. 长期股权投资权益法核算

8. 甲公司在编制2019年度财务报表时，发现2018年度某项管理用无形资产未摊销，应摊销金额20万元，甲公司将该20万元补记的摊销额计入了2019年度的管理费用。甲公司2018年和2019年实现的净利润分别为20 000万元和18 000万元。不考虑其他因素，甲公司上述会计处理体现的会计信息质量要求是（　　）。

A. 重要性　　B. 相关性

C. 可比性　　D. 及时性

9. 按照企业会计准则的规定，以下表述中不正确的是（　　）。

A. 费用导致经济利益的流出，最终导致所有者权益减少

B. 损失导致经济利益的流出，但不属于会计准则定义的“费用”要素

C. 利得导致经济利益的流入，但是不属于会计准则定义的“收入”

D. 营业成本属于费用，期间费用属于损失

10. 下列关于财务报表的说法中，正确的是（　　）。

A. 资产负债表是反映企业在一定会计期间的财务状况的会计报表

B. 利润表是反映企业在某一特定日期的经营成果的会计报表

C. 现金流量表是反映企业在一定会计期间的现金和现金等价物流入和流出的会计报表

D. 所有的企业都需要编制现金流量表和所有者权益变动表

11. 下列各项关于所有者权益的表述，不正确的是（　　）。

A. 所有者权益体现所有者对企业资产的剩余索取权

B. 所有者权益是企业一定会计期间的经营成果

C. 所有者权益是企业资产中扣除债权人权益后应由所有者享有的部分

D. 商业银行在税后利润中提取的一般风险准备也构成所有者权益

12. 下列项目中，没有体现实质重于形式原则的是（　　）。

A. 附追索权的商业承兑汇票贴现

B. 售后回购作为租赁或融资行为

C. 合并报表的编制

D. 购买的办公用品800元直接计入管理费用

## 二、多项选择题

1. 下列说法中，正确的有（　　）。

A. 会计以货币为主要计量单位

B. 会计主要反映企业的财务状况、经营成果和现金流量

C. 财务报告中的相关信息主要服务于企业的管理层

D. 财务报告目标应以恰当的方式有效反映受托者受托管理委托人财产责任的履行情况

2. 下列可以作为一个会计主体进行会计核算的有（　　）。

A. 个人独资企业

B. 合伙企业

C. 企业集团

D. 独立核算的生产车间和销售部门

3. 下列各项中，体现会计核算的实质重于形式要求的有（　　）。

A. 将租入的资产确认为企业使用权资产

B. 采用售后回购方式销售商品时，如果没有将商品控制权转移给购货方，不确认销售收入

C. 对应收账款计提坏账准备

D. 将满足资本化条件的长期借款利息予以资本化

4. 下列事项中，会影响营业收入的有（　　）。

A. 出售存货

B. 出售投资性房地产

C. 转让无形资产所有权

D. 出租固定资产

5. 下列关于利得和损失的说法中，正确的有（　　）。

A. 利得和损失均属于非日常活动中形成的

B. 处置固定资产获得的净收益属于利得

C. 利得和损失一定会影响损益

D. 利得和损失最终一定会影响所有者权益

6. 下列各项中，应确认为企业费用的有（　　）。

A. 筹建期间内发生的开办费

B. 罚款支出

C. 行政部门固定资产的折旧费

D. 广告支出

7. 下列各项关于资产期末计量的表述中，正确的有（　　）。

A. 存货期末按照账面价值与可变现净值孰低计量

B. 债权投资期末按照市场价格计量

C. 以公允价值计量且其变动计入其他综合收益的金融资产期末按照公允价值计量

D. 固定资产期末按照账面价值与可收回金额孰低计量

8. 下列属于财务报告目标的有（　　）。

A. 向外部会计信息使用者提供有用的信息

B. 向财务人员展示资金运营状况

C. 帮助使用者做出相关决策

D. 帮助财务人员更好地掌握业务

## 答案及解析

### 一、单项选择题

1. 【答案】B

【解析】选项 B，会计主体假设明确了会计核算的空间范围，会计分期假设明确了会计核算的时间范围。

2. 【答案】D

【解析】不属于当期的收入和费用，即使款项已在当期收付，也不应当作为当期的收入和费用，这一做法体现了权责发生制的要求。

3. 【答案】C

【解析】对于企业发生的或有事项，通常不能确认或有资产，只有当相关经济利益基本确定能够流入企业时，才能作为资产予以确认；相反，相关的经济利益很可能流出企业而且构成现时义务时，应当及时确认为预计负债，体现了会计信息质量的谨慎性要求。

4. 【答案】B

【解析】在可变现净值计量下，资产按照其正常对外销售所能收到的现金或者现金等价物的金额扣减该资产至完工时估计将要发生的成本、估计的销售费用以及相关税金后的金额计量。

5. 【答案】C

【解析】历史成本又称实际成本，是指取得或制造某项财产物资时所实际支付的现金或者其他等价物，选项 C 正确。

6. 【答案】C

【解析】在会计的确认、计量和报告过程中主要以货币为基础进行计量，也可以采用重量、长度、容积等其他计量单位进行计量，选项 A 不正确；我国的政府会计中财务会计采用权责发生制、预算会计采用收付实现制，选项 B 错误；谨慎性要求企业对交易或者事项进行会计确认、计量和报告应当保持应有的谨慎，不应当高估资产或收益、低估负债或费用，选项 D 错误。

7. 【答案】B

【解析】选项 B，属于公允价值计量属性，不符合历史成本计量属性。

8. 【答案】A

【解析】2018 年无形资产未进行摊销，属于会计差错，同时补记金额相对于 2018 年和 2019 年实现的净利润而言整体影响不大，作为不重大的前期差错处理，因此题中在 2019 年确认为当期管理费用，体现的是重要性原则。

9. 【答案】D

【解析】费用是企业日常经营活动中的经济利益流出，包括营业成本和期间费用，所以选项 D 不正确。

10. 【答案】C

【解析】资产负债表是反映企业在某一特定日期的财务状况的会计报表，利润表是反映企业在一定会计期间的经营成果的会计报表，所以选项 A、B 错误；企业的财务报告包括资产负债表、利润表、现金流量表以及财务报表附注，对于全面执行企业会计准则体系的企业还需要编制所有者权益（股东权益）变动表。

11. 【答案】B

【解析】选项 B，利润是企业在一定会计

期间的经营成果。

12. 【答案】D

【解析】选项A，附追索权的贴现形式上是将票据出售给了银行，而实质是以票据质押向银行借款；选项B，售后回购作为租赁或融资行为，不确认收入，体现了实质重于形式原则；选项C，对于两个具有母子关系的公司而言，形式上是两个独立的主体需要分别编制会计报表，但是实际上这两个公司是母子公司，从会计上讲是一个整体，需要由母公司编制合并报表；选项D，因为金额较小所以直接计入管理费用，不体现实质重于形式原则，体现重要性原则。

## 二、多项选择题

1. 【答案】ABD

【解析】基本准则规定，财务报告使用者主要包括投资者、债权人、政府及其有关部门和社会公众等。

2. 【答案】ABCD

【解析】会计主体是指企业会计确认、计量和报告的空间范围，上述选项都可以作为一个单独的会计主体。

3. 【答案】AB

【解析】选项C，体现会计核算的谨慎性要求；选项D，体现会计核算的可靠性要求。

4. 【答案】ABD

【解析】出售存货一般计入主营业务收入；出售投资性房地产计入其他业务收入；出售固定资产的租金收入计入其他业务收入；只有出售无形资产所有权，计入资产处置损益，不影响营业收入。

5. 【答案】ABD

【解析】利得和损失分为直接计入所有者权益的利得和损失和直接计入当期损益的利得和损失，故利得和损失不一定会影响损益，选项C错误。

6. 【答案】ACD

【解析】筹建期间发生的开办费计入管理费用；行政部门固定资产的折旧费用计入管理费用；广告支出计入销售费用；罚款支出计入营业外支出，属于企业损失，选项B不正确。

7. 【答案】CD

【解析】存货期末应按照成本与可变现净值孰低计量，因为存货跌价准备可以转回，所以不能按照账面价值与可变现净值孰低计量，选项A不正确；债权投资期末按照摊余成本计量，选项B不正确。

8. 【答案】AC

【解析】财务会计的目的是通过向外部会计信息使用者提供有用的信息，帮助使用者做出相关决策。所以选项A、C正确。

# 第二章　会计政策、会计估计及其变更和差错更正

## 本章考情分析

本章在考试中经常以会计差错更正的形式考综合题，但更正的内容通常是固定资产、长期股权投资、金融资产等各章内容；多年之前，会计政策变更比较常考大题，但现在很难出大题了。本章在考试中居于较重要地位，预计今年分数在5分左右，可以出客观题，也可以出主观题。本章复习重点是会计政策变更追溯调整法、会计估计变更未来适用法、前期重大差错追溯重述法。

## 本章教材变化

本章今年没有变化。

## 基本内容框架

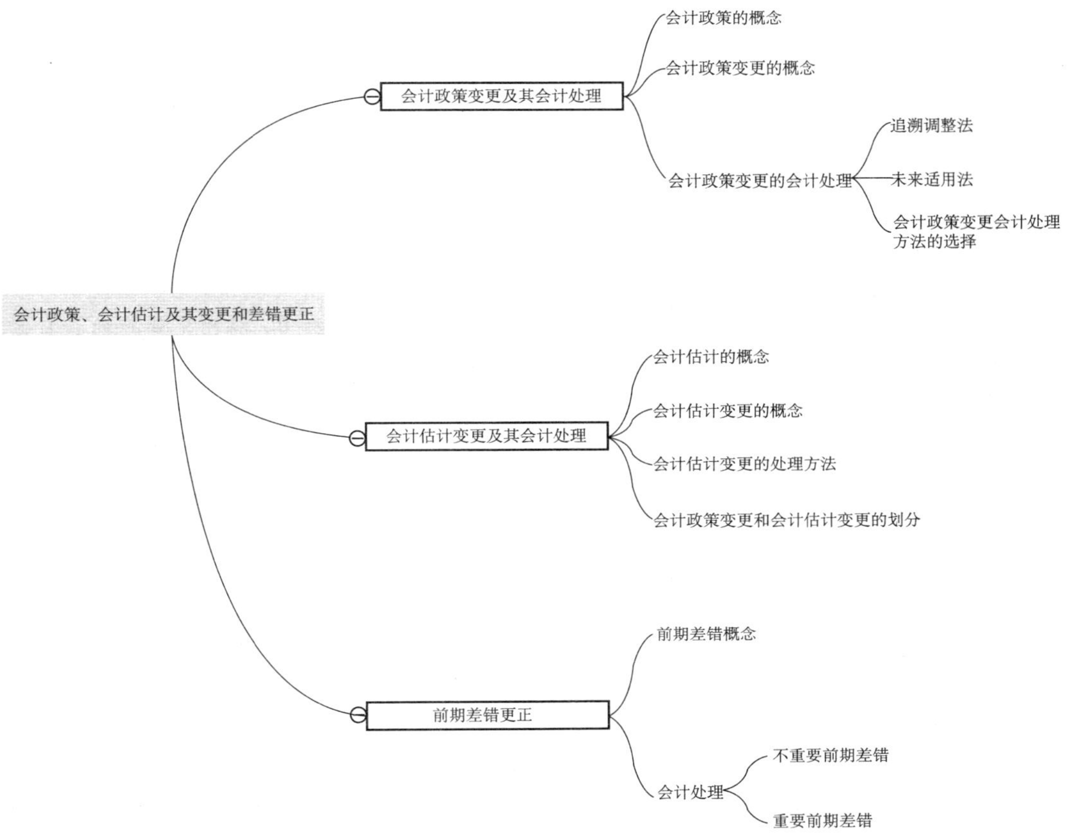

## 通关重难点例题解析

本章阐述三件大事：会计政策、会计估计和会计差错，主要掌握其概念和会计处理的三种方法（追溯调整法、未来适用法和追溯重述法）。

### 一、会计政策及其变更

会计政策，是指企业在会计确认、计量和报告中所采用的原则、基础和会计处理方法。上市公司在每年发布的年度财务报告中都要详细披露本公司采用的会计政策。

会计政策变更，是指企业对相同的交易或者事项由原来的会计政策改用另一会计政策的行为。一般情况下，公司的会计政策是不随便变更的，但国家颁布了新的规定，往往导致公司会计政策变更。比如，境内上市公司要求在2019年1月1日起采用财政部于2017年修订后的新收入准则，就属于会计政策变更。

会计政策变更后，可以采用两种方法进行处理：追溯调整法和未来适用法。一般情况下应采用追溯调整法，而每次考大题一定考的也是追溯调整法。

追溯调整法，是指对某项交易或事项变更会计政策，视同该项交易或事项初次发生时即采用变更后的会计政策，并以此对财务报表相关项目进行调整的方法。追溯调整法在会计处理时有四个步骤：①计算确定会计政策变更的累积影响数；②进行相关的账务处理，即将累积影响数及相关项目记录到变更年度中；③调整会计报表相关项目；④编制附注说明。考大题时，一般就考前两个步骤。

### 二、会计估计及其变更

会计估计是指企业对其结果不确定的交易或事项以最近可利用的信息为基础所作的判断。上市公司在每年发布的年度财务报告中都要详细披露本公司采用的会计估计情况。比如固定资产折旧年限、无形资产摊销年限。

会计估计变更是指由于资产和负债的当前状况及预期经济利益和义务发生了变化，从而对资产或负债的账面价值或者资产的定期消耗金额进行调整。不恰当的会计估计变更，是调节利润进行盈余管理的重要手段。

企业发生会计估计变更后，应采用未来适用法；如果无法分清会计政策变更和会计估计变更，也应按会计估计变更，采用未来适用法进行会计处理。

### 三、会计差错及其更正

会计差错有两大类：以前年度差错和本年差错。本年差错更正时，涉及损益的项目直接计入当期损益；以前年度差错，如果不重大，则简化处理也计入当期损益；如果重大，则应采用追溯重述法进行处理。每次考大题就是假定属于重大差错，考的是追溯重述法。

【例2-1】（2019年单选题）甲公司20×8年6月购入境外乙公司60%股权，并能够控制乙公司。甲公司在编制20×8年度合并财务报表时，为使乙公司的会计政策与甲公司保持一致，对乙公司的会计政策进行了调整。下列各项中，不属于会计政策调整的是（　　）。

A. 按照公历年度统一会计年度

B. 将固定资产折旧方法由年限平均法调整为双倍余额递减法

C. 将发出存货成本的计量方法由先进先出法调整为移动加权平均法

D. 将投资性房地产的后续计量由成本模式调整为公允价值模式

【答案】B

【解析】选项B，将固定资产的折日方法由年限平均法调整为双倍余额递减法属于会计估计调整。

【例2-2】（2018年多选题）下列各项中，可能调整年度所有者权益变动表中“本年年初余额”的交易或事项有（　　）。

A. 会计政策变更

B. 前期差错更正

C. 因处置股权导致对被投资单位的后续计量由成本法转为权益法

D. 同一控制下企业合并

【答案】ABCD

【解析】以上选项均正确。

【例2-3】（2016年单项选择题）甲公司2×15年2月购置了一栋办公楼，预计使用寿命40年，因此，该公司2×15年4月30日发布公告称：经公司董事会审议通过《关于公司固定资产折旧年限会计估计变更的议案》，决定调整公司房屋建筑物的预计使用寿命，从原定的20～30年调整为20～40年。不考虑其他因素，下列关于甲公司对该公告所述折旧年限调整会计处理的表述中，正确的是（　　）。

A. 对房屋建筑物折旧年限的变更应当作为会计政策变更并进行追溯调整

B. 对房屋建筑物折旧年限变更作为会计估计变更并应当从2×15年1月1日起开始未来适用

C. 对2×15年2月新购置的办公楼按照新的会计估计40年折旧不属于会计估计变更

D. 对因2×15年2月新购置办公楼折旧年限的确定导致对原有房屋建筑物折旧年限的变更应当作为重大会计差错进行追溯重述

【答案】C

【解析】选项A，固定资产折旧年限的改变属于会计估计变更；选项B，会计估计变更按照未来适用法处理，应在变更当期及以后期间确认；选项D，固定资产折旧年限的改变不作为前期差错更正处理。

## 通关演练

### 一、单项选择题

1. 下列交易或事项中，不属于会计政策变更的是（　　）。

A. 因采用新准则，对以交易为目的的股票投资的期末计价由成本与市价孰低改为公允价值计量

B. 因采用新准则，将经营租出的办公楼作为以公允价值模式计量的投资性房地产核算

C. 坏账准备计提比例的变更

D. 所得税的会计处理由应付税款法改为资产负债表债务法

2. 甲企业对下列各项业务进行的会计处理中，需要进行追溯调整的是（　　）。

A. 有证据表明原使用寿命不确定的无形资产的使用寿命已能够合理估计

B. 企业将投资性房地产的后续计量方法由成本模式变更为公允价值模式

C. 原暂估入账的固定资产已办理完竣工决算手续

D. 提前报废固定资产

3. 当很难区分某种会计变更是属于会计政策变更还是会计估计变更的情况下，通常将这种会计变更（　　）。

A. 视为会计估计变更处理

B. 视为会计政策变更处理

C. 视为会计差错处理

D. 视为资产负债表日后事项处理

4. 下列各项目中，不属于企业应当披露的重要会计政策的是（　　）。

A. 投资性房地产的后续计量

B. 固定资产的初始计量

C. 无形资产的确认

D. 金融资产公允价值的确定

5. A公司2019年1月1日起开始执行会计准则（原执行小企业会计准则），将所得税核算方法由应付税款法改为资产负债表债务法核算，适用的所得税税率为25%，考虑到技术进步因素，自2019年1月1日起将一套管理设备的使用年限由12年改为8年；同时将折旧方法由平均年限法改为年数总和法。按税法规定，该设备的使用年限为20年，按平均年限法计提折旧，净残值为零。该设备原价为900万元，已计提折旧3年，净残值为零。A公司下列会计处理中，不正确的是（　　）。

A. 所得税核算方法的变更应追溯调整

B. 应确认递延所得税资产22.5万元

C. 应确认递延所得税费用22.5万元

D. 2019年改按年数总和法计提的折旧额为225万元

6. 甲公司2018年12月投入使用设备1台，原值为500万元，预计可使用5年，净残值为0，采用年限平均法计提折旧。2019年年末，对该设备进行减值测试，估计其可收回金额为350万元，尚可使用年限为4年，首次计提固定资产减值准备，并确定2020年起折旧方法改为双倍余额递减法，净残值为0。2020年末该设备的账面价值为（　　）。

A. 350万元　　B. 175万元

C. 120万元　　D. 125万元

7. 乙公司适用的所得税税率为25%，因执行新会计准则经董事会和股东大会批准，于2×19年1月1日开始对有关会计政策和会计估计作如下变更：(1) 所得税的会计处理由应付税款法改为资产负债表债务法。所得税税率预计在未来期间不会发生变化。(2) 2×19年1月1日对某栋以经营租赁方式租出的办公楼的后续计量由成本模式改为公允价值模式。该办公楼于2×19年年初账面价值为10 000万元，未发生减值，变更日的公允价值为20 000万元。该办公楼在变更日的计税基础与其原账面价值相同。(3) 将管理用固定资产的预计使用年限由10年改为8年，折旧方法由年限平均法改为双倍余额递减法。该固定资产原计提折旧额为每年100万元（与税法规定相同），2×19年计提的折旧额为300万元。变更日该管理用固定资产的计税基础与其原账面价值相同。(4) 对子公司投资由权益法转为成本法。

下列各项关于乙公司的处理中，属于会计估计变更的是（　　）。

A. 所得税的会计处理由应付税款法改为资产负债表债务法

B. 投资性房地产的后续计量由成本模式改为公允价值模式

C. 管理用固定资产的预计使用年限由10年改为8年

D. 对子公司投资由权益法转为成本法

8. 下列关于企业披露与会计估计变更有关的信息的说法中，正确的是（　　）。

A. 企业应披露会计估计变更的内容和原因

B. 企业应披露会计估计变更对当期的影响数，不需要披露对未来期间的影响数

C. 企业应披露会计估计变更对未来期间的影响数，不需要披露对当期的影响数

D. 如果会计估计变更的影响数不能确定，企业不需披露这一事实和原因

9. 下列各项中，属于会计估计变更的事是（　　）。

A. 变更无形资产的摊销年限

B. 收入的确认由风险报酬转移改为控制权转移

C. 因固定资产扩建而重新确定其预计可使用年限

D. 由于经营指标的变化，必须缩短长期待摊费用的摊销年限

10. 甲公司2019年12月发现，2018年少记了一项固定资产的折旧费用25万元（属于重大差错），假设不考虑抵扣所得税，甲公司按净利润的10%提取盈余公积。甲公司在2019年因此项前期差错更正而减少的可供分配利润为（　　）万元。

A. 16.875　　B. 16.750

C. 22.500　　D. 25.000

11. 下列各项不属于会计差错的是（　　）。

A. 企业在期末少计提折旧100万元

B. 企业将具有重大影响的股权投资分类为交易性金融资产

C. 企业内部研发形成的无形资产账面价值与计税基础不同，产生可抵扣暂时性差异，期末未确认递延所得税资产

D. 企业期末存货采用成本与公允价值孰低计量

12. 2×18年11月12日，甲公司与丁公司签订大型电子设备销售合同，合同规定甲公司向丁公司销售2台大型电子设备，销售价格为每台500万元（不含增值税，增值税率13%），成本为每台300万元。同时甲公司又与丁公司签订补充合同，约定甲公司在2×19年6月1日以每台515万元的价格购回该设备。甲公司于2×18年12月1日收到丁公司1 130万元存入银行，同时，发出商品，并开具增值税发票。甲公司确认收入1 000万元，确认成本600万元，假定不考虑所得税的影响，下列关于甲公司差错更正的处理说法错误的是（　　）。

A. 借：以前年度损益调整——主营业务收入　1 000
　　贷：其他应付款　1 000

B. 借：发出商品　600
　　贷：以前年度损益调整——主营业务成本　600

C. 借：以前年度损益调整——财务费用 [(2×515－2×500)÷6] 5
　　贷：其他应付款　5

D. 甲公司的处理正确，无须调整

13. 甲公司2×20年3月在上年度财务报告批准对外报出后，发现2×18年4月购入并开始使用的一台管理用固定资产一直未计提折旧。该固定资产2×18年应计提折旧120

万元，2×19 年应计提折旧 180 万元。甲公司对此重大差错采用追溯重述法进行会计处理。假定甲公司按净利润的 10% 提取盈余公积，适用的所得税税率为 25%，所得税采用资产负债表债务法核算。甲公司 2×20 年度“年初未分配利润”项目应调减的金额为（　　）万元。

A. 270　　B. 81

C. 202.5　　D. 121.5

## 二、多项选择题

1. 甲公司为某集团母公司，其与控股子公司（乙公司）会计处理存在差异的下列事项中，在编制合并财务报表时，不应当作为会计政策差异的有（　　）。

A. 甲公司产品保修费用的计提比例为售价的 2%，乙公司为售价的 3%

B. 甲公司应收款项计提坏账准备的比例为期末余额的 3%，乙公司为期末余额的 5%

C. 甲公司对固定资产的折旧年限按不少于 15 年确定，乙公司按不少于 20 年确定

D. 甲公司对投资性房地产采用成本模式进行后续计量，乙公司采用公允价值模式

2. 下列事项中，属于会计政策变更的有（　　）。

A. 所得税核算方法由应付税款法改为资产负债表债务法

B. 固定资产的折旧方法由年限平均法变更为加速折旧法

C. 企业在前期对购入的价款超过正常信用条件延期支付的固定资产初始计量采用历史成本，当期采用购买价款的现值为基础确定

D. 对不重要的周转材料的摊销方法由一次转销法变更为分次摊销法

3. 下列各项中，属于企业会计估计变更的有（　　）。

A. 固定资产的残值率由 7% 改为 4%

B. 投资性房地产后续计量由成本模式变为公允价值模式

C. 使用寿命确定的无形资产的预计使用年限由 10 年变更为 6 年

D. 劳务合同完工进度的确定由投入法改为产出法

4. 企业应当在附注中披露的与会计估计变更相关的信息有（　　）。

A. 会计估计变更的原因

B. 会计估计变更对其他项目的影响金额

C. 会计估计变更对未来期间损益的影响金额

D. 会计估计变更的日期

5. 下列事项中，属于会计估计变更的有（　　）。

A. 固定资产折旧年限由 8 年变更为 6 年

B. 固定资产折旧方法由年限平均法变更为双倍余额递减法

C. 无形资产摊销期限由 10 年改为 6 年

D. 固定资产净残值率由 5% 改为 4%

6. 下列关于会计政策变更的各项表述中，不正确的有（　　）。

A. 会计政策变更一律采用追溯调整法进行处理

B. 本期发生的交易或者事项与以前相比具有本质差异而采用新的会计政策，不属于会计政策变更

C. 对初次发生的或不重要的交易或者事项采用新的会计政策，属于会计政策变更

D. 会计政策变更说明前期所采用的原会计政策有误

7. 企业对于发生的会计政策变更，应披露的内容有（　　）。

A. 会计政策变更的原因

B. 当期和各个列报前期财务报表中受影响的项目名称和调整金额

C. 会计政策变更的内容、性质

D. 无法进行追溯调整的，说明该事实和原因以及开始应用变更后的会计政策的时点、具体应用情况

8. 下列有关会计政策、会计估计及其变更和前期差错的表述中正确的有（　　）。

A. 会计政策包括企业采用的会计计量基础

B. 企业对应交税金的估计与税务机关的批复不一致，应作为会计差错更正处理

C. 前期差错包括应用会计政策错误、疏忽或曲解事实以及舞弊产生的影响

D. 如果以前期间的会计估计是错误的，则属于前期差错，按前期差错更正的规定进行会计处理

## 三、计算分析题

1. 甲公司为上市公司，内审部门在审核公司及下属子公司2019年度财务报表时，对以下交易或事项的会计处理提出质疑：

（1）2019年6月25日，甲公司与丙公司签订土地经营租赁协议，协议约定，甲公司从丙公司租入一块土地用于建设销售中心；该土地租赁期限为20年，自2019年7月1日开始，年租金固定为100万元，以后年度不再调整，甲公司于租赁期开始日一次性支付20年租金2 000万元，2019年7月1日，甲公司向丙公司支付租金2 000万元。

甲公司对上述交易或事项的会计处理为：

借：无形资产 2 000

　贷：银行存款 2 000

借：销售费用 50

　贷：累计摊销 50

（2）2019年8月1日，甲公司与丁公司签订产品销售合同。合同约定，甲公司向丁公司销售最近开发的C商品1 000件，售价（不含增值税）为500万元，增值税税额为65万元；甲公司于合同签订之日起10日内将所售C商品交付丁公司，丁公司于收到C商品当日支付全部款项；丁公司有权于收到C商品之日起6个月内无条件退还C商品，2019年8月5日，甲公司将1 000件C商品交付丁公司并开出增值税专用发票，同时，收到丁公司支付的款项565万元。该批C商品的成本为400万元。由于C商品系初次销售，甲公司无法估计退货的可能性。

甲公司对上述交易或事项的会计处理为：

借：银行存款 565

　贷：主营业务收入 500

　　应交税费——应交增值税（销项税额） 65

借：主营业务成本 400

　贷：库存商品 400

（3）2018年12月20日，甲公司与10名公司高级管理人员分别签订商品房销售合同。合同约定，甲公司将自行开发的10套房屋以每套600万元的优惠价格销售给10名高级管理人员；高级管理人员自取得房屋所有权后必须在甲公司工作5年，如果在工作未满5年的情况下离职，需根据服务期限补交款项。2019年6月25日，甲公司收到10名高级管理人员支付的款项6 000万元。2019年6月30日，甲公司与10名高级管理人员办理完毕上述房屋产权过户手续。上述房屋成本为每套420万元，市场价格为每套800万元。

甲公司对上述交易或事项的会计处理为：

借：银行存款 6 000

　贷：主营业务收入 6 000

借：主营业务成本 4 200

　贷：开发产品 4 200

（4）其他相关资料：上述所涉及公司均为增值税一般纳税人，适用的增值税税率均为13%，涉及的房地产业务假设不考虑增值税，不考虑提取盈余公积等因素。

要求：根据资料（1）至（3），逐项判断甲公司的会计处理是否正确，并说明理由，如果甲公司的会计处理不正确，编制更正甲公司2019年度财务报表的会计分录（编制更正分录时可以使用报表项目）。

2. 2019年12月16日，甲公司与乙公司签订了一项租赁协议，将一栋经营管理用写字楼出租给乙公司，租赁期为3年，租赁期开始日为2020年1月1日，年租金为240万元，于每年年初收取。相关资料如下：

（1）2019年12月31日，甲公司将该写字楼停止自用，准备出租给乙公司，拟采用成本模式进行后续计量，预计尚可使用46年，预计净现值为20万元，采用年限平均法计提折旧，不存在减值迹象。该写字楼于2015年12月31日达到预定可使用状态时的账面原价为1 970万元，预计使用年限为50年，预计净残值为20万元，采用年限平均法计提折旧。

（2）2020年1月1日，预收当年租金240万元，款项已收存银行。甲公司按月将租金收入确认为其他业务收入，并结转相关成本。

（3）2021年12月31日，甲公司考虑到所在城市存在活跃的房地产市场，并且能够合理估计该写字楼的公允价值，为提供更相关的会计信息，将投资性房地产的后续计量从成本模式转换为公允价值模式，当日，该写字楼的公允价值为2 000万元。

（4）2022年12月31日，该写字楼的公允价值为2 150万元。

（5）2023 年 1 月 1 日，租赁合同到期，甲公司为解决资金周转困难，将该写字楼出售给丙企业，价款为 2 100 万元，款项已收存银行。

甲公司按净利润的 10% 提取法定盈余公积，不考虑其他因素。

要求：

（1）编制甲公司 2019 年 12 月 31 日将该写字楼转换为投资性房地产的会计分录。

（2）编制甲公司 2020 年 1 月 1 日收取租金、1 月 31 日确认租金收入和结转相关成本的会计分录。

（3）编制甲公司 2021 年 12 月 31 日将该投资性房地产的后续计量由成本模式转换为公允价值模式的相关会计分录。

（4）编制甲公司 2022 年 12 月 31 日确认公允价值变动损益的相关会计分录。

（5）编制甲公司 2023 年 1 月 1 日处置该投资性房地产时的相关会计分录。

（采用公允价值模式进行后续计量的投资性房地产应写出必要的明细科目；答案中的金额单位用万元表示）

## 答案及解析

### 一、单项选择题

1.【答案】C

【解析】选项 C，坏账准备计提比例的变更属于会计估计变更。

2.【答案】B

【解析】选项 B，属于会计政策变更，应该进行追溯调整，调整期初留存收益；选项 C，竣工结算后，需要调整原来的暂估价值，但不用再追溯调整已计提的折旧。

3.【答案】A

【解析】如果不易区别是会计政策变更，还是会计估计变更，按企业会计准则规定均视为会计估计变更，按会计估计变更的会计处理方法进行处理。

4.【答案】D

【解析】选项 ABC，均属于应披露的重要会计政策；选项 D，属于应当披露的重要会计估计。

5.【答案】C

【解析】变更时，固定资产的账面价值 $=900-900/12\times 3=675$（万元），资产的计税基础 $=900-900/20\times 3=765$（万元），形成可抵扣暂时性差异 90 万元。

借：递延所得税资产　（$90\times 25\%$）22.5

　贷：利润分配——未分配利润　（$22.5\times 90\%$）20.25

　　　盈余公积　（$22.5\times 10\%$）2.25

计算 2019 年改按年数总和法计提折旧额 $=(900-225)\times 5/15=225$（万元）。

6.【答案】B

【解析】（1）2019 年末，固定资产账面净值 $=500-500\div 5=400$（万元），可收回金额为 350 万元，应计提减值准备 $=400-350=50$（万元），因此 2019 年末固定资产账面价值为 350 万元；（2）2020 年末，应计提的折旧 $=350\times 2/4=175$（万元），因此 2020 年末固定资产账面价值 $=350-175=175$（万元）。

7.【答案】C

【解析】选项 A、B、D，均属于会计政策变更。

8.【答案】A

【解析】《企业会计准则第 28 号——会计政策、会计估计变更和差错更正》第十六条企业应当在附注中披露与会计估计变更有关的下列信息：

（一）会计估计变更的内容和原因；

（二）会计估计变更对当期和未来期间的影响数；

（三）会计估计变更的影响数不能确定的，披露这一事实和原因。

9.【答案】A

【解析】选项 B，属于会计政策变更；选项 C，属于一项新的事项采用新的核算方法，不是会计估计变更；选项 D 属于滥用会计估计，应按照会计差错处理。

10.【答案】C

【解析】因此项前期差错更正而减少的可供分配利润 $=25\times 90\%=22.5$ 万元。

11.【答案】C

【解析】选项 C，企业内部研发形成的无形资产，在初始确认时既不影响会计利润也不影响应纳税所得额，按照所得税准则规定，不确认该暂时性差异的所得税影响。其余选项均属于会计差错。

12.【答案】D

【解析】

甲公司差错更正的会计处理如下：

借：以前年度损益调整——主营业务收入 1 000

　贷：其他应付款 1 000

借：发出商品 600

　贷：以前年度损益调整——主营业务成本 600

借：以前年度损益调整——财务费用[(2×515－2×500)÷6] 5

　贷：其他应付款 5

13.【答案】C

【解析】2×20 年度“年初未分配利润”项目应调减的金额＝(120＋180)×(1－25%)×(1－10%)＝202.5（万元）。

## 二、多项选择题

1.【答案】ABC

【解析】选项 A、B、C 均属于会计估计方面的差异，只有选项 D 属于会计政策差异，在编制合并报表时要将子公司的会计政策调整至母公司的会计政策。

2.【答案】AC

【解析】选项 B，属于会计估计变更；选项 D，周转材料的摊销方法由一次转销法变更为分次摊销法属于不重要的事项，不属于会计政策变更。

3.【答案】ACD

【解析】投资性房地产后续计量由成本模式变为公允价值模式属于会计政策变更，其他各项均属于会计估计变更。

4.【答案】ABCD

5.【答案】ABCD

6.【答案】ACD

【解析】选项 A，确定会计政策变更对以前各期累积影响数不切实可行的，应当采用未来适用法处理；选项 C，不属于会计政策变更；选项 D，会计政策变更，并不意味着以前期间所采用的原会计政策有误，变更会计政策一般是为了更好地反映企业的财务状况、经营成果和现金流量。

7.【答案】ABCD

【解析】对于会计政策变更，企业除进行相关的会计处理后，还应当在会计报表附注中披露以下事项：

（1）会计政策变更的性质、内容和原因。

（2）当期和各个列报前期财务报表中受影响的项目名称和调整金额。

（3）无法进行追溯调整的，说明该事实和原因以及开始应用变更后的会计政策的时点、具体应用情况。

8.【答案】ACD

【解析】选项 B，企业对应交税金的估计与税务机关的批复不一致，属于会计估计变更。

## 三、计算分析题

1.【答案】

根据资料（1）至（3），逐项判断甲公司的会计处理是否正确，并说明理由，如果甲公司的会计处理不正确，编制更正甲公司 2019 年度财务报表的会计分录：

①资料（1）会计处理不正确。理由：租赁土地使用权执行无形资产准则；承租人以经营租赁方式租入的土地不能作为无形资产核算。更正分录：

借：预付账款（或预付款项） 100

　其他非流动资产 1 850

　累计摊销 50

　贷：无形资产 2 000

或：

借：累计摊销 50

　预付账款（或预付款项，或长期待摊费用） 1 950

　贷：无形资产 2 000

②资料（2）会计处理不正确。理由：附有销售退回条件的商品，如不能根据以往经验确定退回可能性，发出商品时控制权未发生转移，不应确认收入和结转成本。更正分录：

借：营业收入（或主营业务收入） 500

　贷：合同负债 500

借：存货（或发出商品） 400

　贷：营业成本（或主营业务成本） 400

③资料（3）会计处理不正确。理由：该项业务系向职工提供企业承担了补贴的住房且合同规定了获得住房职工至少应提供服务的年限的业务，应按市场价确认收入，市场价与售价的差额计入长期待摊费用，在职工提供服务年限内平均摊销。更正分录：

借：长期待摊费用　2 000
　贷：营业收入（或主营业务收入）　2 000
借：管理费用　200
　贷：应付职工薪酬　200
借：应付职工薪酬　200
　贷：长期待摊费用　200

或：

借：应付职工薪酬　2 000
　贷：营业收入（或主营业务收入）　2 000
借：管理费用　200
　贷：应付职工薪酬　200

2.【答案】

（1）2019 年 12 月 31 日：

借：投资性房地产　1 970
　累计折旧　156
　贷：固定资产　1 970
　　投资性房地产累计折旧 [(1 970 - 20)/50 × 4]　156

（2）2020 年 1 月 1 日预收租金：

借：银行存款　240
　贷：预收账款　240

2020 年 1 月 31 日

每月确认租金收入 = 240/12 = 20（万元）

每月计提的折旧额 = (1 970 - 20)/50/12 = 3.25（万元）

借：预收账款　20
　贷：其他业务收入　(240/12) 20
借：其他业务成本　3.25
　贷：投资性房地产累计折旧　3.25

（3）2021 年 12 月 31 日：

借：投资性房地产——成本　2 000
　投资性房地产累计折旧 [(1 970 - 20)/50 × 6]　234
　贷：投资性房地产　1 970
　　盈余公积　26.4
　　利润分配——未分配利润　237.6

（4）2022 年 12 月 31 日：

借：投资性房地产——公允价值变动损益　150
　贷：公允价值变动损益　150

（5）2022 年 1 月 1 日

借：银行存款　2 100
　贷：其他业务收入　2 100
借：其他业务成本　2 150
　贷：投资性房地产——成本　2 000
　　——公允价值变动　150
借：公允价值变动损益　150
　贷：其他业务成本　150

第二章

# 第三章　存　　货

## 本章考情分析

本章是各章中内容最少的一章，不是重点章，考试分数在 2 分左右，一般出客观题。本章复习重点是存货的期末计量、存货盘亏损失的处理。

## 本章教材变化

本章今年没有变化。

## 基本内容框架

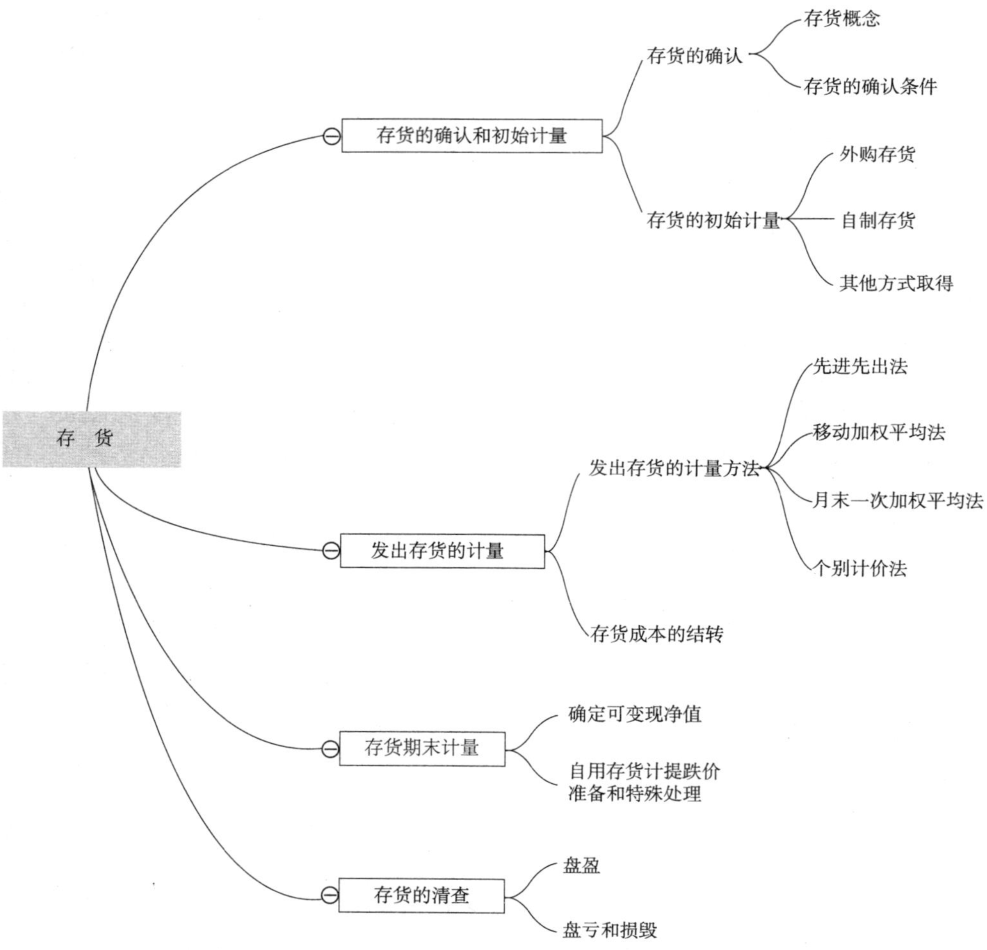

## 通关重难点例题解析

本章应掌握存货的计量，包括初始计量和后续计量。初始计量就是如何确定存货的入账价值，基本不出题；后续计量主要是存货计提减值，几乎每年必考。

### 一、存货的初始计量

存货，是指企业在日常活动中持有以备出售的产成品或商品、处在生产过程中的在产品、在生产过程或提供劳务过程中耗用的材料和物料等。

存货应当按照成本进行初始计量。存货成本包括采购成本、加工成本和其他成本。存货的采购成本，包括购买价款、相关税费、运输费、装卸费、保险费以及其他可归属于存货采购成本的费用。

### 二、存货后续计量（期末计提减值）

存货应当在期末按成本与可变现净值孰低计量，对存货成本高于可变现净值的差额，计提存货跌价准备。

在计提存货跌价准备中，关键是确定可变现净值。可变现净值的计算有两种：一是外售的商品，可变现净值＝存货的估计售价（a）－估计的销售费用及相关税费（c）；二是自用的材料等，材料的可变现净值＝产成品的估计售价－将材料加工成产成品尚需投入的成本－产成品估计销售费用及相关税费。

如果存货的账面价值高于存货的可变现净值，其差额应计提存货跌价准备：

借：资产减值损失

　　贷：存货跌价准备

如果以后存货可变现净值上升，已计提的存货跌价准备应该转回：

借：存货跌价准备

　　贷：资产减值损失

但如果是存货出售，则应该将存货跌价准备转销：

借：存货跌价准备

　　贷：主营业务成本

所以，存货跌价准备转回是冲减资产减值损失，存货跌价准备转销是冲减营业成本，请考生仔细辨别清楚。

【例3－1】（2018年单选题）HX公司主要从事X产品的生产和销售，生产X产品使用的主要材料Y材料全部从外部购入，20×7年12月31日，在HX公司财务报表中库存Y材料的成本为5 600万元，若将全部库存Y材料加工成X产品，HX公司估计还需发生成本1 800万元。预计加工而成的X产品售价总额为7 000万元，预计的销售费用及相关税费总额为300万元，若将库存Y材料全部予以出售，其市场价格为5 000万元。假定HX公司持有Y材料的目的系用于X产品的生产，不考虑其他因素，HX公司在对Y材料进行期末计算时确定的可变现净值是（　　）。

A. 5 000万元　　B. 4 900万元

C. 7 000万元　　D. 5 600万元

【答案】B

【解析】Y材料的可变现净值＝(7 000－300)－1 800＝4 900（万元）。

【例3－2】（2017年单项选择题）2×16年12月31日，甲公司持有乙原材料200吨，单位成本为20万元/吨。每吨乙原材料可加工生产丙产成品一件，该丙产成品售价为21.2万元/件，将乙原材料加工至丙产成品过程中发生加工费等相关费用共计2.6万元/件；当日，乙原材料的市场价格为19.3万元/吨。甲公司2×16年财务报表批准报出前几日，乙原材料及丙产成品的市场价格开始上涨，其中乙原材料价格为19.6万元/吨，丙产成品的价格为21.7万元/件，甲公司在2×16年以前未计提存货跌价准备。不考虑其他因素，甲公司2×16年12月31日就持有的乙原材料应当计提的存货跌价准备是（　　）。

A. 80万元　　B. 140万元

C. 180万元　　D. 280万元

【答案】D

【解析】A：(19.6－20)×200

B：(19.3－20)×200

C：(21.7－2.6－20)×200

D：(21.2－2.6－20)×200

【例3－3】（2017年单项选择题）甲公司为啤酒生产企业，为答谢长年经销其产品的代理商，经董事会批准，2×16年为过去3年达到一定销量的代理商每家免费配备一台冰箱。按照甲公司与代理商的约定，冰箱的所有权归甲公司，在预计使用寿命内免费提供给代理商使用，甲公司不会收回，亦不会转作他用。甲公司共向代理商提供冰箱500台，每台价值1万元，冰箱的预计使用寿命为5年，预计净残值为零。甲公司对本公司使用的同类固定资产采用年限平均法计提折旧。不考虑其他因素，下列各项关于甲公司免费提供给代理商使用冰箱会计处理的表述中，正确的是（　　）。

A. 将冰箱的购置成本作为2×16年销售费用计入当期利润表

B. 将冰箱的购置成本作为过去3年的销售费用，追溯调整以前年度损益

C. 作为本公司固定资产，按照年限平均法在预计使用年限内分期计提折旧

D. 因无法控制冰箱的实物及其使用，将冰箱的购置成本确认为无形资产并分5年摊销

【答案】A

【解析】企业采购用于广告营销活动的特定商品，应计入当期损益（销售费用）。

【例3-4】（2016年单项选择题）2×15年12月31日，甲公司向乙公司订购的印有甲公司标志、为促销宣传准备的卡通毛绒玩具到货并收到相关购货发票，50万元货款已经支付。该卡通毛绒玩具将按计划于2×16年1月向客户及潜在客户派发。不考虑相关税费及其他因素，下列关于甲公司2×15年对订购卡通毛绒玩具所发生支出的会计处理中，正确的是（　　）。

A. 确认为库存商品

B. 确认为当期销售成本

C. 确认为当期管理费用

D. 确认为当期销售费用

【答案】D

【解析】企业采购用于广告营销活动的特定商品，向客户预付货款未取得商品时，应作为预付账款进行会计处理，待取得相关商品时计入当期损益（销售费用）。甲公司购买毛绒玩具派发给客户，属于为了销售活动购入的特定商品，计入销售费用，因此选项D正确。

【例3-5】（2019年多选题）在确定存货可变现净值时，应当考虑的因素有（　　）。

A. 持有存货的目的

B. 存货的市场销售价格

C. 存货的采购成本

D. 资产负债表日后事项

【答案】ABCD

【解析】企业在确定存货的可变现净值时，应考虑的因素包括：（1）确定存货的可变现净值应当以取得确凿证据为基础。具体包括：①存货成本的确凿证据。存货采购成本、加工成本和其他成本及以其他方式取得存货的成本，应当以取得外来原始凭证、生产成本账记录等作为确凿证据。②存货可变现净值的确凿证据。存货可变现净值的确凿证据，是指对确定存货可变现净值有直接影响的确凿证明，如产成品或商品的市场销售价格、与产成品或商品相同或类似商品的市场销售价格、销货方提供的有关资料和生产成本资料等。（2）确定存货的可变现净值应当考虑持有存货的目的。（3）确定存货的可变现净值应当考虑资产负债表日后事项等影响。

## 通关演练

### 一、单项选择题

1. 下列项目中，不应列示在企业资产负债表“存货”项目的是（　　）。

A. 房地产开发企业购入的用于建造商品房的土地使用权

B. 企业采购用于广告营销活动的特定商品

C. 已经取得商品所有权，但尚未验收入库的在途物资

D. 已经发货但存货的控制权未转移给购货方的发出商品

2. 下列关于存货可变现净值的表述中，正确的是（　　）。

A. 可变现净值等于存货的市场销售价格

B. 可变现净值等于销售存货产生的现金流入

C. 可变现净值等于销售存货产生现金流入的现值

D. 可变现净值是确认存货跌价准备的重要依据之一

3. 长江公司月初B材料的结存数量为

250公斤，账面实际总成本为3375万元，该材料为同一批购进；本月5日和25日分别购入B材料500公斤，单价分别为13万元/公斤和14.5万元/公斤；本月10日和28日分别领用B材料375公斤和450公斤。若长江公司采用先进先出法核算发出材料成本，本月发出的B材料成本为（ ）万元。

A. 4 355 B. 10 962.5

C. 11 337.5 D. 6 162.5

4. 2019年12月1日，甲公司和乙公司签订了不可撤销合同，以205元/件的价格销售给乙公司1 000件，2020年1月10日交货，2019年12月31日，甲公司库存商品1 500件，成本200元/件，市场价191元/件，预计产生销售费用1元/件，2019年年末甲公司应计提的存货跌价准备是（ ）万元。

A. 15 000 B. 0

C. 1 000 D. 5 000

5. 某企业为增值税一般纳税人。因自然灾害毁损一批材料，该批材料成本为10 000元，增值税税额为1 300元。收到赔款1 250元并存入银行，剩余残料入库的金额为500元。报经批准后，应计入营业外支出的金额为（ ）元。

A. 8 250 B. 9 950

C. 11 700 D. 1 750

6. 甲公司2×19年3月1日结存A商品750件，单位成本为2万元。3月8日购入A商品500件，单位成本为2.2万元；3月10日发出100件；3月20日购入750件，单位成本为2.3万元；3月28日发出500件；3月31日购入500件，单位成本为2.5万元。甲公司采用月末一次加权平均法计算结存A商品的期末材料成本为（ ）万元。

A. 4 562 B. 4 488

C. 4 237 D. 1 338

7. 2019年10月20日，甲公司与乙公司签订不可撤销的销售合同，拟于2020年4月10日以40万元的价格向乙公司销售W产品一件。该产品主要由甲公司库存自制半成品S加工而成，每件半成品S可加工成W产品一件。2019年12月31日，甲公司库存1件自制半成品S，成本为37万元，预计加工成W产品尚需发生加工费用10万元。当日，自制半成品S的市场销售价格为每件33万元，W产品的市场销售价格为每件36万元。不考虑其他因素，2019年12月31日甲公司应就库存自制半成品S计提的存货跌价准备为（ ）。

A. 1万元 B. 4万元

C. 7万元 D. 11万元

## 二、多项选择题

1. 依据企业会计准则的规定，企业发出存货的计量方法有（ ）。

A. 先进先出法

B. 移动加权平均法

C. 个别计价法

D. 后进先出法

2. 下列各项中，属于存货成本确凿证据的有（ ）。

A. 外来原始凭证

B. 生产成本账簿

C. 销货方提供的有关资料

D. 生产成本预算资料

3. 下列会计处理中，正确的有（ ）。

A. 出租包装物及随同产品出售单独计价的包装物计入其他业务成本

B. 出借包装物及随同产品出售不单独计价的包装物计入销售费用

C. 以存货抵偿债务结转的相关存货跌价准备冲减资产减值损失

D. 如果销售材料不构成企业的主营业务，那么企业应将已出售的材料的实际成本予以结转，计入当期其他业务成本，对于已售材料计提过存货跌价准备的，还需冲减其他业务成本

4. 企业外购存货发生的下列各项支出中，应计入存货成本的有（ ）。

A. 入库前的挑选整理费

B. 运输途中的合理损耗

C. 不能抵扣的增值税进项税额

D. 运输途中因自然灾害发生的损失

5. 下列会计处理中，正确的有（ ）。

A. 非常原因造成的存货净损失计入营业外支出

B. 以存货抵偿债务结转的相关存货跌价准备冲减资产减值损失

C. 因管理不善导致的存货毁损对应的进项税额应该转出

D. 向客户预付货款未取得商品时，应作

为预付款项进行会计处理

6. 下列有关存货清查的处理，正确的有（　　）。

A. 由于管理不善造成的存货净损失计入管理费用

B. 因地震等原因造成的存货净损失计入营业外支出

C. 因收发计量差错造成的存货净损失应计入管理费用

D. 盘盈的存货冲减管理费用

7. 依据企业会计准则的规定，确认存货可变现净值时应考虑的因素有（　　）。

A. 应当以取得的确凿证据为基础

B. 应当考虑持有存货的目的

C. 应当考虑资产负债表日后事项的影响

D. 无需考虑资产负债表日后事项的影响

8. 某企业属于增值税一般纳税人，购入的材料发生超定额损耗，价款为10万元，增值税进项税额为1.3万元。经查明，该损耗系因管理不善造成的，保险公司同意赔偿5万元，款项尚未收到，其他损失由企业承担。不考虑其他因素，则针对此项业务该企业编制的会计分录为（　　）。

A. 借：待处理财产损溢 113 000
　贷：原材料 100 000
　　应交税费——应交增值税（进项税额转出） 13 000

B. 借：其他应收款 50 000
　　营业外支出 50 000
　贷：待处理财产损溢 100 000

C. 借：其他应收款 50 000
　　管理费用 63 000
　贷：待处理财产损溢 113 000

D. 借：营业外支出 50 000
　贷：待处理财产损溢 50 000

## 三、计算分析题

1. 甲公司系增值税一般纳税人，适用增值税税率为13%。甲公司相关资料如下：

（1）2019年6月30日，甲公司尚存无订单的W商品500件，单位成本为2.1万元/件，市场销售价格为2万元/件，估计销售费用为0.05万元/件。甲公司未曾对W商品计提存货跌价准备。

（2）2019年10月15日，甲公司以每件1.8万元的销售价格将500件W商品全部销售给乙公司，并开具了增值税专用发票，商品已发出，付款期为1个月，甲公司此项销售业务满足收入确认条件。

假定上述销售价格和销售费用均不含增值税，且不考虑其他因素。

要求：

（1）计算甲公司2019年6月30日对W商品应计提存货跌价准备的金额，并编制相关会计分录。

（2）编制甲公司2019年10月15日销售W商品并结转销售成本的会计分录。

2. 甲公司系生产销售机床的上市公司，期末存货按成本与可变现净值孰低计量，并按单个存货项目计提存货跌价准备。相关资料如下：

（1）2019年9月10日，甲公司与乙公司签订了一份不可撤销的S型机床销售合同。合同约定，甲公司应于2020年1月10日向乙公司提供10台S型机床，单位销售价格为45万元/台。

2019年12月31日，甲公司S型机床的库存数量为14台，单位成本为44.25万元/台，该机床的市场销售市场价格为42万元/台。估计甲公司向乙公司销售该机床的销售费用为0.18万元/台，向其他客户销售该机床的销售费用为0.15万元/台。

2019年12月31日，甲公司对存货进行减值测试前，未曾对S型机床计提存货跌价准备。

（2）2019年12月31日，甲公司库存一批用于生产W型机床的M材料。该批材料的成本为80万元，可用于生产10台W型机床，甲公司将该批材料加工成10台W型机床尚需投入50万元。该批M材料的市场销售价格总额为68万元，估计销售费用总额为0.6万元。甲公司尚无W型机床订单。W型机床的市场销售价格为12万元/台，估计销售费用为0.1万元/台。

2019年12月31日，甲公司对存货进行减值测试前，“存货跌价准备——M材料”账户的贷方余额为5万元。

假定不考虑增值税等相关税费及其他因素。

要求：

(1) 计算甲公司2019年12月31日S型机床的可变现净值。

(2) 判断甲公司2019年12月31日S型机床是否发生减值，并简要说明理由。如果发生减值，计算应计提存货跌价准备的金额，并编制相关会计分录。

(3) 判断甲公司2019年12月31日是否应对M材料计提或转回存货跌价准备，并简要说明理由。如果发生计提或转回存货跌价准备，计算应计提或转回存货跌价准备的金额，并编制相关会计分录。

## 答案及解析

### 一、单项选择题

1.【答案】B

【解析】选项B，企业采购用于广告营销活动的特定商品，待取得相关商品时应计入当期损益，不应列示在企业资产负债表“存货”项目。

2.【答案】D

【解析】可变现净值，是指在日常活动中，存货的估计售价减去完工时估计将要发生的成本、估计的销售费用以及相关税费后的金额。所以选项A、B、C都不正确。

3.【答案】B

【解析】本月发出的B材料成本 = 3375 + (375 − 250) × 13 + [500 − (375 − 250)] × 13 + (375 + 450 − 250 − 500) × 14.5 = 10 962.5（万元）。

4.【答案】D

【解析】合同部分每件存货的可变现净现值为204万元（205 − 1），大于其成本，故合同部分存货未发生减值，无合同部分每件存货的可变现净值为190万元（191 − 1），每件减值的金额 = 200 − 190 = 10（万元），则2017年年末甲公司应计提的存货跌价准备的金额 = 10 × 500 = 5 000（元）。

5.【答案】A

【解析】因自然灾害损毁材料的进项税额可以抵扣，无需转出，所以应计入营业外支出的金额 = 10 000 − 1 250 − 500 = 8 250（元）。

6.【答案】C

【解析】甲公司2×19年3月入库A商品采用月末一次加权平均法计算的单位成本 = (750 × 2 + 500 × 2.2 + 750 × 2.3 + 500 × 2.5) ÷ (750 + 500 + 750 + 500) = 2.23（万元），本月发出A商品成本 = (100 + 500) × 2.23 = 1 338（万元），本月月末结存的A商品成本 = (750 + 500 + 750 + 500 − 100 − 500) × 2.23 = 4 237（万元）。

7.【答案】C

【解析】因为甲公司与乙公司签订的是不可撤销合同，W产品的可变现净值为40万元，成本 = 37 + 10 = 47（万元），由于W产品的可变现净值低于成本，用自制半成品S生产的W产品发生减值，表明自制半成品S应按可变现净值计量。自制半成品S可变现净值 = W产品售价40 − 将半成品加工为产品需投入的成本10 − 预计产品销售费用0 = 40 − 10 = 30（万元），应计提的存货跌价准备 = 37 − 30 = 7（万元）。

### 二、多项选择题

1.【答案】ABC

【解析】企业应当采用先进先出法、移动加权平均法、月末一次加权平均法或者个别计价法确定发出存货的实际成本，企业不得采用后进先出法确定发出存货的成本。

2.【答案】ABC

【解析】选项D，生产成本预算资料属于预算行为，不属于实际发生的成本，不能作为存货成本的确凿证据。

3.【答案】ABD

【解析】对于因债务重组、非货币性资产交换换出的存货，应视同处置进行处理，所以应将换出存货原已计提的存货跌价准备冲减出售部分存货对应的成本。

4.【答案】ABC

【解析】选项D，因自然灾害发生的损失（即非常损失）不属于合理损耗，应作为营业外支出，不计入存货成本。

5.【答案】ACD

【解析】对于因债务重组、非货币性资产交换转出的存货，应同时结转已计提的存货跌价准备，冲减当期的主营业务成本或其他业务成本，选项B不正确。

6. 【答案】ABCD

7. 【答案】ABC

【解析】确定存货可变现净值时，应考虑的因素包括：（1）应当以取得的确凿证据为基础；（2）应当考虑持有存货的目的；（3）应当考虑资产负债表日后事项的影响。

8. 【答案】AC

【解析】因管理不善造成的存货毁损，进项税额应转出。

## 三、计算分析题

1. 【答案】

（1）W 商品成本 =500×2.1 =1 050（万元）；

W 商品可变现净值 =500×（2 -0.05）=975（万元）；

计提存货跌价准备的金额 =1 050 -975 =75（万元）。

借：资产减值损失　　75
　　贷：存货跌价准备　　75

（2）

借：应收账款　　1 017
　　贷：主营业务收入　（1.8×500）900
　　　　应交税费——应交增值税（销项税额）　（900×13%）117

借：主营业务成本　　975
　　存货跌价准备　　75
　　贷：库存商品　　1 050

2. 【答案】

（1）对于有合同部分，S 型机床可变现净值 =10×（45 -0.18）=448.2（万元）；

对于无合同部分，S 型机床可变现净值 =4×（42 -0.15）=167.4（万元）。

所以，S 型机床的可变现净值 =448.2 +167.4 =615.6（万元）。

（2）S 型机床中有合同部分未减值，无合同部分发生减值。

理由：

对于有合同部分：S 型机床成本 =44.25×10 =442.5（万元），可变现净值：448.2 万元，可变现净值高于成本，所以有合同部分 S 型机床未发生减值。

对于无合同部分：S 型机床成本 =44.25×4 =177（万元），可变现净值 167.4 万元，可变现净值低于成本，所以无合同部分 S 型机床发生了减值，应计提存货跌价准备 =177 -167.4 =9.6（万元）。

借：资产减值损失　　9.6
　　贷：存货跌价准备——S 型机床　　9.6

（3）M 材料用于生产 W 机床，所以应先确定 W 机床是否发生减值，W 机床的可变现净值 =10×（12 -0.1）=119（万元），成本 =80 +50 =130（万元），W 机床可变现净值低于成本，发生减值，据此判断 M 材料发生减值。M 材料的可变现净值 =（12 -0.1）×10 -50 =69（万元），M 材料成本为 80 万元，因此存货跌价准备金额 =80 -69 =11（万元），因存货跌价准备——M 材料科目贷方余额 5 万元，所以本期末应计提存货跌价准备 =11 -5 =6（万元）。

借：资产减值损失　　6
　　贷：存货跌价准备　　6

# 第四章　固定资产

## 本章考情分析

本章在考试中处于较重要的地位，考试分数在 5 分左右，考试中可以出客观题，也经常在会计估计变更、所得税、合并报表编制等主观题中涉及固定资产。本章复习重点是固定资产入账成本的确定、固定资产折旧。

## 本章教材变化

本章今年没有变化。

## 基本内容框架

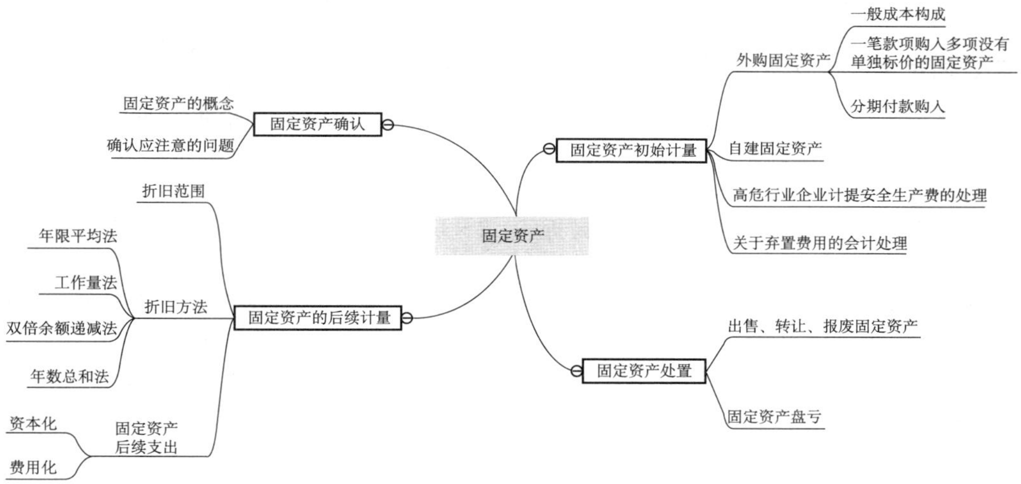


## 通关重难点例题解析

固定资产应按三个步骤掌握：取得时、持有期间和处置时，其中持有期间计提折旧最容易与其他章相结合考大题。本章要点如下：

### 一、固定资产取得时

固定资产取得时的核心问题是确认入账价值。不同来源的固定资产，其成本构成不一样。

**不同来源的固定资产成本构成**

| | 成本构成 |
|---|---|
| 外购 | (1) 企业外购固定资产的成本，包括购买价款、相关税费（不包括可以抵扣的增值税）、使固定资产达到预定可使用状态前所发生的可归属于该项资产的运输费、装卸费、安装费和专业人员服务费等。 |

续表

| | 成本构成 |
| --- | --- |
| 外购 | (2) 以一笔款项购入多项没有单独标价的固定资产，应当按照各项固定资产的公允价值比例对总成本进行分配，分别确定各项固定资产的成本。<br>(3) 购买固定资产的价款超过正常信用条件延期支付，实质上具有融资性质的（如分期付款1年以上），固定资产的成本以购买价款的现值为基础确定。实际支付的价款与购买价款的现值之间的差额，应当在信用期间内采用实际利率法进行摊销，摊销金额除满足借款费用资本化条件应当计入固定资产成本外，均应当在信用期间内确认为财务费用，计入当期损益。 |
| 自建 | 自行建造的固定资产，按建造该项资产达到预定可使用状态前所发生的必要支出作为入账价值，包括工程用物资成本、人工成本、交纳的相关税费、应予资本化的借款费用以及应分摊的间接费用等。 |
| 安全生产费的处理 | 高危行业企业（如煤矿）按照国家规定提取的安全生产费，应当计入相关产品的成本或当期损益，同时记入“专项储备”科目。提取安全生产费时，借记“生产成本”等科目，贷记“专项储备”科目。 |
| 弃置费用的处理 | 弃置费用通常是指根据国家法律和行政法规、国际公约等规定，企业承担的环境保护和生态恢复等义务所确定的支出，如核电站核设施等的弃置和恢复环境等义务。<br>(2) 对于这些特殊行业的特定固定资产，企业应当按照弃置费用的现值计入相关固定资产成本。在固定资产使用寿命内，按照预计负债的摊余成本和实际利率计算确定的利息费用，应当在发生时计入财务费用。这样处理，是将巨额的清理费用计入资产的成本，通过使用期间计提折旧，与相关收入配比，才不会在固定资产清理时留下巨大的财务黑洞。 |

## 二、固定资产持有期间

固定资产持有期间有四件事：

(1) 计提折旧。应确定折旧范围、折旧年限、折旧方法和计提折旧的账务处理。除了计入固定资产的土地有永久产权不计提折旧外，其他都应计提折旧（持有待售的固定资产已转入持有待售资产，在报表中已不属于固定资产）。折旧方法考得最多的是直线法，其次是年数总和法。计提闲置房屋的折旧时，应计入管理费用。

(2) 后续支出。能增加新的功能的更新改造支出，应该资本化；不能增加新的功能的维修支出，应该费用化。

(3) 期末计提减值。当固定资产账面价值高于其可收回金额时，其差额应计提固定资产减值准备。

(4) 期末清查。固定资产盘亏，经批准计入营业外支出；固定资产盘盈，应作为前期差错进行更正。

## 三、固定资产处置

(1) 出售固定资产。固定资产出售，无论盈亏均计入“资产处置损益”科目，并将其列示在利润表中的“资产处置收益”项目。

(2) 报废固定资产。固定资产报废，利得应计入营业外收入，损失应计入营业外支出。

因此，固定资产出售与报废，其损益的处理相差很大，考生应分辨清楚。

【例4-1】(2017年单项选择题) 甲公司2×16年取得一项固定资产，与取得该资产相关的支出包括：(1) 支付购买价款300万元、增值税进项税额51万元，另支付购入过程中运输费8万元、相关增值税进项税额0.88万元；(2) 为使固定资产符合甲公司特定用途，购入后甲公司对其进行了改造。改造过程中领用本公司原材料6万元，相关增值税1.02万元，发生职工薪酬3万元。甲公司为增值税一般纳税人。不考虑其他因素，甲公司该固定资产的入账价值是（　　）。

A. 317万元　　B. 317.88万元

C. 318.02万元　　D. 369.90万元

【答案】A

【例4-2】(2017年多项选择题) 2×16年9月末，甲公司董事会通过一项决议，拟将持有的一项闲置管理用设备对外出售。该设备为甲公司于2×14年7月购入，原价为6 000万元，预计使用10年，预计净残值为零，至董事会决议出售时已计提折旧1 350万元，未计提减值准备。甲公司10月3日与独立第三方签订出售协议，拟将该设备以4 100

万元的价格出售给独立第三方，预计出售过程中将发生的处置费用为100万元。至2×16年12月31日，该设备出售尚未完成，但甲公司预计将于2×17年第一季度完成。不考虑其他因素，下列各项关于甲公司因该设备对其财务报表影响的表述中，正确的有（　　）。

A. 甲公司2×16年末因持有该设备应计提650万元减值准备

B. 甲公司2×16年对该设备计提的折旧600万元计入当期损益

C. 甲公司2×16年末资产负债表中因该交易应确认4 100万元应收款

D. 该设备在2×16年末资产负债表中应以4 000万元的价值列报为流动资产

【答案】AD

【例4-3】（2016年单项选择题）甲公司为增值税一般纳税人。2×15年2月，甲公司对一条生产线进行改造，该生产线改造时的账面价值为3 500万元。其中，拆除原冷却装置部分的账面价值为500万元。生产线改造过程中发生以下费用或支出：（1）购买新的冷却装置1 200万元，增值税税额204万元；（2）在资本化期间内发生专门借款利息80万元；（3）生产线改造过程中发生人工费用320万元；（4）领用库存原材料200万元，增值税税额34万元；（5）外购工程物资400万元（全部用于该生产线），增值税税额68万元。该改造工程于2×16年12月达到预定可使用状态。不考虑其他因素，甲公司对该生产线更新改造后的入账价值是（　　）。

A. 4 000万元　　B. 5 200万元

C. 5 700万元　　D. 5 506万元

【答案】B

【解析】甲公司对该生产线更新改造后的入账价值=原账面价值（3 500）-拆除原冷却装置账面价值（500）+新的冷却装置价值（1 200）+资本化利息（80）+人工费用（320）+原材料（200）+工程物资（400）=5 200（万元）。

【例4-4】（2019年多选题）各项关于固定资产会计处理的表述中，正确的有（　　）。

A. 为提升性能进行更新改造的固定资产停止计提折旧

B. 为保持固定资产使用状态发生的日常修理支出予以资本化计入固定资产成本

C. 已签订不可撤销合同，拟按低于账面价值的价格出售的固定资产，停止计提折旧并按账面价值结转固定资产清理

D. 达到预定可使用状态但尚未办理竣工决算的固定资产以暂估价值为基础计提折旧

【答案】AD

【解析】行政管理部门、企业专设的销售机构等固定资产日常修理支出，计入当期损益，与存货的生产和加工相关的固定资产修理费用计入制造费用，选项B不符合题意；签订不可撤销合同，属于划分为持有待售类别情形，账面价值高于其公允价值减去出售费用后的净额，企业应当将账面价值减记至公允价值减去出售费用后的净额，所以应当按照公允价值减去出售费用后的净额转到持有待售资产，选项C不符合题意。

## 通关演练

### 一、单项选择题

1. 下列各项资产中，不符合固定资产定义的是（　　）。

A. 企业以融资租赁方式租入的机器设备

B. 企业以经营租赁方式出租的机器设备

C. 企业为生产持有的机器设备

D. 企业以经营租赁方式出租的建筑物

2. 甲公司为增值税一般纳税人。2×19年1月1日从乙公司购入一台需要安装的生产设备作为固定资产使用，购货合同约定，该设备的总价款为500万元（不含增值税），当日支付200万元，余款分3年于每年年末等额支付，第一期于2×19年年末支付。2×19年1月1日设备交付安装，支付安装等相关费用5万元，2×19年2月1日达到预定可使用状态。假定同期银行借款年利率为6%。（P/A，6%，3）=2.6730，（P/A，6%，4）=3.4651，根据上述资料，不考虑其他因素。甲公司2×19年2月1日固定资产的入账价值是（　　）万元。

A. 467.3　　B. 472.3

C. 552.3　　D. 285

3. 2×19年6月3日，甲公司从乙公司一次购入3套不同型号且具有不同生产能力

的设备 A、B 和 C。甲公司为该批设备共支付价款 1 000 万元，增值税进项税额 130 万元，保险费 3.4 万元，装卸费 0.6 万元，全部以银行转账支付，假定 A、B 和 C 设备分别满足固定资产确认条件，公允价值分别为 312 万元、468 万元和 260 万元，假定不考虑其他相关税费，甲公司 A、B 和 C 设备的入账价值分别是（　　）万元。

A. 301.2、451.8、251

B. 300、450、250

C. 351、526.5、292.5

D. 352.2、528.3、293.5

4. 甲公司是一家煤矿企业，依据开采的原煤产量按月提取安全生产费，提取标准为每吨 10 元，假定每月原煤产量为 15 万吨。2×19 年 5 月 26 日，经有关部门批准，该企业购入一批需要安装的用于改造和完善矿井运输的安全防护设备，价款为 200 万元，增值税进项税额为 26 万元，安装过程中发生的安装支出为 15 万元，设备预计于 2×19 年 5 月 31 日安装完成，并达到预定可使用状态。甲公司于 2×19 年 5 月份支付安全生产设备检查费 10 万元。假定 2×19 年 5 月 1 日，甲公司“专项储备——安全生产费”余额为 500 万元。不考虑其他相关税费，2×19 年 5 月 31 日，甲公司“专项储备——安全生产费”余额为（　　）万元。

A. 523　　B. 640

C. 425　　D. 540

5. 东达公司为增值税一般纳税人，2×19 年 9 月 1 日，自行安装建造一条生产线，外购工程物资一批并全部领用，其价款为 50 000 元，款项已通过银行存款支付；生产线安装时，领用本公司外购的原材料一批，价值（不含增值税）为 20 000 元；领用本公司所生产的库存产品一批，成本为 48 000 元，公允价值为 50 000 元，应付安装工人的工资为 10 000 元；生产线于 2×19 年 12 月 31 日完工，并达到预定可使用状态。该生产线达到预定可使用状态时的成本为（　　）元。

A. 128 000　　B. 130 000

C. 138 500　　D. 141 900

6. 东达公司属于核电站发电企业，2×19 年 1 月 1 日正式建造完成并交付使用一座核电站核设施，全部成本为 100 000 万元，预计使用寿命为 40 年。根据国家法律、行政法规和国际公约等规定，企业应承担环境保护和生态恢复等义务。2×19 年 1 月 1 日预计 40 年后该核电站核设施弃置时，将发生弃置费用 10 000 万元（金额较大）。在考虑货币的时间价值和相关期间通货膨胀等因素确定的折现率为 5%。已知（P/F，5%，40）=0.1420。则 2×20 年确认的财务费用为（　　）万元。

A. 71　　B. 50

C. 74.55　　D. 55

7. 甲公司为增值税一般纳税人，2×19 年 2 月 1 日，甲公司购入一台需要安装的生产用机器设备，取得的增值税专用发票上注明的设备价款为 90 万元，增值税进项税额为 11.7 万元，支付的运杂费为 2 万元，款项已通过银行支付，安装设备时，领用本公司原材料一批，价值 25 万元，购进该批原材料时支付的增值税进项税额为 3.25 万元；支付安装人员工资为 5 万元，设备于 2×19 年 6 月 30 日达到预定可使用状态，甲公司预计该设备使用年限为 5 年，预计净残值为 2 万元，采用年数总和法计提折旧。则该设备在 2×20 年应计提折旧额为（　　）万元。

A. 32　　B. 36

C. 32.5　　D. 42

8. 甲公司于 2×17 年 6 月 30 日对一条生产线进行更新改造，该生产线原价为 1 000 万元，预计使用年限为 5 年，已经使用 2 年，预计净残值为 0，按年限平均法计提折旧。更新改造过程中领用本企业产品一批，计入在建工程的价值为 215 万元，发生人工费用 50 万元，领用工程用物资 125 万元；用一台 300 万元的部件替换生产线中已经报废原部件，被替换部件原值 350 万元（被替换部件已无使用价值，残值为 0）。该改造工程于 2×18 年 3 月 31 日达到预定可使用状态并交付生产使用。经改造后该生产线的尚可使用年限为 4 年，预计净残值为 0，折旧方法不变，则 2×19 年 12 月 31 日该生产线的账面价值为（　　）万元。

A. 725.62　　B. 800

C. 600　　D. 607.5

9. 甲公司为增值税一般纳税人，2×17 年 9 月 30 日购买一台不需要安装的生产用设备，该项设备买价 170 000 元，增值税税额 22 100 元，运杂费和保险费为 6 000 元（不考虑进项抵扣），预计使用年限为 8 年，预计净残值为 16 000 元，采用年限平均法计提折旧。至 2×19 年年末，对该项设备进行检查后，估计其可收回金额为 119 500 元，减值测试后，该设备的折旧方法、年限和净残值等均不变。2×19 年 12 月 31 日，该设备应计提的减值准备金额为（　　）元。

A. 131 000　　B. 11 500

C. 119 500　　D. 0

10. 天星公司（增值税一般纳税人）2×19年年底出售一台设备，开出的增值税专用发票中注明的价款为 60 万元，增值税税额为 7.8 万元，发生清理费用 3 万元，该设备为 2×17 年 3 月购入，原价 200 万元，至出售时已累计计提折旧 50 万元，计提减值准备 25 万元，天星公司 2×19 年因出售该设备对利润总额的影响为（　　）万元。

A. －57.8　　B. －65

C. －68　　D. 68

11. 企业盘盈的固定资产，应通过（　　）科目核算。

A. 其他业务收入

B. 以前年度损益调整

C. 资本公积

D. 固定资产清理

12. 甲公司 2×19 年从乙公司手中购入一项包括土地使用权及其地上建筑物的房地产，共支付购买价款和相关税费 95 万元。另外，支付给参与该项交易谈判和商定等事项的本企业员工本月工资以及奖金合计 3 万元，支付专门为购入该项房地产而借款所发生的利息费用 1 万元。甲公司将该项房地产作为自用写字楼，购入后即达到预定可使用状态。由于乙公司出售之前是作为投资性房地产核算的，因此对土地和建筑物未单独标价，假定经市场评估，该项土地使用权的公允价值为 60 万元，地上建筑物的公允价值 40 万元，不考虑其他因素，甲公司购入该项房地产中，应确认的固定资产入账价值为（　　）。

A. 40 万元　　B. 39.6 万元

C. 39.2 万元　　D. 38 万元

## 二、多项选择题

1. 下列各项中，属于固定资产特征的有（　　）。

A. 为生产商品、提供劳务、出租或经营管理而持有

B. 使用寿命超过一个会计年度

C. 固定资产是有形资产

D. 固定资产是持有以备增值的资产

2. 企业购入不需要安装的生产设备，其入账价值包括（　　）。

A. 专业人员服务费

B. 进口关税

C. 员工培训费

D. 包装费

3. 关于固定资产的初始计量，下列说法中不正确的有（　　）。

A. 企业外购固定资产的成本，包括购买价款、相关费用以及使固定资产达到预定可使用状态前所发生的可归属于该项资产的运输费、装卸费、安装费和专业人员服务费等

B. 融资购入固定资产时，应按照购买价款的现值，借记“固定资产”或“在建工程”等科目，按应支付的金额，贷记“长期应付款”科目，差额记入“未确认融资费用”科目

C. 企业为建造固定资产通过出让方式取得的土地使用权而支付的土地出让金应计入在建工程的成本

D. 投资者投入的固定资产的成本，应当按照投资合同或协议约定的价值确定

4. 下列各项中，固定资产不应当计提折旧的有（　　）。

A. 定期大修理期间的固定资产

B. 已达到预定可使用状态但尚未办理竣工决算的固定资产

C. 持有待售的固定资产

D. 更新改造期间的固定资产

5. 下列说法中，正确的有（　　）。

A. 固定资产使用寿命、预计净残值和折旧方法的改变应当作为会计估计变更

B. 企业至少应当于每年年度终了，对固定资产使用寿命、预计净残值和折旧方法进行变更

C. 与固定资产有关的经济利益预期消耗方式有重大改变的，应当改变固定资产折旧方法

D. 已提足折旧仍继续使用的固定资产不再计提折旧

6. 下列与固定资产有关的项目中，可能对企业当期损益产生影响的有（　　）。

A. 符合资本化条件的固定资产改良支出

B. 管理用固定资产发生的日常维修费用

C. 管理用固定资产计提折旧

D. 出售固定资产损益

7. 某企业 2×17 年 12 月 31 日购入一台设备，购买价款为 210 万元（不含增值税），预计使用寿命为 5 年，采用年限平均法计提折旧，预计净残值为 10 万元。2×18 年年末该设备发生减值，预计可收回金额为 120 万元，计提减值后，预计使用寿命、净残值和折旧方法不变。2×19 年 6 月，企业出售该设备，取得价款 80 万元，并发生相关处置费用 2 万元。则企业关于该设备的相关会计处理，正确的有（　　）。

A. 2×18 年年末该设备计提减值准备的金额为 50 万元

B. 2×19 年该设备应计提折旧额为 20 万元

C. 2×19 年该设备应计提折旧额为 13.75 万元

D. 企业因出售该设备减少利润总额 28.25 万元

8. 为建造工程发生的下列项目中，属于待摊支出的有（　　）。

A. 可行性研究费

B. 符合资本化条件的借款费用

C. 建设期间发生的工程物资盘亏

D. 报废及毁损净损失

9. 关于固定资产，下列说法中正确的有（　　）。

A. 固定资产发生盘亏应将其账面价值转入以前年度损益调整科目

B. 固定资产盘亏造成的损失，应当计入管理费用

C. 固定资产盘盈应作为前期差错处理

D. 固定资产盘盈会增加企业所有者权益金额

10. 甲公司 2×19 年采用出包方式购建一个生产车间，包括厂房和一条生产线两个单项工程，厂房价款为 130 万元、生产线安装费用 50 万元。2×19 年有关资料如下：

（1）1 月 10 日，预付厂房工程款 100 万元。

（2）2 月 10 日，甲公司购入生产线各种设备，价款为 500 万元，包装费 15 万元，途中保险费 70 万元，款项已支付。

（3）2 月 10 日，将设备交付建造承包商建造安装生产线。

（4）3 月 10 日，在建工程发生符合资本化条件的借款利息、监理费、管理费等共 15 万元，以银行存款支付。

（5）5 月 31 日，结算工程款项，差额以银行存款支付。

（6）5 月 31 日，生产线进行负荷联合试车发生费用 10 万元，试车形成的副产品对外销售价款 5 万元，均通过银行存款结算。

（7）6 月 1 日，厂房、生产线达到预定可以使用状态，并交付使用。

不考虑其他因素，下列关于甲公司该工程的表述中，错误的有（　　）。

A. 2 月 10 日购入的工程设备的入账价值应为 585 万元

B. 工程完工时，厂房入账价值为 132.55 万元

C. 工程完工时，生产线入账价值为 50.98 万元

D. 5 月 31 日结算工程款项时，需支付给工程公司 180 万元

## 三、综合题

1. 东风公司系增值税一般纳税人。2019 年 12 月 31 日购买一组生产设备（该设备用于生产多种产品），取得的增值税专用发票上注明的设备买价为 494.4 万元，增值税进项税额为 64.272 万元，款项全部付清。该设备采用年数总和法计提折旧，预计使用寿命为 5 年，预计净残值为 14.4 万元。

2022 年 10 月 31 日东风公司开始对该组设备进行更新改造并于 2023 年 3 月 31 日完工交付使用。改造过程中用银行存款支付工程支出为 100 万元，另购入新部件 220 万元替换原设备组中原值为 180 万元的旧部件，被替换部件已无使用价值，经过改造后这组设备的尚可使用寿命为 4 年，预计净残值为 20.38 万元，折旧方法改为年限平均法。

2025 年年末，东风公司对该设备进行减值测试确定其可收回金额为 52 万元。东风公司计提了减值准备，计提减值准备后该设备

的预计使用年限不变，且采用年限平均法计提折旧，预计净残值为7万元。

2027年3月该设备到期报废，2027年4月处置该设备获得处置净收入16万元。

要求：编制东风公司该生产设备从购入到处置的会计分录，计算结果保留两位小数。

2. 甲公司系增值税一般纳税人，2017年至2020年与固定资产业务相关的资料如下：

（1）2017年12月5日，甲公司以银行存款购入一套不需安装的大型生产设备，取得的增值税专用发票上注明的价款为5 000万元，增值税税额为650万元。

（2）2017年12月31日，该设备投入使用，预计使用年限为5年，净残值为50万元，采用年数总和法按年计提折旧。

（3）2019年12月31日，该设备出现减值迹象，预计未来现金流量的现值为1 500万元，公允价值减去处置费用后的净额为1 800万元，甲公司对该设备计提减值准备后，根据新获得的信息预计其剩余使用年限仍为3年、净残值为30万元，仍采用年数总和法按年计提折旧。

（4）2020年12月31日，甲公司售出该设备，开具的增值税专用发票上注明的价款为900万元，增值税税额为117万元，款项已收存银行，另以银行存款支付清理费用2万元。

假定不考虑其他因素。

要求：

（1）编制甲公司2017年12月5日购入该设备的会计分录。

（2）分别计算甲公司2018年度和2019年度对该设备应计提的折旧金额。

（3）计算甲公司2019年12月31日对该设备应计提减值准备的金额，并编制相关会计分录。

（4）计算甲公司2020年度对该设备应计提的折旧金额，并编制相关会计分录。

（5）编制甲公司2020年12月31日处置该设备的会计分录。

## 答案及解析

### 一、单项选择题

1. 【答案】D

【解析】选项A、B和C均属于固定资产；选项D，企业以经营租赁方式出租的建筑物属于投资性房地产的核算范围，不符合固定资产。

2. 【答案】B

【解析】2×19年2月1日固定资产的入账价值 = 200 + 100 × 2.6730 + 5 = 472.3（万元）。

3. 【答案】A

【解析】甲公司购买固定资产总成本 = 1 000 + 3.4 + 0.6 = 1 004（万元），A设备应分配的固定资产价值比例 = 312/(312 + 468 + 260) = 30%，B设备应分配的固定资产价值比例 = 468/(312 + 468 + 260) = 45%，C设备应分配的固定资产价值比例 = 260/(312 + 468 + 260) = 25%；A设备成本 = 1 004 × 30% = 301.2（万元），B设备成本 = 1 004 × 45% = 451.8（万元），C设备成本 = 1 004 × 25% = 251（万元）。

4. 【答案】C

【解析】2×19年5月31日，安全防护设备完工，冲减专项储备，甲公司“专项储备——安全生产费”余额 = 500 + 10 × 15 − 10 − (200 + 15) = 425（万元），选项C正确。

5. 【答案】A

【解析】该生产线达到预定可使用状态时的成本 = 50 000 + 20 000 + 48 000 + 10 000 = 128 000（元）。

6. 【答案】C

【解析】2×19年确认的财务费用 = 10 000 × 0.1420 × 5% = 71（万元），2×20年确认的财务费用 = (1 420 + 71) × 5% = 74.55（万元）。

7. 【答案】B

【解析】甲公司该设备在2×19年6月30日达到预定可使用状态时的入账价值 = 90 + 2 + 25 + 5 = 122（万元），2×20年应计提折旧额 = (122 − 2) × 5/15/2 + (122 − 2) × 4/15/2 = 36（万元）。

8. 【答案】D

【解析】改造时累计已计提折旧 = 1 000/5 × 2 = 400（万元），被替换部分的账面价值 = 350 − 350/5 × 2 = 210（万元），改造后生产线的入账价值 = (1 000 − 400 − 210) + (215 + 50 + 125 + 300) = 1 080（万元），2×19年12

月 31 日该生产线的账面价值 = 1 080 − 1 080/4/12 × (9 + 12) = 607.5 (万元)。

9. 【答案】B

【解析】该设备年折旧金额 = [(170 000 + 6 000) − 16 000)] /8 = 20 000 (元); 2 × 17 年应计提的折旧金额 = 20 000 × 3/12 = 5 000 (元); 至 2 × 19 年年末该固定资产的账面净值 = 176 000 − (5 000 + 20 000 × 2) = 131 000 (元), 高于可收回金额 119 500 元, 则应计提减值准备金额为 11 500 元 (131 000 − 119 500)。

10. 【答案】C

【解析】出售时该设备账面价值 = 200 − 50 − 25 = 125 (万元)。计入资产处置损益的金额 = 125 − 60 + 3 = 68 (万元) (损失), 则对利润总额的影响为 −68 万元。

11. 【答案】B

【解析】盘盈固定资产属于前期会计差错, 应通过"以前年度损益调整"科目核算。

12. 【答案】D

【解析】企业以一笔款项同时购入多项没有单独标价的资产, 多项资产中除了固定资产还包括其他资产的, 需要按照各项资产的公允价值的比例对总成本进行分配, 分别确认各项资产的成本。本题中, 购买该项房地产的总成本 = 95 (万元), 应确认的固定资产入账价值 = 40/ (60 + 40) × 95 = 38 (万元)。

注意: ①支付给本企业员工的工资和奖金并不是专门为房地产购进业务发生的支出, 即使没有该业务企业员工参与其他工作也是会发放工资的; 并且不属于房地产达到预定使用状态的必要支出, 因此不能计入房地产购进成本中; ②该房地产购入即达到预定可使用状态, 不存在超过一年的购建期间, 因此专门借款的利息费用支出 1 万元应费用化, 不需要计入房地产成本。

## 二、多项选择题

1. 【答案】ABC

【解析】固定资产具有以下三个特征: (1) 为生产商品、提供劳务、出租或经营管理而持有; (2) 使用寿命超过一个会计年度; (3) 固定资产是有形资产。

2. 【答案】ABD

【解析】企业购置的不需要安装的生产设备, 应按实际支付的购买价款加上支付的包装费、专业人员服务费和相关税费等作为入账价值。发生的员工培训费, 是为了使员工更好地为企业提供服务, 但不是使购入资产达到预定可使用状态的必须支出, 因此不能计入固定资产的入账价值, 选项 C 不正确。

3. 【答案】CD

【解析】企业为建造固定资产通过出让方式取得的土地使用权而支付的土地出让金不计入在建工程的成本, 应确认为无形资产, 选项 C 不正确; 投资者投入的固定资产的成本, 应当按照投资合同或协议约定的价值确定, 但是合同或协议约定价值不公允的除外, 选项 D 不正确。

4. 【答案】CD

【解析】定期大修理期间的固定资产应继续计提折旧; 已达到预定可使用状态但尚未办理竣工决算的固定资产, 应当按照估计价值确定其成本, 并计提折旧。

5. 【答案】ACD

【解析】选项 B, 企业至少应当于每年年度终了, 对固定资产的使用寿命、预计净残值和折旧方法进行复核。如果有确凿证据表明固定资产使用寿命预计数与原先估计数有差异的, 应当调整固定资产使用寿命; 预计净残值预计数与原先估计有差异的, 应当调整预计净残值。若无差异, 则不调整。

6. 【答案】BCD

【解析】选项 A, 符合资本化条件的固定资产改良支出, 应计入固定资产成本。

7. 【答案】ACD

【解析】该设备 2 × 18 年计提折旧额 = (210 − 10) /5 = 40 (万元), 2 × 19 年年末该设备的账面净值 = 210 − 40 = 170 (万元), 因此应当计提减值准备的金额 = 170 − 120 = 50 (万元), 选项 A 正确; 该设备 2 × 19 年计提折旧的金额 = (120 − 10) /4 × 6/12 = 13.75 (万元), 选项 B 错误, 选项 C 正确; 企业处置该设备时影响利润总额的金额 = 80 − (120 − 13.75) − 2 = −28.25 (万元), 选项 D 正确。

8. 【答案】ABCD

9. 【答案】CD

【解析】选项 A, 固定资产发生盘亏, 应将其账面价值转入"待处理财产损溢"科目, 不作为前期差错处理; 选项 B, 固定资产盘亏造成的损失，计入企业当期营业外支出。

10. 【答案】CD

【解析】购入的工程设备的入账价值 = 500 + 15 + 70 = 585（万元），选项A正确；待摊支出合计 = 15（万元），在建工程——在安装设备应分配的待摊支出 = 15 × 585/（585 + 130 + 50）= 11.47（万元），在建工程——建筑工程（厂房）应分配的待摊支出 = 15 × 130/（585 + 130 + 50）= 2.55（万元），在建工程——安装工程应分摊的待摊支出 = 15 × 50/（585 + 130 + 50）= 0.98（万元），因此厂房入账价值 = 130 + 2.55 = 132.55（万元），生产线入账价值 =（585 + 11.47 + 10 − 5）（在安装设备）+（50 + 0.98）（安装工程）= 652.45（万元），选项B正确，选项C不正确；需支付工程款余额 = 180 − 100 = 80（万元），选项D不正确。

## 三、综合题

1. 【答案】

（1）2019年12月31日，购入生产设备时：

借：固定资产　494.4
　　应交税费——应交增值税（进项税额）　64.272
　贷：银行存款　573.50

（2）2020年计提折旧额 =（494.4 − 14.4）× 5/15 = 160（万元）。

借：制造费用　160
　贷：累计折旧　160

（3）2021年计提折旧额 =（494.4 − 14.4）× 4/15 = 128（万元）。

借：制造费用　128
　贷：累计折旧　128

（4）2022年1月至10月计提折旧额 =（494.4 − 14.4）× 3/15 × 10/12 = 80（万元）。

借：制造费用　80
　贷：累计折旧　80

（5）2022年10月31日进入更新改造阶段：

借：在建工程　126.4
　　累计折旧（160 + 128 + 80）368
　贷：固定资产　494.4

借：在建工程　100
　贷：银行存款　100

借：工程物资　220
　贷：银行存款　220

借：在建工程　220
　贷：工程物资　220

借：营业外支出
　　46.02（180/494.4 × 126.4）
　贷：在建工程　46.02

（6）2023年3月31日更新改造完成后转入固定资产：

借：固定资产
（126.4 + 100 + 220 − 46.02）400.38
　贷：在建工程　400.38

（7）2023年计提折旧额 =（400.38 − 20.38）/4 × 9/12 = 71.25（万元）。

借：制造费用　71.25
　贷：累计折旧　71.25

（8）2024年计提折旧额 =（400.38 − 20.38）/4 = 95（万元）

借：制造费用　95
　贷：累计折旧　95

（9）2025年计提折旧额：

借：制造费用　95
　贷：累计折旧　95

（10）2025年年末固定资产账面价值 = 400.38 − 71.25 − 95 − 95 = 139.13（万元），可收回金额为52万元，因此需要计提减值准备 = 139.13 − 52 = 87.13（万元）。

借：资产减值损失　87.13
　贷：固定资产减值准备　87.13

（11）2026年计提折旧额：

借：制造费用
{[（52 − 7）/（4 × 12 − 9 − 12 − 12）] × 12}　36
　贷：累计折旧　36

（12）2027年计提折旧额：

借：制造费用
{[（52 − 7）/（4 × 12 − 9 − 12 − 12）] × 3}　9
　贷：累计折旧　9

（13）2027年报废该固定资产：

借：固定资产清理　7
　　固定资产减值准备　87.13
　　累计折旧　306.25
　贷：固定资产　400.38

借：银行存款　16

贷：固定资产清理 7

营业外收入 9

2.【答案】

（1）甲公司2017年12月5日购入该设备的会计分录为：

借：固定资产 5 000

应交税费——应交增值税（进项税额） 650

贷：银行存款 5 650

（2）甲公司2018年度对该设备应计提的折旧金额＝（5 000－50）×5/15＝1 650（万元）；

甲公司2019年度对该设备应计提的折旧金额＝（5 000－50）×4/15＝1 320（万元）。

（3）甲公司2019年12月31日计提减值准备前固定资产账面余额金额＝5 000－1 650－1 320＝2 030（万元），可收回金额为1 800万元（公允价值减去处置费用后的净额为1 800万元，预计未来现金流量的现值为1 500万元），故应计提的减值准备金额＝2 030－1 800＝230（万元）。会计分录：

借：资产减值损失 230

贷：固定资产减值准备 230

（4）甲公司2020年度对该设备应计提的折旧金额＝（1 800－30）×3/6＝885（万元）。

会计分录：

借：制造费用 885

贷：累计折旧 885

（5）

借：固定资产清理 915

固定资产减值准备 230

累计折旧

（1 650＋1 320＋885）3 855

贷：固定资产 5 000

借：固定资产清理 2

贷：银行存款 2

借：银行存款 1 017

贷：固定资产清理 900

应交税费——应交增值税（销项税额） 117

借：资产处置损益 17

贷：固定资产清理 17

# 第五章　无形资产

## 本章考情分析

本章在考试中居于一般地位，分数在4分左右，主要以客观题出现，有时在主观题中涉及无形资产。本章复习重点是研发支出核算和无形资产摊销。

## 本章教材变化

本章今年没有变化。

## 基本内容框架

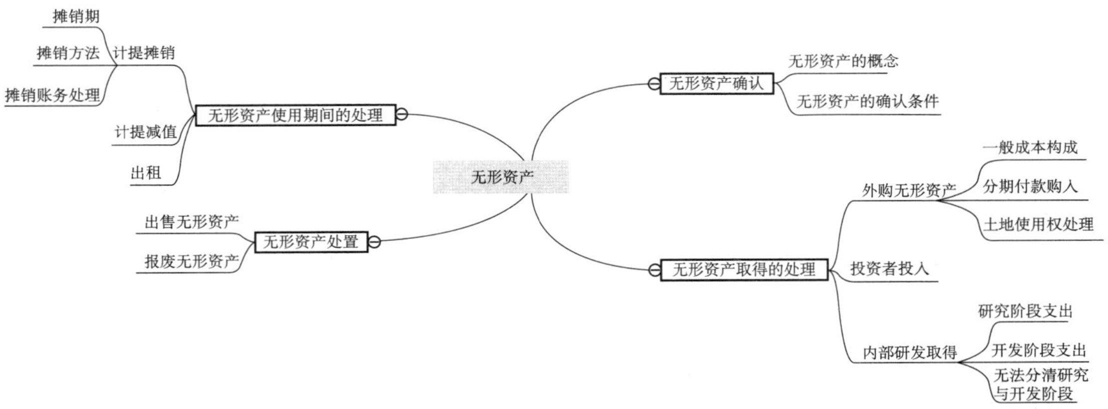


## 通关重难点例题解析

无形资产，是指企业拥有或者控制的没有实物形态的可辨认非货币性资产。无形资产按取得时、使用期间和处置时三个步骤。

### 一、无形资产取得时

无形资产应当按照成本进行初始计量。不同来源的无形资产，其成本构成不同。



**无形资产的成本构成**

| | 成本构成 |
|---|---|
| 外购 | 外购无形资产的成本，包括购买价款、相关税费以及直接归属于使该项资产达到预定用途所发生的其他支出，不包括为引入新产品进行宣传发生的广告费、管理费用和其他间接费用以及不包括无形资产达到预定用途以后发生的费用。 |
| 投入 | 投资者投入无形资产的成本，应当按照投资合同或协议约定的价值确定，但合同或协议约定价值不公允的除外。 |

续表

| | 成本构成 |
|---|---|
| 研发 | 对于企业自行进行的研究开发项目，应当区分研究阶段与开发阶段两个部分分别进行核算：<br>(1) 研究阶段发生的支出全部费用化（管理费用）。<br>(2) 开发阶段的支出在同时满足5个条件时，可以资本化。<br>(3) 无法区分研究阶段和开发阶段的支出，应当在发生时全部计入当期管理费用。 |
| 土地特殊规定 | (1) 自用、有使用期限（有偿取得）→计入无形资产<br>(2) 自用、无使用期限（无偿拨入）→计入固定资产<br>(3) 已出租以及持有并增值后转让的土地使用权→计入投资性房地产<br>(4) 用于开发商品房的土地使用权→计入存货（开发成本） |

## 二、无形资产使用期间

无形资产使用期间有三件事：计提摊销、计提减值和出租：

(1) 计提摊销。使用寿命可确定的无形资产应摊销，使用寿命不确定的无形资产不摊销，但每年都应该进行减值测试。摊销时应确定摊销期、摊销方法、账务处理。

(2) 计提减值。无形资产账面价值大于其可收回金额时，其差额应计提无形资产减值准备。

(3) 出租。企业出租无形资产形成的租金应确认为其他业务收入，发生的相关费用应确认为其他业务成本。已出租的土地使用权应转入投资性房地产，不属于无形资产了。

## 三、无形资产处置

(1) 转让无形资产的损益计入“资产处置损益”科目，并列示在利润表中的“资产处置收益”项目中。

(2) 报废无形资产其损失计入营业外支出。

【例5－1】(2018年单选题) 甲公司2×16年1月开始研发一项新技术，2×18年1月进入开发阶段，2×18年12月31日完成开发并申请了专利。该项目2×16年发生研发费用600万元，截至2×18年末累计发生研发费用1 600万元，其中符合资本化条件的金额为1 000万元，按照税法规定，研发支出可按实际支出的150%税前抵扣。不考虑其他因素，下列各项关于甲公司上述研发项目会计处理的表述中，正确的是（　　）。

A. 将研发项目发生的研究费用确认为长期待摊费用

B. 实际发生的研发费用与其可予税前抵扣金额的差额确认递延所得税资产

C. 自符合资本化条件起至达到预定用途时所发生的研发费用资本化计入无形资产

D. 研发项目在达到预定用途后，将所发生全部研究和开发费用可予以税前抵扣金额的所得税影响额确认为所得税费用

【答案】C

【解析】企业自行研究开发项目，应当区分研究阶段与开发阶段分别进行核算。研究阶段的支出应计入当期损益；开发阶段的支出满足资本化条件时计入无形资产的成本，选项C正确。

【例5－2】(2016年单项选择题) 长江公司为一家多元化经营的综合性集团公司，不考虑其他因素，其纳入合并范围的下列子公司对所持有土地使用权的会计处理中，不符合会计准则规定的是（　　）。

A. 子公司甲为房地产开发企业，将土地使用权取得成本计入所建造商品房成本

B. 子公司乙将取得的用于建造厂房的土地使用权在建造期间的摊销计入当期管理费用

C. 子公司丙将持有的土地使用权对外出租，租赁开始日停止摊销并转为采用公允价值进行后续计量

D. 子公司丁将用作办公用房的外购房屋价款按照房屋建筑物和土地使用权的相对公允价值分别确认为固定资产和无形资产，采用不同的年限计提折旧或摊销

【答案】B

【解析】子公司乙将取得的用于建造厂房的土地使用权在建造期间的摊销，按照受益原则，应计入当期制造费用。

【例5－3】(2019年多选题) 下列各项关于无形资产会计处理的表述中，错误的有（　　）。

A. 外包无形资产开发活动在实际支付价

款时确认无形资产

B. 无法区分研究阶段和开发阶段的支出，全部费用化计入当期损益

C. 使用寿命不确定的无形资产只在存在减值迹象时进行减值测试

D. 在无形资产达到预定用途前为宣传新技术发生的费用，计入无形资产成本

【答案】ACD

【解析】选项A，应在研发完成达到预定用途时确认无形资产；选项C，使用寿命不确定的无形资产应于每个资产负债表日进行减值测试；选项D，宣传费用应计入当期损益。

## 通关演练

### 一、单项选择题

1. 下列各项关于土地使用权会计处理的表述中，不正确的是（　　）。

A. 为建造固定资产购入的土地使用权确认为无形资产

B. 房地产开发企业为开发商品房购入的土地使用权确认为存货

C. 用于出租的土地使用权及其地上建筑物一并确认为投资性房地产

D. 土地使用权在地上建筑物达到预定可使用状态时与地上建筑物一并确认为固定资产

2. 下列关于外购无形资产的核算，说法不正确的是（　　）。

A. 外购无形资产成本包括购买价款、相关税费以及直接归属于使该项资产达到预定用途所发生的其他支出

B. 直接归属于使该无形资产达到预定用途所发生的其他支出包括使无形资产达到预定用途所发生的专业服务费用、测试无形资产是否能够正常发挥作用的费用等

C. 将为引入新产品进行宣传发生的广告费、管理费用及其他间接费用计入无形资产的初始成本中

D. 无形资产已经达到预定用途后发生的费用不计入无形资产成本

3. 2×19年1月1日，东达公司从科贸公司购买一项商标权，由于东达公司资金被新产品的开发占用，资金周转较为紧张，其与科贸公司达成协议采用分期付款的方式支付款项。协议约定，该项商标权总计为4 000万元，2×19年起，每年年末付款800万元，5年付清。另支付相关税费1万元和专业人员服务费5万元，于购入商标权日支付。假定银行同期贷款年利率为5%。为简化核算，假定不考虑除上述以外的其他相关税费，（P/A，5%，5）=4.3295，则该商标权的入账价值为（　　）万元。

A. 4 000　　B. 4 012

C. 3 463.6　　D. 3 469.6

4. 东达公司为建造自用的办公楼，于2×19年1月1日，购入一项土地使用权，购买价款为4 000万元。为建造办公楼发生材料支出500万元，施工工人工资为100万元，其他日常活动的相关支出为1 000万元。该办公楼于2×19年12月31日达到预定可使用状态。假定该土地使用权的预计使用年限是50年，该办公楼的预计使用年限是40年，预计净残值均为0，均采用直线法进行摊销和计提折旧。不考虑其他因素，则该土地使用权2×19年年末的账面价值为（　　）万元。

A. 0　　B. 4 000

C. 3 920　　D. 4 160

5. A公司2×19年3月1日开始自行研发一项新工艺，3月至10月发生的各项研究、调查等费用共计200万元；11月1日研究阶段成功，进入开发阶段，支付开发人员工资160万元，福利费40万元，支付租金40万元，假设开发阶段支出有60%满足资本化条件。2×19年12月31日，A公司该项新工艺开发成功，并于2×20年2月1日依法申请了专利，支付注册费4万元，律师费6万元，3月1日为运行该项资产发生的人员培训费8万元。则A公司自行研发的该项无形资产的入账价值为（　　）万元。

A. 162　　B. 218

C. 152　　D. 154

6. 甲公司2×19年至2×20年为非专利技术（用于生产产品）研究和开发了一项新工艺。2×19年10月1日以前为该项新工艺发生各项研究、调查、试验等费用400万元，在2×19年10月1日，公司证实该项新工艺

研究成功，开始进入不具有商业规模的试生产阶段。假定该时点以后发生的各项支出均符合资本化条件。2×19年10月至12月发生材料人工等各项支出200万元，2×20年1月1日至6月1日又发生材料费用、直接参与开发人员的工资、场地设备等租金和注册费等支出800万元，按照新工艺试生产了产品，2×20年6月1日通过该项新工艺中试鉴定，证明达到预定用途，将投入商业性使用并预计在未来10年按直线法为企业带来经济利益，预计净残值为0。假定该公司财务报表对外提供半年报。不考虑其他因素的影响，下列关于该公司的列报的说法错误的是（　　）。

A. 2×19年12月31日资产负债表上列示无形资产200万元

B. 2×19年12月31日该项非专利技术研究增加利润表上研发费用400万元

C. 2×20年6月30日资产负债表上列示无形资产991.67万元

D. 2×20年12月31日资产负债表上列示无形资产941.67万元

7. 2×19年1月1日，甲公司将一项专利权用于对外出租，年租金为100万元。已知该项专利权的原值为1 000万元，预计该项专利权的使用寿命为10年，已使用3年，预计净残值为零，采用直线法摊销。2×19年12月31日，甲公司估计该项专利权的可收回金额为545万元。不考虑增值税等其他因素的影响，则甲公司2×19年度因该项专利权影响利润总额的金额为（　　）万元。

A. －155　　B. 55

C. 45　　D. －55

8. 2×18年1月1日，甲公司购入一项占有市场领先地位的畅销产品的商标权，购买价款为1 000万元，该商标权按照法律规定尚可使用年限为5年，但是在法律保护期届满时，甲公司可每10年以较低的手续费申请延期，同时甲公司有充分的证据表明其有能力申请延期。此外，有关的调查表明，根据产品生命周期、市场竞争等方面情况综合判断，该商标权将在不确定的期间内为企业带来经济利益。2×18年年末，该商标权的可收回金额为800万元；2×19年年末其可收回金额为850万元。假定不考虑其他因素，则2×19年年末甲公司该商标权的账面价值为（　　）万元。

A. 1 000　　B. 850

C. 800　　D. 600

## 二、多项选择题

1. 下列关于无形资产初始计量的表述中，不正确的有（　　）。

A. 通过债务重组取得的无形资产，应当以其公允价值入账

B. 通过政府补助取得的无形资产，应当按照公允价值计量；公允价值不能可靠取得的，按照账面价值计量

C. 企业外购的无形资产，通常应当按照取得时所支付的价款和相关税费确认为无形资产

D. 投资者投入的无形资产，应当按照投资合同或协议约定的价值确定无形资产的成本

2. 2×19年1月1日，甲公司购入一项管理用无形资产，双方协议采用分期付款方式支付价款，合同总价款为6 000万元，自2×19年起，每年年末付款1 200万元，5年付清。假定银行同期贷款年利率为5%。另以现金支付相关税费30万元。该项无形资产购入当日即达到预定用途，预计使用寿命为10年，采用直线法摊销，预计净残值为零。假定不考虑其他相关因素的影响。（已知利率为5%、期数为5年期的年金现值系数为4.3295，计算结果保留两位小数），下列关于甲公司会计处理的说法正确的有（　　）。

A. 该项无形资产的入账价值为5 225.4万元

B. 该项无形资产的入账价值为3 030万元

C. 该项无形资产对甲公司2×19年利润总额的影响为782.31万元

D. 该项无形资产对甲公司2×19年利润总额的影响为259.78万元

3. 下列关于自行研发的无形资产核算中，表述错误的有（　　）。

A. 研究阶段的有关支出，应当全部予以费用化计入当期损益

B. 开发阶段的有关支出，应当全部予以资本化计入无形资产成本中

C. 对于同一项无形资产达到资本化条件前已经费用化计入当期损益的支出应进行调整

D. 无形资产达到预定用途前发生的可辨认的无效和初始运作损失、为运行该无形资产发生的培训支出应计入无形资产的成本

4. 2×19 年 1 月 1 日，甲公司以银行存款 5 000 万元购入一项土地使用权，该项土地使用权的预计使用年限为 50 年。甲公司购入的该项土地使用权用于建造办公楼且办公楼在 2×19 年 1 月 1 日开始施工建造。2×20 年 6 月 30 日，该项构建工程已经完工，办公楼达到预定可使用状态，总成本为 4 200 万元（包含建造期间无形资产的摊销金额），该办公楼的预计使用年限为 30 年。假定不考虑净残值及其他相关因素的影响，甲公司的下列会计处理中，正确的有（　　）。

A. 土地使用权和地上建筑物分别作为无形资产和固定资产核算

B. 开工建造办公楼时，应将无形资产的账面价值转入在建工程

C. 2×19 年 1 月 1 日至 2×20 年 6 月 30 日，土地使用权不需要进行摊销

D. 2×20 年 6 月 30 日固定资产的入账价值为 4 200 万元

5. 2×19 年 7 月 1 日，A 公司与 B 公司签订合同，从 B 公司购买管理系统软件，合同价款为 5 000 万元，款项分五次支付，其中合同签订之日支付购买价款的 20%，其余款项分四次自次年起每年 7 月 1 日支付 1 000 万元。管理系统软件购买价款的现值为 4 546 万元，折现率为 5%。该软件预计尚可使用年限为 5 年，预计净残值为零，采用直线法摊销。不考虑其他因素，下列说法中，正确的有（　　）。

A. 2×19 年无形资产的摊销额为 454.6 万元

B. 2×19 年年末未确认融资费用的摊销额为 88.65 万元

C. 2×19 年年末无形资产的账面价值为 4 091.4 万元

D. 2×19 年年末长期应付款的账面价值 3 634.65 万元

6. 北方公司为从事房地产开发的上市公司，2×19 年 1 月 1 日，外购位于甲地块上的一栋厂房，作为生产用厂房，甲地块的土地使用权能够单独计量；2×19 年 3 月 1 日，购入乙地块和丙地块，分别用于开发对外出售的商品房和自用办公楼，至 2×20 年 12 月 31 日，商品房和写字楼尚未开发完成；2×20 年 1 月 1 日，购入丁地块，作为员工活动场地，至 2×20 年 12 月 31 日，丁地块的设施已经完成。假定不考虑其他因素，下列各项中，北方公司 2×20 年 12 月 31 日应确认为无形资产（土地使用权）的有（　　）。

A. 甲地块的土地使用权

B. 乙地块的土地使用权

C. 丙地块的土地使用权

D. 丁地块的土地使用权

7. 东达公司于 2×19 年 1 月 1 日购入一项无形资产，初始入账价值为 300 万元。该无形资产预计使用年限为 10 年，采用直线法摊销，无残值。2×19 年 12 月 31 日该无形资产出现减值迹象，预计可收回金额为 261 万元；2×20 年 12 月 31 日预计可收回金额为 224 万元。计提减值准备后该无形资产原预计使用年限、预计净残值及摊销方法不变。下列说法正确的有（　　）。

A. 2×19 年 12 月 31 日无形资产应计提的减值准备为 9 万元

B. 2×19 年 12 月 31 日无形资产应计提的减值准备为 39 万元

C. 2×20 年 12 月 31 日无形资产的账面价值为 224 万元

D. 该无形资产在 2×21 年 6 月 30 日的账面价值为 210 万元

8. 下列关于使用寿命不确定的无形资产的说法中，正确的有（　　）。

A. 使用寿命不确定的无形资产应当采用直线法按 10 年进行摊销

B. 使用寿命不确定的无形资产应当在每个会计期间进行减值测试

C. 对于使用寿命不确定的无形资产如果有证据表明其使用寿命变更为有限，则应视为会计估计变更，估计其使用寿命并按照使用寿命有限的无形资产的处理原则进行处理

D. 企业选择的无形资产摊销方法应当能够反映与该项无形资产有关的经济利益的预期实现方式，并一致地运用于不同会计期间

9. 下列各项关于确定摊销年限的表述中，

正确的有（　　）。

A. 合同规定受益年限，法律没有规定有效年限的，摊销年限不应该超过合同规定的受益年限

B. 没有明确的合同或法律规定无形资产的使用寿命的，企业应当综合各方面情况以及参考企业的历史经验等，确定无形资产为企业带来未来经济利益的期限

C. 合同规定受益年限，法律也规定了有效年限的，摊销年限选择二者中较短者

D. 合同没有规定受益年限，法律规定有效年限的，摊销年限不应该超过法律规定的有效年限

10. 甲公司下列有关事项中，可能影响当期利润表中营业利润的有（　　）。

A. 对专利权计提减值准备

B. 出租商标权取得的租金收入

C. 宣传新产品发生的相关广告费用

D. 为使非专利技术达到预定用途支付的相关专业服务费用

## 三、计算分析题

1. 甲公司2019年至2020年与F专利技术有关的资料如下：

（1）2019年1月1日，甲公司与乙公司签订F专利技术转让协议，协议约定，该专利技术的转让价款为2 000万元。甲公司于协议签订日支付400万元，其余款项自当年起分4次每年末支付400万元。当日，甲、乙公司办妥相关手续，甲公司以银行存款支付400万元，立即将该专利技术用于产品生产，预计使用10年，预计净残值为零，采用直线法按年摊销。甲公司计算确定的该长期应付款项的实际年利率为6%，年金现值系数（P/A，6%，4）为3.47。

（2）2020年1月1日，甲公司因经营方向转变，将F专利技术转让给丙公司，转让价款1 500万元收讫并存入银行。同日，甲、丙公司办妥相关手续。

假定不考虑其他因素。

要求：

（1）计算甲公司2019年1月1日取得F专利技术的入账价值，并编制相关会计分录。

（2）计算甲公司2019年专利技术的摊销额，并编制相关会计分录。

（3）分别计算甲公司2019年末确认融资费用的摊销金额及2019年12月31日长期应付款的摊余成本。

（4）编制甲公司2020年1月1日转让F专利技术的相关会计分录。

2. 长岛股份公司自2019年初开始自行研究开发一项专利权，2020年6月30日专利权获得成功，达到预定用途。2019年在研究开发过程中发生材料费300万元、人工工资200万元，以及通过银行支付的其他费用60万元，共计560万元，其中，符合资本化条件的支出为400万元；2020年在研究开发过程中发生材料费160万元、人工工资100万元，以及通过银行支付的其他费用40万元，共计300万元，其中，符合资本化条件的支出为240万元。

要求：编制该公司2019年度和2020年度有关研究开发专利权的会计分录。

3. 甲股份有限公司有关无形资产业务的资料如下：

（1）2015年11月12日，以银行存款477万元购入一项管理用无形资产，其中价款450万元，增值税27万元（增值税税率为6%）。该无形资产的预计使用年限为10年。

（2）2018年12月31日，预计该无形资产的可收回金额为205万元。该无形资产发生减值后，原预计使用年限不变。

（3）2019年12月31日，预计该无形资产的可收回金额为70万元，调整该无形资产减值准备后，原预计使用年限不变。

（4）2020年6月16日，将该无形资产对外出售，取得转让款159万元，其中价款150万元，增值税税额9万元，并收存银行，不考虑增值税外其他税费。

要求：根据上面的业务，做出相关会计处理。

# 答案及解析

## 一、单项选择题

1.【答案】D

【解析】企业取得的土地使用权一般确认为无形资产。土地使用权用于自行开发建造厂房等地上建筑物时，土地使用权的账面价

值不与地上建筑物合并确认为固定资产，而仍作为无形资产进行核算，选项D错误。

2.【答案】C

【解析】选项C，为引入新产品进行宣传发生的广告费、管理费用及其他间接费用不计入无形资产的初始成本，应计入当期损益。

3.【答案】D

【解析】该商标权的入账价值 = 800 × 4.3295 + 1 + 5 = 3 469.6（万元）。

4.【答案】C

【解析】企业取得土地使用权用于自行开发建造办公楼等地上建筑物时，其土地使用权的账面价值不计入地上建筑物成本，仍作为无形资产核算，即该土地使用权2×19年年末的账面价值 = 4 000 − 4 000/50 = 3 920（万元）。

5.【答案】D

【解析】自行研发的无形资产在研究阶段的支出全部费用化，计入当期损益（管理费用）；开发阶段支出满足资本化条件的，确认为无形资产，不满足资本化条件的计入当期损益（管理费用）。在无形资产获得成功并依法申请专利时，要将发生的注册费、聘请律师费等费用，计入无形资产成本。无形资产在达到预定用途后发生的后续支出，如培训支出，仅是为了确保已确认的无形资产能够为企业带来预定的经济利益，应在实际发生时确认为费用。故无形资产的入账价值 = (160 + 40 + 40) × 60% + 4 + 6 = 154（万元）。

6.【答案】A

【解析】2×19年12月31日没有达到预定用途时将应资本化的研发支出在资产负债表中"开发支出"项目列示，选项A错误。

会计处理：

2×19年12月31日以前的支出：

借：研发支出——资本化支出 200

——费用化支出 400

贷：银行存款等 600

2×19年12月31日：

借：管理费用 400

贷：研发支出——费用化支出 400

2×20年1月1日—6月1日支出：

借：研发支出——资本化支出 800

贷：银行存款等 800

2×20年6月1日：

借：无形资产——非专利技术 (200 + 800) 1 000

贷：研发支出——资本化支出 1 000

2×20年6月应计提的摊销金额 = 1 000/10 × 1/12 = 8.33（万元）。

借：制造费用 8.33

贷：累计摊销 8.33

2×20年6月30日，资产负债表上列示无形资产991.67万元（1 000 − 8.33），选项C正确。

2×20年7月至12月摊销额：

借：制造费用 (1 000/10 × 6/12) 50

贷：累计摊销 50

2×20年12月31日资产负债表上列示无形资产941.67万元（1 000 − 8.33 − 50），选项D正确。

7.【答案】D

【解析】甲公司该项专利权2×19年年末计提减值准备前的账面余额 = 1 000 − 1 000/10 × 4 = 600（万元），可收回金额为545万元，应计提的减值准备金额 = 600 − 545 = 55（万元），因此甲公司2×19年度因该项专利权影响利润总额的金额 = 100 − 1 000/10 − 55 = −55（万元）。

8.【答案】C

【解析】甲公司应将该项商标权确认为使用寿命不确定的无形资产，不进行摊销，但资产负债表日要进行减值测试，2×18年年末其可收回金额低于其账面价值1 000万元，故应计提无形资产减值准备 = 1 000 − 800 = 200（万元），计提减值后其账面价值 = 1 000 − 200 = 800（万元）；2×19年年末其可收回金额为850万元，高于其账面价值800万元，不应计提减值准备，同时原已计提的无形资产减值准备也不能转回，所以该项商标权2×19年年末的账面价值为800万元。

## 二、多项选择题

1.【答案】BD

【解析】选项B，通过政府补助取得的无形资产，应当按照公允价值计量；公允价值不能可靠取得的，按照名义金额计量；选项D，投资者投入的无形资产，应当按照投资合同或协议约定的价值确定无形资产的取得成本。如果投资合同或协议约定价值不公允的，应按无形资产的公允价值作为无形资产初始成本入账。

2. 【答案】AC

【解析】该项无形资产的入账价值 = 1 200 × 4.3295 + 30 = 5 225.4（万元），选项A正确，选项B不正确；该项无形资产对甲公司2 × 19年利润总额的影响金额 = 5 195.4 × 5% + 5 225.4/10 = 782.31（万元），选项C正确，选项D不正确。

3. 【答案】BCD

【解析】选项B，开发阶段的支出符合资本化条件的部分应予以资本化，不符合资本化条件的部分计入当期损益（管理费用）；选项C，对于同一项无形资产在开发过程中达到资本化条件之前已经费用化计入当期损益的支出不再进行调整；选项D，无形资产达到预定用途前发生的可辨认的无效和初始运作损失、为运行该无形资产发生的培训支出不构成无形资产的开发成本。

4. 【答案】AD

【解析】外购土地使用权用于自行开发建造厂房等地上建筑物时，土地使用权和地上建筑物应分别核算，计提摊销和折旧，土地使用权的账面价值不计入地上建筑物成本，应作为无形资产核算，选项A正确，选项B不正确；在建造期间无形资产的摊销金额应该计入建造资产的成本中，在建造资产完成达到预定可使用状态时，将建造资产的总成本结转到“固定资产”科目中，建造完成之后无形资产的摊销金额计入当期损益，选项C不正确，选项D正确。

5. 【答案】ABCD

【解析】管理系统软件应按照购买价款的现值4 546万元作为入账价值，2 × 19年无形资产的摊销额 = 4 546 ÷ 5 × 6/12 = 454.6（万元），选项A正确；2 × 19年年末未确认融资费用摊销额 = [4 000 − (5 000 − 4 546)] × 5% × 6/12 = 88.65（万元），选项B正确；2 × 19年年末无形资产的账面价值 = 4 546 − 454.6 = 4 091.4（万元），选项C正确；2 × 19年年末长期应付款的账面价值 = 4 000 − (454 − 88.65) = 3 634.65（万元），选项D正确。

6. 【答案】ACD

【解析】房地产开发企业取得的土地使用权用于建造对外出售的商品房，相关的土地使用权应当计入所建造的商品房成本，选项B不应单独确认为无形资产。

7. 【答案】ACD

【解析】2 × 19年12月31日应计提无形资产减值准备 = (300 − 300/10) − 261 = 9（万元），选项A正确，选项B错误；2 × 20年12月31日未考虑当年减值因素前账面价值 = 261 − 261/9 = 232（万元），应计提减值准备的金额 = 232 − 224 = 8（万元），计提减值准备后无形资产账面价值为224万元，选项C正确；2 × 21年6月30日的账面价值 = 224 − 224/8 × 6/12 = 210（万元），选项D正确。

8. 【答案】BCD

【解析】使用寿命不确定的无形资产，在持有期间不需要摊销，选项A不正确。

9. 【答案】ABCD

【解析】根据准则的规定，企业持有的无形资产，通常来源于合同性权利或其他法定权利，且合同规定或法律规定有明确的使用年限。来源于合同性权利或其他法定权利的无形资产，其使用寿命不应超过合同性权利或其他法定权利的期限；合同性权利或其他法定权利在到期时因续约等延续，且有证据表明企业续约不需要付出重大成本的，续约期应当计入使用寿命。合同或法律没有规定使用寿命的，企业应当综合各方面因素判断，以确定无形资产能为企业带来经济利益的期限。比如，与同行业的情况进行比较、参考历史经验，或聘请相关专家进行论证等。按照上述方法仍无法合理确定无形资产为企业带来经济利益期限的，该项无形资产应作为使用寿命不确定的无形资产。

10. 【答案】ABC

【解析】选项A，计提无形资产减值准备，记入“资产减值损失”；选项B，出租商标权取得的租金收入作为“其他业务收入”确认；选项C，宣传新产品发生的相关广告费用记入“销售费用”；上述各项均影响营业利润；选项D，为使该项非专利技术达到预定用途支付相关专业服务费用应资本化计入无形资产的成本，不影响营业利润。

## 三、计算分析题

1.【答案】

（1）F专利技术的入账价值 = 400 + 400 × 3.47 = 1 788（万元）。

借：无形资产 1 788
　未确认融资费用 212
　贷：银行存款 400
　　长期应付款 1 600

（2）甲公司2019年专利技术的摊销额 = 1 788/10 = 178.8（万元）。

借：制造费用 178.8
　贷：累计摊销 178.8

（3）2019年未确认融资费用的摊销额 = (1 600 − 212) × 6% = 83.28（万元）；

2019年12月31日长期应付款的摊余成本 = (1 600 − 400) − (212 − 83.28) = 1 071.28（万元）。

（4）

借：银行存款 1 500
　累计摊销 178.8
　资产转让损益 109.2
　贷：无形资产 1 788

2.【答案】

（1）2019年度：

发生支出时：

借：研发支出——费用化支出 160
　　　　——资本化支出 400
　贷：原材料 300
　　应付职工薪酬 200
　　银行存款 60

期末：

借：研发费用 160
　贷：研发支出——费用化支出 160

（2）2020年度：

发生支出时：

借：研发支出——费用化支出 60
　　　　——资本化支出 240
　贷：原材料 160
　　应付职工薪酬 100
　　银行存款 40

专利权获得成功时：

借：研发费用 60
　无形资产 640
　贷：研发支出——费用化支出 60
　　　　——资本化支出 640

3.【答案】

（1）2015年11月12日购入：

借：无形资产 450
　应交税费——应交增值税（进项税额） (450 × 6%) 27
　贷：银行存款 477

2015年12月31日：

借：管理费用 (450 ÷ 10 × 2/12) 7.5
　贷：累计摊销 7.5

（2）2018年12月31日计提减值准备前无形资产的账面余额 = 450 − 7.5 − (450/10) × 3 = 307.5（万元），计提无形资产减值准备 = 307.5 − 205 = 102.5（万元）。

借：资产减值损失 102.5
　贷：无形资产减值准备 102.5

（3）①2019年计提无形资产的摊销额：

借：管理费用 205 ÷ (10 × 12 − 2 − 3 × 12) × 12 = 30
　贷：累计摊销 30

②计提的无形资产减值准备：

2019年12月31日无形资产的账面价值 = 205 − 30 = 175（万元）

无形资产的可收回金额 = 70（万元）

计提无形资产减值准备 = 175 − 70 = 105（万元）

借：资产减值损失 105
　贷：无形资产减值准备 105

（4）①2020年1至5月，该无形资产的摊销额 = [70 ÷ (10 × 12 − 2 − 4 × 12)] × 5 = 5（万元）

2020年5月31日，该无形资产的累计摊销额 = (450/10) × (2/12) + (450/10) × 3 + [205 ÷ (10 × 12 − 2 − 3 × 12)] × 12 + [70 ÷ (10 × 12 − 2 − 4 × 12)] × 5 = 7.5 + 135 + 30 + 5 = 177.5（万元）

②编制该无形资产出售的会计分录：

借：银行存款 159

  累计摊销 177.5

  无形资产减值准备 207.5

贷：无形资产 450

  应交税费——应交增值税（销项税额）（150×6%）9

  资产转让损益 85

# 第六章　投资性房地产

## 本章考情分析

本章在考试中处于一般的地位，分数在4分左右，以出客观题为主，有时可以作为主观题的一部分。本章复习重点是投资性房地产后续计量以及用途转换。

## 本章教材变化

本章今年没有变化。

## 基本内容框架

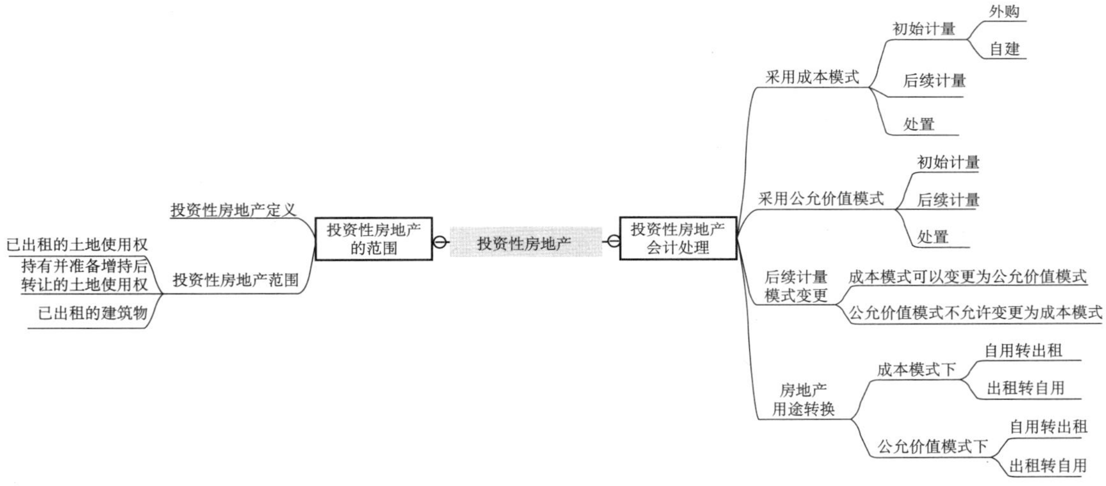


## 通关重难点例题解析

投资性房地产应掌握三句话：一个概念、两种模式和两个转换；其中，公允价值模式考得最多。

### 一、一个概念

投资性房地产，是指为赚取租金或资本增值，或两者兼有而持有的房地产。投资性房地产范围包括：①已出租的土地使用权；②持有并准备增值后转让的土地使用权；③已出租的建筑物。

### 二、两种模式

投资性房地产的核算可以采用成本模式和公允价值模式分别进行核算。

**投资性房地产核算的两种模式**

| | 成本构成 |
|---|---|
| 成本模式 | 采用成本模式核算投资性房地产，可以分为初始计量、后续计量和处置三个步骤：<br>（1）初始计量：外购投资性房地产的成本，包括购买价款、相关税费和可直接归属于该资产的其他支出。<br>（2）后续计量：应当比照固定资产或无形资产的有关规定，对投资性房地产计提折旧或摊销；存在减值迹象的，还应当按照资产减值的有关规定进行处理。<br>（3）处置：企业出售投资性房地产应当将取得的收入计入其他业务收入，投资性房地产的账面价值计入其他业务成本。 |
| 公允价值模式 | （1）初始计量：外购和自建的投资性房地产在初始计量时，采用公允价值模式与成本模式入账价值的确定方法相同，不同点在于应设置“成本”明细科目，以便区分“公允价值变动”。<br>（2）后续计量：企业采用公允价值模式进行后续计量的，不对投资性房地产计提折旧或进行摊销；在资产负债表日投资性房地产应当以公允价值计量，公允价值与原账面价值之间的差额计入当期损益（公允价值变动损益）。投资性房地产取得的租金收入，确认为其他业务收入。<br>（3）处置：出售采用公允价值模式计量的投资性房地产时，应将出售收入计入其他业务收入，将投资性房地产的账面价值计入其他业务成本；同时将原计入“公允价值变动损益”和“其他综合收益”的金额转入其他业务成本，目的是调整到投资性房地产的原始成本。 |

## 三、两个转换

两个转换包括计量模式的转换和用途的转换。计量模式转换总是与会计政策变更结合考大题；公允价值模式下的用途转换经常考小题。

**计量模式转换和用途转换的处理**

| | 具体规定 |
|---|---|
| 计量模式转换 | 企业对投资性房地产的计量模式一经确定，不得随意变更。以成本模式转为公允价值模式的，应当作为会计政策变更处理，将计量模式变更时公允价值与账面价值的差额，调整期初留存收益（盈余公积、未分配利润）。 |
| 用途转换 | （1）成本模式下的用途转换。<br>①自用转为出租：企业购入房地产，自用一段时间之后再改为出租或用于资本增值的，应当先将外购的房地产确认为固定资产或无形资产，自租赁期开始日或用于资本增值之日开始，才能从固定资产或无形资产转换为投资性房地产。<br>②出租转为自用：企业将原本用于赚取租金或资本增值的房地产转为自用时，在采用成本模式下，应将投资性房地产的账面价值转为固定资产、无形资产的账面价值。<br>（2）公允价值模式下的用途转换。<br>①自用转为出租：房地产开发商将开发的商品房出租或企业将自用的建筑物、土地使用权出租，应按转换日资产的公允价值作为投资性房地产的入账价值，公允价值与原账面价值之间的差额，如果公允价值大于账面价值，其差额计入“其他综合收益”；如果公允价值小于账面价值，其差额计入“公允价值变动损益”。这样处理的目的，是为了防范企业通过转换用途来调增利润（简称账面价值——公允价值）。<br>②出租转为自用：企业将采用公允价值模式计量的投资性房地产转换为自用房地产时，应当以其转换当日的公允价值作为自用房地产的账面价值，公允价值与原账面价值的差额计入当期损益（公允价值变动损益）（简称账面价值——公允价值）。 |

【例6-1】（2016年单项选择题）下列各项有关投资性房地产会计处理的表述中，正确的是（　　）。

A. 以成本模式后续计量的投资性房地产转换为存货，存货应按转换日的公允价值计量，公允价值大于原账面价值的差额确认为其他综合收益

B. 以成本模式后续计量的投资性房地产转换为自用固定资产，自用固定资产应按转换日的公允价值计量，公允价值小于原账面价值的差额确认为当期损益

C. 以存货转换为以公允价值模式后续计量的投资性房地产，投资性房地产应按转换日的公允价值计量，公允价值小于存货账面

价值的差额确认为当期损益

D. 以公允价值模式后续计量的投资性房地产转换为自用固定资产，自用固定资产应按转换日的公允价值计量，公允价值大于账面价值的差额确认为其他综合收益

【答案】C

【解析】选项 AB 为成本模式下的转换，不产生差额，存货、自用房地产应按转换日该房地产的账面价值计量；选项 D，公允价值与原账面价值的差额计入当期损益（公允价值变动损益）。

【例 6－2】（2017 年单选题）甲公司及子公司对投资性房地产采用不同的会计政策。具体为：子公司乙对作为投资性房地产核算的房屋采用公允价值模式进行后续计量；子公司丙对作为投资性房地产核算的土地使用权采用成本模式计量，按剩余 15 年期限分期摊销计入损益；子公司丁对出租的房屋采用成本模式计量，并按房屋仍可使用年限 10 年计提折旧；子公司戊对在建的投资性房地产采用公允价值模式进行后续计量。甲公司自身对作为投资性房地产的房屋采用成本模式进行后续计量，并按房屋仍可使用年限 20 年计提折旧。不考虑其他因素，下列关于甲公司在编制合并财务报表时，对纳入合并范围的各子公司投资性房地产的会计处理中，正确的是（　　）。

A. 将投资性房地产的后续计量统一为成本模式，同时统一有关资产的折旧或摊销年限

B. 对于公允价值能够可靠计量的投资性房地产采用公允价值计量，其他投资性房地产采用成本模式计量

C. 区分在用投资性房地产与在建投资性房地产，在用投资性房地产统一采用成本模式计量，在建投资性房地产采用公允价值模式计量

D. 子公司的投资性房地产后续计量均应按甲公司的会计政策进行调整，即后续计量采用成本模式并考虑折旧或摊销，折旧或摊销年限根据实际使用情况确定

【答案】D

【解析】选项 A 不正确，集团内根据母公司的会计政策统一为成本模式后，折旧或摊销年限根据实际使用情况确定，而不能统一有关资产的折旧或摊销年限；选项 B 不正确，同一企业只能采取一种计量模式，不能同时采用成本模式和公允价值模式；选项 C 不正确，同一企业不管是在用投资性房地产还是在建投资性房地产只能采用一种模式；选项 D 正确。

## 通关演练

### 一、单项选择题

1. 下列关于投资性房地产的说法中，不正确的是（　　）。

A. 投资性房地产是一种投资活动

B. 投资性房地产实质上属于一种让渡资产使用权行为

C. 投资性房地产在用途、状态、目的等方面区别于作为生产经营场所的房地产和用于销售的房地产

D. 同一企业只能采用一种模式对投资性房地产进行后续计量

2. 下列各项资产中，不属于投资性房地产的是（　　）。

A. 用于赚取租金的房地产

B. 持有并准备增值后转让的土地使用权

C. 赚取租金和资本增值两者兼有而持有的房地产

D. 为经营管理而持有的房地产

3. 下列各项关于投资性房地产转换的说法中，不正确是（　　）。

A. 自用的固定资产转为采用公允价值模式进行后续计量的投资性房地产，转换日的公允价值大于账面价值的差额计入到其他综合收益

B. 自用的固定资产转为采用成本模式进行后续计量的投资性房地产，转换日的公允价值大于账面价值的差额计入到公允价值变动损益

C. 作为存货的房地产转为采用成本模式计量的投资性房地产以转换日存货的账面价值作为投资性房地产的入账价值

D. 作为存货的房地产转为采用公允价值模式计量的投资性房地产以转换日存货的公允价值作为投资性房地产的入账价值

4. 企业持有的下列不动产应当作为投资性房地产项目列报的是（　　）。

A. 甲公司购入一项土地使用权，使用期限为40年，用于甲市儿童福利机构建设，并拟建成后出租给该机构，租金为每年1元，租期为40年

B. 乙公司取得一项建筑物出租给职工，作为职工宿舍使用

C. 丙公司将其持有的一项厂房对外出租，同时由于丙公司发生财务困难，将该厂房作为抵押物取得银行贷款

D. 丁公司将一项剩余租赁期为2年的厂房转租给其供应商

5. 2×19年1月1日，甲公司与乙公司签订一项租赁合同，将当日购入的一幢写字楼出租给乙公司，租赁期为2×19年1月1日至2×21年12月31日。该写字楼购买价格为3 000万元，外购时发生直接费用10万元，为取得该写字楼所有权另支付了契税60万元，以上款项均以银行存款支付完毕。不考虑其他因素，则该项投资性房地产的入账价值为（　　）万元。

A. 3 000　　B. 3 010

C. 3 070　　D. 3 450

6. 甲公司2×16年12月31日购入一幢办公楼，实际取得成本为4 000万元。该办公楼预计使用年限为20年，预计净残值为零，采用年限平均法计提折旧。因公司迁址，2×19年6月30日甲公司与乙公司签订经营租赁协议。该协议约定：甲公司将上述办公楼租赁给乙公司，租赁期开始日为协议签订日，租期2年，年租金600万元，每半年支付一次。租赁协议签订日该办公楼的公允价值为3 900万元。甲公司对投资性房地产采用公允价值模式进行后续计量。2×19年12月31日，该办公楼的公允价值为2 200万元。假定不考虑增值税等其他因素的影响，下列各项关于甲公司上述交易或事项会计处理的表述中，正确的是（　　）。

A. 出租办公楼应于2×19年计提折旧200万元

B. 出租办公楼应于租赁期开始日确认其他综合收益400万元

C. 出租办公楼应于租赁期开始日按其原价4 000万元确认为投资性房地产

D. 出租办公楼2×19年取得的300万元租金应冲减投资性房地产的账面价值

7. 甲公司于2×15年6月30日外购一项投资性房地产，成本为500万元，预计使用寿命为20年，预计净残值为零，并采用年限平均法计提折旧，采用成本模式对其进行后续计量。甲公司2×19年6月30日开始对该投资性房地产进行改良，改良后将继续用于经营出租。改良期间共发生改良支出100万元，均满足资本化条件，2×19年9月30日改良完成并对外出租。不考虑其他因素，2×19年9月30日改良完成后该投资性房地产的账面价值为（　　）万元。

A. 493.75　　B. 500

C. 400　　D. 502.08

8. 甲公司将其拥有的一幢办公楼作为投资性房地产并采用成本模式进行后续计量，按照年限平均法计提折旧，成本为3 600万元，使用寿命为20年，预计净残值为400万元。2×19年度按照经营租赁合同的规定，乙公司继续租用该办公楼，该投资性房地产的每季度租金为60万元，于每季度末支付当季度租金，2×19年年末该投资性房地产发生减值，可收回金额为2 340万元，至2×19年年末该办公楼已使用了5年。该投资性房地产2×19年年末应计提减值准备的金额为（　　）万元。

A. 0　　B. 460

C. 360　　D. 700

9. 甲公司对投资性房地产采用成本模式进行后续计量。自2×19年12月31日起，甲公司将一栋厂房出租给某单位，租期为4年，每年收取租金650万元。该投资性房地产原价为12 000万元，预计使用年限为40年，预计净残值为零，采用年限平均法计提折旧。至2×19年12月31日已使用10年，累计折旧3 000万元，未计提减值准备。2×20年12月31日，甲公司在对该投资性房地产进行减值测试时，发现该投资性房地产的可收回金额为8 800万元。假定不考虑相关税费，该投资性房地产对甲公司2×20年利润总额的影响金额为（　　）万元。

A. 250　　B. 350

C. 450　　D. 650

10. 甲公司将一幢写字楼经营租赁给乙公

司使用，并采用成本模式进行后续计量。2×20年1月1日，甲公司认为，出租给乙公司使用的写字楼，其所在地的房地产交易市场比较成熟，具备了采用公允价值模式计量的条件，决定将投资性房地产从成本模式转换为公允价值模式计量。该写字楼系甲公司自行建造，于2×15年8月31日达到预定可使用状态并对外出租，其建造成本为43 600万元，甲公司预计其使用年限为40年，预计净残值为1 600万元，采用年限平均法计提折旧。2×20年1月1日，该写字楼的公允价值为48 000万元。假设甲公司没有其他的投资性房地产，按净利润的10%提取盈余公积，不考虑所得税等其他因素的影响，假定2×20年1月不提折旧。则转换日影响资产负债表中"盈余公积"项目的金额为（　　）万元。

A. 10 550　　B. 1 055
C. 8 950　　D. 895

11. 甲房地产公司于2×19年1月1日将一幢商品房对外出租并采用公允价值模式进行后续计量，租期为3年，每年12月31日收取租金100万元。出租时，该幢商品房的成本为2 200万元，未计提存货跌价准备，公允价值为2 000万元。2×19年12月31日，该幢商品房的公允价值为2 150万元。甲房地产公司2×19年应确认的公允价值变动损益为（　　）万元。

A. －50　　B. 150
C. 100　　D. －100

12. 甲公司为房地产开发企业，对投资性房地产按照公允价值模式进行后续计量。该公司于2×18年7月1日将一项账面余额50 000万元（未计提存货跌价准备）、已经开发完成作为存货的房产转为经营性出租，公允价值为49 000万元。2×18年12月31日其公允价值为57 000万元，甲公司确认了该项公允价值变动，2×19年7月租赁期满时甲公司以58 000万元的价格将其出售，不考虑其他因素，甲公司出售该项投资性房地产影响2×19年营业利润的金额为（　　）万元。

A. 1 000　　B. 9 000
C. 8 000　　D. 15 000

13. 房地产开发企业用于在建商品房的土地使用权，在资产负债表中应列示的项目为（　　）。

A. 存货　　B. 固定资产
C. 无形资产　　D. 投资性房地产

## 二、多项选择题

1. 关于土地使用权的处理，下列说法中正确的有（　　）。

A. 单独计价入账作为固定资产核算的土地，不应当计提折旧

B. 作为无形资产核算的土地使用权用于自行开发建造厂房等地上建筑物时，土地使用权的账面价值不与地上建筑物合并计算其成本，而仍作为无形资产进行核算，土地使用权与地上建筑物分别进行摊销和计提折旧

C. 作为投资性房地产核算的土地使用权，只能采用成本模式进行后续计量

D. 房地产开发企业购入的土地使用权用于建造对外出售的商品房时，应当作为无形资产单独核算

2. 下列关于投资性房地产中已出租建筑物的说法中，正确的有（　　）。

A. 用于出租的建筑物必须是企业拥有产权的建筑物

B. 已出租的建筑物是企业已经与其他方签订了租赁协议，约定以经营租赁方式出租的建筑物

C. 企业将建筑物出租，按租赁协议向承租人提供的相关辅助服务在整个协议中不重大的，应当将该建筑物确认为投资性房地产

D. 一般应自租赁协议规定的租赁期开始日起，经营租出的建筑物才属于已出租的建筑物

3. 某企业采用公允价值模式对投资性房地产进行后续计量。2×19年1月1日该企业购入一幢建筑物直接用于出租，租期5年，每年租金收入为180万元。该建筑物的购买价格为800万元，另发生相关税费10万元，上述款项均以银行存款支付。该建筑物预计使用年限为20年，预计净残值为10万元，采用年限平均法计提折旧。2×19年12月31日，该建筑物的公允价值为660万元。假定不考虑其他因素，下列表述中，正确的有（　　）。

A. 2×19年该项投资性房地产应计提折旧37.13万元

B. 2×19 年该项投资性房地产减少当期营业利润 60 万元

C. 2×19 年该项投资性房地产增加当期营业利润 30 万元

D. 2×19 年年末该项投资性房地产的列报金额为 660 万元

4. 2×19 年 1 月 10 日甲公司在债务重组时取得一项处于建设中的房产，公允价值为 3 800 万元，甲公司又发生建造和装修支出 2 000 万元，均符合资本化条件，应资本化的借款利息 200 万元，该房产于 2×19 年 6 月 30 日达到可使用状态，考虑自身生产经营需要，甲公司董事会已经作出书面决议将该房产 30% 留作办公自用，另外 70% 与 A 企业签订了长期租赁合同。合同规定租赁期开始日为 2×19 年 7 月 1 日，年租金 180 万元。该项房产预计使用 20 年，预计净残值为 0，甲公司以成本模式对投资性房地产进行后续计量，采用年限平均法计提折旧。甲公司以下确认计量正确的有（　　）。

A. 应分别确认用于出租房产和自用房产的账面价值

B. 2×19 年 6 月 30 日固定资产初始计量金额为 1 800 万元

C. 2×19 年 6 月 30 日投资性房地产初始计量金额为 4 200 万元

D. 2×19 年 7 月 1 日固定资产初始计量金额为 6 000 万元

5. 下列关于采用成本模式进行后续计量的投资性房地产的说法中，正确的有（　　）。

A. 采用成本模式进行后续计量的投资性房地产，应当按照《企业会计准则第 4 号——固定资产》或《企业会计准则第 6 号——无形资产》的有关规定，按期（月）计提折旧或摊销

B. 采用成本模式进行后续计量的投资性房地产计提的摊销和折旧，记入“管理费用”科目

C. 投资性房地产计提减值后价值得以恢复的，应该将其计提的减值转回

D. 采用成本模式进行后续计量的投资性房地产存在减值迹象的，应对其进行减值测试

6. 甲房地产公司于 2×19 年 1 月 1 日将一幢新建成的商品房对外出租并采用公允价值模式计量，租期为 3 年，每年年末收取租金 100 万元。出租时，该商品房的成本为 2 000 万元，公允价值为 2 200 万元；2×19 年 12 月 31 日，该幢商品房的公允价值为 2 150 万元。假定不考虑所得税因素，下列说法正确的有（　　）。

A. 甲房地产公司因该项资产影响 2×19 年年末所有者权益的金额为 200 万元

B. 甲房地产公司因该项资产 2×19 年应确认的当期损益为 50 万元

C. 甲房地产公司因该项资产 2×19 年应确认的当期损益为 -150 万元

D. 甲房地产公司因该项资产影响 2×19 年年末所有者权益的金额为 250 万元

7. 下列关于投资性房地产转换日确定的说法中，正确的有（　　）。

A. 投资性房地产开始自用，转换日是指房地产达到自用状态，企业开始将房地产用于生产商品、提供劳务或者经营管理的日期

B. 作为存货的房地产改为出租，转换日为企业董事会或类似机构作出书面决议明确表明其对外出租的日期

C. 作为存货的房地产改为出租，转换日通常为租赁期开始日

D. 房地产开发企业将用于经营租出的房地产转换为存货的，转换日为租赁期届满、企业董事会或类似机构作出书面决议明确表明将其重新开发用于对外销售的日期

8. 丙公司为房地产开发企业，对投资性房地产按照成本模式计量。该公司 2×19 年 6 月 30 日将一项账面价值 4 000 万元（已计提存货跌价准备 100 万元）、已经开发完成作为存货的房产转为经营性出租，每月租金 30 万元。2×19 年 6 月 30 日当日公允价值为 5 000 万元，2×19 年 12 月 31 日其公允价值 4 900 万元，2×20 年 12 月 31 日租赁期满丙公司以 5 300 万元价款将其出售给承租方。该项房产从 2×19 年 6 月 30 日起预计使用 20 年，预计净残值为零，采用年限平均法计提折旧。以下确认计量正确的有（　　）。

A. 2×19 年 6 月 30 日投资性房地产的初始入账金额为 4 000 万元

B. 2×19 年 12 月 31 日投资性房地产的账面价值为 3 900 万元

C. 2×19 年该业务对利润的影响金额是 80 万元

D. 2×20 年 12 月 31 日因出售该项投资性房地产应确认的损益为 1 600 万元

9. 甲房地产公司于 2×19 年 1 月 1 日将一幢新建成的商品房对外出租并采用公允价值模式计量，租期为 3 年，每年年末收取租金 100 万元。出租时，该商品房的成本为 1 500 万元，公允价值为 1 600 万元；2×19 年 12 月 31 日，该幢商品房的公允价值为 1 800 万元。假定不考虑所得税等其他因素的影响，下列说法正确的有（　　）。

A. 甲房地产公司因该项资产影响 2×19 年年末所有者权益的金额为 100 万元

B. 甲房地产公司因该项资产 2×19 年应确认的当期损益为 300 万元

C. 甲房地产公司因该项资产 2×19 年应确认的当期损益为 100 万元

D. 甲房地产公司因该项资产影响 2×19 年年末所有者权益的金额为 400 万元

10. 甲企业自行建造一幢办公楼，2×16 年 12 月 31 日达到预定可使用状态，该项固定资产原值 218 万元，预计使用年限为 10 年，预计净残值为 8 万元，采用年限平均法计提折旧。2×18 年 1 月 1 日由于调整经营策略将该办公楼对外出租，并采用成本模式进行后续计量。至 2×18 年年末，对该办公楼进行检查后，估计其可收回金额为 170 万元，减值测试后，该资产的折旧方法、年限和净残值等均不变。2×19 年 1 月 1 日，甲企业具备了采用公允价值模式计量的条件，将该项投资性房地产从成本模式转换为公允价值模式计量，转换日的公允价值为 210 万元，2×19 年 12 月 31 日该资产公允价值为 230 万元。甲企业按净利润的 10% 计提法定盈余公积，假设不考虑所得税等其他因素的影响。甲企业下列会计处理中，正确的有（　　）。

A. 2×18 年年末该资产的账面价值为 170 万元

B. 2×18 年年末应确认投资性房地产减值准备 6 万元

C. 2×19 年 1 月 1 日确认其他综合收益 40 万元

D. 2×19 年 12 月 31 日应确认公允价值变动损益 60 万元

## 三、综合题

1. 甲房地产股份有限公司（以下简称“甲公司”）发生了下列关于投资性房地产的业务：

（1）2×17 年 12 月 31 日将一栋办公楼对外出租并采用成本模式进行后续计量，租期为 5 年，每年 12 月 31 日收取当年租金 150 万元，出租时，该办公楼的成本为 6 000 万元，已提折旧 3 000 万元，已计提减值准备 500 万元，尚可使用年限为 10 年。出租日的公允价值为 3 800 万元，甲公司对该办公楼采用年限平均法计提折旧，预计净残值为 0。2×18 年 12 月 31 日该办公楼的公允价值减去处置费用后的净额为 3 000 万元，预计未来现金流量现值为 3 200 万元。2×19 年 12 月 31 日该办公楼的公允价值减去处置费用后的净额为 1 800 万元，预计未来现金流量现值为 1 900 万元。

（2）2×18 年 12 月 31 日收回一幢租赁期满的建筑物，转为管理用房地产。收回时，该幢建筑物的账面余额为 3 000 万元，计提的折旧为 1 800 万元，计提的减值准备金额为 200 万元。转换日的公允价值为 1 300 万元。转为自用房地产后该建筑物预计使用 2.5 年，预计净残值为 0，采用年限平均法计提折旧。2×19 年 6 月 30 日将该建筑物对外出售，收到价款 900 万元已存入银行。处置时，该房地产的账面余额为 3 000 万元，累计计提折旧为 2 000 万元，计提的减值准备金额为 200 万元。假定不考虑相关税费。

要求：按年编制甲公司上述投资性房地产业务的会计分录（答案中的金额单位用万元表示）。

2. 甲公司为房地产开发企业，对投资性房地产采用公允价值后续计量模式，有关房地产的相关业务资料如下：

（1）2019 年 12 月，甲公司与乙公司签订租赁协议，约定将甲公司开发的一幢写字楼于开发完成的同时开始租赁给乙公司使用，租期为 3 年，每年收取租金 400 万元（不含税，增值税税率 9%），租金于每年年末收取。

（2）2020 年 1 月 1 日，该写字楼开发完成并开始起租，写字楼的工程造价为 6 000 万元。

第六章

（3）2020 年 12 月 31 日，该写字楼的公允价值为 6 600 万元。

（4）2021 年 12 月 31 日，该写字楼的公允价值为 6 300 万元。

（5）2022 年 12 月 31 日，租赁期届满，甲公司收回该项投资性房地产。为了提高该写字楼的租金收入，甲公司决定于当日起对该写字楼进行改扩建。

（6）2023 年 12 月 31 日，该写字楼改良工程完工，共发生支出 600 万元，均以银行存款支付完毕，即日按照租赁合同出租给丙公司。

要求：

（1）编制甲公司 2020 年与该项投资性房地产有关的分录；

（2）编制甲公司 2021 年与该项投资性房地产有关的分录；

（3）编制甲公司 2022 年和 2023 年与该项投资性房地产有关的分录。

## 答案及解析

### 一、单项选择题

1.【答案】A

【解析】选项 A，投资性房地产是一种经营性活动。

2.【答案】D

【解析】选项 D，为经营管理而持有的房地产属于自用房地产，不属于投资性房地产。

3.【答案】B

【解析】选项 B，自用的固定资产转为采用成本模式进行后续计量的投资性房地产，以转换日的账面价值作为投资性房地产的入账价值，没有差额。

4.【答案】C

【解析】选项 A，对于土地使用权，既不符合已出租的土地使用权，也不符合持有并准备增值后转让的土地使用权，所以不能作为投资性房地产核算；选项 B，属于自用房地产，不作为投资性房地产核算；选项 C，作为抵押物取得借款不影响企业将对外出租的厂房作为投资性房地产列报；选项 D，企业并不对厂房拥有所有权，所以不作为投资性房地产核算。

5.【答案】C

【解析】该项投资性房地产的入账价值 = 3 000 + 10 + 60 = 3 070（万元）。

6.【答案】B

【解析】2×19 年该办公楼应计提的折旧金额 = 4 000/20×6/12 = 100（万元），选项 A 错误；办公楼出租前的账面价值 = 4 000 − 4 000/20×2.5 = 3 500（万元），出租日转换为以公允价值模式计量的投资性房地产，租赁期开始日应按当日的公允价值 3 900 万元确认投资性房地产的入账价值，且将公允价值大于账面价值的贷方差额记入其他综合收益，所以应确认其他综合收益的金额 = 3 900 − 3 500 = 400（万元），选项 B 正确；选项 C 错误；出租办公楼取得的租金收入应当计入其他业务收入，选项 D 错误。

7.【答案】B

【解析】2×19 年 9 月 30 日改良完成后该投资性房地产的账面价值 = 500 − 500/20×4 + 100 = 500（万元）。

8.【答案】B

【解析】至 2×19 年年末未计提减值准备前该项投资性房地产的账面价值 = 3 600 − (3 600 − 400)/20×5 = 2 800（万元），2×19 年年末应计提减值准备的金额 = 2 800 − 2 340 = 460（万元）。

9.【答案】B

【解析】2×20 年计提折旧 = (12 000 − 3 000)/(40 − 10) = 300（万元），2×20 年 12 月 31 日计提减值准备前投资性房地产账面价值 = (12 000 − 3 000) − 300 = 8 700（万元），因可收回金额为 8 800 万元，所以不需计提减值准备。该投资性房地产对甲公司 2×20 年利润总额的影响金额 = 650（租金收入）− 300（折旧额）= 350（万元）。

10.【答案】D

【解析】2×20 年 1 月 1 日甲公司该项投资性房地产转换前的账面价值 = 43 600 − (43 600 − 1 600) ÷ 40 × (4 + 12 × 4)/12 = 39 050（万元），因投资性房地产由成本模式转为公允价值模式时应进行追溯调整，公允价值大于账面价值的差额 8 950 万元（48 000 − 39 050）计入留存收益，其中 10% 形成盈余公积 895 万元，转换日影响资产负债表中"盈余公积"项目的金额为 895 万元。

11. 【答案】A

【解析】将存货转换为以公允价值模式计量的投资性房地产时，公允价值小于成本的差额应计入公允价值变动损益，即公允价值变动损失200万元；2×19年12月31日应确认的公允价值变动收益＝2 150－2 000＝150（万元），故甲房地产公司2×19年应确认的公允价值变动损益为－50万元。

12. 【答案】A

【解析】出售该项投资性房地产影响2×19年营业利润的金额＝58 000－57 000＝1 000（万元）。

13. 【答案】A

【解析】企业取得的土地使用权，应区分不同情况处理：（1）通常应当按照取得时所支付的价款及相关税费确认为无形资产；（2）但属于投资性房地产的土地使用权，应当按照投资性房地产进行会计处理；（3）房地产开发企业用于在建商品房的土地使用权则应作为企业的存货核算，相当于生产产品的原材料。因此选项A正确。

## 二、多项选择题

1. 【答案】AB

【解析】作为投资性房地产核算的土地使用权，可以采用成本模式进行后续计量，也可以采用公允价值模式进行后续计量，选项C错误；房地产开发企业购入用于建造对外出售的商品房的土地使用权时，应当作为存货核算，选项D错误。

2. 【答案】ABCD

3. 【答案】CD

【解析】采用公允价值模式计量的投资性房地产不计提折旧或摊销，选项A错误；2×19年该投资性房地产增加营业利润的金额＝180－（810－660）＝30（万元），选项C正确，选项B错误；2×19年年末该项投资性房地产按其公允价值列报，选项D正确。

4. 【答案】ABC

【解析】债务重组中取得的该项资产总的初始入账金额＝3 800＋2 000＋200＝6 000（万元），因30%作为自用（固定资产），所以该项固定资产的初始计量金额为1 800万元；70%用于出租，目的是为赚取租金，应作为投资性房地产核算，其初始计量金额为4 200万元。

5. 【答案】AD

【解析】选项B，采用成本模式进行后续计量的投资性房地产计提的摊销和折旧，记入"其他业务成本"科目；选项C，投资性房地产的减值，一经计提持有期间不得转回。

6. 【答案】BD

【解析】出租时公允价值大于成本的差额应计入其他综合收益，不计入当期损益，因此影响2×19年当期损益的金额＝100＋（2 150－2 200）＝50（万元），选项B正确；对甲房地产公司2×19年年末所有者权益的影响＝50＋（2 200－2 000）＝250（万元），选项D正确。

7. 【答案】ACD

【解析】作为存货的房地产改为出租，或者自用建筑物或土地使用权停止自用改为出租，转换日通常为租赁期开始日。租赁期开始日是指承租人有权行使其使用租赁资产权利的日期，选项B错误。

8. 【答案】ABCD

【解析】选项A，作为存货的房地产转换为采用成本模式计量的投资性房地产，按该项存货在转换日的账面价值确定投资性房地产的初始确认金额，所以2×19年6月30日投资性房地产的初始入账金额为4 000万元；选项B，2×19年12月31日投资性房地产的账面价值＝4 000－4 000/20×6/12＝3 900（万元）；选项C，2×19年该业务对利润的影响金额＝30×6－4 000/20×6/12＝80（万元）；选项D，2×20年12月31日因出售该项投资性房地产应确认的损益＝5 300－4 000/20×（20－1.5）＝1 600（万元）。

9. 【答案】BD

【解析】出租时公允价值大于成本的差额应计入其他综合收益，不计入当期损益，因此影响2×19年当期损益的金额＝100＋（1 800－1 600）＝300（万元），选项B正确；对甲房地产公司2×19年年末所有者权益的影响＝300＋（1 600－1 500）＝400（万元），选项D正确。

10. 【答案】AB

【解析】2×18年年末该资产的账面净值＝218－（218－8）÷10×2＝176（万元），由于减值前的账面价值176万元大于其可收回金额170万元，应计提投资性房地产减值准备6万元，所以2×18年年末该投资性房地产账面价值为170万元，选项A和B正确；投资性房地产后续计量由成本模式转为公允价值模式，变更日的公允价值210万元大于账面价值170万元的差额40万元应调整当期期初留存收益，其中调整盈余公积4万元，未分配利润36万元，选项C错误；2×19年年末应确认的公允价值变动损益＝230－210＝20（万元），选项D错误。

## 三、综合题

1.【答案】

（1）2×17年：

资料（1）：

自用房地产转换为投资性房地产：

借：投资性房地产 6 000
　　累计折旧 3 000
　　固定资产减值准备 500
　　贷：固定资产 6 000
　　　　投资性房地产累计折旧 3 000
　　　　投资性房地产减值准备 500

（2）2×18年：

资料（1）：

计提投资性房地产的折旧：

借：其他业务成本 250［（6 000－3 000－500）/10］
　　贷：投资性房地产累计折旧 250

收到租金：

借：银行存款 150
　　贷：其他业务收入 150

计提减值准备：

可收回金额为3 200万元（公允价值减去处置费用后的净额与预计未来现金流量现值两者中的较高者），计提减值准备前的账面价值＝6 000－3 000－500－250＝2 250（万元）；可收回金额大于账面价值，所以不需要计提减值准备。

资料（2）：

收回租赁期满的建筑物：

借：固定资产 3 000
　　投资性房地产累计折旧 1 800
　　投资性房地产减值准备 200
　　贷：投资性房地产 3 000
　　　　累计折旧 1 800
　　　　固定资产减值准备 200

（3）2×19年：

资料（1）：

计提投资性房地产的折旧：

借：其他业务成本 250
　　贷：投资性房地产累计折旧 250

收到租金：

借：银行存款 150
　　贷：其他业务收入 150

计提减值准备：

可收回金额为1 900万元（公允价值减去处置费用后的净额与预计未来现金流量现值两者中的较高者），计提减值准备前的账面价值＝6 000－3 000－500－250－250＝2 000（万元），可收回金额小于账面价值，因此应计提的减值准备金额＝2 000－1 900＝100（万元）。

借：资产减值损失 100
　　贷：投资性房地产减值准备 100

资料（2）：

计提固定资产的折旧：

借：管理费用 200｛［3 000－（1 800－200）］/2.5×6/12｝
　　贷：累计折旧 200

出售时：

借：固定资产清理 800
　　累计折旧 2 000
　　固定资产减值准备 200
　　贷：固定资产 3 000

借：银行存款 900
　　贷：固定资产清理 900

借：固定资产清理 100
　　贷：资产处置损益 100

2.【答案】

（1）编制甲公司2020年与该项投资性房地产有关的分录：

①2020年1月1日：

借：投资性房地产——成本 6 000
　　贷：开发产品 6 000

②2020年12月31日：

借：投资性房地产——公允价值变动 600

贷：公允价值变动损益 600

借：银行存款 436

贷：其他业务收入 400

应交税费——应交增值税（销项税额）（400×9%）36

（2）编制甲公司2021年与该项投资性房地产有关的分录；

①2021年12月31日：

借：公允价值变动损益 300

贷：投资性房地产——公允价值变动 300

借：银行存款 436

贷：其他业务收入 400

应交税费——应交增值税（销项税额）（400×9%）36

（3）编制甲公司2022年与该项投资性房地产有关的分录：

①收到租金收入：

借：银行存款 436

贷：其他业务收入 400

应交税费——应交增值税（销项税额）（400×9%）36

②将投资性房地产转入改良：

借：投资性房地产——在建 6 300

贷：投资性房地产——成本 6 000

——公允价值变动 300

③2023年发生改良支出：

借：投资性房地产——在建 600

贷：银行存款 600

④2023年12月31日，改良工程完工：

借：投资性房地产——成本 6 900

贷：投资性房地产——在建 6 900

# 第七章　长期股权投资与合营安排

## 本章考情分析

本章内容多、难度大，属于重点章，分数在8分左右，既可以单独出大题，也经常与合并报表结合在一起考综合题。本章复习重点是长期股权投资权益法、成本法和权益法的转换。

## 本章教材变化

本章今年没有变化。

## 基本内容框架

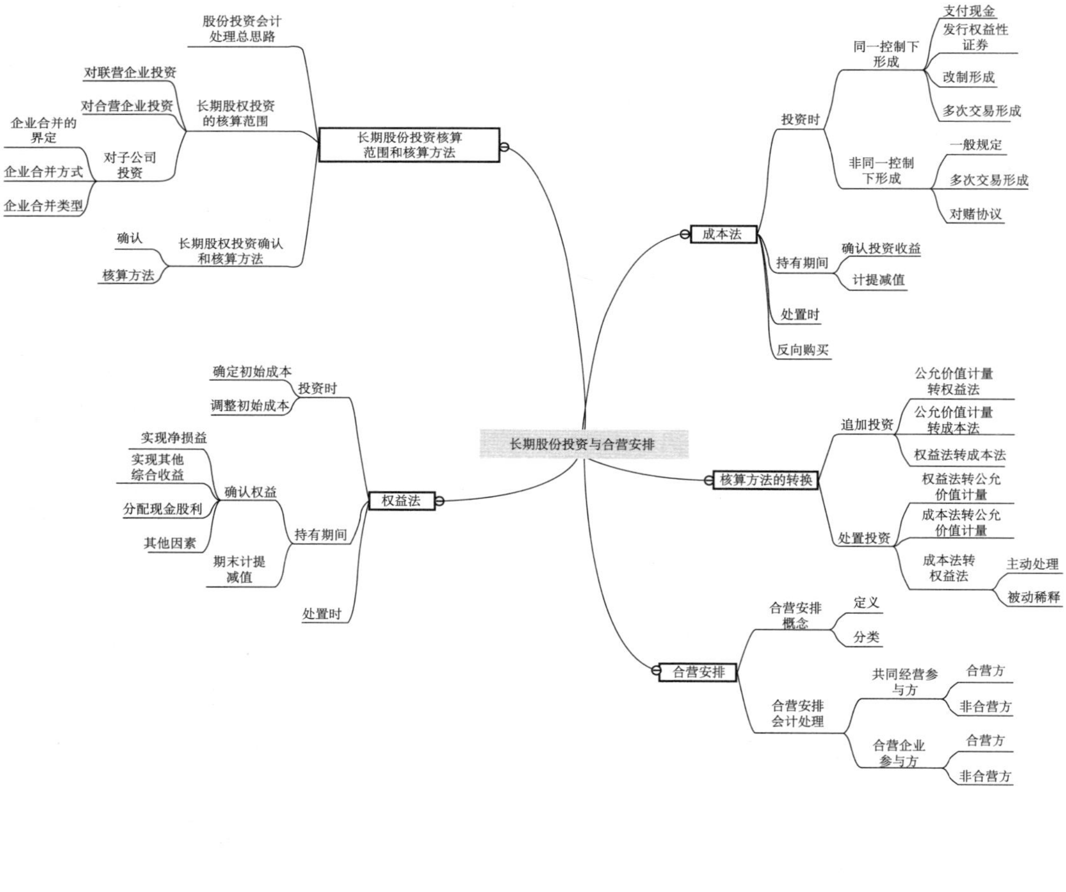

## 通关重难点例题解析

长期股权投资应掌握三句话：一个范围、两种方法和六个转换。

### 一、一个范围

长期股权投资核算范围是投资方对被投资企业有控制、共同控制和重大影响，股权投资执行长期股权投资准则和金融工具准则，其适用范围非常重要，图示如下：

股权投资
- CAS2
  - 子公司（控　制）→长期股权投资（成本法）（纳入合并范围）
  - 合营企业（共同控制）→长期股权投资（权益法）
  - 联营企业（重大影响）→长期股权投资（权益法）
- CAS22：不具有控制、共同控制和重大影响
  - 交易性金融资产
  - 其他权益工具投资

应注意的是：由 CAS2 规范的股权投资，因为对被投资单位具有控制、共同控制或重大影响，属于主动投资，承担的是“经营风险”；而由 CAS22 规范的股权投资，因为对被投资单位不具有重大影响，属于被动投资，承担的是“价格波动风险”，这两个准则各有“分工”。

### 二、两种方法

长期股权投资两种方法包括成本法和权益法。企业对子公司（控制）采用成本法，对合营企业（共同控制）和联营企业（重大影响）采用权益法。

**成本法要点**

| | 相关规定 |
|---|---|
| 投资时 | 对于形成控股合并的长期股权投资，应分别形成同一控制下控股合并与非同一控制下控股合并两种情况确定长期股权投资的初始投资成本。<br>（1）同一控制下的企业合并，合并方以支付现金、转让非现金资产或承担债务方式作为合并对价的，应当在合并日按照取得被合并方所有者权益在最终控制方合并财务报表中的账面价值的份额作为长期股权投资的初始投资成本。长期股权投资初始投资成本与支付的现金、转让的非现金资产以及所承担债务账面价值之间的差额，应当调整资本公积（资本溢价或股本溢价）；资本公积不足冲减的，应冲减盈余公积和未分配利润。合并方或购买方为企业合并发生的审计、法律服务、评估咨询等中介费用以及其他相关管理费用，应当于发生时计入当期损益（管理费用）。<br>（2）非同一控制下的控股合并中，购买方应当按照确定的企业合并成本作为长期股权投资的初始投资成本。企业合并成本包括购买方付出的资产、发生或承担的负债、发行的权益性证券的公允价值之和。 |
| 持有期间 | 成本法下持有期间有两件事：确认投资收益和期末计提资产减值：<br>（1）确认投资收益：在成本法下，长期股权投资应当按照初始投资成本计量，追加或收回投资应当调整长期股权投资的成本。除取得投资时实际支付的价款或对价中包含的已宣告但尚未发放的现金股利或利润外，投资企业应当按照享有被投资单位宣告发放的现金股利或利润确认投资收益（发放股票股利，投资方不进行账务处理）。<br>（2）期末计提减值：对子公司的长期股权投资计提减值，执行《企业会计准则第 8 号——资产减值》，长期股权投资账面价值高于其可收回金额的差额，计提减值准备。 |
| 处置时 | 处置长期股权投资，应将长期股权投资账面价值与实际取得价款的差额，应当计入当期损益（投资收益）。 |

**权益法要点**

| | 相关规定 |
|---|---|
| 投资时 | 投资时的核算应先确定初始投资成本，然后调整初始投资成本：<br>（1）确定初始投资成本：①以支付现金取得的长期股权投资，应当按照实际支付的购买价款作为初始投资成本。初始投资成本包括与取得长期股权投资直接相关的费用、税金及其他必要支出。但实际支付的价款或对价中包含的已宣告但尚未发放的现金股利或利润，应作为应收项目处理；②以发行权益性证券取得的长期股权投资，应当按照发行权益性证券的公允价值作为初始投资成本。与发 |

续表

<table>
<tr><th></th><th>相关规定</th></tr>
<tr><td>投资时</td><td>行权益性证券直接相关的费用，应自权益性证券的溢价发行收入中扣除（冲减股本溢价），权益性证券的溢价收入不足冲减的，应依次冲减盈余公积和未分配利润。<br>（2）调整初始投资成本：①长期股权投资的初始投资成本大于投资时应享有被投资单位可辨认净资产公允价值份额的，不调整长期股权投资的初始投资成本；②长期股权投资的初始投资成本小于投资时应享有被投资单位可辨认净资产公允价值份额的，其差额应当计入当期损益（营业外收入），同时调整长期股权投资的成本。</td></tr>
<tr><td>持有期间</td><td>采用权益法核算下，持有期间有两件事：确认权益、计提减值：<br>（1）确认权益：<br><table><tr><th>被投资单位所有者权益变动原因</th><th>投资单位处理办法</th></tr><tr><td>净损益</td><td>→确认投资收益</td></tr><tr><td>其他综合收益</td><td>→确认其他综合收益</td></tr><tr><td>利润分配</td><td>→减少长期股权投资</td></tr><tr><td>其他因素</td><td>→确认所有者权益</td></tr></table>（2）期末计提减值：长期股权投资账面价值高于其可收回金额的差额，其差额计提减值准备。</td></tr>
<tr><td>处置时</td><td>处置长期股权投资，关键是确定转让损益：将长期股权投资账面价值与实际取得价款之间的差额，应当计入当期损益（投资收益）；原计入其他综合收益（不能结转损益的除外）或资本公积（其他资本公积）中的金额，应全部转入投资收益。</td></tr>
</table>

## 三、六个转换

六个转换包括增持股份转换（有3种）和减持股份（有3种），情况如下：

**六个转换**

<table>
<tr><th colspan="2"></th><th>相关规定</th></tr>
<tr><td rowspan="3">增持股份</td><td>公允价值计量转为权益法（如5% + 25% =30%）</td><td>投资方因追加投资等原因能够对被投资单位施加重大影响或实施共同控制但不构成控制的，应当按照《企业会计准则第22号——金融工具确认和计量》确定的原持有的股权投资的公允价值加上新增投资成本之和，作为改按权益法核算的初始投资成本。原持有的股权投资分类为以公允价值计量且其变动计入其他综合收益的金融资产的，其公允价值与账面价值之间的差额，以及原计入其他综合收益的累计公允价值变动应当转入留存收益；原持有的股权投资分类为以公允价值计量且其变动计入当期损益的金融资产的，其公允价值与账面价值之间的差额，应当计入投资收益（价格变动风险→经营风险）。</td></tr>
<tr><td>公允价值计量转成本法（如5% + 65% =70%）</td><td>投资方因追加投资等原因能够对非同一控制下的被投资单位实施控制的，购买日之前持有的股权采用金融工具确认和计量准则进行会计处理的，应当将按照该准则确定的股权投资的公允价值加上新增投资成本之和，作为改按成本法核算的初始投资成本。原持有的股权投资分类为以公允价值计量且其变动计入其他综合收益的金融资产的，其公允价值与账面价值之间的差额，以及原计入其他综合收益的累计公允价值变动应当转入留存收益；原持有的股权投资分类为以公允价值计量且其变动计入当期损益的金融资产的，其公允价值与账面价值之间的差额，应当计入投资收益（价格波动风险→经营风险）。</td></tr>
<tr><td>权益法转为成本法（30% + 40% =70%）</td><td>投资方因追加投资等原因能够对非同一控制下的被投资单位实施控制的，在编制个别财务报表时，应当按照原持有的股权投资账面价值加上新增投资成本之和，作为改按成本法核算的初始投资成本。购买日之前持有的股权投资因采用权益法核算而确认的其他综合收益，应当在处置该项投资时采用与被投资单位直接处置相关资产或负债相同的基础进行会计处理（经营风险→经营风险）。</td></tr>
</table>

续表

| | | 相关规定 |
|---|---|---|
| 减持股份 | 权益法转公允价值计量（30% -20% =10%） | 投资方因处置部分股权投资等原因丧失了对被投资单位的共同控制或重大影响的，处置后的剩余股权应当改按《企业会计准则第 22 号——金融工具确认和计量》核算，其在丧失共同控制或重大影响之日的公允价值与账面价值之间的差额计入当期损益。原股权投资因采用权益法核算而确认的其他综合收益，应当在终止采用权益法核算时采用与被投资单位直接处置相关资产或负债相同的基础进行会计处理。（经营风险→价格波动风险）。 |
| | 成本法转公允价值计量（100% -90% =10%） | 投资方因处置部分权益性投资等原因丧失了对被投资单位的控制的，处置后的剩余股权不能对被投资单位实施共同控制或施加重大影响的，应当改按《企业会计准则第 22 号——金融工具确认和计量》的有关规定进行会计处理，其在丧失控制之日的公允价值与账面价值间的差额计入当期损益。（经营风险→价格波动风险）。 |
| | 成本法转权益法（70% -40% =30%） | 成本法转权益法分两种情况：①主动处置：投资方因处置部分权益性投资等原因丧失了对被投资单位的控制的，在编制个别财务报表时，处置后的剩余股权能够对被投资单位实施共同控制或施加重大影响的，应当改按权益法核算，并对该剩余股权视同自取得时即采用权益法核算进行追溯调整。②被动稀释：根据财政部 2015 年 11 月 4 日发布的《企业会计准则解释第 7 号》的规定，投资方因其他投资方对其子公司增资而导致本投资方持股比例下降（如 60%→40%），从而丧失控制权但能实施共同控制或施加重大影响的，在个别财务报表中，应当对该项长期股权投资从成本法转为权益法核算。首先，按照新的持股比例确认本投资方应享有的原子公司因增资扩股而增加净资产的份额，与应结转持股比例下降部分所对应的长期股权投资原账面价值之间的差额计入当期损益（即视同处置）；然后，按照新的持股比例视同自取得投资时即采用权益法核算进行调整（经营风险→经营风险）。 |

【例 7 -1】（2018 年单选题）2×16 年 1 月 1 日，甲公司以 1 500 万元的价格购入乙公司 30% 的股权，能够对乙公司施加重大影响，当日，乙公司可辨认净资产的公允价值为 4 800 万元，与账面价值相同。2×16 年，乙公司实现净利润 800 万元、其他综合收益增加 300 万元。乙公司从甲公司购入其生产的某产品形成年末存货 900 万元（未发生减值）。甲公司销售该产品的毛利率为 25%。

2×17 年，乙公司宣告分配现金股利 400 万元，实现净利润 1 000 万元。上年度从甲公司购入的 900 万元的产品全部对外销售。

甲公司投资乙公司前，双方不存在关联方关系，不考虑相关税费及其他因素。甲公司对乙公司股权投资在其 2×17 年末合并资产负债表中应列示的金额为（　　）。

A. 2 010.00 万元

B. 2 062.50 万元

C. 2 077.50 万元

D. 1 942.50 万元

【答案】A

【解析】投资日，甲公司应享有乙公司可辨认净资产公允价值的份额 =4 800×30% =1 440（万元），小于初始投资成本 1 500 万元，因此初始入账价值为 1 500 万元。2×16 年调整后的净利润 =800 -900×25% =575（万元），2×17 年调整后的净利润 =1 000 +900×25% =1 225（万元）。甲公司对乙公司股权投资在其 2×17 年末合并资产负债表中应列示的金额 =1 500 +575×30% +300×30% -400×30% +1 225×30% =2 010（万元）。

【例 7 -2】（2016 年单项选择题）甲公司 2×13 年 7 月以 860 万元取得 100 万股乙公司普通股，占乙公司发行在外普通股股份的 0.5%，作为以公允价值计量且其变动计入其他综合收益的金融资产核算。乙公司股票 2×13 年年末收盘价为每股 10.2 元。2×14 年 4 月 1 日，甲公司又出资 27 000 万元取得乙公司 15% 的股份，按照乙公司章程规定，自取得该股份之日起，甲公司有权向乙公司董事会派出成员；当日，乙公司股票价格为每股 9 元。

2×15 年 5 月，乙公司经股东大会批准进行重大资产重组（接受其他股东出资），甲公司在该项重大资产重组后持有乙公司的股权比例下降为10%，但仍能向乙公司董事会派出董事并对乙公司施加重大影响。不考虑其他因素，下列关于因持有乙公司股权对甲公司各期间利润影响的表述中，正确的有（　　）。

A. 2×14年持有乙公司15.5%股权应享有乙公司净利润的份额影响2×14年利润

B. 2×13年持有乙公司股权期末公允价值相对于取得成本的变动额影响2×13年利润

C. 2×15年因重大资产重组，相应享有乙公司净资产份额的变动额影响2×15年利润

D. 2×14年增持股份时，原所持100万股乙公司股票公允价值与账面价值的差额影响2×14年利润

【答案】AD

【例7-3】（2016年单项选择题）下列关于合营安排的说法中，正确的有（　　）。

A. 合营安排要求所有参与方都对该安排实施共同控制

B. 两个参与方组合能够集体控制某项安排的，该安排不构成共同控制

C. 能够对合营企业达到重大影响的参与方，应对其投资采用权益法核算

D. 合营安排为共同经营的，合营方按一定比例享有该安排相关资产且承担该安排相关负债

【答案】BCD

【解析】选项A，合营安排是指一项由两个或两个以上的参与方共同控制的安排。合营安排同时具有以下特征：（1）各参与方受到该安排的约束；（2）两个或两个以上的参与方对该安排实施共同控制。并不要求所有参与方都对该安排实施共同控制。

# 通关演练

## 一、单项选择题

1. 下列有关长期股权投资的会计处理的表述中，正确的是（　　）。

A. 企业无论以何种方式取得长期股权投资，实际支付的价款或对价中包含的已宣告但尚未领取的现金股利或利润，应作为取得的长期股权投资的成本

B. 投资企业无论采用成本法还是权益法核算长期股权投资，均要在被投资单位宣告分派利润或现金股利时，按照应享有的部分确认为当期投资收益

C. 非同一控制下企业合并形成的长期股权投资，发生的审计、评估费用，计入合并成本

D. 企业的长期股权投资采用权益法核算的，初始投资成本大于投资时应享有被投资单位可辨认净资产公允价值份额的，不调整已确认的初始投资成本

2. 东风公司为增值税一般纳税人，销售生产经营用设备适用的增值税税率为13%。2×19年1月1日，东风公司将一项固定资产以及承担N公司的短期借款还款义务作为合并对价换取N公司持有的C公司70%的股权。该固定资产为2×17年6月取得的一台生产经营用设备，其账面原值为800万元，已计提累计折旧120万元，未计提减值准备，其公允价值为720万元；N公司短期借款的账面价值和公允价值均为40万元。东风公司另为企业合并发生评估费、律师咨询费等10万元。股权购买日C公司可辨认资产的公允价值为1 800万元，负债公允价值为300万元。假定东风公司与N公司、C公司在投资之前无关联方关系。不考虑其他因素，则东风公司长期股权投资的初始投资成本为（　　）万元。

A. 760　　B. 853.6

C. 1 050　　D. 892.4

3. A公司于2×18年3月1日以2 000万元取得B上市公司5%的股权，对B公司不具有重大影响，A公司将其分类为以公允价值计量且其变动计入其他综合收益的金融资产，按公允价值计量。2×19年3月31日，A公司又斥资25 000万元自C公司取得B公司另外50%股权，能够对B公司实施控制。A公司原持有B公司5%的股权于2×19年3月31日的公允价值为2 500万元，累计计入其他综合收益的金额为500万元。假设A公司与C公司在该交易发生前不存在任何关联方关系，上述购买股权的交易不构成“一揽子交易”。不考虑其他因素，则长期股权投资的初始成本为（　　）万元。

A. 28 000　　B. 27 000
C. 27 500　　D. 25 000

4. 2×18 年 1 月 1 日，甲公司以银行存款 6 000 万元购入乙公司 25% 的股权，能够对乙公司施加重大影响。取得股权投资时，乙公司可辨认净资产的公允价值为 25 000 万元（与账面价值相等）。2×19 年 1 月 1 日，甲公司以定向增发股票的方式购买丙企业持有的乙公司 50% 股权。为取得该股权，甲公司增发 5 000 万股普通股，每股面值为 1 元，每股公允价值为 3 元；另支付承销商佣金 50 万元。取得该股权时，乙公司可辨认净资产公允价值为 30 000 万元。进一步取得投资后，甲公司能够对乙公司实施控制。假定甲公司与丙公司不存在任何关联方关系。2×18 年度，乙公司实现净利润 5 000 万元，以公允价值计量且其变动计入其他综合收益的金融资产公允价值上升了 500 万元；2×19 年度，乙公司实现净利润 6 500 万元，无其他权益变动。不考虑所得税其他因素的影响，甲公司该项长期股权投资 2×19 年年末的账面价值为（　　）万元。

A. 22 500　　B. 27 500
C. 22 625　　D. 21 000

5. 2×19 年 2 月 1 日，甲公司以增发 1 000 万股普通股和一台设备为对价，取得乙公司 25% 股权。普通股面值为每股 1 元，公允价值为每股 10 元。为发行股份另支付佣金和手续费 400 万元。设备账面价值为 1 000 万元，公允价值为 1 200 万元，当日乙公司可辨认净资产公允价值为 40 000 万元。投资后甲公司能够对乙公司施加重大影响，不考虑增值税等其他因素，甲公司取得股权时该项长期股权投资初始投资成本为（　　）万元。

A. 10 000　　B. 10 400
C. 11 600　　D. 11 200

6. 投资企业对于下列企业的股权投资，应当采用成本法进行后续计量的是（　　）。

A. 投资企业对子公司的股权投资
B. 投资企业对联营企业的股权投资
C. 投资企业对合营企业的股权投资
D. 对被投资单位不具有控制、共同控制或重大影响的股权投资

7. 甲公司 2×19 年 1 月 1 日取得非同一控制下乙公司的 80% 的股权，能够对被投资单位实施控制，初始投资成本为 3 000 万元，2×19 年乙公司分派现金股利 520 万元，2×19 年当期实现净利润 800 万元，不考虑其他因素，2×19 年年末该项长期股权投资的账面价值为（　　）万元。

A. 3 000　　B. 3 500
C. 3 400　　D. 3 640

8. 2×19 年 1 月 2 日，甲公司以货币资金取得乙公司 30% 的股权，初始投资成本为 2 000 万元，投资时乙公司各项可辨认资产、负债的公允价值与其账面价值相同，可辨认净资产公允价值及账面价值的总额均为 7 000 万元，甲公司取得投资后即派人参与乙公司生产经营决策，但无法对乙公司实施控制。乙公司 2×19 年实现净利润 500 万元，假定不考虑所得税因素，该项投资对甲公司 2×19 年度损益的影响金额为（　　）万元。

A. 50　　B. 100
C. 150　　D. 250

9. 东风公司于 2×19 年 1 月 1 日投资 500 万元（包括 10 万元的相关税费）取得 M 公司有表决权股份的 30%，能够对 M 公司施加重大影响，采用权益法核算对 M 公司的投资。2×19 年 1 月 1 日 M 公司可辨认净资产公允价值为 1 800 万元，所有者权益账面价值为 1 650 万元，差额由一批存货产生，该批存货的公允价值为 350 万元，成本为 200 万元。截至 2×19 年年末，M 公司上述存货已对外销售 40%，M 公司 2×19 年度实现净利润 500 万元，未分配现金股利。不考虑其他因素的影响，东风公司 2×19 年对该项投资应确认的投资收益金额为（　　）万元。

A. 150　　B. 132
C. 105　　D. 0

10. 甲公司 2×19 年 1 月 1 日以 3 000 万元的价格购入乙公司 30% 的股份，另支付相关费用 10 万元。购入时乙公司可辨认净资产的公允价值为 11 000 万元，账面价值为 10 000 万元，公允价值与账面价值的差额是由一项存货造成的，该项存货的账面价值为 1 000 万元，公允价值为 2 000 万元，当年实际对外出售了 80%。当年甲公司向乙公司销售了一批商品，该商品的成本为 600 万元，市场价值为 800 万元，当年对外出售了 80%。乙公司 2×19 年实现净利润 1 000 万元。甲公

司取得该项投资后对乙公司具有重大影响。假定不考虑其他因素，该投资对甲公司2×19年度利润总额的影响金额为（　　）万元。

A. 470　　B. 358

C. 338　　D. 302

11. 2×19年1月1日，甲公司以银行存款2 000万元从证券市场取得乙公司20%的股权，能够对乙公司的生产经营活动产生重大影响，当日乙公司可辨认净资产的公允价值为8 000万元，账面价值为7 500万元，差额为一项存货造成的。2×19年年末，该批存货对外销售60%。乙公司2×19年度实现净利润600万元，无其他所有者权益变动。不考虑增值税等其他因素的影响，则甲公司2×19年年末应当确认的投资收益的金额是（　　）万元。

A. 120　　B. 60

C. 80　　D. 0

12. 2×19年1月1日A公司购入B公司30%的股份，能够对B公司的生产经营活动产生重大影响，B公司当年实现的净利润为3 000万元，因持有的以公允价值计量且其变动计入其他综合收益的金融资产公允价值的变动计入其他综合收益的金额为600万元，除净损益、其他综合收益以及利润分配以外的所有者权益其他变动为200万元。假定A公司和B公司采用的会计政策、会计期间相同，投资时B公司有关资产的公允价值与其账面价值相同，无其他内部交易。则A公司当年对该项长期股权投资的下列处理中，表述不正确的是（　　）。

A. 应确认投资收益900万元

B. 应确认其他综合收益180万元

C. 应增加长期股权投资的账面价值为1 140万元

D. 不应确认资本公积的金额

## 二、多项选择题

1. 甲公司于2×19年1月10日购入乙公司30%的股份，购买价款为3 300万元，并自取得投资之日起派人参与乙公司的财务和生产经营决策。取得投资当日，乙公司可辨认净资产公允价值为9 000万元。其中一项管理用固定资产的公允价值为1 000万元，账面价值为800万元，该项固定资产的预计尚可使用年限为10年，采用年限平均法计提折旧，预计净残值为0；一项存货的公允价值为500万元，账面价值为400万元。除上述资产外，乙公司其他可辨认资产和负债的公允价值与账面价值相等。2×19年度，乙公司实现净利润1 500万元，上述存货对外出售60%。不考虑其他因素，甲公司下列相关会计处理中正确的有（　　）。

A. 甲公司取得的该项股权投资的入账价值为3 300万元

B. 甲公司应确认商誉600万元

C. 甲公司2×19年度应确认的投资收益金额为426万元

D. 甲公司2×19年年末长期股权投资的账面价值为3 300万元

2. 下列各项中，能引起权益法核算的长期股权投资账面价值发生变动的有（　　）。

A. 被投资单位实现净利润

B. 被投资单位宣告分配股票股利

C. 被投资单位宣告分配现金股利

D. 被投资单位除净损益、其他综合收益以及利润分配以外的所有者权益其他变动

3. 权益法核算长期股权投资时，需要对被投资单位实现的净利润进行调整，那么在调整时应当考虑的因素有（　　）。

A. 以取得投资时被投资单位固定资产、无形资产的公允价值为基础计提的折旧额或摊销额对被投资单位净利润的影响

B. 应以取得投资时被投资单位存货的公允价值为基础对被投资单位的净利润进行调整

C. 被投资单位采用的会计政策和会计期间与投资企业不一致时，应按投资企业的会计政策和会计期间对被投资单位的净利润进行调整

D. 投资企业与被投资企业之间的内部交易产生的未实现内部交易损益对被投资单位实现的净利润进行调整

4. 因处置部分投资导致对被投资单位的影响能力由控制转为具有重大影响的相关会计处理中，正确的有（　　）。

A. 个别财务报表中应按处置或收回投资的比例结转应终止确认的该部分长期股权投资的成本

B. 个别财务报表中不需要对剩余比例部

分对应的长期股权投资的账面价值进行调整

C. 合并财务报表中，对于剩余股权，应当按照其在丧失控制权日的公允价值重新计量

D. 在合并报表中，处置价款取得的对价和剩余股权的公允价值之和，减去按原持股比例计算应享有原有子公司自购买日开始持续计算的净资产份额与商誉之和的差额，计入丧失控制权当期的投资收益

5. 2×18 年 1 月 1 日，甲公司以银行存款 3 500 万元购入丁公司 80% 股权（属于非同一控制下的企业合并）并能够控制丁公司的财务和经营政策，购买日，丁公司可辨认净资产的公允价值为 4 000 万元（与账面价值相等）。2×19 年 1 月 3 日，甲公司将持有的丁公司股权的 1/2 对外出售，处置价款为 2 000 万元，剩余股权投资能够对丁公司施加重大影响。处置时，丁公司的可辨认净资产的公允价值为 4 500 万元（与账面价值相等）。2×18 年度丁公司实现净利润 800 万元，分配现金股利 200 万元，无其他权益变动。2×19 年度丁公司实现净利润 700 万元，分配现金股利 150 万元，无其他权益变动。不考虑其他因素，个别报表甲公司下列处理中，正确的有（　　）。

A. 甲公司 2×18 年应确认的投资收益为 160 万元

B. 甲公司 2×19 年处置部分股权以后剩余股权投资应采用权益法核算

C. 甲公司 2×19 年度应确认的投资收益为 530 万元

D. 甲公司 2×19 年年末剩余部分长期股权投资的账面价值为 1 970 万元

6. 下列各项表述中，正确的有（　　）。

A. 投资企业因追加投资等原因能够对被投资单位施加重大影响的，应按原持有的股权投资的公允价值加上新增投资成本之和，作为改按权益法核算的初始投资成本

B. 原作为以公允价值计量且其变动计入其他综合收益的金融资产核算，因追加投资形成非同一控制企业合并的，应当按照原持有的股权投资公允价值加上新增投资成本之和，作为改按成本法核算的初始投资成本

C. 多次交易形成非同一控制下的企业合并，购买日之前持有的股权投资因采用权益法核算而确认的其他综合收益，应当在处置该项投资时采用与被投资单位直接处置相关资产或负债相同的基础进行会计处理

D. 投资企业因处置部分股权投资丧失了对被投资单位的重大影响的，原股权投资因采用权益法核算而确认的资本公积（其他资本公积），应当在终止采用权益法核算时全部转入当期损益

7. 甲公司持有乙公司 40% 的有表决权股份，能够对乙公司的生产经营决策产生重大影响，采用权益法核算。2×19 年 1 月 1 日，甲公司将其持有的该项投资中的 60% 予以出售，出售以后，无法再对乙公司施加重大影响，且该项投资存在活跃市场，甲公司将剩余投资作为以公允价值计量且其变动计入其他综合收益的金融资产核算。出售时，该项长期股权投资的账面价值为 3 000 万元，其中成本 1 500 万元，损益调整 1 000 万元，其他权益变动 500 万元，出售取得价款 2 000 万元，剩余投资的公允价值为 1 300 万元。则甲公司的下列会计处理中，正确的有（　　）。

A. 应确认投资收益 200 万元

B. 应确认投资收益 800 万元

C. 应结转资本公积（其他资本公积）500 万元

D. 剩余部分应以转换时长期股权投资的公允价值 1 300 万元作为以公允价值计量且其变动计入其他综合收益的金融资产的入账价值

8. 下列各项关于长期股权投资发生减值的相关会计处理中，正确的有（　　）。

A. 企业拥有的长期股权投资发生减值，应按照《企业会计准则第 8 号——资产减值》的规定进行处理

B. 长期股权投资计提的减值准备不得转回

C. 采用成本法核算的长期股权投资计提的减值准备满足条件时可以转回

D. 采用权益法核算的长期股权投资不需要计提减值准备

9. 下列说法中，正确的有（　　）。

A. 为发行权益性证券支付的手续费、佣金等应自权益性证券的溢价发行收入中扣除，溢价收入不足的，应冲减盈余公积和未分配利润

B. 取得投资时，支付的价款中包含的已宣告但尚未发放的现金股利应单独作为应收项目处理

C. 长期股权投资的减值应按照《企业会计准则第8号——资产减值》准则进行处理

D. 处置长期股权投资应将出售所得价款与处置长期股权投资账面价值之间的差额计入投资收益

10. 下列关于合营安排的表述中，正确的有（　　）。

A. 通过单独主体达成的合营安排，应划分为合营企业

B. 未通过单独主体达成的合营安排，应划分为共同合营

C. 合营方向共同经营投出或出售资产等（资产构成业务的除外），在该资产等由共同经营出售给第三方之前，应当仅确认因该交易产生的损益中归属于共同经营其他参与方的部分

D. 合营方自共同经营购买资产等（资产构成业务的除外），在将该资产等出售给第三方之前，应当仅确认因该交易产生的损益中归属于共同经营其他参与方的部分

11. 下列关于共同经营合营方会计处理的说法中，正确的有（　　）。

A. 合营方确认单独所持有的资产，以及按其份额确认共同持有的资产

B. 合营方确认出售其享有的共同经营产出份额所产生的收入

C. 合营方确认单独所发生的费用，以及按其份额确认共同经营发生的费用

D. 如果存在两个或两个以上的参与方组合能够集体控制某项安排的，不构成共同控制

## 三、计算分析题

1. 甲公司、乙公司2×19年度和2×20年度的有关交易或事项如下：

2×19年6月12日，经乙公司股东会同意，甲公司与乙公司的股东A签订股权转让协议。有关资料如下：

（1）以评估后的2×19年6月20日乙公司净资产的评估价值为基础，甲公司以7 600万元的价格取得乙公司15%的股权并对乙公司有重大影响；协议批准后于7月1日甲公司向A支付了全部款项，并于当日办理了乙公司的股权变更手续。

（2）2×19年7月1日，乙公司可辨认净资产公允价值为44 000万元。

（3）2×19年7月至12月，乙公司利润表中实现净利润2 400万元，其他综合收益增加600万元（可转损益），按照投资时乙公司可辨认净资产公允价值持续计算的乙公司净利润为1 640万元。2×20年1月至6月乙公司利润表中实现净利润3 200万元，按照投资时乙公司可辨认净资产公允价值持续计算的乙公司净利润为2 840万元，未发生其他所有者权益变动。

（4）2×20年5月10日，甲公司与乙公司的股东B签订协议，甲公司以一宗土地使用权作为对价购买B持有的乙公司40%股权并对其实施控制（非同一控制下的企业合并）。2×20年5月28日该协议获批准。2×20年7月1日，甲公司与B办理完成了土地使用权变更手续，当日该项土地使用权账面价值17 600万元，公允价值28 400万元。

（5）2×20年7月1日，乙公司可辨认净资产公允价值为60 000万元，原甲公司持有乙公司15%股权的公允价值为9 000万元。

假定：不考虑相关税费及其他因素的影响。

要求：

（1）计算甲公司个别报表上对乙公司长期股权投资2×19年7月至12月应确认的投资收益及该项投资2×19年12月31日的账面价值；

（2）计算甲公司个别报表上对乙公司长期股权投资2×20年1月至6月应确认的投资收益及该项投资2×20年6月30日的账面价值；

（3）计算甲公司2×20年7月1日取得乙公司40%长期股权投资后个别报表上该项长期股权投资账面价值以及甲公司因该项交易应确认的收益；

（4）计算甲公司在编制购买日2×20年7月1日合并财务报表时因购买乙公司股权应确认的以下项目金额：①投资收益；②购买日长期股权投资的金额；③商誉。

## 四、综合题

1. 中鸿公司为增值税一般纳税人，销售

商品和设备适用的增值税税率为13%。

（1）2×17年1月1日，中鸿公司以一项固定资产（设备）、一批库存商品作为对价取得B公司股票500万股，每股面值1元，占B公司实际发行在外股数的40%，对B公司有重大影响。

交易日，该项固定资产（设备）原值为800万元，已计提累计折旧的金额为120万元，未计提固定资产减值准备，公允价值为900万元；库存商品的成本为480万元，已计提存货跌价准备30万元，市场销售价格500万元（不含税价格）。中鸿公司采用权益法核算此项投资。

2×17年1月1日，B公司可辨认净资产公允价值为4 000万元。

（2）取得投资时B公司一项管理用固定资产公允价值为500万元，账面价值为350万元，预计尚可使用年限为10年，预计净残值为零，按照年限平均法计提折旧；一项无形资产公允价值为200万元，账面价值为150万元，预计尚可使用年限为10年，预计净残值为零，按照直线法摊销。除此之外，B公司其他可辨认资产、负债的公允价值与账面价值相等。

（3）2×17年6月5日，B公司出售商品一批给中鸿公司，该批商品成本为580万元（未计提过存货跌价准备），售价为630万元（不含增值税）。至2×17年年末，中鸿公司已将从B公司购入商品的60%出售给外部独立的第三方。

（4）2×17年度，B公司实现净利润500万元，提取盈余公积50万元，因以公允价值计量且其变动计入其他综合收益的金融资产增加其他综合收益100万元。

（5）2×18年度，B公司发生亏损5 000万元。2×18年年末假定中鸿公司账上有应收B公司长期应收款60万元且B公司无任何清偿计划。至2×18年年末，中鸿公司上述从B公司购入的商品在2×18年末对外出售的40%部分仍未实现对外销售。

（6）2×19年度，B公司在调整了经营方向后，扭亏为盈，当年实现净利润800万元。假定不考虑所得税和其他事项的影响。至2×19年年末中鸿公司从B公司购入的商品剩余部分全部实现对外销售。

假定B公司2×17年、2×18年和2×19年未分派现金股利。

要求：

（1）编制中鸿公司2×17年取得B公司长期股权投资的相关会计分录。

（2）编制中鸿公司2×17年与长期股权投资相关的会计分录。

（3）编制中鸿公司2×18年与长期股权投资的相关会计分录。

（4）编制中鸿公司2×19年与长期股权投资的相关会计分录。

2. 长城股份有限公司（以下简称长城公司）为上市公司，按照净利润的10%提取盈余公积。

（1）长城公司于2×18年1月1日取得B公司10%的股权，付出的对价为1 200万元，取得投资时B公司可辨认净资产的公允价值总额为13 000万元（假定公允价值与账面价值相同）。因对被投资单位不具有重大影响，长城公司将该投资作为交易性金融资产核算。

（2）4月26日，B公司宣告分派现金股利2 000万元。

（3）5月12日，长城公司收到B公司分派的现金股利，款项已收存银行。

（4）B公司2×18年度实现净利润4 500万元。

（5）长城公司持有B公司10%的股权在2×18年12月31日的公允价值为1 600万元。

（6）2×19年1月1日，长城公司又以3 250万元的款项取得B公司20%的股权，当日B公司可辨认净资产公允价值总额为16 000万元。取得该部分股权后，按照B公司章程规定，长城公司能够派人参与B公司的生产经营决策，对该项长期股权投资转为采用权益法核算。假定不考虑投资单位和被投资单位的内部交易及其他因素的影响。

要求：

（1）逐笔编制长城公司2×18年度相关会计处理。

（2）逐笔编制长城公司2×19年度相关会计处理。

3. 甲上市公司有关长期股权投资的资料如下：

（1）2018年度：

①1月1日，以银行存款3 200万元购入

乙公司持有的丁公司40%股权，对丁公司具有重大影响，此前甲公司与乙公司、丁公司之间不存在关联关系。购买日丁公司可辨认净资产的公允价值为8000万元，除下表所列项目外，丁公司其他资产、负债的公允价值与账面价值相同。

单位：万元

| 项目 | 账面原价 | 已提折旧或摊销 | 公允价值 | 丁公司预计使用年限 | 甲公司取得投资后剩余使用年限 |
|---|---|---|---|---|---|
| A产品 | 500 | | 900 | | |
| B固定资产 | 2 700 | 1 080 | 2 340 | 10 | 6 |
| C无形资产 | 800 | 160 | 960 | 10 | 8 |
| 小计 | 4 000 | 1 240 | 4 200 | | |

②12月31日，丁公司因所持有的其他债权投资公允价值上升确认其他综合收益净额800万元。

③丁公司2018年度实现净利润1 500万元。丁公司年初持有的存货在本年全部实现对外销售。

④除上述事项外，丁公司2018年度未发生其他影响所有者权益变动的交易和事项。

（2）2019年度：

①3月19日，丁公司分配现金股利500万元，甲公司已收到分来的股利200万元，并存入银行。

②7月，甲公司将本公司生产的一批产品销售给丁公司，售价为200万元，成本为100万元，至2019年12月31日，该批产品仍未对外部独立第三方销售。

③2019年度，丁公司净亏损3 000万元。除上述事项外，丁公司2019年度未发生其他影响所有者权益变动的交易和事项。

（3）2020年度：

2月1日，甲公司与丙公司签订协议，将所持丁公司30%股权转让给丙公司（即持有40%股权的75%），收取价款1 800万元。股权转让完成后，甲公司剩余丁公司10%的股权，对丁公司不再具有重大影响，甲公司将其分类为交易性金融资产，当日公允价值为600万元。

（4）其他有关资料如下：

①丁公司固定资产采用年限平均法计提折旧，无形资产采用直线法摊销，预计净残值均为零，未发生减值。

②假定不考虑所得税影响。

要求：

（1）编制2018年甲公司购入丁公司股权时的相关会计分录。

（2）计算甲公司2018年应确认的投资收益，并编制2018年末甲公司调整对丁公司长期股权投资账面价值的相关会计分录。

（3）计算甲公司2019年应确认的投资收益，并编制2019年末甲公司调整对丁公司长期股权投资账面价值的相关会计分录。

（4）编制2020年度甲公司转让丁公司股权的相关会计分录。

## 答案及解析

### 一、单项选择题

1.【答案】D

【解析】选项A，企业无论以何种方式取得长期股权投资，实际支付的价款或对价中包含的已宣告但尚未领取的现金股利或利润，应作为应收项目单独核算，不作为取得的长期股权投资的成本；选项B，权益法核算长期股权投资，应在被投资单位实现利润时，按照应享有的部分确认投资收益，以后被投资单位宣告分派利润或现金股利时，则冲减长期股权投资的账面价值；成本法核算的长期股权投资，被投资单位实现利润时不需要进行会计处理；

成本法下被投资单位宣告分派利润或现金股利时，分录是：

借：应收股利

　　贷：投资收益

权益法下被投资单位宣告分派利润或现金股利时，分录是：

借：应收股利

　　贷：长期股权投资——损益调整

选项C，非同一控制下企业合并形成的长期股权投资，支付的审计、评估费用，计入当期损益，即管理费用。

2.【答案】B

【解析】东风公司取得C公司长期股权

投资属于非同一控制下的企业合并，长期股权投资的初始投资成本应以付出对价的公允价值为基础进行核算，所以其初始投资成本 = 720 ×（1 + 13%）+ 40 = 853.6（万元），东风公司为企业合并发生的评估咨询等费用应于发生时计入当期损益，不影响长期股权投资的初始投资成本。账务处理如下：

借：长期股权投资　853.6
　贷：固定资产清理　680
　　应交税费——应交增值税（销项税额）
　　　（720 × 13%）93.6
　　资产处置损益
　　　（720 − 680）40
　　短期借款　40

3.【答案】C

【解析】长期股权投资初始投资成本 = 原来5%部分投资在追加投资日的公允价值 + 新增投资成本 = 2 500 + 25 000 = 27 500（万元）。

4.【答案】C

【解析】2 × 18 年年末甲公司原持股比例部分的长期股权投资的账面价值 = 6 000 +（25 000 × 25% − 6 000）+ 5 000 × 25% + 500 × 25% = 7 625（万元），2 × 19 年新增股权投资的入账价值 = 5 000 × 3 = 15 000（万元），新增股权以后的持股比例为 75%，能够对乙公司实施控制，采用成本法核算，所以甲公司 2 × 19 年年末该项长期股权投资的账面价值 = 7 625 + 15 000 = 22 625（万元）。

5.【答案】D

【解析】甲公司该项长期股权投资的初始投资成本 = 1 000 × 10 + 1 200 = 11 200（万元）。

6.【答案】A

【解析】选项 B 和 C，长期股权投资应当采用权益法进行后续计量，选项 D，对被投资单位不具有控制、共同控制或重大影响的股权投资，应按金融工具确认和计量准则进行核算。

7.【答案】A

【解析】乙公司分配现金股利投资企业按照持股比例确认应收股利和投资收益，不影响长期股权投资账面价值，被投资方当期实现净利润，投资企业不做处理，所以长期股权投资账面价值为 3 000 万元。

8.【答案】D

【解析】会计分录为：

借：长期股权投资——乙公司（成本）
　　　2 100
　贷：银行存款　2 000
　　营业外收入　100

被投资方当年实现的净利润为 500 万元，投资方应根据持股比例计算应享有的份额。作分录：

借：长期股权投资——乙公司（损益调整）（500 × 30%）150
　贷：投资收益　150

9.【答案】B

【解析】东风公司对取得的 M 公司的长期股权投资采用权益法核算，2 × 19 年应确认投资收益的金额 = [500 −（350 − 200）× 40%] × 30% = 132（万元）。

10.【答案】C

【解析】该投资对甲公司 2 × 19 年度利润总额的影响金额 = [11 000 × 30% −（3 000 + 10）] + [1 000 −（2 000 − 1 000）× 80% −（800 − 600）×（1 − 80%）] × 30% = 338（万元）。

11.【答案】B

【解析】投资时，乙公司存货的账面价值与公允价值之间的差额是 500 万元，期末乙公司对外销售了 60%，由于甲公司认可的是该批存货的公允价值，而乙公司账面净利润中存货销售成本是根据账面价值结转的，所以需要对乙公司的净利润进行调整，因此乙公司调整后的净利润 = 600 −（8 000 − 7 500）× 60% = 300（万元），2 × 19 年年末应当确认的投资收益的金额 = 300 × 20% = 60（万元）。

12.【答案】D

【解析】A 公司应确认的投资收益金额 = 3 000 × 30% = 900（万元），应确认的其他综合收益的金额 = 600 × 30% = 180（万元），应确认资本公积的金额 = 200 × 30% = 60（万元），应调增长期股权投资的账面价值 = 900 + 180 + 60 = 1 140（万元）。

## 二、多项选择题

1.【答案】AC

【解析】甲公司取得该项股权投资的初始

投资成本为3 300万元，大于投资时应享有被投资单位可辨认净资产公允价值的份额2 700万元（9 000×30%），所以不需要调整初始投资成本，甲公司该项股权投资的入账价值为3 300万元，个别报表不单独反映商誉，选项A正确，选项B不正确；甲公司2×19年度应确认的投资收益金额=［1 500－（1 000－800）/10－（500－400）×60%］×30%＝426（万元），选项C正确；期末甲公司该项长期股权投资的账面价值＝3 300＋426＝3 726（万元），选项D不正确。

2.【答案】ACD

【解析】被投资单位宣告分配股票股利，被投资单位所有者权益总额未发生变动，投资单位无需进行账务处理。

3.【答案】ABCD

4.【答案】ACD

【解析】个别财务报表中，剩余长期股权投资应调整为权益法核算的结果，选项B错误。

5.【答案】ABC

【解析】甲公司2×18年应确认的投资收益=200×80%＝160（万元），选项A正确；原持股比例为80%，处置其中的1/2以后剩余股权比例为40%，产生重大影响，应采用权益法核算，选项B正确；甲公司2×19年度应确认的投资收益＝700×40%＋(2 000－3 500×1/2)=530（万元），选项C正确；甲公司2×19年年末长期股权投资的账面价值＝3 500×1/2＋800×40%－200×40%＋700×40%－150×40%＝2 210（万元），选项D错误。

6.【答案】ABCD

7.【答案】BCD

【解析】处置部分投资相关的会计处理：

借：银行存款　2 000

　贷：长期股权投资——投资成本（1 500×60%）900

　　——损益调整（1 000×60%）600

　　——其他权益变动（500×60%）300

　　投资收益　200

借：其他权益工具投资——成本　1 300

　贷：长期股权投资——投资成本（1 500×40%）600

　　——损益调整（1 000×40%）400

　　——其他权益变动（500×40%）200

　　投资收益　100

借：资本公积——其他资本公积　500

　贷：投资收益　500

8.【答案】AB

【解析】选项C，长期股权投资减值准备一经计提，持有期间不允许转回；选项D，权益法核算的长期股权投资按照账面价值与可收回金额孰低计量，发生减值的，应计提减值准备。

9.【答案】ABCD

10.【答案】BCD

【解析】选项A不正确，通过单独主体达成的合营安排，可能是共同经营也可能是合营企业。

11.【答案】ABCD

## 三、计算分析题

1.【答案】

（1）2×19年7月至12月个别报表应确认的投资收益=1 640×15%＝246（万元）；

2×19年12月31日个别报表该项长期股权投资账面价值＝7 600＋246＋600×15%＝7 936（万元）；

（2）2×20年1月至6月个别报表应确认的投资收益=2 840×15%＝426（万元）；

2×20年6月30日个别报表该项长期股权投资账面价值＝7 936＋426＝8 362（万元）；

（3）2×20年7月1日取得乙公司40%长期股权投资后个别报表上该项长期股权投资账面价值＝8 362＋28 400＝36 762（万元）；

2×20年7月1日甲公司因该项交易应确认的收益=28 400－17 600=10 800（万元）；

（4）甲公司在编制购买日合并财务报表时因购买乙公司股权应确认的项目：

①投资收益＝(9 000－8 362)＋(600×15%)=638＋90=728（万元）；

②购买日应抵消长期股权投资的金额 = 9 000 + 28 400 = 37 400（万元）；

③商誉 = 37 400 − 60 000 ×（15% + 40%）= 4 400（万元）。

## 四、综合题

1.【答案】

（1）

借：固定资产清理　680
　　累计折旧　120
　　贷：固定资产　800

借：长期股权投资——投资成本　1 582
　　贷：固定资产清理　900
　　　　主营业务收入　500
　　　　应交税费——应交增值税（销项税额）
　　　　（900 × 13% + 500 × 13%）182

借：固定资产清理　220
　　贷：资产处置损益　220

借：主营业务成本　450
　　存货跌价准备　30
　　贷：库存商品　480

由于初始投资成本大于投资时享有的被投资单位可辨认净资产公允价值的份额，所以不需要对初始投资成本进行调整。

（2）2×17 年 B 公司调整后的净利润 = 500 −（500 − 350）/10 −（200 − 150）/10 −（630 − 580）×（1 − 60%）= 460（万元）。

借：长期股权投资——损益调整
　　（460 × 40%）184
　　贷：投资收益　184

因 B 公司以公允价值计量且其变动计入其他综合收益的金融资产公允价值上升增加其他综合收益 100 万元，中鸿公司应进行的处理为：

借：长期股权投资——其他综合收益
　　（100 × 40%）40
　　贷：其他综合收益　40

2×17 年年末 B 公司提取盈余公积，中鸿公司不需进行账务处理。

（3）调整 2×18 年 B 公司亏损：

2×18 年 B 公司调整后的净亏损 = 5 000 +（500 − 350）/10 +（200 − 150）/10 = 5 020（万元），投资方按其份额应承担的部分为 2 008 万元（5 020 × 40%）。

在中鸿公司确认应承担的亏损前，中鸿公司对 B 公司长期股权投资的账面余额 = 1 624 + 184 + 40 = 1 848（万元）。当被投资单位发生亏损时，投资企业应以长期股权投资账面价值减记至零为限，因此应调整的“长期股权投资——损益调整”的数额为 1 848 万元，而不是 2 008 万元（5 020 × 40%）。

借：投资收益　1 848
　　贷：长期股权投资——损益调整　1 848

同时，以构成对被投资单位净投资的长期应收款为限继续确认应承担的投资损失。

借：投资收益　60
　　贷：长期应收款　60

备查登记未确认的应承担投资损失 100 万元（2 008 − 1 848 − 60）。

（4）调整 2×19 年 B 公司实现净利润：

2×19 年 B 公司调整后的净利润 = 800 −（500 − 350）/10 −（200 − 150）/10 +（630 − 580）× 40% = 800（万元），中鸿公司按持股比例享有 320 万元（800 × 40%），应先恢复备查簿中的 86 万元，然后恢复长期应收款 60 万元，最后恢复长期股权投资 160 万元（320 − 100 − 60）。

会计分录如下：

借：长期应收款　60
　　贷：投资收益　60

借：长期股权投资——损益调整　160
　　贷：投资收益　160

2.【答案】

（1）2×18 年 1 月 1 日取得 B 公司股权时：

借：交易性金融资产——成本　1 200
　　贷：银行存款　1 200

4 月 26 日，宣告分配现金股利时：

借：应收股利
　　（2 000 × 10%）200
　　贷：投资收益　200

5 月 12 日，收到现金股利时：

借：银行存款　200
　　贷：应收股利　200

作为交易性金融资产核算，B 公司实现

净利润，长城公司不做账务处理。

12 月 31 日，确认公允价值的变动

借：交易性金融资产——公允价值变动　400

贷：公允价值变动损益　400

（2）2×19 年 1 月 1 日，长城公司应确认对 B 公司的长期股权投资：

借：长期股权投资——投资成本　4 850

贷：交易性——成本　1 200

——公允价值变动　400

银行存款　3 250

长期股权投资的初始投资成本为 4 850 万元，当日 B 公司可辨认净资产公允价值总额为 16 000 万元，则对应享有的份额为 4 800 万元（16 000×30%），无需对长期股权投资的初始投资成本进行调整。

3.【答案】

（1）编制 2018 年甲公司购入丁公司股权时的相关会计分录。

借：长期股权投资——丁公司（投资成本）　3 200

贷：银行存款　3 200

因初始投资成本 3 200 万元，等于取得的被投资方可辨认净资产公允价值份额 3 200 万元（8 000×40%），不调整长期股权投资初始投资成本。

（2）计算甲公司 2018 年应确认的投资收益，并编制 2018 年末甲公司调整对丁公司长期股权投资账面价值的相关会计分录。

A 产品账面价值与公允价值的差额应调减的利润 = 900 − 500 = 400（万元）

B 固定资产公允价值与账面价值差额应调整增加的折旧额 = 2 340 ÷ 6 −（2 700 − 1 080）÷ 6 = 120（万元）

C 无形资产公允价值与账面价值差额应调整增加的摊销额 = 960 ÷ 8 −（800 − 160）÷ 8 = 40（万元）

调整后的净利润 = 1 500 − 400 − 120 − 40 = 940（万元）；甲公司应享有净利润份额 = 940×40% = 376（万元）。确认甲公司账务处理为：

借：长期股权投资——丁公司（损益调整）　376

贷：投资收益（940×40%）376

确认被投资企业其他综合收益引起的所有者权益变动

借：长期股权投资——丁公司（其他综合收益）　320

贷：其他综合收益（800×40%）320

（3）计算甲公司 2019 年应确认的投资收益，并编制 2019 年末甲公司调整对丁公司长期股权投资账面价值的相关会计分录。

2019 年 3 月 18 日，丁公司分配现金股利，甲公司进行账务处理：

借：应收股利（500×40%）200

贷：长期股权投资——丁公司（损益调整）　200

借：银行存款　200

贷：应收股利　200

2019 年 12 月 31 日：

B 固定资产公允价值与账面价值差额应调整增加的折旧额 = 2 340 ÷ 6 −（2 700 − 1 080）÷ 6 = 120（万元）

C 无形资产公允价值与账面价值差额应调整增加的摊销额 = 960 ÷ 8 −（800 − 160）÷ 8 = 40（万元）

甲公司出售产品给丁公司产生的损益中，按照持股比例计算确定归属于本企业的部分不予确认。

丁公司调整后的净利润 = −3 000 − 120 − 40 − 100 = −3 260（万元）

甲公司应承担的亏损份额 = 3 260×40% = 1 304（万元）

借：投资收益　1 304

贷：长期股权投资——丁公司（损益调整）　1 304

（4）编制 2020 年度甲公司转让丁公司股权的相关会计分录。

借：银行存款　1 800

贷：长期股权投资——丁公司（投资成本）（3 200×75%）2 400

——丁公司（损益调整）［（376 − 200 − 1 304）×75%］ −846

——丁公司（其他综合收

益）

（320×75%）240

投资收益 6

借：其他综合收益

（320×75%）240

贷：投资收益 240

借：交易性金融资产——成本

600

贷：长期股权投资——丁公司（投资成本）

（3 200×25%）800

——丁公司（损益调整）

［（376－200－1 304）×25%］－282

——丁公司（其他综合收益）

（320×25%）80

投资收益 （600－598）2

借：其他综合收益

（320×25%）80

贷：投资收益 80

# 第八章　资产减值

## 本章考情分析

本章在考试中较重要，分数在5分左右，除客观题外，偶然出主观题。今年本章复习重点是固定资产计提减值。

## 本章教材变化

本章今年没有变化。

## 基本内容框架

- 资产减值
  - 概念（资产减值的定义、范围、迹象）
  - 会计处理
    - 单项资产减值（账面价值、可收回金额）
    - 资产组减值（一般资产组减值、总部资产减值、商誉减值）

## 通关重难点例题解析

资产减值可分单项资产减值和资产组减值两部分掌握。

### 一、单项资产减值

固定资产等资产账面价值高于其可收回金额的，应当计提减值准备，关键是确定资产的可收回金额。

资产可收回金额是指资产的公允价值减去处置费用后的净额与资产预计未来现金流量的现值两者之间较高者。

资产预计未来现金流量的现值，应当按照资产在持续使用过程中和最终处置时所产生的预计未来现金流量，选择恰当的折现率对其进行折现后的金额加以确定，即先确定“现金流量”，再确定“现值”。

当确定了“净额”和“现值”后，较高者就是资产的可收回金额。资产的账面价值高于可收回金额的，其差额应计提减值准备。

资产减值损失确认后，减值资产的折旧或者摊销费用应当在未来期间作相应调整，以使该资产在剩余使用寿命内，系统地分摊调整后的资产账面价值（扣除预计净残值）。例如，固定资产计提了减值准备后，固定资产账面价值将根据计提的减值准备相应抵减，因此，固定资产在未来计提折旧时，应当按照新的固定资产账面价值为基础计提每期折旧。

固定资产等资产减值损失一经确认，在以后会计期间不得转回。这个规定主要是为了防止企业以此作为盈余管理的手段。

### 二、资产组减值

企业难以对单项资产的可收回金额进行估计的，应当以该资产所属的资产组为基础确定资产组的可收回金额，又分为一般资产组、总部资产和商誉减值。

**资产组减值**

| | 相关规定 |
| --- | --- |
| 一般资产组减值 | 资产组计提减值准备和单项资产相一致，即企业需要预计资产组的可收回金额和计算资产组的账面价值，并将两者进行比较，如果资产组的可收回金额低于其账面价值，应当确认相应的减值损失。减值损失金额应当按照下列顺序进行分摊：<br>（1）首先抵减分摊至资产组中商誉的账面价值；<br>（2）然后根据资产组中除商誉之外的其他各项资产的账面价值所占比重，按比例抵减其他各项资产的账面价值。<br>（3）以上资产账面价值的抵减，应当作为各单项资产（包括商誉）的减值损失处理，计入当期损益。抵减后的各资产的账面价值不得低于以下三者之中最高者：该资产的公允价值减去处置费用后的净额（如可确定的）、该资产预计未来现金流量的现值（如可确定的）和零。因为净额和现值都有可能是负数，因此应该加零；加零的目的是，资产计提减值后账面价值不能小于零。之所以是三者中的最高者，是因为资产计提减值后，账面价值不能小于可收回金额。<br>由于抵减后的各资产的账面价值不得低于以下三者之中最高者，因此而导致的未能分摊的减值损失金额，应当按照相关资产组中其他各项资产的账面价值所占比重进行分摊。 |
| 总部资产减值 | 企业总部资产包括企业集团或其事业部的办公楼、电子数据处理设备、研发中心等资产。总部资产的显著特征是难以脱离其他资产或者资产组产生独立的现金流入，而且其账面价值难以完全归属于某资产组。因此，总部资产通常难以单独进行减值测试，需要结合其他相关资产组或者资产组组合进行。 |
| 商誉减值 | 企业在对包含商誉的相关资产组或者资产组组合进行减值测试时，如与商誉相关的资产组或者资产组组合存在减值迹象的，应当首先对不包含商誉的资产组或者资产组组合进行减值测试，计算可收回金额，并与相关账面价值相比较，确认相应的减值损失。然后再对包含商誉的资产组或者资产组组合进行减值测试，比较这些相关资产组或者资产组组合的账面价值（包括所分摊的商誉的账面价值部分）与其可收回金额，如相关资产组或者资产组组合的可收回金额低于其账面价值的，应当就其差额确认减值损失，减值损失金额应当首先抵减分摊至资产组或者资产组组合中商誉的账面价值；然后根据资产组或者资产组组合中除商誉之外的其他各项资产的账面价值所占比重，按比例抵减其他各项资产的账面价值。 |

【例 8－1】（2019 年单选题）20×9 年 1 月 1 日，甲公司以非同一控制下企业合并的方式购买了乙公司 60% 的股权，支付价款 1 800 万元，在购买日，乙公司可辨认净资产的账面价值为 2 300 万元，公允价值为 2 500 万元，没有负债和或有负债。20×9 年 12 月 31 日，乙公司可辨认净资产的账面价值为 2 500 万元，按照购买日的公允价值持续计算的金额为 2 600 万元，没有负债和或有负债。甲公司认定乙公司的所有资产为一个资产组，确定资产组在 20×9 年 12 月 31 日的可收回金额为 2 700 万元，经评估，甲公司判断乙公司资产组不存在减值迹象。不考虑其他因素，甲公司在 20×9 年合并利润表中应当列报的资产减值损失金额是（　　）。

A. 200 万元　　B. 240 万元

C. 400 万元　　D. 0

【答案】B

【解析】合并商誉 = 1 800 − 2 500 × 60% = 300（万元）

包含商誉的资产组账面价值 = 2 600 + 300/60% = 3 100（万元）

包含商誉的资产组的可收回金额 = 2 700（万元）

所以资产组减值 = 3 100 − 2 700 = 400（万元）

应全部冲减商誉的账面价值，又因为合并报表只反映母公司的商誉，所以合并报表中列示的资产减值损失 400 × 60% = 240（万元）。

【例 8－2】（2016 年单项选择题）下列关于甲公司在其财务报表附注中披露的应收项目计提减值的表述中，不符合会计准则规定的是（　　）。

A. 对单项金额重大的应收账款，单独计提坏账

B. 对应收关联方账款，有证据表明其可收回的，不计提减值

C. 对应收商业承兑汇票不计提减值，待其转入应收账款后根据应收账款的坏账计提

政策计提减值

D. 对经单项测试未发生减值的应收账款，将其包括在具有类似信用风险特征的金融资产组合中再进行减值测试

【答案】C

【例 8－3】（2016 年多项选择题）下列关于商誉的会计处理中，正确的有（　　）。

A. 商誉应当结合与其相关的资产组或资产组组合进行减值测试

B. 商誉于资产负债表日不存在减值迹象的，无需对其进行减值测试

C. 与商誉有关的资产组或资产组组合存在减值迹象的，应当首先对不包含商誉的资产组或资产组组合进行减值测试

D. 与商誉有关的资产组或资产组组合的减值损失应首先抵减分摊至资产组或资产组组合中商誉的账面价值

【答案】ACD

【解析】选项 B，对于商誉、使用寿命不确定的无形资产以及尚未达到可使用状态的无形资产，企业至少应当于每年年度终了进行减值测试。

## 通关演练

### 一、单项选择题

1. 甲公司拥有一项使用寿命不确定的无形资产，2×19 年年末该无形资产的账面价值为 600 万元，经减值测试表明该无形资产的公允价值减去处置费用后的净额为 800 万元，预计未来现金流量现值为 750 万元，该无形资产之前未计提过减值准备。不考虑其他因素的影响，则下列说法不正确的是（　　）。

A. 使用寿命不确定的无形资产每年均需进行减值测试

B. 公允价值减去处置费用后的净额与未来现金流量的现值两者中只要有一项高于账面价值，就无需再计算另一项的金额

C. 使用寿命不确定的无形资产与其他资产一样，存在减值迹象时，才需进行减值测试

D. 该使用寿命不确定的无形资产 2×19 年年末应计提减值准备的金额为 0

2. 下列关于总部资产减值测试的说法中，正确的是（　　）。

A. 总部资产的显著特点是难以脱离其他资产或资产组产生独立的现金流入

B. 资产组组合包括资产组、资产组组合以及难以按照合理方法分摊的总部资产部分

C. 如果有迹象表明某项总部资产可能发生减值的，应当计算该总部资产的可收回金额

D. 总部资产难以按照合理和一致的基础分摊至该资产组的，应当对总部资产单独进行减值测试

3. 甲公司采用期望现金流量法估计未来现金流量，2×19 年 A 设备在不同的经营情况下产生的现金流量分别为：该公司经营好的可能性是 40%，产生的现金流量为 100 万元；经营一般的可能性是 30%，产生的现金流量是 80 万元；经营差的可能性是 30%，产生的现金流量是 40 万元。假定甲公司 2×19 年涉及的现金流均于年末收付，则该公司 A 设备 2×19 年预计的现金流量为（　　）万元。

A. 100　　B. 80

C. 40　　D. 76

4. 甲公司于 2×19 年 12 月 31 日对其下属的某酒店进行减值测试。该酒店系公司于 4 年前贷款 1 亿元建造的，贷款年利率 6%，利息按年支付，期限 20 年。公司拟于2×21 年 3 月对酒店进行全面改造，预计发生改造支出 2 000 万元，改造后每年可增加现金流量 1 000 万元。酒店有 30% 的顾客是各子公司职工，对子公司职工的收费均按低于市场价 30% 的折扣价结算。公司为减值测试目的而预测酒店未来现金流量时，下列处理正确的是（　　）。

A. 将改造支出 2 000 万元调减现金流量

B. 将每年 600 万元的贷款利息支出调减现金流量

C. 将改造后每年增加的现金流量 1 000 万元调增现金流量

D. 将向子公司职工的收费所导致的现金流入按照市场价格预计

5. 甲公司 2×19 年年末某项无形资产的账面原值为 2 000 万元，已计提摊销 100 万元，未计提减值准备，公允价值减去处置费

用后的净额为 1 800 万元，未来现金流量的现值为 1 700 万元，则 2×19 年年末该项资产计提减值准备的金额是（ ）万元。

A. 0 B. 200

C. 100 D. 300

6. 2×17 年 12 月 31 日，A 公司购入一项设备，作为固定资产核算，该设备的初始入账价值为 160 万元，预计使用年限为 5 年，预计净残值为 10 万元。A 公司采用年数总和法对该项设备计提折旧。2×18 年 12 月 31 日，经减值测试，该项设备的公允价值减去处置费用后的净额为 70 万元，预计未来现金流量现值为 65 万元。假定该设备计提减值准备后原预计使用寿命、预计净残值及折旧方法均未发生变化。则该设备 2×19 年应计提的折旧额是（ ）万元。

A. 24 B. 16

C. 28 D. 22

7. 2×19 年 12 月 31 日，长江公司一项在建工程的账面价值为 900 万元，预计至达到预定可使用状态尚需投入 100 万元。该项目以前未计提减值准备。由于市场出现了与其相类似的项目，长江公司于年末对该项目进行减值测试，经测试表明：扣除继续建造所需投入因素预计未来现金流量现值为 740 万元，未扣除继续开发所需投入因素预计的未来现金流量现值为 836 万元。2×19 年 12 月 31 日，该项目的市场出售价格减去相关费用后的净额为 760 万元。则长江公司该在建工程应计提的减值损失金额为（ ）万元。

A. 140 B. 64

C. 240 D. 164

## 二、多项选择题

1. 固定资产减值测试预计其未来现金流量时，不应考虑的因素有（ ）。

A. 以资产的当前状况为基础

B. 筹资活动产生的现金流入或者流出

C. 与预计固定资产改良有关的未来现金流量

D. 与尚未作出承诺的重组事项有关的预计未来现金流量

2. 下列事项中，表明资产可能发生减值的有（ ）。

A. 资产市价的下跌幅度明显高于因时间的推移或者正常使用而预计的下跌

B. 企业经营所处的经济、技术或者法律等环境以及资产所处的市场在当期或者将在近期发生重大变化，从而对企业产生不利影响

C. 资产已经或者将被闲置、终止使用或者计划提前处置

D. 有证据表明资产已经陈旧过时或者其实体已经损坏

3. 下列关于确定外币未来现金流量及其现值的说法中正确的有（ ）。

A. 应当以资产所产生的未来现金流量的记账本位币为基础预计其未来现金流量，并按照该货币适用的折现率计算资产的现值

B. 将外币现值按照计算资产未来现金流量现值当日的即期汇率进行折算，从而折现成按照记账本位币表示的资产未来现金流量的现值

C. 将按照记账本位币表示的资产未来现金流量的现值与资产公允价值减去处置费用后的净额两者较高者确认可收回金额，与资产的账面价值进行比较，以确定是否需要确认减值损失以及确认多少减值损失

D. 将外币现值按照计算资产未来现金流量现值当日的平均汇率进行折算，从而折现成按照记账本位币表示的资产未来现金流量的现值

4. 下列各项关于资产组的表述中，正确的有（ ）。

A. 当企业难以估计某单项资产的可收回金额时，应当以其所属资产组为基础确定资产组的可收回金额

B. 资产组产生的现金流量是外币的，应当以该资产组所产生的未来现金流量的结算货币为基础预计其未来现金流量，并按照该货币适用的折现率计算资产的现值

C. 资产组的认定与企业管理层对生产经营活动的管理或者监控方式密切相关

D. 资产组的各项资产构成在各个会计期间应当保持一致，不得随意变更

5. 资产组在认定时，应当考虑的因素有（ ）。

A. 应当以资产组所产生的主要现金流入是否独立于其他资产或者资产组的现金流入为依据

B. 应当以资产组所产生的主要现金流量是否独立于其他资产或者资产组的现金流量为依据

C. 应当考虑企业管理层对生产经营活动的管理或者监控方式

D. 应当考虑企业管理层对资产的持续使用或者处置的决策方式

6. 总部资产的显著特征有（　　）。

A. 能够脱离其他资产或者资产组产生独立的现金流入

B. 资产的账面余额可以完全归属于某一资产组

C. 资产的账面价值难以完全归属于某一资产组

D. 难以脱离其他资产或者资产组产生独立的现金流入

7. 甲公司在2×19年1月1日以1 000万元的价格收购了乙公司60%的股权，取得了乙公司的控制权，此前甲公司和乙公司不存在关联方关系。在购买日，乙公司可辨认资产的公允价值为1 500万元，账面价值为1 400万元，没有负债。假定乙公司所有资产被认定为一个资产组。乙公司2×19年年末按购买日公允价值持续计算的可辨认资产的账面价值为1 500万元，负债账面价值为0。资产组（乙公司）在2×19年年末的可收回金额为1 500万元。关于资产负债表日合并财务报表中上述事项的会计处理，下列说法中正确的有（　　）。（计算结果保留两位小数）

A. 商誉减值100万元

B. 应确认商誉100万元

C. 应确认少数股东权益600万元

D. 无需确认长期股权投资

8. 下列有关商誉减值会计处理的说法中，正确的有（　　）。

A. 在对商誉进行减值测试时，应先将商誉分摊至相关资产组或资产组组合然后进行减值测试，发生的减值损失应首先抵减分摊至资产组或资产组组合中商誉的账面价值

B. 在对商誉进行减值测试时，应先将商誉分摊至相关资产组或资产组组合然后进行减值测试，发生的减值损失应按商誉的账面价值和资产组内其他资产账面价值的比例进行分摊

C. 商誉减值损失应在可归属于母公司和少数股东权益之间按比例进行分摊，以确认归属于母公司的减值损失

D. 商誉无论是否发生减值迹象，每年末均应对其进行减值测试

## 三、计算分析题

1. 甲公司拥有企业总部和A、B、C三条独立生产线，三条生产线被认定为三个资产组。2019年末总部资产（办公楼）和三个资产组的账面价值分别为400万元、400万元、500万元和600万元。三条生产线的使用寿命分别为5年、10年和15年。由于三条生产线所生产的产品市场竞争激烈，同类产品更为价廉物美，从而导致产品滞销，开工严重不足，产能大大过剩，使三条生产线出现减值的迹象并于期末进行减值测试。在减值测试过程中，总部资产（办公楼）的账面价值可以在合理基础上分摊至各资产组，假定其分摊标准是以各资产组的账面价值和剩余使用寿命加权平均计算的账面价值作为分摊的依据。经减值测试计算确定的三个资产组（A、B、C三条生产线）的可收回金额分别为460万元、480万元和580万元。

【要求】

（1）分别计算总部资产和各资产组应计提的减值准备金额；

（2）编制计提减值准备的有关会计分录。（答案中单位以万元表示）

2. 山水公司有关商誉及其他资料如下：

（1）山水公司在2×19年12月31日，以3 200万元的价格吸收合并乙公司。在购买日，乙公司可辨认资产的公允价值为5 000万元，负债的公允价值为2 000万元。乙公司的全部资产划分为两条生产线——A生产线（包括X、Y、Z三台设备）和B生产线（包括S、T两台设备），A生产线的公允价值为3 000万元（其中：X设备为800万元、Y设备为1 000万元、Z设备为1 200万元），B生产线的公允价值为2 000万元（其中：S设备为600万元、T设备为1 400万元），山水公司在合并乙公司后，将两条生产线认定为两个资产组，分别为资产组A和资产组B。两条生产线的各台设备预计尚可使用年限均为5年，预计净残值均为0，采用年限平均法计提

折旧。

（2）山水公司在购买日将商誉按照资产组公允价值的比例分摊至各资产组。

（3）2×20 年，由于 A、B 生产线所生产的产品市场竞争激烈，导致生产的产品销路锐减，因此，山水公司于年末进行减值测试。

（4）2×20 年年末，山水公司无法合理估计 A、B 两条生产线公允价值减去处置费用后的净额，以 A、B 生产线预计未来 5 年现金流量及其折现率为基础计算确定的 A、B 生产线的预计未来现金流量现值分别为 2 000 万元和 1 640 万元。山水公司无法合理估计 X、Y、Z 设备和 S、T 设备的公允价值减去处置费用后的净额以及未来现金流量的现值。

要求：

（1）计算山水公司商誉分摊至资产组 A 和 B 的账面价值；

（2）分别计算山水公司的商誉、A 资产组和 B 资产组及各设备的减值金额。

## 答案及解析

### 一、单项选择题

1.【答案】C

【解析】使用寿命不确定的无形资产，无论是否发生减值迹象，每一会计期末都需要进行减值测试，选项 C 不正确。

2.【答案】A

【解析】选项 B，资产组组合包括资产组或者资产组组合以及按合理方法分摊的总部资产部分；选项 C，如果有迹象表明总部资产可能发生减值的，企业应当计算确定该总部资产所归属资产组或资产组组合的可收回金额；选项 D，总部资产难以单独进行减值测试。

3.【答案】D

【解析】A 设备 2×19 年预计的现金流量 $=100\times40\%+80\times30\%+40\times30\%=76$（万元）。

4.【答案】D

【解析】企业预计未来现金流量应当以资产的当前状况为基础，因此选项 A、B 和 C 不正确；对于向子公司职工的收费，应以市场价格预计，与预计资产未来现金流量考虑的因素相符，选项 D 正确。

5.【答案】C

【解析】该项资产在 2×19 年年末的可收回金额是公允价值减去处置费用后的净额与未来现金流量现值两者中的较高者，即可收回金额为 1 800 万元；未计提减值准备前的账面价值 $=2\,000-100=1\,900$（万元），2×19 年年末应计提减值准备的金额 $=1\,900-1\,800=100$（万元）。

6.【答案】A

【解析】该固定资产 2×18 年 12 月 31 日可收回金额为 70 万元，计提减值准备前的账面价值 $=160-(160-10)\times5/15=110$（万元），该项固定资产发生减值，减值后的账面价值为 70 万元，2×19 年应计提的折旧额 $=(70-10)\times4/10=24$（万元）。

7.【答案】A

【解析】可收回金额应按照其公允价值减去处置费用后的净额与资产预计未来现金流量现值两者中较高者确定；在预计未来现金流量时，应考虑为使资产达到预计可使用状态所发生的现金流出。则长江公司该在建工程应确认减值损失金额 $=900-760=140$（万元）。

存货跌价准备 $=100+27+27.2=154.2$（万元）。

### 二、多项选择题

1.【答案】BCD

【解析】企业预计资产未来现金流量，应当以资产的当前状况为基础，不应当包括与将来可能会发生的、尚未作出承诺的重组事项或与资产改良有关的预计未来现金流量；不应当包括筹资活动和所得税收付产生的现金流量等。

2.【答案】ABCD

【解析】存在下列迹象的，表明资产可能发生了减值：（1）资产的市价当期大幅度下跌，其跌幅明显高于因时间的推移或者正常使用而预计的下跌；（2）企业经营所处的经济、技术或者法律等环境以及资产所处的市场在当期或者将在近期发生重大变化，从而对企业产生不利影响；（3）市场利率或者其他市场投资报酬率在当期已经提高，从而影响企业计算资产预计未来现金流量现值的折现率，导致资产可收回金额大幅度降低；（4）有证据表明资产已经陈旧过时或者其实体已经损坏；（5）资产已经或者将被闲置、终止使用或者计划提前处置；（6）企业内部报告的证据表明资产的经济绩效已经低于或者将低于预期，如资产所创造的净现金流量或者实现的营业利润（或者亏损）远远低于（或者高于）预计金额等；（7）其他表明资产可能已经发生减值的迹象。

3. 【答案】BC

【解析】选项A，应当以资产所产生的未来现金流量的结算货币为基础预计其未来现金流量，并按照该货币适用的折现率计算资产的现值；将外币现值按照计算资产未来现金流量现值当日的即期汇率进行折算，从而折现成按照记账本位币表示的资产未来现金流量的现值，选项B正确，选项D不正确。

4. 【答案】ABCD

5. 【答案】ACD

【解析】资产组的认定，应当以资产组产生的主要现金流入是否独立于其他资产或者资产组的现金流入为依据；应当考虑企业管理层对生产经营活动的管理或者监控方式（如是按照生产线、业务种类还是按照地区或者区域等）和对资产的持续使用或者处置的决策方式等。

6. 【答案】CD

【解析】总部资产的显著特征是难以脱离其他资产或者资产组产生独立的现金流入，而且其账面价值难以完全归属于某一资产组。

7. 【答案】ACD

【解析】计提减值准备前，合并财务报表中应确认的商誉 = 1 000 - 1 500 × 60% = 100（万元），合并报表中包含完全商誉的乙公司净资产的账面价值 = 1 500 + 100/60% = 1 666.67（万元），该资产组的可收回金额为1 500万元，该资产组减值金额 = 1 666.67 - 1 500 = 166.67（万元），因为完全商誉为166.67万元，所以减值损失首先冲减完全商誉166.67万元，但合并报表中反映的是归属于母公司的商誉，未反映归属于少数股东的商誉，因此合并报表中商誉减值的金额 = 166.67 × 60% = 100（万元），合并报表中商誉减值后的金额 = 100 - 100 = 0，选项A正确，选项B错误；应确认少数股东权益 = 1 500 × 40% = 600（万元），选项C正确；合并财务报表中母公司长期股权投资与子公司所有者权益抵消，不确认长期股权投资，选项D正确。

8. 【答案】ACD

【解析】在对商誉进行减值测试时，应先将商誉分摊至相关资产组或资产组组合，然后进行减值测试，发生的减值损失金额应当先抵减分摊至资产组或者资产组组合中商誉的账面价值，然后再根据资产组或者资产组组合中除商誉之外的其他各项资产的账面价值所占比重，按比例抵减其他各项资产的账面价值。

## 三、计算分析题

1. 【答案】

（1）计算总部资产和各资产组应计提的减值准备金额

首先，将总部资产采用合理的方法分配至各资产组；然后比较各资产组的可收回金额与账面价值，最后将各资产组的资产减值额在总部资产和各资产组之间分配。计算过程如下表：

| 项目 | A 生产线 | B 生产线 | C 生产线 | 合计 |
|---|---|---|---|---|
| 资产组账面价值 | 400 | 500 | 600 | 1 500 |
| 各资产组剩余使用寿命 | 5 | 10 | 15 | |
| 各资产组按使用寿命计算的权重 | 400 | 1 000 | 1 800 | 3 200 |
| 总部资产分摊比例 | 12.5% | 31.25% | 56.25% | 100% |
| 总部资产账面价值分摊到各资产组的金额 | 50 | 125 | 225 | 400 |
| 包括分摊的总部资产账面价值部分的各资产组账面价值 | 450 | 625 | 825 | 1 900 |
| 可收回金额 | 460 | 480 | 580 | 1 520 |

续表

| 项目 | A 生产线 | B 生产线 | C 生产线 | 合计 |
|---|---|---|---|---|
| 应计提减值准备金融 | 0 | 145 | 245 | 390 |
| 各资产组减值额分配给总部资产的数额 | 0 | 145 × 125/625 = 29 | 245 × 225/825 = 66.82 | 95.82 |
| 资产组本身的减值数额 | 0 | 145 × 500/625 = 116 | 245 × 600/825 = 178.18 | 294.18 |

因此：

总部资产应计提的减值准备金额：95.82 万元

A 资产组应计提的减值准备金额：0 万元

B 资产组应计提的减值准备金额：116 万元

C 资产组应计提的减值准备金额：178.18 万元

（2）有关会计分录如下：

借：资产减值损失　390

　贷：固定资产减值准备——总部资产（办公楼）　95.82

　　固定资产减值准备——B 生产线　116.00

　　固定资产减值准备——C 生产线　178.18

2.【答案】

（1）购买日商誉金额 = 3 200 -（5 000 - 2 000）= 200（万元），分摊至资产组 A 的价值 = 200 × 3 000/（3 000 + 2 000）= 120（万元），分摊至资产组 B 的价值 = 200 × 2 000/（3 000 + 2 000）= 80（万元）。

（2）

①2 × 20 年年末，资产组 A 不包含商誉的账面价值 = 3 000 - 3 000/5 = 2 400（万元），其中，X 设备的账面价值 = 800 - 800/5 = 640（万元），Y 设备的账面价值 = 1 000 - 1 000/5 = 800（万元），Z 设备的账面价值 = 1 200 - 1 200/5 = 960（万元）；

2 × 20 年年末，资产组 B 不包含商誉的账面价值 = 2 000 - 2 000/5 = 1 600（万元），其中，S 设备的账面价值 = 600 - 600/5 = 480（万元），T 设备的账面价值 = 1 400 - 1 400/5 = 1 120（万元）

②资产组 A 包含商誉的账面价值 = 2 400 + 120 = 2 520（万元），可收回金额为 2 000 万元，所以应确认资产减值损失 520 万元。

减值损失 520 万元应先抵减分摊到资产组的商誉账面价值 120 万元，其余减值损失 400 万元在 X、Y、Z 设备之间按账面价值进行分摊。

X 设备分摊减值损失 = 400 × 640/（640 + 800 + 960）= 106.67（万元）；

Y 设备分摊减值损失 = 400 × 800/（640 + 800 + 960）= 133.33（万元）；

Z 设备分摊减值损失 = 400 - 106.67 - 133.33 = 160（万元）。

③资产组 B 包含商誉的账面价值 = 1 600 + 80 = 1 680（万元），可收回金额为 1 640 万元，应确认资产减值损失 40 万元（1 680 - 1 640），而分摊至资产组 B 的商誉账面价值为 80 万元，所以减值损失应全部由商誉承担。

④会计分录为：

借：资产减值损失　560

　贷：商誉减值准备　160

　　固定资产减值准备——X 设备　106.67

　　　　　　　　——Y 设备　133.33

　　　　　　　　——Z 设备　160

说明：资产组中各资产减值金额的计算。

本题中将吸收合并的乙公司的全部资产作为两个资产组，商誉与这两个资产组相关。因此，需要将商誉的价值分摊到这两个资产组进行减值测试，如果测试后包含商誉的资产组发生减值，出于谨慎性原则先冲商誉价值；然后，根据资产组或者资产组组合中除商誉之外的其他各项资产的账面价值所占比重，按比例抵减其他各项资产的账面价值。和资产减值测试的处理一样，以上资产账面价值的抵减，也都应当作为各项资产（包括商誉）的减值损失处理，计入当期损益。

抵减后的各资产的账面价值不得低于以下三者中的最高者：

①公允价值减去处置费用后的净额（如可确定）；

②未来现金流量现值（如可确定）；

③零。

# 第九章 负 债

## 本章考情分析

本章在考试中居于较重要地位，考分预计6分左右，在考试中题型可以是客观题，也可能出主观题。本章重点是应交税金和应付债券。

## 本章教材变化

本章今年没有变化。

## 基本内容框架

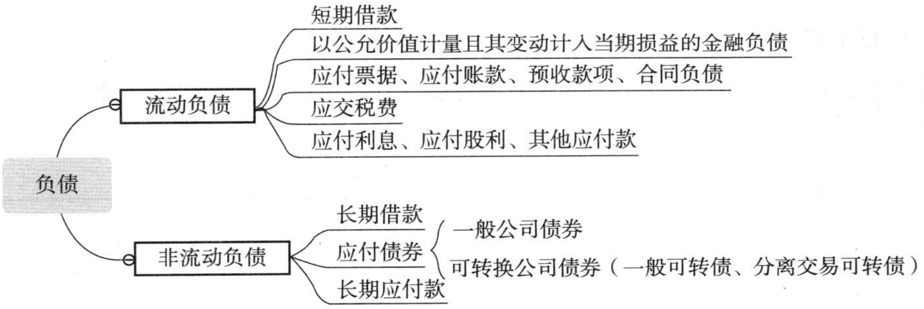


## 通关重难点例题解析

负债包括流动负债和长期负债。流动负债中，应交税费比较重要；非流动负债中，应付债券比较重要。

### 一、流动负债

**流动负债的核算要点**

| | 相关规定 |
|---|---|
| 短期借款 | 短期借款应在期末计提利息，计入财务费用。 |
| 以公允价值计量且其变动计入当期损益的金融负债 | (1) 以公允价值计量且其变动计入当期损益的金融负债，可分为交易性金融负债和直接指定为以公允价值计量且其变动计入当期损益的金融负债；(2) 对于以公允价值计量且其变动计入当期损益的金融负债，应按照其公允价值进行初始计量和后续计量，相关交易费用应当直接计入当期损益，其公允价值变动形成的利得或损失，除与套期保值有关外（有效套期应计入其他综合收益），应当计入当期损益（公允价值变动损益）。 |
| 应付票据 | 应付票据分为带息和不带息两种；带息应付票据应在期末计提利息，计入财务费用。 |

续表

| | 相关规定 |
| --- | --- |
| 应付账款 | 如果购入的资产在形成一笔应付账款时是带有现金折扣的，应按总价法确认应付账款，获得的现金折扣冲减财务费用。 |
| 预收账款 | 预收账款核算的是出售固定资产、无形资产等预收的账款；如果销售商品、提供劳务预收了账款，而且该企业执行新收入准则，则该预收账款应通过“合同负债”科目核算。 |
| 合同负债 | 合同负债，是指企业已收或应收客户对价而应向客户转让商品的义务，即销售商品、提供劳务预收的账款计入合同负债，不通过“预收账款”科目了。在发出商品控制权转移时将合同负债转入收入。 |
| 应交税费 | 应交税费包括应交增值税、消费税、所得税等 20 多种税费。增值税作为价外税，按照负债进行核算；其他税费作为费用核算，主要考的是列支渠道。销售商品的税率从 2017 年以前的 17% 降到 2018 年的 16%，再降到 2019 年的 13%，考试时要么假定不考虑税费，要么就以给定的税率为准。 |
| 应付利息 | 是指企业按照合同约定应支付的利息。 |
| 应付股利 | 是指企业经股东大会或类似机构审议批准分配的现金股利或利润。 |
| 其他应付款 | 是指企业除应付票据、应付账款、预收账款、合同负债、应付职工薪酬、应付利息、应付股利、应交税费等以外的其他各项应付、暂收的款项。 |

## 二、应付债券

应付债券包括一般公司债券和可转换公司债券，核心问题是核算利息，即如何计算应付利息和利息费用。

**应付债券的核算要点**

| | 相关规定 |
| --- | --- |
| 一般公司债券 | （1）发行时：企业发行债券时，按实际收到的款项，借记“银行存款”“库存现金”等科目，按债券票面价值，贷记“应付债券——面值”科目，按实际收到的款项与票面价值之间的差额，贷记或借记“应付债券——利息调整”科目。<br>（2）期末计提利息。<br>①应付利息 = 债券面值 × 票面利率 × 期限<br>②利息费用 = 应付债券期初摊余成本 × 实际利率 × 期限<br>（3）偿还时：采用一次还本付息方式的，企业应于债券到期支付债券本息时，借记“应付债券——面值、应计利息”科目，贷记“银行存款”科目；采用一次还本、分期付息方式的，在每期支付利息时，借记“应付利息”科目，贷记“银行存款”科目；债券到期偿还本金并支付最后一期利息时，借记“应付债券——面值”“在建工程”“财务费用”“制造费用”等科目，贷记“银行存款”科目，按借贷双方之间的差额，借记或贷记“应付债券——利息调整”科目。 |
| 可转换公司债券 | （1）发行时：企业发行的可转换公司债券，应当在初始确认时将其包含的负债成分和权益成分进行分拆，将负债成分确认为应付债券，将权益成分确认为其他权益工具。在进行分拆时，应当先对负债成分的未来现金流量进行折现确定负债成分的初始确认金额，再按发行价格总额扣除负债成分初始确认金额后的金额确定权益成分的初始确认金额。发行可转换公司债券发生的交易费用，应当在负债成分和权益成分之间按照各自的相对公允价值进行分摊。<br>（2）期末计提利息：对于可转换公司债券的负债成分，在转换为股份前，其会计处理与一般公司债券相同，即按照实际利率和摊余成本确认利息费用，按照面值和票面利率确认应付利息，差额作为利息调整。<br>（3）转换时：可转换公司债券持有人行使转换权利，将其持有的债券转换为股票，按可转换公司债券的余额，借记“应付债券——可转换公司债券（面值、利息调整）”科目，按其权益成分的金额，借记“其他权益工具”科目，按股票面值和转换的股数计算的股票面值总额，贷记“股本”科目，按其差额，贷记“资本公积——股本溢价”科目。 |

【例9－1】（2016年单选题）甲公司20×7年1月1日发行面值总额为10 000万元的债券，取得的款项专门用于建造厂房。该债券系分期付息、到期还本债券，期限为4年，票面年利率为10%，每年12月31日支付当年利息。该债券年实际利率为8%。债券发行价格总额为10 662.10万元，款项已存入银行。厂房于20×7年1月1日开工建造，20×7年度累计发生建造工程支出4 600万元。经批准，当年甲公司将尚未使用的债券资金投资于国债，取得投资收益760万元。20×7年12月31日工程尚未完工，该在建工程的账面余额为（　　）。

A. 4 692.97万元

B. 4 906.21万元

C. 5 452.97万元

D. 5 600万元

【答案】A

【解析】资本化期间为20×7年全年。

20×7年利息费用＝应付债券摊余成本×实际利率×期限＝10 662.10×8%×1＝852.97（万元）

借款费用资本化金额＝852.97－760＝92.97（万元）

20×7年末在建工程账面余额＝4 600＋92.97＝4 692.97（万元）。

【例9－2】（2017年计算题）甲股份有限公司（本题下称“甲公司”）为上市公司，其相关交易或事项如下：

（1）经相关部门批准，甲公司于20×6年1月1日按面值发行分期付息、到期一次还本的可转换公司债券2 000万份，每份面值为100元。可转换公司债券发行价格总额为200 000万元，发行费用为3 200万元，实际募集资金已存入银行专户。

根据可转换公司债券募集说明书的约定，可转换公司债券的期限为3年。自20×6年1月1日起至20×8年12月31日止；可转换公司债券的票面年利率为：第一年1.5%，第二年2%，第三年为2.5%；可转换公司债券的利息自发行之日起每年支付一次，起息日为可转换公司债券发行之日即20×6年1月1日，付息日为可转换公司债券发行之日起每满一年的当日，即每年的1月1日；可转换公司债券在发行1年后可转换为甲公司普通股股票，初始转股价格为每股10元，每份债券可转换为10股普通股票（每股面值1元）；发行可转换公司债券募集的资金专项用于生产用厂房的建设。

（2）甲公司将募集资金陆续投入生产用厂房的建设，截至20×6年12月31日，全部募集资金已使用完毕。生产用厂房于20×6年12月31日达到预定可使用状态。

（3）20×7年1月1日，甲公司支付20×6年度可转换公司债券利息3 000万元。

（4）20×7年7月1日，由于甲公司股票价格涨幅较大，全体债券持有人将其持有的可转换公司债券全部转换为甲公司普通股股票。

（5）其他资料如下：

①甲公司将发行的可转换公司债券的负债成分划分为摊余成本计量的金融负债。

②甲公司发行可转换公司债券时无债券发行人赎回和债券持有人回售条款以及变更初始转股价格的条款，发行时二级市场上与之类似的没有附带转换权的债券市场利率为6%。

③在当期付息前转股的，不考虑利息的影响，按债券面值及初始转股价格计算转股数量。

④不考虑所得税影响。

要求：

（1）计算甲公司发行可转换公司债券时负债成分和权益成分的公允价值。

（2）计算甲公司可转换公司债券负债成分和权益成分应分摊的发行费用。

（3）编制甲公司发行可转换公司债券时的会计分录。

（4）计算甲公司可转换公司债券负债成分的实际利率及20×6年12月31日的摊余成本，并编制甲公司确认及支付20×6年度利息费用的会计分录。

（5）计算甲公司可转换公司债券负债成分20×7年6月30日的摊余成本，并编制甲公司确认20×7年上半年利息费用的会计分录。

（6）编制甲公司20×7年7月1日可转换公司债券转换为普通股股票时的会计分录。

【答案】

（1）计算甲公司发行可转换公司债券时

第九章

负债成分和权益成分的公允价值。

发行时负债成分的公允价值 = 200 000 × 1.5% × 0.9434 + 200 000 × 2% × 0.8900 + 200 000 × 102.5% × 0.8396 = 178 508.2（万元）

发行时权益成分公允价值 = 200 000 − 178 508.2 = 21 491.8（万元）

（2）计算甲公司可转换公司债券负债成分和权益成分应分摊的发行费用。

负债成分应分摊的发行费用 = 3 200 ×（178 508.2/200 000）= 2 856.13（万元）

权益成分应分摊的发行费用 = 3 200 − 2 856.13 = 343.87（万元）

（3）编制甲公司发行可转换公司债券时的会计分录。

借：银行存款
（200 000 − 3 200）196 800
应付债券——可转换公司债券（利息调整）
（200 000 − 178 508.2 + 2 856.13）24 347.93
贷：应付债券——可转换公司债券（面值） 200 000
资本公积——其他资本公积
（21 491.8 − 343.87）21 147.93

（4）计算甲公司可转换公司债券负债成分的实际利率及 20×6 年 12 月 31 日的摊余成本，并编制甲公司确认及支付 20×6 年度利息费用的会计分录。

利率为 6% 的现值 = 178 508.2（万元）

利率为 R% 的现值 = 175 652.07 万元（200 000 − 24 347.93）

利率为 7% 的现值 = 173 638.9（万元）

（注：173 638.9 = 200 000 × 1.5% × 0.9346 + 200 000 × 2% × 0.8734 + 200 000 × 102.5% × 0.8163）

用插入法计算：（6% − R）/（6% − 7%）=（178 508.2 − 175 652.07）/（178 508.2 − 173 638.9）

解上述方程 R = 6% −（178 508.2 − 175 652.07）/（178 508.2 − 173 638.9）×（6% − 7%）= 6.59%

20×6 年 12 月 31 日的摊余成本 = 175 652.07 +（175 652.07 × 6.59% − 200 000 × 1.5%）= 175 652.07 +（11 575.47 − 3 000）= 175 652.07 + 8 575.47 = 184 227.54（万元）

借：在建工程
（175 652.07 × 6.59%）11 575.47
贷：应付利息 3 000
应付债券——可转换公司债券（利息调整） 8 575.47

借：应付利息 3 000
贷：银行存款 3 000

（5）计算甲公司可转换公司债券负债成分 20×7 年 6 月 30 日的摊余成本，并编制甲公司确认 20×7 年上半年利息费用的会计分录。

20×7 年 6 月 30 日的摊余成本 = 184 227.54 +（184 227.54 × 6.59%/2 − 200 000 × 2%/2）= 184 227.54 +（6 070.30 − 2 000）= 188 297.84（万元）

借：财务费用 6 070.30
贷：应付利息 2 000
应付债券——可转换公司债券（利息调整） 4 070.30

（6）编制甲公司 20×7 年 7 月 1 日可转换公司债券转换为普通股股票时的会计分录。

借：应付债券——可转换公司债券（面值） 200 000
资本公积——其他资本公积
21 147.93
应付利息 2 000
贷：应付债券——可转换公司债券（利息调整）
（24 347.93 − 8 575.47 − 4 070.30）11 702.16
股本（200 000 ÷ 10） 20 000
资本公积——股本溢价
191 445.77

## 通关演练

### 一、单项选择题

1. 下列关于负债的说法中，不正确的是（　　）。

A. 进项税额不予抵扣的，应当计入相关成本费用，不通过“应交税费——应交增值税（进项税额）”科目核算

B. 企业当月交纳当月的增值税，通过

"应交税费——应交增值税（已交税金）"科目核算

C. 企业交纳的耕地占用税，应通过"应交税费——应交耕地占用税"科目核算

D. 企业董事会通过的利润分配方案中拟分配的现金股利，不应确认负债

2. 委托加工应税消费品收回后以不高于受托方计税价格直接对外出售，由受托方代收代缴的消费税应当（　　）。

A. 借记"应交税费——应交消费税"

B. 计入收回的委托加工物资的成本中

C. 计入管理费用

D. 计入其他业务成本

3. 甲公司2×19年1月1日按面值发行三年期可转换公司债券，每年1月1日付息、到期一次还本，面值总额为10 000万元，票面年利率为4%，实际年利率为6%。债券包含的负债成分的公允价值为9 465.40万元。甲公司按实际利率法确认利息费用。甲公司发行此项债券时应确认的"应付债券——利息调整"的金额为（　　）万元。

A. 0　　B. 534.60

C. 267.3　　D. 9 800

4. 发行一般公司债券时发生的发行费用应记入的科目是（　　）。

A. 管理费用　　B. 销售费用

C. 应付债券　　D. 财务费用

5. 采用到期一次还本付息方式发行的债券，企业在资产负债表日计提的利息应记入的科目是（　　）。

A. 应付利息

B. 应收利息

C. 应付债券——应计利息

D. 应付债券——面值

6. 甲股份有限公司于2020年1月1日折价发行4年期、到期一次还本付息的公司债券，债券面值为100万元，票面年利率为10%，发行价格为90万元。假定实际利率是12%，采用实际利率法和摊余成本计算利息费用。该债券2020年度发生的利息费用为（　　）万元。

A. 6.5　　B. 10

C. 10.8　　D. 7.5

7. 甲公司2019年1月1日按面值发行三年期可转换债券，每年1月1日付息、到期一次还本的债券，面值总额为10 000万元，实际收款10 200万元，票面年利率为4%，实际利率为6%。债券包含的负债成分的公允价值为9 465.40万元，2020年1月1日，某债券持有人将其持有的5 000万元（面值）本公司可转换债券转换为100万股普通股（每股面值1元）。甲公司按实际利率法确认利息费用。2020年1月1日甲公司转换债券时应确认的"资本公积——股本溢价"的金额为（　　）万元。

A. 4 983.96　　B. 534.60

C. 4 716.66　　D. 5 083.96

8. 2020年1月1日，甲公司发行分期付息、到期一次还本的5年期公司债券，实际收到的款项为18 800万元，该债券面值总额为18 000万元，票面年利率为5%。利息于每年年末支付；实际年利率为4%，2020年12月31日，甲公司该项应付债券的摊余成本为（　　）万元。

A. 18 000　　B. 18 652

C. 18 800　　D. 18 948

## 二、多项选择题

1. 对于发行债券企业来说，采用实际利率法摊销债券折溢价时（不考虑相关交易费用），下列表述正确的有（　　）。

A. 随着各期债券溢价的摊销，债券的摊余成本逐期减少，利息费用则逐期增加

B. 随着各期债券溢价的摊销，债券的摊余成本逐期接近其面值

C. 随着各期债券溢价的摊销，债券的应付利息和利息费用都逐期减少

D. 随着各期债券折价的摊销，债券的摊余成本和利息费用都逐期增加

2. 关于可转换公司债券的会计处理，下列说法中，正确的有（　　）。

A. 企业发行的可转换公司债券，应当在初始确认时将其包含的负债成分和权益成分进行分拆，将负债成分确认为应付债券，将权益成分确认为其他权益工具

B. 可转换公司债券在进行分拆时，应当对债券的未来现金流量进行折现确定负债成分的初始确认金额

C. 发行可转换公司债券发生的交易费用，应当直接计入当期损益

D. 可转换公司债券转换股份前负债成分计提的利息费用均应计入当期损益

3. 下列有关增值税月末结转的说法中，正确的有（　　）。

A. 月份终了，企业应将当月发生的应交未交增值税税额，借记“应交税费——应交增值税（转出未交增值税）”科目，贷记“应交税费——未交增值税”科目

B. 月份终了，企业应将当月多交的增值税税额，借记“应交税费——应交增值税（未交增值税）”科目，贷记“应交税费——应交增值税（转出多交增值税）”科目

C. 未交增值税在以后月份上交时，借记“应交税费——应交增值税（已交税金）”科目，贷记“银行存款”科目

D. 月份终了，企业应将当月多交的增值税税额，借记“应交税费——未交增值税”科目，贷记“应交税费——应交增值税（转出多交增值税）”科目

4. 下列关于可转换公司债券的说法或做法，正确的有（　　）。

A. 企业发行的可转换公司债券，应当在初始确认时将其包含的负债成分和权益成分进行分拆，将负债成分确认为应付债券，将权益成分确认为资本公积

B. 可转换公司债券在进行分拆时，应当对负债成分的未来现金流量进行折现确定负债成分的初始确认金额

C. 发行可转换公司债券发生的交易费用，应当直接计入当期损益

D. 发行附有赎回选择权的可转换公司债券，其在赎回日可能支付的利息补偿金，应当在债券发行日至债券约定赎回届满日期间计提利息，并按借款费用的处理原则处理

5. 下列各项中，应计入长期应付款的有（　　）。

A. 应付租入包装物租金

B. 具有融资性质的分期付款方式购入固定资产的应付款项

C. 因债权人单位撤销而长期无法支付的应付账款

D. 应付融资租入固定资产的租赁费

## 三、计算分析题

1. 甲公司2×18年1月1日按面值发行期限为5年的4万份可转换公司债券，每份面值100元，到期一次还本付息，无发行费用，票面年利率为3%，实际年利率为6%，债券发行一年后可转换为普通股。假设2×19年12月31日，可转换公司债券持有人尚未行权。已知（P/A，6%，5）=4.2124，（P/F，6%，5）=0.7473。

要求：编制2×18年和2×19年与可转换公司债券相关的会计分录。

2. 长江公司属于增值税一般纳税人，购买及销售商品适用的增值税税率为13%。2×19年12月份发生如下经济业务：

（1）本月应付职工工资总额为800万元，工资费用分配汇总表中列示的产品生产工人工资为300万元，行政管理人员工资为220万元，在建工程人员工资280万元，工资尚未支付。公司对该业务会计处理如下：

借：生产成本　　300
　　管理费用　　500
　贷：应付职工薪酬——工资　800

（2）以其自己生产的彩电10台发放给公司行政管理人员，每台彩电的成本为0.6万元，市场售价为每台1万元。公司对该业务会计处理如下：

借：管理费用　　6
　贷：库存商品　　6

（3）购入一部办公楼用电梯，该电梯需要安装，价款为50万元，增值税为6.5万元，已用银行存款支付。安装过程中领用材料一批，实际成本为2万元（不含增值税）。公司对该业务会计处理如下：

借：在建工程　　50
　　应交税费——应交增值税（进项税额）　6.5
　贷：银行存款　　56.5
借：管理费用　　2
　贷：原材料　　2

要求：根据资料（1）至（3），逐项判断长江公司的处理是否正确；如不正确，简要说明理由，并编制更正分录。（涉及差错更正的项目，均作为当期差错处理）。

3. 甲上市公司（以下简称甲公司）经批准于2019年1月1日以50 000万元的价格（不考虑相关税费）发行面值总额为50 000万元的可转换公司债券。

该可转换公司债券期限为5年，票面年利率为4%，实际利率为6%。自2020年起，每年1月1日付息。自2020年1月1日起，该可转换公司债券持有人可以申请按债券转换日的账面价值转为甲公司的普通股（每股面值1元），初始转换价格为每股10元，不足转为1股的部分按每股10元以现金结清。

其他相关资料如下：

（1）2019年1月1日，甲公司收到发行价款50 000万元，所筹资金用于某机器设备的技术改造项目，该技术改造项目于2019年年12月31日达到预定可使用状态并交付使用。

（2）2020年1月2日，该可转换公司债券的40%转为甲公司的普通股，相关手续已于当日办妥；未转为甲公司普通股的可转换公司债券持有至到期，其本金及最后一期利息一次结清。

假定：①甲公司采用实际利率法确认利息费用；②每年年末计提债券利息和确认利息费用；③2009年该可转换公司债券借款费用的100%计入该技术改造项目成本；④不考虑其他相关因素；⑤利率为6%、期数为5期的普通年金现值系数为4.2124，利率为6%、期数为5期的复利现值系数为0.7473；⑥按实际利率计算的可转换公司债券的现值即为其包含的负债成分的公允价值。

要求：

（1）编制甲公司发行该可转换公司债券的会计分录。

（2）计算甲公司2019年12月31日应计提的可转换公司债券利息和应确认的利息费用。

（3）编制甲公司2019年12月31日计提可转换公司债券利息和应确认的利息费用的会计分录。

（4）编制甲公司2020年1月1日支付可转换公司债券利息的会计分录。

（5）计算2020年1月2日可转换公司债券转为甲公司普通股的股数。

（6）编制甲公司2020年1月2日与可转换公司债券转为普通股有关的会计分录。

（“应付债券”科目要求写出明细科目；答案中的金额单位用万元表示。）

# 答案及解析

## 一、单项选择题

1.【答案】C

【解析】企业缴纳的耕地占用税，不需要通过“应交税费”科目核算，企业按规定计算交纳耕地占用税时，借记“在建工程”科目，贷记“银行存款”科目。其余选项正确。

2.【答案】B

【解析】委托加工应税消费品收回后，直接用于销售的，委托方应将代收代缴的消费税计入委托加工应税消费品成本，待委托加工应税消费品销售时，不需要再缴纳消费税。

3.【答案】B

【解析】甲公司2×19年1月1日发行债券时应确认的“应付债券——利息调整”的金额=10 000－9 465.40=534.60（万元）。

4.【答案】C

【解析】发行一般公司债券时发生的发行费用应计入应付债券的初始成本。

5.【答案】C

【解析】债券采用到期一次还本付息方式的，企业在资产负债表日计提的利息应记入“应付债券——应计利息”科目。

6.【答案】C

【解析】每期实际利息费用=期初应付债券摊余成本×实际利率；每期应计利息=应付债券面值×债券票面利率；每期利息调整的金额=实际利息费用－应计利息。2020年度发生的利息费用为90×12%=10.8（万元）。

7.【答案】D

【解析】会计分录：

（1）2019年1月1日，发行可转换公司债券：

借：银行存款　　10 200
　　应付债券——可转换公司债券（利息调整）　　534.6
　贷：应付债券——可转换公司债券（面值）　　10 000
　　　其他权益工具　　734.6

（2）2020年1月1日债券持有人行使转换权：

借：应付债券——可转换公司债券（面值） 5 000
其他权益工具
[（10 200 - 9 465.40）/2] 367.3
贷：股本 100
应付债券——可转换公司债券（利息调整） 183.34*
资本公积——股本溢价 5 083.96

*183.34 = [534.6 -（9 465.40 × 6% - 10 000 × 4%）]/2

8.【答案】B

【解析】2020 年 12 月 31 日，甲公司该项应付债券的摊余成本 = 18 800 ×（1 + 4%）- 18 000 × 5% = 18 652（万元）。

## 二、多项选择题

1.【答案】BD

【解析】随着各期债券溢价的摊销，债券的摊余成本逐期接近其面值，所以其摊余成本逐期减少，利息费用（期初摊余成本 × 实际利率）也随之减少，选项 A 错误，选项 B 正确；债券各期确认的应付利息 = 面值 × 票面利率，不会变化，选项 C 错误；随着各期债券折价的摊销，债券的摊余成本逐期接近其面值，所以其摊余成本逐期增加，利息费用（期初摊余成本 × 实际利率）也随之增加，选项 D 正确。

2.【答案】AB

【解析】选项 C，发行可转换公司债券发生的交易费用，应当在负债成分和权益成分之间按照相对公允价值比例进行分摊，分别计入其入账价值；选项 D，计提的利息费用如果符合资本化条件的，应于发生当期进行资本化计入所购建资产的成本。

3.【答案】AD

【解析】选项 B 错误，无“应交税费——应交增值税（未交增值税）”科目，应该为“应交税费——未交增值税”科目；选项 C 错误，未交增值税在以后月份上交时，借记“应交税费——未交增值税”科目，贷记“银行存款”科目。

4.【答案】ABD

【解析】发行可转换公司债券发生的交易费用应当在负债成分和权益成分之间按照各自的相对公允价值进行分摊，选项 C 不正确。

5.【答案】BD

【解析】应付租入包装物的租金应该计入其他应付款，选项 A 错误；具有融资性质的分期付款购买固定资产的应付款项，应该计入长期应付款，选项 B 正确；因债权人单位撤销而长期无法支付的应付账款应该计入债务重组收益，不存在负债了，选项 C 错误；应付融资租入固定资产的租赁费应该计入长期应付款，选项 D 正确。

## 三、计算分析题

1.【答案】

2 × 18 年 1 月 1 日，该债券的公允价值 =（400 + 400 × 3% × 5）×（P/F，6%，5）= 343.76（万元），权益成分的公允价值 = 400 - 343.76 = 56.24（万元）；2 × 18 年 12 月 31 日财务费用 = 343.76 × 6% = 20.63（万元），债券的摊余成本 = 343.76 + 20.63 = 364.39（万元）。

2 × 18 年 1 月 1 日：
借：银行存款 400
应付债券——可转换公司债券（利息调整） 56.24
贷：应付债券——可转换公司债券（面值） 400
其他权益工具 56.24

2 × 18 年 12 月 31 日：
借：财务费用 20.63
贷：应付债券——可转换公司债券（应计利息）
（400 × 3%） 12
——可转换公司债券（利息调整）
8.63

2 × 19 年 12 月 31 日财务费用 = 364.39 × 6% = 21.86（万元），债券的摊余成本 = 364.39 + 21.86 = 386.25（万元）。

2 × 19 年 12 月 31 日
借：财务费用 21.86
贷：应付债券——可转换公司债券（应计利息）
（400 × 3%） 12
——可转换公司债券（利息调整）
9.86

2. 【答案】

（1）事项（1）的处理不正确。

理由：在建工程人员工资应计入在建工程。

更正分录如下：

借：在建工程 280

贷：管理费用 280

职工工资中生产工人工资应对应生产成本等科目，行政管理人员工资应对应管理费用科目，在建工程人员工资应对应在建工程科目，计入在建工程成本。

（2）事项（2）的处理不正确。

理由：公司自产产品用于非货币性福利的，应视同销售。

更正分录如下：

借：应付职工薪酬——非货币性福利 11.3

贷：主营业务收入（10×1）10

应交税费——应交增值税（销项税额）（10×1×13%）1.3

借：主营业务成本 6

管理费用 5.3

贷：应付职工薪酬——非货币性福利 11.3

（3）事项（3）的处理不正确。

理由：购入办公楼用电梯，发生的安装费用及因该在建工程领用企业的原材料等均应计入在建工程，构成相关资产的成本，不应于发生时计入当期损益。

更正分录如下：

借：在建工程 2

贷：管理费用 2

3. 【答案】

（1）2019年1月1日：

可转换公司债券负债成分的公允价值＝50 000×0.7473＋50 000×4%×4.2124＝45 789.8（万元）

应计入其他权益工具的金额＝50 000－45 789.8＝4 210.2（万元）

借：银行存款 50 000

应付债券——可转换公司债券（利息调整） 4 210.2

贷：应付债券——可转换公司债券（面值） 50 000

其他权益工具 4 210.2

（2）2019年12月31日应付利息＝50 000×4%＝2 000（万元）；

应确认的利息费用＝45 789.8×6%＝2 747.39（万元）。

（3）编制甲公司2019年12月31日计提可转换公司债券利息和应确认的利息费用的会计分录：

借：在建工程 2 747.39

贷：应付利息 2 000

应付债券——可转换公司债券（利息调整） 747.39

（4）编制甲公司2020年1月1日支付可转换公司债券利息的会计分录：

借：应付利息 2 000

贷：银行存款 2 000

（5）计算2020年1月2日可转换公司债券转为甲公司普通股的股数：

转换日转换部分应付债券的账面价值＝（45 789.8＋747.39）×40%＝18 614.88（万元）

转换的股数＝18 614.88÷10＝1 861.49（万股）

支付的现金＝0.49×10＝4.9（万元）

（6）编制甲公司2020年1月2日与可转换公司债券转为普通股有关的会计分录：

借：应付债券——可转换公司债券（面值） 20 000

其他权益工具（4 210.2×40%）1 684.08

贷：股本 1 861

应付债券——可转换公司债券（利息调整）［（4 210.2－747.39）×40%］1 385.12

资本公积——股本溢价 18 433.06

库存现金 4.9

# 第十章 职工薪酬

## 本章考情分析

本章在考试中居于较重要地位，预计分数在5分左右，可以考客观题，也可以作为主观题中的一部分。

## 本章教材变化

本章今年没有变化。

## 基本内容框架

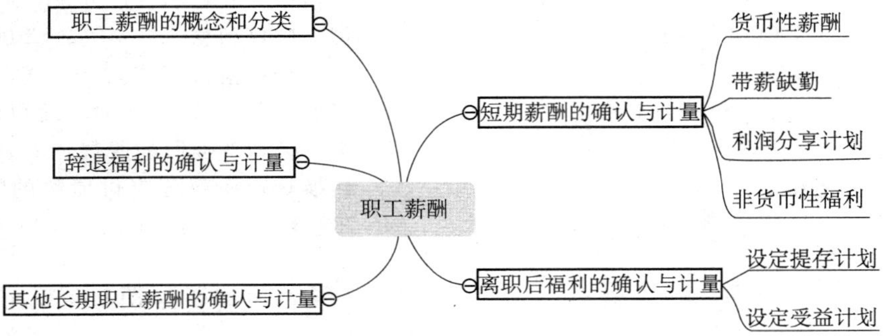


## 通关重难点例题解析

职工薪酬，是指企业为获得职工提供的服务或解除劳动关系而给予的各种形式的报酬或补偿，企业提供给职工配偶、子女、受赡养人、已故员工遗属及其他受益人等的福利，也属于职工薪酬，即用人的代价都属于职工薪酬。职工薪酬包括短期薪酬、离职后福利、辞退福利和其他长期职工福利等四类，即职工薪酬就是企业用人的代价，一般情况下属于流动负债，但长期职工薪酬属于非流动负债。

### 一、短期薪酬

**短期薪酬的核算要点**

| | 相关规定 |
|---|---|
| 货币性短期薪酬 | 企业应当在职工为其提供服务的会计期间，按照受益对象将实际发生的短期薪酬确认为负债，并计入当期损益或有关资产成本：（1）应由生产产品、提供劳务负担的职工薪酬，计入产品成本或劳务成本；（2）应由在建工程、无形资产负担的职工薪酬，计入建造在建工程或无形资产成本；（3）企业管理人员薪酬，计入管理费用；（4）专设销售人员薪酬计入销售费用；（5）研究开发人员的薪酬计入研发支出等。可见，除辞退福利一律计入管理费用外，其余的职工薪酬按照受益原则处理。 |

续表

| | 相关规定 |
|---|---|
| 带薪缺勤 | 带薪缺勤分为累积带薪缺勤和非累积带薪缺勤。累积带薪缺勤，是指带薪缺勤权利可以结转下期的带薪缺勤，本期尚未用完的带薪缺勤权利可以在未来期间使用。企业应当在职工提供服务从而增加了其未来享有的带薪缺勤权利时，确认与累积带薪缺勤相关的职工薪酬，并以累积未行使权利而增加的预期支付金额计量。非累积带薪缺勤，是指带薪缺勤权利不能结转下期的带薪缺勤，本期尚未用完的带薪缺勤权利将予以取消，并且职工离开企业时也无权获得现金支付。企业应当在职工实际发生缺勤的会计期间确认与非累积带薪缺勤相关的职工薪酬。 |
| 短期利润分享计划 | 利润分享计划虽然与企业经营业绩挂钩，但是由于职工提供服务而产生的，因此，企业应当将利润分享作为费用处理或计入资产成本，不能作为净利润的分配。 |
| 非货币性福利 | (1) 将自产产品发给员工：①确认：企业以其自产产品作为非货币性福利发放给职工的，应当根据受益对象，按照该产品的公允价值，计入相关资产成本或当期损益，同时确认应付职工薪酬；②发放：把自产产品作为职工薪酬发放给职工时，相当于销售应确认主营业务收入。<br>(2) 企业将资产无偿提供职工使用：企业将拥有的房屋、汽车等资产无偿提供给职工使用的，应当根据受益对象，将该房屋每期应计提的折旧计入相关资产成本或当期损益，同时确认应付职工薪酬，借记“管理费用”“生产成本”“制造费用”等科目，贷记“应付职工薪酬——非货币性福利”科目，同时借记“应付职工薪酬——非货币性福利”科目，贷记“累计折旧”科目。<br>(3) 向职工提供企业支付了补贴的商品或服务：①如果合同规定职工在取得住房等商品或服务后至少应提供服务的年限，企业应将出售商品或服务的价格与其成本间的差额，作为长期待摊费用处理，在合同给定的服务年限内平均摊销，根据受益对象分别计入相关资产成本或当期损益；②如果合同没有规定职工在取得住房等商品或服务后至少应提供服务的年限，企业应将出售商品或服务的价格与其成本间的差额，作为对职工过去提供服务的一种补偿，直接计入向职工出售商品或服务当期的损益。 |

## 二、离职后福利

离职后福利，是指企业为获得职工提供的服务而在职工退休或与企业解除劳动关系后，提供的各种形式的报酬和福利（如养老保险、失业保险）。企业应当将离职后福利计划分类为设定提存计划和设定受益计划：

(1) 设定提存计划，是指向独立的基金缴存固定费用后，企业不再承担进一步支付义务的离职后福利计划，如我国目前企业参与的养老保险、失业保险。

(2) 设定受益计划，是指除设定提存计划以外的离职后福利计划。设定收益计划难度很大，单独出大题的可能性非常小。

设定受益计划的处理思路：职工的退休金虽然在退休后发放，但一定要在职工提供服务的期间计入成本费用或当期损益，才符合配比原则。设定受益计划会计处理思路归纳如下：

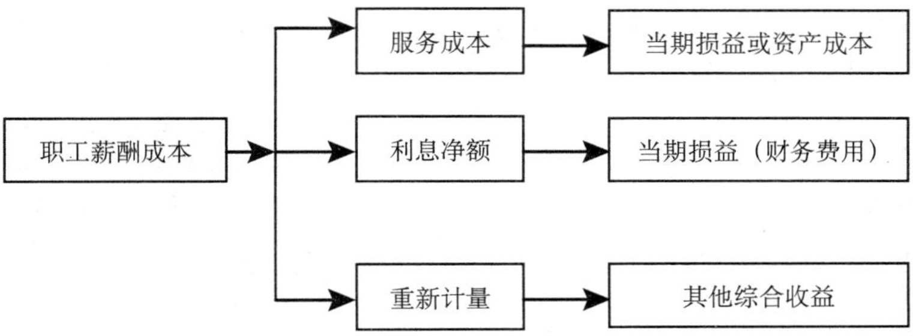


设定受益计划产生的职工薪酬成本列支去向

### 三、辞退福利

辞退福利，是指企业在职工劳动合同到期之前解除与职工的劳动关系，或者为鼓励职工自愿接受裁减而给予职工的补偿。

（1）确认：企业向职工提供辞退福利的，应当在下列两者孰早日确认辞退福利产生的职工薪酬负债，并计入管理费用：（1）企业不能单方面撤回因解除劳动关系计划或裁减建议所提供的辞退福利时；（2）企业确认与涉及支付辞退福利的重组相关的成本或费用时。

（2）计量：分两种情况，对于强制辞退，企业应当根据计划条款规定拟解除劳动关系的职工数量、每一职位的辞退补偿等确认职工薪酬负债；对于自愿离职，应预计将会接受裁减建议的职工数量，根据预计的职工数量和每一职位的辞退补偿等确认职工薪酬负债。

（3）账务处理：辞退福利12个月内完全支付的，应当适用短期薪酬的相关规定；辞退福利12个月内不能完全支付的，应作为其他长期职工福利，考虑货币时间价值。

【例10－1】（2018年单选题）下列各项因设定受益计划产生的职工薪酬的成本中，除非计入资产成本，应当计入其他综合收益的是（ ）。

A. 精算利得和损失

B. 结算利得或损失

C. 资产上限影响的利息

D. 计划资产的利息收益

【答案】A

【解析】设定受益计划应计入其他综合收益的部分包括：（1）精算利得和损失；（2）计划资产回报，扣除包括在设定受益计划净负债或净资产的利息净额中的金额；（3）资产上限影响的变动，扣除包括在设定受益计划净负债或净资产的利息净额中的金额。选项B、C和D应计入当期损益。

【例10－2】（2016年单选题）甲公司实行累积带薪休假制度，当年未享受的休假只可结转至下一年度。2×14年末，甲公司因当年度管理人员未享受休假而预计了将于2×15年支付的职工薪酬为20万元。2×15年末，该累积带薪休假原多预计的8万元负债（应付职工薪酬）于2×15年的会计处理，正确的是（ ）。

A. 不作账务处理

B. 从应付职工薪酬转出计入资本公积

C. 冲减当期的管理费用

D. 作为会计差错追溯重述上年财务报表相关项目的金额

【答案】C

【解析】甲公司规定未来使用的年休假只能结转下一年度，其未使用的带薪休假在本期冲回，应冲减当期管理费用。

## 通关演练

### 一、单项选择题

1. 下列职工薪酬中，不应当根据职工提供服务的受益对象计入成本费用的是（ ）。

A. 职工福利费

B. 因解除与职工的劳动关系给予的补偿

C. 工会经费和职工教育经费

D. 社会保险费

2. 甲公司于2×19年年初制订和实施了一项短期利润分享计划，以对公司管理层进行激励。该计划规定，公司全年的净利润指标为5 000万元，如果在公司管理层的努力下完成的净利润超过5 000万元，公司管理层可以分享超过5 000万元净利润部分的10%作为额外报酬。假定至2×19年12月31日，甲公司2×19年全年实际完成净利润6 000万元。不考虑离职等其他因素，甲公司2×19年12月31日因该项短期利润分享计划应计入管理费用的金额为（ ）万元。

A. 500　　B. 100

C. 400　　D. 0

3. 海天公司共有100名职工，其中30名为总部管理人员，70名为直接生产工人。从2×19年1月1日起，该公司实行累积带薪缺勤制度。该制度规定，每名职工每年可享受5个工作日带薪年休假，未使用的年休假只能向后结转一个日历年度，超过1年未行使的权利作废；职工休年假时，首先使用当年享受的权利，不足部分再从上年结转的带薪年休假中扣除；职工离开公司时，对未使用的累积带薪年休假无权获得现金支付。2×19年12月31日，每个职工当年平均未使用带薪年休假为3天。甲公司预计2×20年有60名职工将享受不超过5天的带薪年休假，剩余40名职工（包括30名总部管理人员，10名直接生产工人）每人将平均享受6天年休假，该公司平均每名管理人员每个工作日工资为400元，平均每名生产工人每个工作日的工资为30万元。海天公司2×19年年末因累积带薪缺勤计入管理费用的金额为（　　）元。

A. 12 000　　B. 15 000

C. 24 000　　D. 0

4. 浩海公司2×19年12月按照工资总额的标准分配工资费用，其中，生产工人工资为40万元，生产车间管理人员工资为10万元，管理部门人员工资为20万元；按照工资总额的28%计提“五险一金”、按照工资总额的2%计提工会经费、按照工资总额的2.5%计提职工教育经费。另外，本月根据短期利润分享计划，计入生产成本和管理费用的金额合计为50万元。根据上述资料计算浩海公司2×19年12月“应付职工薪酬”科目贷方发生额是（　　）万元。

A. 70　　B. 90.25

C. 142.75　　D. 120

5. 下列各项中，不影响设定受益计划净负债或净资产的利息净额的是（　　）。

A. 计划资产的利息收益

B. 设定受益计划义务的利息费用

C. 资产上限影响的利息

D. 设定受益计划精算利得和损失

6. 下列关于离职后福利计划的相关说法，不正确的是（　　）。

A. 离职后福利计划分类为设定提存计划和设定受益计划

B. 设定提存计划，是指向独立的基金缴存固定费用后，企业不再承担进一步支付义务的离职后福利计划

C. 设定受益计划，是指除设定提存计划以外的离职后福利计划

D. 预期不会在职工提供相关服务的年度报告期结束后12个月内支付全部应缴存金额的设定提存计划，企业应当将全部应缴存金额的金额计量应付职工薪酬

7. 下列关于利润分享计划会计处理的表述中，不正确的是（　　）。

A. 确认应付职工薪酬的利润分享计划是企业的一项法定义务或推定义务

B. 确认应付职工薪酬的利润分享计划所产生的义务金额能够可靠估计

C. 企业在计量利润分享计划产生的应付职工薪酬时，应当反映职工因离职而无法享受利润分享计划福利的可能性

D. 企业的利润分享计划是对净利润的分配

8. 甲公司共有100名职工，其中80名为直接生产人员，20名为公司总部管理人员。2×19年有关职工薪酬的业务如下：（1）1月1日，甲公司购买了100套全新的公寓拟以优惠价格向职工出售，甲公司拟向直接生产人员出售的住房平均每套购买价为200万元，出售的价格为每套120万元；拟向管理人员出售的住房平均每套购买价为280万元，出售的价格为每套160万元。假定该100名职工均在2×19年年初购买了公司出售的住房，售房协议规定，职工在取得住房后必须在公司服务满10年（含2×19年1月），如果职工提前离开，需按未服务年限比例退回差价。假定甲公司采用直线法摊销长期待摊费用，不考虑相关税费。（2）7月15日甲公司将其生产的笔记本电脑作为福利发放给公司职工，每人一台，每台成本为3.6万元，每台售价为4万元。假定不考虑相关税费等其他因素的影响，甲公司2×19年计入管理费用的金额为（　　）万元。

A. 400　　B. 1 348

C. 333.6　　D. 320

## 二、多项选择题

1. 下列职工薪酬中，属于短期薪酬的有（　　）。

A. 工会经费和职工教育经费

B. 因解除与职工的劳动关系而给予的补偿

C. 非货币性福利

D. 医疗保险费、工伤保险费和生育保险费

2. 下列各项关于应付职工薪酬的表述中，正确的有（　　）。

A. 职工薪酬是指企业为获得职工提供的服务而给予各种形式的报酬以及其他相关支出，这里的“职工”仅指全职职工和兼职职工，不包含临时人员

B. 企业的职工薪酬，都应当根据职工提供

服务的受益对象，计入相关资产成本或者费用

C. 生产车间发生的非正常消耗的直接生产人员和直接提供劳务人员的职工薪酬，应当在发生时确认为当期损益

D. 企业以其生产的产品作为非货币性福利提供给职工的，应当按照该产品的公允价值和相关税费，计量应计入成本费用的职工薪酬金额

3. 关于设定受益计划，下列项目中应计入其他综合收益的有（　　）。

A. 过去服务成本

B. 计划资产回报，扣除包括在设定受益净负债或净资产的利息净额中的金额

C. 结算利得和损失

D. 资产上限影响的变动，扣除包括在设定受益净负债或净资产的利息净额中的金额

4. 企业在劳动合同到期之前解除与部分职工的劳动关系，确认因解除与职工的劳动关系给予补偿而确认的负债应满足的条件有（　　）。

A. 企业不能单方面撤销解除劳动关系计划或裁减建议

B. 企业可以单方面撤销解除劳动关系计划或裁减建议

C. 企业即将制定正式的解除劳动关系计划或提出自愿裁减建议，并即将实施

D. 企业已经制定正式的解除劳动关系计划或提出自愿裁减建议，并即将实施

5. 下列有关带薪缺勤的表述中，正确的有（　　）。

A. 累积带薪缺勤，是指带薪缺勤权利可以结转下期的带薪缺勤，本期尚未用完的带薪缺勤权利可以在未来期间使用

B. 非累积带薪缺勤，是指带薪缺勤权利不能结转下期的带薪缺勤，本期尚未用完的带薪缺勤权利将予以取消，并且职工离开企业时也无权获得现金支付

C. 企业应当在职工提供服务从而增加了其未来享有的带薪缺勤权利时，确认与累积带薪缺勤相关的职工薪酬，并以累积未行使权利而增加的预期支付金额计量

D. 企业应当在职工实际发生缺勤的会计期间确认与非累积带薪缺勤相关的职工薪酬

6. 下列有关设定受益计划会计处理的表述中，正确的有（　　）。

A. 根据预期累计福利单位法，采用精算假设作出估计，计量设定受益计划所产生的义务，应当按照规定的折现率将设定受益计划所产生的义务予以折现，以确定设定受益计划义务的现值和当期服务成本

B. 当职工后续年度的服务将导致其享有的设定受益计划福利水平显著高于以前年度时，企业应当按照直线法将累计设定受益计划义务分摊确认于职工提供服务而导致企业第一次产生设定受益计划福利义务至职工提供服务不再导致该福利义务显著增加的期间

C. 重新计量设定受益计划净负债或净资产所产生的变动，即精算利得或损失应计入其他综合收益，并且在后续会计期间不允许转回至损益

D. 设定受益计划净负债或净资产的利息净额，包括计划资产的利息收益、设定受益计划义务的利息费用以及资产上限影响的利息，计入当期财务费用

7. 下列关于职工薪酬确认和计量的叙述中，正确的有（　　）。

A. 职工福利费应在职工提供服务的会计期间计入当期损益或相关资产成本

B. 企业应当在职工提供服务从而增加了其未来享有的带薪缺勤权利时，确认与累积带薪缺勤相关的职工薪酬

C. 企业应当在职工实际发生缺勤的会计期间确认与非累积带薪缺勤相关的职工薪酬

D. 预期不会在职工提供相关服务的年度报告期结束后12个月内支付全部应缴存金额的设定提存计划，企业应当将全部应缴存金额以折现后的金额计量应付职工薪酬

## 三、计算分析题

1. 甲股份有限公司（以下简称“甲公司”）2×19年发生的与职工薪酬相关的事项如下：

（1）4月10日，甲公司董事会通过决议，以本公司自产产品作为奖品，对乙车间全体员工超额完成一季度生产任务进行奖励，每名员工奖励一件产品，该车间员工总数为200人，其中车间管理人员30人，一线生产工人170人，发放给员工的本公司产品市场售价为3 000元/件，成本为1 800元/件。4月20日，200件产品发放完毕。

（2）甲公司共有 2 000 名员工，从 2×19 年 1 月 1 日起，该公司实行累积带薪休假制度，规定每名职工每年可享受 7 个工作日带薪休假，未使用的年休假可向后结转 1 个年度，超过期限未使用的作废，员工离职时也不能取得现金支付。2×19 年 12 月 31 日，每名职工当年平均未使用带薪休假为 2 天。根据过去的经验并预期该经验将继续适用，甲公司预计 2×20 年有 1 800 名员工将享受不超过 7 天带薪休假，剩余 200 名员工每人将平均享受 8.5 天休假，该 200 名员工中 150 名为销售部门人员，50 名为总部管理人员。甲公司平均每名员工每个工作日工资为 400 元。甲公司职工年休假以后进先出为基础，即有关休假首先从当年可享受的权利中扣除。

（3）甲公司正在开发丙研发项目，2×19 年其发生项目研发人员工资 200 万元，其中，自 2×19 年 1 月 1 日研发开始至 6 月 30 日期间发生的研发人员工资 120 万元属于费用化支出，7 月 1 日至 11 月 30 日研发项目达到预定用途前发生的研发人员工资 80 万元属于资本化支出，有关工资以银行存款支付。

（4）2×19 年 12 月 20 日，甲公司董事会做出决议，拟关闭设在某地区的一分公司，并对该分公司员工进行补偿，方案为：对因尚未达到法定退休年龄提前离开公司的员工给予一次性离职补偿 30 万元，另外，自其达到法定退休年龄后，按照每月 1 000 元的标准给予退休后补偿。涉及员工 80 人、每人 30 万元的一次性补偿 2 400 万元已于 12 月 26 日支付。每月 1 000 元的退休后补偿将于 2×20 年 1 月 1 日起陆续发放，根据精算结果，甲公司估计该补偿义务的现值为 1 200 万元。

（5）其他有关资料：甲公司为增值税一般纳税人，适用的增值税税率为 13%，不考虑其他因素。

【要求】就甲公司 2×19 年发生的与职工薪酬有关的事项，逐项说明其应进行的会计处理并编制相关会计分录。

## 答案及解析

### 一、单项选择题

1. 【答案】B

【解析】企业应当在职工为其提供服务的会计期间，将应付的职工薪酬确认为负债，除因解除与职工的劳动关系给予的补偿外，应当根据职工提供服务的受益对象进行分配计入成本费用。

2. 【答案】B

【解析】应计入管理费用的金额 =（6 000 - 5 000）×10% = 100（万元）。

3. 【答案】A

【解析】海天公司 2×19 年年末应当预计由于累积未使用的带薪年休假而需要确认的应付职工薪酬，根据甲公司预计 2×20 年职工的年休假情况，30 名总部管理人员和 10 名直接生产工人会使用 2×19 年的未使用带薪年休假 1 天（6 - 5），而其他 2×19 年累计未使用的带薪年休假都将失效。题目中需要计算的只有因累积带薪缺勤计入管理费用的部分，所以应计入管理费用的金额 = 30×（6 - 5）×400 = 12 000（元）。

4. 【答案】C

【解析】浩海公司 2×19 年 12 月"应付职工薪酬"科目贷方发生额 =（40 + 10 + 20）×（1 + 28% + 2% + 2.5%）+ 50 = 142.75（万元），选项 C 正确。

5. 【答案】D

【解析】精算利得和损失属于重新计量设定受益计划净负债或净资产所产生的变动，选项 D 不正确。

6. 【答案】D

【解析】选项 D 不正确，根据设定提存计划，预期不会在职工提供相关服务的年度报告期结束后 12 个月内支付全部应缴存金额的，企业应当参照职工薪酬准则规定的折现率，将全部应缴存金额以折现后的金额计量应付职工薪酬。

7. 【答案】D

【解析】选项 D 不正确，利润分享计划虽然与企业经营业绩挂钩，但是由于职工提供服务而产生的，因此，企业应当将利润分享作为费用处理或计入资产成本，不能作为净利润的分配。

8. 【答案】D

【解析】甲公司 2×19 年计入管理费用的金额 =（280×20 - 160×20）÷10 + 20×4 = 320（万元）。

## 二、多项选择题

1. 【答案】ACD

【解析】短期薪酬具体包括：职工工资、奖金、津贴和补贴，职工福利费，医疗保险费、工伤保险费和生育保险费等社会保险费，住房公积金，工会经费和职工教育经费，短期带薪缺勤，短期利润分享计划，非货币性福利以及其他短期薪酬。

2. 【答案】CD

【解析】职工薪酬是指企业为获得职工提供的服务而给予各种形式的报酬以及其他相关支出，这里的职工既包括全职、兼职职工，也包括临时职工（但不仅限于此），选项A不正确；除直接生产人员、直接提供劳务人员、符合准则规定条件的建造固定资产人员、开发无形资产人员以外的职工，包括公司总部管理人员、董事会成员、监事会成员等人员相关的职工薪酬，因难以确定直接对应的受益对象，均应当在发生时计入当期损益，选项B不正确。

3. 【答案】BD

【解析】计入其他综合收益的金额包括：①精算利得和损失；②计划资产回报，扣除包括在设定受益净负债或净资产的利息净额中的金额；③资产上限影响的变动，扣除包括在设定受益净负债或净资产的利息净额中的金额。选项A和C应计入当期损益。

4. 【答案】AD

【解析】企业在职工劳动合同到期之前解除与职工的劳动关系，或者为鼓励职工自愿接受裁减而提出给予补偿的建议，同时满足下列条件的，应当确认因解除与职工的劳动关系给予补偿而产生的预计负债，同时计入当期管理费用：（1）企业已经制定正式的解除劳动关系计划或提出自愿裁减建议，并即将实施；（2）企业不能单方面撤销解除劳动关系计划或裁减建议。

5. 【答案】ABCD

【解析】以上叙述均是正确的。

6. 【答案】ABC

【解析】设定受益计划净负债或净资产的利息净额，包括计划资产的利息收益、设定受益计划义务的利息费用以及资产上限影响的利息，计入当期服务成本。

7. 【答案】BCD

【解析】选项A不正确，企业发生的职工福利费，应当在实际发生时根据实际发生额计入当期损益或相关资产成本。

## 三、计算分析题

1. 【答案】

（1）资料（1），企业以其生产的产品作为非货币性福利提供给职工的，应当按照该产品公允价值和相关税费计量应计入成本费用的职工薪酬金额，相关收入的确认、销售成本的结转和相关税费的处理，与正常商品销售相同。相关会计分录如下：

借：制造费用

　　（30×0.3×1.13）10.17

　　生产成本

　　（170×0.3×1.13）57.63

　　贷：应付职工薪酬　　67.8

借：应付职工薪酬　　67.8

　　贷：主营业务收入

　　　　（200×0.3）60

　　　　应交税费——应交增值税（销项税额）（60×13%）7.8

借：主营业务成本

　　（200×0.18）36

　　贷：库存商品　　36

（2）资料（2），甲公司应当在2×19年12月31日预计由于员工累计未使用的带薪年休假权利而导致预期将支付的工资负债，根据甲公司预计2×20年职工的年休假情况，有150名销售部门人员和50名总部管理人员将平均享受8.5天休假，平均每名员工每个工作日工资为400元，则2×19年因累积带薪缺勤应确认销售费用＝150×1.5×400÷10 000＝9（万元），因累积带薪缺勤应确认管理费用＝50×1.5×400÷10 000＝3（万元）。相关会计分录如下：

借：管理费用　　3

　　销售费用　　9

　　贷：应付职工薪酬　　12

（3）资料（3），甲公司应当根据职工提供服务情况，按照受益对象将相关工资总额计入当期损益或相关资产成本。相关会计分录如下：

借：研发支出——费用化支出

　　120

　　研发支出——资本化支出　80
　　贷：应付职工薪酬　200
借：管理费用　120
　　贷：研发支出——费用化支出　120
借：无形资产　80
　　贷：研发支出——资本化支出　80
借：应付职工薪酬　200
　　贷：银行存款　200

（4）资料（4），甲公司应将因为分公司关闭计划产生的支付给员工的辞退福利，一次性确认为本期费用。对于预计以后期间陆续支付的补偿金额，按照其现值确认计入当期损益的辞退福利金额。

借：管理费用　3 600
　　贷：银行存款　2 400
　　　　应付职工薪酬　1 200

# 第十一章　借款费用

## 本章考情分析

本章在考试中居于较重要的地位，考分预计 5 分左右，一般考客观题，有时作为主观题的一部分。本章复习重点是借款费用资本化。

## 本章教材变化

本章今年没有变化。

## 基本内容框架

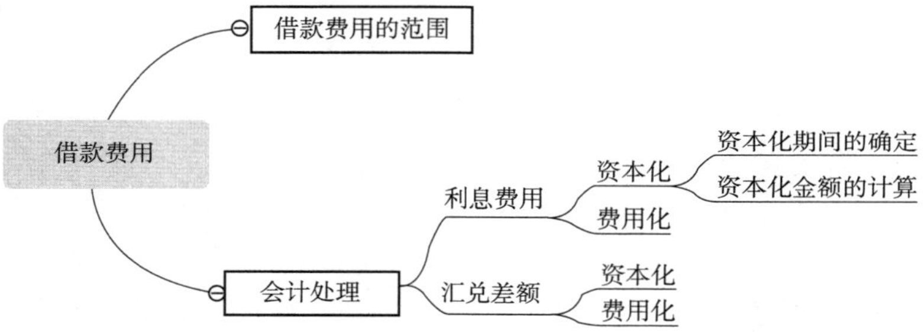


## 通关重难点例题解析

借款费用包括利息费用和借款的汇兑差额，有两个去向即费用化和资本化，考试重点是资本化。因为不能资本化就费用化。借款费用资本化要解决两个问题：资本化期间的确定和资本化金额的计算。

### 一、利息费用资本化

**利息费用资本化要点**

| | 相关规定 |
|---|---|
| 资本化期间的确定 | （1）资本化起点：借款费用开始资本化应同时具备以下三个条件：资产支出已经发生；借款费用已经发生；为使资产达到预定可使用或者可销售状态所必需的购建或者生产活动已经开始（实体建造）。<br>（2）借款费用暂停资本化：符合资本化条件的资产在购建或者生产过程中发生非正常中断且中断时间连续超过 3 个月的，应当暂停借款费用的资本化，在中断期间发生的借款费用应当确认为费用，计入当期损益，直至资产的购建或者生产活动重新开始。<br>（3）借款费用停止资本化：购建或者生产符合资本化条件的资产达到预定可使用或者可销售状态时，借款费用应当停止资本化。 |

续表

| | 相关规定 |
|---|---|
| 资本化金额的计算 | (1) 为购建或者生产符合资本化条件的资产而借入专门借款的，应当以专门借款当期实际发生的利息费用，减去将尚未动用的借款资金存入银行取得的利息收入或进行暂时性投资取得的投资收益后的金额确定（利息净支出）。<br>(2) 为购建或者生产符合资本化条件的资产而占用了一般借款的，企业应当根据累计资产支出超过专门借款部分的资产支出加权平均数乘以所占用一般借款的资本化率，计算确定一般借款应予资本化的利息金额。资本化率应当根据一般借款加权平均利率计算确定。 |

## 二、汇兑差额资本化

在资本化期间内，外币专门借款本金及利息的汇兑差额，应当予以资本化，计入符合资本化条件的资产的成本。

【例 11－1】（2019 年单选题）20×8 年 1 月 1 日，甲公司为购建生产线借入 3 年期专门借款 3 000 万元，年利率为 6%。当年度发生与购建生产线相关的支出包括：1 月 1 日支付材料款 1 800 万元；3 月 1 日支付工程进度款 1 600 万元；9 月 1 日支付工程进度款 2 000 万元。甲公司将暂时未使用的专门借款用于货币市场投资，月利率为 0.5%。除专门借款外，甲公司尚有两笔流动资金借款：一笔为 20×7 年 10 月借入的 2 年期借款 2 000 万元，年利率为 5.5%；另一笔为 20×8 年 1 月 1 日借入的 1 年期借款 3 000 万元，年利率为 4.5%。假定上述借款的实际利率与名义利率相同，不考虑其他因素，甲公司 20×8 年度应予资本化的一般借款利息金额是（　　）。

A. 45 万元　　B. 49 万元

C. 60 万元　　D. 55 万元

【答案】B

【解析】一般借款资本化率＝(2 000×5.5%＋3 000×4.5%)/(2 000＋3 000)×100%＝4.9%，一般借款利息资本化金额＝(1 800＋1 600－3 000)×4.9%×10/12＋2 000×4/12×4.9%＝49（万元）。

【例 11－2】（2018 年单选题）下列各项中，不属于借款费用的是（　　）。

A. 外币借款发生的汇兑收益

B. 承租人融资租赁发生的融资费用

C. 以咨询费的名义向银行支付的借款利息

D. 发行股票支付的承销商佣金及手续费

【答案】D

【解析】选项 D，企业发生的权益性融资费用，不属于借款费用。

【例 11－3】（2018 年单选题）20×6 年 3 月 5 日，HX 公司开工建设一栋办公大楼，工期预计为 1.5 年。为筹集办公大楼后续建设所需要的资金，HX 公司于 20×7 年 1 月 1 日向银行专门借款 5 000 万元，借款期限为 2 年。年利率为 7%（与实际利率相同）。借款利息按年支付，20×7 年 4 月 1 日、20×7 年 6 月 1 日、20×7 年 9 月 1 日，HX 公司使用专门借款分别支付工程进度款 2 000 万元、1 500 万元、1 500 万元。借款资金闲置期间专门用于短期理财，共获得理财收益 60 万元。办公大楼于 20×7 年 10 月 1 日完工，达到预计可使用状态。不考虑其他因素，HX 公司 20×7 年度应预计资本化的利息金额是（　　）。

A. 262.50 万元

B. 202.50 万元

C. 350.00 万元

D. 290.00 万元

【答案】B

【解析】HX 公司 20×7 年度应预计资本化的利息金额＝5 000×7%×9/12－60＝202.5（万元）。

# 通关演练

## 一、单项选择题

1. 下列项目中，不属于借款费用的是（　　）。

A. 借款手续费

B. 因外币一般借款产生的汇兑差额

C. 债券的溢价

D. 发行公司债券发生的利息

2. 2×19 年 3 月 1 日，南方公司为建造办公楼从银行借入两年期专门借款 500 万元，办公楼于2×19年3月6日开工；2×19年3月11日赊购一批材料款，并开出无息商业汇票，3个月后进行承兑；2×19年4月1日支付银行存款购入一批工程物资；2×20年11月12日，工程全部完工，达到合同设计的要求；2×20年11月28日，所建办公楼验收合格；2×20年12月1日，办理工程竣工结算；2×20年12月12日，正式投入使用。南方公司专门借款利息费用开始资本化时点是（　　）。

A. 2×19年3月1日

B. 2×19年3月6日

C. 2×19年3月11日

D. 2×19年4月1日

3. 下列项目中，不属于借款费用应予资本化的资产范围的是（　　）。

A. 经过相当长时间的生产活动才能达到预定可销售状态的存货

B. 需要18个月的购建活动才能达到预定可使用状态的生产设备

C. 需要建造10个月才能达到预定可使用状态的办公楼

D. 经过2年的建造才能达到预定可使用状态的投资性房地产

4. 2×19年7月1日，乙公司为兴建办公楼从银行借入专门借款5 000万元，借款期限为2年，年利率为5%，借款利息按季支付。乙公司于2×19年10月1日正式开工兴建办公楼，预计工期为1年3个月，工程采用出包方式。乙公司于开工当日、2×19年12月31日、2×20年5月1日分别支付工程进度款1 200万元、1 000万元、1 500万元。因可预见的气候原因，工程于2×20年1月1日至3月31日暂停施工。该办公楼于2×20年12月31日达到预定可使用状态，乙公司于当日支付剩余款项800万元。乙公司自借入款项起，将闲置的借款资金投资于固定收益债券，月收益率为0.4%。不考虑其他因素，乙公司于2×20年度应予资本化的专门借款费用是（　　）万元。

A. 121.93　　B. 163.6

C. 205.2　　D. 250

5. 甲公司为建造一项固定资产于2×20年1月1日发行5年期公司债券。该债券面值为20 000万元，票面年利率为6%，发行价格为20 800万元，每年年末支付利息，到期还本。建造工程于2×20年1月1日开工，年末尚未完工。该建造工程在2×20年度发生的资产支出如下：1月1日支出4 800万元，6月1日支出6 000万元，12月1日支出6 000万元。甲公司按照实际利率确认利息费用，实际年利率为5%。闲置资金均用于固定收益短期债券投资，月收益率为0.3%。假定不考虑其他因素，2×20年年末该在建工程的账面余额为（　　）万元。

A. 17 408　　B. 17 378

C. 17 840　　D. 18 260

6. 2×20年1月1日，新发公司开工建造的一栋办公楼，工期预计为2年（假设在2×20年1月1日已经符合资本化要求）。2×20年工程建设期间共占用了两笔一般借款，两笔借款的情况如下：向某银行借入长期借款2 000万元，期限为2×19年12月1日至2×21年12月1日，年利率为7%，按年支付利息；按面值发行公司债券4 000万元，于2×20年7月1日发行，期限为5年，年利率为10%，按年支付利息。新发公司无其他一般借款。不考虑其他因素，则新发公司2×20年为建造该办公楼所占用的一般借款适用的资本化率为（　　）。

A. 7%　　B. 10%

C. 9%　　D. 8.5%

7. 甲公司于2×20年7月1日正式动工兴建一栋办公楼，工期预计为2年，工程采用出包方式，甲公司分别于2×20年7月1日和10月1日分别支付工程进度款1 000万元和2 000万元。甲公司为建造办公楼占用了两笔一般借款（假定无专门借款）：（1）2×19年8月1日向某商业银行借入长期借款1 000万元，期限为3年，年利率为6%，按年支付利息，到期还本；（2）2×19年1月1日按面值发行公司债券10 000万元，期限为3年，票面年利率为8%，每年年末支付利息，到期还本。甲公司上述借款2×20年计入财务费用的金额是（　　）万元。

A. 1 000　　B. 78.2

C. 781.8　　D. 860

8. 2×19年7月1日，A公司取得专门借款2 000万元直接用于当日开工建造的厂房，2×19年累计发生建造支出1 800万元。

2×19年12月1日，该公司又取得一般借款1 200万元，年利率为6%，在当年并未投入使用。2×20年1月1日发生建造支出500万元，以借入款项支付（A公司无其他一般借款）。不考虑其他因素，A公司按季计算利息费用资本化金额。2×20年第一季度该企业应予资本化的一般借款利息费用为（　　）万元。

A. 0　　B. 4.5

C. 7.5　　D. 18

9. 甲企业于2×19年10月1日从银行取得一笔专门借款1 000万元用于固定资产的建造，年利率为6%，借款期限为2年。至2×20年1月1日该固定资产建造已发生资产支出800万元，该企业于2×20年1月1日从银行取得1年期一般借款450万元，年利率为6%，借入款项存入银行。工程预计于2×21年年底达到预定可使用状态。2×20年2月1日用银行存款支付工程价款500万元，2×20年10月1日用银行存款支付工程价款150万元。工程项目于2×20年4月1日至2×20年7月31日发生非正常中断，2×20年8月1日工程恢复施工，2×21年12月工程完工，建造固定资产达到预定可使用状态。假定工程建造期间企业只有上述一笔一般借款，则2×20年借款费用的资本化金额为（　　）万元。

A. 7.5　　B. 39.5

C. 40　　D. 52.75

10. 与外币有关的借款费用的处理，正确的是（　　）。

A. 外币借款也同样要区分一般借款与专门借款

B. 外币借款本金及尚未支付的利息汇兑差额一律资本化

C. 资本化期间内尚未支付的外币借款利息的汇兑差额一律费用化

D. 资本化期间内外币借款本金及尚未支付的利息的汇兑差额均一律费用化

11. 中信公司2×20年1月1日为建造一条生产线，向银行借入一笔3年期外币借款100万美元，年利率为8%，利息按季计算，到期一次支付。1月1日借入时的市场汇率为1美元=7.0元人民币，3月31日的市场汇率为1美元=6.9元人民币，6月30日的市场汇率为1美元=6.7元人民币。假设2×20年第一、二季度均属于资本化期间，则第二季度外币专门借款汇兑差额的资本化金额为（　　）万元人民币。

A. -20.4　　B. 20.4

C. 20.8　　D. 30.4

## 二、多项选择题

1. 下列有关借款费用资本化的表述中，正确的有（　　）。

A. 专门借款利息资本化金额等于发生在资本化期间内的专门借款利息费用减去闲置专门借款产生的利息收入或投资收益

B. 所购建或者生产的符合资本化条件的资产的各部分分别完工，且每部分在其他部分继续建造或者生产过程中可供使用或者可对外销售，且为使该部分资产达到预定可使用或可销售状态所必要的购建或者生产活动实质上已经完成的，应当停止与该部分资产相关的借款费用的资本化

C. 企业购建或者生产的资产的各部分分别完工，但必须等到整体完工后才可使用或者对外销售的，应当在该资产整体完工时停止借款费用的资本化

D. 借款费用符合资本化条件的应计入“在建工程”“开发产品”和“存货”等资产的成本中

2. 下列与借款费用各时点的有关表述中，正确的有（　　）。

A. “资产支出已经发生、借款费用已经发生、为使资产达到预定可使用或可销售状态所必要的购建或者生产活动已经开始”三个条件只要满足其中一个条件，借款费用就可以开始资本化

B. 符合资本化条件的资产在购建或生产过程中发生非正常中断且中断时间连续超过3个月的，应当暂停借款费用的资本化

C. 某些地区的工程在建造过程中，由于可预见的不可抗力因素导致施工出现停顿，属于非正产中断

D. 购建或者生产符合资本化条件的资产达到预定可使用或者可销售状态时，借款费用应停止资本化

3. 关于借款费用资本化期间和借款费用利息资本化金额的表述，下列说法中正确的

有（　　）。

A. 借款费用资本化期间是指从借款费用开始资本化时点到停止资本化时点的期间，借款费用暂停资本化的期间不包括在内

B. 借款费用资本化期间是指从借款费用开始资本化时点到停止资本化时点的全部期间，借款费用暂停资本化的期间也包括在内

C. 在资本化期间内，每一会计期间的利息资本化金额，不应当超过当期相关借款实际发生的利息金额

D. 专门借款的利息资本化金额与实际资产支出无关

4. 下列为购建固定资产而发生的支出，属于借款费用资本化时点中资产支出已经发生的有（　　）。

A. 以外币专门借款向工程承包方支付进度款

B. 自供应商处以带息方式赊购建造固定资产项目的物资

C. 企业将自己生产的库存商品用于固定资产建造

D. 计提在建工程人员工资及福利费

5. 新发地公司为建造一栋办公楼专门于2×19年1月1日发行3年期每年年末付息、到期还本的公司债券，债券面值为9 000万元（不考虑债券发行费用），票面年利率为5%，收到发行价款9 000万元存入银行。该固定资产建造采用出包方式，2×19年新发地公司发生的与该办公楼建造有关的事项如下：1月1日，工程动工并支付工程进度款900万元，4月1日，支付工程进度款750万元，5月1日至7月31日，因进行工程质量和安全检查停工，8月1日重新开工，9月1日支付工程进度款1 350万元，该工程至2×19年年底尚未完工，预计将于2×20年年末完工。假定借款费用资本化金额按年计算，未发生与建造该固定资产有关的其他借款，新发地公司自借入款项起，将闲置的借款资金投资于固定收益债券，月收益率为0.4%。下列说法中，正确的有（　　）。

A. 开始资本化时点为2×19年4月1日

B. 2×19年5月1日至7月31日为暂停资本化区间

C. 2×19年5月1日至7月31日不应当暂停借款费用的资本化

D. 新发地公司2×19年度专门借款利息费用资本化金额为109.8万元

6. 甲公司为建造固定资产于2×20年4月1日从银行借入一笔期限为5年，年利率为5.4%的专门借款2 000万元，另外该公司于4月1日从另一银行借入一笔一般借款500万元，借款期限3年，年利率5%。公司于4月1日购买一台设备，当日设备运抵公司并开始安装，4月1日支付货款1 200万元和安装费80万元；6月1日支付工程款1 200万元；至年末该工程尚未完工，预计2×21年年末完工。不考虑尚未动用专门借款的存款利息收入。甲公司上述借款2×20年度下列会计处理中，正确的有（　　）。

A. 应予资本化的专门借款利息金额为40.5万元

B. 一般借款累计资产支出加权平均数为280万元

C. 一般借款利息资本化金额14万元

D. 应予资本化的利息金额95万元

7. 甲公司为建造固定资产于2×20年1月1日专门发行了2年期公司债券，实际收到款项2 072.59万元，债券面值2 000万元，每半年付息一次，到期还本，票面年利率10%，实际年利率8%。此外2×20年7月1日取得一笔3年期的一般借款800万元，实际年利率为9%。甲公司6月30日和12月31日计提利息费用、摊销溢折价金额并计算应予以资本化金额。该固定资产于2×20年1月1日正式开工兴建，有关支出如下：1月1日，支付工程进度款2 072.59万元；4月1日，因工程进行质量检查而停工；5月12日，工程重新开工；9月1日，支付工程进度款500万元；12月31日，工程完工已经达到了预定可使用状态。

下列关于2×20年借款费用相关的会计处理中，正确的有（　　）。

A. 2×20年度专门借款资本化金额为165.12万元

B. 2×20年度一般借款资本化金额为15万元

C. 2×20年度一般借款利息费用化金额为15万元

D. 2×20年度借款利息资本化金额为180.12万元

8. 甲公司2×20年1月1日为建造一条生产线，向银行借入3年期外币专门借款100万美元，年利率为8%，利息按季计算，到期一次支付。2×20年1月1日、3月31日和6月30日的市场汇率分别为1∶7.0、1∶7.05和1∶7.2。假设2×20年第一、二季度均属于资本化期间，则下列关于第二季度专门借款的表述中，正确的有（　　）。

A. 第二季度外币专门借款的资本化金额为29.7万元人民币

B. 第二季度外币专门借款的资本化金额为15.3万元人民币

C. 第二季度外币专门借款汇兑差额的资本化金额为15万元人民币

D. 第二季度外币专门借款汇兑差额的资本化金额为15.3万元人民币

9. 关于辅助费用以及因外币借款而发生的汇兑差额，下列说法正确的有（　　）。

A. 在资本化期间内，外币专门借款本金及利息的汇兑差额，应当予以资本化，计入符合资本化条件的资产成本

B. 在资本化期间内，外币专门借款本金及利息的汇兑差额的计算不与资产支出相挂钩

C. 专门借款发生的辅助费用，在所购建或者生产的符合资本化条件的资产达到预定可使用状态或者可销售状态之前发生的，应当在发生时根据其按一定的方法计算的发生额予以资本化，计入符合资本化条件的资产的成本

D. 专门借款发生的辅助费用，在计算其资本化金额时应与资产支出相挂钩

10. 下列各项表明所购建固定资产达到预定可使用或者可销售状态的有（　　）。

A. 与固定资产购建有关的支出不再发生

B. 固定资产的实体建造工作已经全部完成

C. 固定资产与设计要求或者合同要求相符

D. 试生产结果表明固定资产能够正常生产出合格产品

## 三、计算分析题

1. A公司拟自行建造一幢新厂房，工期预计为2年。与建造厂房有关的资料如下：

（1）2×20年1月1日从银行借入专门借款10 000万元，期限为3年，年利率为8%，自2×20年起每年12月31日付息。

（2）除专门借款外，公司还有两笔一般借款，其中一笔为公司于2×19年1月1日借入的长期借款3 000万元，期限为5年，年利率为7%，每年1月1日付息；另一笔为于2×19年7月1日按面值发行的5年期公司债券，面值为20 000万元，票面年利率为6%，每年年末支付利息，到期还本，收到款项20 000万元已存入银行，假定不考虑发行债券的辅助费用。

（3）厂房于2×20年1月1日才开始动工兴建，相关支出分别为：1月1日4 000万元、7月1日8 000万元、10月1日2 000万元。至2×20年12月31日工程建造尚未完成，预计2×21年年底完工。

（4）专门借款中未支出部分全部存入银行，假定月利率为0.5%，利息按月计算。

根据上述资料，不考虑其他因素，

要求：

（1）计算A公司2×20年一般借款资本化率。

（2）计算2×20年度A公司利息费用资本化金额。

2. 甲公司于2020年1月1日动工兴建一幢办公楼，工期为1年，工程采用出包方式，分别于2020年1月1日、7月1日和10月1日支付工程进度款1 000万元、3 500万元和1 000万元。办公楼预计于2021年3月31日完工，达到预定可使用状态。公司为建造办公楼发生了两笔专门借款，分别为：

（1）2020年1月1日专门借款2 000万元，借款期限为3年，年利率为7%，利息按年支付；

（2）2020年7月1日专门借款2 000万元，借款期限为5年，年利率为11%，利息按年支付。闲置专门借款资金均用于固定收益债券短期投资，假定该短期投资月收益率为0.5%。

公司为建造办公楼的支出占用了一般借款。假定所占用一般借款有两笔，分别为：

（1）向A银行长期借款2 000万元，期限为2020年12月1日至2022年12月1日，年利率为6%，按年支付利息；

（2）发行公司债券10 000万元，于2020年1月1日发行，期限为5年，年利率为9%，按年支付利息。

要求：

（1）计算2020年专门借款利息费用资本化金额；

（2）计算2020年一般借款利息费用资本化金额；

（3）计算2020年应予资本化的利息费用金额合计。

## 答案及解析

### 一、单项选择题

1.【答案】C

【解析】债券溢折价的摊销属于借款费用核算的范围，但债券的溢价或折价不属于借款费用的核算范围。

注：外币一般借款产生的汇兑差额属于借款费用的范畴，只是不满足资本化条件，应费用化计入财务费用。

2.【答案】D

【解析】至2×19年4月1日该专门借款利息费用满足资本化条件，开始资本化。2×19年3月11日赊购材料款并开具了无息商业汇票属于承担了无息债务，不符合资本化条件。

3.【答案】C

【解析】符合资本化条件的资产，是指需要经过相当长时间（一年或一年以上）的购建或者生产活动才能达到预定可使用或者可销售状态的固定资产、投资性房地产和存货等资产。

4.【答案】B

【解析】乙公司于2×20年度应予资本化的专门借款费用=5 000×5%－(2 800×4×0.4%+1 300×8×0.4%)=163.6（万元）。

5.【答案】A

【解析】2×20年度专门借款利息费用资本化金额=20 800×5%－(16 000×0.3%×5+10 000×0.3%×6+4 000×0.3%×1)=1 040－432=608（万元）。在建工程的账面余额=4 800+6 000+6 000+608=17 408（万元）。

6.【答案】D

【解析】一般借款资本化率=(2 000×7%+4 000×10%×6/12)/(2 000+4 000×6/12)×100%=8.5%。

7.【答案】C

【解析】2×20年一般借款的借款费用资本化率=(1 000×6%+10 000×8%)/(1 000+10 000)×100%=7.82%，累计资产支出加权平均数=1 000×6/12+2 000×3/12=1 000（万元），一般借款应予资本化的金额=1 000×7.82%=78.2（万元），2×20年计入财务费用的金额=(1 000×6%+10 000×8%)－78.2=781.8（万元）。

8.【答案】B

【解析】因建造工程时只有将专门借款使用完毕后才可动用一般借款，所以2×20年1月1日发生的资产支出500万元只占用一般借款300万元（1 800+500－2 000），2×20年第一季度该企业应予资本化的一般借款利息费用=300×6%×3/12=4.5（万元）。

9.【答案】D

【解析】2×20年专门借款可资本化期间8个月，专门借款利息资本化金额=1 000×6%×8/12=40（万元）；一般借款可资本化期间为7个月（2月1日～3月31日，8月1日～12月31日），一般借款资本化金额=[500－(1 000－800)]×7/12×6%+150×3/12×6%=12.75（万元）。2×20年借款费用的资本化金额=40+12.75=52.75（万元）。

10.【答案】A

【解析】在借款费用资本化期间内，为购建资产而专门借入的外币借款所发生的汇兑差额（包含本金及尚未支付的利息），应予以资本化，计入相关资产成本；而除外币专门借款之外的其他外币借款本金及其利息所产生的汇兑差额应费用化，计入当期损益。

11.【答案】A

【解析】第二季度本金汇兑差额=100×(6.7－6.9)=－20（万元）；利息的汇兑差额=100×8%×3/12×(6.7－6.9)+100×8%×3/12×(6.7－6.7)=－0.4（万元）；第二季度外币专门借款汇兑差额的资本化金额=－20－0.4=－20.4（万元）（汇兑收益）。

## 二、多项选择题

1. 【答案】ABCD

【解析】选项A，专门借款利息费用资本化期间应全部资本化，但需要考虑资本化期间闲置资金收益；选项B，借款费用购建或者生产的符合资本化条件的资产如果各个部分分别完工，且能够单独使用，应该停止该部分资产相关借款费用的资本化金额；选项C，如果借款费用购建或者生产的符合资本化条件的资产的各个部分分别完工，但是完工部分不能够单独使用，必须等到整体完工后再停止借款费用资本化；选项D，借款费用应予资本化的资产，是指经过相当长时间（一年或一年以上）的购建或者生产活动才能达到预定可使用或者可销售状态的固定资产、投资性房地产和存货等资产，因此，其资本化利息费用应该对应计入“在建工程”“开发产品”和“存货”等科目。

2. 【答案】BD

【解析】“资产支出已经发生、借款费用已经发生、为使资产达到预定可使用或可销售状态所必要的购建或者生产活动已经开始”三个条件只有同时满足时，借款费用才可以开始资本化，选项A不正确；某些地区的工程在建造过程中，由于可预见的不可抗力因素导致施工出现中断，属于正常中断，选项C不正确。

3. 【答案】ACD

【解析】借款费用资本化期间是指从借款费用开始资本化时点到停止资本化时点的期间，借款费用暂停资本化的期间不包括在内，选项B不正确。

4. 【答案】ABC

【解析】计提在建工程人员工资及福利费，尽管构成在建工程成本，但由于并未实际发生资产支出，不应当作为资产支出已经发生。

5. 【答案】CD

【解析】借款费用开始资本化时点是2×19年1月1日，选项A错误；2×19年5月1日至7月31日因进行工程质量和安全检查停工，属于执行正常程序的停工，属于正常中断，因此无需暂停借款费用的资本化，选项B错误，选项C正确；2×19年度专门借款闲置资金取得的利息收入=（9 000－900）×0.4%×3+（9 000－900－750）×0.4%×5+（9 000－900－750－1 350）×0.4%×4=340.2（万元），2×19年度专门借款费用资本化金额=9 000×5%－340.2=109.8（万元）。

6. 【答案】BCD

【解析】选项A，2×20年度应予资本化的专门借款利息金额=2 000×5.4%×9/12=81（万元）；选项B和C，2×20年一般借款累计资产支出加权平均数=（1 200+80+1 200－2 000）×7/12=280（万元），一般借款资本化率为5%，一般借款资本化金额=280×5%=14（万元）；选项D，2×20年度借款费用应予资本化的利息费用=81+14=95（万元）。

7. 【答案】ABD

【解析】2×20年6月30日实际利息费用=2 072.59×8%÷2=82.9（万元），应付利息=2 000×10%÷2=100（万元），利息调整=100－82.9=17.1（万元），会计分录为：

借：在建工程　　82.9
　　应付债券——利息调整　　17.1
　贷：应付利息　　100

2×20年12月31日实际利息费用=（2 072.59－17.1）×8%÷2=82.22（万元），应付利息=2 000×10%÷2=100（万元），利息调整=100－82.22=17.78（万元），会计分录为：

借：在建工程　　82.22
　　应付债券——利息调整　　17.78
　贷：应付利息　　100

选项A，2×20年度专门借款资本化金额=82.9+82.22=165.12（万元）；选项B，2×20年度一般借款利息资本化金额=500×9%×4/12=15（万元）；选项C，2×20年度一般借款利息费用化金额=800×9%÷2－15=21（万元）；选项D，2×20年度借款利息资本化金额=165.12+15=180.12（万元）。

8. 【答案】AD

【解析】第二季度本金汇兑差额=100×（7.2－7.05）=15（万元人民币）；利息的汇

兑差额 = 100 × 8% × 3/12 × (7.2 - 7.05) + 100 × 8% × 3/12 × (7.2 - 7.2) = 0.3 (万元人民币); 第二季度外币专门借款汇兑差额的资本化金额 = 15 + 0.3 = 15.3 (万元人民币)(汇兑损失), 第二季度外币专门借款的资本化金额 = 15.3 + 100 × 8% × 3/12 × 7.2 = 29.7 (万元人民币)。

9. 【答案】ABC

【解析】专门借款发生的辅助费用，在所购建或者生产的符合资本化条件的资产达到预定可使用或者可销售状态之后发生的，应当在发生时根据其发生额确认为费用，计入当期损益；如果是在所购建或者生产的符合资本化条件的资产达到预定可使用或者可销售状态之前发生的，应当在发生时根据其发生额予以资本化，计入工程成本。

10. 【答案】ABCD

【解析】所购建固定资产达到预定可使用状态是指，资产已经达到购买方或建造方预定的可使用状态。具体可从以下几个方面进行判断：(1) 固定资产的实体建造（包括安装）工作已经全部完成或者实质上已经完成；(2) 所购建的固定资产与设计要求或合同要求相符或基本相符，即使有极个别与设计或合同要求不相符的地方，也不影响其正常使用；(3) 继续发生在所购建固定资产上的支出金额很少或几乎不再发生。如果所购建固定资产需要试生产或试运行，则在试生产结果表明资产能够正常生产出合格产品时，或试运行结果表明能够正常运转或营业时，就应当认为资产已经达到预定可使用状态。

## 三、计算分析题

1. 【答案】

(1) 2×20 年两笔一般借款利息资本化率 = (3 000 × 7% + 20 000 × 6% × 6/12)/(3 000 + 20 000 × 6/12) × 100% = 6.23%。

(2) 专门借款发生的利息费用 = 10 000 × 8% = 800 (万元)，专门借款闲置资金取得的利息收入 = 6 000 × 0.5% × 6 = 180 (万元)，专门借款的利息费用应予资本化金额 = 800 - 180 = 620 (万元);

一般借款应予资本化的利息金额 = [(4 000 + 8 000 - 10 000) × 6/12 + 2 000 × 3/12] × 6.23% = 93.45 (万元); 2×20 年度 A 公司应予资本化的利息费用 = 620 + 93.45 = 713.45 (万元)。

2. 【答案】

(1) 计算专门借款利息费用资本化金额。

专门借款利息资本化金额 = 专门借款当期实际发生的利息费用 - 将闲置借款金额短期投资取得的投资收益。

据此，专门借款利息费用的资本化金额 = 2 000 × 7% + 2 000 × 11% × 180/360 - 1 000 × 0.5% × 6 = 220 (万元)。

(2) 计算一般借款利息费用资本化金额。

一般借款利息费用资本化金额 = 累计资产支出超过专门借款部分的资产支出加权平均数 × 所占用一般借款的资本化率

其中：累计资产支出超过专门借款部分的资产支出加权平均数 = (4 500 - 4 000) × 180/360 + 1 000 × 90/360 = 500 (万元)。

一般借款资本化率 = (2 000 × 6% × 1/12 + 10 000 × 9%)/(2 000 × 1/12 + 10 000) = 8.95%

一般借款利息费用资本化金额 = 500 × 8.95% = 44.75 (万元)

(3) 计算建造办公楼应予资本化的利息费用金额。

该公司建造办公楼应予资本化的利息费用金额 = 专门借款利息费用资本化金额 + 一般借款利息费用资本化金额 = 220 + 44.75 = 264.75 (万元)。

# 第十二章 股份支付

## 本章考情分析

本章在考试中居于较重要地位，考分每年6分左右。现代企业以人为本，传统薪酬着重短期激励，股份支付着重长期激励。股份支付就是“基于股份的支付”，要么最终给股票（权益结算），要么最终给现金（现金结算），本章考试重点是权益结算的股份支付和现金结算的股份支付的会计处理，两者同等重要。

## 本章教材变化

本章今年没有变化。

## 基本内容框架

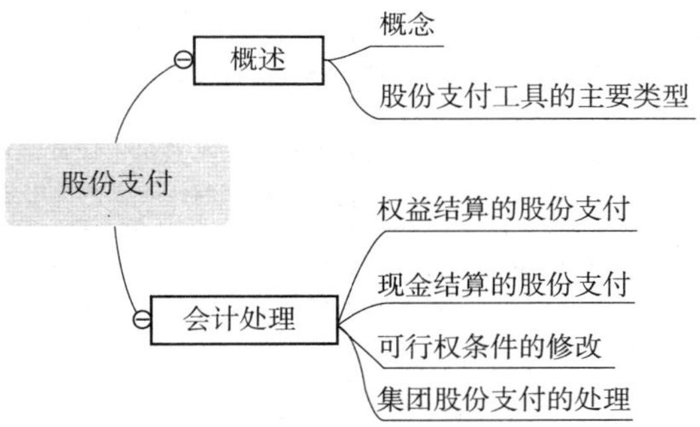


## 通关重难点例题解析

股份支付是特殊的职工薪酬，即以股份为基础的支付，分为权益结算的股份支付和现金结算的股份支付两条线，应掌握四个问题：

### 一、权益结算的股份支付

**权益结算股份支付的会计处理**

| | 相关规定 |
|---|---|
| 授予日 | 除了立即可行权的股份支付外，企业在授予日均不做会计处理。因为尚未提供服务，企业不确认费用。 |

续表

| | 相关规定 |
| --- | --- |
| 等待期内每个资产负债表日 | 企业应当在等待期内的每个资产负债表日，将取得职工或其他方提供的服务计入成本费用，同时确认所有者权益（其他资本公积）。对于附有市场条件的股份支付，只要职工满足了其他所有非市场条件，企业就应当确认已取得的服务。<br>在等待期内每个资产负债表日，企业应当根据最新取得的可行权职工人数变动等后续信息作出最佳估计，修正预计可行权的权益工具数量。据上述权益工具的公允价值和预计可行权的权益工具数量，计算截至当期累计应确认的成本费用金额，再减去前期累计已确认金额，作为当期应确认的成本费用金额。 |
| 可行权日之后 | 对于权益结算的股份支付，在可行权日之后不再对已确认的成本费用和所有者权益总额进行调整。 |
| 行权日 | （1）增发新股行权：企业应在行权日根据收到的股款，增加银行存款，确认股本和股本溢价，同时结转等待期内确认的资本公积（其他资本公积）。<br>（2）回购股份行权：企业可以通过回购股份形式奖励本企业职工。企业回购股份时，应按回购股份的全部支出作为库存股处理（库存股是股本的备抵科目，应作为所有者权益的减项，不能作为资产），在职工行权购买本企业股份时，企业应转销交付职工的库存股成本和等待期内资本公积（其他资本公积）累计金额，同时，按照其差额调整资本公积（股本溢价）。 |

## 二、现金结算的股份支付

**现金结算的会计处理**

| | 相关规定 |
| --- | --- |
| 授予日 | 除了立即可行权的股份支付外，企业在授予日均不做会计处理。 |
| 等待期内每个资产负债表日 | 对于现金结算的股份支付，应当按照每个资产负债表日权益工具的公允价值重新计量，确定成本费用和应付职工薪酬。<br>根据权益工具的公允价值和预计可行权的权益工具数量，计算截至当期累计应确认的成本费用金额，再减去前期累计已确认金额，作为当期应确认的成本费用金额。 |
| 可行权日之后 | 对于现金结算的股份支付，企业在可行权日之后，应当按照每个资产负债表日权益工具的公允价值重新计量，其公允价值变动计入公允价值变动损益。即等待期内按照受益原则处理，等待期后不按受益原则处理。 |
| 行权日 | 在行权日，企业根据支付现金的金额，冲减应付职工薪酬。 |

## 三、条款和条件的修改

**可行权条件修改、取消或结算的会计处理**

| | 会计处理 |
| --- | --- |
| 条款和条件的有利修改 | （1）如果修改增加了所授予的权益工具的公允价值，企业应按照权益工具公允价值的增加相应地确认取得服务的增加。权益工具公允价值的增加，是指修改前后的权益工具在修改日的公允价值之间的差额。例如，对于授予的股票期权，如果行权价降低，则内在价值增加，期权公允价值将增加。<br>（2）如果修改增加了所授予的权益工具的数量，企业应将增加的权益工具的公允价值相应地确认为取得服务的增加。例如，授予期权的数量增加，则期权公允价值总额将增加。<br>（3）如果企业按照有利于职工的方式修改可行权条件，如缩短等待期、变更或取消业绩条件（非市场条件），企业在处理可行权条件时，应当考虑修改后的可行权条件。 |

续表

| | 会计处理 |
|---|---|
| 条款和条件的不利修改 | 如果企业以减少股份支付公允价值总额的方式或其他不利于职工的方式修改条款和条件，企业仍应继续对取得的服务进行会计处理，如同该变更从未发生，除非企业取消了部分或全部已授予的权益工具。具体包括如下几种情况：<br>（1）如果修改减少了授予的权益工具的公允价值（如调高了行权价），企业应当继续以权益工具在授予日的公允价值为基础，确认取得服务的金额，而不应考虑权益工具公允价值的减少。<br>（2）如果修改减少了授予的权益工具的数量，企业应当将减少部分作为已授予的权益工具的取消来进行处理。<br>（3）如果企业以不利于职工的方式修改了可行权条件，如延长等待期、增加或变更业绩条件（非市场条件），企业在处理可行权条件时，不应考虑修改后的可行权条件。 |
| 取消或结算 | 如果企业在等待期内取消了所授予的权益工具或结算了所授予的权益工具（因未满足可行权条件而被取消的除外），企业应当：<br>（1）将取消或结算作为加速可行权处理，立即确认原本应在剩余等待期内确认的金额。即将剩余等待期应确认的费用全部确认。<br>（2）在取消或结算时支付给职工的所有款项均应作为权益的回购处理，回购支付的金额高于该权益工具在回购日公允价值的部分，计入当期费用。<br>（3）如果向职工授予新的权益工具，并在新权益工具授予日认定所授予的新权益工具是用于替代被取消的权益工具的，企业应以与处理原权益工具条款和条件修改相同的方式，对所授予的替代权益工具进行处理（分为有利修改和不利修改）。权益工具公允价值的增加，是指在替代权益工具的授予日，替代权益工具公允价值与被取消的权益工具净公允价值之间的差额。被取消的权益工具的净公允价值，是指其在取消前立即计量的公允价值减去因取消原权益工具而作为权益回购支付给职工的款项。<br>如果企业未将新授予的权益工具认定为替代权益工具，则应将其作为一项新授予的股份支付进行处理。<br>企业如果回购其职工已可行权的权益工具，应当借记所有者权益，回购支付的金额高于该权益工具在回购日公允价值的部分，计入当期费用。 |

## 四、集团内股份支付

**集团内股份支付要点**

| | 相关规定 |
|---|---|
| 结算企业的处理 | （1）结算企业以其本身权益工具结算的，应当将该股份支付交易作为权益结算的股份支付进行会计处理。<br>结算企业是接受服务的母公司，结算企业（母公司）由于承担了向接受服务企业（子公司）的职工（如高管人员）结算股份支付的义务，因而视为对该接受服务企业（子公司）的投入，应当按照授予日该权益工具的公允价值增加对该接受服务企业（子公司）的长期股权投资成本，同时确认资本公积（其他资本公积）。<br>（2）结算企业不是以其本身权益工具而是以集团内其他企业的权益工具结算的，应当将该股份支付交易作为现金结算的股份支付进行会计处理。<br>结算企业是接受服务的母公司，结算企业（母公司）由于承担了向接受服务企业（子公司）的职工（如高管人员）结算股份支付的义务，因而视为对该接受服务企业（子公司）的投入，应当按照应承担负债的公允价值增加对该接受服务企业（子公司）的长期股权投资成本，应当同时确认一项负债。 |
| 接受服务企业的处理 | （1）接受服务企业没有结算义务（如，由母公司直接向该子公司的高管人员授予股份），或者虽然有结算义务但授予本企业职工的是其本身权益工具的，应当将该股份支付交易作为权益结算的股份支付进行会计处理，确认所接受服务的成本费用，同时确认资本公积（其他资本公积）。<br>（2）接受服务企业具有结算义务，且授予本企业职工的是企业集团内其他企业权益工具的，应当将该股份支付交易作为现金结算的股份支付进行会计处理，确认所接受服务的成本费用，同时确认一项负债。 |

【例 12－1】（2019 年单选题）甲公司是上市公司，经过股东大会批准，向其子公司（乙公司）的高级管理人员授予其自身的股票期权，对于上述股份支付方式，在甲公司和乙公司的个别财务报表中，正确的会计处理方法是（　　）。

A. 均以权益结算股份支付确认

B. 均以现金结算股份支付确认

C. 甲公司以权益结算股份支付确认，乙公司以现金结算股份支付确认

D. 甲公司以现金结算股份支付确认，乙公司以权益结算股份支付确认

【答案】A

【解析】结算企业以其本身权益工具结算的，应当将股份支付交易作为权益结算的股份处理，接受服务企业没有结算义务，应当作为权益结算的股份支付，因此，选项 A 正确。

【例 12－2】（2017 年单选题）2×16 年 1 月 1 日，甲公司经股东大会批准与其高管人员签订股份支付协议，协议约定：等待期为 2×16年 1 月 1 日起两年，两年期满有关高管人员仍在甲公司工作且每年净资产收益率不低于 15% 的，高管人员每人可无偿取得 10 万股甲公司股票。甲公司普通股按董事会批准该股份支付协议前 20 天平均市场价格计算的公允价值为 20 元/股，授予日甲公司普通股的公允价值为 18 元/股。2×16 年 12 月 31 日，甲公司普通股的公允价值为 15 元/股。根据甲公司生产经营情况及市场价格波动等因素综合考虑，甲公司预计该股份支付行权日其普通股的公允价值为 24 元/股。不考虑其他因素，下列各项中，属于甲公司在计算 2×16年因该股份支付确认费用时应使用的普通股的公允价值是（　　）。

A. 预计行权日甲公司普通股的公允价值

B. 2×16 年 1 月 1 日甲公司普通股的公允价值

C. 2×16 年 12 月 31 日甲公司普通股的公允价值

D. 董事会批准该股份支付协议前 20 天按甲公司普通股平均市场价格计算的公允价值

【答案】B

【解析】权益结算的股份支付，企业应在等待期内的每个资产负债表日，以对可行权权益工具数量的最佳估计数为基础，按照权益工具在授予日的公允价值，将当期取得的服务计入相关资产成本或当期费用，同时计入资本公积——其他资本公积。选项 B 正确。

【例 12－3】（2018 年多选题）下列各项中，应当计入发生当期损益的有（　　）。

A. 以现金结算的股份支付形成的负债在结算前资产负债表日公允价值变动

B. 将分类为权益工具的金融工具重分类为金融负债时公允价值与账面价值的差额

C. 以摊余成本计量的金融资产重分类为以公允价值计量且其变动计入当期损益的金融资产时公允价值与原账面价值的差额

D. 自用房地产转换为采用公允价值模式计量的投资性房地产时公允价值小于原账面价值的差额

【答案】ACD

【解析】选项 A，以现金结算的股份支付形成的负债在结算前资产负债表日公允价值变动计入公允价值变动损益；选项 B，将分类为权益工具的金融工具重分类为金融负债时公允价值与账面价值的差额计入资本公积——股本溢价，不影响损益；选项 C，以摊余成本计量的金融资重分类为以公允价值计量且其变动计入当期损益的金融资产时公允价值与原账面价值的差额计入公允价值变动损益；选项 D，自用房地产转换为采用公允价值模式计量的投资性房地产时公允价值小于原账面价值的差额计入公允价值变动损益。

【例 12－4】（2016 年计算题）

（1）甲公司计划实施一项股权激励计划，拟从 2014 年至 2017 年间按照工资总额的 10% 计提资金，用于在 2018 年从二级市场购买本公司股票奖励给员工，授予的员工具有不确定性，即在 2014 年到 2017 年间在职的员工在 2018 年不一定在职。2014 年甲公司按照当年工资总额的 10% 计提了 3 000 万元。会计分录为：

借：管理费用　　　　3 000

　　贷：应付职工薪酬　　　　3 000

（2）为加快公司转型，实现产品升级换代，公司鼓励快要退休的员工提前退休，提前退休的给予每人 30 万元的补偿。该计划已

经公告并获得工会同意，该计划中涉及1 000名员工，截至2014年底有800人表示愿意提前退休。2014年底该计划还在持续进行。甲公司会计处理如下：

借：长期待摊费用　　24 000
　　贷：预计负债　　24 000
借：营业外支出　　4 800
　　贷：长期待摊费用　　4 800

（3）根据公司利润分享计划的规定，根据公司利润情况，销售部门的员工享有公司净利润的3%的奖励620万元，甲公司2015年2月18日确认了2014年度销售人员的奖励。甲公司的会计处理为：

借：利润分配——未分配利润　　620
　　贷：应付职工薪酬　　620

（4）其他资料：甲公司按照净利润的10%提取法定盈余公积，不计提任意盈余公积。

要求：

根据资料（1）～（3）分别说明甲公司的会计处理是否正确，说明理由，并编制相关的更正分录（涉及损益的不通过“以前年度损益调整”科目核算）。

【答案】

（1）该事项的处理不正确。因为职工行权时，甲公司将回购本公司股票给职工，属于权益结算的股份支付。

更正分录为：

借：应付职工薪酬　　3 000
　　贷：资本公积　　3 000

（2）该事项的处理不正确。因为对于自愿接受裁减建议的辞退福利，甲公司应根据预计将会接受裁减建议的职工数量和每一位的辞退补偿确认应付职工薪酬，并计入当期损益。

更正分录为：

借：管理费用　　24 000
　　贷：应付职工薪酬　　24 000
借：预计负债　　24 000
　　贷：长期待摊费用　　24 000
借：长期待摊费用　　4 800
　　贷：营业外支出　　4 800

（3）该事项的处理不正确。因为对于企业的短期利润分享计划，企业应当在满足相关条件时，确认应付职工薪酬并计入当期损益或相关的资产成本。

更正分录为：

借：销售费用　　620
　　贷：利润分配——未分配利润　　620

## 通关演练

### 一、单项选择题

1. 山水公司系上市公司。2×17年1月1日，山水公司向其50名管理人员每人授予100份股票期权。根据股份支付协议规定：从2×17年1月1日起3年内，净利润增长率平均达到12%以上，并且从2×17年1月1日起所有管理人员必须在该公司连续服务满3年，服务期满时才能以每股5元的价格购买100股山水公司股票，山水公司股票每股面值为1元。公司估计该期权在授予日的公允价值为每份12元。2×17年、2×18年和2×19年年末该期权的公允价值分别为每份13元、12元和10元。2×17年有5名管理人员离开山水公司，山水公司估计三年中离开的管理人员比例将达到20%；2×18年又有3名管理人员离开公司，公司将管理人员离开比例修正为18%；2×19年又有2名管理人员离开。2×19年12月31日未离开公司的管理人员全部行权。第1年年末，第2年年末，山水公司均预计下年可以实现该业绩目标。则2×18年12月31日行权时记入“资本公积——股本溢价”科目的金额为（　　）元。

A. 2 000　　B. 48 000
C. 46 000　　D. 64 000

2. 下列各项中，应作为以现金结算股份支付的工具是（　　）。

A. 优先股
B. 股票期权
C. 限制性股票
D. 现金股票增值权

3. 下列关于股份支付市场条件的表述，不正确的是（　　）。

A. 市场条件是指行权价格、可行权条件以及行权可能性与权益工具的市场价格相关

的业绩条件

B. 如果职工没有满足市场条件，但是满足了其他所有的非市场条件，那么企业不应当确认已取得的服务

C. 企业在确定权益工具在授予日的公允价值时，需要考虑股份支付协议中规定的市场条件和非可行权条件的影响

D. 业绩条件包括市场条件和非市场条件

4. 甲公司为黄河公司的母公司。2×19年1月1日，甲公司向黄河公司100名管理人员每人授予1万份股票期权，等待期为3年，行权条件为黄河公司3年净利润平均增长率达到6%以上，甲公司估计黄河公司每年均能实现该目标。等待期结束后，每持有1份股票期权可以免费获得甲公司一股普通股股票，授予日，甲公司股票期权的公允价值为每份15元。2×19年12月31日，签订协议的人员中有8人离职，甲公司估计三年中离职比例为16%。因该项股份支付协议，2×19年12月31日合并财务报表中，长期股权投资列示的金额为（　　）万元。

A. 0　　B. 420

C. 504　　D. 840

5. 2×17年1月1日，经股东大会批准，东方股份有限公司为其50名中层以上管理人员每人授予500份现金股票增值权，根据股份支付协议规定，这些管理人员从2×17年1月1日起在该公司连续服务满4年，即可按照当时的股价增长幅度获得现金，该现金股票增值权应在2021年12月31日之前行使完毕。2×17年和2×18年没有管理人员离职，截至2×18年年末累计确认应付职工薪酬150 000元，在2×19年有5名管理人员离职，预计2×20年没有管理人员离职，2×19年年末该现金股票增值权的公允价值为每份12元，不考虑其他因素的影响，该项股份支付对2×19年当期管理费用的影响金额和2×19年年末应付职工薪酬的累计金额分别为（　　）元。

A. 18 750，120 000

B. 75 000，125 000

C. 52 500，202 500

D. 22 050，225 000

6. 对于以现金结算的股份支付，可行权日后相关负债公允价值发生变动的，其变动金额应在资产负债表日计入财务报表的项目是（　　）。

A. 资本公积

B. 管理费用

C. 营业外支出

D. 公允价值变动收益

7. 甲公司为上市公司，采用授予职工限制性股票的形式实施股权激励计划。2×19年1月1日，公司以非公开发行方式向50名管理人员每人授予10万股自身股票（每股面值为1元），授予价格为每股6元。当日，50名管理人员全部出资认购，总认购款项为3 000万元，甲公司履行了相关增资手续。甲公司估计该限制性股票股权激励在授予日的公允价值为每股6元。激励计划规定，这些管理人员从2×19年1月1日起在甲公司连续服务满3年的，所授予股票将于2×22年1月1日全部解锁；等待期内离职的，甲公司将按照原授予价格每股6元回购。对于未能解锁的限制性股票，甲公司在回购股票时应扣除激励对象已享有的该部分现金股利。2×19年度，甲公司有5名管理人员离职，甲公司估计3年中离职的管理人员合计为10名，当年宣告发放现金股利为每股1元（限制性股票持有人享有同等分配权利）。不考虑其他因素影响，则甲公司2×19年12月31日，因该项激励计划应确认的预计未来可解锁限制性股票持有者的现金股利为（　　）万元。

A. 100　　B. 400

C. 500　　D. 0

8. 完成等待期内的服务或达到规定业绩条件以后才可行权的以现金结算的股份支付，在可行权日之后，应付职工薪酬公允价值的变动应当计入（　　）。

A. 资本公积

B. 公允价值变动损益

C. 生产成本

D. 管理费用

9. 2018年1月1日，A公司向其200名管理人员每人授予100份股份期权，这些人员从2018年1月1日起必须在该公司连续服务3年，服务期满时才能以每股5元购买100股A公司股票。公司股票在授予日的公允价值为15元。2018年有20名管理人员离开A公司，A公司估计三年中离开的管理人员比

例将达到20%；2019又有10名管理人员离开公司，A公司估计第三年将不会再有人离开，将离开比例调整为15%，2019年末A公司应确认当期管理费用为（　　）万元。

A. 17　　B. 8

C. 9　　D. 0

10. 2016年12月20日，经股东大会批准，甲公司向100名高管人员每人授予2万股普通股（每股面值1元）。根据股份支付协议的规定，这些高管人员自2017年1月1日起在公司连续服务满3年，即可于2019年12月31日无偿获得授予的普通股。甲公司普通股2016年12月20日的市场价格为每股12元，2016年12月31日的市场价格为每股15元。2019年12月8日，甲公司从二级市场以每股10元的价格回购本公司普通股200万股，拟用于高管人员股权激励。在等待期内，甲公司没有高管人员离开公司。2019年12月31日，高管人员全部行权。当日，甲公司普通股市场价格为每股13.5元。甲公司因高管人员行权增加的股本溢价金额是（　　）。

A. －2 000万元　　B. 0

C. 400万元　　D. 2 400万元

11. 甲公司在某股份支付协议中授予其管理层的期权价值，使用布莱克－斯科尔斯模型确定期权公允价值为300 000元，A公司做了如下估计：（1）在授予日，A公司估计2年内管理层离职的比例为每年10%；（2）在第二年年末，A公司实际离职率为5%；则第二年末确认的服务费用为（　　）元。

A. 135 000　　B. 285 000

C. 150 000　　D. 300 000

12. 关于权益结算的股份支付的计量，下列说法中错误的是（　　）。

A. 应按授予日权益工具的公允价值计量，不确认其后续公允价值变动

B. 对于换取职工服务的股份支付，企业应当按在等待期内的每个资产负债表日的公允价值计量

C. 对于授予后立即可行权的换取职工提供服务的权益结算的股份支付，应在授予日按照权益工具的公允价值计量

D. 对于换取其他方服务的股份支付，企业应当以股份支付所换取的服务的公允价值计量。

13. 2019年1月，为激励高级管理人员，上市公司A公司与其高级管理人员签署股份支付协议，规定如果高级管理人员在其后3年中都在公司任职服务，并且公司股价每年均提高10%以上，管理层成员即可以低于市价的价格购买一定数量的本公司股票。A公司估计期权在授予日的公允价值为300万元。在授予日，A公司估计3年内管理层离职的比例为10%；在第二年年末，A公司调整其估计离职率为5%；到第三年末，公司实际离职率为6%。在第一年中，公司股价提高了10.5%，第二年提高了11%，第三年提高了6%。公司在第一年、第二年年末均预计下年能实现当年股价增长10%以上的目标。公司第3年年末累计确认的服务费用为（　　）万元。

A. 90　　B. 190

C. 100　　D. 282

14. 关于股份支付的计量，下列说法中不正确的有（　　）。

A. 以现金结算的股份支付，应按资产负债表日权益工具的公允价值重新计量

B. 以现金结算的股份支付，应按授予日权益工具的公允价值计量，不确认其后续公允价值变动

C. 以权益结算的股份支付，应按授予日权益工具的公允价值计量，不确认其后续公允价值变动

D. 除了立即可行权的股份支付外，无论是以权益结算的股份支付还是以现金结算的股份支付，企业在授予日均不做会计处理

15. 结算企业是接受服务的母公司，结算企业（母公司）由于承担了向接受服务企业（子公司）的职工结算股份支付的义务，应当按照授予日该权益工具的公允价值增加对该接受服务企业的长期股权投资成本，同时确认（　　）。

A. 负债（应付职工薪酬）

B. 管理费用

C. 资本公积（其他资本公积）

D. 资本公积（股本溢价）

## 二、多项选择题

1. 下列有关股份支付确认与计量的表述中，正确的有（　　）。

第十二章

A. 授予员工现金股票增值权的股份支付属于现金结算的股份支付

B. 对于换取职工服务的权益结算的股份支付，企业应当以股份支付所授予的权益工具在等待期内每个资产负债表日的公允价值为基础确认相关的成本费用

C. 现金结算的股份支付应当以等待期内每个资产负债表日的账面价值为基础确认相应的成本费用和资本公积

D. 以内在价值计量的权益结算的股份支付，结算支付的款项高于该权益工具在回购日内在价值的部分，计入当期损益（管理费用）

2. 关于可行权条件的修改，下列表述中正确的有（　　）。

A. 如果修改增加了所授予的权益工具的公允价值，企业应按照权益工具公允价值的增加相应地确认取得服务的增加

B. 如果修改增加了所授予的权益工具的数量，企业应将增加的权益工具的公允价值相应地确认为取得服务的增加

C. 如果企业缩短等待期、变更或取消业绩条件（非市场条件），企业在处理可行权条件时，不应考虑修改后的可行权条件

D. 如果企业以减少股份支付公允价值总额的方式修改条款或条件，企业应继续对取得的服务进行会计处理，如同该变更从未发生，除非企业取消了部分或全部已授予的权益工具

3. 2×18 年 1 月 1 日，经股东大会批准，西风公司为其 100 名管理人员每人授予 100 份股票期权，并约定：第一年年末的可行权条件为西风公司当年净利润增长率达到 15%；第二年年末的可行权条件为西风公司净利润两年平均增长率为 12%；第三年年末的可行权条件为西风公司三年平均净利润增长率为 10%。每份期权在授予日的公允价值为 24 元。2×18 年年末西风公司净利润增长率为 13%，预计 2×19 年将以同样的速度增长。2×19 年年末西风公司净利润仅增长了 10%，当年公司仍然估计能够在第三年取得较理想的业绩，从而实现 3 年平均净利润增长率为 10% 的目标。根据以上情况，不考虑其他因素，下列说法正确的有（　　）。

A. 西风公司应当以授予日期权的公允价值为基础在等待期内确认成本费用和所有者权益

B. 2×18 年年末西风公司预计等待期为 2 年

C. 2×19 年年末西风公司将预计等待期调整为 3 年

D. 西风公司的等待期自始至终都是 3 年，没有发生变化

4. 2×16 年 8 月 1 日甲公司董事会提议，依据公司业绩授予高层管理人员股票期权。12 月 20 日，经股东大会批准，甲公司向 100 名高管人员每人授予 1 万份股票期权。根据股份支付协议的规定，这些高管人员自 2×17 年 1 月 1 日起在公司连续服务满 3 年，即可在 2×20 年 12 月 31 日之前无偿获得授予的普通股。2×16 年 8 月 1 日甲公司普通股股票的市场价格为每股 12 元，2×16 年 12 月 20 日的市场价格为每股 16 元，2×16 年 12 月 31 日的市场价格为每股 15 元。2×17 年 1 月 1 日的市场价格为每股 18 元。

在等待期内，甲公司没有高管人员离开公司。2×19 年 12 月 31 日，高管人员全部行权。2×19 年 12 月 31 日，甲公司普通股的市场价格为每股 13.5 元。不考虑其他因素，针对该项股份支付协议，下列表述中正确的有（　　）。

A. 2×19 年 12 月 31 日为可行权日

B. 等待期内应当以每股 16 元的价格为基础确认成本费用和所有者权益

C. 甲公司应当将该股份支付作为权益结算的股份支付

D. 甲公司在 2×19 年 12 月 31 日之后需要依据市场价格的变化对已确认的成本费用和所有者权益总额进行调整

5. 下列关于上市公司实施限制性股票的股权激励的说法中，正确的有（　　）。

A. 上市公司对未达到限制性股票解锁条件而需回购股票的，按照应支付的金额，借记“其他应付款——限制性股票回购义务”等科目，贷记“银行存款”等科目

B. 上市公司对达到限制性股票解锁条件而无需回购的股票，不需进行账务处理

C. 在现金股利可撤销的情况下，对于预计未来不可解锁限制性股票持有者，上市公司应分配给限制性股票持有者的现金股利应当冲减相关的负债，借记“其他应付款——限制性股票回购义务”等科目，贷记“应付

股利——限制性股票股利”科目

D. 在现金股利不可撤销的情况下，对于预计未来不可解锁的限制性股票持有者，上市公司应分配给限制性股票持有者的现金股利应当计入当期成本费用

6. 下列关于股份支付特征的说法中，正确的有（　　）。

A. 股份支付是企业与职工或其他方之间发生的交易

B. 股份支付是以获取职工或其他方服务为目的的交易

C. 对价的特殊性可以说是股份支付的显著特征

D. 股份支付交易的对价或其定价与企业自身权益工具未来的价值密切相关

7. 对于换取职工服务的以权益结算的股份支付，企业应当（　　）。

A. 以股份支付所授予的权益工具的公允价值计量

B. 在等待期内的每个资产负债表日都予以计量

C. 以对可行权权益工具数量的最佳估计为基础，按照权益工具在授予日的公允价值计算相关的费用成本，同时计入资本公积中的其他资本公积

D. 对于授予后立即可行权的，则在授予日予以计量

8. 关于权益结算的股份支付的计量，下列说法中正确的有（　　）。

A. 应按授予日权益工具的公允价值计量，不确认其后续公允价值变动

B. 对于换取职工服务的股份支付，企业应当按在等待期内的每个资产负债表日的公允价值计量

C. 对于授予后立即可行权的换取职工提供服务的权益结算的股份支付，应在授予日按照权益工具的公允价值计量

D. 对于换取职工服务的股份支付，企业应当按照权益工具在授予日的公允价值，将当期取得的服务计入相关资产成本或当期费用，同时确认应付职工薪酬

9. 下列关于企业以现金结算的股份支付的会计处理中，正确的有（　　）。

A. 初始确认时确认所有者权益

B. 初始确认时以企业所承担负债的公允价值计量

C. 等待期内按照所确认负债的金额计入公允价值变动损益

D. 可行权日后相关负债的公允价值变动计入公允价值变动损益

10. 关于股份支付的计量，下列说法中正确的有（　　）。

A. 以现金结算的股份支付，应按资产负债表日当日权益工具的公允价值重新计量

B. 以现金结算的股份支付，应按授予日权益工具的公允价值计量，不确认其后续公允价值变动

C. 以权益结算的股份支付，应按授予日权益工具的公允价值计量，不确认其后续公允价值变动

D. 以权益结算的股份支付，应按资产负债表日当日权益工具的公允价值重新计量

11. 下列关于股份支付的表述中，正确的有（　　）。

A. 以股份支付换取职工提供的服务，应当按照所授予的权益工具或承担负债的公允价值计量，计入相关资产成本或当期费用

B. 以权益结算的股份支付，应在确认成本费用的同时计入资本公积

C. 以现金结算的股份支付，应在确认成本费用的同时确认应付职工薪酬

D. 现金结算的股份支付要确认其后续公允价值变动及权益工具数量的影响，权益结算的股份支付要确认其后续权益工具数量的影响，不确认其后续公允价值变动的影响

12. 下列关于对于权益结算的涉及职工的股份支付的后续计量说法中，正确的有（　　）。

A. 对于权益结算的涉及职工的股份支付，应当按照授予日权益工具的公允价值计入成本费用和资本公积（其他资本公积），不确认其后续公允价值变动

B. 对于现金结算的涉及职工的股份支付，应当按照每个资产负债表日权益工具的公允价值重新计量，确定成本费用和应付职工薪酬

C. 对于权益结算的涉及职工的股份支付，应当按照授予日权益工具的公允价值计入成本费用和资本公积（其他资本公积），并确认其后续公允价值变动

D. 对于现金结算的股份支付，企业在可行权日之后不再确认成本费用，负债（应付职工薪酬）公允价值的变动应当计入当期损益（公允价值变动损益）

13. 企业以回购股份形式奖励本企业职工的，属于权益结算的股份支付，其会计处理正确的有（　　）。

A. 企业回购股份时，应当按照回购股份的全部支出作为库存股处理，记入“库存股”科目，同时进行备查登记

B. 企业回购股份时，应当按照回购股份的全部支出冲减股本

C. 对权益结算的股份支付，企业应当在等待期内每个资产负债表日按照权益工具在授予日的公允价值，将取得的职工服务计入成本费用，同时增加资本公积（其他资本公积）

D. 对权益结算的股份支付，企业应当在等待期内每个资产负债表日按照当日权益工具的公允价值，将取得的职工服务计入成本费用，同时增加应付职工薪酬

## 三、计算分析题

1. 甲公司为上市公司，2×18 年 1 月 1 日股东大会批准一项股权激励计划，甲公司向其 100 名管理人员每人授予 200 份股票期权，根据股份支付协议规定，这些人员从 2×18 年 1 月1 日起必须在该公司连续服务 3 年，服务期满时才能以每股 5 元的价格购买 200 股甲公司股票，从而获益。甲公司每股股票面值为 1 元。甲公司估计该期权在授予日的公允价值为每份 12 元。2×18 年有 10 名管理人员离开甲公司，甲公司估计三年中离开的管理人员比例将达到 20%；2×19 年又有 5 名管理人员离开公司，公司预计未来 1 年不会有管理人员离开，于是将管理人员离开比例修正为 15%；2×20 年实际又有 4 名管理人员离开。2×20 年 12 月 31 日未离开公司的管理人员全部行权。

要求：

（1）分别计算 2×18 年至 2×20 年每年计入当期费用的金额。

（2）编制 2×18 年至 2×20 年与股份支付有关的会计分录。

（答案中的金额单位用元表示）

2. 2019 年 1 月 1 日，经股东大会批准，甲上市公司（以下简称“甲公司”）与 50 名高级管理人员签署股份支付协议。协议规定：①甲公司向 50 名高级管理人员每人授予 10 万股股票期权，行权条件为这些高级管理人员从授予期权之日起连续服务满 3 年，公司 3 年平均净利润增长率达到 12%；②符合行权条件后，每持有 1 股普通股股票期权可以自 2022 年 1 月 1 日起 1 年内，以每股 5 元的价格购买公司 1 股普通股股票，在行权期间内未行权的股票期权将失效。甲公司估计授予日每股股票期权的公允价值为 15 元。2019 年至 2022 年，甲公司与股票期权的资料如下：

（1）2019 年 5 月，甲公司自市场回购本公司股票 500 万股，共支付款 4 025 万元，作为库存股待行权时使用。

（2）2019 年，甲公司有 1 名高级管理人员离开公司，本年净利润增长率为 10%。该年末，甲公司预计未来两年将有 1 名高级管理人员离开公司，预计 3 年平均净利润增长率将达到 12%；每股股票期权的公允价值为 16 元。

（3）2020 年，甲公司没有高级管理人员离开公司，本年净利润增长率为 14%。该年末，甲公司预计未来 1 年将有 2 名高级管理人员离开公司，预计 3 年平均净利润增长率将达到 12.5%；每股股票期权的公允价值为 18 元。

（4）2021 年，甲公司有 1 名高级管理人员离开公司，本年净利润增长率为 15%。该年末，每股股票期权的公允价值为 20 元。

（5）2022 年 3 月，48 名高级管理人员全部行权，甲公司收到款项 2 400 万元，相关股票的变更登记手续已办理完成。

要求：

（1）编制甲公司回购本公司股票时的相关会计分录。

（2）计算甲公司 2019 年、2020 年、2021 年因股份支付确认的费用，并编制相关会计分录。

（3）编制甲公司高级管理人员行权时的相关会计分录。

3. 2019 年 1 月 1 日，戊公司为其 100 名管理人员每人授予 100 份股票期权，2019 年末的可行权条件为企业净利润增长率达到 20%；2020 年末的可行权条件为企业净利润

两年平均增长 15%；2021 年末的可行权条件为企业净利润三年平均增长 10%。2022 年末的可行权条件为企业净利润增长 8%。每份期权在 2019 年 1 月 1 日的公允价值为 15 元。

2019 年 12 月 31 日，权益净利润增长了 18%，同时有 10 名管理人员离开，企业预计 2020 年将以同样速度增长，因此预计将于 2020 年 12 月 31 日可行权。另外，企业预计 2020 年 12 月 31 日又将有 10 名管理人员离开企业。

2020 年 12 月 31 日，企业净利润仅增长了 10%，因此无法达到可行权状态。另外，实际有 10 名管理人员离开，预计第三年将有 12 名管理人员离开企业。

2021 年 12 月 31 日，企业净利润增长了 8%，三年平均增长率为 12%，因此达到可行权状态。当年有 6 名管理人员离开。预计 2022 年将有 4 名管理人员离开企业。

2022 年 12 月 31 日，企业净利润增长了 9%，达到了可行权条件。2022 年实际有 4 名管理人员离开公司。

要求：确定各期的费用并作相关的会计处理

## 答案及解析

### 一、单项选择题

1.【答案】D

【解析】行权时的会计处理为：

2×19 年 12 月 31 日

借：银行存款 [(50－5－3－2)×100×5] 20 000

资本公积——其他资本公积 [(50－5－3－2)×100×12] 48 000

贷：股本 [(50－5－3－2)×100×1] 4 000

资本公积——股本溢价 64 000

因此，2×19 年 12 月 31 日职工行权时，应当确认资本公积（股本溢价）的金额为 64 000 元。

2.【答案】D

【解析】以权益结算的股份支付最常用的工具有两类：限制性股票和股票期权；以现金结算的股份支付最常用的工具有两类：模拟股票和现金股票增值权。

3.【答案】B

【解析】对于可行权条件为业绩条件的股份支付，在确定权益工具的公允价值时，应考虑市场条件的影响，只要职工满足了其他所有非市场条件，企业就应当确认已取得的服务，选项 B 表述不正确。

4.【答案】A

【解析】合并财务报表中，要将子公司确认的资本公积与母公司确认的长期股权投资抵消，抵消后，长期股权投资的列报金额为 0，选项 A 正确。

5.【答案】C

【解析】2×19 年年末应确认应付职工薪酬累计金额＝12×(50－5)×500×3/4＝202 500（元），对 2×19 年当期管理费用的影响金额＝202 500－150 000＝52 500（元），选项 C 正确。

6.【答案】D

【解析】对于现金结算的股份支付，企业在可行权日之后不再确认成本费用，负债（应付职工薪酬）公允价值的变动应当计入当期损益（公允价值变动损益）。

7.【答案】B

【解析】甲公司 2×19 年 12 月 31 日，因该项激励计划应确认的预计未来可解锁限制性股票持有者的现金股利＝1×(50－10)×10＝400（万元）。

8.【答案】B

【解析】根据职工薪酬准则规定，完成等待期内的服务或达到规定业绩条件以后才可行权的以现金结算的股份支付，在可行权日之后，企业不再确认成本费用，应付职工薪酬公允价值的变动应当计入当期损益（公允价值变动损益）。

9.【答案】C

【解析】2019 年末 A 公司应确认当期管理费用＝15×100×200×[(85%×2/3)－(80%×1/3)]＝90 000(元)。

10.【答案】C

【解析】甲公司因高管人员行权增加的股本溢价金额＝100×2×12－200×10＝400（万元）。

有关会计分录如下：

回购股票时：

借：库存股 2 000

贷：银行存款 2000

每年末：

借：管理费用

[（100×2×12）×1/3] 800

贷：资本公积——其他资本公积

800

行权时：

借：资本公积——其他资本公积

2 400

贷：库存股 2 000

资本公积——股本溢价 400

11.【答案】C

【解析】第一年末确认的服务费用 = 300 000×1/2×90% = 135 000（元），第二年末累计确认的服务费用 = 300 000×95% = 285 000（元）。由此，第二年应确认的费用 = 285 000 − 135 000 = 150 000（元），故选项 C 正确。

12.【答案】B

【解析】对于换取职工服务的股份支付，企业应当以股份支付所授予的权益工具的公允价值计量。企业应在等待期内的每个资产负债表日，以对可行权权益工具数量的最佳估计数为基础，按照权益工具在授予日的公允价值，将当期取得的服务计入相关资产成本或当期费用，同时确认资本公积中的其他资本公积。

13.【答案】D

【解析】市场业绩无论实现与否，均无需据此对等待期、已确认的费用等行权情况进行重新调整，不需要调整已确认的服务费用；所以，公司第 3 年年末累计确认的服务费用 = 300×（1 − 6%）×3÷3 = 282（万元）。

14.【答案】B

【解析】以现金结算的股份支付，应按资产负债表日权益工具的公允价值重新计量；以权益结算的股份支付，应按授予日权益工具的公允价值计量，不确认其后续公允价值变动。除了立即可行权的股份支付外，无论是以权益结算的股份支付还是以现金结算的股份支付，企业在授予日均不做会计处理。

15.【答案】C

【解析】结算企业是接受服务的母公司，结算企业（母公司）由于承担了向接受服务企业（子公司）的职工结算股份支付的义务，应当按照授予日该权益工具的公允价值增加对该接受服务企业的长期股权投资成本，同时确认资本公积（其他资本公积）。

## 二、多项选择题

1.【答案】AD

【解析】对于换取职工服务的权益结算的股份支付，企业应按照授予日权益工具的公允价值确认相关成本费用，选项 B 错误；现金结算的股份支付应当以等待期内每个资产负债表日权益工具的公允价值为基础确认相应的成本费用和负债，选项 C 错误。

2.【答案】ABD

【解析】如果企业按照有利于职工的方式修改可行权条件，如缩短等待期、变更或取消业绩条件（非市场条件），企业在处理可行权条件时，应当考虑修改后的可行权条件，选项 C 错误。

3.【答案】ABC

【解析】西风公司的该项股份支付只约定了净利润增长率，没有约定服务期限等条件，所以等待期不能始终定为 3 年，选项 D 错误。

4.【答案】ABC

【解析】对甲公司而言，2×19 年 12 月 31 日为可行权日，而权益结算的股份支付，在可行权日后，不再对已确认的成本费用和所有者权益总额进行调整，选项 D 不正确。

5.【答案】ACD

【解析】选项 B，上市公司对达到限制性股票解锁条件而无需回购的股票，按照解锁股票对应的负债的账面价值，借记“其他应付款——限制性股票回购义务”等科目，按照解锁股票相对应的库存股的账面价值，贷记“库存股”科目，如有差额，则借记或贷记“资本公积——股本溢价”科目。

6.【答案】ABCD

【解析】股份支付的特征有：股份支付是企业与职工或其他方之间发生的交易；股份支付是以获取职工或其他方服务为目的的交易；股份支付交易的对价或其定价与企业自身权益工具未来的价值密切相关。故选项 A、B、D 正确。在股份支付中，企业要么向职工支付其自身权益工具，要么向职工支付一笔现金，而其金额高低取决于结算时企业自身权益工具的公允价值。对价的特殊性可以说是股份支付的显著特征。故选项 C 正确。

7.【答案】ABCD

【解析】对于换取职工服务的股份支付，企业应当以股份支付所授予的权益工具的公允价值计量。企业应在等待期内的每个资产负债表日，以对可行权权益工具数量的最佳估计为基础，按照权益工具在授予日的公允价值，将当期取得的服务计入相关资产成本或当期费用，同时计入资本公积中的其他资本公积。故选项 A、B、C 正确。对于授予后立即可行权的换取职工提供服务的以权益结算的股份支付（例如授予限制性股票的股份支付），应在授予日（其他情况下授予日不作账务处理）按照权益工具的公允价值，将取得的服务计入相关资产成本或当期费用，同时计入资本公积中的股本溢价。故选项 D 正确。

8.【答案】AC

【解析】对于换取职工服务的股份支付，企业应当以股份支付所授予的权益工具的公允价值计量。企业应在等待期内的每个资产负债表日，以对可行权权益工具数量的最佳估计数为基础，按照权益工具在授予日的公允价值，将当期取得的服务计入相关资产成本或当期费用，同时计入资本公积中的其他资本公积。

9.【答案】BD

【解析】企业以现金结算的股份支付，初始确认时借方计入相关的成本费用，贷方计入应付职工薪酬，不确认所有者权益；等待期内按照所确认负债的金额计入成本或费用。

10.【答案】AC

【解析】以现金结算的股份支付，应按资产负债表日当日权益工具的公允价值重新计量；以权益结算的股份支付，应按授予日权益工具的公允价值计量，不确认其后续公允价值变动。

11.【答案】ABCD

【解析】权益结算的股份支付，以授予日权益工具公允价值为基础计量，不确认后续公允价值变动。

12.【答案】ABD

【解析】对于权益结算的涉及职工的股份支付，应当按照授予日权益工具的公允价值计入成本费用和资本公积（其他资本公积），不确认其后续公允价值变动；对于现金结算的涉及职工的股份支付，应当按照每个资产负债表日权益工具的公允价值重新计量，确定成本费用和应付职工薪酬。故 A、B 正确，C 不正确。对于现金结算的股份支付，企业在可行权日之后不再确认成本费用，负债（应付职工薪酬）公允价值的变动应当计入当期损益（公允价值变动损益）。故 D 正确。

13.【答案】AC

【解析】企业回购股份时，应当按照回购股份的全部支出借记“库存股”科目，选项 B 不正确；对权益结算的股份支付，企业应当在等待期内每个资产负债表日按照当日权益工具的公允价值，将取得的职工服务计入成本费用，同时增加资本公积，选项 D 不正确。

## 三、计算分析题

1.【答案】

（1）

①2×18 年应确认的管理费用 $=200\times100\times(1-20\%)\times12\times1/3=64\ 000$（元）；

②2×19 年应确认的管理费用 $=200\times100\times(1-15\%)\times12\times2/3-64\ 000=72\ 000$（元）；

③2×20 年应确认的管理费用 $=(100-10-5-4)\times200\times12-(64\ 000+72\ 000)=58\ 400$（元）。

（2）

①2×18 年 1 月 1 日：

授予日不作账务处理。

②2×18 年 12 月 31 日：

借：管理费用　64 000

　贷：资本公积——其他资本公积　64 000

③2×19 年 12 月 31 日：

借：管理费用　72 000

　贷：资本公积——其他资本公积　72 000

④2×20 年 12 月 31 日：

借：管理费用　58 400

　贷：资本公积——其他资本公积　58 400

⑤行权时：

借：银行存款

　[(100－10－5－4)×5×200]　81 000

　资本公积——其他资本公积

　[(100－10－5－4)×

12×200］194 400

贷：股本［（100－10－5－4）×200×1］16 200

资本公积——股本溢价 259 200

（3）

①授予日，除了立即可行权的股份支付外，无论权益结算的股份支付还是现金结算的股份支付，企业在授予日均不作会计处理。

②等待期内每个资产负债表日，对于权益结算的股份支付，应当按照授予日权益工具的公允价值为基础确认成本费用和资本公积——其他资本公积，不确认其后续公允价值变动。

③员工行权时确认的资本公积——股本溢价倒挤计算，即员工行权取得的认股款＋等待期确认的资本公积——其他资本公积－行权应确认的股本或冲减的库存股得出。

2.【答案】

（1）编制甲公司回购本公司股票时的相关会计分录。

借：库存股 4 025

贷：银行存款 4 025

（2）计算甲公司2019年、2020年、2021年因股份支付确认的费用，并编制相关会计分录。

2019年应确认的当期费用＝（50－1－1）×10万股×15×1/3＝2 400(万元)

借：管理费用 2 400

贷：资本公积——其他资本公积 2400

2020年应确认的当期费用＝（50－1－2）×10×15×2/3－2 400＝2 300（万元）

借：管理费用 2 300

贷：资本公积——其他资本公积 2 300

2021年应确认的当期费用＝（50－1－1）×10×15－2 400－2 300＝2 500（万元）

借：管理费用 2 500

贷：资本公积——其他资本公积 2 500

（3）行权时：

借：银行存款（48×5×10万股）2 400

资本公积——其他资本公积（2 400＋2 300＋2 500）7 200

贷：库存股（4 025×480/500）3 864

资本公积——股本溢价 5 736

3.【答案】

费用和资本公积计算过程表：

单位：元

| 年份 | 计算 | 当期费用 | 累积费用 |
|---|---|---|---|
| 2019 | （100－10－10）×100×15×1/2 | 60 000 | 60 000 |
| 2020 | （100－10－10－12）×100×15×2/3－60 000 | 8 000 | 68 000 |
| 2021 | （100－10－10－6－4）×100×15×3/4－68 000 | 10 750 | 78 750 |
| 2022 | （100－10－10－6－4）×100×15－78 750 | 26 250 | 105 000 |

其中：累积费用＝上期累积费用＋当期费用

(1) 2019年1月1日：

授予日不做处理。

(2) 2019年12月31日：

借：管理费用 60 000

贷：资本公积——其他资本公积 60 000

(3) 2020年12月31日：

借：管理费用 8 000

贷：资本公积——其他资本公积 8 000

(4) 2021年12月31日：

借：管理费用 10 750

贷：资本公积——其他资本公积 10 750

(5) 2022年12月31日：

借：管理费用 26 250

贷：资本公积——其他资本公积 26 250

# 第十三章　或有事项



## 本章考情分析

本章在考试中处于较重要地位，每年分数在5分左右，可以考客观题，也可以作为主观题中的一部分。本章复习重点是预计负债的确认与计量。

## 本章教材变化

本章今年没有变化。

## 基本内容框架

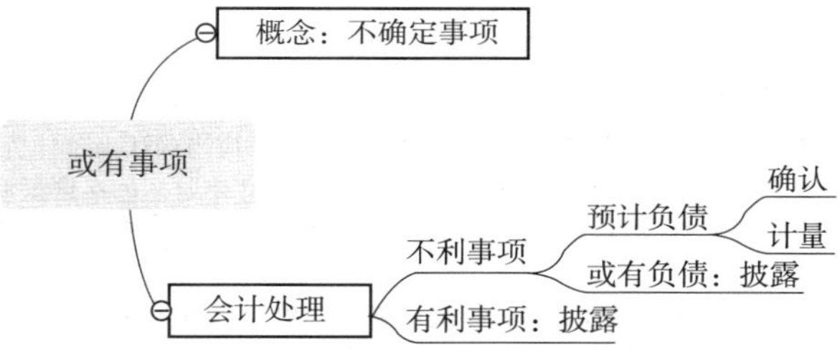


## 通关重难点例题解析

或有事项，是指过去的交易或者事项形成的，其结果须由某些未来事项的发生或不发生才能决定的不确定事项。常见的或有事项主要包括：未决诉讼或仲裁、债务担保、产品质量保证（含产品安全保证）、承诺（如辞退福利）、亏损合同、重组义务、环境污染整治（如弃置费用）等。

或有事项分为不利事项和有利事项。根据谨慎原则，不利事项满足负债条件应确认入账，形成“预计负债”，不满足负债确认条件不能确认入账，形成“或有负债”；有利事项，因不能高估资产，故不能确认入账。考试重点是预计负债的确认和计量。

### 一、预计负债确认和计量的一般规定

**预计负债的确认和计量**

| | 相关规定 |
|---|---|
| 确认 | 如果与或有事项相关的义务同时符合以下三个条件，企业应将其确认为预计负债：<br>（1）该义务是企业承担的现时义务，而不是潜在义务。<br>（2）履行该义务很可能导致经济利益流出企业。<br>（3）该义务的金额能够可靠地计量。 |

续表

| | 相关规定 |
|---|---|
| 计量 | 预计负债应当按照履行相关现时义务所需支出的最佳估计数进行初始计量。最佳估计数按照如下方法确定：<br>①所需支出存在一个连续范围，且该范围内各种结果发生的可能性是相同的，最佳估计数应当按照该范围内的中间值确定。<br>②在其他情况下，最佳估计数应当分别下列情况处理：<br>a. 或有事项涉及单个项目的，按最可能发生金额确定。<br>b. 或有事项涉及多个项目的，按照各种可能结果及相关概率确定（计算加权平均数）。 |

## 二、不利事项的具体处理

| | 相关规定 |
|---|---|
| 亏损合同 | ①如果与亏损合同相关的义务不需支付任何补偿即可撤销，企业通常就不存在现时义务，不应确认预计负债；如果与亏损合同相关的义务不可撤销，企业就存在了现时义务，同时满足该义务很可能导致经济利益流出企业且金额能够可靠地计量的，应当确认预计负债。<br>②待执行合同变为亏损合同时，合同存在标的资产的，应当对标的资产进行减值测试并按规定确认减值损失，在这种情况下，企业通常不需确认预计负债，如果预计亏损超过该减值损失，应将超过部分确认为预计负债；合同不存在标的资产的，亏损合同相关义务满足预计负债确认条件时，应当确认预计负债。<br>③预计负债的计量应当反映退出该合同的最低净成本，即履行该合同的成本与未能履行该合同而发生的补偿或处罚两者之中的较低者。 |
| 重组义务 | ①企业承担的重组义务满足或有事项确认条件的，应当确认为预计负债。下列情况同时存在时，表明企业承担了重组义务：a. 有详细、正式的重组计划，包括重组涉及的业务、主要地点、需要补偿的职工人数及其岗位性质、预计重组支出、计划实施时间等；b. 该重组计划已对外公告。<br>②企业应当按照与重组有关的直接支出确定该预计负债金额。直接支出不包括留用职工岗前培训、市场推广、新系统和营销网络投入等支出。<br>③由于企业在计量预计负债时不应当考虑预期处置相关资产的利得或损失，在计量与重组义务相关的预计负债时，也不考虑处置相关资产可能形成的利得或损失。 |

【例 13－1】（2019 年单选题）20×8 年 7 月，甲公司因生产产品使用的非专利技术涉嫌侵权，被乙公司起诉。20×8 年 12 月 31 日，案件仍在审理过程中。律师认为甲公司很可能败诉，预计赔偿金额在 200 万元至 300 万元之间，如果败诉，甲公司需要支付诉讼费 20 万元。甲公司认为，其对非专利技术及其生产的产品已经购买了保险，如果败诉，保险公司按照保险合同的约定很可能对其进行赔偿，预计赔偿金额为 150 万元。不考虑其他因素，甲公司在其 20×8 年度财务报表中对上述诉讼事项应当确认的负债金额是（　　）。

A. 200 万元　　B. 250 万元

C. 150 万元　　D. 270 万元

【答案】D

【解析】因未决诉讼确认预计负债的金额 =(200+300)/2+20=270（万元）。很可能从保险公司收到的补偿，尚未达到基本确定的程度，无需处理，即使满足了资产确认条件，或有事项确认为资产通过“其他应收款”科目核算，也不能冲减预计负债的金额。

【例 13－2】（2018 年多选题）根据《企业会计准则第 13 号——或有事项》的规定，重组是指企业制定和控制的，将显著改变企业组织形式、经营范围或经营方式的计划实施行为。下列各项中，符合上述重组定义的交易或事项有（　　）。

A. 出售企业的部分业务

B. 对于组织结构进行较大调整

C. 营业活动从一个国家迁移到其他国家

D. 为扩大业务链条购买数家子公司

【答案】ABC

【解析】属于重组的事项主要包括：（1）出售或终止企业的部分业务；（2）对企业的组织结构进行较大调整；（3）关闭企业

的部分营业场所，或将营业活动由一个国家或地区迁移到其他国家或地区。

【例13－3】（2015年单选题）下列关于或有事项的表述中，正确的是（　　）。

A. 或有事项形成的预计负债是企业承担的现时义务

B. 预计负债应当与其相关的或有资产相抵后在资产负债表中以净额列报

C. 或有事项形成的资产应当在很可能收到时予以确认

D. 预计负债计量应考虑与其相关的或有资产预期处置产生的损益

【答案】A

【解析】选项A正确，与或有事项相关的义务同时满足以下条件的，应当确认为预计负债：

（1）该义务是企业承担的现时义务，（2）履行该义务很可能（超过50%）导致经济利益流出企业，（3）该义务的金额能够可靠地计量；选项B和C不正确，企业清偿因或有事项而确认的负债所需支出全部或部分预期由第三方或其他方补偿的，补偿金额只有在基本确定能够收到时才能作为资产单独确认（即不能冲减原来的预计负债）；选项D不正确，计量预计负债金额时，有确凿证据表明相关未来事项将会发生的，确定预计负债金额时应考虑相关未来事项的影响，但不应考虑预期处置相关资产形成的利得。

【例13－4】（2017年计算题）甲公司为境内上市公司，2×16年度财务报表于2×17年2月28日经董事会批准对外报出。2×16年，甲公司发生的有关交易或事项如下：

（1）甲公司历年来对所售乙产品实行“三包”服务，根据产品质量保证条款，乙产品出售后两年内如发生质量问题，甲公司将负责免费维修、调换等（不包括非正常损坏）。甲公司2×16年年初与“三包”服务相关的预计负债账面余额为60万元，当年实际发生“三包”服务费用45万元。

按照以往惯例，较小质量问题发生的维修等费用为当期销售乙产品收入总额的0.5%；较大质量问题发生的维修等费用为当期销售乙产品收入总额的2%；严重质量问题发生的维修等费用为当期销售乙产品收入总额的1%。根据乙产品质量检测及历年发生“三包”服务等情况，甲公司预计2×16年度销售乙产品中的75%不会发生质量问题，20%可能发生较小质量问题，4%可能发生较大质量问题，1%可能发生严重质量问题。甲公司2×16年销售乙产品收入总额为50 000万元。

（2）2×17年1月20日，甲公司收到其客户丁公司通知，因丁公司所在地区于2×17年1月18日发生自然灾害，导致丁公司财产发生重大损失，无法偿付所欠甲公司货款1 200万元的60%。甲公司已对该应收账款于2×16年末计提了200万元的坏账准备。

（3）根据甲公司与丙公司签订的协议，甲公司应于2×16年9月20日向丙公司交付一批乙产品，因甲公司未能按期交付，导致丙公司延迟向其客户交付商品而产生违约损失1 000万元。为此，丙公司于2×16年10月8日向法院提起诉讼，要求甲公司按合同约定支付违约金950万元以及由此导致的丙公司违约损失1 000万元。

截至2×16年12月31日，双方拟进行和解，和解协议正在商定过程中，甲公司经咨询其法律顾问后，预计很可能赔偿金额在950万元至1 000万元之间。为此，甲公司于年末预计975万元损失并确认为预计负债。2×17年2月10日，甲公司与丙公司达成和解。甲公司同意支付违约金950万元和丙公司的违约损失300万元，丙公司同意撤诉。甲公司于2×17年3月20日通过银行转账支付上述款项。

本题不考虑相关税费及其他因素。

要求：

（1）根据资料（1），说明甲公司因“三包”服务预计负债时确定最佳估计数的原则；计算甲公司2×16年应计提的产品“三包”服务费用，计算甲公司2×16年12月31日与产品“三包”服务有关的预计负债年末余额。

（2）根据资料（2）和（3），分别说明与甲公司有关的事项属于资产负债表日后调整事项还是非调整事项，并说明理由，如为调整事项，分别计算甲公司应调整2×16年年末留存收益的金额；如为非调整事项，说明其会计处理方法。

【答案】

（1）

①确认的原则：因销售的乙产品可能发

生较小质量问题，可能发生较大质量问题，可能发生严重质量问题，也可能不发生质量问题，即存在多种可能性，属于涉及多个项目的情况，最佳估计数按照各种可能结果及相关概率计算确定。

②2×16年应计提的产品“三包”服务费用 = 50 000 ×（0.5% ×20% + 2% ×4% + 1% ×1% +75% ×0）= 95（万元）。

③2×16年12月31日与“三包”服务相关的预计负债的年末余额 = 60 + 95 − 45 = 110（万元）。

(2)

资料（2），该事项应该作为资产负债表日后非调整事项。

理由：资产负债表日虽然已经对该项应收账款计提坏账，但在资产负债表日后期间是因为发生自然灾害导致应收账款进一步减值，导致进一步减值的因素在资产负债表日不存在，所以应该作为资产负债表日后重大的非调整事项进行披露。

资料（3），该事项应该作为资产负债表日后调整事项。

理由：资产负债表日该诉讼事项已经存在，资产负债表日后期间进一步取得了新的证据，应作为资产负债表日后调整事项处理。

甲公司应该调减2×16年期末留存收益的金额 =（950 + 300）− 975 = 275（万元）。

## 通关演练

### 一、单项选择题

1. 2×19年9月25日甲公司涉及一起诉讼案件，至12月31日人民法院尚未对案件进行审理，甲公司法律顾问认为胜诉的可能性为30%，败诉的可能性为70%，如果败诉需要赔偿50万元，则2×19年12月31日甲公司应在资产负债表中确认预计负债的金额是（　　）万元。

A. 50　　B. 35

C. 15　　D. 0

2. 下列关于预计负债最佳估计数的确定，不正确的是（　　）。

A. 若所需支出存在一个连续范围，且该范围内各种结果发生的可能性相同，则最佳估计数应当为该范围内的中间值

B. 若所需支出不存在一个连续范围，如果或有事项涉及单个项目，最佳估计数按照最可能发生金额确定

C. 若所需支出不存在一个连续范围，如果或有事项涉及单个项目，最佳估计数按照各种可能结果及相关概率计算确定

D. 若所需支出不存在一个连续范围，如果或有事项涉及多个项目，最佳估计数按照各种可能结果及相关概率计算确定

3. 2×19年12月A公司与E公司签订合同，合同规定A公司应于2×20年5月向E公司销售一批商品，该批商品合同价格为5 000万元，如A公司单方面撤销合同，应支付违约金为900万元。在A公司与E公司签订合同前，A公司已购入该批商品（库存数量与签订合同数量相等），实际成本总额为6 500万元。2×19年12月31日，该批商品的市价总额为5 500万元，预计未来一段时间，该批商品的市场价格将趋于稳定。假定A公司销售该批商品不发生销售税费。不考虑其他因素，下列关于2×19年12月31日A公司相关会计处理的表述中，正确的是（　　）。

A. 与E公司签订的该批商品销售合同，应确认营业外支出900万元

B. 与E公司签订的该批商品销售合同，应确认资产减值损失1 500万元

C. 与E公司签订的该批商品销售合同，应确认预计负债1 900万元

D. 与E公司签订的该批商品销售合同，应确认存货跌价准备1 000万元

4. 乙公司（甲公司的子公司）从丙银行取得贷款，甲公司为其担保本息和罚息总额的60%，其余部分乙公司以自身房地产作为抵押。截至2×19年年末乙公司贷款逾期无力偿还，被丙银行起诉，甲公司成为第二被告，丙银行要求甲公司与被担保单位乙公司共同偿还贷款本息500万元，并支付罚息10万元，2×19年年末该诉讼正在审理中。甲公司估计承担担保责任的可能性为90%，且乙公司无偿还能力，2×19年年末甲公司应确认的预计负债是（　　）万元。

A. 306　　B. 500

C. 510　　D. 312

5. 2×19年9月25日甲公司涉及一起诉讼案件，至12月31日人民法院尚未对案件进行判决，甲公司法律顾问认为胜诉的可能性为40%，败诉的可能性为60%，如果败诉需要赔偿100万元的可能性是80%，需要赔偿150万元的可能性是20%，同时需要支付诉讼费6万元，甲公司此时基本确定可以从直接责任人处获得20万元的补偿款。则2×19年12月31日甲公司应在资产负债表中确认预计负债的金额是（　　）万元。

A. 106　　B. 100

C. 156　　D. 86

6. 2×19年12月，经董事会批准，甲公司自2×20年1月1日起撤销某营销网点，该业务重组计划已对外公告。为实施该业务重组计划，甲公司预计发生以下支出或损失：因辞退职工将支付补偿款100万元，因撤销门店租赁合同将支付违约金10万元，因处置门店内设备发生减值损失20万元，因将门店内库存存货运回公司本部将于2×20年发生运输费2万元。该业务重组计划对甲公司2×19年度利润总额的影响金额为（　　）万元。

A. −110　　B. −130

C. −132　　D. −100

7. 关于或有事项，下列说法正确的是（　　）。

A. 待执行合同变成亏损合同的，该亏损合同产生的义务满足或有事项确认预计负债规定的，应当确认为预计负债

B. 待执行合同变成亏损合同的，应当确认为预计负债

C. 企业应当就未来经营亏损确认预计负债

D. 企业在一定条件下应当将未来经营亏损确认预计负债

8. 2019年12月31日，甲公司存在一项未决诉讼。根据类似案例的经验判断，该项诉讼败诉的可能性为96%。如果败诉，甲公司将须赔偿对方100万元并承担诉讼费用2万元，但基本确定从第三方收到补偿款30万元。2019年12月31日，甲公司应就此项未决诉讼确认的预计负债金额为（　　）万元。

A. 102　　B. 70

C. 0　　D. 72

9. A公司于2019年10月受到B公司的起诉，B公司声称A公司侵犯了B公司的软件版权，要求A公司予以赔偿，赔偿金额为30万元。在应诉过程中，A公司发现诉讼所涉及的软件主体部分是有偿委托C公司开发的。如果这套软件确有侵权问题，C公司应当承担连带责任，对A公司予以赔偿。A公司在年末编制会计报表时，根据法律诉讼的进展情况以及律师的意见，认为对B公司予以赔偿的可能性为60%，最有可能发生的赔偿金额为20万元；从C公司得到补偿基本上可以确定，最有可能获得的赔偿金额为22万元。在上述情况下，A公司在年末应确认的负债和资产分别是（　　）。

A. 20万元和20万元

B. 0万元和0万元

C. 30万元和22万元

D. 30万元和20万元

10. 甲公司与乙公司签订合同，购买乙公司20件商品，合同价格每件500元。市场上同类商品每件为350元。甲公司购买的商品全部出售给丙公司，单价为400元。如甲公司单方面撤销合同，应支付违约金为1 500元。但甲公司尚未购入商品。假设满足预计负债确认条件，甲公司应确认预计负债（　　）元。

A. 2 000　　B. 1 500

C. 10 000　　D. 8 000

11. 下列有关或有事项的表述中，正确的是（　　）。

A. 或有负债与或有事项相联系，有或有事项就有或有负债

B. 对于或有事项既要确认或有负债，也要确认或有资产

C. 由于担保引起的或有事项随着被担保人债务的全部清偿而消失

D. 只有对本单位产生不利影响的事项，才能作为或有事项

12. 甲公司因一桩诉讼案件于2019年9月起诉乙公司，要求乙公司赔偿150万元。乙公司在年末编制财务报表时，根据法律诉讼的进展情况以及律师的意见，认为对甲公司予以赔偿的可能性在50%以上，赔偿金额在80万元至120万元之间，在此范围内支付

各种赔偿金额的可能性相同，另需支付诉讼费2万元。如甲公司向乙公司支付了赔偿款，可向丙公司追偿，基本确定可获得赔偿金额80万元，乙公司在年末在资产负债表的列示正确的是（　　）。

A. 预计负债102万元，其他应收款80万元

B. 预计负债22万元

C. 附注披露或有负债102万元，附注披露或有资产80万元

D. 预计负债120万元，附注披露或有资产80万元

## 二、多项选择题

1. 下列项目中，属于或有事项确认为预计负债条件的有（　　）。

A. 该义务是企业承担的现时义务

B. 该义务是企业承担的潜在义务

C. 履行该义务很可能导致经济利益流出企业

D. 该义务的金额能够可靠地计量

2. 因乙公司未履行经济合同给甲公司造成损失，甲公司要求乙公司赔偿损失100万元，但乙公司未予同意。甲公司遂于本年12月2日向法院提起诉讼，至12月31日，法院尚未作出判决。甲公司预计很可能胜诉，并估计若胜诉，获得60万元赔偿可能性为40%，获得80万元的可能性为80%，对于此业务甲公司12月31日的会计处理中不正确的有（　　）。

A. 确认其他应收款和营业外收入60万元

B. 确认其他应收款和营业外收入80万元

C. 不作会计分录，只在报表附注中披露其形成原因和预计影响

D. 不作会计分录，也不在报表附注中披露

3. 关于或有事项的披露，下列说法中正确的有（　　）。

A. 企业通常不应当披露或有资产，但或有资产很可能会给企业带来经济利益的，应当披露其形成的原因、预计产生的财务影响等

B. 在涉及未决诉讼、未决仲裁的情况下，按照准则规定披露全部或部分信息预期对企业造成重大不利影响的，企业无须披露任何信息

C. 在涉及未决诉讼、未决仲裁的情况下，按照准则规定披露全部或部分信息预期对企业造成重大不利影响的，企业无须披露这些信息，但应当披露该未决诉讼、未决仲裁的性质，以及没有披露这些信息的事实和原因

D. 企业应该在附注中披露与或有负债有关的信息，除非或有负债极小可能导致经济利益流出企业

4. 下列各项中，属于或有事项的有（　　）。

A. 某公司为其子公司的贷款提供担保

B. 某企业待执行合同变成亏损合同

C. 某公司环境污染整治

D. 某公司代被担保企业清偿债务

5. 下列有关或有事项的表述中，错误的有（　　）。

A. 或有负债与或有事项相联系，有或有事项就有或有负债

B. 对于或有事项既要确认或有负债，也要确认或有资产

C. 由于担保引起的或有事项随着被担保人债务的全部清偿而消失

D. 企业的待执行合同属于或有事项

6. 下列经济业务或事项符合《企业会计准则第13号——或有事项》规定的有（　　）。

A. 企业与其他方签订的尚未履行或部分履行了同等义务的合同，如商品买卖合同、劳务合同、租赁合同等，不属于《企业会计准则第13号——或有事项》规范的内容

B. 企业的待执行合同变成亏损合同属于或有事项

C. 待执行合同变成亏损合同时，应当确认为预计负债

D. 待执行合同变成亏损合同时，企业拥有合同标的资产的，应当先对标的资产进行减值测试并按规定确认减值损失，如预计亏损超过该减值损失，应将超过部分确认为预计负债

7. 下列关于或有事项的表述，正确的有（　　）。

A. 对于清偿因或有事项而确认的负债所需支出，预期由第三方或者其他方补偿的，只有在补偿金额实际收到时，该补偿金额才能作为资产单独确认

B. 当或有负债是企业的一项潜在义务时，不应确认为企业的一项负债；但当或有负债是企业的一项现时义务时，则应确认为一项负债

C. 对于应予披露的或有负债，应在会计报表附注中披露其形成的原因、预计产生的财务影响、获得补偿的可能性

D. 因或有事项而确认的预计负债，应在资产负债表中单列项目反映，同时在会计报表附注中披露

8. 甲股份有限公司在编制本年度财务会计报告时，对有关的或有事项进行了检查，包括：（1）正在诉讼过程中的经济案件估计很可能胜诉并可获得 2 000 000 元的赔偿；（2）由于甲公司生产过程中产生的废料污染了河水，有关环保部门正在进行调查，估计很可能支付赔偿金额 1 000 000 元；（3）甲公司为 A 公司提供银行借款担保，担保金额 5 000 000元，甲公司了解到 A 公司近期的财务状况不佳，可能无法支付将于次年 5 月 20 日到期的银行借款 3 000 000 元。甲公司在本年度财务会计报告中，对上述或有事项的处理正确的有（　　）。

A. 甲公司将诉讼过程中很可能获得的 2 000 000元赔偿款确认为资产，并在会计报表附注中作了披露

B. 甲公司未将诉讼过程中很可能获得的 2 000 000 元赔偿款确认为资产，但在会计报表附注中作了披露

C. 甲公司将因污染环境而很可能发生的 1 000 000 元赔偿款确认为负债，并在会计报表附注中作了披露

D. 甲公司将为 A 公司提供的、A 公司可能无法支付的 3 000 000 元担保确认为负债，并在会计报表附注中作了披露

9. 如果清偿因或有事项而确认的负债所需支出全部或部分预期由第三方或其他方补偿，下列说法中正确的有（　　）。

A. 补偿金额在基本确定收到时，企业应按所需支出确认负债，而不能扣除补偿金额

B. 补偿金额只能在基本确定收到时，作为资产单独确认，且确认的补偿金额不应超过所确认负债的账面价值

C. 资产的确认是以负债的确认为前提

D. 补偿金额在基本确定收到时，企业应按所需支出扣除补偿金额确认负债

10. 关于或有事项，下列说法中正确的有（　　）。

A. 企业承担的重组义务满足或有事项确认预计负债规定的，应当确认预计负债

B. 重组是指企业制定和控制的，将显著改变企业组织形式、经营范围或经营方式的计划实施行为

C. 企业应当按照与重组有关的直接支出确定预计负债金额

D. 与重组有关的直接支出包括留用职工岗前培训、市场推广、新系统和营销网络投入等支出

11. 下列项目中属于与重组有关的直接支出的有（　　）。

A. 因辞退员工将支付补偿款

B. 因撤销厂房租赁合同将支付违约金

C. 因将用于 C 产品生产的固定资产等转移至其他车间将发生运输费

D. 因对留用员工进行培训将发生支出

## 三、计算分析题

1. 甲公司于 2019 年 12 月 10 日与乙公司签订合同，约定在 2020 年 1 月 10 日以每件 2 000元的价格向乙公司提供 A 产品 1 000 件，如果不能按期交货，将向乙公司支付总价款 20% 的违约金。签订合同时产品尚未开始生产，甲公司准备生产产品时，材料的价格突然上涨，预计生产 A 产品的单位成本将超过合同单价。

要求：分别以下列两种情况确认该执行合同的预计负债，并作相关的账务处理（单位：万元）

（1）若生产 A 产品的单位成本为 2 500元；

（2）若生产 A 产品的单位成本为 2 250元。

2. 甲公司为一家家电生产企业，主要生产 A、B、C 三种家电产品。甲公司有关或有事项如下：

（1）甲公司管理层于 2019 年 11 月制定

了一项业务重组计划。该业务重组计划的主要内容如下：从 2020 年 1 月 1 日起关闭 C 产品生产线；从事 C 产品生产的员工共计 250 人，除部门主管及技术骨干等 50 人留用转入其他部门外，其他 200 人都将被辞退。根据被辞退员工的职位、工作年限等因素，甲公司将一次性给予被辞退员工不同标准的补偿，补偿支出共计 800 万元；C 产品生产线关闭之日，租用的厂房将被腾空，撤销租赁合同并将其移交给出租方，用于 C 产品生产的固定资产等将转移至甲公司自己的仓库。

上述业务重组计划已于 2019 年 12 月 2 日经甲公司董事会批准，并于 12 月 3 日对外公告。2019 年 12 月 31 日，上述业务重组计划尚未实际实施，员工补偿及相关支出尚未支付。为了实施上述业务重组计划，甲公司预计发生以下支出或损失：因辞退员工将支付补偿款 800 万元；因撤销厂房租赁合同将支付违约金 25 万元；因将用于 C 产品生产的固定资产等转移至仓库将发生运输费 3 万元；因对留用员工进行培训将发生支出 1 万元；因推广新款 B 产品将发生广告费用 2 500 万元；因处置用于 C 产品生产的固定资产将发生减值损失 150 万元。

（2）2019 年 12 月 15 日，消费者因使用 C 产品造成财产损失向法院提起诉讼，要求甲公司赔偿损失 560 万元。12 月 31 日，法院尚未对该案作出判决。在咨询法律顾问后，甲公司认为该案很可能败诉。根据专业人士的测算，甲公司的赔偿金额可能在 450 万元至 550 万元之间，而且上述区间内每个金额的可能性相同。

（3）2019 年 12 月 25 日，丙公司（为甲公司的子公司）向银行借款 3 200 万元，期限为 3 年。经董事会批准，甲公司为丙公司的上述银行借款提供全额担保。12 月 31 日，丙公司经营状况良好，预计不存在还款困难。

要求：

（1）根据资料（1），判断哪些是与甲公司业务重组有关的直接支出，并计算因重组义务应确认的预计负债金额。

（2）根据资料（1），计算甲公司因业务重组计划而减少 2019 年度利润总额的金额，并编制相关会计分录。

（3）根据资料（2）和（3），判断甲公司是否应当将与这些或有事项相关的义务确认为预计负债。如确认，计算预计负债的最佳估计数，并编制相关会计分录；如不确认，说明理由。

3. 甲公司为一家电生产企业，主要生产 A、B、C 三种家电产品。甲公司 2×19 年度有关事项如下：

（1）甲公司管理层于 2×19 年 11 月制定了一项业务重组计划。该业务重组计划的主要内容如下：从 2×18 年 1 月 1 日起关闭 C 产品生产线；从事 C 产品生产的员工共计 250 人，除部门主管及技术骨干等 50 人留用转入其他部门外，其他 200 人都将被辞退。根据被辞退员工的职位、工作年限等因素，甲公司将一次性给予被辞退员工不同标准的补偿，补偿支出共计 1 600 万元；C 产品生产线关闭之日，租用的厂房将被腾空，撤销租赁合同并将其移交给出租方，用于 C 产品生产的固定资产等将转移至甲公司自己的仓库。上述业务重组计划已于 2×19 年 12 月 2 日经甲公司董事会批准，并于 12 月 3 日对外公告。2×19 年 12 月 31 日，上述业务重组计划尚未实际实施，员工补偿及相关支出尚未支付。为了实施上述业务重组计划，甲公司预计发生以下支出或损失：因辞退员工将支付补偿款 1 600 万元；因撤销厂房租赁合同将支付违约金 100 万元；因将用于 C 产品生产的固定资产等转移至仓库将发生运输费 6 万元；因对留用员工进行培训将发生支出 2 万元；因推广新款 B 产品将发生广告费用 5 000 万元；因处置用于 C 产品生产的固定资产发生减值损失 300 万元。

（2）甲公司存在一项未决诉讼至 2×19 年 12 月 31 日尚未判决。根据类似案例的经验判断，该项诉讼败诉的可能性为 90%。如果败诉，甲公司将须赔偿对方 200 万元并承担诉讼费用 10 万元，同时预计很可能从第三方收到补偿款 20 万元。

（3）甲公司对销售产品承担售后保修，2×19 年年初“预计负债——产品质量保证”科目的余额是 10 万元，包含计提的 C 产品保修费用 4 万元。2×19 年度使用保修费用 7 万元，其中有 C 产品保修费用 3 万元。当年销售 A 产品 100 万元，保修费预计为销售额的1.5%，销售B产品80万元，保修费预计为销售额的2.5%，C产品已不再销售且已售C产品在2×19年年末保修期已过。

(4) 2×19年12月1日与乙公司签订了一项不可撤销销售合同，约定于2×20年4月1日以500万元的价格向乙公司销售大型机床一台。若不能按期交货，甲公司需按照总价款的10%支付违约金。至2×19年12月31日，甲公司尚未开始生产该机床；由于原料上涨等因素，甲公司预计生产该机床的成本不可避免地升至540万元。

要求：

(1) 根据资料(1)，判断哪些是与甲公司业务重组计划有关的直接支出，并计算因重组义务应确认对应"预计负债"科目的金额和因该重组计划对当年利润总额的影响数，并编制与之相关的会计分录。

(2) 根据资料(2)、资料(3)和资料(4)编制相关的会计处理。

## 答案及解析

### 一、单项选择题

1.【答案】A

【解析】企业涉及的诉讼案件，人民法院当年尚未判决的，企业应向其律师或法律顾问等咨询，估计败诉的可能性，以及败诉后可能发生的损失金额，并取得有关书面意见。如果估计败诉的可能性很大，很可能承担该部分损失，并且损失金额能够合理估计的，应当在资产负债表日将预计损失金额，确认为预计负债，并计入营业外支出。因此，本题中甲公司应当按照50万元确认预计负债，相关会计处理如下：

借：营业外支出　　50

　贷：预计负债　　50

2.【答案】C

【解析】最佳估计数的确定应当分别两种情况处理：(1)所需支出存在一个连续范围(或区间，下同)，且该范围内各种结果发生的可能性相同，则最佳估计数应当按照该范围内的中间值，即上下限金额的平均数确定；(2)所需支出不存在一个连续范围，或者虽然存在一个连续范围，但该范围内各种结果发生的可能性不相同，那么，如果或有事项涉及单个项目，最佳估计数按照最可能发生金额确定；如果或有事项涉及多个项目，最佳估计数按照各种可能结果及相关概率计算确定。

3.【答案】B

【解析】A公司执行合同的预计损失为1 500万元(成本6 500－合同价格5 000)；不执行合同的预计损失＝违约金900万元＋按市价销售的损失(成本6 500－市价5 500)＝1 900(万元)；A公司应选择执行合同。由于存在标的资产，应该确认资产减值损失1 500万元，同时确认存货跌价准备1 500万元，选项B正确。

4.【答案】A

【解析】甲公司应确认的预计负债就是其承担的担保责任，即贷款本息和罚息总额的60%。所以，应该确认的预计负债＝(500＋10)×60%＝306(万元)。

5.【答案】A

【解析】未决诉讼中如果预计很可能败诉的，并且损失金额能够合理估计的，应当在资产负债表日将预计损失金额确认为预计负债，并计入营业外支出，相关诉讼费计入管理费用，同时增加预计负债，基本确定能够直接从责任人处获得的补偿款，应通过"其他应收款"科目核算，不冲减"预计负债"科目。本题中甲公司应当按照106万元(100＋6)确认预计负债。

6.【答案】B

【解析】该业务重组计划对甲公司2×19年度利润总额的影响金额＝－100－10－20＝－130(万元)。2×19年12月31日甲公司会计处理如下：

借：管理费用　　100

　贷：应付职工薪酬——辞退福利　　100

借：营业外支出　　10

　贷：预计负债——违约金　　10

借：资产减值损失　　20

　贷：固定资产减值准备　　20

7.【答案】A

【解析】待执行合同变成亏损合同的，该亏损合同产生的义务满足或有事项确认预计负债规定的，应当确认为预计负债；由于或有事项具有因过去的交易或者事项而形成这一特征，未来可能发生的自然灾害、交通事故、经营亏损等事项，不属于或有事项准则规范的或有事项。

8.【答案】A

【解析】企业清偿预计负债所需支出全部或部分预期由第三方补偿的，补偿金额只有在基本确定能够收到时才能作为资产单独确认，不能冲减预计负债，所以，甲公司应就此项未决诉讼确认的预计负债金额 = 100 + 2 = 102（万元）。

9.【答案】A

【解析】企业清偿预计负债所需支出全部或部分预期由第三方补偿的，补偿金额只有在基本确定能够收到时才能作为资产单独确认。确认的补偿金额不应当超过预计负债的账面价值。

10.【答案】B

【解析】甲公司购买商品成本总额为10 000元，出售给丙公司价格总额为8 000元，亏损2 000元。该合同为亏损合同。如单方面撤销，支付违约金1 500元。甲公司会选择更有利于自己的方式来处理，故应根据损失2 000元与违约金1 500元较低者，确认预计负债1 500元。

11.【答案】C

【解析】或有事项有可能导致或有负债，也有可能导致或有资产，选项A不正确；根据企业会计准则规定，或有负债和或有资产都不允许确认，选项B不正确；随着被担保人债务的全部清偿，企业由担保所引起的潜在义务自然解除，相应地，由担保所引起的或有事项也就消失了，选项C正确；根据企业会计准则规定，或有事项对于企业既有可能产生不利影响，也有可能产生有利影响，选项D不正确。

12.【答案】A

【解析】应确认预计负债 = (80 + 120) ÷ 2 + 2 = 102（万元）；或有事项确认资产通过"其他应收款"科目核算，其他应收款为80万元。

## 二、多项选择题

1.【答案】ACD

【解析】与或有事项有关的义务应当在同时符合以下三个条件时确认为负债，作为预计负债进行确认和计量：（1）该义务是企业承担的现时义务；（2）履行该义务很可能导致经济利益流出企业；（3）该义务的金额能够可靠地计量。

2.【答案】ABD

【解析】很可能胜诉属于或有资产，不应将其确认为资产，企业通常不应当披露该或有资产，但或有资产很可能会给企业带来经济利益的，应当披露其形成的原因、预计产生的财务影响等。

3.【答案】ACD

【解析】企业通常不应当披露或有资产，但或有资产很可能会给企业带来经济利益的，应当披露其形成的原因、预计产生的财务影响等；在涉及未决诉讼、未决仲裁的情况下，按照准则规定披露全部或部分信息预期对企业造成重大不利影响的，企业无须披露这些信息，但应当披露该未决诉讼、未决仲裁的性质，以及没有披露这些信息的事实和原因。

4.【答案】ABC

【解析】原准则将重组、环境污染整治等排除在准则的范围之外。新准则中将亏损合同、重组等作为重要内容进行了规范。选项D，某公司代被担保企业清偿债务属于肯定事项。

5.【答案】ABD

【解析】或有事项有可能导致或有负债，也有可能导致或有资产，因此，选项A是错误的；关于选项B，根据企业会计准则规定，或有负债和或有资产都不允许确认，因此，选项B也是错误的；关于选项D，根据企业会计准则规定，企业的待执行合同变成亏损合同才属于或有事项，因此，选项D也是错误的。

6.【答案】ABD

【解析】待执行合同即变成了亏损合同，该亏损合同产生的义务满足规定条件的，应当确认为预计负债，所以，选项C错误。

7.【答案】CD

【解析】对于清偿因或有事项而确认的负债所需支出，预期由第三方或者其他方补偿的，只有在补偿金额基本确定能够收到时，该补偿金额才能作为资产单独确认按照规定，所以选项 A 是错误的；或有负债无论是企业的一项潜在义务，还是一项现时义务，均不应确认企业的一项负债，所以选项 B 是错误的。

8. 【答案】BC

【解析】将或有事项确认为资产必须是：如果清偿因或有事项而确认的负债所需支出全部或部分预期由第三方或其他方补偿，则补偿金额只能在基本确定能收到时，作为资产确认，且确认的补偿金额不应超过所确认负债的账面价值，所以"选项 A"是错误的；与或有事项相关的义务同时满足下列条件的，应当确认为预计负债：该义务是企业承担的现时义务；履行该义务很可能导致经济利益流出企业；该义务的金额能够可靠地计量。

9. 【答案】ABC

【解析】企业确认因或有事项产生的负债时，不应将从第三方得到的补偿金额从中扣除。资产应单独确认，即不能冲减原来的预计负债。

10. 【答案】ABC

【解析】企业应当按照与重组有关的直接支出确定预计负债金额。其中，直接支出是企业重组必须承担的直接支出，不包括留用职工岗前培训、市场推广、新系统和营销网络投入等支出。

11. 【答案】AB

【解析】选项 C、D 属于与后续经营有关的业务，不属于与重组有关的直接支出。

## 三、计算分析题

1. 【答案】

(1) 若生产 A 产品的单位成本为2 500元。

履行合同发生的损失 = 1 000 ×（2 500 − 2 000）= 50（万元）

不履行合同发生的损失 = 1 000 × 2 000 × 20% = 40（万元）

基于理性经济人假设，按照资产购销损失和违约金损失两者中的较低者确认预计负债，即甲公司作为理性的经济人，应当会选择对自己最有利（损失最小）的方案，应确认预计负债 40 万元。

借：营业外支出　　40
　　贷：预计负债　　40

支付违约金时：

借：预计负债　　40
　　贷：银行存款　　40

(2) 若生产 A 产品的单位成本为 2 250元。

履行合同成本发生的损失 = 1 000 ×（2 250 − 2 000）= 25（万元）

不履行合同成本发生的损失 = 1 000 × 2 000 × 20% = 40（万元）

应确认预计负债 25 万元。

借：营业外支出　　25
　　贷：预计负债　　25

待产品完工后：

借：预计负债　　25
　　贷：库存商品　　25

2. 【答案】

(1) 因辞退员工将支付补偿 800 万元和因撤销厂房租赁合同将支付违约金 25 万元属于直接支出。因重组义务应确认的预计负债金额 = 800 + 25 = 825（万元）。

(2) 因重组计划减少 2019 年度利润总额 = 825 + 150 = 975（万元）

会计分录：

借：营业外支出　　25
　　贷：预计负债　　25

借：管理费用　　800
　　贷：应付职工薪酬　　800

借：资产减值损失　　150
　　贷：固定资产减值准备　　150

(3)

资料（2）应确认预计负债。预计负债的最佳估计数 =（450 + 550）÷ 2 = 500（万元）

会计分录：

借：营业外支出　　500
　　贷：预计负债　　500

资料（3）不应确认预计负债。理由：此项不是很可能导致经济利益流出企业，不符合或有事项确认预计负债的条件。

3. 【答案】

(1) 因辞退员工将支付补偿 1 600 万元和因撤销厂房租赁合同将支付违约金 100 万元属于直接支出。因重组义务应确认的"预计负债"科目的金额为 100 万元，因重组计划减少 2 × 19 年度利润总额 = 1 600 + 100 + 300 = 2 000（万元）

会计分录：

借：营业外支出　　100

贷：预计负债 100

借：管理费用 1 600

贷：应付职工薪酬 1 600

借：资产减值损失 300

贷：固定资产减值准备 300

（2）事项（2）：

借：管理费用——诉讼费用 10

营业外支出——赔偿金 200

贷：预计负债 210

事项（3）：

借：销售费用——产品质量保证

——A 产品

（100×1.5%）1.5

贷：预计负债——产品质量保证

——A 产品 1.5

借：销售费用——产品质量保证

——B 产品

（80×2.5%）2

贷：预计负债——产品质量保证

——B 产品 2

C 产品已不再销售且已售 C 产品年末保修期已过，负债义务消失应冲减相应的预计负债科目余额，即：

借：预计负债——产品质量保证

——C 产品

（4－3）1

贷：销售费用 1

事项（4）无标的资产，执行合同发生损失为 40 万元（540－500），不执行合同发生损失为 50 万元（500×10%），应该选择执行合同，会计处理为：

借：营业外支出 40

贷：预计负债 40

（2）对于未决诉讼应根据很可能承担的赔偿金额为基础确认预计负债。注：诉讼费计入管理费用，赔偿及担保支出计入营业外支出，产品质量保证费用计入销售费用，弃置费用现值计入固定资产。企业清偿预计负债所需支出全部或部分支出预期由第三方补偿的，补偿金额只有在基本确定能够收到时才能作为资产单独确认，确认补偿的金额不应超过所确认的负债的账面价值。本题中是很可能收到第三方补偿，不符合收入的确认条件。

（3）对于产品质量保证确认的预计负债应在销售费用中进行核算。对于企业已停止生产的产品，在保修期结束时，将“预计负债——产品质量保证”余额冲销，不留余额。

（4）待执行合同变为亏损合同，应选择执行合同的损失与不执行合同损失两者之中较低者进行确认。对于存在标的资产的，应首先对标的资产进行减值测试并按照规定计提资产减值损失，实际损失的金额超过减值金额的部分应确认为预计负债。对于不存在标的资产的，无须进行减值测试，将实际损失的金额确认为预计负债。本题中是不存在标的资产的情况，应将该部分损失的金额确认为预计负债。

# 第十四章　金融工具

## 本章考情分析

本章2018、2019年各考了一道大题，今年很可能还会出一道大题，预计在10分左右。本章复习重点是金融资产分类和计量；套期会计因为太难，单独出大题的可能性不大。

## 本章教材变化

本章今年没有变化。

## 基本内容框架

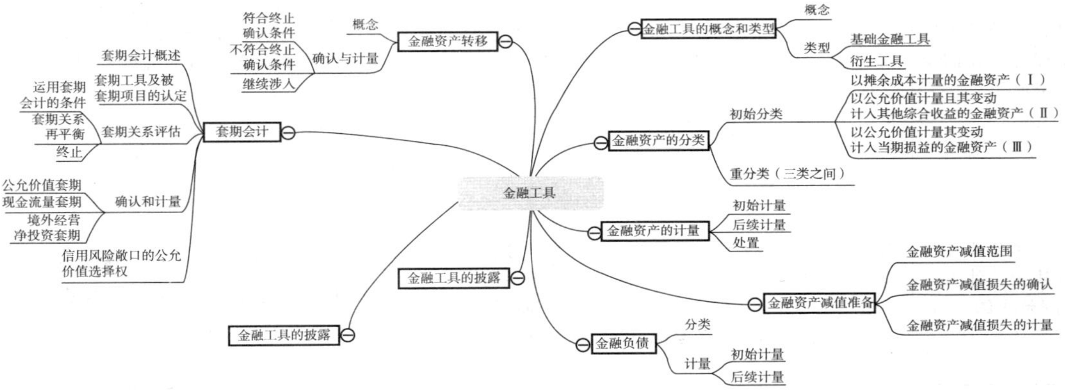


## 通关重难点例题解析

金融工具章是全书的难点和重点，今年极可能出一道大题。应重点掌握金融工具的概念、金融资产的分类和计量；金融资产转移的终止确认条件；套期的分类和计量。

### 一、金融工具的概念和学习思路

金融工具是指形成一个企业的金融资产，并形成其他单位的金融负债或权益工具的合同。简单地说，就是进行投资、融资和风险管理的工具。

金融工具包括金融资产、金融负债和权益工具。其中，金融资产通常指企业的现金、银行存款、应收账款、应收票据、贷款、股权投资、债权投资等资产，属于本章考试的重点；金融负债通常指企业的应付账款、应付票据、应付债券等负债；权益工具通常指企业发行的普通股、认股权等。

### 二、金融资产的分类依据

根据企业管理金融资产的业务模式和金融资产的合同现金流量特征，将金融资产划分为以下三类：①以摊余成本计量的金融资产（简称第Ⅰ类）；②以公允价值计量且其变动计入其他综合收益的金融资产（简称第Ⅱ类）；③以公允价值计量且其变动计入当期损益的金融资产（简称第Ⅲ类）。

分类依据{企业管理金融资产的业务模式<br>金融资产的合同现金流量特征

## 三、债权类金融资产的初始分类

**债权类金融资产分为三类**

| | 一般规定 | 具体分类 |
|---|---|---|
| 以摊余成本计量的金融资产 | 金融资产同时符合下列条件的，分类为**以摊余成本计量的金融资产**：<br>①企业管理该金融资产的业务模式是以收取合同现金流量为目标；<br>②该金融资产的合同条款规定，在特定日期产生的现金流量，仅为对本金和以未偿付本金金额为基础的利息的支付。采用“应收账款”“债权投资”等科目核算。 | 企业管理金融资产的业务模式为“吃利息”，特定日期产生的合同现金流量仅为对本金和以未偿付本金金额为基础的利息的支付，则分类为第Ⅰ类。比如，贷款、应收账款、准备持有至到期的普通债券，一般作为第Ⅰ类。 |
| 以公允价值计量且其变动计入其他综合收益的金融资产 | 金融资产同时符合下列条件的，应当分类为以**公允价值计量且其变动计入其他综合收益的金融资产**：<br>①企业管理该金融资产的业务模式既以收取合同现金流量为目标又以出售该金融资产为目标；<br>②该金融资产的合同条款规定，在特定日期产生的现金流量，仅为对本金和以未偿付本金金额为基础的利息的支付。 | 企业管理金融资产的业务模式为“吃利息＋赚价差”，特定日期产生的合同现金流量仅为对本金和以未偿付本金金额为基础的利息的支付，则分类为第Ⅱ类。 |
| 以公允价值计量且其变动计入当期损益的金融资产 | 对于分类为以摊余成本计量的金融资产和分类为以公允价值计量且其变动计入其他综合收益的金融资产之外的金融资产，企业将其分类为**以公允价值计量且其变动计入当期损益的金融资产**。 | 企业管理金融资产的业务模式为“赚价差”，则分类为第Ⅲ类。比如，公司持有债券是为了赚价差，则该债券分为第Ⅲ类。 |

## 四、股权类金融资产的初始分类

企业持股股权，如果对被投资单位能够实施控制、共同控制和重大影响，应执行《企业会计准则第2号——长期股权投资》；如果对被投资单位不具有控制、共同控制和重大影响，应执行《企业会计准则第22号——金融工具确认与计量》。

对不具有控制、共同控制和重大影响的股权投资，不能分类为金融资产第Ⅰ类，只能分类为第Ⅱ、Ⅲ类。

**对不具有重大影响的股权类投资分为两类**

| | 相关规定 |
|---|---|
| 以公允价值计量且其变动计入其他综合收益的金融资产 | 在初始确认时，企业可以将非交易性权益工具投资直接指定为以公允价值计量且其变动计入其他综合收益的金融资产，该指定一经做出，不得撤销。<br>企业投资其他上市公司股票或者非上市公司股权的，都可能分为第Ⅱ类。值得注意的是，股权投资一旦指定为第Ⅱ类，其公允价值变动计入其他综合收益，除持有期间收到现金股利记入投资收益外，处置股权产生的损益和原计入其他综合收益的金额均应转入留存收益，不能转入投资收益！因此，股权分类为第Ⅱ类就基本不能影响利润了，应特别慎重。 |

续表

| | 相关规定 |
|---|---|
| 以公允价值计量且其变动计入当期损益的金融资产 | 权益工具投资一般不符合本金加利息的合同现金流量特征，因此应当分类为以公允价值计量且其变动计入当期损益的金融资产。企业常见的下列投资产品通常应当分类为第Ⅲ类：<br>a. 企业持有的不具有重大影响的股票，不管是否上市，通常分类为第Ⅲ类。因为股票的现金流量不符合本息的特征，不能作为第Ⅰ类，又未特殊指定为第Ⅱ类，只能是第Ⅲ类。<br>b. 企业持有的基金（理财产品），通常分类为第Ⅲ类。常见的股票型基金、债券型基金、货币基金或混合基金，通常投资于动态管理的资产组合。基金一般情况下不符合本金加利息的合同现金流量特征，一般不能分类为第Ⅰ、Ⅱ类，通常分类为第Ⅲ类。<br>c. 企业持有的可转换债券应分类为第Ⅲ类。因为可转换债券属于混合证券，不符合本金加利息的合同现金流量特征，不能分为第Ⅰ、Ⅱ类。<br>d. 在初始确认时，如果能够消除或显著减少会计错配，企业可以将金融资产指定为以公允价值计量且其变动计入当期损益的金融资产。该指定一经作出，不得撤销。所谓“会计错配”，是指当企业以不同的会计确认方法和计量属性对在经济上相关的资产或负债进行确认或计量由此产生的利得或损失时，可能导致的会计确认和计量上的不一致。<br>e. 企业在非同一控制下的企业合并中确认的或有对价构成金融资产的，该金融资产分类为以公允价值计量且其变动计入当期损益的金融资产，不得指定为以公允价值计量且其变动计入其他综合收益的金融资产。 |

## 五、金融资产重分类

**金融资产重分类条件及会计处理**

| | 相关规定 | |
|---|---|---|
| 金融资产重分类的条件 | 企业改变其管理金融资产的业务模式时，应当按照金融工具会计准则相关规定对所有受影响的相关金融资产进行重分类。 | |
| 重分类日处理原则 | 企业对金融资产进行重分类，应当自重分类日起采用**未来适用法**进行相关会计处理，不得对以前已经确认的利得、损失（包括减值损失或利得）或利息进行追溯调整。 | |
| 第Ⅰ类 | 第Ⅰ类→第Ⅲ类 | 企业将一项以摊余成本计量的金融资产重分类为以公允价值计量且其变动计入当期损益的金融资产的，应当按照该资产在重分类日的公允价值进行计量，原账面价值与公允价值之间的差额计入当期损益。 |
| | 第Ⅰ类→第Ⅱ类 | 企业将一项以摊余成本计量的金融资产重分类为以公允价值计量且其变动计入其他综合收益的金融资产的，应当按照该金融资产在重分类日的公允价值进行计量。原账面价值与公允价值之间的差额计入其他综合收益。该金融资产重分类不影响其实际利率和预期信用损失的计量。 |
| 第Ⅱ类 | 第Ⅱ类→第Ⅰ类 | 企业将一项以公允价值计量且其变动计入其他综合收益的金融资产重分类为以摊余成本计量的金融资产的，应当将之前计入其他综合收益的累计利得或损失转出，调整该金融资产在重分类日的公允价值，并以调整后的金额作为新的账面价值，即视同该金融资产一直以摊余成本计量。该金融资产重分类不影响其实际利率和预期信用损失的计量。 |
| | 第Ⅱ类→第Ⅲ类 | 企业将一项以公允价值计量且其变动计入其他综合收益的金融资产重分类为以公允价值计量且其变动计入当期损益的金融资产的，应当继续以公允价值计量该金融资产。同时，企业应当将之前计入其他综合收益的累计利得或损失从其他综合收益转入当期损益。 |
| 第Ⅲ类 | 第Ⅲ类→第Ⅰ类 | 企业将一项以公允价值计量且其变动计入当期损益的金融资产重分类为以摊余成本计量的金融资产的，应当以其在重分类日的公允价值作为新的账面余额。 |
| | 第Ⅲ类→第Ⅱ类 | 企业将一项以公允价值计量且其变动计入当期损益的金融资产重分类为以公允价值计量且其变动计入其他综合收益的金融资产的，应当继续以公允价值计量该金融资产。 |

## 六、债权类金融资产的计量

（1）债权分类为以摊余成本计量的金融资产的计量。

**以摊余成本计量的金融资产的计量**

| | 相关规定 |
|---|---|
| 取得时（初始计量） | 以摊余成本计量的金融资产初始确认时，应当按照公允价值和相关交易费用之和作为初始入账金额，实际支付的价款中包括的已到付息期但尚未领取的债券利息，应单独确认为应收项目。应收账款不考虑融资成分的，应当按照交易价格进行初始计量。 |
| 持有期间（后续计量） | 持有期间有两件事：期末计提利息和期末计提减值准备。<br>（1）资产负债表日，应当计算应收利息和利息收入。<br>①应收利息 = 金融资产面值 × 票面利率 × 期限<br>②利息收入 = 金融资产账面余额(或摊余成本) × 实际利率 × 期限<br>（2）期末计提减值：对应收账款、应收票据等计提减值后（见本章金融资产减值部分），账务处理是，借记“信用减值损失”科目，贷记“坏账准备”等科目。 |
| 处置 | 处置以摊余成本计量的金融资产时，应将所取得价款与以摊余成本计量的金融资产账面价值之间的差额，计入当期损益。 |

（2）债权分类为以公允价值计量且其变动计入其他综合收益的金融资产的计量。

**以公允价值计量且其变动计入其他综合收益的金融资产的计量**

| | 相关规定 |
|---|---|
| 取得时（初始计量） | 以公允价值计量且其变动计入其他综合收益的金融资产初始确认时，应当按照公允价值和相关交易费用之和作为初始入账金额，实际支付的价款中包含的已到付息期但尚未领取的债券利息，应单独确认为应收项目。 |
| 持有期间（后续计量） | 持有期间有三件事：持有期间利息收入、期末按公允价值计量且其变动计入其他综合收益和期末计提减值准备。<br>（1）持有期间取得的利息收入，计入投资收益。<br>（2）资产负债表日，按公允价值计量且其变动计入其他综合收益：对于按照公允价值计量且其变动计入其他综合收益的金融资产，其公允价值变动形成的利得或损失，除其减值利得或损失和汇兑损益之外，均计入其他综合收益。<br>（3）期末计提减值：按照金融资产减值的规定计算出应计提减值的金额后，借记“信用减值损失”科目，贷记“其他综合收益——信用减值准备”等科目。 |
| 处置 | 处置以公允价值计量且其变动计入其他综合收益的金融资产时，应将所取得价款与以公允价值计量且其变动计入其他综合收益的金融资产账面价值之间的差额，计入当期损益；之前计入其他综合收益的累计利得或损失应当从其他综合收益中转出，计入当期损益。 |

（3）债权分类以公允价值计量且其变动计入当期损益的金融资产的计量。

**以公允价值计量且其变动计入当期损益的金融资产的计量**

| | 相关规定 |
|---|---|
| 取得时（初始计量） | 以公允价值计量且其变动计入当期损益的金融资产初始确认时，应当按照公允价值计量，相关交易费用计入当期损益，实际支付的价款中包含的已到付息期但尚未领取的债券利息，应单独确认为应收项目。 |
| 持有期间（后续计量） | 持有期间有两件事：取得利息和期末按公允价值计量：<br>（1）持有期间取得的利息收入，计入投资收益。<br>（2）对于按照公允价值计量且其变动计入当期损益的金融资产，其公允价值变动形成的利得或损失，计入当期损益（公允价值变动损益）。 |
| 处置 | 处置以公允价值计量且其变动计入当期损益的金融资产时，应将所取得价款与其账面价值之间的差额，计入当期损益。 |

## 七、股权类金融资产的计量

企业持有不具有重大影响的股权，不能分类为第Ⅰ类，一般分类为第Ⅲ类，可以指定为第Ⅱ类，其初始计量和后续计量分别介绍如下：

（1）非交易性权益工具投资指定为第Ⅱ类的计量。

**非交易性权益工具投资指定为第Ⅱ类的计量**

| | 相关规定 |
|---|---|
| 取得时（初始计量） | 以公允价值计量且其变动计入其他综合收益的金融资产初始确认时，应当按照公允价值和相关交易费用之和作为初始入账金额，实际支付的价款中包含的已宣告尚未领取的现金股利，应单独确认为应收项目。 |
| 持有期间（后续计量） | 持有期间有两件事：持有期间收到股利和期末按公允价值计量。<br>（1）持有期间取得的现金股利，计入投资收益。<br>（2）资产负债表日，按公允价值计量且其变动计入其他综合收益。<br>对于按照公允价值计量且其变动计入其他综合收益的金融资产，其公允价值变动形成的利得或损失，均计入其他综合收益。<br>应注意的是，股权类金融资产指定为第Ⅱ类不计提减值。 |
| 处置 | 将非交易性权益工具的投资指定为以公允价值计量且其变动计入其他综合收益的金融资产在终止确认时，应将所取得价款与金融资产账面价值之间的差额，以及之前计入其他综合收益的累计利得或损失从其他综合收益中转出，计入留存收益，不得计入当期损益。 |

特别注意：非交易性权益工具投资一旦指定为以公允价值计量且其变动计入其他综合收益的金额资产，除分回股利计入当期损益（投资收益）外，从此不再产生损益了！股权投资一旦分类为第Ⅱ类，不能重分类为第Ⅲ类（第Ⅰ类只能是债权类），而且不计提减值。因此，股权投资应特别慎重分为第Ⅱ类。之所以做这样“奇怪”的处理，是因为有些企业通过处置非交易性权益工具投资随意调节利润。

（2）股权类金融资产分类为第Ⅲ类的计量

**股权类金融资产分类为第Ⅲ类的计量**

| | 相关规定 |
|---|---|
| 取得时（初始计量） | 以公允价值计量且其变动计入当期损益的金融资产初始确认时，应当按照公允价值计量，相关交易费用计入当期损益，实际支付的价款中包含的已宣告尚未领取的现金股利，应单独确认为应收项目。 |
| 持有期间（后续计量） | 持有期间有两件事：取得股利和期末按公允价值计量。<br>（1）持有期间取得的现金股利，计入投资收益。<br>（2）对于按照公允价值计量且其变动计入当期损益的金融资产，其公允价值变动形成的利得或损失，计入当期损益。 |
| 处置 | 处置以公允价值计量且其变动计入当期损益的金融资产时，应将所取得价款与其账面价值之间的差额，计入当期损益。 |

特别注意：股权转让时，原金融工具准则要求将“公允价值变动损益”转入“投资收益”，2017 年修订后的金融工具准则不要求将“公允价值变动损益”转入“投资收益”了。

## 八、金融资产减值的确认和计量

2017 年修订了金融工具确认与计量，金融工具减值的最大变化是从修订前的“已发生信用损失法”改为“预期信用损失法”。

**金融资产减值**

| | 相关规定 |
|---|---|
| 适用减值规定的金融工具 | (1) 以摊余成本计量的金融资产（含应收款项）；<br>(2) 以公允价值计量且其变动计入其他综合收益的金融资产（仅债权类）；<br>(3) 租赁应收款；<br>(4) 合同资产；<br>(5) 企业做出的贷款承诺（以公允价值计量且其变动计入当期损益的金融负债除外）；<br>(6) 符合规定的财务担保合同。 |
| 金融工具减值的一般处理（三阶段） | 对于购买或源生时未发生信用减值的金融工具，可以将金融工具发生信用减值的过程分为三个阶段，对于不同阶段的金融工具的减值有不同的会计处理方法：<br>(1) 信用风险自初始确认后未显著增加（第一阶段）。<br>对于处于该阶段的金融工具，企业应当按照未来 12 个月的预期信用损失计量损失准备，并按其账面余额（即未扣除减值准备）和实际利率计算利息收入（若该工具为金融资产，下同）。<br>(2) 信用风险自初始确认后已显著增加但尚未发生信用减值（第二阶段）。<br>对于处于该阶段的金融工具，企业应当按照该工具整个存续期的预期信用损失计量损失准备，并按其账面余额和实际利率计算利息收入。<br>(3) 初始确认后发生信用减值（第三阶段）。<br>对于处于该阶段的金融工具，企业应当按照该工具整个存续期的预期信用损失计量损失准备，但对利息收入的计算不同于处于前两阶段的金融资产。对于已发生信用减值的金融资产，企业应当按其摊余成本（账面余额减已计提减值准备，也即账面价值）和实际利率计算利息收入。 |
| 金融工具减值简化处理的特殊情形 | (1) 较低信用风险：对于在资产负债表日具有较低信用风险的金融工具，企业可以不用与其初始确认时的信用风险进行比较，而直接做出该工具的信用风险自初始确认后未显著增加的假定，从而采用上述第一阶段的方法计提减值准备。<br>(2) 应收款项、租赁应收款和合同资产：企业对于《企业会计准则第 14 号——收入》所规定的、不含重大融资成分的应收款项和合同资产，应当始终按照整个存续期内预期信用损失的金额计量其损失准备（企业对这种简化处理没有选择权）。 |
| 预期信用损失计量 | 对于金融资产，信用损失应为企业应收取的合同现金流量与预期收取的现金流量之间差额的现值。 |
| 金融工具减值的账务处理 | 企业在资产负债表日，如果金融工具的预期信用损失大于该工具当前减值准备的账面金额，企业应当将其差额确认为减值损失，账务处理如下：<br>借：信用减值损失<br>　　贷：坏账准备（用于应收账款、应收票据、其他应收款）<br>　　　　合同资产减值准备<br>　　　　租赁应收款减值准备<br>　　　　贷款损失准备<br>　　　　债权投资减值准备（用于债权投资：摊余成本计量）<br>　　　　其他综合收益——信用减值准备（用于其他债权投资：公允价值计量）<br>　　　　预计负债（用于贷款承诺及财务担保合同）<br>对于计提减值的会计处理，说明两点：①金融工具计提减值的损失，专设“信用减值损失”，因为只有债务工具计提减值，权益工具不计提减值；②对于分类为以公允价值计量且其变动计入其他综合收益的债权类金融资产，企业应当在其他综合收益中确认其损失准备，并将减值损失或利得计入当期损益，且不应减少该金融资产在资产负债表中列示的账面价值。 |

## 九、金融负债与权益工具的区分

**金融负债和权益工具的区分**

| | 相关规定 |
|---|---|
| 金融负债的定义 | 金融负债，是指企业符合下列条件之一的负债：①向其他方交付现金或其他金融资产的合同义务；②在潜在不利条件下，与其他方交换金融资产或金融负债的合同义务；③将来须用或可用企业自身权益工具进行结算的非衍生工具合同，且企业根据该合同将交付可变数量的自身权益工具；④将来须用或可用企业自身权益工具进行结算的衍生工具合同，但以固定数量的自身权益工具交换固定金额的现金或其他金融资产的衍生工具合同除外。 |

续表

| | 相关规定 |
|---|---|
| 权益工具的定义 | 权益工具，是指能证明拥有某个企业在扣除所有负债后的资产中剩余权益的合同。同时满足下列条件的，发行方应当将发行的金融工具分类为权益工具：①该金融工具不包括交付现金或其他金融资产给其他方，或在潜在不利条件下与其他方交换金融资产或金融负债的合同义务；②将来须用或可用企业自身权益工具结算该金融工具的，如该金融工具为非衍生工具，不包括交付可变数量的自身权益工具进行结算的合同义务；如为衍生工具，企业只能通过以固定数量的自身权益工具交换固定金额的现金或其他金融资产结算该金融工具。 |
| 金融负债和权益工具的区分 | （1）通过交付现金、其他金融资产或交换金融资产或金融负债结算，在这种情况下，发行方对于发行的金融工具应当归类为金融负债。（2）通过自身权益工具结算：发行的金融工具须用或可用企业自身权益工具结算，如果是作为现金或其他金融资产的替代品，则该工具是发行方的金融负债；如果是为了使该工具持有人享有在发行方扣除所有负债后的资产中的剩余权益，则该工具是发行方的权益工具。（3）对于将来须用或可用企业自身权益工具结算的金融工具的分类，应当区分衍生工具还是非衍生工具：①对于非衍生工具，如果发行方未来没有义务交付可变数量的自身权益工具进行结算，则该非衍生工具是权益工具；否则，该非衍生工具是金融负债。②对于衍生工具，如果发行方只能通过以固定数量的自身权益工具交换固定金额的现金或其他金融资产进行结算，则该衍生工具是权益工具；如果发行方以固定数量自身权益工具交换可变金额现金或其他金融资产，或以可变数量自身权益工具交换固定金额现金或其他金融资产，或在转换价格不固定的情况下以可变数量自身权益工具交换可变金额现金或其他金融资产，则该衍生工具应当确认为金融负债或金融资产。（4）企业对全部现有同类别非衍生自身权益工具的持有方同比例发行配股权、期权或认股权证，使之有权按比例以固定金额的任何货币交换固定数量的该企业自身权益工具的，该类配股权、期权或认股权证应当分类为权益工具。 |

## 十、符合终止确认条件的金融资产转移

企业收取金融资产现金流量的合同权利终止的，应当终止确认该金融资产。此外，企业已将金融资产所有权上几乎所有的风险和报酬转移给转入方的，也应当终止确认该金融资产。

下列情况表明已将金融资产所有权上几乎所有风险和报酬转移给了转入方，因而应当终止确认相关金融资产：①企业无条件出售金融资产；②企业出售金融资产，同时约定按回购日该金融资产的公允价值回购；③企业出售金融资产，同时与转入方签订看跌期权合同（即转入方有权将该金融资产返售给企业）或看涨期权合同（即转出方有权回购该金融资产），且根据合同条款判断，该看跌期权或看涨期权为一项重大价外期权（即期权合约的条款设计，使得金融资产的转入方或转出方极小可能会行权）。

## 十一、不符合终止确认条件的金融资产转移

金融资产转移后，企业（转出方）仍保留了该金融资产所有权上几乎所有的风险和报酬的，则不应当终止确认该金融资产。

下列情况表明企业保留了金融资产所有权上几乎所有风险和报酬，不应当终止确认相关金融资产：①企业出售金融资产并与转入方签订回购协议，协议规定企业将回购原被转移金融资产，或者将予回购的金融资产与售出的金融资产相同或实质上相同、回购价格固定或原售价加上回报；②企业融出证券或进行证券出借；③企业出售金融资产并附有将市场风险敞口转回给企业的总回报互换；④企业出售短期应收款项或信贷资产，并且全额补偿转入方可能因被转移金融资产发生的信用损失；⑤企业出售金融资产，同时与转入方签订看跌期权合同或看涨期权合同，且根据合同条款判断，该看跌期权或看涨期权为一项重大价内期权（即期权合约的条款设计，使得金融资产的转入方或转出方很可能会行权）。

## 十二、套期的分类

套期，是指企业为管理外汇风险、利率风险、价格风险、信用风险等特定风险引起的风险敞口，指定金融工具为套期工具，以使套期工具的公允价值或现金流量变动，预期抵消被套期项目全部或部分公允价值或现金流量变动的风险管理活动。

从会计角度看，套期按套期关系可划分为公允价值套期、现金流量套期和境外经营净投资套期三类。

**套期的分类**

| | 相关定义 |
|---|---|
| 公允价值套期 | 公允价值套期是指对已确认资产或负债、尚未确认的确定承诺，或上述项目组成部分的公允价值变动风险敞口进行的套期。该公允价值变动源于特定风险，且将影响企业的损益或其他综合收益。其中，影响其他综合收益的情形，仅限于企业对指定为以公允价值计量且其变动计入其他综合收益的非交易性权益工具投资的公允价值变动风险敞口进行的套期。 |
| 现金流量套期 | 现金流量套期是指对现金流量变动风险敞口进行的套期。该现金流量变动源于与已确认资产或负债、极可能发生的预期交易，或与上述项目组成部分有关的特定风险，且将影响企业的损益。 |
| 境外经营净投资套期 | 境外经营净投资套期是指对境外经营净投资外汇风险敞口进行的套期。境外经营净投资，是指企业在境外经营净资产中的权益份额。 |

## 十三、公允价值套期的会计处理

公允价值套期满足运用套期会计方法条件的，应当按照下列规定处理：

（1）套期工具产生的利得或损失应当计入当期损益。如果套期工具是对选择以公允价值计量且其变动计入其他综合收益的非交易性权益工具投资（或其组成部分）进行套期的，套期工具产生的利得或损失应当计入其他综合收益。

（2）被套期项目因被套期风险敞口形成的利得或损失应当计入当期损益，同时调整未以公允价值计量的已确认被套期项目的账面价值。被套期项目处理中应注意以下问题：

①被套期项目为按照《企业会计准则第22号——金融工具确认和计量》分类为以公允价值计量且其变动计入当期损益的金融资产的，其因被套期风险敞口形成的利得或损失应当计入当期损益，其账面价值已经按公允价值计量，不需要调整；被套期项目为企业选择以公允价值计量且其变动计入其他综合收益的权益工具投资的，其因被套期风险敞口形成的利得或损失应当计入其他综合收益，其账面价值已经按公允价值计量，不需要调整。

②被套期项目为尚未确认的确定承诺的，其在套期关系指定后因被套期风险引起的公允价值累计变动额应当确认为一项资产或负债，相关的利得或损失应当计入各相关期间损益。当履行确定承诺而取得资产或承担负债时，应当调整该资产或负债的初始确认金额，以包括已确认的被套期项目的公允价值累计变动额。

③被套期项目为以摊余成本计量的金融工具的，企业对被套期项目账面价值所做的调整应当按照开始摊销日重新计算的实际利率进行摊销，并计入当期损益。该摊销可以自调整日开始，但不应当晚于对被套期项目终止进行套期利得和损失调整的时点。被套期项目系分类为以公允价值计量且其变动计入其他综合收益的金融资产的，企业应当按照相同的方式对累计已确认的套期利得或损失进行摊销，并计入当期损益，但不调整金融资产的账面价值。

## 十四、现金流量套期的会计处理

现金流量套期满足运用套期会计方法条件的，应当按照下列规定处理：

（1）套期工具产生的利得或损失中属于套期有效的部分，作为现金流量套期储备，应当计入其他综合收益。现金流量套期储备的金额，应当按照下列两项的绝对额中较低者确定：①套期工具自套期开始的累计利得或损失；②被套期项目自套期开始的预计未来现金流量现值的累计变动额。每期计入其他综合收益的现金流量套期储备的金额应当为当期现金流量套期储备的变动额。

（2）套期工具产生的利得或损失中属于套期无效的部分（即扣除计入其他综合收益后的其他利得或损失），应当计入当期损益。

关于现金流量套期会计处理，还应注意以下几点：

第一，现金流量套期储备的金额，应当按照下列规定处理：

①被套期项目为预期交易，且该预期交易使企业随后确认一项非金融资产或非金融负债的，或者非金融资产或非金融负债的预期交易形成一项适用于公允价值套期会计的确定承诺时，企业应当将原在其他综合收益

中确认的现金流量套期储备金额转出，计入该资产或负债的初始确认金额。

②对于不属于以上①涉及的现金流量套期，企业应当在被套期的预期现金流量影响损益的相同期间，将原在其他综合收益中确认的现金流量套期储备金额转出，计入当期损益。

③如果在其他综合收益中确认的现金流量套期储备金额是一项损失，且该损失全部或部分预计在未来会计期间不能弥补的，企业应当在预计不能弥补时，将预计不能弥补的部分从其他综合收益中转出，计入当期损益。

第二，当企业对现金流量套期终止运用套期会计时，在其他综合收益中确认的累计现金流量套期储备金额，应当按照下列规定进行处理：

①被套期的未来现金流量预期仍然会发生的，累计现金流量套期储备的金额应当予以保留，并按照上述“第一”的有关要求进行会计处理。

②被套期的未来现金流量预期不再发生的，累计现金流量套期储备的金额应当从其他综合收益中转出，计入当期损益。预期不再极可能发生的被套期的未来现金流量预期仍然会发生的，累计现金流量套期储备的金额应当予以保留，并按照上述“第一”的有关要求进行会计处理。

## 十五、境外经营净投资套期的会计处理

对境外经营净投资的套期，包括对作为净投资的一部分进行会计处理的货币性项目的套期，应当按照类似于现金流量套期会计的规定处理：

（1）套期工具形成的利得或损失中属于套期有效的部分，应当计入其他综合收益。全部或部分处置境外经营时，上述计入其他综合收益的套期工具利得或损失应当相应转出，计入当期损益。

（2）套期工具形成的利得或损失中属于套期无效的部分，应当计入当期损益。

【例 14－1】（2018 年单选题）2×18 年 6 月 2 日，甲公司自二级市场购入乙公司股票 1 000万股，支付价款 8 000 万元，另支付佣金等费用 16 万元。甲公司将购入上述乙公司股票作为非交易性权益工具投资划分为以公允价值计量且其变动计入其他综合收益的金融资产。2×18 年 12 月 31 日，乙公司股票的市场价格为每股 10 元。2×19 年 5 月 20 日，甲公司以每股 11 元的价格将所持乙公司股票全部出售。在支付佣金等费用 33 万元后实际取得价款 10 967 万元。不考虑其他因素，甲公司出售乙公司股票应确认的投资收益是（　　）。

A. 967 万元　　　　B. 2 951 万元

C. 2 984 万元　　　D. 0 万元

【答案】D

【解析】甲公司出售乙公司股票应确认的收益＝售价10 967－成本（8 000＋16）＝2 951（万元），该收益只能计入留存收益，不能计入投资收益。

【例 14－2】（2018 年多选题）下列各项中，能够作为公允价值套期的被套期项目有（　　）。

A. 已确认的负债

B. 尚未确认的确定承诺

C. 已确认资产的组成部分

D. 极可能发生的预期交易

【答案】ABC

【解析】企业可以将下列单个项目、项目组合或其组成部分指定为被套期项目：（1）已确认资产或负债；（2）尚未确认的确定承诺。选项 A、B 和 C 正确。

【例 14－3】（2017 年多选题）下列各项资产、负债中，应当采用公允价值进行后续计量的有（　　）。

A. 持有以备出售的商品

B. 为交易目的持有的 5 年期债券

C. 远期外汇合同形成的衍生金融负债

D. 实施以现金结算的股份支付计划形成的应付职工薪酬

【答案】BCD

【解析】选项 A 错误，存货按照成本与可变现净值孰低进行期末计量，不采用公允价值；为交易目的而持有的债券应分类为交易性金融资产，后续计量采用公允价值，选项 B 正确；远期外汇合同形成的衍生金融负债属于交易性金融负债，后续计量采用公允价值，选项 C 正确；实施以现金结算的股份支付计划形成的应付职工薪酬，按照股价的公允价值为基础确定，选项 D 正确。

## 通关演练

### 一、单项选择题

1. 下列各项中，不属于企业金融资产的是（　　）。

A. 贷款

B. 应收票据

C. 预付账款

D. 以摊余成本计量的金融资产

2. 企业购入的在活跃市场中有报价的债券投资，不可能划分为（　　）。

A. 以公允价值计量且其变动计入当期损益的金融资产

B. 以摊余成本计量的金融资产

C. 长期股权投资

D. 以公允价值计量且其变动计入其他综合收益的金融资产

3. 下列关于金融资产重分类的说法中，表述不正确的是（　　）。

A. 企业改变其管理金融资产的业务模式时，应当按照规定对所有受影响的相关金融资产进行重分类

B. 企业管理金融资产业务模式的变更是很常见的业务

C. 企业对金融资产进行重分类，应当自重分类日起采用未来适用法进行相关会计处理

D. 将一项以摊余成本计量的金融资产重分类为以公允价值计量且变动计入当期损益的金融资产的，应当按照该资产在重分类日的公允价值进行计量，原账面价值与公允价值之间的差额计入当期损益

4. 下列关于以公允价值计量且其变动计入当期损益的金融资产的说法中，不正确的是（　　）。

A. 对于以公允价值计量且变动计入当期损益的金融资产，相关交易费用应当计入成本

B. 持有以公允价值计量且其变动计入当期损益的金融资产期间取得的利息或现金股利，应当确认为投资收益

C. 持有期间以公允价值计量且其变动计入当期损益的金融资产的公允价值变动计入公允价值变动损益

D. 处置以公允价值计量且其变动计入当期损益的金融资产时影响损益的金额等于影响投资收益的金额

5. 2×19 年 5 月 20 日，甲公司以银行存款 300 万元（其中包含乙公司已宣告但尚未发放的现金股利 5 万元）从二级市场购入乙公司 100 万股普通股股票，另支付相关交易费用 2 万元，甲公司将其划分为以公允价值计量且其变动计入当期损益的金融资产。2×19年 12 月 31 日，该股票投资的公允价值为 320 万元。假定不考虑其他因素，该股票投资对甲公司 2×19 年营业利润的影响金额为（　　）万元。

A. 23　　B. 25

C. 18　　D. 20

6. 2×19 年 5 月 20 日甲公司从证券市场购入 A 公司股票 60 000 股，划分为以公允价值计量且其变动计入当期损益的金融资产，每股买价 7 元（其中包含已宣告但尚未发放的现金股利 0.5 元）。2×19 年 12 月 31 日，甲公司持有该股票的市价总额为 440 000 元。2×20 年 2 月 10 日，甲公司将 A 公司股票全部出售，收到价款 460 000 元。不考虑其他因素，甲公司因持有 A 公司股票影响 2×20 年损益的金额为（　　）元。

A. 20 000　　B. 15 000

C. 65 000　　D. 70 000

7. 2×19 年 1 月 1 日，甲公司支付价款 204 万元（含已到付息期但尚未领取的利息 4 万元）购入丙公司发行的债券，另发生交易费用 4 万元。该债券面值总额为 100 万元，剩余期限为 2 年，票面年利率为 8%，每半年付息一次，甲公司将其划分为以公允价值计量且其变动计入当期损益的金融资产。甲公司分别在 2×19 年 1 月和 7 月、2×20 年 1 月收到该债券 2×18 年下半年、2×19 年上半年和下半年利息 4 万元；2×19 年 6 月 30 日和 2×19 年 12 月 31 日，该债券的公允价值分别为 180 万元和 230 万元（不含利息）；2×20 年 3 月 31 日，甲公司将该债券出售取得价款 236 万元。则下列关于甲公司该项债券的表述中，不正确的是（　　）。

A. 2×19 年甲公司因持有该项债券影响

公允价值变动损益的金额为 30 万元

B. 2×19 年甲公司因持有该项债券影响损益的金额为 34 万元

C. 2×19 年甲公司因持有该项债券影响投资收益的金额为 4 万元

D. 2×20 年甲公司因出售该项债券影响损益的金额为 36 万元

8. 下列关于以摊余成本计量的金融资产的说法中，不正确的是（　　）。

A. 企业管理金融资产的业务模式是以收取合同现金流量为目标，该现金流量仅为对本金和以未偿付的本金金额为基础的利息的支付

B. 对以摊余成本计量的金融资产应当按照公允价值计量，相关交易费用应当计入初始确认金额

C. 企业应当对以摊余成本计量的金融资产按照实际利率法确认利息收入，利息收入一律按照金融资产账面余额乘以实际利率计算确定

D. 企业应当以预期信用损失为基础，对以摊余成本计量的金融资产进行减值会计处理并确认损失准备

9. 2×19 年 1 月 1 日，甲公司从二级市场购入乙公司分期付息、到期还本的债券 20 万份，以银行存款支付价款 2 142.18 万元，另支付相关交易费用 15 万元。该债券系乙公司于 2×18 年 1 月 1 日发行，每张债券面值为 100 元，期限为 3 年，票面年利率为 6%，每年 1 月 5 日支付上年度利息。甲公司持有该债券以收取合同现金流量为目标，将其分类为以摊余成本计量的金融资产核算。购入债券的实际年利率为 5%。则甲公司购入该项债券的初始入账价值为（　　）万元。

A. 2 000

B. 2 142.18

C. 2 022.18

D. 2 037.18

10. 2×19 年 1 月 1 日，甲公司自证券市场购入面值总额为 2 000 万元的债券。购入时实际支付价款 2 034.75 万元，另外支付交易费用 10 万元。该债券发行日为 2×19 年 1 月 1 日，系到期一次还本付息债券，期限为 3 年，票面年利率为 5%，实际年利率为 4%。甲公司将该债券作为以摊余成本计量的金融资产核算，应收利息以单利计算。不考虑其他因素，计算结果保留两位小数。甲公司的会计处理中，不正确的是（　　）。

A. 以摊余成本计量的金融资产的初始入账价值为 2 044.75 万元

B. 2×19 年 12 月 31 日以摊余成本计量的金融资产的摊余成本为 2 036.94 万元

C. 2×20 年度甲公司持有该债券投资应确认的投资收益金额为 85.06 万元

D. 2×21 年度“以摊余成本计量的金融资产——利息调整”的摊销额为 11.60 万元

11. 2×19 年 1 月 1 日，甲公司支付价款 1 100 万元（含交易费用），从活跃市场购入乙公司当日发行的面值为 1 000 万元、5 年期的不可赎回债券。该债券票面年利率为 10%，利息按单利计算，到期一次还本付息，实际年利率为 6.4%。当日，甲公司将其划分为以摊余成本计量的金融资产核算，按年确认投资收益。2×19 年 12 月 31 日，该债券未出现减值迹象。2×20 年 1 月 1 日，该债券市价总额为 1 250 万元。当日，因甲公司资金周转困难，遂将其持有乙公司的债券出售 80%，出售债券发生相关手续费 8 万元。2×20 年 4 月 30 日，甲公司将剩余 20% 债券出售取得价款 300 万元，另支付相关手续费 2 万元。不考虑其他因素，甲公司下列处理中，正确的是（　　）。

A. 该金融资产的初始确认金额为 1 000 万元

B. 2×19 年度因持有乙公司债券投资应确认投资收益的金额为 70.4 万元

C. 出售 80% 债权投资对当期损益的影响金额为 120 万元

D. 出售剩余 20% 债券应确认的投资收益金额为 50 万元

12. 2×19 年 2 月 1 日，东风公司销售一批商品给 M 公司，开出的增值税专用发票上注明的销售价款为 200 万元，增值税销项税额为 26 万元，款项尚未收到。双方约定，M 公司应于当年 8 月 31 日付款。2×19 年 4 月 10 日，经与甲银行协商后约定：东风公司将应收 M 公司的货款出售给甲银行，价款为 182 万元，在应收 M 公司货款到期无法收回时，甲银行不能向东风公司追偿。东风公司根据以往经验，预计该批商品的退回率为

10%，实际发生的销售退回由东风公司承担。假定退回商品能够取得红字增值税专用发票。则东风公司出售该笔应收账款应确认当期损益金额为（　　）万元。

A. 52　　B. 26.8

C. 23.4　　D. 0

13. 甲公司于2×19年3月25日以每股8元的价格购进M公司发行的股票100万股，其中包含已宣告但尚未发放的现金股利每股0.3元，另支付交易费用5万元，甲公司将其划分为以公允价值计量且其变动计入其他综合收益的金融资产核算。2×19年5月10日，甲公司收到购买价款中包含的应收股利。2×19年12月31日，该股票收盘价为每股9元。2×20年5月1日以每股9.8元的价格将股票全部售出，另支付交易费用2.5万元。不考虑其他因素，甲公司出售该项以公允价值计量且其变动计入其他综合收益的金融资产时影响营业利润的金额为（　　）万元。

A. 0　　B. 177.5

C. 202.5　　D. 232.5

14. A公司于2×19年1月2日从证券市场上购入B公司于2×19年1月1日发行的债券，该债券期限为3年，票面年利率为5%，实际年利率为6%，到期一次归还本金和利息。A公司购入债券的面值总额为1 000万元，实际支付价款为960.54万元，另支付相关交易费用5万元。A公司购入后将其划分为以摊余成本计量的金融资产。2×19年年末B公司发生亏损，估计该项债券的未来现金流量的现值为900万元。假定按年计提利息，利息以单利计算。A公司该项以摊余成本计量的金融资产2×19年年末应计提的减值准备金额为（　　）万元。

A. 100

B. 60.54

C. 73.47

D. 123.47

15. 下列关于金融负债和权益工具的区分，不正确的是（　　）。

A. 向其他方交付现金或其他金融资产的合同义务属于金融负债

B. 将来须用或可用企业自身权益工具进行结算的非衍生工具合同，且企业根据该合同将交付可变数量的自身权益工具属于金融负债

C. 金融工具不包括交付现金或其他金融资产给其他方的，属于权益工具

D. 对于衍生工具，如果发行方只能通过以固定数量的自身权益工具交换固定金额的现金或其他金融资产进行结算，则该衍生工具是金融负债

16. 下列关于套期会计的说法中，不正确的是（　　）。

A. 套期可划分为公允价值套期、现金流量套期和境外经营净投资套期

B. 对极可能发生的预期交易应分类为公允价值套期

C. 在公允价值套期下，套期工具产生的利得或损失应当计入当期损益，选择以公允价值计量且其变动计入其他综合收益的非交易性权益工具投资进行套期的除外

D. 现金流量套期下，套期工具产生的利得或损失中属于套期有效的部分，作为现金流量套期储备，应当计入其他综合收益

## 二、多项选择题

1. 企业购入的债券投资，下列分类中正确的有（　　）。

A. 持有的以收取合同现金流量为目标的普通债券，分类为债权投资

B. 持有的既收取合同现金流量为目标又以出售为目标的普通债券，分类为其他债权投资

C. 持有的可转换公司债券分类为债权投资

D. 持有的以赚取价差为目的的普通债券，分类为交易性金融资产

2. 下列各项中，应计入相关金融资产或金融负债初始入账价值的有（　　）。

A. 发行一般公司债券发生的交易费用

B. 取得以公允价值计量且其变动计入当期损益的金融资产发生的交易费用

C. 取得以摊余成本计量的金融资产发生的交易费用

D. 取得以公允价值计量且其变动计入其他综合收益的金融资产发生的交易费用

3. 下列关于以公允价值计量且其变动计入当期损益的金融资产的说法中，正确的有（　　）。

A. 企业购入理财产品一般分类为以公允价值计量且变动计入当期损益的金融资产

B. 企业取得的拟近期内出售的股票投资应划分为以公允价值计量且其变动计入当期损益的金融资产

C. 以公允价值计量且其变动计入当期损益的金融资产初始确认时，应按公允价值和相关交易费用之和计量

D. 直接指定为以公允价值计量且其变动计入当期损益的金融资产，主要是指企业基于风险管理、战略投资等需要所作的指定

4. 下列各项中，不属于取得金融资产时发生的交易费用的有（　　）。

A. 融资费用

B. 内部管理成本

C. 支付给代理机构的手续费

D. 企业为发行金融工具所发生的差旅费

5. 下列关于以公允价值计量且其变动计入当期损益的金融资产的说法中，正确的有（　　）。

A. 企业取得以公允价值计量且其变动计入当期损益的金融资产所支付的价款中，包含已宣告但尚未发放的现金股利或已到付息期但尚未领取的债券利息的，应当单独确认为应收项目

B. 在持有期间被投资单位宣告发放的现金股利或利息，应当确认为投资收益

C. 资产负债表日，以公允价值计量且其变动计入当期损益的金融资产应按公允价值计量，公允价值与账面价值的差额计入其他综合收益

D. 处置以公允价值计量且其变动计入当期损益的金融资产时，其处置价款与初始入账金额之间的差额应确认为投资收益，应结转持有期间确认的公允价值变动损益

6. 东风公司2×19年1月1日，以银行存款102万元（含已到付息期但尚未领取的利息2万元）从二级市场购入山水公司发行的债券，另发生交易费用0.5万元。该债券面值总额为100万元，剩余期限为2年，票面年利率为4%，每半年付息一次，东风公司管理层拟短期内随时出售山水公司债券。东风公司于2×19年1月和7月分别收到该债券2×18年下半年和2×19年上半年利息2万元；2×19年6月30日该债券的公允价值为115万元（不含利息）；2×19年8月30日，东风公司将该债券全部出售，取得价款118万元。不考虑其他因素，则东风公司的相关会计处理中，正确的有（　　）。

A. 东风公司将购入山水公司债券分类为以公允价值计量且其变动计入当期损益的金融资产

B. 东风公司将购入山水公司债券分类为以公允价值计量且其变动计入其他综合收益的金融资产

C. 东风公司购入山水公司债券的初始入账价值为100.5万元

D. 东风公司从取得至出售山水公司债券累计确认的投资收益金额为19.5万元

7. 下列各项中，影响以摊余成本计量的金融资产摊余成本的有（　　）。

A. 已计提的减值准备

B. 分期收回的本金

C. 利息调整的累计摊销额

D. 到期一次还本付息债券确认的票面利息

8. 企业发行的某些非衍生金融工具，即混合工具，既含有负债成分，又含有权益成分，如可转换公司债券等。下列对混合工具的描述正确的有（　　）。

A. 企业发行的混合工具发生的交易费用，应当在负债成分和权益成分之间按照各自的相对公允价值进行分摊

B. 企业应当在初始确认时将混合工具的负债和权益成分进行分拆

C. 应当先确定负债成分的公允价值并以此作为其初始确认金额

D. 应当先确定权益成分的公允价值并以此作为其初始确认金额

9. 下列有关以公允价值计量且其变动计入其他综合收益的金融资产的说法中，正确的有（　　）。

A. 购入的债券分类为以公允价值计量且其变动计入其他综合收益的金融资产，资产负债表日按公允价值计量，不确认资产减值损失

B. 非交易性权益工具投资不计提减值准备

C. 以公允价值计量且其变动计入其他综合收益的金融资产公允价值变动计入其他综

合收益

D. 处置债权类以公允价值计量且其变动计入其他综合收益的金融资产时，原公允价值变动计入其他综合收益的累计变动额应该转入投资收益

10. 2×19 年 2 月 8 日，甲公司自证券市场购入乙公司发行的股票 100 万股，成交价为每股 3.2 元（含已宣告但尚未发放的现金股利 0.3 元），另支付交易费用 2 万元，作为其他权益工具投资核算；2×19 年 3 月 5 日，甲公司收到购买价款中包含的现金股利；2×19 年 12 月 31 日，乙公司股票市价为每股 3.4 元。2×20 年 1 月 10 日，甲公司将持有乙公司的股票全部出售，成交价为每股 4.2 元，另支付相关税费 2.6 万元，甲公司将处置价款扣除相关税费后的净额存入银行。不考虑其他因素，则甲公司的相关会计处理中，正确的有（　　）。

A. 其他权益工具投资的入账价值为 292 万元

B. 2×19 年 3 月 5 日收到现金股利时应确认投资收益 30 万元

C. 2×19 年 12 月 31 日应确认其他综合收益 48 万元

D. 2×20 年 1 月 10 日，处置时应确认投资收益 125.4 万元

11. 下列有关金融工具减值的说法中，正确的有（　　）。

A. 对合同资产，企业应当以预期信用损失为基础计提损失准备

B. 预期信用损失是指以发生违约的风险为权重的金融工具信用损失的加权平均值

C. 金融工具计提减值应通过“信用减值损失”科目进行核算

D. 对非交易性权益工具投资指定为以公允价值计量且其变动计入其他综合收益的金融资产发生减值时应计提减值准备

12. 下列对套期会计的说法中，正确的有（　　）。

A. 套期是一种风险管理活动

B. 套期业务只有满足一定条件才能运用套期会计方法进行处理

C. 现金流量套期下，套期工具产生的利得或损失中属于套期无效的部分应当计入其他综合收益

D. 对于现金流量套期储备最终可能转入资产或负债的初始确认金额或计入当期损益

13. 下列各项中，应当终止确认相关金融资产的有（　　）。

A. 企业以不附追索权方式出售金融资产

B. 企业将金融资产出售，同时与买入方签订协议，在约定期限结束时按当日该金融资产的公允价值回购

C. 企业将金融资产出售，同时与买入方签订看跌期权合约，但从合约条款判断，该看跌期权是一项重大价外期权

D. 企业将金融资产出售，同时与买入方签订看跌期权合约，但从合约条款判断，该看跌期权是一项重大价内期权

## 三、综合题

1. 星辰公司的财务经理李某在复核 2×19 年度财务报表时，对以下交易或事项会计处理的正确性提出质疑：

（1）1 月 10 日，从市场购入 150 万股甲公司发行在外的普通股，准备随时出售，以赚取差价，每股成本为 5 元。另支付交易费用 10 万元，对甲公司不具有控制、共同控制或重大影响。12 月 31 日，甲公司股票的市场价格为每股 6.8 元。相关会计处理如下：

借：其他权益工具投资——成本　760

　贷：银行存款　760

借：其他权益工具投资——公允价值变动　260

　贷：其他综合收益　260

（2）3 月 20 日，按面值购入乙公司发行的分期付息、到期还本债券 10 万张，支付价款 1 000 万元。该债券每张面值 100 元，期限为 3 年，票面年利率为 6%，利息于每年年末支付。星辰公司将购入的乙公司债券分类为以摊余成本计量的金融资产，10 月 25 日将所持有乙公司债券的 50% 予以出售，收到银行存款 850 万元，并将剩余债券重分类为以公允价值计量且其变动计入其他综合收益的金融资产，重分类日剩余债券的公允价值为 850 万元。相关会计处理如下：

借：债权投资——成本　1 000

　贷：银行存款　1 000

借：银行存款　850

贷：债权投资——成本 500

投资收益 350

借：其他权益工具投资 850

贷：债权投资 500

投资收益 350

（3）5月1日，购入丙公司发行的认股权证100万份，成本300万元，每份认股权证可于两年后按每股5元的价格认购丙公司增发的1股普通股。12月31日，该认股权证的市场价格为每份2.5元。相关会计处理如下：

借：其他权益工具投资——成本 300

贷：银行存款 300

借：其他综合收益 50

贷：其他权益工具投资——公允价值变动 50

（4）6月15日，从二级市场购买丁公司发行在外普通股50万股，占丁公司5%的表决权，取得成本为360万元，投资时丁公司可辨认净资产公允价值为8 000万元（各项可辨认资产、负债的公允价值与账面价值相同）。对丁公司不具有控制、共同控制或重大影响，不准备近期出售。相关会计处理如下：

借：长期股权投资——投资成本 400

贷：银行存款 360

营业外收入 40

本题不考虑所得税及其他因素。

要求：根据以上资料，判断星辰公司上述业务的会计处理是否正确，同时说明判断依据；如果星辰公司的会计处理不正确，编制更正的会计分录。（有关会计差错更正按当期差错处理）

2. 甲公司为提高闲置资金的使用效率，2×19年度进行了以下投资：

（1）1月1日，购入乙公司于当日发行且可上市交易的债券50万张，支付价款4 795.06万元。该债券期限为5年，每张面值为100元，实际年利率为7%，票面年利率为6%，于每年12月31日支付当年度利息。甲公司有充裕的资金，管理层持有债券的目的是收取合同现金流量。

12月31日，甲公司收到2×19年度利息300万元。根据乙公司公开披露的信息，甲公司估计所持有乙公司债券的本金能够收回，未来年度每年能够自乙公司取得利息收入200万元。

（2）4月10日，购买丙公司首次公开发行的股票100万股，共支付价款300万元。甲公司取得丙公司股票后，对丙公司不具有控制、共同控制或重大影响。丙公司股票的限售期为1年，甲公司取得丙公司股票时作为非交易性权益工具投资指定为以公允价值计量且其变动计入其他综合收益的金融资产。

12月31日，丙公司股票公允价值为每股5元。

（3）5月15日，从二级市场购买丁公司股票200万股，共支付价款920万元。取得丁公司股票时，丁公司已宣告但尚未发放的现金股利（每10股派发现金股利0.6元）。

甲公司取得丁公司股票后，对丁公司不具有控制、共同控制或重大影响。甲公司管理层拟随时出售持有的丁公司股票。

12月31日，丁公司股票公允价值为每股4.2元。

（4）已知，（P/A，7%，4）=3.3872，（P/F，7%，4）=0.7629。

本题中不考虑所得税及其他因素。

要求：

（1）判断甲公司取得乙公司债券时应划分的金融资产类别，说明理由，并编制甲公司取得乙公司债券时的会计分录。

（2）计算甲公司2×19年度因持有乙公司债券应确认的投资收益金额，并编制相关会计分录。

（3）判断甲公司持有的乙公司债券2×19年12月31日是否应当计提减值准备，并说明理由。如应计提减值准备，计算减值准备金额并编制相关会计分录。

（4）判断甲公司取得丙公司股票时应划分的金融资产类别，说明理由，并编制甲公司2×19年取得时、年末确认所持有丙公司股票公允价值变动的会计分录。

（5）判断甲公司取得丁公司股票时应划分的金融资产类别，说明理由，并计算甲公司2×19年度因持有丁公司股票应确认的损益。

（答案中的金额单位用万元表示，计算结果保留两位小数）

## 答案及解析

### 一、单项选择题

1. 【答案】C

【解析】金融资产属于企业资产的重要组成部分，主要包括：库存现金、银行存款、应收账款、应收票据、其他应收款项、股权投资、债权投资和衍生金融工具形成的资产等。选项C，预付账款收回的是存货，不属于企业的金融资产。

2. 【答案】C

【解析】企业购入的债券可以根据管理者的持有意图，将其划分为以公允价值计量且其公允价值变动计入当期损益的金融资产、以摊余成本计量的金融资产和以公允价值计量且其变动计入其他综合收益的金融资产。长期股权投资只能是股票权投资，所以企业购入的债券投资不能划分为长期股权投资。

3. 【答案】B

【解析】企业管理金融资产业务模式的变更是一种极其罕见的情形，选项B不正确；其余选项正确。

4. 【答案】A

【解析】对于以公允价值计量且变动计入当期损益的金融资产，相关交易费用应当计入直接计入当期损益，选项A不正确；其余选项正确。

5. 【答案】A

【解析】甲公司该项以公允价值计量且其变动计入当期损益的金融资产在2×19年的会计处理如下：

购入时：

借：交易性金融资产——成本　295

　投资收益　2

　应收股利　5

　贷：银行存款　302

期末公允价值变动时：

借：交易性金融资产——公允价值变动　25

　贷：公允价值变动损益　25

因此，该项以公允价值计量且其变动计入当期损益的金融资产对甲公司2×19年营业利润的影响金额为23万元（25－2），选项A正确。

6. 【答案】A

【解析】甲公司因持有A公司股票影响2×20年损益的金额＝处置收入460 000－处置时的账面价值440 000＝20 000（元）。

7. 【答案】D

【解析】选项A，2×19年甲公司因持有该项债券影响公允价值变动损益的金额＝［180－（204－4）］＋（230－180）＝30（万元）；选项B，2×19年甲公司因持有该项债券影响损益的金额＝－4＋4＋4＋（230－200）＝34（万元）；选项C，2×19年甲公司因持有该项债券影响投资收益的金额＝－4＋4＋4＝4（万元）；选项D，2×20年甲公司因出售该项债券影响损益的金额＝236－230＝6（万元）。

8. 【答案】C

【解析】企业应当对以摊余成本计量的金融资产按照实际利率法确认利息收入，利息收入应当根据金融资产账面余额乘以实际利率计算确定，但对于购入或源生的已发生信用减值的金融资产，企业应当自初始确认起，按照该金融资产的摊余成本和经信用调整的实际利率计算确定其利息收入。

9. 【答案】D

【解析】该债券系乙公司于2×18年1月1日发行且每年1月5日支付上年度利息，故甲公司2×19年1月1日支付的价款中包含已到付息期但尚未领取的利息120万元（20×100×6%）应作为应收项目核算不计入初始入账价值。则2×19年1月1日甲公司购入债券的初始入账价值＝2 142.18－120＋15＝2 037.18（万元）。

10. 【答案】B

【解析】以摊余成本计量的金融资产的入账价值＝2 034.75＋10＝2 044.75（万元），选项A正确；2×19年12月31日以摊余成本计量的金融资产的摊余成本＝2 044.75×（1＋4%）＝2 126.54（万元），选项B错误；2×20年度甲公司持有该债券应确认的投资收益＝2 126.54×4%＝85.06（万元），选项C正确；2×19年1月1日“以摊余成本计量的金融资产——利息调整”的入账金额＝2 044.75－2 000＝44.75（万元），2×19年度“以摊余成本计量的金融资产——利息调整”的摊销额 $=2\ 000\times5\%-2\ 044.75\times4\%=18.21$（万元），2×20 年度“以摊余成本计量的金融资产——利息调整”的摊销额 $=2\ 000\times5\%-85.06=14.94$（万元），2×21 年 12 月 31 日“以摊余成本计量的金融资产——利息调整”的余额为 0，则 2×21 年度“以摊余成本计量的金融资产——利息调整”的摊销额 $=44.75-18.21-14.94=11.60$（万元），选项 D 正确。

11. 【答案】B

【解析】选项 A 不正确，该金融资产的初始确认金额为 1 100 万元，应含交易费用；2×19 年度因持有乙公司债券投资应确认的投资收益＝期初金融资产账面价值×实际利率 $=1\ 100\times6.4\%=70.4$（万元），选项 B 正确；甲公司出售 80% 债券投资对当期损益的影响金额 $=(1\ 250\times80\%-8)-1\ 100\times(1+6.4\%)\times80\%=55.68$（万元），选项 C 不正确；甲公司出售剩余 20% 债券投资应确认的投资收益 $=(300-2)-1\ 100\times(1+6.4\%)\times20\%=63.92$（万元），选项 D 不正确。

12. 【答案】B

【解析】东风公司出售该笔应收账款应确认当期损益 $=226-182-226\times10\%=26.8$（万元）。分录为：

借：银行存款　　182
　　其他应收款　　22.6
　　投资收益　　21.4
　贷：应收账款　　226

13. 【答案】A

【解析】企业将持有的非交易性权益工具投资指定为以公允价值计量且其变动计入其他综合收益的金融资产，处置该金融资产收益以及原计入其他综合收益的金额均应计入留存收益，不影响利润。

14. 【答案】D

【解析】以摊余成本计量的金融资产的入账价值 $=960.54+5=965.54$（万元），2×19 年 12 月 31 日计提减值准备前以摊余成本计量的金融资产的账面余额 $=965.54\times(1+6\%)=1\ 023.47$（万元），未来现金流量现值为 900 万元，所以应计提的减值准备金额 $=1\ 023.47-900=123.47$（万元）。

15. 【答案】D

【解析】对于衍生工具，如果发行方只能通过以固定数量的自身权益工具交换固定金额的现金或其他金融资产进行结算，则该衍生工具是权益工具。

16. 【答案】B

【解析】对极可能发生的预期交易应分类为现金流量套期，选项 B 不正确；其余选项正确。

## 二、多项选择题

1. 【答案】ABD

【解析】持有的可转换公司债券分类为债权投资，因其含有权益成分，不能分类为债权投资和其他债权投资，只能分类为交易性金融资产，选项 C 不正确。其余选项正确。

2. 【答案】ACD

【解析】选项 B，取得以公允价值计量且其变动计入当期损益的金融资产时发生的交易费用计入投资收益的借方。

3. 【答案】ABD

【解析】选项 C，以公允价值计量且其变动计入当期损益的金融资产初始确认时，应按公允价值计量，相关交易费用应直接计入当期损益（投资收益），非初始入账价值；其余选项正确。

4. 【答案】ABD

【解析】交易费用，是指可直接归属于购买、发行或处置金融工具新增的外部费用。新增的外部费用，是指企业不购买、发行或处置金融工具就不会发生的费用，包括支付给代理机构、咨询公司、券商等的手续费和佣金及其他必要支出，不包括债券溢价、折价、融资费用、内部管理成本及其他与交易不直接相关的费用。企业为发行金融工具所发生的差旅费等，不属于此处所讲的交易费用。

5. 【答案】AB

【解析】资产负债表日，以公允价值计量且其变动计入当期损益的金融资产应按公允价值计量，公允价值与账面价值的差额计入当期损益（公允价值变动损益），选项 C 不正确；处置以公允价值计量且其变动计入当期损益的金融资产时，其处置价款与处置部分账面价值之间的差额应确认为投资收益，不结转持有期间确认的公允价值变动损益，选项 D 不正确。

6. 【答案】AD

【解析】东风公司管理层拟随时出售山水公司债券，所以应将购入的山水公司债券分类为以公允价值计量且其变动计入当期损益的金融资产，选项 A 正确，选项 B 不正确；东风公司购入山水公司债券的初始入账价值 = 102 - 2 = 100（万元），选项 C 不正确；东风公司从取得至出售山水公司债券累计确认的投资收益金额 = 现金总流入 - 现金总流出 =（118 + 2 + 2）-（102 + 0.5）= 19.5（万元），选项 D 正确。

7. 【答案】ABCD

【解析】分期付息、到期还本的以摊余成本计量的金融资产期末摊余成本 = 期初摊余成本 ×（1 + 实际利率）- 本期收回的利息和本金 - 已计提的减值准备；到期一次还本付息债券确认的票面利息，应记入“以摊余成本计量的金融资产——应计利息”科目，也会影响以摊余成本计量的金融资产的摊余成本，故选项 A、B、C 和 D 正确。

8. 【答案】ABC

【解析】企业发行的某些非衍生金融工具，即混合工具，既含有负债成分，又含有权益成分，如可转换公司债券等。对此，企业应当在初始确认时将混合工具的负债和权益成分进行分拆，分别进行处理。在进行分拆时，应当先确定负债成分的公允价值并以此作为其初始确认金额，再按照该金融工具整体的发行价格扣除负债成分初始确认金额后的金额确定权益成分的初始确认金额。发行该非衍生金融工具发生的交易费用，应当在负债成分和权益成分之间按照各自的相对公允价值进行分摊。

9. 【答案】BCD

【解析】债权类以公允价值计量且其变动计入其他综合收益的金融资产发生减值时，应确认资产减值损失，选项 A 错误；其余选项正确。

10. 【答案】AC

【解析】其他权益工具投资的入账价值 = 100 ×（3.2 - 0.3）+ 2 = 292（万元），选项 A 正确；2 × 19 年 3 月 5 日收到现金股利时不影响投资收益，选项 B 不正确；2 × 19 年 12 月 31 日，应确认其他综合收益的金额 = 100 × 3.4 - 292 = 48（万元），选项 C 正确；2 × 20 年 1 月 10 日，处置其他权益工具投资时应确认的投资收益金额为零，处置损益应计入留存收益，选项 D 不正确。

11. 【答案】ABC

【解析】选项 D 不正确，对非交易性权益工具投资指定为以公允价值计量且其变动计入其他综合收益的金融资产不计提减值准备；其余选项正确。

12. 【答案】ABD

【解析】选项 C 不正确，现金流量套期下，套期工具产生的利得或损失中属于套期无效的部分应当计入当期损益；其余选项正确。

13. 【答案】ABC

【解析】企业应当终止确认金融资产的情形包括：（1）企业以不附追索权方式出售金融资产；（2）企业将金融资产出售，同时与买入方签订协议，在约定期限结束时按当日该金融资产的公允价值回购；（3）企业将金融资产出售，同时与买入方签订看跌期权合约（即买入方有权将该金融资产返售给企业），但从合约条款判断，该看跌期权是一项重大价外期权（即期权合约条款的设计使得金融资产的买方极小可能会到期行权）。

选项 D，与买入方签订看跌期权合约属于重大价内期权，表明企业并未将金融资产所有权上几乎所有的风险和报酬转移给买入方，所以不应当终止确认相关金融资产。

## 三、综合题

1. 【答案】

（1）星辰公司将持有的甲公司股票，划分为以公允价值计量且其变动计入其他综合收益的金融资产核算的处理不正确。因为购入普通股准备随时出售，以赚取差价为目的，应该划分为以公允价值计量且其变动计入当期损益的金融资产核算。更正分录如下：

借：交易性金融资产——成本 750

　投资收益 10

　贷：其他权益工具投资——成本 760

借：其他综合收益 260

　贷：其他权益工具投资——公允价

值变动　　260

借：交易性金融资产——公允价值变动　　270

　　贷：公允价值变动损益　　270

（2）星辰公司将剩余乙公司债券重分类为以公允价值计量且其变动计入其他综合收益的金融资产的会计处理不正确。因为只有改变业务模式才能进行重分类。更正分录如下：

借：投资收益　　350

　　债权投资　　500

　　贷：其他权益工具投资　　850

（3）星辰公司将持有的丙公司认股权证划分为以公允价值计量且其变动计入其他综合收益的金融资产的处理不正确。因为认股权证属于衍生工具，具有交易属性，应划分为以公允价值计量且其变动计入当期损益的金融资产核算。更正分录如下：

借：交易性金融资产——成本　　300

　　贷：其他权益工具投资——成本　　300

借：其他权益工具投资——公允价值变动　　50

　　贷：其他综合收益　　50

借：公允价值变动损益　　50

　　贷：交易性金融资产——公允价值变动　　50

（4）星辰公司持有丁公司的股票划分为长期股权投资的处理是不正确的。对被投资方不具有控制、共同控制或重大影响，在不准备近期出售的情况下，企业可以将其指定为以公允价值计量且其变动计入其他综合收益的金融资产核算。

更正分录如下：

借：其他权益工具投资——成本　　360

　　营业外收入　　40

　　贷：长期股权投资——投资成本　　400

2.【答案】

（1）甲公司应将取得的乙公司债券划分为以摊余成本计量的金融资产。

理由：甲公司持有债券的目标是收取合同现金流量，且该现金流量仅为收取本金和利息。

甲公司取得乙公司债券时的会计分录：

借：债权投资——成本　　5 000

　　贷：银行存款　　4 795.06

　　　　债权投资——利息调整　（5 000 - 4 795.06）204.94

（2）2×19年应确认投资收益 = 4 795.06 × 7% = 335.65（万元）。

借：应收利息　（5 000×6%）300

　　债权投资——利息调整　　35.65

　　贷：投资收益　　335.65

借：银行存款　　300

　　贷：应收利息　　300

（3）2×19年12月31日摊余成本 = 4 795.06 + 35.65 = 4 830.71（万元）；2×19年12月31日未来现金流量现值 = 200×(P/A, 7%, 4) + 5 000×(P/F, 7%, 4) = 200×3.3872 + 5 000×0.7629 = 4 491.94（万元）；

未来现金流量现值小于2×19年12月31日摊余成本，应计提减值准备的金额 = 4 830.71 - 4 491.94 = 338.77（万元）。

借：信用减值损失　　338.77

　　贷：债权投资减值准备　　338.77

（4）甲公司应将购入丙公司股票划分为以公允价值计量且其变动计入其他综合收益的金融资产。

理由：持有丙公司限售股票对丙公司不具有控制、共同控制或重大影响，且甲公司取得丙公司股票时作为非交易性权益工具投资将其指定为以公允价值计量且其变动计入其他综合收益的金融资产。

4月10日购入时：

借：其他权益工具投资——成本　　300

　　贷：银行存款　　300

2×19年12月31日，确认所持有丙公司股票公允价值变动的会计分录：

借：其他权益工具投资　　200

　　贷：其他综合收益　（100×5 - 300）200

（5）甲公司购入丁公司的股票应划分为以公允价值计量且其变动计入当期损益的金融资产。

理由：甲公司取得丁公司股票后，对丁公司不具有控制、共同控制或重大影响且甲公司管理层拟随时出售丁公司股票，所以应划分为以公允价值计量且其变动计入当期损益的金融资产。

2×19年因持有丁公司股票应确认的损益 = 200×4.2 -（920 - 200÷10×0.6）= -68（万元）。

# 第十五章　所有者权益

## 本章考情分析

本章在考试中居于一般地位，考题中的题型主要为客观题型，分数不多，今年本章考分预计4分左右。

## 本章教材变化

本章今年没有变化。

## 基本内容框架

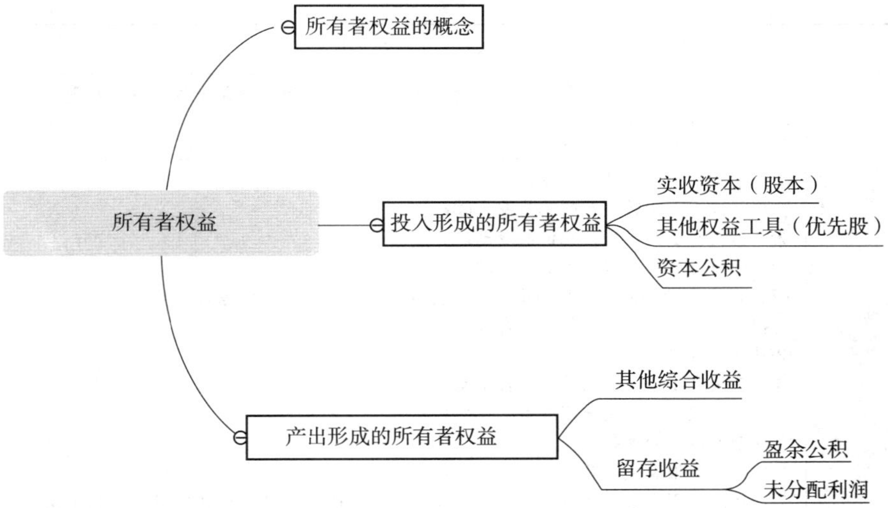


## 通关重难点例题解析

所有者权益包括投入和产出两个原因形成，投入形成的所有者权益包括实收资本（股本）、其他权益工具、资本公积和库存股；产出形成的所有者权益包括其他综合收益和盈余公积、未分配利润。

## 一、投入形成的所有者权益

**投入形成的所有者权益**

| 所有者权益的内容 | | | 备注 |
|---|---|---|---|
| 实收资本（股本） | 普通股是投资者投入中要求分配股利、有表决权的部分。 | | 投资者投入 |
| 其他权益工具 | 其他权益工具包括优先股、永续债等。优先股是投资者投入中要求优先分配股利、没有表决权的部分。 | | |
| 资本公积 | 资本溢价（股本溢价） | 投资者投入中既不要求分配股利，也没有表决权的部分。 | |
| | 其他资本公积 | ①权益法下确认被投资单位其他因素引起的所有者权益的变动；②以权益结算的股份支付授予职工或其他方的权益工具的公允价值。 | 权益性交易形成，属于投入的准备 |
| 减：库存股 | 库存股作为所有者权益的减项，是股本的备抵项目。 | | 股本的备抵项目，投入的减少 |

## 二、产出形成的所有者权益

**产出形成的所有者权益**

| | 相关规定 | |
|---|---|---|
| 其他综合收益 | 其他综合收益，是指企业根据其他会计准则规定未在当期损益中确认的各项利得和损失。其他综合收益分为两类：<br>（1）以后会计期间不能重分类进损益的其他综合收益项目，主要包括：<br>①重新计量设定受益计划变动额。<br>②权益法下不能转损益的其他综合收益。<br>③其他权益工具投资公允价值变动。<br>④企业自身信用风险公允价值变动。<br>（2）以后会计期间在满足规定条件时将重分类进损益的其他综合收益项目，主要包括：<br>①权益法下可转损益的其他综合收益。<br>②其他债权投资公允价值变动。<br>③金融资产重分类计入其他综合收益的金额。<br>④其他债权投资信用减值准备。<br>⑤现金流量套期储备。<br>⑥外币财务报表折算差额。<br>⑦存货或自用房地产转换为公允价值计量的投资性房地产，在转换日公允价值大于账面价值的差额计入其他综合收益。 | |
| 留存收益 | 盈余公积 | 盈余公积是指企业按规定从净利润中提取的企业积累资金。公司制企业的盈余公积包括法定盈余公积和任意盈余公积。盈余公积的核算包括提取盈余公积和盈余公积的使用（可用于弥补亏损、转增资本、发放现金股利或利润等）。 |
| | 未分配利润 | 未分配利润是经过弥补亏损、提取法定盈余公积、提取任意盈余公积和向投资者分配利润等利润分配之后剩余的利润，它是企业留待以后年度进行分配的历年结存的利润。 |

【例 15－1】（2019 年单选题）20×8 年 5 月甲公司以固定资产和无形资产作为对价，自独立第三方购买了丙公司 80% 股权，由于作为支付对价的固定资产和无形资产发生增值，甲公司产生大额应交企业所得税的义务，考虑到甲公司的母公司（乙公司）承诺为甲公司承担税费，甲公司没有计提因上述企业合并产生的相关税费。20×8 年 12 月，乙公司按照事先承诺为甲公司支付了因企业合并产生的相关税费。不考虑其他因素，对于上

述乙公司为甲公司承担相关税费的事项，甲公司应当进行的会计处理是（　　）。

A. 确认费用同时确认收入

B. 确认费用同时确认所有者权益

C. 不作账务处理但在财务报表中披露

D. 无需进行会计处理

【答案】B

【解析】企业接受控股股东或非控股股东直接或间接代为偿债，经济实质表明属于控股股东或非控股股东对企业的资本性投入，应当将相关利得计入所有者权益（资本公积）。

【例 15－2】（2018 年多选题）HX 公司 20×7 年度因相关交易或事项产生以下其他综合收益：（1）以公允价值计量且其变动计入其他综合收益的债务工具投资因公允价值变动形成其他综合收益 3 200 万元；（2）按照应享有联营企业重新计量设定受益计划净负债变动的价值相应确认其他综合收益 500 万元；（3）对子公司的外币报表进行折算产生的其他综合收益 1 400 万元；（4）指定为以公允价值计量且其变动计入当期损益的金融负债因企业自身信用风险的变动形成其他综合收益 300 万元。不考虑其他因素，上述其他综合收益在相关资产处置或负债终止确认时不应重分类计入当期损益的有（　　）。

A. 对子公司的外币财务报表进行折算产生的其他综合收益

B. 按照应享有联营企业重新计量设定受益计划净负债变动的份额应确认其他综合收益

C. 指定为以公允价值计量且其变动计入当期损益的金融负债因企业自身信用风险的变动形成的其他综合收益

D. 以公允价值计量且其变动计入其他综合收益的债务工具投资因公允价值变动形成的其他综合收益

【答案】BC

【解析】选项 B，重新计量设定受益计划相关的其他综合收益以后期间不可以结转至损益；选项 C，指定为以公允价值计量且其变动计入当期损益的金融负债因企业自身信用风险的变动形成的其他综合收益以后期间应转入留存收益。

【例 15－3】（2014 年多选题）下列交易事项中，能够引起资产和所有者权益同时发生增减变动的有（　　）。

A. 分配股票股利

B. 以银行存款支付材料采购价款

C. 接受现金捐赠

D. 固定资产盘盈

【答案】CD

【解析】选项 A，属于所有者权益内部结转，不影响资产；选项 B，属于资产内部增减变动；选项 C 和 D 会同时增加企业的资产和所有者权益。

【例 15－4】（2019 年计算题）考核其他综合收益。

甲公司 20×8 年度发生的交易或事项如下：

（1）1 月 1 日，甲公司与乙公司签订租赁合同，将本公司原作为固定资产核算的一栋写字楼出租给乙公司，租赁期为 5 年，年租金为 400 万元，于每年末支付。该写字楼的成本为 8 000 万元，至出租时已计提折旧 1 200 万元。按照周边写字楼的市场价格估计，该写字楼的公允价值为 9 400 万元。12 月 31 日，甲公司收到乙公司支付的当年租金 400 万元。

甲公司采用公允价值模式对投资性房地产进行后续计量。12 月 31 日，因租赁市场短期回调，甲公司上述出租写字楼的公允价值为 9 200 万元。

（2）1 月 1 日，甲公司以 5 元/股的授予价格向 20 名高管人员授予限制性股票 800 万股，发行价款 4 000 万元已收到并存入银行，限制性股票的登记手续已办理完成。根据限制性股票激励计划，激励对象在同时满足下列条件时，方可解除限制：激励对象自授予限制性股票当日起在甲公司持续服务满 3 年；年均净资产收益率达到 10%。否则，甲公司将按照授予价格回购激励对象持有的限制性股票。当日，甲公司股票的市场价格为 20 元/股。

20×8 年度，甲公司没有高管人员离开公司，净资产收益率达到 13%。甲公司预计未来 2 年高管人员也不会有人离开公司，每年的净资产收益率能够实现 10% 的目标。

（3）2 月 10 日，甲公司支付价款 620 万元购入乙公司股票100万股（占乙公司发行在外股份数的1%），另支付交易费用0.8万元。购入时，乙公司已宣告发放现金股利，甲公司按照购入股份比例计算可分得股利46万元。甲公司将所购入乙公司股票指定为以公允价值计量且其变动计入其他综合收益的非交易性权益工具投资。

3月2日，甲公司收到乙公司分配的现金股利46万元。

12月31日，甲公司所持乙公司股票的公允价值为550万元。

本题不考虑相关税费及其他因素。

要求：根据上述资料，逐项计算上述交易或事项对甲公司20×8年度其他综合收益的影响金额，编制相关会计分录。

【答案】

事项（1）影响其他综合收益金额 = 9 400 -（8 000 - 1 200）= 2 600（万元）。编制会计分录：

20×8年1月1日

借：投资性房地产——成本　9 400

　　累计折旧　1 200

　　贷：固定资产　8 000

　　　　其他综合收益　2 600

20×8年12月31日

借：公允价值变动损益　200

　　贷：投资性房地产——公允价值变动　200

借：银行存款　400

　　贷：其他业务收入　400

（2）事项（2）影响其他综合收益的金额为0。编制会计分录：

20×8年1月1日

借：银行存款　4 000

　　贷：股本　800

　　　　资本公积——股本溢价　3 200

借：库存股　4 000

　　贷：其他应付款　4 000

20×8年12月31日

借：管理费用

　　[（20 - 5）×800×1/3] 4 000

　　贷：资本公积——其他资本公积　4 000

（3）事项（3）影响其他综合收益金额 = 550 -（620 + 0.8 - 46）= - 24.8（万元）。编制会计分录：

20×8年2月10日

借：其他权益工具投资——成本　574.8

　　应收股利　46

　　贷：银行存款　620.8

20×8年3月2日

借：银行存款　46

　　贷：应收股利　46

20×8年12月31日

借：其他综合收益　24.8

　　贷：其他权益工具投资——公允价值变动　24.8

## 通关演练

### 一、单项选择题

1. 甲公司为增值税一般纳税人，不考虑增值税以外的其他相关税费的影响。甲公司2×19年度发生的有关交易或事项如下：

（1）以盈余公积转增资本2 000万元；

（2）向股东分配股票股利1 500万元；

（3）接受控股股东的现金捐赠350万元；

（4）因管理不善发生存货毁损800万元，相关增值税税额为128万元；

（5）因处置固定资产产生净收益500万元；

（6）因会计政策变更调减年初留存收益120万元；

（7）其他债权投资公允价值上升60万元；

（8）因处置联营企业股权相应结转原计入资本公积贷方的金额50万元。

上述交易或事项对甲公司2×19年12月31日所有者权益总额影响的金额是（　　）万元。

A. -75　　B. -138

C. -111　　D. 180

2. 甲公司2×19年1月1日按每份面值100元发行了200万份可转换公司债券，发行价格为20 000万元，无发行费用。该债券期限为3年，票面年利率为5%，利息每年12月31日支付。债券发行一年后可转换为普通股。债券持有人若在当期付息前转换股票的，应按照债券面值和应付利息之和除以转股价，计算转股股数。该公司发行债券时，二级市场上与之类似但没有转股权的债券的市场年利率为9%。甲公司发行可转换公司债券初始确认时对所有者权益的影响金额为（　　）万元。（P/A，9%，3）=2.5313，（P/F，9%，3）=0.7722。

A. 2 024.7　　B. 17 975.3

C. 20 000　　D. 0

3. 甲股份有限公司（以下简称“甲公司”）截至2×19年12月31日共发行股票200万股，股票面值为1元，资本公积（股本溢价）30万元，盈余公积20万元。经股东大会批准，甲公司以现金回购本公司股票20万股并注销。假定甲公司按照每股3元回购股票，不考虑其他因素，则甲公司回购股份并注销后资本公积（股本溢价）的余额是（　　）万元。

A. 0　　B. 10

C. -10　　D. 60

4. 下列各项中，不属于其他综合收益的是（　　）。

A. 外币报表折算差额

B. 以公允价值计量且其变动计入其他综合收益的金融资产公允价值变动

C. 投资企业按照权益法核算长期股权投资，对于被投资单位除净损益、其他综合收益和利润分配以外的所有者权益的其他变动，按照持股比例计算应享有的份额

D. 重新计量设定受益计划净负债或净资产所产生的变动

5. 下列有关盈余公积的表述中，正确的是（　　）。

A. 企业计提法定盈余公积的基数包括年初未分配利润

B. 企业在提取公积金之前可以向投资者分配利润

C. 企业提取的盈余公积可以用于弥补亏损、转增资本和扩大生产经营

D. 企业发生亏损时，可以用以后五年内实现的税前利润弥补，不得用税后利润弥补

6. 甲公司发生的下列事项或交易中，不会影响甲公司资本公积的是（　　）。

A. 将采用公允价值模式计量的投资性房地产转换为自用房地产，且转换日该房地产的公允价值大于其原账面价值

B. 采用债务转为资本进行债务重组时，应付债务账面价值大于其债权人应享有股权份额的公允价值的部分

C. 以支付现金的方式取得集团公司内另一家公司65%的股份，支付款项与初始投资成本之间的差额

D. 子公司增发股票形成的溢价

7. 下列各项中，会引起留存收益总额发生增减变动的是（　　）。

A. 盈余公积转增资本

B. 盈余公积弥补亏损

C. 将债务转为资本

D. 注销库存股

8. 采用权益法核算长期股权投资时，对于被投资企业因经济业务引起资本公积的增加，投资企业应按所拥有的表决权资本的比例计算应享有的份额，将其计入（　　）。

A. 资本公积

B. 投资收益

C. 其他业务收入

D. 管理费用

9. 上市公司收到控股股东的现金捐赠款项500万元。上市公司下列会计处理中正确的是（　　）。

A. 计入营业外收入

B. 计入资本公积

C. 计入其他应付款

D. 计入营业收入

10. 经股东大会决议用盈余公积派送新股，在实施派送新股方案时企业应做的会计处理是（　　）。

A. 借：利润分配——未分配利润
　　贷：股本、资本公积

B. 借：盈余公积
　　贷：股本、资本公积

C. 借：利润分配——转作股本的普通股股利
　　贷：股本、资本公积

D. 借：利润分配——转作股本的普通股股利
　　贷：股本

11. 下列项目中，不会引起资本公积变动的是（　　）。

A. 与发行权益性证券直接相关的手续费、佣金等交易费用

B. 企业接受投资者投入的资本

C. 外币货币性项目的汇兑差额

D. 处置采用权益法核算的长期股权投资

12. 下列说法中，不正确的是（　　）。

A. 权益工具是指能证明拥有某个企业在扣除所有负债后的资产中的剩余权益的合同

B. 从发行方看，权益工具属于所有者权益的组成内容

C. 混合工具既含有负债成分，又含有权益成分

D. 盈余公积和资本公积统称为留存收益

## 二、多项选择题

1. 下列有关公司设立及其实收资本核算的表述中，正确的有（　　）。

A. 有限责任公司的股东可以用货币出资，也可以用实物出资，但不得用无形资产出资

B. 股份有限公司的设立有发起式和募集式

C. 初建有限责任公司时，各投资者按照合同、协议或公司章程投入企业的资本，应全部记入"实收资本"科目，注册资本为在公司登记机关登记的全体股东认缴的出资额

D. 在企业增资时，如有新投资者介入，新介入的投资者缴纳的出资额大于其按约定比例计算的其在注册资本中所占的份额部分，记入"资本公积"科目

2. 下列各项中，应通过"资本公积"科目核算的有（　　）。

A. 债务人债务重组过程中产生的债务重组利得

B. 在长期股权投资采用权益法核算的情况下，被投资单位资本公积发生变动

C. 以公允价值模式计量的投资性房地产期末公允价值大于账面价值

D. 接受控股股东捐赠

3. 甲公司按照年度净利润的10%提取法定盈余公积，不提取任意盈余公积。2×19年12月31日，甲公司股东权益总额为1 820万元，其中普通股股本为1 000万元（1 000万股），资本公积为600万元，盈余公积为20万元，未分配利润为200万元。2×20年5月6日甲公司实施完毕股东大会通过的分配方案，包括以2×19年12月31日的股本总额为基数，以资本公积转增股本每10股普通股转增3股，每股面值1元；每10股派发2元的现金股利。2×20年12月31日，甲公司实现净利润900万元。2×20年12月31日甲公司资产负债表上以下项目余额，正确的有（　　）。

A. 股本1 300万元

B. 资本公积300万元

C. 盈余公积110万元

D. 未分配利润810万元

4. 关于企业会计利润期末的会计处理，下列说法中正确的有（　　）。

A. 宣告分配现金股利，借记"利润分配——应付现金股利"科目，贷记"应付股利"科目

B. 实际分配股票股利，不做账务处理，只在备查账簿中登记

C. 结转本年发生的亏损，借记"利润分配——未分配利润"科目，贷记"本年利润"科目

D. 年度终了应将"利润分配"科目除"未分配利润"明细科目外的其他明细科目应转入"未分配利润"明细科目

5. 下列会计事项进行账务处理时，可能涉及"其他综合收益"科目的有（　　）。

A. 处置债权投资

B. 处置其他债权投资

C. 处置长期股权投资

D. 转销无法支付的应付账款

6. 下列交易或事项应记入"资本公积——其他资本公积"的有（　　）。

A. 采用权益法核算的长期股权投资在被投资单位除净损益以外的所有者权益发生增减变动时，投资企业按持股比例计算应享有的份额

B. 企业将作为存货的房地产转为采用公允价值模式计量的投资性房地产，其公允价值小于账面价值的差额

C. 确认权益结算的股份支付公允价值变动

D. 报废固定资产产生的利得

7. 下列项目中，属于权益工具的有（　　）。

A. 企业发行的债券

B. 企业发行的、使持有者有权以固定价格购入固定数量本企业普通股的认股权证

C. 企业发行金融工具时，该工具合同条款中没有包括交付现金或其他金融资产给其他单位的合同义务，也没有包括在潜在不利条件下与其他单位交换金融资产或金融负债的合同义务

D. 该工具是非衍生工具，且企业没有义务交付非固定数量的自身权益工具进行结算

8. 关于权益工具的表述，下列说法中正确的有（　　）。

A. 企业发行的可转换公司债券属于权益工具

B. 企业发行的非衍生金融工具，且企业没有义务交付非固定数量的自身权益工具进行结算，那么该工具应确认为权益工具

C. 企业发行的衍生工具，且企业只有通过交付固定数量的自身权益工具，换取固定数额的现金或其他金融资产进行结算，那么该工具也应确认为权益工具

D. 企业发行的、使持有者有权以固定价格购入固定数量该企业普通股的认股权证属于权益工具

9. 甲公司持有乙公司30%的有表决权股份，为乙公司的非控股股东。2019年4月1日，由于乙公司财务困难无法归还所欠丙公司材料款，经协商由甲公司代为偿还乙公司所欠丙公司债务2 000万元。该事项经济实质表明属于甲公司对乙公司的资本性投入，对该笔业务的会计处理，下列说法中，正确的有（　　）。

A. 甲公司应确认长期股权投资2 000万元

B. 乙公司应确认资本公积2 000万元

C. 乙公司应确认营业外收入2 000万元

D. 丙公司应终止债权2 000万元

## 三、计算分析题

1. 甲、乙两公司各出资500万元开办了A公司，双方的投资均构成了A公司的法定资本。A公司开办后，发生了下列相关业务事项：

（1）2019年度A公司实现净利润120万元，提取法定盈余公积12万元，向甲、乙两公司分配现金利润48万元。

（2）2020年1月10日有丙公司投入银行存款536万元入股A公司。丙公司投资后，甲、乙、丙三方各持有A公司三分之一的股份。

要求：（1）编制A公司2019年提取盈余公积、向投资者分配现金利润的会计分录。

（2）计算A公司2019年12月31日资产负债表中实收资本、资本公积、盈余公积和未分配利润各项目金额。

（3）编制A公司2020年1月10日接受丙公司投资的会计分录。

2. 甲股份有限公司（以下简称甲公司）有关利润分配业务资料如下：

（1）2018年1月1日，甲公司股东权益总额为46 500万元（其中，股本总额为10 000万股，每股面值为1元；资本公积为30 000万元；盈余公积为6 000万元；未分配利润为500万元）。2018年度实现净利润400万元，股本与资本公积项目未发生变化。甲公司按规定按2018年度实现净利润的10%提取法定盈余公积。2019年3月1日，甲公司董事会提出如下预案：

①按2018年度实现净利润的10%提取任意盈余公积。

②以2018年12月31日的股本总额为基数，以资本公积（股本溢价）转增股本，每10股转增4股，计4 000万股。

2019年5月5日，甲公司召开股东大会，审议批准了董事会提出的预案，同时决定分派现金股利300万元。2019年6月10日，甲公司办妥了上述资本公积转增股本的有关手续。

（2）2019年度，甲公司发生净亏损3 142万元。

（3）2020年5月9日，甲公司股东大会决定以法定盈余公积弥补账面累计未弥补亏损200万元。

【要求】

（1）编制甲公司2018年末提取法定盈余公积的会计分录。

（2）编制甲公司2019年5月提取任意盈余公积的会计分录。

（3）编制甲公司2019年5月宣告分派现金股利的会计分录。

（4）编制甲公司2019年6月资本公积转增股本的会计分录。

(5) 编制甲公司2019年度结转当年净亏损的会计分录。

(6) 编制甲公司2020年5月以法定盈余公积弥补亏损的会计分录。

(“利润分配”“盈余公积”科目要求写出明细科目；答案中的金额单位用万元表示。)

## 答案及解析

### 一、单项选择题

1.【答案】B

【解析】上述交易或事项对甲公司2×19年12月31日所有者权益总额的影响金额＝350－800－128＋500－120＋60＝－138（万元）。

2.【答案】A

【解析】2×19年1月1日负债成分的公允价值＝20 000×5%×（P/A，9%，3）＋20 000×（P/F，9%，3）＝17 975.3（万元），权益成分的公允价值＝20 000－17 975.3＝2 024.7（万元）。

3.【答案】A

【解析】会计处理：

借：库存股　60
　　贷：银行存款　60
借：股本　20
　　资本公积——股本溢价　30
　　盈余公积　10
　　贷：库存股　60

则甲公司回购股份并注销后资本公积（股本溢价）的余额＝30－30＝0。

4.【答案】C

【解析】投资企业按照权益法核算长期股权投资，对于被投资单位除净损益、其他综合收益和利润分配以外的所有者权益的其他变动，应当按照持股比例计算应享有的份额，借记或贷记“长期股权投资——其他权益变动”科目，贷记或借记“资本公积——其他资本公积”科目。

5.【答案】C

【解析】企业计提法定盈余公积的基数不包括年初未分配利润，选项A不正确；企业在提取公积金之前不得向投资者分配利润，分配顺序不能颠倒，选项B不正确；企业发生亏损时，可以用以后五年内实现的税前利润弥补，未足额弥补的，应用税后利润弥补，选项D不正确。

6.【答案】A

【解析】选项A，计入公允价值变动损益；其余选项会影响资本公积。

7.【答案】A

【解析】盈余公积转增资本时，借记“盈余公积”科目，贷记“实收资本”科目，会造成留存收益总额减少。

8.【答案】A

【解析】采用权益法核算长期股权投资时，对于被投资单位因经济业务引起所有者权益的增加，投资企业应按持股比例计算应享有的份额，借记“长期股权投资——××公司（其他资本公积）”，贷记“资本公积——其他资本公积”。

9.【答案】B

【解析】应作为权益性交易计入所有者权益（资本公积），选项B正确。

10.【答案】B

【解析】用盈余公积派送新股：

借：盈余公积
　　贷：股本
　　　　资本公积——股本溢价

11.【答案】C

【解析】外币货币性项目的汇兑差额，计入当期损益，选项C不会引起资本公积变动；其余选项会引起资本公积的变动。

12.【答案】D

【解析】所有者权益可分为实收资本、资本公积、盈余公积、未分配利润四部分。其中，盈余公积和未分配利润统称为留存收益。

### 二、多项选择题

1.【答案】BCD

【解析】有限责任公司的股东可以用货币出资，也可以用实物、知识产权、土地使用权等可以用货币估价并可以依法转让的非货币财产作价出资，选项A不正确。

2.【答案】BD

【解析】选项A计入营业外收入；选项C计入公允价值变动损益。

3.【答案】ABCD

【解析】股本＝1 000＋1 000/10×3＝1 300（万元）；资本公积＝600－1 000/10×3＝300（万元）；盈余公积＝20＋900×10%＝

110（万元）；未分配利润 =200 -1 000/10 ×2 +900 ×90% =810（万元）。

4.【答案】ACD

【解析】实际分配股票股利，应借记“利润分配——转作股本的股利”科目，贷记“股本”科目，选项 B 不正确。

5.【答案】BC

【解析】处置债权投资，应将其损益计入当期投资收益，不影响其他综合收益选项 A 不正确；处置其他债权投资，应将原计入其他综合收益的金额转入投资收益，选项 B 正确；处置长期股权投资时，原计入其他综合收益的金额可能转入损益或留存收益，选项 C 正确；转销无法支付的应付账款应计入营业外收入，选项 D 不正确。

6.【答案】AC

【解析】选项 B，企业将作为存货的房地产转为采用公允价值模式计量的投资性房地产，其公允价值大于账面价值形成的差额计入其他综合收益，如果是公允价值小于账面价值形成的差额应该计入公允价值变动损益；选项 C，确认权益结算的股份支付公允价值变动，应计入资本公积（其他资本公积）；选项 D 计入“营业外收入”科目。

7.【答案】BCD

【解析】选项 A 不正确，企业发行的债券，属于金融负债。

8.【答案】BCD

【解析】选项 A 属于混合工具。

9.【答案】ABD

【解析】甲公司为被投资者乙公司代为清偿债务，经济性质表明属于资本性投入，乙公司不能作为利得计入营业外收入，而应该作为资本性投入计入资本公积。选项 C 错误。

## 三、计算分析题

1.【答案】单位：万元

（1）借：利润分配——提取法定盈余公积　12

　　　　　　——应付股利　48

　　贷：盈余公积——法定盈余公积　12

　　　　应付股利　48

借：利润分配——未分配利润　60

　贷：利润分配——提取法定盈余公积　12

　　　　　　——应付股利　48

（2）实收资本 = 500 ×2 =1 000（万元）；资本公积 =0；盈余公积 =12（万元）；未分配利润 =120 -12 -48 =60（万元）。

（3）借：银行存款　536

　　贷：实收资本——丙公司　500

　　　　资本公积——资本溢价　36

2.【答案】

（1）编制甲公司 2018 年末提取法定盈余公积的会计分录：

借：利润分配——提取法定盈余公积　40

　贷：盈余公积——法定盈余公积　40

借：利润分配——未分配利润　40

　贷：利润分配——提取法定盈余公积　40

（2）编制甲公司 2019 年 5 月提取任意盈余公积：

借：利润分配——提取任意盈余公积　40

　贷：盈余公积——任意盈余公积　40

借：利润分配——未分配利润　40

　贷：利润分配——提取任意盈余公积　40

（3）编制甲公司 2019 年 5 月宣告分派现金股利：

借：利润分配——应付现金股利　300

　贷：应付股利　300

借：利润分配——未分配利润　300

　贷：利润分配——应付现金股利　300

（4）编制甲公司 2019 年 6 月资本公积转增股本的会计分录：

借：资本公积　4 000

　贷：股本　4 000

（5）编制甲公司 2019 年末结转当年净亏

损的会计分录：

借：利润分配——未分配利润 3 142

贷：本年利润 3 142

（6）编制甲公司2020年5月以法定盈定公积弥补亏损的会计分录：

借：盈余公积——法定盈余公积 200

贷：利润分配——盈余公积补亏 200

借：利润分配——盈余公积补亏 200

贷：利润分配——未分配利润 200

# 第十六章　收入、费用和利润

## 本章考情分析

本章篇幅较大，包括三节内容：收入、费用、利润，即利润表三要素。收入是近期的热点章、重点章，2018、2019年各考了一道大题，今年也极可能出一道大题，分数在12分左右。本章复习重点是收入的确认、计量。

## 本章教材变化

本章今年没有变化。

## 基本内容框架

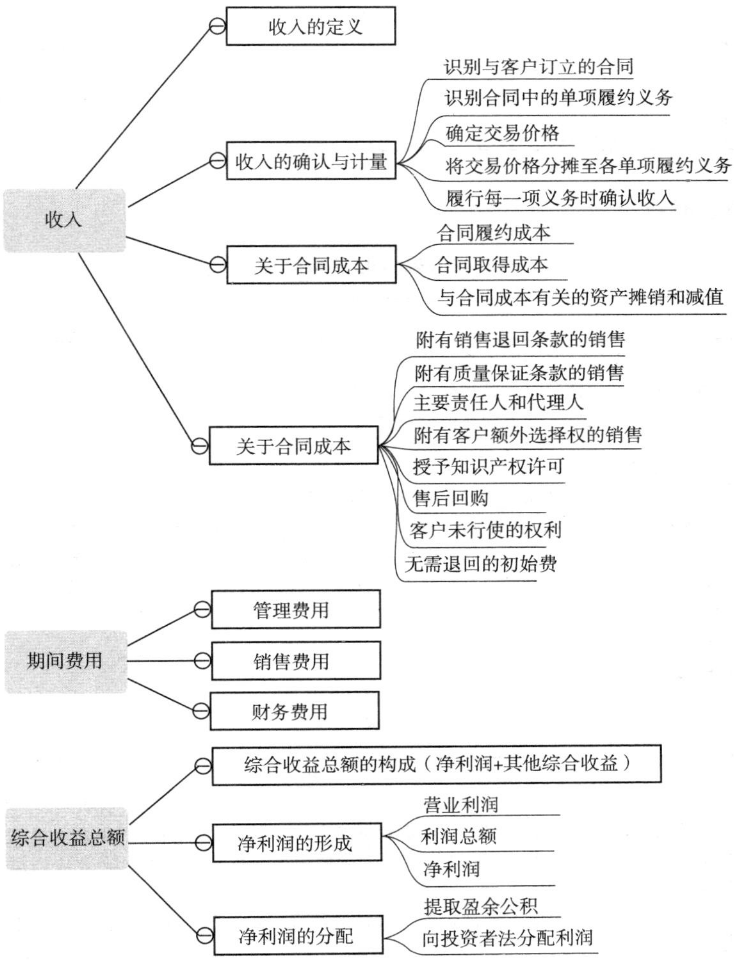

## 通关重难点例题解析

收入应重点掌握收入确认计量的五步法模型、收入确认时点、合同成本的处理、八项特定交易的具体处理；期间费用的核算内容；经营者总业绩的构成。

### 一、收入确认计量的五步法模型

2017 年修订后的《企业会计准则第 14 号——收入》发生了重大变化：①设定了统一的收入确认计量的“五步法模型”；②收入确认的时点由“风险报酬转移”改为“控制权转移”。

**收入确认计量的五步法模型**

| | 要点 |
|---|---|
| 第 1 步：识别与客户订立的合同 | 合同，是指双方或多方之间订立有法律约束力的权利义务的协议。合同有书面形式、口头形式以及其他形式。收入的确认必须以合同为基础。 |
| 第 2 步：识别合同中的单项履约义务 | 合同开始日，企业应当对合同进行评估，识别该合同所包含的各单项履约义务，并确定各单项履约义务是在某一时段内履行，还是在某一时点履行。 |
| 第 3 步：确定交易价格 | 企业应当根据合同条款，并结合其以往的习惯做法确定交易价格。 |
| 第 4 步：将交易价格分摊至各单项履约义务 | 合同中包含两项或多项履约义务的，企业应当在合同开始日，按照各单项履约义务所承诺商品的单独售价的相对比例，将交易价格分摊至各单项履约义务。 |
| 第 5 步：履行每一单项履约义务时确认收入 | 企业应当在履行了合同中的履约义务，即在客户取得相关商品控制权时确认收入。 |

### 二、收入确认时点

**收入确认时点和前提**

| | 相关规定 |
|---|---|
| 收入确认的时点 | 企业应当在履行了合同中的履约义务，即在客户取得相关商品控制权时确认收入。<br>取得相关商品控制权，是指能够主导该商品的使用并从中获得几乎全部的经济利益，也包括有能力阻止其他方主导该商品的使用并从中获得经济利益。 |
| 收入确认的前提条件 | 企业与客户之间的合同同时满足下列条件的，企业应当在客户取得相关商品控制权时确认收入：①合同各方已批准该合同并承诺将履行各自义务；②该合同明确了合同各方与所转让的商品（或服务）相关的权利和义务；③该合同有明确的与所转让的商品相关的支付条款；④该合同具有商业实质，即履行该合同将改变企业未来现金流量的风险、时间分布或金额；⑤企业因向客户转让商品而有权取得的对价很可能收回。不满足收入确认前提收到的款项，应确认为负债。 |

### 三、如何确定交易价格

**交易价格的确定**

| | 相关内容 |
|---|---|
| 可变对价 | 企业与客户的合同中约定的对价金额可能会因折扣、价格折让、返利、退款、奖励积分、激励措施、业绩奖金、索赔等因素而变化。合同中存在可变对价的，企业应当对计入交易价格的可变对价进行估计。<br>企业应当按照期望值（即加权平均数）或最可能发生金额确定可变对价的最佳估计数。 |

续表

| | 相关内容 |
|---|---|
| 合同中存在的重大融资成分 | 货币是有时间价值的，如果赊销时间很长（如 1 年以上）、赊销金额很大，则存在“重大融资成分”，销售方应将收到的全部价款分解为本 + 息，本金确认为销售收入，利息确认为利息收入。 |
| 非现金对价 | 企业在销售时，有时收到非现金对价，非现金对价包括实物资产、无形资产、股权、客户提供的广告服务等。客户支付非现金对价的，通常情况下，企业应当按照非现金对价在合同开始日的公允价值确定交易价格。 |
| 应付客户对价 | 企业存在应付客户对价的，应当将该应付对价冲减交易价格。 |

## 四、将交易价格分摊至各单项履约义务

当合同中包含两项或多项履约义务时，为了使企业分摊至每一单项履约义务的交易价格能够反映其因向客户转让已承诺的相关商品而预期有权收取的对价金额，企业应当在合同开始日，按照各单项履约义务所承诺商品的单独售价的相对比例，将交易价格分摊至各单项履约义务。

## 五、何时按时期确认收入？何时按时点确认收入？

**按时期或按时点确认收入**

| | 相关规定 |
|---|---|
| 按时期确认收入（3 种情形） | ①客户在企业履约的同时即取得并消耗企业履约所带来的经济利益，应按时期确认收入。<br>②客户能够控制企业履约过程中在建的商品，应按时期确认收入。<br>③企业履约过程中所产出的商品具有不可替代用途，且该企业在整个合同期间内有权就累计至今已完成的履约部分收取款项，应按时期确认收入。 |
| 按时点确认收入 | 不能按时期确认收入，就按时点确认收入。 |

## 六、合同取得成本的会计处理

为了取得合同，可能会发生销售佣金、差旅费、投标费等，在会计处理时有两个去向：资本化和费用化。

**合同取得成本的会计处理**

| | 相关规定 |
|---|---|
| 资本化 | 企业为取得合同发生的增量成本预期能够收回的，应当作为合同取得成本确认为一项资产。增量成本，是指企业不取得合同就不会发生的成本，例如销售佣金等。 |
| 费用化 | ①合同取得成本确认为资产摊销期限不超过一年的，为简化，可以在发生时计入当期损益。<br>②企业为取得合同发生的、除预期能够收回的增量成本之外的其他支出，计入当期损益。例如，无论是否取得合同均会发生的差旅费，投标费、为准备投标资料发生的相关费用等，应当在发生时计入当期损益。 |

## 七、合同履约成本的会计处理

为了履行合同义务，必然有投入，这就产生了合同履约成本。合同履约成本在会计处理时有三种办法：确认为存货等；确认为合同履约资产；直接计入损益。

**合同履约成本的会计处理**

| | 相关规定 |
|---|---|
| 确认为存货、固定资产等 | 企业为履行合同可能会发生各种成本，企业在确认收入的同时应当对这些成本进行分析，属于存货、固定资产、无形资产等规范范围的，应当按照相关规定进行会计处理。 |

续表

| | 相关规定 |
|---|---|
| 确认为一项合同履约资产 | 不属于其他章节规范范围且同时满足下列条件的，应当作为合同履约成本确认为一项资产：（1）该成本与一份当前或预期取得的合同直接相关；（2）该成本增加了企业未来用于履行（或持续履行）履约义务的资源；（3）该成本预期能够收回。 |
| 直接计入损益 | 企业应当在下列支出发生时，将其计入当期损益：（1）管理费用，除非这些费用明确由客户承担；（2）非正常消耗的直接材料、直接人工和制造费用，这些支出为履行合同发生，但未反映在合同价格中；（3）与履约义务中已履行部分相关的支出，即该支出与企业过去的履约活动相关；（4）无法在尚未履行的与已履行的履约义务之间区分的相关支出。 |

## 八、八项特定交易的会计处理

**八项特定交易的会计处理**

| | 具体规定 |
|---|---|
| 附有销售退回条款的销售 | 对于附有销售退回条款的销售，企业应当在客户取得相关商品控制权时，按照因向客户转让商品而预期有权收取的对价金额（即，不包含预期因销售退回将退还的金额）确认收入，按照预期因销售退回将退还的金额确认负债；同时，按预期将退回商品转让时的账面价值，扣除收回该商品预计发生的成本（包括退回商品的价值减损）后的余额，确认为一项资产，按照所转让商品转让时的账面价值，扣除上述资产成本的净额结转成本。 |
| 附有质量保证条款的销售 | 质量保证分为服务型质量保证和保障型质量保证：<br>（1）服务型保证：在评估质量保证是否在向客户保证所销售商品符合既定标准之外提供了一项单独的服务时，企业应当考虑该质量保证是否为法定要求、质量保证期限以及企业承诺履行任务的性质等因素。客户能够选择单独购买质量保证的，该质量保证构成单项履约义务。质量保证期限越长，越有可能是单项履约义务。<br>（2）保障型保证：法定要求通常是为了保护客户避免其购买瑕疵或缺陷商品的风险，而并非为客户提供一项单独的质量保证服务。如果企业必须履行某些特定的任务以保证所转让的商品符合既定标准（例如企业负责运输被客户退回的瑕疵商品），则这些特定的任务可能不构成单项履约义务。 |
| 主要责任人和代理人 | （1）主要责任人：企业在向客户转让商品前能够控制该商品的，该企业为主要责任人，应当按照已收或应收对价总额确认收入。<br>（2）代理人：企业在向客户转让商品前未能够控制该商品的，该企业为代理人，应当按照预期有权收取的佣金或手续费的金额确认收入，该金额应当按照已收或应收对价总额扣除应支付给其他相关方的价款后的净额，或者按照既定的佣金金额或比例等确定。 |
| 附有客户额外购买选择权的销售（授予奖励积分等） | 对于附有客户额外购买选择权的销售，企业应当评估该选择权是否向客户提供了一项重大权利。企业提供重大权利的，应当作为单项履约义务，按照本节有关交易价格分摊的要求将交易价格分摊至该履约义务，在客户未来行使购买选择权取得相关商品控制权时，或者该选择权失效时，确认相应的收入。客户额外购买选择权的单独售价无法直接观察的，企业应当综合考虑客户行使和不行使该选择权所能获得的折扣的差异、客户行使该选择权的可能性等全部相关信息后，予以合理估计。 |
| 授予知识产权许可 | （1）对于不构成单项履约义务的，企业应当将该知识产权许可和其他商品一起作为一项履约义务进行会计处理。<br>（2）对于构成单项履约义务的，应当确定其是在某一时段内履行还是在某一时点履行。 |
| 售后回购 | 企业因存在与客户的远期安排而负有回购义务或企业享有回购权利的，表明客户在销售时点并未取得相关商品控制权，企业应当作为租赁交易或融资交易进行相应的会计处理：<br>（1）回购价格低于原售价的，应当视为租赁交易，按照租赁准则进行会计处理。<br>（2）回购价格不低于原售价的，应当视为融资交易，在收到客户款项时确认金融负债，并将该款项和回购价格的差额在回购期间内确认为利息费用等。企业到期未行使回购权利的，应当在该回购权利到期时终止确认金融负债，同时确认收入。 |
| 客户未行使的权利（预收款销售） | 企业向客户预收销售商品款项的，应当首先将该款项确认为负债（合同负债），待履行了相关履约义务时再转为收入。 |
| 无需退回的初始费 | 企业在合同开始日向客户收取的无需退回的初始费（如俱乐部的入会费等）应当计入交易价格。 |

## 九、合同负债与预收账款的区别

合同负债与预收账款的区别

| | 具体内容 |
|---|---|
| 合同负债的定义 | 合同负债，是指企业已收或应收客户对价而应向客户转让商品的义务；相当于“预收账款”。 |
| 合同负债与预收账款的区别 | 销售商品、提供劳务执行修订后的收入准则，其预收的款项应通过“合同负债”科目核算；出售固定资产、转让无形资产等，不执行收入准则，其预收的款项仍然在“预收账款”科目核算。因此，执行新收入准则后，“预收账款”会计科目和报表项目都还保留，但金额很小了，预收商品款都反映在“合同负债”了！ |
| 合同负债的列示 | 合同负债应当在资产负债表中单独列示，并按流动性分别列示为“合同负债”或“其他非流动负债”。 |

## 十、期间费用的核算内容

三大期间费用的内容

| | 具体内容 |
|---|---|
| 管理费用 | 管理费用是指企业为组织和管理生产经营活动而发生的各种管理费用，包括企业在筹建期间发生的开办费、董事会和行政管理部门在企业的经营管理中发生的或者应由企业统一负担的公司经费（包括行政管理部门职工薪酬、物料消耗、低值易耗品摊销、办公费和差旅费等）、工会经费、董事会费（包括董事会成员津贴、会议费和差旅费等）、聘请中介机构费、咨询费（含顾问费）、诉讼费、业务招待费、技术转让费、矿产资源补偿费、研究费用、排污费以及行政管理部门发生的固定资产修理费等。<br>应注意：①生产车间维修费计入制造费用，应该与第四章固定资产中的口径一致；②房产税、车船税、土地使用税、印花税等从 2016 年起应计入“税金及附加”科目，不计入管理费用。 |
| 销售费用 | 销售费用是指企业在销售商品和材料、提供劳务过程中发生的各项费用，包括企业在销售商品过程中发生的包装费、保险费、展览费和广告费、商品维修费、预计产品质量保证损失、运输费、装卸费等费用，以及企业发生的为销售本企业商品而专设的销售机构的职工薪酬、业务费、折旧费、固定资产修理费等费用。 |
| 财务费用 | 财务费用是指企业为筹集生产经营所需资金等而发生的筹资费用，包括利息支出（减利息收入）、汇兑损益以及相关的手续费、企业发生的现金折扣或收到的现金折扣等。 |

## 十一、经营者总业绩的构成

利润表反映经营者业绩，经营者的总业绩称为“综合收益总额”，综合收益总额 = 净利润 + 其他综合收益 = 已计入损益的业绩 + 未计入损益业绩。

经营者总业绩的构成

| | 具体内容 |
|---|---|
| 净利润的形成 | （1）利润由三个层次构成：营业利润、利润总额和净利润。其中利润总额 = 营业利润 + 营业外收入 - 营业外支出；净利润 = 利润总额 - 所得税费用。<br>（2）营业外收入是指企业发生的与其日常活动无直接关系的各项利得。营业外收入主要包括报废毁损非流动资产处置利得、债务重组利得、与业务无关的政府补助、盘盈利得（现金盘盈）、接受捐赠利得、确实无法支付而按规定程序经批准后转作营业外收入的应付款项等。<br>（3）营业外支出是指企业发生的与其日常活动无直接关系的各项损失，主要包括报废毁损非流动资产处置损失、债务重组损失、公益性捐赠支出、非常损失、盘亏损失（固定资产盘亏）等。 |
| 其他综合收益 | 其他综合收益，是指企业根据其他会计准则规定未在当期损益中确认的各项利得和损失。 |

【例 16－1】（2018 年多选题）下列各项中，不应作为合同履约成本确认为合同资产的有（　　）。

A. 为取得合同发生但预期能够收回的增量成本

B. 为组织和管理企业生产经营发生的但非由客户承担的管理费用

C. 无法在尚未履行的与已履行（或已部分履行）的履约义务之间区分的支出

D. 为履行合同发生的非正常消耗的直接材料、直接人工和制造费用

【答案】BCD

【解析】企业为履约合同发生的成本，不属于其他企业会计准则规范范围且同时满足下列条件的，应当作为合同履约成本确认为一项资产：①该项成本与一份当前或预期取得的合同直接相关，包括直接人工、直接材料、制造费用（类似费用）、明确由客户承担的成本以及仅因该合同而发生的其他成本；②该项成本增加了企业未来用于履行履约义务的资源；③该项成本预期能够收回。

【例 16－2】（2017 年单选题）甲公司为设备安装企业。2×17 年 10 月 1 日，甲公司接受一项设备安装任务，安装期为 4 个月，合同总收入 480 万元，按时段确认收入。至 2×18 年 12 月 31 日，甲公司已预收合同价款 350 万元，实际发生安装费 200 万元，预计还将发生安装费 100 万元。假定甲公司按实际发生的成本占预计总成本的比例确定劳务履约进度。甲公司 2×18 年该设备安装业务应确认的收入是（　　）。

A. 320 万元　　B. 350 万元

C. 450 万元　　D. 480 万元

【答案】A

【解析】2×18年该设备安装业务应确认的收入＝合同总收入480×履约进度［200÷(200＋100)］＝480×66.67%＝320 万元。

## 通关演练

### 一、单项选择题

1. 下列关于收入确认计量的说法中，不正确的是（　　）。

A. 企业应当在客户取得相关商品控制权时确认收入

B. 企业应当按照期望值或最可能发生金额确定可变对价的最佳估计数

C. 合同负债是指企业已收或应收客户对价而应向客户转让商品的义务

D. 企业为取得合同发生的增量成本预期能够收回的，应对作为合同取得成本确认为一项负债

2. 下列各项中，符合收入会计要素定义，可以确认为收入的是（　　）。

A. 出售长期股权投资取得的净收益

B. 收到保险公司支付的赔偿款

C. 安装公司提供安装服务取得的收入

D. 出售无形资产产生的净收益

3. 某甲企业产品价目表列明，其生产的 A 产品的销售价格为每件 200 元（不含增值税），购买 200 件以上，可获得 5% 的商业折扣，购买 400 件以上，可获得 10% 的商业折扣，2×19 年 2 月 1 日该企业对外销售给某客户产品 350 件。规定对方付款条件为：2/10，1/20，n/30（计算现金折扣不考虑增值税），购货单位于 8 天内付款，2 月 20 日该企业因产品质量与合同略有不符同意给予购货方 3% 的销售折让并办理相关手续，发生销售折让的部分开出红字增值税专用发票。假设该企业为增值税一般纳税人，销售商品适用的增值税税率为 13%，商品发出时控制权发生转移。该企业此项销售业务应确认收入的金额为（　　）元。

A. 66 500　　B. 65 170

C. 63 214.9　　D. 68 600

4. 甲公司对 A 产品实行 1 个月内“包退、包换、包修”的销售政策。2×19 年 1 月份销售 A 产品 100 件，2 月份销售 A 产品 80 件，A 产品的销售单价均为 5 000 元（不含增值税）。甲公司根据 2×18 年的经验估计 2×19 年销售的 A 产品中，涉及退货的比例为 4%、涉及换货的比例为 2%、涉及修理的比例为 6%，退货期为 1 个月。甲公司 2×19 年 1 月份销售的 A 产品中在 2×19 年 2 月实际发生退货的比例为 3%，未发生换货和修理的情况。假定商品均在月初发生商品时控制权转移实现销售，则甲公司 2×19 年 2 月应确认 A 产品的销售收入为（　　）元。

A. 384 000　　B. 389 000
C. 399 000　　D. 406 000

5. 甲公司本年度委托乙公司代销一批零配件，代销价款为800万元。本年度收到乙公司开具的代销清单列明已销售代销零配件的60%，甲公司收到代销清单时向乙公司开具增值税专用发票。乙公司按代销价款的3%收取手续费。该批零配件的实际成本为500万元。甲公司发出商品时控制权未转移，收到代销清单时控制权已转移，则甲公司本年度应确认的销售收入为（　　）万元。

A. 480　　B. 456
C. 800　　D. 273.6

6. 甲公司2×19年8月1日与乙公司签订产品销售合同。合同约定，甲公司应向乙公司销售A产品50件，单位售价1 000元（不含增值税），销售商品适用的增值税税率为13%；乙公司应在甲公司发出产品后1个月内支付款项，且收到A产品后5个月内如发现质量问题有权退货。A产品单位成本为600元。甲公司于2×19年8月1日发出A产品，并开具增值税专用发票。甲公司无法根据过去的经验，估计该批商品的退货率，在退货期满时控制权转移。至2×19年12月31日止，上述已销售的A产品发生退货5件。则甲公司因销售A产品对2×19年度利润总额的影响金额为（　　）万元。

A. 0　　B. 2
C. 1.4　　D. 1.8

7. 甲公司和乙公司均为增值税一般纳税人，2×19年10月1日，甲公司与乙公司签订购销合同。合同规定：乙公司购入甲公司10件A产品，每件销售价格为300万元，增值税税额为390万元。甲公司已于当日收到乙公司货款并开具增值税专用发票。该产品已于当日发出，每件销售成本为160万元，未计提跌价准备。同时，双方还签订了补充协议，补充协议规定甲公司于2×20年3月31日按每台360万元价格购回全部该产品。则甲公司2×19年12月31日因该事项确认的其他应付款金额为（　　）万元。

A. 3 000　　B. 3 100
C. 3 300　　D. 3 600

8. 某市政府欲建一高速公路，决定采取BOT方式筹建，经省物价局、财政局、交通运输厅等相关部门许可，投资方经营收费10年（不含建设期2年），期满归还政府。2×18年由甲公司投资20 000万元（为自有资金），组建了高速公路投资有限责任公司。甲公司在签订BOT合同后组建了项目公司并开始项目运作。项目公司自建该项目，并于2×18年1月进入施工建设阶段，整个建设工程预计在2×19年12月31日前完工（建设期2年）。甲公司在经营期间有收取通行费的权利。经营期间通行费预计为4 000万元/年，经营费用为100万元/年。不考虑其他因素，建设工程完工后，甲公司取得的高速公路收费权在运营期内每年对损益的影响为（　　）万元。

A. 1 900　　B. 3 900
C. －16 000　　D. －15 900

9. 2×19年1月1日，甲公司董事会批准了管理层提出的客户忠诚度计划。该客户忠诚度计划为：持积分卡的客户在甲公司消费一定金额时，甲公司向其授予奖励积分，客户可以使用奖励积分（每一奖励积分的公允价值为0.01元）购买甲公司经营的任何一种商品；奖励积分自授予之日起3年内有效，过期作废。2×19年度，甲公司销售各类商品价款（不含增值税税额）共计100万元（不包括客户使用奖励积分购买的商品），授予客户奖励积分共计100万分，客户使用奖励积分共计30万分。2×19年年末，甲公司估计2×19年度授予的奖励积分将有60%被使用。则甲公司2×19年年末合同负债余额为（　　）万元。

A. 100　　B. 99
C. 1　　D. 0.5

10. 采用预收款方式销售商品，通常应在（　　）时点确认收入。

A. 实际收到货款
B. 发出商品
C. 合同约定的收款日期
D. 签订合同

11. 2019年2月1日，A公司与甲公司签订了一项总额为20 000万元的固定造价合同，在甲公司自有土地上为甲公司建造一栋办公楼。截至2019年12月20日，A公司累计已发生成本6 500万元，2019年12月25日，经协商合同双方同意变更合同范围，附加装修办公楼的服务内容，合同价格相应增加3 400万元，假定上述新增合同价款不能反映装修服务的单独售价。不考虑其他因素，下列各项关于上述合同变更会计处理的表述中，正确的是（　　）。

A. 合同变更部分作为单独合同进行会计处理

B. 合同变更部分作为原合同组成部分进行会计处理

C. 合同变更部分作为单项履约义务于完成装修时确认收入

D. 原合同未履约部分与合同变更部分作为新合同进行会计处理

## 二、多项选择题

1. 对于在某一时点履行的履约义务，企业应当在客户取得相关商品控制权时确认收入。在判断客户是否取得商品的控制权时，企业应当考虑的迹象有（　　）。

A. 客户已接受该商品

B. 客户已拥有该商品的法定所有权

C. 客户已取得该商品所有权上的主要风险和报酬

D. 客户就该商品负有现时付款义务

2. 2×19 年 1 月 1 日，甲公司采用分期收款方式向乙公司销售一套大型设备，合同约定的销售价格为 2 000 万元（不含增值税），分 5 次于每年 12 月 31 日等额收取。该大型设备成本为 1 200 万元。假定该销售商品在发出商品时控制权转移，符合收入确认条件，同期银行贷款年利率为 6%。不考虑其他因素，（P/A，5，6%）=4.2124。下列甲公司的相关处理中，不正确的有（　　）。

A. 甲公司 2×19 年 1 月 1 日应确认的收入金额为 2 000 万元

B. 甲公司 2×19 年 1 月 1 日确认的长期应收款的账面价值为 1 684.96 万元

C. 甲公司 2×19 年 12 月 31 日资产负债表中应列示的长期应收款的金额为 1 386.06 万元

D. 甲公司因该项销售业务影响 2×19 年利润总额的金额为 800 万元

3. 下列关于收入确认计量的说法中，正确的有（　　）。

A. 企业应当在客户取得相关商品控制权时确认收入

B. 企业向客户转让可明确区分商品的承诺应作为单项履约义务

C. 企业代第三方收取的款项应作为交易价格的组成部分

D. 对于在某一时间段内履行的履约义务，企业应当在该段时间内按照履约进度确认收入

4. 甲公司为增值税一般纳税人，销售商品适用的增值税税率为 13%。2×19 年 4 月 1 日，甲公司采用以旧换新方式销售给 A 公司产品 40 台（换出商品时控制权转移），单位售价为 5 万元，单位成本为 3 万元，款项已收存银行；同时收回 40 台同类旧商品，每台回收价为 0.5 万元（收回后作为原材料），回收的旧商品需要考虑增值税，相关款项已通过银行转账支付。则下列关于甲公司的会计处理中，正确的有（　　）。

A. 甲公司应确认收入 200 万元

B. 甲公司应确认收入 180 万元

C. 甲公司应确认原材料 20 万元

D. 甲公司应结转成本 120 万元

5. 甲股份有限公司（本题下称甲公司），为增值税一般纳税人，销售商品适用的增值税税率为 13%。主要从事大型设备及配套产品的生产和销售。2×19 年 12 月 10 日，甲公司与丙公司签订产品销售合同。合同规定：甲公司向丙公司销售产品一台，并负责安装调试，合同约定总价款（包括安装调试费）为 900 万元（不含增值税，其中设备单独售价为 820 万元，安装劳务单独售价为 80 万元）；双方约定丙公司在安装调试完毕并验收合格后支付合同价款。甲公司该产品的成本为 700 万元。12 月 25 日，甲公司将产品运抵丙公司。甲公司 2×20 年 1 月 1 日开始安装调试工作；2×20 年 2 月 25 日产品安装调试完毕并经丙公司验收合格，安装调试成本为 40 万元。甲公司 2×20 年 2 月 26 日收到丙公司支付的全部合同价款。

甲公司对丙公司的销售业务，下列处理中正确的有（　　）。

A. 甲公司对丙公司的该项销售业务 2×19 年不应确认销售收入

B. 甲公司对丙公司的该项销售业务 2×19 年应当确认的主营业务收入为 900 万元

C. 甲公司对丙公司的该项销售业务 2×19 年应当确认的主营业务成本为 700 万元

D. 甲公司销售的设备在安装调试工作完成并验收合格后才能确认收入

6. 下列项目中，属于在某一时间段内履行的履约义务，相关收入应当在该履约义务履行的期间内确认的有（ ）。

A. 客户在企业履约的同时即取得并消耗企业履约所带来的经济利益

B. 客户能够控制企业履约过程中在建的商品

C. 企业已将商品的法定所有权转移给客户

D. 企业履约过程中所产出的商品具有不可替代用途，且该企业在整个合同期间内有权就累计至今已完成的履约部分收取款项

7. 下列关于收入会计处理的表述中，正确的有（ ）。

A. 企业为取得合同发生的增量成本预期能够收回的，应当作为合同取得成本确认为一项资产

B. 合同结算借方余额预期在 1 年内完成，应列示在资产负债表中的合同资产项目

C. 合同结算贷方余额预期在 1 年内完成，应列示在资产负债表中的合同负债项目

D. 售后回购回购价格低于原售价的，应当视为融资交易进行会计处理

8. 下列各项中，应计入管理费用的有（ ）。

A. 企业在筹建期间内发生的开办费

B. 行政管理部门计提的固定资产折旧费

C. 按照生产工人工资的 2% 计提工会经费

D. 生产车间固定资产日常修理费用

9. 下列各项中，应在“营业外支出”项目中核算的有（ ）。

A. 报废无形资产损失

B. 公益性捐赠支出

C. 出售固定资产净收益

D. 存货因管理不善发生毁损

10. 下列有关特定交易会计处理的表述中，正确的有（ ）。

A. 企业向客户预收销售商品款项的，应当将该款项确认为合同负债

B. 企业在合同开始日向客户收取的无需退回的初始费应当计入交易价格

C. 主要责任人销售商品应当按照已收或应收对价总额确认收入

D. 附有质量保证条款的销售，如果企业在向客户保证所销售商品符合既定标准之外提供了一项单独的服务，应当作为单项履约义务，在履行了该履约义务时确认收入

11. 下列说法中，正确的有（ ）。

A. 合同资产是指企业已向客户转让商品而有权收取对价的权利，且该权利取决于时间流逝之外的其他因素

B. 应收款项仅承担信用风险，合同资产除信用风险外还可能承担其他风险

C. 企业存在应付客户对价的，应对将该应付客户对价计入负债

D. 交易存在非现金对价的，企业应当按照非现金对价在合同开始日的账面价值确定交易价格

## 三、综合题

1. 甲公司 2×19 年 12 月发生的与收入相关的交易或事项如下：

（1）2×19 年 12 月 1 日，甲公司与客户乙公司签订一项销售并安装设备的合同，合同期限为 2 个月，交易价格为 270 万元。合同约定，当甲公司合同履约完毕时，才能从乙公司收取全部合同金额，甲公司对设备质量和安装质量承担责任。该设备的单独售价为 200 万元，安装劳务的单独售价为 100 万元。2×19 年 12 月 5 日，甲公司以银行存款 170 万元从丙公司购入并取得该设备的控制权，于当日按照合同约定直接运抵乙公司指定地点开始安装，乙公司对该设备进行验收并取得其控制权。此时，甲公司向乙公司销售设备的履约义务已经完成。

（2）至 2×19 年 12 月 31 日，甲公司实际发生安装费用 48 万元（均为甲公司员工的薪酬），估计还将发生安装费用 32 万元。甲公司向乙公司提供设备安装劳务属于在一个时段内履行的履约义务，按实际发生的成本占估计总成本的比例确定履约进度。

本题不考虑增值税等相关税费及其他因素。

要求：

（1）判断甲公司向乙公司销售设备时的身份是主要责任人还是代理人，并说明理由。

（2）计算甲公司将交易价格分摊至设备销售与设备安装的金额。

（3）编制甲公司2×19年12月5日销售设备时确认销售收入并结转销售成本的会计分录。

（4）编制甲公司2×19年12月发生设备安装费用的会计分录。

（5）分别计算甲公司2×19年12月31日设备安装的履约进度和应确认设备安装收入的金额，并编制确认设备安装收入和结转设备安装成本的会计分录。

2. 甲公司为增值税一般纳税人，销售商品适用的增值税税率为13%，销售单价除标明为含税价格外，均为不含增值税价格。甲公司2×19年发生如下业务：

（1）5月1日，收到乙公司退回2×18年12月5日所购一批B商品的30%。经查实，该批B商品存在严重质量问题，甲公司同意了乙公司的退货要求。当日，收到乙公司交来的税务机关开具的进货退回证明单，并开具了增值税红字专用发票。退货款项于当日支付给乙公司。该批商品的销售价格为5 000万元，增值税税额为650万元，该批商品的销售成本为3 000万元，商品已发出（在发出商品时控制权已转移），货款已经收到，协议约定在销售后6个月内有权退还该批商品。假定甲公司根据过去的经验，估计该批商品退货率约为25%。

（2）6月5日，甲公司向丙公司销售C产品两台，销售价格为每台200万元，并开具增值税专用发票。销售商品过程中另发生保险费等10万元。为及早收回货款，双方合同约定的现金折扣条件为：5/15，n/30（计算现金折扣时考虑增值税）。甲公司C产品的成本为120万元，丙公司已于6月15日付款。假设发出商品时控制权已经转移，甲公司判断丙公司将在15天内支付货款，享受5%折扣。

（3）7月1日，甲公司将一项管理部门使用的专利权出租给丁公司，租赁期为4年，年租金为200万元。该项专利权原值为1 000万元，预计使用寿命10年，采用直线法摊销，无残值。假定无形资产按年计提摊销。

（4）10月10日，向丁公司销售D产品一批，以托收承付结算方式进行结算。该批商品的成本为220万元，增值税专用发票上注明售价340万元，增值税税额为44.2万元。甲公司于当日发出商品并已办妥托收手续后，此时得知丁公司资金周转发生严重困难，很可能难以支付货款。

（5）12月20日，与戊公司签订协议，委托其代销A产品200台。根据代销协议，戊公司按代销商品不含税售价的10%收取手续费；该批商品的协议售价为每台180万元，实际成本为每台80万元。产品已运往戊公司。12月31日，甲公司收到戊公司开来的代销清单，列明已售出该批产品的10%，款项尚未收到，甲公司收到戊公司开来的代销清单时开具了增值税专用发票。

（6）除上述事项外，甲公司因其他事项确认管理费用50万元，投资收益80万元，营业外收入100万元，营业外支出25万元。

不考虑其他因素。

要求：

（1）根据资料（1）至资料（5）分别编制甲公司2×19年发生各项业务的会计分录；

（2）计算甲公司2×19年应确认的营业利润和利润总额的金额。（答案中的金额单位用“万元”表示）

3. 甲公司系制造业企业，为增值税一般纳税人，销售商品适用的增值税税率为13%；销售单价除标明为含税价格外，均为不含增值税价格。按每笔销售分别结转销售成本。

资料一：甲公司2×19年12月1日起发生以下业务：

（1）1日，向A公司销售商品一批，价款为100万元，该商品成本为80万元（未计提存货跌价准备），当日收到货款113万元。

（2）5日，向B公司销售商品100台，销售价格为每台10万元，成本为每台8万元，于当日发货100台，同时收到该公司支付的部分货款1 000万元。28日，因该产品的包装质量问题同意给予B公司每台1万元的销售折让。甲公司于12月28日收到税务部门开具的索取折让证明单，并向B公司开具红字增值税专用发票。

（3）11日，与C企业签订代销协议，C企业委托本公司销售其商品1 000件，协议规定：本公司应按每件 3 500 元的价格对外销售，C 企业按售价的 10% 支付本公司手续费。本公司当日收到商品。12 月 20 日，销售来自于 C 企业的受托代销商品 800 件，款项已收到并向买方开具增值税专用发票。同时将代销清单交于 C 企业，并向 C 企业支付商品代销款（已扣手续费），收到 C 公司向本公司开具的增值税专用发票。

资料二：甲公司内部审计人员在对其 2×19 年度报表进行内审时，对以下交易或事项的会计处理提出疑问。

（4）2×19 年 12 月 31 日，甲公司尚未履行的合同如下：2×19 年 8 月，甲公司与乙公司签订一份产品销售合同，约定在 2×20 年 2 月底以每件 0.3 万元的价格向乙公司销售 3 000 件产品，违约金为合同总价款的 20%。2×19 年 12 月 31 日，甲公司库存产品 3 000 件，成本总额为 1 200 万元，按目前市场价格计算的市价总额为 1 400 万元。假定甲公司销售产品不发生销售费用。

甲公司选择不执行合同，因不执行合同产生收益 20 万元，所以无需进行账务处理。

要求：

（1）根据资料一，逐项编制甲公司上述业务的相关会计处理。

（2）根据资料二，判断甲公司事项（4）会计处理是否正确，如不正确，简要说明理由并编制更正相关项目的会计处理。（答案中金额单位用万元表示）

4. 甲公司是一家投资控股型的上市公司。拥有从事各种不同业务的子公司。

（1）甲公司的子公司——乙公司是一家建筑承包商，专门从事办公楼设计和建造业务。2019 年 2 月 1 日，乙公司与戊公司签订办公楼建造合同，按照戊公司的特定要求在戊公司的土地上建造一栋办公楼。根据合同的约定，建造该办公楼的价格为 8 000 万元，乙公司分三次收取款项，分别于合同签订日、完工进度达到 50%、竣工验收日收取合同造价的 20%、30%、50%。工程于 2019 年 2 月开工，预计于 2021 年底完工。乙公司预计建造上述办公楼的总成本为 6 500 万元，截至 2019 年 12 月 31 日，乙公司累计实际发生的成本为 3 900 万元。乙公司按照累计实际发生的成本占预计总成本的比例确定履约进度。

（2）甲公司的子公司——丙公司是一家生产通信设备的公司。2019 年 1 月 1 日，丙公司与乙公司签订专利许可合同，许可乙公司在 5 年内使用自己的专利技术生产 A 产品。根据合同的约定，丙公司每年向乙公司收取由两部分金额组成的专利技术许可费，一是固定金额 200 万元，于每年末收取；二是按照乙公司 A 产品销售额的 2% 计算的提成，于第二年初收取。根据以往年度的经验和做法，丙公司可合理预期不会实施对该专利技术产生重大影响的活动。

2019 年 12 月 31 日，丙公司收到乙公司支付的固定金额专利技术许可费 200 万元。2019 年度，乙公司销售 A 产品 80 000 万元。

（3）其他有关资料：

①本题涉及的合同均符合企业会计准则关于合同的定义，均经合同各方管理层批准。

②乙公司和丙公司估计，因向客户转让商品或提供服务而有权取得的对价很可能收回。

③不考虑货币时间价值，不考虑税费及其他因素。

要求：

（1）根据资料（1），判断乙公司的建造办公楼业务是属于在某一时段内履行履约义务还是属于某一时点履行履约义务，并说明理由。

（2）根据资料（1），计算乙公司 2019 年度的合同履约进度，以及应确定的收入和成本。

（3）根据资料（2），判断丙公司授予知识产权许可属于在某一时段内履行履约义务还是属于某一时点履行履约义务，并说明理由。说明丙公司按照乙公司 A 产品销售额的 2% 收取的提成应于何时确认收入。

（4）根据资料（2），编制丙公司 2019 年度与收入确认相关的会计分录。

## 答案及解析

### 一、单项选择题

1.【答案】D

【解析】企业为取得合同发生的增量成本预期能够收回的，应对作为合同取得成本确认为一项资产，选项 D 不正确；其余选项正确。

2. 【答案】C

【解析】出售长期股权投资取得的净收益，应确认为投资收益，不满足收入的定义，选项 A 不正确；收到保险公司的赔偿款与出售无形资产产生的净收益不属于企业的日常活动，不应确认为收入，选项 B 和 D 不正确。

3. 【答案】C

【解析】商业折扣、现金折扣属于可变对价。合同中存在可变对价的，企业应当对计入交易价格的可变对价进行估计。企业应当按照期望值或最可能发生金额确定可变对价的最佳估计数。企业按照期望值或最可能发生金额确定可变对价金额之后，计入交易价格的可变对价金额还应该满足限制条件，即包含可变对价的交易价格，应当不超过在相关不确定性消除时，累计已确认的收入极可能不会发生重大转回的金额。客户购货数量在 400 件以下，享受 5% 商业折扣；现金折扣应进行估计，在发出商品时，应预计现金折扣为 2%，因为很难保证收入极可能不会发生重大转回，实际在第 8 天付款，应享受 2% 折扣；销售折让冲减当期销售商品收入，该企业此项销售业务应确认收入的金额 = 200 × 350 ×（1 − 5%）×（1 − 2%）×（1 − 3%）= 63 214.9（元）。

4. 【答案】B

【解析】甲公司 2 × 19 年 2 月份应确认 A 产品的销售收入 = 80 × 5 000 ×（1 − 4%）（当月销售部分确认收入）+ 100 × 5 000 × 1%（上月未发生退货部分）= 389 000（元）。

5. 【答案】A

【解析】甲公司本年度应确认的销售收入 = 800 × 60% = 480（万元）。

6. 【答案】D

【解析】对于附有销售退回条款的销售，企业应当在客户取得相关商品控制权时，按照因向客户转让商品而预期有权收取的对价金额确认收入。至 2 × 19 年 12 月 31 日止，退货期已满，甲公司应对未退货部分确认收入，甲公司因销售 A 产品对 2 × 19 年度利润总额的影响金额 =（50 − 5）×（1 000 − 600）= 1.8（万元）。

7. 【答案】C

【解析】企业因存在与客户的远期安排而负有回购义务，表明客户在销售时点并未取得相关商品控制权，回购价格不低于原售价的，应当视为融资交易，在收到客户款项时确认金融负债，并将该款项和回购价格的差额在回购期间内确认为利息费用。甲公司 2 × 19 年 12 月 31 日因该事项确认的其他应付款金额 = 300 × 10 +（360 − 300）× 10/6 × 3 = 3 300（万元）。

8. 【答案】A

【解析】甲公司取得的高速公路收费权在 10 年经营期内对损益的影响 = 4 000 − 20 000 ÷ 10 − 100 = 1 900（万元）。

9. 【答案】D

【解析】2 × 19 年授予奖励积分的公允价值 = 100 × 0.01 = 1（万元），销售商品应当确认的收入 = 100 − 100 × 0.01 = 99（万元），销售商品时应确认奖励积分公允价值 = 100 × 0.01 = 1（万元），2 × 19 年奖励积分公允价值部分确认的收入（因奖励积分部分确认的收入）= 30 ÷（100 × 60%）× 1 = 0.5（万元），合同负债余额 = 1 − 0.5 = 0.5（万元）。

10. 【答案】B

【解析】采用预收款方式销售商品，企业通常应在发出商品时确认收入，在此之前预收的货款应确认为合同负债，选项 B 正确。

11. 【答案】B

【解析】在合同变更当日已转让商品与未转让商品之间不可明确区分的，应当将该合同变更部分作为原合同的组成部分，在合同变更当日重新计算履约进度，并调整当期收入和相应成本等。

## 二、多项选择题

1. 【答案】ABCD

【解析】在判断客户是否已取得商品控制权时，企业应当考虑下列迹象：①企业就该商品享有现时收款权利，即客户就该商品负有现时付款义务；②企业已将该商品的法定所有权转移给客户，即客户已拥有该商品的法定所有权；③企业已将该商品实物转移给客户，即客户已实物占有该商品；④企业已将该商品所有权上的主要风险和报酬转移给客户，即客户已取得该商品所有权上的主要风险和报酬；⑤客户已接受该商品。

2. 【答案】AD

【解析】选项A，甲公司2×19年1月1日应确认的收入金额＝400×4.2124＝1 684.96（万元）；选项B，2×19年1月1日长期应收款的账面价值＝2 000－（2 000－400×4.2124）＝1 684.96（万元）；选项C，甲公司2×19年12月31日长期应收款的摊余成本＝1 684.96×（1＋6%）－400＝1 386.06（万元）；选项D，甲公司因该项销售业务影响2×19年利润总额的金额＝1 684.96－1 200＋1 684.96×6%＝586.06（万元）。甲公司账务处理：

2×19年1月1日：

借：长期应收款　　2 000

　贷：主营业务收入

　　　（400×4.2124）1 684.96

　　　未实现融资收益　　315.04

借：主营业务成本　　1 200

　贷：库存商品　　1 200

2×19年12月31日：

借：银行存款　　400

　贷：长期应收款　　400

借：未确认融资收益　　101.10

　贷：财务费用

　　　（1 684.96×6%）101.10

2×19年12月31日长期应收款账面价值＝长期应收款账面余额1 600－未确认融资收益（315.04－101.10）＝1 600－213.94＝1 386.06（万元）。

3. 【答案】ABD

【解析】企业代第三方收取的款项，应当作为负债进行会计处理，不计入交易价格，选项C不正确。

4. 【答案】ACD

【解析】以旧换新销售，销售的商品应当按照销售商品收入确认条件确认收入，回收的商品作为购进商品处理，因此，甲公司应确认销售收入的金额＝40×5＝200（万元），应结转的成本金额＝40×3＝120（万元），应确认的原材料金额＝40×0.5＝20（万元）。

相关会计处理如下：

借：银行存款　　203.4

　　原材料　　20

　　应交税费——应交增值税（进项税额）　　2.6

　贷：主营业务收入　　200

　　　应交税费——应交增值税（销项税额）　　26

借：主营业务成本　　120

　贷：库存商品　　120

5. 【答案】BC

【解析】销售商品和安装劳务属于单独义务，应分别确认收入。销售商品在设备运抵丙公司时控制权转移，应确认收入900万元，确认主营业务成本700万元。选项AD不正确。

6. 【答案】ABD

【解析】企业已将商品的法定所有权转移给客户，一般表明控制权转移，按时点确认收入；其余选项按时间段确认收入。

7. 【答案】ABC

【解析】售后回购回购价格低于原售价的，应当视为租赁交易进行会计处理，选项D不正确；其余选项正确。

8. 【答案】AB

【解析】选项C，按照生产工人工资的2%计提的工会经费应计入生产成本；选项D，应计入制造费用或生产成本。

9. 【答案】AB

【解析】选项C，应计入资产处置损益；选项D，应计入管理费用。

10. 【答案】ABCD

【解析】上述说法均正确。

11. 【答案】AB

【解析】企业存在应付客户对价的，应对将该应付客户对价冲减交易价格，选项C不正确；交易存在非现金对价的，企业应当按照非现金对价在合同开始日的公允价值确定交易价格，选项D不正确。

## 三、综合题

1. 【答案】

（1）甲公司是主要责任人。

因为甲公司从丙公司购入设备之后即取得了该设备的控制权，并对设备质量和安装质量承担责任。

（2）分摊至设备销售的金额＝270×［200÷（200＋100）］＝180（万元）

分摊至设备安装的金额＝270×［100÷（200＋100）］＝90（万元）

（3）

借：合同资产 180

　贷：主营业务收入 180

借：主营业务成本 170

　贷：库存商品 170

（4）

借：合同履约成本 48

　贷：应付职工薪酬 48

（5）设备安装的履约进度＝48÷（48＋32）×100%＝60%

应确认设备安装收入＝90×60%＝54（万元）

借：合同资产 54

　贷：主营业务收入 54

借：主营业务成本 48

　贷：合同履约成本 48

2.【答案】

（1）

①借：库存商品

（3 000×30%）900

预计负债——应收退货款

（5 000×25%）1 250

主营业务收入

［5 000×（30%－25%）］250

应交税费——应交增值税（销项税额）

（5 000×30%×13%）195

贷：应收退货成本

（3 000×25%）750

主营业务成本

［3 000×（30%－25%）］150

银行存款

（5 650×30%）1 695

注：2×18年12月5日销售时：

借：银行存款 5 650

　贷：主营业务收入

（5 000×75%）3 750

预计负债——应收退货款

（5 000×25%）1 250

应交税费——应交增值税（销项税额）

（5 000×13%）650

借：主营业务成本

（3 000×75%）2 250

应收退货成本

（3 000×25%）750

　贷：库存商品 3 000

②6月5日：

借：应收账款 429.4

　贷：主营业务收入

（400×95%）380

应交税费——应交增值税（销项税额）

（380×13%）49.4

借：主营业务成本 240

　贷：库存商品 240

借：销售费用 10

　贷：银行存款 10

6月15日：

借：银行存款 440.8

　贷：应收账款 440.8

③12月31日：

借：银行存款 100

　贷：其他业务收入 100

借：管理费用

（1 000/10×6/12）50

其他业务成本 50

　贷：累计摊销（1 000/10）100

④10月10日：

收入确认有五个前提条件：①合同各方已批准该合同并承诺将履行各自义务；②该合同明确了合同各方与所转让的商品（或服务）相关的权利和义务；③该合同有明确的与所转让的商品相关的支付条款；④该合同具有商业实质，即履行该合同将改变企业未来现金流量的风险、时间分布或金额；⑤企业因向客户转让商品而有权取得的对价很可能收回。由于不是很可能收回对价，不确认收入。

借：发出商品 220

　贷：库存商品 220

借：应收账款 44.2

　贷：应交税费——应交增值税（销项税额）

（340×13%）44.2

⑤12月20日：

借：发出商品 16 000

　贷：库存商品 16 000

12月31日：

借：应收账款 4 068

　贷：主营业务收入

（200×180）3 600

应交税费——应交增值税（销项税额）

（3 600×13%）468

借：主营业务成本 1 600

贷：发出商品 1 600

借：销售费用 360

贷：应收账款 360

（2）甲公司2×19年度应确认的营业利润 = -250 + 150 + 380 - 240 - 10 + 100 - 50 - 50 + 3 600 - 1 600 - 360 - 50 + 80 = 1 700（万元）；甲公司2×19年度应确认的利润总额 = 1 700 + 100 - 25 = 1 775（万元）。

3.【答案】

（1）事项（1）：

借：银行存款 113

贷：主营业务收入 100

应交税费——应交增值税（销项税额） 13

事项（2）：

借：银行存款 1 000

应收账款 130

贷：主营业务收入

（100×10）1 000

应交税费——应交增值税（销项税额） 130

借：主营业务成本

（100×8）800

贷：库存商品 800

借：主营业务收入

（100×1）100

应交税费——应交增值税（销项税额） 13

贷：应收账款 113

事项（3）：

借：受托代销商品 350

贷：受托代销商品款 350

借：银行存款 316.4

贷：应付账款

（3 500×800/10 000）280

应交税费——应交增值税（销项税额）

（280×13%）36.4

收到C公司开具的增值税专用发票：

借：应交税费——应交增值税（进项税额） 36.4

贷：应付账款 36.4

借：受托代销商品款 280

贷：受托代销商品 280

支付货款并计算代销手续费时：

借：应付账款 316.4

贷：银行存款 288.4

其他业务收入

（350×10%×80%）28

（2）事项（4），甲公司的会计处理不正确。待执行合同变为亏损合同，同时该亏损合同的义务满足预计负债确认条件的，应当确认预计负债。若执行合同，发生损失300万元（1 200 - 3 000×0.3）；若不执行合同，则支付违约金180万元（3 000×0.3×20%），同时按目前市场价格销售可获利200万元，所以不执行合同时，可获利20万元。因此，甲公司应选择支付违约金方案，所以需要确认预计负债180万元。

更正分录为：

借：营业外支出 180

贷：预计负债 180

4.【答案】

（1）乙公司的建造办公楼业务属于在某一时段内履行的履约义务。

理由：按照戊公司的特定要求在戊公司的土地上建造一栋办公楼，满足“客户能够控制企业履约过程中在建的商品”。

（2）乙公司2019年度的合同履约进度 = 3 900/6 500×100% = 60%

应确认的收入 = 8 000×60% = 4 800（万元）；确认的成本 = 6 500×60% = 3 900（万元）。

（3）丙公司授予知识产权许可属于在某一时点履行履约义务。

理由：丙公司可合理预期不会实施对该专利技术产生重大影响的活动，应当作为在某一时点履行的履约义务。

企业向客户授予知识产权许可，并约定按客户实际销售或使用情况收取特许权使用费的，应当在下列两项孰晚的时点确认收入：第一，客户后续销售或使用行为实际发生；第二，企业履行相关履约义务。即丙公司按照乙公司A产品销售额的2%收取的提成应于2019年12月31日确认收入。

（4）2019年1月1日：

借：应收账款　　200
　贷：主营业务收入　　200
2019 年 12 月 31 日：
借：银行存款　　200
　贷：应收账款　　200
借：应收账款
　（80 000 × 2%）1 600
　贷：主营业务收入　　1 600

# 第十七章　政府补助

## 本章考情分析

本章内容很少，以考客观题为主，今年考试预计 4 分左右。本章复习重点是政府补助的会计处理。

## 本章教材变化

本章今年没有变化。

## 基本内容框架

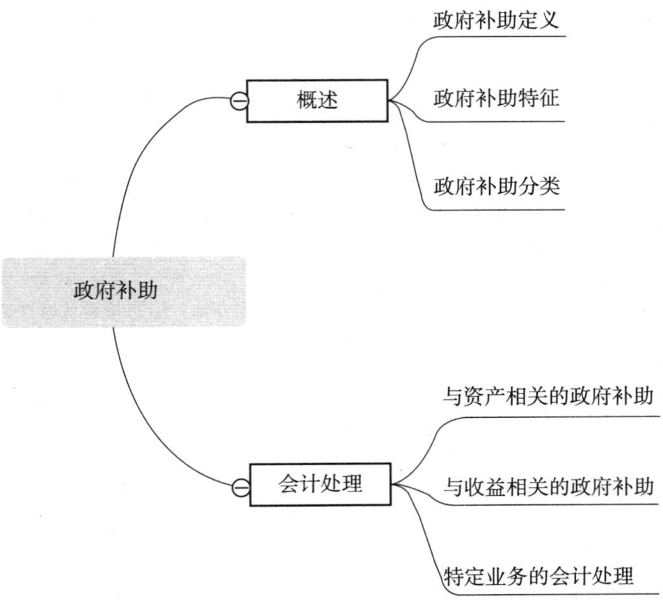


## 通关重难点例题解析

政府补助应先掌握概念，判断是否属于政府补助；如果属于政府补助，何时计入损益。政府补助前两年刚修订时考了大题，2019 年因中美贸易战，政府补助比较敏感，出大题的可能性较小。

### 一、政府补助的界定

政府补助是指企业从政府无偿取得货币性资产或非货币性资产，政府补助的主要形式是对企业的无偿拨款、税收返还、财政贴息，以及无偿给予非货币性资产。

直接免征、增加计税抵扣额、抵免部分税额等不涉及资产直接转移的经济资源，不适用政府补助准则。

但是，部分减免税款需要按照政府补助

准则进行会计处理，例如：属于一般纳税人的加工型企业根据税法规定招用自主就业退役士兵并按定额扣减增值税的，应当将减征的税额计入当期损益，借记“应交税费——应交增值税（减免税额）”科目，贷记“其他收益”科目。根据税法规定，增值税出口退税实际上是政府退回企业事先垫付的进项税额，不属于政府补助。

## 二、与资产相关的政府补助

与资产相关的政府补助有两种处理办法：总额法和净额法。

**与资产相关政府补助的会计处理**

| | 相关规定 |
|---|---|
| 总额法 | 收到政府补助时先计入递延收益，在相关资产使用寿命内按合理、系统方法分期计入损益：①与企业日常活动相关的政府补助，应当按照经济业务实质计入“其他收益”；②与企业日常活动无关的政府补助计入“营业外收入”；相关资产在使用寿命结束时或结束前被处置，尚未分摊的递延收益当月应当一次性转入资产处置当期损益。 |
| 净额法 | 收到政府补助时先计入递延收益，购置资产时将政府补助冲减相关资产账面价值。 |

## 三、与收益相关的政府补助

**与收益相关的政府补助会计处理方法**

| | 处理办法 |
|---|---|
| 用于补偿企业已发生的相关成本费用 | 用于补偿企业已发生的相关成本费用的，直接计入当期收益（总额法）或冲减相关成本费用（净额法）。 |
| 用于补偿企业以后期间的相关成本费用 | 用于补偿企业以后期间的相关成本费用或损失的，在收到时先判断企业能否满足政府补助所附条件，如暂时无法确定，应先计入其他应付款，满足条件后确认为递延收益；如收到补助时满足政府补助所附条件应确认为递延收益，在确认费用期间，计入当期收益或冲减相关成本费用。 |
| 已计入损益的政府补助需要退回的 | 已计入损益的政府补助需要退回的，有3种处理办法：①初始确认时冲减资产成本的应当调整资产账面价值；②存在尚未摊销的递延收益的应冲减递延收益账面余额，不足冲减部分计入当期损益；③其他情况直接计入当期损益。 |

## 四、特定业务的会计处理

（1）综合性项目政府补助：综合性项目政府补助同时包含与资产相关和与收益相关的政府补助，企业需要将其进行分解并分别进行会计处理；难以区分的，企业应当将其整体归类为与收益相关的政府补助进行处理。

（2）财政贴息：①财政将贴息资金拨付给贷款银行，贷款银行应将收到的政府补助确认为收入；受益企业按照借款本金和优惠利率计算借款费用；②财政将贴息资金拨付给受益企业，企业应将收到的政府补助冲减相应的借款费用。

【例17－1】（2016年单选题）甲公司自2×10年开始从国际市场进口丙原料，再将丙原料销售给国内企业，使用丙原料生产的丁产品由政府定价对外出售。由于国际市场上丙原料的价格上涨，而丁产品的销售价格不变，形成进销倒挂的局面。2×14年之前，丙原料以进口价格为基础定价，国家财政对其差价进行补贴，对甲公司的进销差价损失由国家财政给予返还。关于国家返还进销差价损失的会计处理，说法正确的是（　　）。

A. 确认为销售商品计入营业收入

B. 确认为所有者资本投入计入所有者权益

C. 确认为与资产相关的政府补助按比例分摊入营业外收入

D. 确认为与收益相关的政府补助直接计当期营业外收入

【答案】A

【解析】从公司的经营模式看，从国外进口丙材料，按照固定价格销售给指定企业，然后从政府获取差价就是甲企业的日常经营方式。从收入的定义看，收入是“企业在日常活动中形成的、会导致所有者权益增加的、与所有者投入资本无关的经济利益的总流入”，从政府收取的对价属于企业的日常活动，符合收入的界定，所以甲公司需要确认销售收入，选项A正确。

## 通关演练

### 一、单项选择题

1. 下列各项关于政府补助的表述中，不正确的是（　　）。

A. 企业从政府无偿取得货币性资产属于政府补助

B. 企业从政府无偿取得非货币性资产属于政府补助

C. 政府作为所有者投入的资本属于政府补助

D. 政府为企业提供担保不属于政府补助

2. 甲公司2×19年财务报表于2×20年4月30日批准对外报出，2×19年所得税汇算清缴于2×20年5月31日完成。按照规定，甲公司生产的产品适用国家有关增值税先征后返70%的政策。2×19年甲公司实际缴纳增值税税额100万元，2×20年4月，甲公司收到当地税务部门返还的其在2×19年度已交增值税税款的通知，实际收到返还的增值税税款应贷记的科目和金额为（　　）。

A. 其他收益70万元

B. 递延收益70万元

C. 递延收益100万元

D. 营业外收入70万元

3. 甲公司2×19年财务报表于2×20年4月30日批准对外报出，2×19年所得税汇算清缴于2×20年5月31日完成。2×20年4月，甲公司收到了当地税务部门返还的于2×19年已经缴纳的部分所得税税款，金额为720万元。在2×19年年末，甲公司因无法合理预计将要返还的所得税税款，因此未在2×19年度会计报表中反映该事项，而是以全部的利润计算了所得税费用和应交所得税。甲公司在2×20年4月收到返还的所得税税款时，正确的会计处理为（　　）。

A. 调整2×19年度财务报表相关项目金额

B. 确认2×20年递延收益720万元

C. 确认2×20年营业外收入720万元

D. 确认2×20年其他收益720万元

4. 甲股份有限公司（以下简称“甲公司”）为境内上市公司，2×19年发生的有关交易或事项包括：（1）母公司免除甲公司债务2 000万元；（2）持股比例30%的联营企业持有其他债权投资当年公允价值增加使其他综合收益增加200万元；（3）收到税务部门返还的所得税税款1 500万元；（4）收到政府对公司重大自然灾害的损失补贴800万元。甲公司2×19年对上述交易或事项会计处理正确的是（　　）。

A. 母公司免除2 000万元债务确认为当期营业外收入

B. 收到政府自然灾害补贴800万元确认为当期营业外收入

C. 收到税务部门返还的所得税税款1 500万元确认为资本公积

D. 应按持有联营企业比例确认当期投资收益60万元

5. 甲公司是一家生产和销售高效照明产品的公司，国家为了支持高效照明产品的推广使用，通过统一招标的形式确定中标企业、高效照明产品及其中标协议供货价格。甲公司作为中标公司，需以中标协议供货价格减去财政补贴资金后的价格将高效照明产品销售给终端用户，并按照高效照明产品实际安装数量、中标供货协议价格、补贴标准，申请财政补贴资金。2×19年度，甲公司因销售高效照明产品获得财政资金3 000万元。则甲公司下列会计处理中，正确的是（　　）。

A. 甲公司将此项业务作为政府补助核算

B. 甲公司确认营业外收入3 000万元

C. 甲公司确认递延收益3 000万元

D. 甲公司确认主营业务收入3 000万元

6. 甲公司为化工生产企业，2×17年2月，甲公司需购置一台环保设备，预计价款为5 000万元，因资金不足，按相关规定向有关部门提出补助1 800万元的申请。2×17年3月1日，政府相关部门批准了甲公司的申请并拨付甲公司1 800万元财政拨款（同日到账）。2×17年4月30日，甲公司购入环保设备并投入使用，实际成本为3 000万元，使用寿命5年，预计净残值为零，采用年限平均法计提折旧。2×19年4月，甲公司出售了这台设备，取得价款2 000万元。甲公司对政府补助采用总额法进行会计处理，不考虑其他因素，则甲公司因出售该环保设备影响资产处置损益的金额为（　　）万元。

A. 2 000　　B. 200

C. 1 080　　D. 1 280

7. 下列关于政府补助的说法中，符合企业会计准则规定的是（　　）。

A. 政府补助有收益法与资本法两种会计处理方法

B. 企业与政府发生交易取得的收入属于政府补助

C. 增值税的出口退税属于政府补助

D. 行政划拨的土地使用权属于政府补助

8. 甲公司为从事集成电器设计和生产的高新技术企业。适用增值税先征后返政策。2×19年3月31日，甲公司收到政府即征即退的增值税额300万元。2×19年3月12日，甲公司收到当地财政部门为支持其购买实验设备拨付的款项120万元，2×19年9月26日，甲公司购买不需要安装的实验设备一台并投入使用。实际成本为240万元，资金来源为财政拨款及其借款，该设备采用年限平均法计提折旧，预计使用10年。预计无净残值，甲公司采用总额法核算政府补助。不考虑其他因素，甲公司2×19年度因政府补助应确认的收益是（　　）。

A. 303万元　　B. 300万元

C. 420万元　　D. 309万元

## 二、多项选择题

1. 政府补助的主要形式包括（　　）。

A. 财政拨款

B. 财政贴息

C. 无偿划拨非货币性资产

D. 税收返还

2. 关于政府补助的确认与计量，下列说法中正确的有（　　）。

A. 与资产相关的政府补助，从资产达到预定可使用状态、开始折旧或摊销时起，在资产使用寿命内分期平均计入各期损益

B. 与收益相关的政府补助通过营业外收入核算，与资产相关的政府补助通过递延收益核算

C. 与收益相关的政府补助用于补偿企业已发生的相关费用或损失的，取得时直接计入留存收益

D. 与收益相关的政府补助用于补偿企业以后期间的相关费用或损失的，取得时确认为递延收益，在确认相关费用的期间计入当期损益或冲减相关资产成本

3. 甲企业2×19年一季度粮食储备量为5 000千克，根据国家有关规定，财政部门按照企业实际储量给予每斤0.039元的粮食保管费补贴，于每个季度初支付，2×19年1月12日甲企业收到补贴存入银行。不考虑其他因素，则下列说法中正确的有（　　）。

A. 甲企业的该项粮食补贴属于与收益相关的政府补助

B. 甲企业的该项粮食补贴在1月1日应该确认为递延收益

C. 甲企业的该粮食补贴在收到时计入营业外收入

D. 甲企业的该粮食补贴在收到时确认为递延收益

4. 依据企业会计准则规定，下列有关政府补助的表述中，正确的有（　　）。

A. 政府补助为非货币性资产且公允价值不能可靠取得的，不需要进行账务处理

B. 对不能合理确定价值的政府补助，应当在附注中披露性质、范围和期限

C. 企业取得针对综合性项目的政府补助，难以区分的，将政府补助整体归类为与收益相关的政府补助

D. 企业在日常活动中仅有按照固定的定额标准取得的政府补助，才能按照应收金额计量

5. 甲公司2×19年自财政部门取得以下款项：（1）2月20日，收到拨来的以前年度已完成重点科研项目的经费补贴260万元；（2）6月20日，取得国家对公司进行扶改项目的支持资金3 000万元，用于购置固定资产，相关资产于当年12月28日达到预定可

使用状态，预计使用20年，采用年限平均法计提折旧；（3）12月30日，收到战略性新兴产业研究补贴4 000万元，该项目至取得补贴款时已发生研究支出1 600万元，预计项目结项前仍将发生研究支出2 400万元。假定上述政府补助在2×19年以前均未予确认，不考虑其他因素，下列关于甲公司2×19年对政府补助相关的会计处理中，正确的有（　　）。

A. 当期应计入损益的政府补助是1 860万元

B. 当期取得与收益相关的政府补助是260万元

C. 当期取得与资产相关的政府补助是3 000万元

D. 当期应计入资本公积的政府补助是4 000万元

6. 甲公司为境内上市公司，2×19年发生的有关交易或事项包括：（1）因增资取得母公司投入资金1 000万元；（2）享有联营企业持有的其他债权投资当年公允价值增加额140万元；（3）收到税务部门返还的增值税款100万元；（4）收到政府对公司前期已发生亏损的补贴500万元。甲公司2×19年对上述交易或事项会计处理正确的有（　　）。

A. 收到返还的增值税款100万元确认为资本公积

B. 收到政府亏损补贴500万元确认为当期其他收益

C. 取得其母公司1 000万元投入资金确认为股本及资本公积

D. 应享有联营企业140万元的公允价值增加额确认为其他综合收益

## 三、计算分析题

1. 甲公司为境内上市公司。2×19年，甲公司发生的有关交易或事项如下：

（1）甲公司生产并销售环保设备。该设备的生产成本为每台600万元，正常市场销售价格为每台780万元。甲公司按照国家确定的价格以每台500万元对外销售；同时，按照国家有关政策；每销售1台环保设备由政府给予甲公司补助250万元。2×19年，甲公司销售环保设备20台，50%款项尚未收到；当年收到政府给予的环保设备销售补助款5 000万元。

（2）甲公司为采用新技术生产更先进的环保设备，于3月1日起对某条生产线进行更新改造。该生产线的原价为10 000万元，已计提折旧6 500万元，旧设备的账面价值为300万元（假定无残值），新安装设备的购进成本为8 000万元；另发生其他直接相关费用1 200万元。相关支出均通过银行转账支付。生产线更新改造项目于12月25日达到预定可使用状态。

甲公司更新改造该生产线属于国家鼓励并给予补助的项目，经甲公司申请，于12月20日得到相关政府部门批准，可获得政府补助3 000万元。截至12月31日，补助款项尚未收到，但甲公司预计能够取得。

（3）5月10日，甲公司所在地地方政府为了引进人才，与甲公司签订了人才引进合作协议，该协议约定，当地政府将向甲公司提供1 500万元人才专用资金，用于甲公司引进与研发新能源汽车相关的技术人才，但甲公司必须承诺在当地注册并至少八年内注册地址不变且不搬离本地区，如八年内甲公司注册地变更或搬离本地区的，政府有权收回该补助资金。该资金分三年使用，每年500万元。每年年初，甲公司需向当地政府报送详细的人才引进及资金使用计划，每年11月末，由当地政府请中介机构评估甲公司人才引进是否符合年初计划并按规定的用途使用资金。甲公司预计8年内不会变更注册地，也不会撤离该地区，且承诺按规定使用资金。8月20日，甲公司收到当地政府提供的1 500万元补助资金。

甲公司对于政府补助按净额法进行会计处理。

本题不考虑增值税和相关税费以及其他因素。

要求：

（1）根据资料（1），说明甲公司收到政府的补助款的性质及应当如何进行会计处理，并说明理由；编制相关的会计分录。

（2）根据资料（2），说明甲公司获得政府的补助款的分类；编制与生产线更新改造相关的会计分录。

（3）根据资料（3），说明甲公司收到政

府的补助款的分类；编制甲 2×19 年相关的会计分录。

## 答案及解析

### 一、单项选择题

1. 【答案】C

【解析】选项 C，政府作为所有者投入资本，将拥有企业相应的所有权，分享企业利润，属于互惠交易，不属于政府补助。

2. 【答案】A

【解析】甲公司收到的先征后返的增值税税款应贷记其他收益 70 万元（100×70%）。

3. 【答案】D

【解析】企业收到的用于补偿已发生的成本费用或损失的，直接计入当期损益或冲减相关资产成本。

4. 【答案】B

【解析】选项 A，母公司对甲公司的债务豁免，应确认为资本公积（股本溢价）2 000 万元；选项 B，属于与收益相关的政府补助，应确认当期营业外收入 800 万元；选项 C，属于与收益相关的政府补助，应确认为当期其他收益 1 500 万元；选项 D，应当按比例确认其他综合收益 60 万元（200×30%）。

5. 【答案】D

【解析】该交易事项中，政府虽然没有直接从事高效照明产品的购销，但以补贴资金的形式通过甲公司的销售行为实现了政府推广使用高效照明产品的目标，对甲公司来讲收到的补贴资金 3 000 万元应当按照收入准则的规定进行会计处理，确认主营业务收入 3 000 万元。

6. 【答案】D

【解析】固定资产处置收益 = 2 000 - (3 000 - 3 000 ÷ 5 × 2) = 200（万元），将递延收益余额转入资产处置损益 = 1 800 - 1 800 ÷ 5 × 2 = 1 080（万元），2×19 年甲公司因出售环保设备影响资产处置损益的金额 = 200 + 1 080 = 1 280（万元），选项 D 正确。

7. 【答案】D

【解析】选项 A，我国政府补助准则要求采用的是收益法，不允许采用资本法；选项 B，企业与政府发生交易所取得的收入，如果该交易具有商业实质，且与企业销售商品或提供劳务等日常经营活动密切相关的，应当按照《企业会计准则第 14 号——收入》规定进行会计处理，并作为营业收入列报；选项 C，增值税的出口退税不属于政府补助，实际退回的是企业代垫的进项税额；选项 D，行政划拨的土地使用权是无偿划拨的非货币性资产，属于政府补助。

8. 【答案】A

【解析】甲公司 2×19 年度因政府补助应确认的收益 = 300 + 120/10 × 3/12 = 303（万元）。

### 二、多项选择题

1. 【答案】ABCD

【解析】政府补助的主要形式包括：财政拨款、财政贴息、税收返还、无偿划拨非货币性资产。

2. 【答案】AD

【解析】递延收益也用来核算与收益相关的政府补助，选项 B 错误；与收益相关的政府补助用于补偿企业已发生的相关费用或损失的，取得时直接计入当期损益或冲减相关资产成本，选项 C 错误。

3. 【答案】AB

【解析】甲企业收到的粮食补贴属于与收益相关的政府补助，选项 A 正确；甲企业的粮食补贴应在 1 月 1 日确认为递延收益，在每个月月末分配计入其他收益，选项 B 正确，选项 C 和 D 不正确。

4. 【答案】BC

【解析】选项 A，政府补助为非货币性资产且不能可靠取得公允价值的，应当按照名义金额（即 1 元）进行计量；选项 D，对期末有确凿证据表明能够符合政府补助规定的相关条件且预计能够收到政府补助时，可以按应收金额计量。

5. 【答案】AC

【解析】当期应计入损益的政府补助 = 260 + 1 600 = 1 860（万元），选项 A 正确；当期取得与收益相关的政府补助为 4 260 万元（260 + 4 000），选项 B 错误；当期取得与资产相关的政府补助为 3 000 万元，选项 C 正确；政府补助不计入资本公积，选项 D 错误。

6. 【答案】BCD

【解析】收到返还的增值税款属于与收益相关的政府补助，应当于收到时确认为其他收益，选项A错误；其余选项正确。

## 三、计算分析题

1. 【答案】

（1）甲公司与政府发生的销售商品交易与日常活动相关，且来源于政府的经济资源是商品对价的组成部分，应当按照《企业会计准则第14号——收入》的规定进行会计处理。

借：银行存款（5 000 + 500 × 20 × 50%）　10 000
　　应收账款（500 × 20 × 50%）　5 000
　贷：主营业务收入（20 × 750）　15 000

借：主营业务成本　12 000
　贷：库存商品（600 × 20）　12 000

（2）甲公司获得政府的补助款用于补偿生产线更新改造发生的支出，属于与资产相关的政府补助。

借：在建工程　3 500
　　累计折旧　6 500
　贷：固定资产　10 000

借：营业外支出　300
　贷：在建工程　300

借：在建工程　9 200
　贷：银行存款　9 200

借：固定资产　12 400
　贷：在建工程　12 400

因政府已经批准给予补助，但款项尚未收到，故：

借：其他应收款　3 000
　贷：递延收益　3 000

借：递延收益　3 000
　贷：固定资产　3 000

（3）甲公司获得政府的补助款用于补偿甲公司引进与研发新能源汽车相关的技术人才的支出，属于与收益相关的政府补助，且属于对以后期间发生支出的补偿。

借：银行存款　1 500
　贷：递延收益　1 500

年末：

借：递延收益　500
　贷：管理费用　500

# 第十八章　非货币性资产交换

## 本章考情分析

2019年5月财政部修订了非货币性资产交换准则，本章内容作了重大修订，今年应作为重点章，预计分数在8分左右。本章复习重点是换入资产按公允价值入账。

## 本章教材变化

**非货币性资产交换新旧准则的主要变化**

| | 主要变化 |
|---|---|
| 非货币性资产交换定义 | 删除了换出存货，因为换出存货执行收入准则。 |
| 适用范围小了 | 换出存货执行收入准则；非货币性交换中涉及企业合并的，执行企业合并等准则；涉及金融资产确认、计量的，执行金融工具类准则；涉及使用权资产确认、计量的，执行租赁准则；股东身份交易的适用权益性交易进行处理。 |
| 增加了确认的内容 | 如果换入资产的确认时点与换出资产终止确认的时点不一致，应将交付换出资产的义务确认为一项负债或将取得换入资产的权利确认为一项资产。 |
| 换入资产以公允价值为基础 | 确定换入资产成本时，涉及补价的，无论收到补价还是支付补价，均采用补价的公允价值。 |
| 换入资产以账面价值为基础 | 确定换入资产成本时，支付补价时，采用支付补价的账面价值；收到补价时，采用补价的公允价值。 |

## 基本内容框架

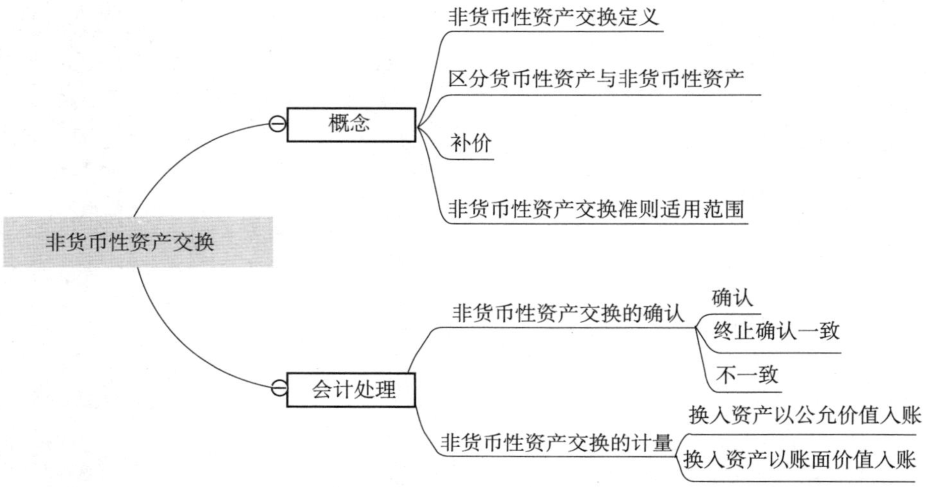

# 通关重难点例题解析

## 一、非货币性资产交换的界定

非货币性资产交换的概念和界定标准

| | 相关规定 |
|---|---|
| 定义 | 非货币性资产交换，是指企业主要以固定资产、无形资产、投资性房地产和长期股权投资等非货币性资产进行的交换。该交换不涉及或只涉及少量的货币性资产（即补价）。 |
| 界定标准 | 在非货币性资产交换中，补价应小于整个资产交换金额的25%。即：<br>补价所占比重=补价/整个资产交换金额<25% |
| 货币性和非货币性资产 | （1）货币性资产，是指企业持有的货币资金和收取固定或可确定金额的货币资金的权利，包括现金、银行存款、应收账款和应收票据以及准备持有至到期的债券投资等。预付账款因收回的不是货币资金，不属于货币性资产。货币性资产的特点是未来现金流量是固定的或可确定的，风险小、报酬低。<br>（2）非货币性资产，指货币性资产以外的资产，包括存货、固定资产、无形资产、股权投资以及不准备持有至到期的债券投资等。非货币性资产的特点是未来现金流量是不固定的，风险大、报酬高。 |

## 二、非货币性资产交换的确认

1. 企业应当分别按照下列原则对非货币性资产交换中的换入资产进行确认，对换出资产终止确认：

（1）对于换入资产，企业应当在换入资产符合资产定义并满足资产确认条件时予以确认；

（2）对于换出资产，企业应当在换出资产满足资产终止确认条件时终止确认。

2. 换入资产的确认时点与换出资产的终止确认时点存在不一致的，企业在资产负债表日应当按照下列原则进行处理：

（1）换入资产满足资产确认条件，换出资产尚未满足终止确认条件的，在确认换入资产的同时将交付换出资产的义务确认为一项负债。

（2）换入资产尚未满足资产确认条件，换出资产满足终止确认条件的，在终止确认换出资产的同时将取得换入资产的权利确认为一项资产。

## 三、换入资产按公允价值入账

非货币性资产交换具有商业实质且公允价值能够可靠计量的，应当以换出资产的公允价值和应支付的相关税费作为换入资产的成本，除非有确凿证据表明换入资产的公允价值比换出资产公允价值更加可靠（如涉及补价）。

换入资产按公允价值入账的会计处理

| | 相关规定 |
|---|---|
| 不存在补价时 | 不存在补价时，以公允价值为基础计量的非货币性资产交换，对于换入资产，应当以换出资产的公允价值和应支付的相关税费作为换入资产的成本进行初始计量；对于换出资产，应当在终止确认时，将换出资产的公允价值与其账面价值之间的差额计入当期损益，即视同销售，如果换出的是固定资产或无形资产，则计入资产处置损益；换出的是投资类资产，则计入投资收益。<br>有确凿证据表明换入资产的公允价值更加可靠的（比如换入资产有活跃市场，换出资产无活跃市场），对于换入资产，应当以换入资产的公允价值和应支付的相关税费作为换入资产的初始计量金额；对于换出资产，应当在终止确认时，将换入资产的公允价值与换出资产账面价值之间的差额计入当期损益。 |

续表

| | 相关规定 |
|---|---|
| 存在补价时 | 以公允价值为基础计量的非货币性资产交换，涉及补价的，应当按照下列规定进行处理：<br>(1) 支付补价的，以换出资产的公允价值，加上支付补价的公允价值和应支付的相关税费，作为换入资产的成本，换出资产的公允价值与其账面价值之间的差额计入当期损益。有确凿证据表明换入资产的公允价值更加可靠的，以换入资产的公允价值和应支付的相关税费作为换入资产的初始计量金额，换入资产的公允价值减去支付补价的公允价值，与换出资产账面价值之间的差额计入当期损益。<br>(2) 收到补价的，以换出资产的公允价值，减去收到补价的公允价值，加上应支付的相关税费，作为换入资产的成本，换出资产的公允价值与其账面价值之间的差额计入当期损益。<br>有确凿证据表明换入资产的公允价值更加可靠的，以换入资产的公允价值和应支付的相关税费作为换入资产的初始计量金额，换入资产的公允价值加上收到补价的公允价值，与换出资产账面价值之间的差额计入当期损益。 |
| 换入多种资产时 | 以公允价值为基础计量的非货币性资产交换，同时换入或换出多项资产的，应当按照下列规定进行处理：<br>(1) 对于同时换入的多项资产，按照换入的金融资产以外的各项换入资产公允价值相对比例，将换出资产公允价值总额（涉及补价的，加上支付补价的公允价值或减去收到补价的公允价值）扣除换入金融资产公允价值后的净额进行分摊，以分摊至各项换入资产的金额，加上应支付的相关税费，作为各项换入资产的成本进行初始计量。<br>有确凿证据表明换入资产的公允价值更加可靠的，以各项换入资产的公允价值和应支付的相关税费作为各项换入资产的初始计量金额。<br>(2) 对于同时换出的多项资产，将各项换出资产的公允价值与其账面价值之间的差额，在各项换出资产终止确认时计入当期损益。<br>有确凿证据表明换入资产的公允价值更加可靠的，按照各项换出资产的公允价值的相对比例，将换入资产的公允价值总额（涉及补价的，减去支付补价的公允价值或加上收到补价的公允价值）分摊至各项换出资产，分摊至各项换出资产的金额与各项换出资产账面价值之间的差额，在各项换出资产终止确认时计入当期损益。 |

## 四、换入资产按账面价值入账

非货币性资产交换不具有商业实质，或者虽然具有商业实质但换入资产和换出资产的公允价值均不能可靠计量的，应当以换出资产账面价值为基础确定换入资产成本，不确认损益。

**换入资产按账面价值入账的会计处理**

| | 相关规定 |
|---|---|
| 不存在补价时 | 不涉及补价时，对于换入资产，企业应当以换出资产的账面价值和应支付的相关税费作为换入资产的初始计量金额；对于换出资产，终止确认时不确认损益。 |
| 存在补价时 | 以账面价值为基础计量的非货币性资产交换，涉及补价的，应当按照下列规定进行处理：<br>(1) 支付补价的，以换出资产的账面价值，加上支付补价的账面价值和应支付的相关税费，作为换入资产的初始计量金额，不确认损益。<br>(2) 收到补价的，以换出资产的账面价值，减去收到补价的公允价值，加上应支付的相关税费，作为换入资产的初始计量金额，不确认损益。 |
| 换入多种资产时 | 换入多项资产时，以账面价值为基础计量的非货币性资产交换，同时换入或换出多项资产的，应当按照下列规定进行处理：<br>(1) 对于同时换入的多项资产，按照各项换入资产的公允价值的相对比例，将换出资产的账面价值总额（涉及补价的，加上支付补价的账面价值或减去收到补价的公允价值）分摊至各项换入资产，加上应支付的相关税费，作为各项换入资产的初始计量金额。换入资产的公允价值不能够可靠计量的，可以按照各项换入资产的原账面价值的相对比例或其他合理的比例对换出资产的账面价值进行分摊。<br>(2) 对于同时换出的多项资产，各项换出资产终止确认时均不确认损益。 |

【例 18－1】（2018 年多选题）HX 公司为房地产开发企业，下列各项具有商业实质的资产交换交易中，HX 公司应当适用《企业会计准则第 7 号——非货币性资产交换》的规定进行会计处理的有（　　）。

A. HX 公司以其持有的乙公司 5% 股权换取丙公司的一块土地

B. HX 公司以其持有的一项专利权换取戊公司的十台机器设备

C. HX 公司以其一套用于经营出租的公寓换取丁公司以交易为目的的 10 万股股票

D. HX 公司以其一栋办公楼换取乙公司的一块土地

【答案】ABCD

【解析】以上选项均正确。

【例 18－2】（2018 年多选题）下列各项资产中，属于货币性资产的有（　　）。

A. 银行存款

B. 预付款项

C. 以公允价值计量且其变动计入当期损益的金融资产

D. 应收票据

【答案】AD

【解析】货币性资产，是指企业持有的货币资金和收取固定或可确定金额的货币资金的权利，包括现金、银行存款、应收账款和应收票据以及准备持有至到期的债券投资等。选项 B 和 C，属于非货币性资产。

## 通关演练

### 一、单项选择题

1. 下列各项中，不属于非货币性资产的是（　　）。

A. 长期股权投资

B. 投资性房地产

C. 无形资产

D. 准备持有至到期的债券投资

2. 东风公司和西风公司均为增值税一般纳税人。2×19 年 1 月 20 日，东风公司以一台管理用设备换入西风公司的一项专利权，收到增值税专用发票注明的专利价款为 573.21 万元，增值税税额 34.39 万元（增值税税额 6%）。交换日，东风公司换出设备的账面原价为 800 万元，已计提折旧 240 万元，计提减值准备 50 万元，公允价值为 520 万元，换出该设备应缴纳的增值税税额为 67.6 万元，东风公司另向西风公司支付银行存款 20 万元。假定该交易具有商业实质，不考虑其他因素的影响，东风公司该项非货币性资产交换对当期损益的影响金额为（　　）万元。

A. 10　　B. 30

C. 98.4　　D. 108.4

3. 甲公司与乙公司签订一项非货币性资产交换协议，协议约定甲公司以一项 M 设备换入乙公司的一项 N 设备，另向乙公司支付银行存款 2.5 万元，该项交换交易具有商业实质。交换日，M 设备账面原价为 80 万元，已计提折旧 16 万元，已计提减值准备 8 万元，公允价值无法合理确定；N 设备公允价值为 90 万元。假定不考虑增值税等其他因素的影响，该项交换对甲公司当期损益的影响金额为（　　）万元。

A. 0　　B. 10

C. 31.5　　D. 34

4. A 公司以其他债权投资换入 B 公司的一项固定资产（厂房），该项其他债权投资的账面价值为 35 万元（成本 30 万元，公允价值变动 5 万元），资产置换日其公允价值为 38 万元。B 公司该项固定资产的账面原价为 60 万元，已计提折旧 18 万元，计提减值准备 7 万元，资产置换日公允价值为 35 万元。B 公司支付给 A 公司银行存款 3 万元。该项非货币性资产交换具有商业实质，不考虑增值税等其他因素的影响，则该项交易对 A 公司利润总额的影响金额为（　　）万元。

A. 3　　B. 6

C. 8　　D. 5

5. A、B 公司均为增值税一般纳税人，销售商品适用的增值税税率为 13%，销售专利权适用的增值税税率为 6%。A 公司以一台甲设备换入 B 公司的一项专利权，甲设备的账面原价为 600 万元，已计提折旧 30 万元，已计提减值准备 30 万元，其公允价值为 500 万元，A 公司支付清理费用 5 万元。A 公司另向 B 公司支付银行存款 18 万元。B 公司专利权的公允价值为 550 万元，假定该项交易具有商业实质。A公司换入该项专利权的入账价值为（ ）万元。

A. 550 B. 687

C. 592 D. 652

6. 甲公司将持有的一项交易性金融资产与乙公司持有的一项长期股权投资（权益法核算）进行交换。资产交换日，该交易性金融资产的账面价值为1 200万元（成本为1 000万元，公允价值变动为200万元），公允价值为1 050万元。乙公司长期股权投资的账面余额为1 400万元（其中成本为1 000万元，损益调整为400万元），已计提减值准备200万元，公允价值为1 100万元。甲公司另向乙公司支付银行存款50万元。该非货币性资产交换具有商业实质。则甲公司换出资产和乙公司换出资产影响投资收益的金额分别为（ ）万元。

A. -150，-100

B. -150，-300

C. 50，-300

D. 50，-100

7. 2×19年9月30日，A公司以公允价值为250万元（含税价）的机器设备换入B公司公允价值为230万元的交易性金融资产，另从B公司收取补价20万元。A公司换出固定资产的账面原价为300万元，已计提折旧20万元，已计提减值准备10万元。B公司换出的交易性金融资产账面价值为210万元。A公司为换入以交易性金融资产另支付交易费用2万元。该交换具有商业实质，A公司换入的交易性金融资产入账价值为（ ）万元。

A. 225 B. 230

C. 249 D. 232

8. 在不具有商业实质、不涉及补价的非货币性资产交换中，确定换入资产入账价值时不应考虑的因素是（ ）。

A. 换出资产的账面余额

B. 换出资产计提的减值准备金额

C. 换出资产计提的累计折旧金额

D. 换出资产账面价值与其公允价值的差额

9. 甲公司以一栋厂房换入乙公司的一项商标权。厂房的账面原值为1 000万元，已计提折旧200万元，已计提减值准备100万元。甲公司向乙公司支付银行存款100万元。该项非货币性资产交换不具有商业实质。不考虑增值税等因素的影响。则甲公司换入商标权的入账价值为（ ）万元。

A. 800 B. 1 000

C. 600 D. 700

10. 下列关于不具有商业实质的企业非货币性资产交换的会计处理表述中，不正确的是（ ）。

A. 收到补价的，应以换出资产的账面价值减去收到补价的公允价值，加上应支付的相关税费，作为换入资产的成本

B. 支付补价的，应以换出资产的账面价值加上支付补价的账面价值和应支付的相关税费，作为换入资产的成本

C. 涉及补价的，应当确认损益

D. 无论是否涉及补价，均不应确认损益

## 二、多项选择题

1. 企业发生的资产交换中，如果涉及补价，判断该项交易是否属于非货币性资产交换的标准有（ ）。

A. 支付的补价占换入资产公允价值的比例小于25%

B. 支付的补价占换出资产公允价值的比例小于25%

C. 支付的补价占换出资产公允价值加上支付的补价之和的比例小于25%

D. 支付的补价占换入资产公允价值加上支付的补价之和的比例小于25%

2. 下列关于非货币性资产交换的会计处理中，正确的有（ ）。

A. 对于换入资产，企业应当在换入资产符合资产定义并满足资产确认条件时予以确认

B. 对于换出资产，企业应当在换出资产满足资产终止确认条件时终止确认

C. 换入资产的确认时点与换出资产的终止确认时点存在不一致，换入资产满足资产确认条件，换出资产尚未满足终止确认条件的，在确认换入资产的同时将交付换出资产的义务确认为一项负债

D. 换入资产的确认时点与换出资产的终止确认时点存在不一致，换入资产尚未满足资产确认条件，换出资产满足终止确认条件

的，在终止确认换出资产的同时将取得换入资产的权利确认为一项资产

3. 下列各项中，属于非货币性资产的有（　　）。

A. 预付账款

B. 应收票据

C. 以公允价值计量且其变动计入其他综合收益的金融资产

D. 长期股权投资

4. 在具有商业实质，且换入资产或换出资产公允价值能够可靠计量的情形下，影响换入资产入账价值的项目的有（　　）。

A. 换出无形资产的账面价值

B. 支付补价的公允价值

C. 为换入土地使用权而发生的耕地占用税

D. 换出存货的公允价值

5. 非货币性资产交换以公允价值计量的条件有（　　）。

A. 该项交换具有商业实质

B. 非货币性资产交换可以不具有商业实质

C. 换入资产或换出资产的公允价值能够可靠计量

D. 换入资产和换出资产的公允价值均能够可靠计量

6. 下列关于非货币性资产交换的说法中，正确的有（　　）。

A. 不具有商业实质的非货币性资产交换应以账面价值计量

B. 具有商业实质但换入和换出资产的公允价值均不能可靠计量的非货币性资产交换应当以账面价值计量

C. 以公允价值为基础计量的非货币性资产交换，对于同时换入的多项资产，按照换入的金融资产以外的各项换入资产公允价值相对比例，将换出资产公允价值总额（涉及补价的，加上支付补价的公允价值或减去收到补价的公允价值）扣除换入金融资产公允价值后的净额进行分摊，以分摊至各项换入资产的金额，加上应支付的相关税费，作为各项换入资产的成本进行初始计量

D. 以账面价值为基础计量的非货币性资产交换，对于同时换出的多项资产，将各项换出资产的公允价值与其账面价值之间的差额，在各项换出资产终止确认时计入当期损益

7. 对于涉及收到补价的非货币性资产交换（具有商业实质且换出资产的公允价值能够可靠计量），在确定换入资产的入账价值时需要考虑的因素有（　　）。

A. 支付的关税

B. 支付的相关费用

C. 收到补价的公允价值

D. 换出资产的公允价值

8. 甲公司以持有的对其他公司的长期股权投资（重大影响）换入乙公司一栋厂房和一项土地使用权。甲公司换出长期股权投资的账面价值为5 200万元，其中成本4 800万元、损益调整300万元、其他综合收益100万元（享有被投资单位因其他债权投资公允价值变动的增加额），公允价值5 600万元。乙公司厂房的账面原价为4 000万元，已计提折旧1 200万元，已计提减值准备400万元，公允价值为2 900万元；土地使用权的账面余额为3 600万元，未计提摊销和减值准备，公允价值为2 700万元。假定该交换具有商业实质，不考虑增值税等因素影响，甲公司相关会计处理正确的有（　　）。

A. 该项交换使甲公司利润总额增加400万元

B. 该项交换使甲公司利润总额增加500万元

C. 甲公司换入厂房的入账价值为2 900万元

D. 甲公司换入土地使用权的入账价值为2 700万元

9. 2019年2月，甲公司以其持有的5 000股丙公司股票（作为交易性金融资产）交换乙公司生产的一台办公设备，并将换入办公设备作为固定资产核算。甲公司所持有丙公司股票的取得成本为18万元，累计确认公允价值变动收益为5万元，在交换日的公允价值为28万元。甲公司另向乙公司支付银行存款0.25万元。乙公司用于交换的办公设备的账面余额为20万元，未计提跌价准备，在交换日的公允价值为25万元。乙公司换入丙公司股票后对丙公司不具有控制、共同控制或重大影响，拟随时处置丙公司股票以获取差价。甲公司和乙公司均为增值税一般纳税人

且不存在任何关联方关系，适用的增值税税率为13%。假设不考虑其他因素，下列各项关于上述交易会计处理的表述中，正确的有（　　）。

A. 甲公司换入办公设备的入账价值为25万元

B. 乙公司换出办公设备作为销售处理并计缴增值税

C. 乙公司换入丙公司股票按换出办公设备的账面价值计量

D. 对甲公司损益的影响金额为5万元

10. 关于非货币性资产交换，下列说法中正确的有（　　）。

A. 只要非货币性资产交换具有商业实质，就应当以公允价值和应支付的相关税费作为换入资产的成本

B. 换入资产的未来现金流量在风险、时间分布或金额方面与换出资产显著不同，则该非货币性资产交换具有商业实质

C. 使用换入资产所产生的预计未来现金流量现值与继续使用换出资产不同，且其差额与换入资产和换出资产的公允价值相比是重大的，则该非货币性资产交换具有商业实质

D. 不存在补价时，以公允价值为基础计量的非货币性资产交换，对于换入资产，应当以换出资产的公允价值和应支付的相关税费作为换入资产的成本进行初始计量；对于换出资产，应当在终止确认时，将换出资产的公允价值与其账面价值之间的差额计入当期损益

11. 下列关于非货币性资产交换的说法中，正确的有（　　）。

A. 企业以存货换取客户的非货币性资产的，适用《企业会计准则第14号——收入》

B. 非货币性资产交换的一方直接或间接对另一方持股且以股东身份进行交易的，适用权益性交易的有关会计处理规定

C. 非货币性资产交换不具有商业实质，对于换入资产，企业应当以换出资产的公允价值和应支付的相关税费作为换入资产的初始计量金额

D. 非货币性资产交换不具有商业实质，或者虽然具有商业实质但换入资产和换出资产的公允价值均不能可靠计量的，对于同时换出的多项资产，各项换出资产终止确认时均不确认损益

12. 下列各项非货币性资产交换中，其会计处理有可能影响企业损益的项目有（　　）。

A. 该交换具有商业实质，换出资产公允价值大于账面价值且支付补价

B. 该交换具有商业实质，换出资产公允价值小于账面价值且支付补价

C. 该交换不具有商业实质，换出资产公允价值大于账面价值且收到补价

D. 该交换不具有商业实质，换出资产公允价值小于账面价值且收到补价

## 三、计算分析题

1. 甲公司决定以交易性金融资产与乙公司持有的对联营企业的长期股权投资和固定资产（设备）一台进行交换。甲公司库存商品账面余额为150万元，公允价值和计税价格均为200万元；交易性金融资产的账面价值为460万元（其中：成本为400万元，公允价值变动为60万元），公允价值为500万元。乙公司的长期股权投资的账面余额为300万元（其中：投资成本220万元，损益调整80万元），公允价值为336万元；固定资产（设备）的账面原值为240万元，已计提折旧100万元，公允价值为144万元。乙公司向甲公司支付银行存款20万元。甲公司和乙公司换入的资产均不改变其用途。假设换入资产确认和换出资产终止确认时点一致，整个交易过程中不考虑增值税等相关税费。该非货币性资产交换具有商业实质。

要求：作出甲公司和乙公司上述业务的会计处理。

2. 甲公司决定和乙公司进行非货币资产交换，甲、乙公司均为一般纳税人，乙公司向甲公司支付银行存款23.4万元（补价）。

（1）甲公司换出如下资产，并开具了增值税专用发票：

①固定资产——厂房：原价为150万元，累计折旧30万元，公允价值100万元（不含税，适用增值税税率9%，增值税9万元）；

②固定资产——库房：原价为120万元，累计折旧60万元，公允价值50万元（不含税，适用增值税税率9%，增值税4.5万元）；

③长期股权投资（对合营企业投资）：账面余额为300万元（其中：投资成本200万元，损益调整100万元），公允价值350万元。

（2）乙公司换出固定资产——办公楼：原价650万元，累计折旧220万元；公允价值为500万元，增值税额为45万元（税率9%），乙公司开具了增值税专用发票。

假设换入资产确认和换出资产终止确认时点一致，该交换不具有商业实质，且假定不考虑增值税外的其他相关税费。

要求：编制甲公司和乙公司的会计分录。

## 答案及解析

### 一、单项选择题

1. 【答案】D

【解析】非货币性资产，是指货币性资产以外的资产，该类资产在将来为企业带来的经济利益不固定或不可确定，包括存货（如原材料、库存商品等）、长期股权投资、投资性房地产、固定资产、在建工程、无形资产等。准备持有至到期的债券投资将来为企业带来的经济利益金额可以确定，所以属于货币性资产。

2. 【答案】A

【解析】将固定资产交换出去相当于出售，东风公司该项非货币性资产交换对当期损益的影响金额＝520－（800－240－50）＝10（万元）。东风公司的账务处理是：

借：固定资产清理 510
　累计折旧 240
　固定资产减值准备 50
　贷：固定资产 800
借：无形资产 573.21
　应交税费——应交增值税（进项税额）（573.21×6%）34.39
　贷：固定资产清理 510
　　应交税费——应交增值税（销项税额）（520×13%）67.6
　　资产处置损益（520－510）10
　　银行存款 20

3. 【答案】C

【解析】该非货币性资产交换业务具有商业实质，且换入资产公允价值能够可靠计量，应以换入资产的公允价值作为换入资产的入账价值，甲公司该项非货币性资产交换对当期损益的影响金额＝90－2.5－（80－16－8）＝31.5（万元）。甲公司分录为：

借：固定资产清理 56
　累计折旧 16
　固定资产减值准备 8
　贷：固定资产——M设备 80
借：固定资产——N设备 90
　贷：固定资产清理 56
　　银行存款 2.5
　　资产处置损益——处置非流动资产利得 31.5

4. 【答案】C

【解析】该项交易对A公司利润总额的影响金额＝38－35＋5＝8（万元）。

5. 【答案】A

【解析】A公司换入专利权的入账价值＝500＋500×13%－550×6%＋0＋18＝550（万元）。A公司的账务处理为：

借：固定资产清理 540
　累计折旧 30
　固定资产减值准备 30
　贷：固定资产 600
借：固定资产清理 5
　贷：银行存款 5
借：无形资产——专利权 550
　应交税费——应交增值税（进项税额）（550×6%）33
　资产处置损益（545－500）45
　贷：固定资产清理 545
　　应交税费——应交增值税（销项税额）（500×13%）65
　　银行存款 18

6. 【答案】A

【解析】甲公司换出资产影响投资收益的金额＝1 050－1 200＝－150（万元），乙公司换出资产影响的投资收益的金额＝1 100－（1 400－200）＝－100（万元），选项A正确。

7. 【答案】B

【解析】A公司换入的交易性金融资产入

账价值＝250－20＝230（万元），为取得交易性金融资产发生的交易费用，于发生时直接计入当期损益（投资收益）。

8. 【答案】D

【解析】不具有商业实质且不涉及补价的情况下，换入资产的入账价值＝换出资产的账面价值＋换出资产增值税销项税额－换入资产可抵扣的增值税进行税额＋支付的应计入资产成本的相关税费，选项D与换入资产入账价值的确定无关。

9. 【答案】A

【解析】非货币性资产交换不具有商业实质的情况下，企业应当以换出资产的账面价值为基础计算换入资产的入账价值。甲公司换入商标权的入账价值＝(1 000－200－100)＋100＝800（万元），选项A正确。

10. 【答案】C

【解析】选项C，不具有商业实质的非货币性资产交换，按照账面价值计量，无论是否涉及补价，均不确认损益。

## 二、多项选择题

1. 【答案】AC

【解析】支付补价的企业，应当按照支付的补价占换出资产公允价值加上支付的补价之和（或换入资产公允价值）的比例低于25%，作为判断非货币性资产交换的标准，选项A和C正确。

2. 【答案】ABCD

【解析】上述关于非货币性资产交换的确认的表述均正确。

3. 【答案】ACD

【解析】货币性资产，是指企业持有的货币资金和收取固定或可确定金额的货币资金的权利，包括现金、银行存款、应收账款和应收票据，以及准备持有至到期的债券投资等。货币性资产以外的资产属于非货币性资产，包括存货、固定资产、无形资产、长期股权投资、不准备持有至到期的债券投资、预付账款等，选项A、C和D均属于非货币性资产。

4. 【答案】BCD

【解析】在具有商业实质，且换入资产或换出资产公允价值能够可靠计量的情形下，要以换出资产的公允价值加上支付补价的公允价值及支付的相关税费作为换入资产入账价值的计量基础。

5. 【答案】AC

【解析】非货币性资产交换应同时满足下列两个条件，才能以公允价值进行计量：(1) 该项交换具有商业实质；(2) 换入资产或换出资产的公允价值能够可靠计量。

6. 【答案】ABC

【解析】以公允价值为基础计量的非货币性资产交换，对于同时换出的多项资产，将各项换出资产的公允价值与其账面价值之间的差额，在各项换出资产终止确认时计入当期损益，选项D不正确；其余选项正确。

7. 【答案】ABCD

【解析】收到补价的，以换出资产的公允价值，减去收到补价的公允价值，加上应支付的相关税费，作为换入资产的成本，换出资产的公允价值与其账面价值之间的差额计入当期损益。

8. 【答案】BCD

【解析】该交换使甲公司利润总额增加＝(5 600－5 200)＋100＝500（万元），选项A不正确，选项B正确；甲公司换入资产总成本＝换出资产公允价值＋换出资产增值税销项税额－换入资产可抵扣的增值税进项税额＋支付的应计入换入资产成本的相关税费＝5 600＋0－0＋0＝5 600（万元），则换入的厂房入账价值＝2 900/(2 900＋2 700)×5 600＝2 900（万元），换入的土地使用权入账价值＝2 700/(2 900＋2 700)×5 600＝2 700（万元），选项C和选项D正确。

9. 【答案】ABD

【解析】甲公司换入办公设备的入账价值＝28＋0.25－25×13%＝25（万元），选项A正确；具有商业实质的非货币性资产交换，换出资产视同销售处理，选项B正确；具有商业实质的非货币性资产交换，换入资产的价值应该以换出资产的公允价值为基础确定，选项C不正确；甲公司换出丙公司股票换出设备按照公允价值确认收入，按账面价值结转成本，处置损益＝28－(18＋5)＝5（万元），选项D的说法正确。甲公司账务处理如下：

借：固定资产　　25

　　应交税费——应交增值税（进项税额）

　　　　(25×13%) 3.25

贷：交易性金融资产——成本 18

——公允价值变动 5

投资收益 (28－23) 5

银行存款 0.25

10. 【答案】BCD

【解析】公允价值计量，必须同时符合两个条件：交换具有商业实质；并且换入或换出资产的公允价值能够可靠计量。

11. 【答案】ABD

【解析】选项C不正确，非货币性资产交换不具有商业实质，或者虽然具有商业实质但换入资产和换出资产的公允价值均不能可靠计量的不涉及补价时，对于换入资产，企业应当以换出资产的账面价值和应支付的相关税费作为换入资产的初始计量金额；对于换出资产，终止确认时不确认损益；其余选项正确。

12. 【答案】AB

【解析】非货币性资产交换不具有商业实质时，企业在按照换出资产的账面价值和应支付的相关税费作为换入资产成本的情况下：(1) 支付补价的，应当以换出资产的账面价值，加上支付补价的账面价值和应支付的相关税费，作为换入资产的成本，不确认损益；(2) 收到补价的，应当以换出资产的账面价值，减去收到补价的公允价值并加上应支付的相关税费，作为换入资产的成本，不确认损益。

## 三、计算分析题

1. 【答案】

(1) 非货币性资产交换的认定。

本题补价20万元，应当计算甲公司收到的货币性资产占甲公司换出资产公允价值总额的比例（等于乙公司支付的货币性资产占乙公司换入资产公允价值与支付的补价之和的比例），即：

20万元÷500万元＝4%＜25%

该交换属于非货币性资产交换。

(2) 该项非货币性资产交换具有商业实质；同时，换入资产和换出资产的公允价值均能可靠计量，因此，甲、乙公司均应当以公允价值为基础确定换入资产的总成本，确认产生的相关损益。

(3) 甲公司会计处理。

对于同时换入的多项资产，按照换入的金融资产以外的各项换入资产公允价值相对比例，将换出资产公允价值总额（涉及补价的，加上支付补价的公允价值或减去收到补价的公允价值）扣除换入金融资产公允价值后的净额进行分摊，以分摊至各项换入资产的金额，加上应支付的相关税费，作为各项换入资产的成本进行初始计量。计算甲公司换入各项资产的成本：

换入长期股权投资和固定资产入账价值总额＝换出资产公允价值500－收到补价的公允价值20＝480（万元）

长期股权投资公允价值的比例＝336÷(336＋144)＝70%

固定资产公允价值的比例＝144÷(336＋144)＝30%

则换入长期股权投资的成本＝480×70%＝336（万元）

换入固定资产的成本＝480×30%＝144（万元）。甲公司账务处理如下：

借：长期股权投资 336

固定资产——设备 144

银行存款 20

贷：交易性金融资产——成本 400

——公允价值变动 60

投资收益 (500－460) 40

(4) 乙公司会计处理。

乙公司用长期股权投资和固定资产换入了交易性金融资产，金融资产入账价值按照其公允价值入账。乙公司账务处理如下：

借：固定资产清理 140

累计折旧 100

贷：固定资产——设备 240

借：交易性金融资产——成本 500

贷：长期股权投资——投资成本 220

——损益调整 80

投资收益 (336－300) 36

固定资产清理 140
资产处置损益——处置非流动资产利得
[144 - (240 - 100)] 4
银行存款 20

2. 【答案】

非货币性资产交换不具有商业实质的或者具有商业实质但换入资产和换出资产的公允价值均不能可靠计量的，应当以账面价值为基础计量。对于同时换入的多项资产，按照各项换入资产的公允价值的相对比例，将换出资产的账面价值总额（涉及补价的，加上支付补价的账面价值或减去收到补价的公允价值）分摊至各项换入资产，加上应支付的相关税费，作为各项换入资产的初始计量金额。换入资产的公允价值不能够可靠计量的，可以按照各项换入资产的原账面价值的相对比例或其他合理的比例对换出资产的账面价值进行分摊。

(1) 编制甲公司会计分录。

判断是否属于非货币性资产交换：补价所占比重 = 补价 23.4/换入资产公允价值 500 = 4.68% <25%，属于非货币性资产交换。

换入办公楼的入账价值 = 换出厂房账面价值 (150 - 30) + 换出库房账面价值 (120 - 60) + 换出长投账面价值 300 + 相关销项税费 (9 + 4.5) - 收到补价公允价值 23.4 = 470.1（万元）。甲公司账务处理如下：

借：固定资产清理 180
　累计折旧 (30 + 60) 90
　贷：固定资产——厂房 150
　　　　——库房 120
借：固定资产——办公楼 470.1
　银行存款 23.4
　贷：固定资产清理 180
　　应交税费——应交增值税（销项税额） (9 + 4.5) 13.5
　　长期股权投资——投资成本 200
　　　　——损益调整 100

(2) 编制乙公司会计分录

判断是否属于非货币性资产交换：补价所占比重 = 补价/换入资产公允价值 = 23.4/500 = 4.68% < 25%，属于非货币性资产交换。

①计算确定换入资产的入账价值总额。

换出资产账面价值 (650 - 220) + 支付的补价账面价值 23.4 + 增值税销项税额 45 - 可抵扣进项 (9 + 4.5) = 484.9（万元）

②计算确定换入各项资产的入账价值。

厂房的入账价值 = 484.9 × [100/(100 + 50 + 350)] = 96.98（万元）

库房的入账价值 = 484.9 × [50/(100 + 50 + 350)] = 48.49（万元）

原材料的入账价值 = 484.9 × [350/(100 + 50 + 350)] = 339.43（万元）

借：固定资产清理 430
　累计折旧 220
　贷：固定资产——办公楼 650
借：固定资产——厂房 96.98
　　　——库房 48.49
　应交税费——应交增值税（进项税额） (9 + 4.5) 13.5
　长期股权投资 339.43
　贷：固定资产清理 430
　　应交税费——应交增值税（销项税额） 45
　　银行存款 23.4

# 第十九章　债务重组

## 本章考情分析

本章今年做了重大修改，很可能出一道计算题，考分预计 10 分左右，考生一定要格外关注。本章复习重点是以资产清偿债务和组合方式。

## 本章教材变化

**债务重组准则的新变化（2019 年版）**

| | 内容 |
|---|---|
| 1. 债务重组定义变化 | 债务重组准则定义新变化：①改变了原“债务人发生财务困难”，改为“不改变交易对手方”为前提条件；②改变了“作为让步”的后果，改为“改变债务偿还条款”。 |
| 2. 准则适用范围变化 | 债务重组范围有变化：①债务重组所涉及债权（应收账款）、债务工具（应付账款）的确认、计量和列报，适用金融工具相关准则；②债务重组形成企业合并的，适用企业合并准则；③债务转为权益工具时，仅包括将债务工具转为联营或合营企业权益性投资的交易；④排除属于权益性交易的债务重组。 |
| 3. 债权人会计处理变化 | ①原准则债权人确认受让资产以收到资产公允价值为基础计量，新债务重组准则将债权人确认受让资产以放弃债权的公允价值加上直接相关费用进行计量。债务重组损益不计入营业外收入或营业外支出，而是计入投资收益等。②新债务重组准则将修改其他条款方式的债务重组，按照金融工具确认和计量准则处理。③新债务重组准则删除修改条款涉及或有应收金额相关规定。④新债务重组准则明确以多项资产清偿债务或组合方式进行债务重组时各项资产初始成本的分摊原则。 |
| 4. 债务人会计处理变化 | ①新债务重组准则下，不单独确认债务重组利得计入营业外收入，在以资产清偿债务情况下，将清偿债务账面价值和转让资产账面价值的差额，计入其他收益、投资收益等。②新债务重组准则下，将债务转为权益工具，债务人初始确认权益工具，首选权益工具公允价值，权益工具公允价值无法可靠计量的，再以清偿债务公允价值计量。③新债务重组准则将修改其他条款方式的债务重组，要求按金融工具准则处理。④新债务重组准则删除修改条款涉及或有应付金额相关规定。⑤新债务重组准则明确以多项资产清偿债务或组合方式进行债务重组，应分别按新债务重组准则确定权益工具价值及所转让资产账面价值，相应确认债务重组损益。 |

## 基本内容框架

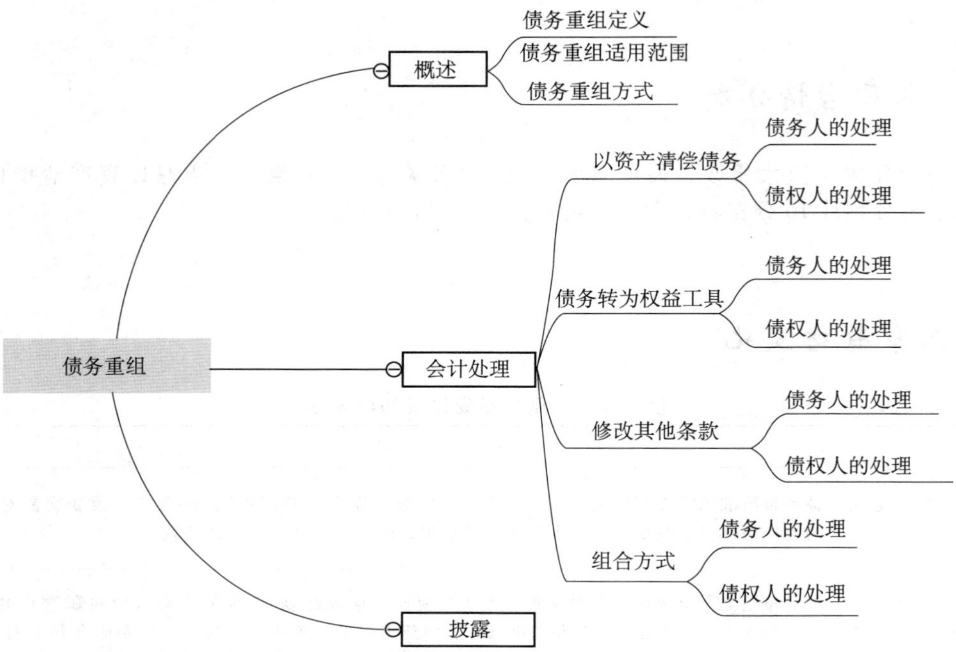


## 通关重难点例题解析

债务重组即不正常还债，会计处理应掌握：债务重组的界定、不同重组方式下债权人与债务人的处理。应特别注意的是，今年本章进行了重大修订，考大题的可能性很大，一定要格外重视。

### 一、债务重组的定义、准则适用范围和债务重组方式

1. 债务重组的定义

债务重组，是指在不改变交易对手方的情况下，经债权人和债务人协定或法院裁定，就清偿债务的时间、金额或方式等重新达成协议的交易。应注意三个问题：①本处的债权债务不包括合同资产、合同负债、预计负债；但包括租赁应收款和租赁应付款；②债务重组的前提是不改变交易对手；③债务重组的结果是改变了偿还债务的时间、金额或方式。

2. 债务重组准则适用范围

债务重组准则适用于所有债务重组，但下列各项适用其他相关会计准则：

（1）债务重组中涉及的债权、重组债权、债务、重组债务和其他金融工具的确认、计量和列报，分别适用金融工具类准则，不做单独规定。

（2）通过债务重组形成企业合并的，适用《企业会计准则第 20 号——企业合并》。例如，甲公司通过债务重组持有乙公司 80% 股权，取得控制权，应按企业合并准则分类为同一控制或非同一控制下企业合并，分别采用“账面价值”或“公允价值”入账。

（3）下列情况适用权益性交易的有关会计处理规定：①债权人或债务人中的一方直接或间接对另一方持股且以股东身份进行债务重组；②债权人与债务人在债务重组前后均受同一方或相同的多方最终控制，且该债务重组的交易实质是债权人或债务人进行了权益性分配或接受了权益性投入。债务重组适用权益性交易的，债权人和债务人不得将

相关的利得或损失计入损益，而应计入所有者权益。

3. 债务重组方式

债务重组主要有四种方式：

（1）以资产清偿债务：包括以货币资金、存货、金融资产、长期股权投资、固定资产、投资性房地产、无形资产等清偿债务。

（2）将债务转为权益工具：是指债务人将债务转为资本，同时债权人将债权转为股权。债务人将债务转为权益工具，这里的权益工具，是指根据《企业会计准则第 37 号——金融工具列报》分类为“权益工具”的金融工具，体现为股本、实收资本、资本公积等。

（3）修改其他条款，是除资产清偿债务和将债务转为权益工具以外，采用调整债务本金、改变债务利息、变更还款期限等方式修改债权和债务的其他条款，形成重组债权和重组债务。

（4）组合方式，是采用债务人以资产清偿债务、债务人将债务转为权益工具、修改其他条款三种方式中一种以上方式的组合清偿债务的债务重组方式。

## 二、债务重组的会计处理

债务重组应按照不同债务重组方式，分别债权人和债务人进行会计处理。

1. 以资产清偿债务

**以资产清偿债务的会计处理**

| | 相关规定 | |
|---|---|---|
| 债权人 | 确认 | 以资产清偿债务方式进行债务重组的，债权人应当在相关资产符合其定义和确认条件时予以确认。由于债权人收到抵债资产，通常其收取债权现金流量的合同权利也同时终止，债权人一般可以终止确认该债权。 |
| | 计量 | （1）以资产清偿债务方式进行债务重组的，债权人初始确认受让的金融资产以外的资产时，应当按照下列原则以成本计量：<br>①存货的成本，包括放弃债权的公允价值和使该资产达到当前位置和状态所发生的可直接归属于该资产的税金、运输费、装卸费、保险费等其他成本。<br>②对联营企业或合营企业投资的成本，包括放弃债权的公允价值和可直接归属于该资产的税金等其他成本。<br>③投资性房地产的成本，包括放弃债权的公允价值和可直接归属于该资产的税金等其他成本。<br>④固定资产的成本，包括放弃债权的公允价值和使该资产达到预定可使用状态前所发生的可直接归属于该资产的税金、运输费、装卸费、安装费、专业人员服务费等其他成本。<br>⑤生物资产的成本，包括放弃债权的公允价值和可直接归属于该资产的税金、运输费、保险费等其他成本。<br>⑥无形资产的成本，包括放弃债权的公允价值和可直接归属于使该资产达到预定用途所发生的税金等其他成本。<br>（2）放弃债权的公允价值与账面价值之间的差额，应当计入投资收益。债务重组损失不计入营业外支出了！ |
| 债务人 | 终止确认 | 以资产清偿债务方式进行债务重组的，债务人应当在相关资产和所清偿债务符合终止确认条件时予以终止确认，所清偿债务账面价值与转让资产账面价值之间的差额计入当期损益。具体说来，债务人仅用金融资产清偿时，差额计入投资收益；债务人以非金融资产清偿债务，或者以包括金融资产或非金融资产在内的多项资产清偿债务的，应将所清偿债务账面价值与转让资产账面价值之间的差额，计入其他收益。这是新准则的一个很大变化。 |

2. 债务转为权益工具

债务转为权益工具时，债权人将应收账款转入长期股权投资（权益法），债务人将应付账款转入股本、资本公积等权益工具。

**债务转为权益工具的会计处理**

| | | 相关规定 |
|---|---|---|
| 债权人 | 确认 | 将债务转为权益工具方式进行债务重组的，债权人应当在相关资产符合其定义和确认条件时予以确认。 |
| | 计量 | (1) 将债务转为权益工具方式进行债务重组导致债权人将债权转为对联营企业或合营企业的权益性投资的，债权人应当按照放弃债权的公允价值和可直接归属于该资产的税金等其他成本，作为长期股权投资初始投资成本。<br>(2) 放弃债权的公允价值与账面价值之间的差额，应当计入投资收益。 |
| 债务人 | 终止确认 | 将债务转为权益工具方式进行债务重组的，债务人应当在所清偿债务符合终止确认条件时予以终止确认。债务人初始确认权益工具时应当按照权益工具的公允价值计量，权益工具的公允价值不能可靠计量的，应当按照所清偿债务的公允价值计量。所清偿债务账面价值与权益工具确认金额之间的差额，应当计入投资收益。债务人因发行权益工具而支付的相关税费等，应当依次冲减资本溢价、盈余公积、未分配利润等。 |

3. 修改其他条款

修改其他条款可能涉及延期还款、减免本金、利息等。对于债权人，应对整体考虑是否对全部债权的合同条款做出了实质性修改；如果是，应当终止确认原债权，并按照修改后的条款确认新金融资产。对于债务人，如果做出“实质性修改”形成重组债务，债务人应当终止确认原债务，同时按照修改后的条款确认一项新金融负债。其中，如果重组债务未来现金流量现值与原债务的剩余期间现金流量现值之间的差异超过10%，则意味着“实质性修改”。

**修改其他债务条件的会计处理**

| | 相关规定 |
|---|---|
| 债权人 | 采用修改其他条款方式进行债务重组的，债权人应当按照金融工具准则确认和计量重组债权：①如果修改其他条款导致全部债权终止确认，债权人应当按照修改后的条款以公允价值初始计量新的金融资产，新金融资产的确认金额与债权终止确认日账面价值之间的差额，计入投资收益；②如果未导致终止确认，债权人应继续以摊余成本、以公允价值计量且其变动计入其他综合收益或当期损益进行后续计量。对于以摊余成本计量的债权，债权人应根据重新议定合同的现金流量变化情况，重新计算该重组债权的账面余额，并将相关利得或损失计入投资收益。 |
| 债务人 | 采用修改其他条款方式进行债务重组的，债务人应当按照金融工具类准则的规定，确认和计量重组债务：①如果修改其他条款导致债务终止确认，债务人应当按照公允价值计量重组债务，终止确认的债务账面价值与重组债务确认金额之间的差额，计入投资收益；②如果修改其他条款未导致债务终止确认，或者仅导致部分债务终止确认，对于未终止确认的部分债务，债务人应当根据其分类，继续以摊余成本、其他债权投资等处理。对于以摊余成本计量的债务，债务人应当根据重新议定合同的现金流量变化情况，重新计算该组债务的账面价值，并将相关利得或损失计入投资收益。 |

4. 组合方式的会计处理

组合方式进行债务重组一般先用现金清偿，然后用非现金资产清偿，再修改其他债务条款等。

组合方式的会计处理

| | 相关规定 |
|---|---|
| 债权人 | (1) 以多项资产清偿债务或者组合方式进行债务重组的，债权人应当首先按照金融工具准则的规定确认和计量受让的金融资产和重组债权，然后按照受让的金融资产以外的各项资产的公允价值比例，对放弃债权的公允价值扣除受让金融资产和重组债权确认金额后的净额进行分配，并以此为基础按照规定分别确定各项资产的成本。放弃债权的公允价值与账面价值之间的差额，应当计入投资收益。<br>(2) 债权人受让处置组时，债权人应当分别按照金融工具准则，对处置组中的金融资产和负债进行初始计量，然后按照金融资产以外的各项资产在债务重组合同生效日的公允价值比例，对放弃债权在合同生效日的公允价值以及承担的处置组中负债的确认金额之和，扣除受让金融资产当日公允价值后的净额进行分配，并以此为基础分别确定各项资产成本。放弃债权的公允价值与账面价值之间的差额，计入投资收益。<br>(3) 债权人将受让的资产或处置组划分为持有待售类别时，债权人应当在初始计量时，比较假设其不划分为持有待售类别情况下的初始计量金额和公允价值减去出售费用后的净额，以两者孰低计量。 |
| 债务人 | 以多项资产清偿债务或者组合方式进行债务重组的，债务人应当按照金融工具类准则规定确认和计量权益工具和重组债务，所清偿债务的账面价值与转让资产的账面价值以及权益工具和重组债务的确认金额之和的差额，应当计入其他收益或投资收益（仅涉及金融工具时）。 |

【例 19－1】（2018 年单选题）HX 公司与甲公司均为增值税一般纳税人，因甲公司无法偿还到期债务，经协商，HX 公司同意，甲公司以库存商品偿还其所欠全部债务。债务重组日，HX 公司应收取甲公司债权的账面余额为 2 000 万元，已计提坏账准备 1 500 万元，账面价值为 500 万元，其公允价值为 678 万元。甲公司用于偿债商品的账面价值为 480 万元，公允价值为 600 万元，增值税额为 78 万元。不考虑其他因素，HX 公司因上述交易应确认的投资收益是（　　）。

A. 178 万元　　B. －196 万元

C. 1 304 万元　　D. 196 万元

【答案】A

【解析】

HX 公司会计处理如下：

借：库存商品　600

　应交税费——应交增值税（进项税额）　78

　坏账准备　1 500

　贷：应收账款　2 000

　　投资收益（678－500）178

【例 19－2】（2016 年多项选择题）甲公司销售商品产生应收乙公司货款 1 200 万元，因乙公司资金周转困难，逾期已 1 年以上尚未支付，甲公司就该债权计提了 240 万元坏账准备，账面价值为 960 万元，该债权公允价值为 1 024 万元。2×15 年 10 月 20 日，双方经协商达成以下协议：乙公司以其生产的 100 件丙产品和一项应收银行承兑汇票偿还所欠甲公司货款。乙公司用以偿债的丙产品单件成本为 5 万元，市场价格（不含增值税）为 8 万元，银行承兑汇票票面金额为 120 万元，该汇票公允价值为 120 万元。10 月 25 日，甲公司收到乙公司的 100 件丙产品及银行承兑汇票，乙公司向甲公司开具了增值税专用发票，注明的价款为 800 万元，增值税税额 104 万元，双方债权债务结清。甲、乙公司均为增值税一般纳税人，适用增值税税率均为 13%。不考虑其他因素，下列各项关于甲公司该项交易会计处理的表述中，正确的有（　　）。

A. 确认投资收益 144 万元

B. 确认增值税进项税额 85 万元

C. 确认丙产品入账价值 800 万元

D. 确认应收票据入账价值 120 万元

【答案】CD

【解析】甲公司债务重组账务处理如下：

借：库存商品　800

　应交税费——应交增值税（进项税额）（800×13%）104

　应收票据　120

　坏账准备　240

　贷：应收账款　1 200

　　投资收益（1 024－960）64

注：库存商品入账价值＝（放弃债权公允价值 1 024－应收票据 120）－进项税额 104＝800（万元）。

## 通关演练

### 一、单项选择题

1. 2×20年3月31日，甲公司应收乙公司的一笔货款300万元到期，由于乙公司发生财务困难，该笔货款预计短期内无法收回。甲公司已为该项债权计提坏账准备50万元，账面价值为250万元，其公允价值为220万元。当日，甲公司就该项债权与乙公司进行协商。下列方案中，不执行债务重组准则的是（　　）。

A. 债权人或债务人中的一方直接对另一方持股且以股东身份进行债务重组

B. 减免30万元债务，其余部分立即以现金偿还

C. 减免50万元债务，其余部分立即以现金偿还

D. 以现金100万元和公允价值为100万元债权投资偿还

2. 下列关于债务重组会计处理的表述中，不正确的是（　　）。

A. 以资产清偿债务方式进行债务重组的，债权人应当在相关资产符合其定义和确认条件时予以确认

B. 债权人初始确认受让的存货时，存货的成本应包括放弃债权的公允价值和使该资产达到当前位置和状态所发生的可直接归属于该资产的税金、运输费、装卸费、保险费等其他成本

C. 债权人放弃债权的公允价值与账面价值之间的差额，应当计入投资收益

D. 债务人应当在相关资产和所清偿债务符合终止确认条件时予以终止确认，所清偿债务账面价值与转让资产账面价值之间的差额计入营业外收入

3. 甲公司为增值税一般纳税人。因甲公司发生财务困难，甲公司与乙公司就其所欠乙公司500万元的货款进行了债务重组。根据债务重组协议，甲公司以银行存款400万元清偿。在进行债务重组之前，乙公司已经就该项债权计提了80万元的减值，公允价值为400万元。乙公司确认投资收益的金额为（　　）万元。

A. 100　　B. 80

C. 20　　D. 0

4. 甲公司为增值税一般纳税人，销售商品适用的增值税税率为13%。因甲公司发生财务困难，甲公司与乙公司就其所欠乙公司的500万元的货款进行了债务重组。至债务重组日，乙公司已针对该项债权计提了120万元的坏账准备，该债权账面价值为380万元，公允价值为395.5万元。根据债务重组协议，甲公司以其生产的产品抵偿债务，甲公司交付产品后双方的债权债务结清。甲公司已将用于抵债的产品发出，并开具增值税专用发票。甲公司用于抵债的产品的账面余额为350万元，已计提的存货跌价准备为50万元，公允价值（计税价格）为350万元。甲公司对该项债务重组应确认的其他收益为（　　）万元。

A. 150　　B. 70

C. 0　　D. －26

5. 甲公司欠乙公司2 800万元的货款，甲公司因发生财务困难，经协商，乙公司同意甲公司以其所持有的一项以公允价值计量的投资性房地产进行偿债。债务重组日甲公司该项投资性房地产的公允价值为2 500万元，账面价值为2 400万元，其中成本为2 000万元，公允价值变动为400万元。乙公司将其仍作为投资性房地产进行核算，至债务重组日乙公司已经对相关债权计提了100万元的坏账准备。假定不考虑税费等其他因素的影响，则甲公司债务重组中影响营业利润的金额为（　　）万元。

A. 700　　B. 300

C. 400　　D. 100

6. 甲公司欠乙公司1 400万元的货款，甲公司因发生财务困难不能偿还，经协商，乙公司同意甲公司以其所持有的其他权益工具投资进行偿债。债务重组日甲公司该项其他权益工具投资的公允价值为1 250万元，账面价值为1 200万元，其中成本为1 000万元，公允价值变动为200万元。乙公司将偿债的股票仍作为其他权益工具投资进行核算，至债务重组日乙公司已经对相关债权计提了50万元的坏账准备。不考虑其他因素，则甲公司债务重组中影响利润总额的金额为

（　　）万元。

A. 350　　B. 150

C. 200　　D. 400

7. 甲公司和乙公司均为增值税一般纳税人，2×20年1月1日，甲公司销售一批材料给乙公司，含税价为1 500万元。2×20年7月1日，乙公司发生财务困难，无法按合同规定偿还该笔货款，经双方协商，甲公司同意乙公司用一项专利权抵偿该笔货款。该专利权原价为1 000万元，累计摊销400万元，计提减值准备120万元，该无形资产账面价值为980万元，在债务重组日的公允价值为1 200万元，该专利权符合免征增值税条件。乙公司应确认其他收益的金额为（　　）万元。

A. 1 020　　B. 960

C. 660　　D. 520

8. 甲公司和乙公司均为增值税一般纳税人，2×20年3月10日，甲公司销售一批材料给乙公司，开出的增值税专用发票上注明的销售价款为10万元，增值税销项税额为1.3万元，款项11.3万元尚未收到。因乙公司发生财务困难，2×20年6月1日，甲公司与乙公司协商债务重组。同日签订重组协议如下：甲公司同意豁免乙公司债务2万元；剩余债务延迟到2×20年9月31日归还。假定债务重组日重组债权的公允价值为9.3万元，该项应收账款已计提坏账准备0.2万元。假设不考虑相关税费，在6月1日债务重组日，甲公司应确认的投资损失为（　　）万元。

A. 5.9　　B. 1.8

C. 6.7　　D. 0

9. 甲公司应收乙公司货款1 000万元已逾期，双方经协商决定进行债务重组。债务重组协议规定：①乙公司以银行存款偿付甲公司货款200万元；②乙公司以一项固定资产和一项其他债权投资偿付所欠账款的余额。乙公司该项固定资产的账面原价为500万元，已计提折旧180万元，已计提减值准备20万元，公允价值为420万元；其他债权投资的账面价值为300万元（其中，成本为240万元，公允价值变动为60万元），公允价值为320万元。甲公司对该项债权计提了40万元的坏账准备。假定不考虑增值税等因素影响，则该债务重组中乙公司应计入其他收益的金额为（　　）万元。

A. 60　　B. 180

C. 200　　D. 260

## 二、多项选择题

1. 下列关于债务转为权益工具的会计处理的表述中，正确的有（　　）。

A. 债务重组取得的长期股权投资的成本，应是债权人应当按照放弃债权的公允价值和可直接归属于该资产的税金等其他成本之和

B. 债务转为权益工具进行债务重组时，债务人初始确认权益工具时应当按照权益工具的公允价值计量

C. 债务转为权益工具进行债务重组时，债务人所清偿债务账面价值与权益工具确认金额之间的差额，应当计入投资收益

D. 债务人因发行权益工具而支付的相关税费等，应当计入管理费用

2. 2×20年6月1日，甲公司因发生财务困难，无力偿还所欠乙公司1 000万元款项。经双方协商同意，甲公司以自有的一栋办公楼和一批存货抵偿所欠债务。甲公司用于抵债的办公楼原值为800万元，已提折旧为200万元，未计提减值准备，公允价值为700万元（不含增值税，转让不动产增值税税率为9%）；用于抵债的存货账面价值为90万元，公允价值为120万元（不含税，增值税税率为13%）。不考虑其他因素，下列有关甲公司对该项债务重组的会计处理中，错误的有（　　）。

A. 确认营业收入120万元

B. 确认其他收益231.4万元

C. 确认营业外收入200万元

D. 确认资产转让收益100万元

3. 下列关于债务人以资产清偿债务的相关处理中，正确的有（　　）。

A. 债权人取得的无形资产的成本，包括放弃债权的公允价值和可直接归属于使该资产达到预定用途所发生的税金等其他成本

B. 债权人放弃债权的公允价值与账面价值之间的差额应当计入营业外支出

C. 债务人应当在相关资产和所清偿债务符合终止确认条件时予以终止确认

D. 债务人终止确认投资性房地产的，所

清偿债务账面价值与转让资产账面价值之间的差额计入营业收入

4. 2×20 年 3 月 18 日，甲公司因无力偿还乙公司的 4 000 万元货款（含增值税），双方进行债务重组。按债务重组协议规定，甲公司用自身普通股股票 1 600 万股偿还债务。股票每股面值 1 元，该股份的公允价值为 3 600 万元（不考虑相关税费）。乙公司对该应收账款计提了 200 万元的坏账准备，该应收账款账面价值 3 800 万元，公允价值为 3 600 万元。甲公司于 2×20 年 4 月 1 日办妥了增资批准手续。关于该项债务转为权益工具，乙公司持有甲公司 25% 股权，采用权益法核算。假设不考虑其他因素，则下列表述中正确的有（　　）。

A. 债务重组日为 2×20 年 4 月 1 日

B. 乙公司因放弃债权而享有股权的入账价值为 3 600 万元

C. 甲公司应确认投资收益为 400 万元

D. 乙公司应确认债务重组损失为 400 万元

5. 甲公司欠乙公司货款 1 500 万元，因甲公司发生财务困难，经协商，乙公司同意甲公司以其所持有的其他债权投资进行偿债，债务重组日，该项其他债权投资的公允价值为 1 380 万元，账面价值为 1 200 万元，其中成本为 1 300 万元，公允价值变动损失为 100 万元。乙公司取得该债券后分类为交易性金融资产；乙公司对应收账款计提了 80 万元的坏账准备，该应收账款账面价值为 1 420 万元，公允价值为 1 380 万元。假定不考虑相关税费，下列相关会计处理正确的有（　　）。

A. 甲公司应终止确认所清偿债务

B. 甲公司因债务重组确认投资收益 500 万元

C. 乙公司交易性金融资产入账价值为 1 380 万元

D. 乙公司确认投资收益 80 万元

6. 下列关于组合方式下进行的债务重组相关会计处理中，正确的有（　　）。

A. 债务人应当按照金融工具类准则规定确认和计量权益工具和重组债务

B. 债务人所清偿债务的账面价值与转让资产的账面价值以及权益工具和重组债务的确认金额之和的差额应当计入投资收益

C. 债权人受让处置组时，债权人应当分别按照金融工具准则，对处置组中的金融资产和负债进行初始计量

D. 债权人将受让的资产或处置组划分为持有待售类别时，债权人应当在初始计量时，比较假设其不划分为持有待售类别情况下的初始计量金额和公允价值减去出售费用后的净额，以两者孰低计量

7. M 公司与 N 公司均为增值税一般纳税人，2×20 年 3 月 1 日，M 公司销售一批产品给 N 公司，开出的增值税专用发票上注明的销售价款为 1 000 万元，增值税税额为 130 万元，款项 1 130 万元尚未收到。因 N 公司发生财务困难，无法偿付到期债务，2×20 年 6 月 30 日，M 公司与 N 公司协商进行债务重组。重组协议如下：M 公司同意豁免 N 公司债务 230 万元，其余债务于 2×20 年 10 月 1 日偿还。假定 6 月 30 日债务重组日重组后债务的公允价值为 900 万元，M 公司为该项应收账款计提了坏账准备 120 万元，该应收账款账面价值 1 010 万元，公允价值 900 万元。整个债务重组交易没有发生相关税费。不考虑其他因素的影响，则下列会计处理中正确的有（　　）。

A. M 公司确认投资收益 110 万元

B. M 公司确认其他收益 230 万元

C. N 公司确认投资收益 230 万元

D. N 公司确认资本公积 110 万元

8. 甲公司和乙公司均为增值税一般纳税人，乙公司销售一批材料给甲公司，开具的增值税专用发票上注明的价款为 100 万元，增值税税额为 13 万元。按合同规定，甲公司应于 2×20 年 5 月 15 日前偿付价款。由于甲公司发生财务困难，无法按合同规定的期限偿还债务，经双方协商于 2×20 年 7 月 1 日进行债务重组。债务重组协议规定，乙公司同意减免甲公司 16 万元债务，余额 97 万元用现金立即清偿。乙公司于 2×20 年 7 月 8 日收到甲公司通过银行转账偿还的剩余款项，解除了债权债务手续。乙公司已为该项应收账款计提了 6 万元坏账准备，应收账款公允价值 97 万元。债务重组日，下列会计处理中正确的有（　　）。

A. 债务重组日为 7 月 8 日

B. 甲公司应确认其他收益 16 万元

C. 乙公司应确认投资损失 16 万元

D. 乙公司应确认投资损失 10 万元

## 三、综合题

1. 2×20 年 6 月 1 日，长城股份有限公司（以下简称“长城公司”）应收红叶公司的账款为 1 000 万元，已计提坏账准备 100 万元，该应收账款账面价值为 900 万元，其公允价值为 915 万元。双方协商进行债务重组，红叶公司以一批产品和一项交易性金融资产抵偿上述债务。该批产品成本为 500 万元，未计提存货跌价准备，债务重组日的公允价值为 520 万元，增值税税额为 67.6 万元（税率 13%）；交易性金融资产账面价值为 300 万元，其中，公允价值变动为 100 万元，债务重组日的公允价值为 310 万元，当日双方债权债务解除。长城公司收到的资产均不改变用途。

2×20 年 12 月 31 日交易性金融资产的公允价值为 500 万元，2×21 年 5 月 1 日因业务发展需要，长城公司将交易性金融资产与丁公司的一条生产线进行资产交换。当日，交易性金融资产公允价值为 520 万元，换入生产线的增值税专用发票上注明的价款为 400 万元，增值税税额为 52 万元。丁公司该生产线账面价值为 300 万元，假定生产线的增值税不另行支付，丁公司向长城公司支付银行存款 68 万元，该交换具有商业实质。不考虑其他因素的影响。

要求：

（1）编制 2×20 年 6 月 1 日长城公司与债务重组有关的会计分录。

（2）编制 2×20 年 6 月 1 日红叶公司与债务重组有关的会计分录。

（3）计算 2×21 年 5 月 1 日长城公司换入生产线的入账价值，并编制与非货币性资产交换相关的会计分录。

（答案中的金额单位用万元表示）

2. 如意公司为上市公司，于 2×20 年 1 月 1 日销售给甲公司一批产品，含税价为 2 000 万元，双方约定 5 个月后付款；甲公司因发生财务困难无法按期支付该笔款项。至 2×20 年 6 月 30 日如意公司仍未收到款项，如意公司已对该应收账款计提坏账准备 360 万元，当日应收账款账面价值为 1 640 万元，公允价值为 1 600 万元。2×20 年 6 月 30 日，如意公司与甲公司进行债务重组。

（1）甲公司抵债资产的相关资料：①固定资产（设备）原价为 500 万元，已提折旧为 100 万元，公允价值为 420 万元；②库存商品的成本为 300 万元（未计提存货跌价准备），公允价值（计税价格）为 450 万元；③持有的对 A 公司的长期股权投资账面价值为 780 万元（其中，成本 600 万元，损益调整 120 万元，其他权益变动 60 万元；持股比例 30%），公允价值为 820 万元。如意公司取得上述资产后，均不改变其使用用途，相关资产取得后即达到预定用途。甲公司销售商品和动产适用的增值税税率为 13%。

（2）如意公司取得对 A 公司的投资，当日 A 公司可辨认净资产账面价值 2 800 万元（公允价值为 3 000 万元，差额系一批库存商品所致，至 2×20 年年末该批存货对外销售 80%）。A 公司 2×20 年实现的净利润为1 200 万元（假定利润均衡实现）。

（3）假定调整被投资单位净利润时不考虑所得税等因素的影响。

要求：

（1）编制甲公司 2×20 年 6 月 30 日与债务重组相关的会计分录。

（2）编制如意公司 2×20 年 6 月 30 日与债务重组相关的会计分录。

（3）2×20 年 12 月 31 日编制如意公司与长期股权投资有关的会计分录。

# 答案及解析

## 一、单项选择题

1. 【答案】A

【解析】债务重组，是指在不改变交易对手方的情况下，经债权人和债务人协定或法院裁定，就清偿债务的时间、金额或方式等重新达成协议的交易。债权人或债务人中的一方直接对另一方持股且以股东身份进行债务重组，应按照权益性交易进行处理，不确认损益。

2. 【答案】D

【解析】选项 D 不正确，债务人应当在相关资产和所清偿债务符合终止确认条件时予以终止确认，所清偿债务账面价值与转让资产账面价值之间的差额计入其他收益、投资收益等，不计入营业外收入。

3. 【答案】C

【解析】乙公司债务重组会计处理：

借：银行存款 400
　　坏账准备 80
　　投资收益 (400－420)20
　　贷：应收账款 500

4. 【答案】C

【解析】甲公司债务重组会计处理：

借：应付账款 500
　　存货跌价准备 50
　　贷：库存商品 350
　　　　应交税费——应交增值税（进项税额）(350×13%)45.5
　　　　其他收益 154.5

5. 【答案】D

【解析】甲公司债务重组中影响营业利润的金额＝抵债资产公允价值 2 500－抵债资产账面价值 2 400＝100（万元）。

6. 【答案】B

【解析】甲公司债务重组中影响利润总额的金额＝债务重组利得（抵债资产公允价值 1 400－抵债资产账面价值 1 250）＝150（万元）。非交易性权益工具投资处置时产生的损益应转入留存收益，不影响利润总额。

7. 【答案】D

【解析】乙公司应确认的其他收益的金额＝债务重组利得(1 500－1 200)＝300（万元）；无形资产处置利得[1 200－(1 000－400－120)]＝720（万元)计入资产处置损益。乙公司债务重组的账务处理是：

借：应付账款 1 500
　　累计摊销 400
　　无形资产减值准备 120
　　贷：无形资产 1 000
　　　　其他收益 (1 500－980)520

8. 【答案】B

【解析】甲公司债务重组账务处理：

借：应收账款
　　9.3（重组债权公允价值）
　　坏账准备 0.2
　　投资收益 (9.3－11.1)1.8
　　贷：应收账款 11.3

9. 【答案】D

【解析】乙公司债务重组账务处理如下：

借：应付账款 1 000
　　其他综合收益 60
　　贷：银行存款 200
　　　　固定资产清理
　　　　　(500－180－20) 300
　　　　其他债权投资
　　　　　(240＋60) 300
　　　　其他收益
　　　　　(1 000－200－360－300＋60) 260

## 二、多项选择题

1. 【答案】ABC

【解析】选项 D 不正确，债务人因发行权益工具而支付的相关税费等，应当依次冲减资本溢价、盈余公积、未分配利润等；其余选项正确。

2. 【答案】ACD

【解析】甲公司债务重组会计分录如下：

借：固定资产清理 600
　　累计折旧 200
　　贷：固定资产 800
借：应付账款 1 000
　　贷：固定资产清理 600
　　　　应交税费——应交增值税（销项税额）(700×9%) 63
　　　　库存商品 90
　　　　应交税费——应交增值税（销项税额）
　　　　　(120×13%) 15.6
　　　　其他收益 231.4

上述选项中，只有选项 B 正确。

3. 【答案】AC

【解析】选项 B 不正确，放弃债权的公允价值与账面价值之间的差额，应当计入投资收益；选项 D 不正确，所清偿债务账面价值与转让投资性房地产账面价值之间的差额计入其他收益。选项 A、C 正确。

4. 【答案】ABC

【解析】本债务重组属于债务转为权益工具，甲公司债务重组账务处理：

借：应付账款 4 000
　　贷：股本 (1 600×1)1 600
　　　　资本公积——股本溢价
　　　　　(3 600－1 600)2 000
　　　　投资收益
　　　　　(4 000－3 600)400

乙公司债务重组账务处理：

借：长期股权投资

3 600（放弃债权公允价值）

坏账准备 200

投资收益

(3 800 - 3 600) 200

贷：应收账款 4 000

选项 D 不正确，乙公司应确认投资损失 200 万元；其余选项正确。

5. 【答案】AC

【解析】本业务属于以资产抵偿债务。甲公司账务处理如下：

借：应付账款 1 500

贷：其他债权投资 1 200

其他综合收益 100

投资收益 200

注：其他债权投资公允价值变动计入其他综合收益的 -100 万元应该转出计入投资收益。

乙公司债务重组的账务处理：

借：交易性金融资产

1 380（金融资产公允价值）

坏账准备 80

投资收益 (1 420 - 1 380) 40

贷：应收账款 1 500

综上，选项 B 不正确，甲公司因债务重组确认投资收益 200 万元；选项 D 不正确，乙公司应确认投资收益 40 万元。

6. 【答案】ACD

【解析】选项 B 不正确，以多项资产清偿债务或者组合方式进行债务重组的，债务人应当按照金融工具类准则规定确认和计量权益工具和重组债务，所清偿债务的账面价值与转让资产的账面价值以及权益工具和重组债务的确认金额之和的差额，应当计入其他收益或投资收益（仅涉及金融工具时）；其余选项正确。

7. 【答案】AC

【解析】本业务属于修改其他条款的债务重组，M 公司（债权人）账务处理：

借：应收账款 900（公允价值）

坏账准备 120

投资收益 (900 - 1 010) 110

贷：应收账款 1 130

N 公司账务处理：

借：应付账款 1 130

贷：应付账款 900（公允价值）

投资收益 230

综上，选项 B、D 不正确。

8. 【答案】AD

【解析】甲公司债务重组会计处理：

借：应付账款 113

贷：银行存款 97

投资收益 16

乙公司账务重组会计处理：

借：银行存款 97

坏账准备 6

投资收益 (97 - 107) 10

贷：应收账款 113

综上，选项 B、C 不正确。

## 三、综合题

1. 【答案】

（1）2×20 年 6 月 1 日长城公司债务重组会计分录。

以多项资产清偿债务或者组合方式进行债务重组的，债权人应当首先按照金融工具准则的规定确认和计量受让的金融资产和重组债权，然后按照受让的金融资产以外的各项资产的公允价值比例，对放弃债权的公允价值扣除受让金融资产和重组债权确认金额后的净额进行分配，并以此为基础按照规定分别确定各项资产的成本。放弃债权的公允价值与账面价值之间的差额，应当计入投资收益。

长城公司取得交易性金融资产的入账价值 = 公允价值 310；库存商品入账价值 = 放弃债权公允价值 915 - 金融资产入账价值 310 - 可抵扣进项税额 67.6 = 537.4（万元）。

借：库存商品 537.4

应交税费——应交增值税（进项税额） 67.6

交易性金融资产——成本

310

坏账准备 100

贷：应收账款 1 000

投资收益 (915 - 900) 15

（2）红叶公司债务重组会计分录。

借：应付账款 1 000

贷：库存商品 500

应交税费——应交增值税（销项税额）

（520×13%）67.6

交易性金融资产——成本 200

——公允价值变动 100

其他收益 132.4

（3）补价所占比重＝收到补价68/换出资产公允价值520＋收到补价68＝11.56%＜25%，属于非货币性资产交换。

2×21年5月1日换入生产线的入账价值＝换出资产的公允价值520－可以抵扣的进项税额52－收到补价的公允价值68＝400（万元）。交换日的会计分录：

借：固定资产 400

应交税费——应交增值税（进项税额） 52

银行存款 68

贷：交易性金融资产——成本 310

——公允价值变动 190

投资收益

（520－500）20

2.【答案】

（1）编制甲公司2×20年6月30日与债务重组相关的会计分录。

借：固定资产清理 400

累计折旧 100

贷：固定资产 500

借：应付账款 2 000

资本公积——其他资本公积 60

贷：固定资产清理 400

库存商品 300

应交税费——应交增值税（销项税额）

[（420＋450）×13%]113.1

长期股权投资——投资成本 600

——损益调整 120

——其他权益变动 60

其他收益 466.9

注：由于长期股权投资采用权益法核算，投资企业确认其他权益变动60万元的同时，计入了其他资本公积，在处置时应将其他资本公积转入损益。

（2）编制如意公司2×20年6月30日与债务重组相关的会计分录。

收到抵债固定资产、存货和长期股权投资的成本总额＝放弃债权公允价值1 600－进项税额113.1＝1 486.9（万元）。

固定资产入账价值＝1 486.9×[420/（420＋450＋820）]＝369.53（万元）

库存商品入账价值＝1 486.9×[450/（420＋450＋820）]＝395.92（万元）

长期股权投资入账价值＝1 486.9×[820/（420＋450＋820）]＝721.45（万元）

借：固定资产 369.53

库存商品 395.92

应交税费——应交增值税（进项税额） 113.1

长期股权投资——投资成本 721.45

坏账准备 360

投资收益（1 600－1 640）40

贷：应收账款 2 000

长期股权投资的初始投资成本为721.45万元，小于取得投资时享有的A公司可辨认净资产公允价值份额900万元（3 000×30%），差额178.55万元（900－721.45）应对初始投资成本进行调整，同时确认营业外收入。

借：长期股权投资——投资成本 178.55

贷：营业外收入 178.55

（3）2×20年12月31日编制如意公司与长期股权投资有关的会计分录。

2×20年12月31日如意公司应确认投资收益＝[1 200/2－（3 000－2 800）×80%]×30%＝132（万元）。

借：长期股权投资——损益调整 132

贷：投资收益 132

# 第二十章　所得税

## 本章考情分析

本章在考试中属于重点章，考分预计 9 分左右，经常出大题或者在大题中出现所得税处理，比如在合并报表编制中考虑所得税影响。本章考试重点是暂时性差异、递延所得税资产、递延所得税负债的确认计量，所得税费用的计算。

## 本章教材变化

本章今年没有变化。

## 基本内容框架

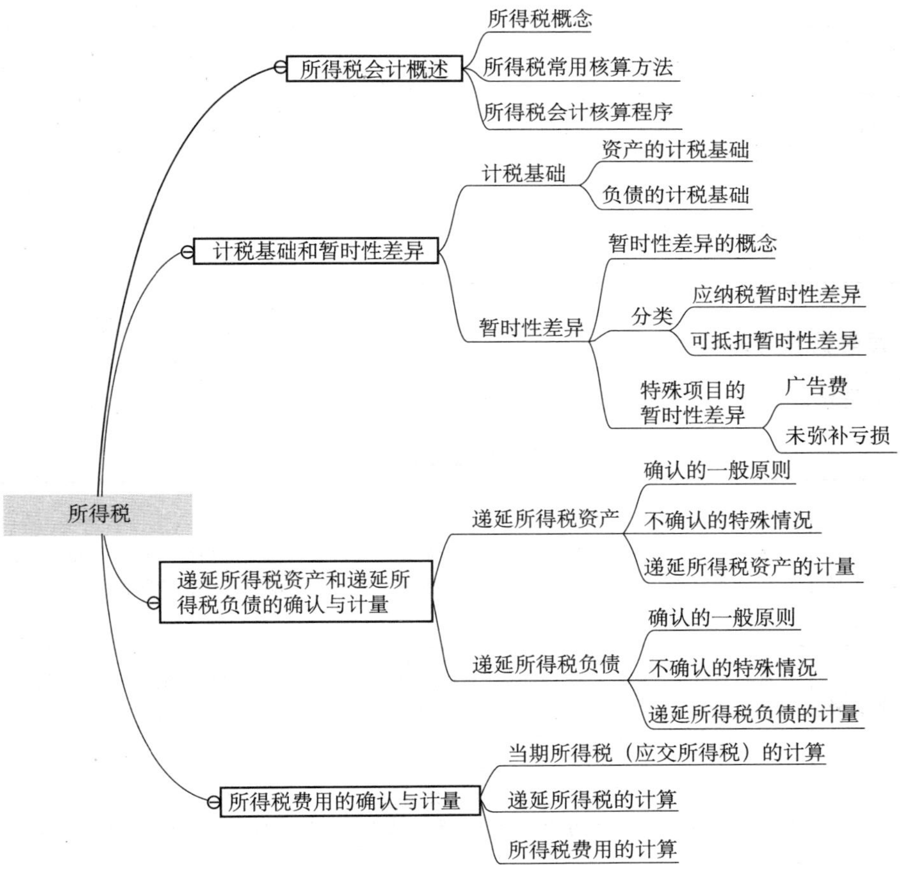

## 通关重难点例题解析

所得税是会计学习的难点，也是考试的重点，应掌握所得税概念和学习思路、计税基础的确定、暂时性差异的确定、递延所得税资产和递延所得税负债的确认和计量、所得税费用的确定。

### 一、所得税概念和学习思路

“所得税”是个统称，在具体核算时应分成两条线：应交所得税和所得税费用。

（1）应交所得税：按税法计算、属于负债要素、列示在资产负债表中。

（2）所得税费用：按会计准则的规定计算、属于费用要素、列示在利润表中。

只有明确了应交所得税和所得税费用是两个不同的概念，在会计处理时才不会混淆。值得说明的是，本课程属于会计课，所以最终目标是确定所得税费用。

按照会计准则规定，企业应采用资产负债表债务法核算所得税费用。资产负债表债务法是从资产负债表出发，通过比较资产负债表上列示的资产、负债按照企业会计准则规定确定的账面价值与按照税法规定确定的计税基础，对于两者之间的差异（即暂时性差异）分别应纳税暂时性差异与可抵扣暂时性差异，确认相应的递延所得税负债与递延所得税资产，并在此基础上确定每一会计期间利润表中的所得税费用。

### 二、计税基础的确定

计税基础应分为资产计税基础和负债计税基础两条线。

**计税基础的确定**

| | 相关规定 |
|---|---|
| 资产的计税基础 | 资产的计税基础，是指企业收回资产账面价值的过程中，计算应纳税所得额时按照税法规定可以自应税经济利益中抵扣的金额，即某一项资产在未来期间计税时可以税前扣除的金额。资产在初始确认时，其计税基础一般为取得成本。 |
| 负债的计税基础 | 负债的计税基础，是指负债的账面价值减去未来期间计算应纳税所得额时按照税法规定可予抵扣的金额。 |

### 三、暂时性差异的确定

暂时性差异，是指资产或负债的账面价值与其计税基础之间的差额，分为应纳税暂时性差异和可抵扣暂时性差异。

**暂时性差异的确定**

| | 相关规定 |
|---|---|
| 应纳税暂时性差异 | 应纳税暂时性差异，是指在确定未来收回资产或清偿负债期间的应纳税所得额时，将导致产生应税金额的暂时性差异。资产的账面价值大于其计税基础或是负债的账面价值小于其计税基础时，会产生应纳税暂时性差异。 |
| 可抵扣暂时性差异 | 可抵扣暂时性差异，是指在确定未来收回资产或清偿负债期间的应纳税所得额时，将导致产生可抵扣金额的暂时性差异。资产的账面价值小于其计税基础或负债的账面价值大于其计税基础时，会产生可抵扣暂时性差异。 |
| 特殊项目产生的暂时性差异 | （1）某些交易或事项发生以后，因为不符合资产、负债的确认条件而未确认为资产、负债，但按照税法规定能够确定其计税基础的，其账面价值0与计税基础之间的差异也构成暂时性差异。<br>（2）对于按照税法规定可以结转以后年度的未弥补亏损及税款抵减，产生可抵扣暂时性差异。 |

## 四、递延所得税资产的确认和计量

递延所得税资产的确认和计量

| | 相关规定 |
|---|---|
| 确认 | 根据谨慎性原则，资产、负债的账面价值与其计税基础不同产生可抵扣暂时性差异的，在估计未来期间能够取得足够的应纳税所得额用以利用该可抵扣暂时性差异时，应当以很可能取得用来抵扣可抵扣暂时性差异的应纳税所得额为限，确认相关的递延所得税资产。确认递延所得税资产的同时，应调整所得税费用、其他综合收益或者商誉等。 |
| 计量 | （1）递延所得税资产应采用可抵扣差异转回期间适用的所得税税率为基础计算确定。无论可抵扣暂时性差异转回期间如何，相关的递延所得税资产不要求折现。<br>（2）资产负债表日应对递延所得税资产进行复核，并可能调增或调减递延所得税资产。 |



## 五、递延所得税负债的确认和计量

递延所得税负债的确认和计量

| | 相关规定 |
|---|---|
| 确认 | 根据谨慎性原则，除企业会计准则中明确规定可以不确认递延所得税负债的情况以外，企业对于所有的应纳税暂时性差异均应确认相关的递延所得税负债。应注意的是，确认递延所得税负债的同时，应调整所得税费用、其他综合收益、资本公积或者商誉。 |
| 计量 | 递延所得税负债应以相关应纳税暂时性差异转回期间适用的所得税税率计量。无论应纳税暂时性差异转回期间如何，相关的递延所得税负债不要求折现。 |

## 六、所得税费用的确定

（1）所得税费用 = 当期所得税 + 递延所得税。

（2）当期所得税的计算。

当期所得税就是当期应交所得税。

应交所得税 = 应纳税所得额 × 所得税税率

应纳税所得额 = 税前会计利润 + 纳税调整额

（3）递延所得税的计算。

递延所得税，是指按照企业会计准则规定应予确认的递延所得税资产和递延所得税负债在期末应有金额相对于原已确认金额之间的差额，即递延所得税资产及递延所得税负债的当期发生额，但不包括直接计入所有者权益的交易或事项及企业合并的所得税影响（因为它们计入所有者权益和商誉，不计入所得税费用）。

递延所得税 = 递延所得税负债增加额 - 递延所得税资产增加额 =（期末递延所得税负债 - 期初递延所得税负债）-（期末递延所得税资产 - 期初递延所得税资产）

在理解上述公式时，应注意两点：

①递延所得税的本质含义是所得税费用，因此计算结果为正数，表示所得税费用增加；计算结果为负数，表示所得税费用减少。

②上述公式成立的前提，是假设递延所得税资产和递延所得税负债发生增减变动，只影响所得税费用。

【例 20 - 1】（2016 年单选题）甲公司本期的会计利润 210 万元，本期有国债收入 10 万元，本期有环保部门罚款 20 万元，另外，已知因固定资产对应的递延所得税负债年初金额为 20 万元，年末金额为 25 万元，要求计算甲公司本期的所得税费用金额（　　）万元。

A. 50　　B. 60

C. 55　　D. 57.5

【答案】C

【解析】应交所得税 = [210 - 10 + 20 - 5/25%] × 25% = 50（万元），递延所得税负债的当期发生额 = 25 - 20 = 5（万元），所得税费用 = 50 + 5 = 55（万元）。

【例 20 - 2】（2018 年计算题）HX 公司适用的企业所得税税率为 25%，经当地税务机关批准，HX 公司自 20×1 年 2 月取得第一笔生产经营收入所属纳税年度起，享受“三免三减半”的税收优惠政策，即20×1年至20×3年免交企业所得税，20×4年至20×6年减半，按照12.5%的税率交纳企业所得税。HX公司20×3年至20×7年有关会计处理与税收处理不一致的交易或事项如下：

（1）20×2年12月10日，HX公司购入一台不需要安装即可投入使用的行政管理用A设备，成本6 000万元，该设备采用年数总和法计提折旧，预计使用5年，预计无净残值。税法规定，固定资产按照年限平均法计提的折旧准予在税前扣除。假定税法规定的A设备预计使用年限及净残值与会计规定相同。

（2）HX公司拥有一栋五层高的B楼房，用于本公司行政管理部门办公。迁往新建的办公楼后，HX公司20×7年1月1日与甲公司签订租赁协议，将B楼房租赁给甲公司使用。租赁合同约定，租赁期为3年，租赁期开始日为20×7年1月1日，年租金为240万元，于每月末分期支付。B楼房转换为投资性房地产前采用年限平均法计提折旧，预计使用50年，预计无净残值；转换为投资性房地产后采用公允价值模式进行后续计量。转换日，B楼房原价为800万元，已计提折旧为400万元，公允价值为1 300万元。20×7年12月31日，B楼房的公允价值为1 500万元。税法规定，企业的各项资产以历史成本为基础计量；固定资产按照年限平均法计提的折旧准予在税前扣除。假定税法规定的B楼房使用年限及净残值与其转换为投资性房地产前的会计规定相同

（3）20×7年7月1日，HX公司以1 000万元的价格购入国家同日发行的国债，款项已用银行存款支付。该债券的面值为1 000万元，期限为3年，年利率为5%（与实际利率相同），利息于每年6月30日支付，本金到期一次付清。HX公司根据其管理该国债的业务模式和该国债的合同现金流量特征，将购入的国债分类为以摊余成本计量的金融资产。税法规定，国债利息收入免交企业所得税。

（4）20×7年9月3日，HX公司向符合税法规定条件的公益性社团捐献现金600万元。税法规定，企业发生的公益性捐赠支出不超过年度利润总额12%的部分准许扣除。

其他资料如下：

第一，20×7年度，HX公司实现利润总额4 500万元。

第二，20×3年初，HX公司递延所得税资产和递延所得税负债无余额，无未确认递延所得税资产的可抵扣暂时性差异的可抵扣亏损，除上面所述外，HX公司20×3年至20×7年无其他会计处理与税收处理不一致的交易或事项。

第三，20×3年至20×7年各年末，HX公司均有确凿证据表明未来期间很可能获得足够的应纳税所得额用来抵扣可抵扣暂时性差异。

第四，不考虑除所得税以外的其他税费及其他因素。

要求：

（1）根据资料（1），分别计算，HX公司20×3年至20×7年各年A设备应计提的折旧，并填写完成下列表格。

| 项目 | 20×3年12月31日 | 20×4年12月31日 | 20×5年12月31日 | 20×6年12月31日 | 20×7年12月31日 |
|---|---|---|---|---|---|
| 账面价值 | | | | | |
| 计税基础 | | | | | |
| 暂时性差异 | | | | | |

（2）根据资料（2），编制HX公司20×7年与B楼房转换为投资性房地产及其后续公允价值变动相关的会计分录。

（3）根据资料（3），编制HX公司20×7年与购入国债及确认利息相关的会计分录。

（4）根据上述资料，计算HX公司20×3年至20×6年各年末的递延所得税资产或负债余额。

（5）根据上述资料，计算HX公司20×7年的应交所得税和所得税费用，以及20×7年末递延所得税资产或负债余额，并编制相关会计分录。

【答案】

（1）

| 项目 | 20×3年12月31日 | 20×4年12月31日 | 20×5年12月31日 | 20×6年12月31日 | 20×7年12月31日 |
| --- | --- | --- | --- | --- | --- |
| 账面价值 | 4 000 | 2 400 | 1 200 | 400 | 0 |
| 计税基础 | 4 800 | 3 600 | 2 400 | 1 200 | 0 |
| 暂时性差异 | 800 | 1 200 | 1 200 | 800 | 0 |

（2）

借：投资性房地产——成本　1 300

　　累计折旧　400

　　贷：固定资产　800

　　　　其他综合收益　900

借：其他综合收益　225

　　贷：递延所得税负债（900×25%）225

借：投资性房地产——公允价值变动（1 500－1 300）200

　　贷：公允价值变动损益　200

借：所得税费用　54

　　贷：递延所得税负债　54

【提示】20×7年12月31日B楼房账面价值为1 500万元，计税基础＝800－400－800/50＝384（万元），应纳税暂时性差异余额＝1 500－384＝1 116（万元），递延所得税负债余额＝1 116×25%＝279（万元），应确认递延所得税负债＝279－225＝54（万元）。

（3）

借：债权投资　1 000

　　贷：银行存款　1 000

借：应收利息（1 000×5%/2）25

　　贷：投资收益　25

（4）20×3年固定资产账面价值4 000万元，计税基础4 800万元，可抵扣暂时性差异余额800万元（4 800－4 000），应确认递延所得税资产余额＝800×12.5%＝100（万元）；

20×4年固定资产账面价值2 400万元，计税基础3 600万元，可抵扣暂时性差异余额1 200万元（3 600－2 400），应确认递延所得税资产余额＝1 200×12.5%＝150（万元）；

20×5年固定资产账面价值1 200万元，计税基础2 400万元，可抵扣暂时性差异余额1 200万元（2 400－1 200），应确认递延所得税资产余额＝1 200×12.5%＝150（万元）；

20×6年固定资产账面价值400万元，计税基础1 200万元，可抵扣暂时性差异余额800万元（1 200－400），应确认递延所得税资产余额＝800×25%＝200（万元）。

（5）HX公司20×7年的应交所得税＝[4 500－转回固定资产的可抵扣暂时性差异800－投资性房地产应纳税暂时性差异(200＋800/50)－国债利息免税25＋公益性捐赠支出超过限额部分(600－4 500×12%)]×25%＝879.75（万元）；

HX公司20×7年的递延所得税费用＝投资性房地产确认的递延所得税负债(200＋800/50)×25%＋固定资产转回的递延所得税资产800×25%－公益性捐赠确认的递延所得税资产(600－4 500×12%)×25%＝239（万元）；

HX公司20×7年的所得税费用＝879.75＋239＝1 188.75（万元），或HX公司20×7年的所得税费用＝(4 500－25)×25%＝1 188.75（万元）。

20×7年末递延所得税资产余额＝(600－4 500×12%)×25%＝15（万元）。

20×7年末递延所得税负债余额＝900×25%＋(200＋800/50)×25%＝279（万元）。

借：所得税费用　1 188.75

　　贷：应交税费——应交所得税　879.75

　　　　递延所得税负债　54

　　　　递延所得税资产　185

## 通关演练

### 一、单项选择题

1. 长江公司于2×18年12月31日取得

某项固定资产，其初始入账价值为 4 200 万元，预计使用年限为 20 年，采用年限平均法计提折旧，预计净残值为 0。税法规定，对于该项固定资产采用双倍余额递减法计提折旧，使用年限、预计净残值与会计估计相同。则 2×20 年 12 月 31 日该项固定资产的计税基础为（　　）万元。

A. 3 920　　B. 3 402

C. 280　　D. 0

2. 甲公司 2×20 年度实现利润总额 2 000 万元，其中，国债利息收入为 1 200 万元，实际发生业务招待费 300 万元，按照税法规定允许税前扣除的金额为 180 万元。甲公司适用的所得税税率为 25%，则甲公司 2×20 年应交所得税金额为（　　）万元。

A. 220　　B. 230

C. 240　　D. 250

3. 甲公司 2×20 年年初递延所得税负债的余额为 330 万元，递延所得税资产的余额为 165 万元。假设甲公司未来期间会产生足够的应纳税所得额用以抵扣可抵扣暂时性差异。2×20 年当期另发生下列暂时性差异：（1）交易性金融资产账面价值大于计税基础 100 万元；（2）预计负债账面价值大于计税基础 80 万元；（3）其他权益工具投资账面价值大于计税基础 120 万元。已知该公司截至当期所得税税率始终为 15%，从2×21 年起该公司不再享受所得税优惠政策，所得税税率将调整为 25%，假定 2×20 年年初的递延所得税负债、递延所得税资产均与 2×20 年当期发生的事项相关，不考虑其他因素，甲公司 2×20 年的递延所得税费用发生额为（　　）万元。

A. 145　　B. 275

C. 115　　D. －115

4. 甲公司 2×19 年 3 月 1 日开始自行研发一项新工艺，2×19 年 3 月至 10 月发生的各项研究、开发等费用共计 150 万元，2×19 年 11 月研究成功，进入开发阶段，发生开发人员工资 120 万元，福利费 30 万元，另发生其他费用 25 万元，假设开发阶段的支出有 60% 满足资本化条件。至 2×19 年 12 月 31 日，甲公司自行开发成功该项新工艺。并于 2×20 年 2 月 1 日依法申请了专利，支付注册费 3 万元，律师费 5 万元，2×20 年 3 月 1 日为运行该项资产发生的培训费 7 万元，2×19 年该无形资产共计摊销金额为 25 万元。假设按照税法规定，高新技术形成无形资产的可以加成 75% 抵扣，则甲公司 2×19 年年末该项无形资产的计税基础为（　　）万元。

A. 142.5　　B. 0

C. 154　　D. 120

5. 下列各项确认的递延所得税不对应所得税费用科目的是（　　）。

A. 以公允价值计量且其变动计入其他综合收益的金融资产公允价值变动（非减值）

B. 以公允价值计量且其变动计入当期损益的金融资产公允价值变动

C. 存货计提减值准备

D. 应收账款计提坏账准备

6. A 公司适用的所得税税率为 25%，A 公司为 B 公司银行借款提供担保，期限届满，由于被担保人 B 公司财务状况恶化，无法支付到期银行借款，2×20 年 12 月 31 日，贷款银行要求 A 公司按照合同约定履行债务担保责任 1 500 万元，A 公司因此事项确认了预计负债 1 500 万元。税法规定，与债务担保相关的费用不允许税前扣除，则 A 公司 2×20 年年末因该事项确认的递延所得税资产为（　　）万元。

A. 495　　B. 375

C. 1 500　　D. 0

7. A 公司 2×20 年 12 月因违反当地有关环保法规的规定，接到环保部门的处罚通知，要求其支付罚款 280 万元，A 公司确认其他应付款 280 万元。税法规定，企业因违反国家有关法律法规支付的罚款和滞纳金，不允许税前扣除。至 2×20 年 12 月 31 日，该项罚款已经支付了 200 万元。则 A 公司 2×20 年 12 月 31 日该项其他应付款的计税基础为（　　）万元。

A. 0　　B. 280

C. 200　　D. 80

8. 下列项目中，产生可抵扣暂时性差异的是（　　）。

A. 期末投资性房地产账面价值大于其计税基础

B. 以公允价值计量且其变动计入其他综合收益的金融资产期末公允价值大于取得时成本

C. 作为以摊余成本计量的金融资产核算的国债利息收入

D. 期末无形资产账面价值小于其计税基础

9. M公司2×20年发生广告费支出3 000万元，发生时已作为销售费用计入当期损益，税法规定，该类支出不超过当年销售收入15%的部分允许税前扣除，超过部分允许向以后纳税年度结转税前扣除。M公司2×20年实现销售收入15 000万元。M公司2×20年因该事项确认的暂时性差异为（　　）。

A. 0

B. 可抵扣暂时性差异750万元

C. 应纳税暂时性差异750万元

D. 可抵扣暂时性差异450万元

10. 下列各项中，其计税基础为零的是（　　）。

A. 从银行取得的短期借款

B. 非同一控制免税合并下确认的商誉

C. 为其他单位提供债务担保确认的预计负债

D. 未计入当期应纳税所得额的预收账款

11. 甲公司于2×20年度共发生研发支出700万元，其中研究阶段支出150万元，开发阶段不符合资本化条件的支出250万元，符合资本化条件的支出为300万元，假定该无形资产于2×20年7月1日达到预定可使用状态，采用直线法按6年摊销，无残值，该公司2×20年税前会计利润为800万元，适用的所得税税率为25%。不考虑其他纳税调整事项，假定无形资产摊销计入管理费用，按照税法规定，高新技术形成费用可以加成75%抵扣，则甲公司2×20年确认的所得税费用金额为（　　）万元。

A. 112.5　　B. 0

C. 120.31　　D. 150

12. 甲公司2×20年实现营业收入1 000万元，利润总额为400万元，当年广告费用实际发生额200万元，税法规定每年广告费用的应税支出不得超过当年营业收入的15%，甲公司适用的所得税税率为25%，当年行政性罚款支出为10万元，当年购入的交易性金融资产期末公允价值上升10万元，假定不考虑其他因素，则甲公司2×20年应确认的所得税费用为（　　）万元。

A. 102.5　　B. 100

C. 115　　D. 112.5

## 二、多项选择题

1. 企业适用的企业所得税税率均为25%，假定不存在其他纳税调整事项，下列关于递延所得税的会计处理中，正确的有（　　）。

A. 甲公司2×20年发生经营亏损2 000万元，甲公司预计在未来5年内能够产生足够的应纳税所得额，为此确认递延所得税资产500万元

B. 乙公司2×20年年初购入设备一台，在会计处理时按照年限平均法计提折旧，该设备符合税收优惠条件允许加速计提折旧，当年计税时按年数总和法计提折旧金额比年限平均法多计提1 500万元，为此确认递延所得税资产375万元

C. 丙公司2×20年年初以2 000万元购入一项交易性金融资产，2×20年年末该项金融资产的公允价值为3 000万元，为此确认递延所得税资产250万元

D. 丁公司2×20年年初以4 000万元购入一项投资性房地产，对其采用公允价值模式计量，2×20年年末该项投资性房地产的公允价值为3 000万元，计税基础为3 600万元，为此确认递延所得税资产150万元

2. 下列选项中，产生可抵扣暂时性差异的有（　　）。

A. 预提产品保修费用

B. 计提存货跌价准备

C. 企业发生超标的业务宣传费

D. 企业发生亏损

3. 甲公司适用的所得税税率为25%，采用资产负债表债务法核算。2×19年12月31日因职工教育经费超过税前扣除限额确认递延所得税资产10万元，2×20年度，甲公司计提工资薪金4 800万元，实际发放4 000万元。发生职工教育经费90万元。税法规定，工资按实际发放金额在税前列支；企业发生的职工教育经费支出，不超过实际发放工资薪金总额2.5%的部分，准予扣除，超过部分准予以后纳税年度结转扣除。甲公司下列表述中正确的有（　　）。

A. 应付职工薪酬——工资薪金部分产生

可抵扣暂时性差异 800 万元

B. 应付职工薪酬——工资薪金部分不产生暂时性差异

C. 职工教育经费本期税前可扣除金额为 100 万元

D. 应当转回期初职工教育经费确认的递延所得税资产 10 万元

4. 下列关于资产的账面价值与计税基础基本理解的表述中，正确的有（　　）。

A. 资产的计税基础代表的是资产在未来期间可予税前扣除的金额

B. 资产的计税基础代表的是账面价值在扣除税法规定未来期间允许税前扣除的金额之后的差额

C. 资产的账面价值大于其计税基础产生应纳税暂时性差异

D. 资产的账面价值小于计税基础产生的可抵扣暂时性差异，应当调整当期应纳税所得额

5. 下列表述中，正确的有（　　）。

A. 所得税用应当在利润表中单独列示

B. 递延所得税资产和递延所得税负债应当按照预期收回该资产或清偿该负债期间适用的所得税税率计量

C. 递延所得税资产和递延所得税负债一般应当分别作为非流动资产和非流动负债在资产负债表中列示

D. 某项交易或事项按照企业会计准则规定应计入所有者权益，由该交易或事项产生的递延所得税资产或递延所得税负债应作为递延所得税费用（或收益）列示于利润表中

6. 下列各项中，在计算应纳税所得额时应当纳税调增的有（　　）。

A. 计提固定资产减值准备

B. 自行研发的无形资产发生的研究阶段支出

C. 发生的业务招待费税法上不允许扣除部分

D. 确认国债利息收入

7. 对于资产、负债的账面价值与计税基础不同产生的暂时性差异确认的递延所得税，可能对应的科目有（　　）。

A. 所得税费用

B. 管理费用

C. 资本公积

D. 商誉

8. 下列各项关于递延所得税的相关处理中，正确的有（　　）。

A. 企业确认递延所得税资产和递延所得税负债一般应当计入所得税费用

B. 与以公允价值计量且其变动计入其他综合收益的金融资产公允价值上升相关的递延所得税，应当计入所得税费用

C. 与以公允价值计量且其变动计入其他综合收益的金融资产公允价值上升相关的递延所得税，应当计入其他综合收益

D. 企业合并中取得的资产、负债，其账面价值与计税基础不同，符合递延所得税确认条件的应确认相关递延所得税，该递延所得税的确认影响合并中产生的商誉或计入当期损益的金额，不影响所得税费用

9. 若某公司未来期间有足够的应纳税所得额用以抵扣可抵扣暂时性差异，则下列交易或事项中，会引起“递延所得税资产”科目余额增加的有（　　）。

A. 对固定资产计提减值

B. 本期发生超额亏损，税法允许在以后 5 年内弥补

C. 转回存货跌价准备

D. 新购入的固定资产，会计上采用年数总和法计提折旧，税法上采用年限平均法

10. 企业递延所得税资产和递延所得税负债以抵消后的净额列示，应予满足的条件有（　　）。

A. 企业拥有以净额结算当期所得税资产及当期所得税负债的法定权利

B. 递延所得税资产及递延所得税负债是与同一税收征管部门对同一纳税主体征收的所得税相关或者是对不同的纳税主体相关，但在未来每一具有重要性的递延所得税资产及递延所得税负债转回的期间内，涉及的纳税主体意图以净额结算当期所得税资产和当期所得税负债或是同时取得资产、清偿负债

C. 企业没有以净额结算的法定权利

D. 企业拥有以净额结算的法定权利，但没有意图以净额结算当期所得税资产和当期所得税负债

## 三、计算分析题

1. 甲公司采用资产负债表债务法核算所

得税，适用的所得税税率为25%。2×20年6月30日，甲公司将自用房产转作经营性出租且以公允价值模式进行后续计量的投资性房地产。该房产原值1 000万元，预计使用年限为10年，转换前采用年限平均法计提折旧，预计净残值为0；截至2×20年6月30日该房产已经使用3年，使用期间未计提减值准备；转换日，该房产的公允价值为1 000万元。2×20年12月31日，其公允价值为1 100万元。假定税法对该房产按期计提折旧，税法规定的折旧年限、方法、净残值与转换前的会计核算相同。

要求：

（1）编制2×20年6月30日自用房产转换为投资性房地产的会计分录。

（2）计算该项投资性房地产2×20年12月31日的账面价值和计税基础，并确认相应的所得税影响。

（3）编制2×20年12月31日确认投资性房地产公允价值变动和相关所得税的会计分录。

（答案中的金额单位用万元表示）

2. 甲公司为上市公司，2020年有关资料如下：

（1）甲公司2020年初的递延所得税资产借方余额为190万元，递延所得税负债贷方余额为10万元，具体构成项目如下：

单位：万元

| 项目 | 可抵扣暂时性差异 | 递延所得税资产 | 应纳税暂时性差异 | 递延所得税负债 |
|---|---|---|---|---|
| 应收账款 | 60 | 15 | | |
| 交易性金融资产 | | | 40 | 10 |
| 其他权益工具投资 | 200 | 50 | | |
| 预计负债 | 80 | 20 | | |
| 可税前抵扣的经营亏损 | 420 | 105 | | |
| 合计 | 760 | 190 | 40 | 10 |

（2）甲公司2020年度实现的利润总额为1 610万元。2020年度相关交易或事项资料如下：

①年末转回应收账款坏账准备20万元。根据税法规定，转回的坏账损失不计入应纳税所得额。

②年末根据交易性金融资产公允价值变动确认公允价值变动收益20万元。根据税法规定，交易性金融资产公允价值变动收益不计入应纳税所得额。

③年末根据其他权益工具投资公允价值变动增加其他综合收益40万元。根据税法规定，其他权益工具投资公允价值变动金额不计入应纳税所得额。

④当年实际支付产品保修费用50万元，冲减前期确认的相关预计负债；当年又确认产品保修费用10万元，增加相关预计负债。根据税法规定，实际支付的产品保修费用允许税前扣除。但预计的产品保修费用不允许税前扣除。

⑤当年发生研究开发支出100万元，全部费用化计入当期损益。根据税法规定，计算应纳税所得额时，当年实际发生的费用化研究开发支出可以按75%加计扣除。

（3）2020年末资产负债表相关项目金额及其计税基础如下：

单位：万元

| 项目 | 账面价值 | 计税基础 |
|---|---|---|
| 应收账款 | 360 | 400 |
| 交易性金融资产 | 420 | 360 |
| 其他权益工具投资 | 400 | 560 |
| 预计负债 | 40 | 0 |
| 可税前抵扣的经营亏损 | 0 | 0 |

（4）甲公司适用的所得税税率为25%，预计未来期间适用的所得税税率不会发生变化，未来期间能够产生足够的应纳税所得额用以抵扣可抵扣暂时性差异；不考虑其他因素。

要求：

（1）根据上述资料，计算甲公司2020年应纳税所得额和应交所得税金额。

（2）根据上述资料，计算甲公司各项目2020年末的暂时性差异金额，计算结果填列在下列表格中。

**2020年末暂时性差异计算表**

| 项目 | 账面价值 | 计税基础 | 可抵扣暂时性差异 | 应纳税暂时性差异 |
|---|---|---|---|---|
| 应收账款 | | | | |
| 交易性金融资产 | | | | |
| 其他权益工具投资 | | | | |
| 预计负债 | | | | |
| 合计 | | | | |

（3）根据上述资料，逐笔编制与递延所得税资产或递延所得税负债相关的会计分录。

（4）根据上述资料，计算甲公司2020年所得税费用金额。

（答案中的金额单位用万元表示）

# 答案及解析

## 一、单项选择题

1.【答案】B

【解析】该项固定资产2×19年12月31日的计税基础＝4 200－4 200×2/20＝3 780（万元），2×20年12月31日的计税基础＝3 780－3 780×2/20＝3 402（万元）。

2.【答案】B

【解析】应交所得税＝应纳税所得额×25%＝（利润总额＋纳税调整增加额－纳税调整减少额）×25%＝（2 000＋120－1 200）×25%＝230（万元）。

3.【答案】C

【解析】递延所得税负债本期发生额＝（330/15%＋100＋120）×25%－330＝275（万元），其中对应其他综合收益的金额＝120×25%＝30（万元），对应所得税费用的金额＝275－30＝245（万元）。递延所得税资产本期发生额＝（165/15%＋80）×25%－165＝130（万元），递延所得税费用本期发生额＝245－130＝115（万元）。

4.【答案】C

【解析】甲公司2×19年年末无形资产的账面价值＝（120＋30＋25）×60%＋3＋5－25＝88（万元），计税基础＝88×175%＝154（万元）。

5.【答案】A

【解析】以公允价值计量且其变动计入其他综合收益的金融资产公允价值变动计入“其他综合收益”科目，所以因公允价值变动产生的暂时性差异确认的递延所得税对应的是“其他综合收益”科目。

6.【答案】D

【解析】A公司2×20年年末预计负债的账面价值为1 500万元，计税基础＝账面价值－未来可以税前扣除的金额0＝1 500（万元），账面价值与计税基础相等，不产生暂时性差异，不确认递延所得税资产。

7.【答案】D

【解析】2×20年12月31日该项其他应付款的账面价值＝280－200＝80（万元），计税基础＝账面价值80－未来期间计算应纳税所得额时按照税法规定可予抵扣的金额0＝80（万元）。

8.【答案】D

【解析】选项A和B，产生的是应纳税暂时性差异；选项C，国债利息收入不产生暂时性差异。

9.【答案】B

【解析】该广告费支出按照会计准则规定在发生时计入当期损益，不体现为资产负债表中的资产，如果将其视为资产，其账面价值为0；按照税法规定，应根据当期M公司销售收入的15%计算，当期可予税前扣除2 250万元（15 000×15%），当期未予税前扣除的750万元可以向以后纳税年度结转扣除，其计税基础为750万元；该项资产的账面价值0与其计税基础750万元之间产生了750万元的暂时性差异，该暂时性差异在未来期间可减少企业的应纳税所得额，为可抵扣暂时性差异，符合确认条件时，应确认相关的递延所得税资产。

10. 【答案】B

【解析】选项A、C和D账面价值等于计税基础。

11. 【答案】C

【解析】甲公司该无形资产2×20年计入管理费用的金额 = 150 + 250 + 300/6/2 = 425（万元），2×20年应交所得税 = (800 − 425 × 75%) × 25% = 120.31（万元），所得税费用 = 应交所得税 + 递延所得税费用，因研究开发形成的无形资产账面价值与计税基础之间产生的暂时性差异不符合确认递延所得税资产的条件，所以本期应确认所得税费用的金额为120.31万元。

12. 【答案】A

【解析】甲公司2×20年应纳税所得额 = 400 + 10 + (200 − 1 000 × 15%) − 10 = 450（万元）；应交所得税 = 450 × 25% = 112.5（万元）；确认递延所得税资产 = (200 − 1 000 × 15%) × 25% − 0 = 12.5（万元）；确认递延所得税负债 = 10 × 25% − 0 = 2.5（万元）；所得税费用 = 112.5 − 12.5 + 2.5 = 102.5（万元）。

## 二、多项选择题

1. 【答案】AD

【解析】选项B，当年计税时按年数总和法计提折旧金额比年限平均法多计提折旧，导致固定资产的账面价值大于计税基础，产生应纳税暂时性差异，应确认递延所得税负债375万元；选项C，该项公允价值变动导致以公允价值计量且其变动计入当期损益的金融资产的账面价值大于计税基础，形成应纳税暂时性差异，应确认递延所得税负债250万元。

2. 【答案】ABD

【解析】选项C，按照税法规定，超标的业务招待费不能结转以后期间进行扣除，所以该事项不产生暂时性差异。

3. 【答案】AC

【解析】“应付职工薪酬——工资薪金”账面价值 = 4 800 − 4 000 = 800（万元），计税基础为0，产生可抵扣暂时性差异800万元，选项A正确，选项B错误；甲公司2×20年度按税法可税前扣除的职工教育经费 = 4 000 × 2.5% = 100（万元），实际发生的90万元当期可扣除，2×19年超过税前扣除限额的部分本期可扣除10万元，应当转回期初递延所得税资产 = 10 × 25% = 2.5（万元）。

4. 【答案】AC

【解析】选项B，负债的计税基础是指账面价值在扣除税法规定未来期间允许税前扣除的金额之后的差额；选项D，资产的账面价值大于其计税基础产生应纳税暂时性差异。

5. 【答案】ABC

【解析】某项交易或事项按照企业会计准则规定应计入所有者权益，由该交易或事项产生的递延所得税资产或递延所得税负债及其变化应计入所有者权益，不构成利润表中的递延所得税费用（或收益）。

6. 【答案】AC

【解析】选项B和选项D，在计算应纳税所得额时应当纳税调减。

7. 【答案】ACD

【解析】对于资产、负债的账面价值与计税基础不同产生的暂时性差异确认的递延所得税，可能对应的科目有商誉、资本公积、所得税费用和留存收益，不涉及对应管理费用，选项B错误。

8. 【答案】ACD

【解析】与以公允价值计量且其变动计入其他综合收益的金融资产公允价值上升相关的递延所得税，应当计入其他综合收益，选项B不正确；其余选项正确。

9. 【答案】ABD

【解析】选项C，转回存货跌价准备是可抵扣暂时性差异的转回，会减少递延所得税资产的余额。

10. 【答案】AB

【解析】同时满足以下条件时，企业应当将递延所得税资产与递延所得税负债以抵消后的净额列示：（1）企业拥有以净额结算当期所得税资产及当期所得税负债的法定权利；（2）递延所得税资产及递延所得税负债是与同一税收征管部门对同一纳税主体征收的所得税相关或者是对不同的纳税主体相关，但在未来每一具有重要性的递延所得税资产及递延所得税负债转回的期间内，涉及的纳税主体意图以净额结算当期所得税资产和当期所得税负债或是同时取得资产、清偿负债。

## 三、计算分析题

1. 【答案】

（1）至2×20年6月30日该自用房产累计计提的折旧额（包含2×20年6月）=1 000/10×3=300（万元），转换日应确认的其他综合收益=1 000-（1 000-300）=300（万元）。

2×20年6月30日

借：投资性房地产——成本 1 000

累计折旧 300

贷：固定资产 1 000

其他综合收益 300

（2）2×20年12月31日该项投资性房地产的账面价值为1 100万元，其计税基础=1 000-300-1 000/10×6/12=650（万元），形成应纳税暂时性差异=1 100-650=450（万元），应确认递延所得税负债=450×25%=112.5（万元）。

（3）2×20年12月31日确认投资性房地产公允价值变动：

借：投资性房地产——公允价值变动 100

贷：公允价值变动损益 100

确认暂时性差异相关的所得税：

借：其他综合收益 75

所得税费用 37.5

贷：递延所得税负债 112.5

2. 【答案】

（1）应纳税所得额=[利润总额1 610-转回坏账准备20-交易性金融资产公允价值变动收益20-支付保修费50+计提保修费10-研发支出加计扣除(100×75%)]-弥补亏损420=1 455-420=1 035（万元）。

应交所得税=应纳税所得税额1 035×所得税税率25%=258.75（万元）。

（2）暂时性差异计算表：

**2020年末暂时性差异计算表**

| 项目 | 账面价值 | 计税基础 | 可抵扣暂时性差异 | 应纳税暂时性差异 |
|---|---|---|---|---|
| 应收账款 | 360 | 400 | 40 | |
| 交易性金融资产 | 420 | 360 | | 60 |
| 其他权益工具投资 | 400 | 560 | 160 | |
| 预计负债 | 40 | 0 | 40 | |
| 合计 | | | 240 | 60 |

（3）根据上述资料，逐笔编制与递延所得税资产或递延所得税负债相关的会计分录

①年末应保留的递延所得税资产=240×25%=60（万元），年初递延所得税资产190万元，递延所得税资产应减少130万元，其中其他权益工具投资产生的年初递延所得税资产50万元，年末递延所得税资产40万元（160×25%），应冲减其他综合收益10万元。

借：其他综合收益 10

所得税费用 120

贷：递延所得税资产 130

②年初递延所得税负债10万元，年末应保留递延所得税负债15万元（60×25%），应增加递延所得税负债5万元：

借：所得税费用 5

贷：递延所得税负债 5

（4）所得税费用=应交所得税258.75+递延所得税资产减少而增加所得税费用120+递延所得税负债增加而增加所得税费用5=383.75（万元）。

# 第二十一章　外币折算

## 本章考情分析

本章在考试中居于较重要的地位，考分预计 5 分左右。考试题型一般情况下是客观题，偶然有主观题。本章考试重点是期末汇兑差额的会计处理和外币报表折算。

## 本章教材变化

本章今年没有变化。

## 基本内容框架

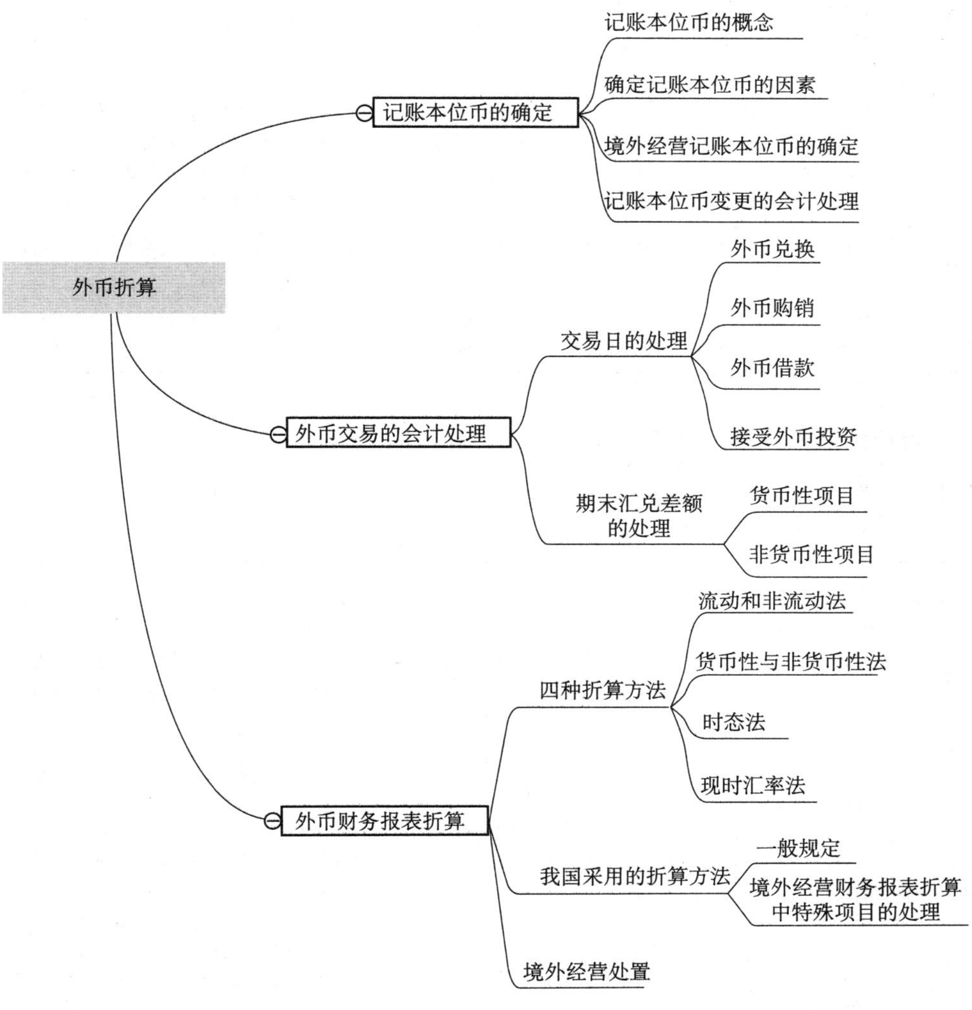

## 通关重难点例题解析

外币折算包括外币业务的折算和外币报表的折算，应掌握记账本位币的概念、交易日外币业务的折算、资产负债表日外币业务折算、外币报表折算。

### 一、记账本位币的概念

记账本位币，是指企业经营所处的主要经济环境中的货币。企业通常应选择人民币作为记账本位币。业务收支以人民币以外的货币为主的企业，可以选定其中一种货币作为记账本位币。但是，编报的财务报表应当折算为人民币。

如果企业选定的记账本位币与业务结算货币不一致，就产生了外币折算的问题。

### 二、交易日外币业务的折算

企业发生外币交易的，应当在初始确认时，采用交易发生日的即期汇率或即期汇率的近似汇率将外币金额折算为记账本位币金额。

**交易日外币业务的折算**

| | 相关规定 |
|---|---|
| 外币兑换 | ①卖出外币时，将实际收取的记账本位币（按银行买入价折算）登记入账，同时将付出的外币折合按当日即期汇率折算为记账本位币；两者的差额计入财务费用。<br>②买入外币时，将实际支付的记账本位币（按银行卖出价折算）登记入账，同时将收到的外币按当日即期汇率折算为记账本位币；两者的差额计入财务费用。 |
| 外币购销 | ①企业以外币购入原材料和固定资产，按当日即期汇率将支付（或应付）的外币折算为记账本位币，以确定购入货物及债务的入账价值，同时按照外币的金额登记有关外币账户。<br>②企业出口商品，按照即期汇率将外币销售收入折算为人民币；对于取得的款项或发生的外币债权，按照折算为人民币的金额入账，同时按照外币金额登记有关外币账户。 |
| 外币借款 | 企业借入外币时，按照借入外币时的即期汇率折算为记账本位币入账，同时按照借入外币的金额登记相关的外币账户。 |
| 接受外币投资 | 企业收到投资者以外币投入的资本，无论是否有合同约定汇率，均不采用合同约定汇率和即期汇率的近似汇率折算，而是采用交易日即期汇率折算。 |

### 三、资产负债表日外币业务折算

期末，企业应当分别外币货币性项目和外币非货币性项目进行处理。

**资产负债表日外币业务折算**

| | 相关规定 |
|---|---|
| 货币性项目 | 资产负债表日，应以当日即期汇率折算外币货币性项目（包括货币性资产和货币性负债），该项目因当日即期汇率不同于该项目初始入账时或前一资产负债表日即期汇率而产生的汇兑差额一般计入当期损益（财务费用）；如果外币长期借款、应付债券在资本化期间发生的汇兑差额，应该资本化，计入在建工程成本等。 |
| 非货币性项目 | （1）资产负债表日，以历史成本计量的外币非货币性项目（如固定资产、实收资本）不改变其入账时的记账本位币金额，不产生汇兑差额。<br>（2）资产负债表日，对于以成本与可变现净值孰低计量的存货，如果其可变现净值以外币确定，则在确定存货的期末价值时，应先将可变现净值折算为记账本位币，再与以记账本位币反映的存货成本进行比较，成本高于可变现净值的差额，计提存货跌价准备。<br>（3）资产负债表日，对于以公允价值计量的股票、基金等非货币性项目，如果期末的公允价值以外币反映，则应当先将该外币按照公允价值确定当日的即期汇率折算为记账本位币金额，再与原记账本位币金额进行比较，属于以公允价值计量且其变动计入当期损益的金融资产的，其差额记入当期损益（公允价值变动损益）。 |

续表

| | 相关规定 |
|---|---|
| 非货币性项目 | (4) 以公允价值计量且其变动计入其他综合收益的金融资产中的外币货币性金融资产（如持有的美元债券）形成的汇兑差额，应当计入当期损益（投资收益）。<br>以公允价值计量且其变动计入其他综合收益的金融资产中的非货币性金融资产（如持有的美元股票）形成的汇兑差额，与其公允价值变动一并计入其他综合收益。<br>采用实际利率法计算的以公允价值计量且其变动计入其他综合收益的金融资产的外币利息产生的汇兑差额，应当计入当期损益（投资收益），以公允价值计量且其变动计入其他综合收益的金融资产中的权益工具投资的外币现金股利产生的汇兑差额，应当计入当期损益（投资收益）。 |

## 四、外币报表折算

企业对境外经营的财务报表进行折算时，应当遵循下列规定：

（1）资产负债表中的资产和负债项目，采用资产负债表日的即期汇率折算，所有者权益项目除“未分配利润”项目外（“未分配利润”是根据所有者权益变动表抄过来的），其他项目采用发生时的即期汇率折算。

（2）利润表中的收入和费用项目，采用交易发生日的即期汇率或即期汇率的近似汇率折算。

（3）产生的外币财务报表折算差额，在合并利润表中，应将外币报表折算差额本期发生额并入“其他综合收益”项目列示；外币财务报表折算差额的期末余额，应在合并资产负债表中“其他综合收益”项目列示。

【例 21－1】（2019 年单选题）下列各项关于外币折算会计处理的表述中，正确的是（　　）。

A. 以公允价值计量且其变动计入其他综合收益的外币货币性金融资产形成的汇兑差额计入其他综合收益

B. 以公允价值计量且其变动计入其他综合收益的外币非交易性权益工具投资形成的汇兑差额计入其他综合收益

C. 收到投资者以外币投入的资本时，外币投入资本与相应的货币性项目均按合同约定汇率折算，不产生外币资本折算差额

D. 期末外币预收账款以当日即期汇率折算并将由此产生的汇兑差额计入当期损益

【答案】B

【解析】选项 A，应计入财务费用；选项 C，应按当日即期汇率折算，不能按合同约定汇率折算；选项 D，预收账款是非货币性项目，期末不需要折算。

【例 21－2】（2017 年多项选择题）甲公司为我国境内企业，其日常核算以人民币作为记账本位币。甲公司在英国和加拿大分别设有子公司，负责当地市场的运营，子公司的记账本位币分别为英镑和加元。甲公司在编制合并财务报表时，下列各项关于境外财务报表折算所采用汇率的表述中，正确的有（　　）。

A. 英国公司的固定资产采用购入时的历史汇率折算为人民币

B. 加拿大公司的未分配利润采用报告期平均汇率折算为人民币

C. 加拿大公司的加元收入和成本采用报告期平均汇率折算为人民币

D. 英国公司持有的作为以公允价值计量且其变动计入其他综合收益的金融资产的股票投资采用期末汇率折算为人民币

【答案】CD

【解析】选项 A 不正确，固定资产采用资产负债表日的即期汇率折算；选项 B 不正确，所有者权益项目除“未分配利润”外，其他项目采用发生时的即期汇率折算。

【例 21－3】（2016 年多项选择题）甲公司 2×15 年发生以下外币交易或事项：（1）取得外币借款 1 000 万美元用于补充外币流动资金，当日即期汇率为 1 美元＝6.34 元人民币；（2）自国外进口设备支付预付款 600 万美元，当日即期汇率为 1 美元＝6.38 元人民币；（3）出口销售确认美元应收账款 1 800 万美元，当日即期汇率为 1 美元＝6.43 元人民币；（4）收到私募股权基金对甲公司投资 2 000 万美元，当日即期汇率为 1 美元＝6.48 元人民币。假定甲公司有关外币项目均不存在期初余额，2×15 年 12 月 31 日美元兑人民币的即期汇率为 1 美元＝6.49 元人民币。不考虑

其他因素，下列关于甲公司2×15年12月31日因上述项目产生的汇兑损益会计处理的表述中，正确的有（　　）。

A. 应收账款产生汇兑收益应计入当期损益

B. 外币借款产生的汇兑损失应计入当期损益

C. 预付设备款产生的汇兑收益应抵减拟购入资产成本

D. 取得私募股权基金投资产生的汇兑收益应计入资本性项目

【答案】AB

【解析】选项AB属于外币货币性项目，所以汇兑收益应计入当期损益；选项C，预付款属于非外币货币性项目，不计算汇兑收益；选项D，取得私募股权基金投资产生的汇兑收益，如果划分为以公允价值计量且其变动计入其他综合收益的金融资产，则计入其他综合收益，如果划分为以公允价值计量且其变动计入当期损益的金融资产，则计入公允价值变动损益，均应计入资本性项目。

【例21－4】（2019年多选题）甲公司发生的外币交易及相应的会计处理如下：（1）为建造固定资产借入外币专门借款，资本化期间将该外币专门借款的利息和汇兑损益计入在建工程成本；（2）自境外市场购入的存货，期末按外币可变现净值与即期汇率计算的结果确定其可变现净值，并以此为基础计提存货跌价准备；（3）以外币计价的交易性金融资产，期末按外币市价与即期汇率计算的结果确定其公允价值，并以此为基础计算确认公允价值变动损益；（4）收到投资者投入的外币资本，按照合同约定汇率折算实收资本。不考虑其他因素，甲公司对上述外币交易进行的会计处理中正确的有（　　）。

A. 以外币计价的存货跌价准备的计提

B. 外币专门借款利息及汇兑损益的处理

C. 以外币计价的交易性金融资产公允价值变动损益的确认

D. 股东作为出资投入的外币资本的折算

【答案】ABC

【解析】企业收到投资者以外币投入的资本，无论是否有合同约定汇率，均不采用合同约定汇率和即期汇率的近似汇率折算，而是采用交易日即期汇率折算，不产生外币资本折算差额，选项D错误。

## 通关演练

### 一、单项选择题

1. 下列各项关于我国企业记账本位币的说法中，不正确的是（　　）。

A. 记账本位币是指企业经营所处的主要经济环境中的货币

B. 企业在编制财务报表时可以采用人民币以外的货币

C. 企业的记账本位币可以是人民币以外的货币

D. 我国大多数企业一般以人民币作为记账本位币

2. A公司为境内上市公司，以人民币为记账本位币。2×19年下列有关境外经营经济业务处理中正确的是（　　）。

A. 通过收购，持有香港甲上市公司（以下简称“甲公司”）发行在外有表决权股份的55%从而拥有甲公司的绝对控制权，甲公司的记账本位币为港币。因此，甲公司是A公司的境外经营

B. 与境外某公司合资在上海浦东兴建乙公司，乙公司的记账本位币为美元，A公司参与乙公司的财务和生产经营政策的决策，境外投资公司控制这些政策的制定。因此，乙公司不是A公司的境外经营

C. 由于近期欧洲市场销量增加的需要，A公司在德国设立一分支机构丁公司，丁公司所需资金由A公司提供，其任务是负责从A公司进货并在欧洲市场销售，然后将销售款直接汇回A公司。因此，丁公司是A公司的境外经营

D. 与境外戊公司在戊公司所在地合建一工程项目，A公司提供技术资料，戊公司提供场地、设备及材料，该项目竣工后予以出售，A、戊公司按7∶3分配税后利润，双方已经结束合作。戊公司的记账本位币为美元，除上述项目外，A和戊公司无任何关系。因此，戊公司是A公司的境外经营

3. 甲公司外币业务采用交易发生日的即

期汇率折算，按季计算汇兑损益。2×19 年 4 月 12 日，甲公司收到一张期限为 2 个月的不带息外币应收票据，票面金额为 300 万美元，当日即期汇率为 1 美元 = 7.8 元人民币。2×19 年 6 月 12 日，该公司收到票据款 300 万美元，当日即期汇率为 1 美元 = 7.78 元人民币。2×19 年 6 月 30 日，即期汇率为 1 美元 = 7.77 元人民币。甲公司因该外币应收票据在 2×19 年第二季度产生的汇兑损失为（　　）万元人民币。

A. 2　　B. 4

C. 6　　D. 8

4. 甲公司记账本位币为人民币，其外币交易采用交易发生日的即期汇率折算。2×19 年 1 月 2 日，甲公司将货款 1 000 万欧元兑换为人民币，当日的即期汇率为 1 欧元 = 9.25 元人民币，银行当日欧元买入价为 1 欧元 = 9.2 元人民币，欧元卖出价为 1 欧元 = 9.3 元人民币。不考虑其他因素，甲公司该项兑换业务影响当期损益的金额为（　　）万元人民币。

A. －50　　B. －60

C. 0　　D. －110

5. 期末以公允价值计量且其变动计入其他综合收益的外币非货币性金融资产形成的汇兑差额，应计入（　　）。

A. 财务费用

B. 公允价值变动损益

C. 其他综合收益

D. 投资收益

6. 东风公司的记账本位币为人民币，对外币交易采用交易发生日的即期汇率折算。根据其与外商签订的投资合同，外商将分两次投入外币资本，投资合同约定的汇率为 1 英镑 = 8.5 元人民币。2×19 年 4 月 1 日，东风公司收到外商第一次投入资本 50 万英镑，当日即期汇率为 1 英镑 = 8.6 元人民币；2×19 年 10 月 1 日，收到外商第二次投入资本 80 万英镑，当日即期汇率为 1 英镑 = 8.65 元人民币；2×19 年 12 月 31 日的即期汇率为 1 英镑 = 8.8 元人民币。假设东风公司没有其他外币投资。则东风公司 2×19 年 12 月 31 日资产负债表中反映的外商投入的实收资本金额为（　　）万元人民币。

A. 1 122　　B. 1 256

C. 1 168　　D. 1 288

7. 甲公司记账本位币为人民币，外币业务采用交易发生日的即期汇率折算，每季度末计提利息和计算汇兑损益，本期 1 月 1 日甲公司从金融机构借入 1 000 万欧元，期限为 1 年，年利率为 6%，到期一次还本付息，借入时即期汇率为 1 欧元 = 9.8 元人民币，3 月 31 日即期汇率为 1 欧元 = 9.9 元人民币，6 月 30 日即期汇率为 1 欧元 = 10 元人民币，则甲公司 6 月 30 日该项短期借款的汇兑收益为（　　）万元人民币。

A. 101.5　　B. －101.5

C. －200　　D. －201.5

8. 甲企业以人民币为记账本位币，外币业务采用交易发生日的即期汇率折算，按月计算汇兑损益。2×19 年 7 月"银行存款（美元）"账户月末余额为 50 000 美元，月末即期汇率为 1 美元 = 6.30 元人民币。该企业 8 月 10 日将其中 10 000 美元在银行兑换为人民币，银行当日美元买入价为 1 美元 = 6.25 元人民币，当日即期汇率为 1 美元 = 6.32 元人民币。该企业本月没有其他涉及美元账户的业务，8 月末即期汇率为 1 美元 = 6.28 元人民币。不考虑其他因素，则 2×19 年 8 月该企业产生的汇兑损失为（　　）元人民币。

A. 1 500　　B. 1 700

C. 1 300　　D. －100

9. 甲股份有限公司（以下简称"甲公司"）为增值税一般纳税人，购进商品适用的增值税税率为 13%，其记账本位币为人民币，对外币交易采用交易发生日的即期汇率折算，按月计算汇兑损益。2×19 年 3 月 1 日，甲公司从美国进口一批原材料 1 000 吨，每吨的价格为 300 美元，当日的即期汇率为 1 美元 = 6.2 元人民币，同时以人民币支付进口关税 20.1 万元人民币，支付进口增值税 35.04 万元人民币，货款尚未支付。2×19 年 3 月 31 日，当日的即期汇率为 1 美元 = 6.25 元人民币。根据上述资料，不考虑其他因素，甲公司 2×19 年 3 月 1 日，原材料的初始入账金额为（　　）万元人民币。

A. 186　　B. 206.1

C. 241.17　　D. 258.69

10. 甲公司以人民币为记账本位币，外币业务采用交易发生日的即期汇率进行折算。

2×19 年 11 月 2 日以每件 2 万美元的价格从美国某供货商手中购入国际最新商品 20 件作为存货，并于当日支付了相应货款（假定甲公司有美元存款）。2×19 年 12 月 31 日，甲公司已售出 8 件该批商品，国内市场仍无该商品供应，但该商品在国际市场价格降至每件 1.9 万美元。2×19 年 11 月 2 日的即期汇率为 1 美元 = 7.6 元人民币，2×19 年 12 月 31 日的即期汇率为 1 美元 = 7.7 元人民币。假定不考虑增值税等相关税费的影响，2×19 年 12 月 31 日甲公司应计提的存货跌价准备为（　　）万元人民币。

A. 9.12　　B. 6.84

C. 0　　D. 9.24

11. 某公司记账本位币为人民币，其一境外子公司的记账本位币为美元。本期期末汇率为 1 美元 =6.65 元人民币，当期即期汇率的近似汇率（采用平均汇率确定）为 1 美元 =6.43 元人民币。假定该子公司利润表采用平均汇率折算。子公司资产负债表中“盈余公积”项目期初余额为 2 500 万美元，折合人民币 16 250 万元，本期所有者权益变动表“提取盈余公积”项目金额为 800 万美元，则子公司资产负债表“盈余公积”项目的期末余额经折算后的金额为（　　）万元人民币。

A. 21 945　　B. 21 394

C. 21 570　　D. 16 250

12. 甲公司需要编制合并财务报表，对其持有 70% 股份的境外经营子公司财务报表进行折算，该外币报表折算后资产合计为 3 200 万元人民币，负债合计为 2 150 万元人民币，所有者权益合计为 981 万元人民币，合并资产负债表上因外币报表折算差额导致“其他综合收益”项目应列示的金额是（　　）万元人民币。

A. 48.3　　B. 69

C. −48.3　　D. −69

## 二、多项选择题

1. 企业在选定记账本位币时应考虑的因素有（　　）。

A. 该货币主要影响商品和劳务的销售价格，通常以该货币进行商品和劳务销售价格的计价和结算

B. 该货币主要影响商品和劳务所需人工、材料和其他费用，通常以该货币进行上述费用的计价和结算

C. 融资活动获得的资金以及保存从经营活动中收取款项所使用的货币

D. 根据管理层的需要选择记账本位币

2. 甲公司以人民币为记账本位币，对外币业务采用当月月初的市场汇率作为即期汇率的近似汇率进行折算，并按月计算汇兑损益。2×19 年 4 月 30 日和 5 月 1 日的市场汇率均为 1 欧元 = 8.10 元人民币，各外币账户 2×19 年 4 月 30 日的期末余额分别为银行存款 1 000 万欧元、应收账款 100 万欧元、应付账款 100 万欧元、短期借款 150 万欧元。该公司 2×19 年 5 月份外币收支业务如下：5 月 5 日收回应收账款 80 万欧元，5 月 8 日支付应付账款 50 万欧元，5 月 20 日归还短期借款 100 万欧元，5 月 23 日出售一批货款为 250 万欧元的货物，货已发出，款项尚未收到。假设不考虑增值税等相关税费，2×19 年 5 月 31 日的市场汇率为 1 欧元 = 8.05 元人民币，则下列说法中，正确的有（　　）。

A. 银行存款外币账户产生的汇兑损失为 465 000 元人民币

B. 应收账款外币账户产生的汇兑损失为 135 000 元人民币

C. 应付账款外币账户产生的汇兑损失为 25 000 元人民币

D. 短期借款外币账户产生的汇兑收益为 25 000 元人民币

3. 下列各项关于企业变更记账本位币会计处理的表述中，不正确的有（　　）。

A. 记账本位币变更日所有者权益项目按照历史汇率折算为变更后的记账本位币

B. 记账本位币变更日所有者权益项目按照变更当日的即期汇率折算为变更后的记账本位币

C. 记账本位币变更当年年初至变更日的利润表项目按照交易发生日的即期汇率折算为变更后的记账本位币

D. 记账本位币变更当年年初至变更日的资产负债表项目按照与交易发生日即期汇率近似的汇率折算为变更后的记账本位币

4. 甲公司的记账本位币为美元，其发生的下列交易中属于外币交易的有（　　）。

A. 买入以人民币计价的库存商品

B. 从国外购入以美元计价的生产用原材料

C. 买入以欧元计价的债券作为以公允价值计量且其变动计入其他综合收益的金融资产

D. 借入以人民币计价的长期借款

5. 企业在资产负债表日，应当按照准则规定对外币货币性项目和外币非货币性项目进行处理，下列说法中正确的有（　　）。

A. 外币货币性项目，采用资产负债表日即期汇率折算，因当日即期汇率与初始确认时或者前一资产负债表日即期汇率不同而产生的汇兑差额，计入当期损益

B. 以公允价值计量的外币非货币性项目，属于以公允价值计量且其变动计入当期损益的金融资产的，应将外币按照公允价值确定当日的即期汇率折算为记账本位币金额，再与原记账本位币金额进行比较，之间的差额不区分公允价值变动和汇率变动，一并计入公允价值变动损益

C. 以成本与可变现净值孰低计量且可变现净值以外币反映的存货，需要按照期末即期汇率将可变现净值折算成记账本位币再与以记账本位币反映的存货成本进行比较，确定是否计提存货跌价准备

D. 以历史成本计量的外币非货币性项目，仍采用交易发生日的即期汇率折算，不改变其原记账本位币金额

6. 下列项目中，企业在发生时应当计入当期损益的有（　　）。

A. 外币银行存款账户发生的汇兑差额

B. 外币应收账款账户期末折算差额

C. 兑换外币时发生的折算差额

D. 外币财务报表折算差额

7. 下列各项中，属于非货币性项目的有（　　）。

A. 其他权益工具投资

B. 长期借款

C. 其他应收款

D. 预收款项

8. 甲公司的记账本位币为人民币，对外币业务采用交易发生日的即期汇率折算。2×19 年 1 月 1 日，以每股 2.3 美元的价格购入乙公司 2 000 股股票作为以公允价值计量且其变动计入当期损益的金融资产核算，当日的即期汇率为 1 美元 = 7.6 元人民币，款项已付。2×19 年 12 月 31 日，由于市场变动，当年购入的乙公司股票的市场价格变为每股 2.0 美元，当日即期汇率为 1 美元 = 7.75 元人民币。不考虑相关税费等其他因素的影响，关于甲公司以公允价值计量且其变动计入当期损益的金融资产的处理，下列说法中不正确的有（　　）。

A. 2×19 年 12 月 31 日应确认财务费用 3 960 元人民币

B. 2×19 年 12 月 31 日应确认财务费用 –690 元人民币，公允价值变动损益 4 560 元人民币

C. 2×19 年 12 月 31 日应确认公允价值变动损益 –3 960 元人民币

D. 2×19 年 12 月 31 日不需要做任何处理

9. 乙公司的记账本位币为人民币。对外币交易采用交易发生日的即期汇率折算，按季计算汇兑损益。2×19 年 7 月 18 日，乙公司从银行借入 1 000 万港元，年利率为 5%，期限为 3 个月，到期偿还本金、计提并支付利息，借入的港币暂存银行。借入当日的即期汇率为 1 港元 = 0.9 元人民币。9 月 30 日即期汇率为 1 港元 = 0.85 元人民币。3 个月后，即 10 月 18 日，乙公司以人民币向银行归还借入的 1 000 万港元和利息 12.5 万港元。归还借款时的港币卖出价为 1 港元 = 0.88 元人民币。下列有关短期借款的会计处理正确的有（　　）。

A. 9 月 30 日因短期借款产生汇兑收益为 50 万元人民币

B. 10 月 18 日因偿还短期借款产生汇兑损失 30 万元人民币

C. 10 月 18 日因偿还短期借款应冲减账面余额 850 万元人民币

D. 10 月 18 日因偿还短期借款的利息计入财务费用的金额为 41 万元人民币

10. 对境外经营财务报表折算时，应当采用资产负债表日即期汇率进行折算的报表项目有（　　）。

A. 固定资产　　B. 预收账款

C. 盈余公积　　D. 其他债权投资

11. 按照外币折算的有关规定，下列表述

正确的有（　　）。

A. 对于需要计提减值准备的外币应收项目，应先计提减值准备，然后按照资产负债表日的即期汇率折算，因汇率波动而产生的汇兑差额作为财务费用，计入当期损益，同时调增或调减外币货币性项目的记账本位币金额

B. 资产负债表中的资产和负债项目，采用资产负债表日的即期汇率折算，所有者权益项目除“未分配利润”项目外，其他项目也采用资产负债表日的即期汇率折算

C. 企业在处置境外经营时，应当将资产负债表中所有者权益项目下列示的、与该境外经营相关的其他综合收益（外币财务报表折算差额），自所有者权益项目转入处置当期损益

D. 有关记账本位币变更的处理，根据有关规定，应当采用变更当日的即期汇率将所有项目折算为变更后的记账本位币

12. 甲公司投资一境外子公司，拥有其60%股权份额，该子公司的记账本位币为欧元。甲公司编制合并财务报表时将该子公司报表折算为人民币。已知期初折算汇率为1欧元=8.5元人民币，期末折算汇率为1欧元=8.1元人民币，甲公司采用平均汇率对利润表项目折算。期初未分配利润为200万欧元，折合人民币1 550万元；期初盈余公积50万欧元，折合人民币395万元。本期取得净利润200万欧元，计提盈余公积20万欧元，假设该外币报表折算后资产总额比负债和所有者权益总额多20万元人民币。则不考虑其他因素，下列处理中正确的有（　　）。

A. 报表折算后未分配利润的金额为3 044万元人民币

B. 报表折算后盈余公积的金额为561万元人民币

C. 合并财务报表中“其他综合收益”项目应列示的金额为20万元人民币

D. 合并财务报表中“其他综合收益”项目应列示的金额为12万元人民币

## 三、计算分析题

1. 东风有限责任公司（以下简称“东风公司”），以人民币作为记账本位币，外币业务采用业务发生时的即期汇率折算，按季度计算汇兑损益并提供季度财务报表。东风公司2×19年第一季度发生的相关外币业务如下：

（1）1月1日与外商签订投资合同，外商分两次投入外币资本，投资合同约定的汇率为1欧元=9.2元人民币。1月10日，东风公司收到外商的第一次投资，投资金额为300万欧元，当日的即期汇率为1欧元=9.3元人民币；2月1日，收到外商的第二次投资，投资金额为200万欧元，当日即期汇率为1欧元=9.35元人民币。

（2）1月15日，以每股5欧元的价格购入A公司500万股普通股，当日即期汇率为1欧元=9.3元人民币，东风公司将该资产划分为其他权益工具投资，款项已经支付。2×19年3月31日该其他权益工具投资的市价变为每股6.5欧元。

（3）2月1日，以每股2欧元的价格购入B公司10万股普通股作为以公允价值计量且其变动计入当期损益的金融资产，当日即期汇率为1欧元=9.35元人民币，款项已经支付。由于市场价格变动，3月31日该股票的市价变为每股1.5欧元。

（4）2月5日，东风公司从C公司购入国内市场上尚无的M产品1 000件，每件价格为0.5万欧元，当日即期汇率为1欧元=9.4元人民币。3月31日，尚有100件M产品未销售出去，国内市场仍无M产品供应。M产品的市场价格降至每件0.35万欧元。

（5）假设东风公司2×19年12月31日银行存款欧元户的账面余额为5 000万欧元，当日的即期汇率为1欧元=9.2元人民币，不存在其他外币账户余额。2×19年3月31日的即期汇率为1欧元=9.45元人民币。

要求：

（1）根据上述资料，不考虑其他因素的影响，对上述事项（1）至事项（4）作出相应的会计处理，并编制会计分录（不要求做外币银行存款汇兑差额的处理）。

（2）计算外币银行存款季度末产生的汇兑差额，并编制会计分录。

2. 黄河公司于2×19年1月1日，为建造某项工程专门从银行借入2 000万美元的专门借款，借款年利率为6%，期限为2年。假定不考虑借款过程中发生的相关费用，黄河公司将闲置专门借款资金全部存入银行，月利率为0.25%，于每年1月1日收到上年度的闲置资金利息。

工程于2×19年1月1日开始实体建造，预计于2×20年6月30日完工，有关建造支出如下：

2×19年1月1日，支出600万美元；

2×19年7月1日，支出800万美元；

2×20年1月1日，支出600万美元；

至2×20年6月30日工程完工并达到预定可使用状态。

黄河公司的记账本位币为人民币，外币业务采用交易发生时的即期汇率折算。相关汇率如下：

2×19年1月1日，即期汇率为1美元＝7.65元人民币；

2×19年6月30日，即期汇率为1美元＝7.63元人民币；

2×19年7月1日，即期汇率为1美元＝7.64元人民币；

2×19年12月31日，即期汇率为1美元＝7.7元人民币；

2×20年1月1日，即期汇率为1美元＝7.72元人民币；

2×20年6月30日，即期汇率为1美元＝7.8元人民币；

假定黄河公司每半年计算一次利息和汇兑损益，专门借款的利息通过“应付利息”科目核算，每年年末支付利息。取得的闲置资金收益通过“应收利息”科目核算；不考虑支付利息时形成的汇兑差额。

要求：

（1）计算2×19年专门借款利息的资本化金额、专门借款本金及利息汇兑差额资本化金额并编制相关会计分录。

（2）编制黄河公司2×20年1月1日收到闲置资金利息的相关会计分录。

（3）计算2×20年6月30日借款利息资本化金额、专门借款本金及利息汇兑差额资本化金额并编制相关会计分录。

（答案中的金额单位用万元表示，计算结果保留两位小数）

## 答案及解析

### 一、单项选择题

1.【答案】B

【解析】企业的业务收支可以采用人民币以外的货币作为记账本位币，但是编报的财务会计报告应当折算为人民币，选项B不正确。

2.【答案】A

【解析】选项B，乙公司虽然为A公司境内的联营企业，但由于其记账本位币为美元，所以乙公司是A公司的境外经营；选项C，丁公司虽然是A公司境外的分支机构，但由于其所从事的活动并不具有很强的自主性，而且经营活动产生的现金流量可随时汇回，所以其记账本位币为人民币，丁公司不是A公司的境外经营；选项D，戊公司并不是A公司的子公司、合营企业、联营企业、分支机构，所以不属于A公司的境外经营。

3.【答案】C

【解析】甲公司因该外币应收票据在2×19年第二季度产生的汇兑损失 $=300\times(7.8-7.78)=6$（万元人民币）。

4.【答案】A

【解析】甲公司该项兑换业务影响当期损益的金额 $=1\ 000\times(9.2-9.25)=-50$（万元人民币）。

5.【答案】C

【解析】以公允价值计量且其变动计入其他综合收益的外币货币性金融资产形成的汇兑差额，应当计入当期损益；外币非货币性金融资产形成的汇兑差额，与其公允价值变动一并计入其他综合收益，选项C正确。

6.【答案】A

【解析】东风公司2×19年12月31日资产负债表中外商投入的实收资本金额 $=50\times8.6+80\times8.65=1\ 122$（万元人民币）。

7.【答案】B

【解析】甲公司6月30日该项短期借款的汇兑收益 $=1\ 000\times(9.9-10)+1\ 000\times6\%\times3/12\times(9.9-10)+1\ 000\times6\%\times3/12\times(10-10)=-101.5$（万元）。

8.【答案】C

【解析】2×19年8月甲企业产生的汇兑损失＝外币兑换汇兑损失＋本期期末银行存款美元账户产生的汇兑损失 $=10\ 000\times(6.32-6.25)+[(50\ 000\times6.30-10\ 000\times6.32)-40\ 000\times6.28]=1\ 300$（元人民币）。

9.【答案】B

【解析】原材料的初始入账金额 =1 000 × 300/10 000 ×6.2 +20.1 =206.1（万元人民币）。

10.【答案】B

【解析】2×19 年 12 月 31 日甲公司该批存货的成本 =2 ×（20 -8）×7.6 =182.4（万元人民币），可变现净值 =1.9 ×（20 -8）×7.7 =175.56（万元人民币），则甲公司应计提的存货跌价准备 =182.4 -175.56 =6.84（万元人民币）。

11.【答案】B

【解析】盈余公积采用交易发生日的即期汇率或即期汇率的近似汇率折算，折算后的金额 =16 250 +800 ×6.43 =21 394（万元人民币）。

12.【答案】A

【解析】合并财务报表中"其他综合收益"项目应列示的金额 =（3 200 -2 150 -981）×70% =48.3（万元人民币）。少数股东应分担的部分并入少数股东权益列示于合并资产负债表。

## 二、多项选择题

1.【答案】ABC

【解析】企业选定记账本位币，应当考虑下列因素：

（1）该货币主要影响商品和劳务的销售价格，通常以该货币进行商品和劳务的计价和结算；（2）该货币主要影响商品和劳务所需人工、材料和其他费用，通常以该货币进行上述费用的计价和结算；（3）融资活动获得的资金以及保存从经营活动中收取款项所使用的货币。

2.【答案】ABD

【解析】银行存款外币账户产生的汇兑损失 =（1 000 +80 -50 -100）×（8.10 -8.05）=46.5（万元人民币），选项 A 正确；应收账款外币账户产生的汇兑损失 =（100 -80 +250）×（8.10 -8.05）=13.5（万元人民币），选项 B 正确；应付账款外币账户产生的汇兑损失 =（100 -50）×（8.05 -8.10）= -2.5（万元人民币），选项 C 错误；短期借款外币账户产生的汇兑收益 =（150 -100）×（8.10 -8.05）=2.5（万元人民币），选项 D 正确。

3.【答案】ACD

【解析】企业确需变更记账本位币的，应当采用变更当日的即期汇率将所有项目折算为变更后的记账本位币，折算后的金额作为新的记账本位币的历史成本，选项 B 正确。

4.【答案】ACD

【解析】外币交易是指以外币计价或者结算的交易，包括买入或者卖出以外币计价的商品或者劳务、借入或者借出外币资金和其他以外币计价或者结算的交易，选项 B，不属于外币交易。

5.【答案】ABCD

6.【答案】ABC

【解析】外币报表折算差额作为"其他综合收益"项目列示于财务报表中。

7.【答案】AD

【解析】"长期借款"和"其他应收款"属于货币性项目，选项 B 和 C 不正确。

8.【答案】ABD

【解析】2×19 年 12 月 31 日甲公司该项以公允价值计量且其变动计入当期损益的金融资产应确认公允价值变动损益 =2 000 ×2 ×7.75 -2 000 ×2.3 ×7.6 = -3 960（元人民币）。

9.【答案】ABC

【解析】选项 D，10 月 18 日因偿还短期借款的利息计入财务费用的金额为 11 万元人民币。

9 月 30 日：

短期借款的汇兑差额 =1 000 ×（0.85 -0.9）= -50（万元人民币）（汇兑收益）

10 月 18 日：

因偿还短期借款产生的汇兑差额 =0.85 ×1 000 -1 000 ×0.88 = -30（万元人民币）（汇兑损失）

支付利息 =1 000 ×5% ×3/12 ×0.88 =11（万元人民币）

10.【答案】ABD

【解析】对境外经营财务报表折算时，资产负债表中的资产和负债项目，采用资产负债表日的即期汇率折算。

11.【答案】CD

【解析】选项 A，需要计提减值准备的，应当按资产负债表日的即期汇率折算后，再计提减值准备；选项 B，资产负债表中的资产和负债项目，采用资产负债表日的即期汇率折算，所有者权益项目除“未分配利润”项目外，其他项目采用发生时的即期汇率折算。

12.【答案】ABD

【解析】期末未分配利润折合成人民币的金额 =1 550 +（200 －20）×（8.5 +8.1）/2 =3 044（万元人民币），选项 A 正确；期末盈余公积折合成人民币的金额 =395 +20 ×（8.5 +8.1）/2 =561（万元人民币），选项 B 正确；合并财务报表中“其他综合收益”项目应列示的金额 =20 ×60% =12（万元人民币），选项 C 不正确，选项 D 正确。

## 三、计算分析题

1.【答案】

（1）

①事项（1）：

1 月 10 日：

借：银行存款——欧元（300 ×9.3）2 790

贷：实收资本 2 790

2 月 1 日：

借：银行存款——欧元（200 ×9.35）1 870

贷：实收资本 1 870

②事项（2）：

1 月 15 日：

借：其他权益工具投资——成本 23 250

贷：银行存款——欧元（5 ×500 ×9.3）23 250

3 月 31 日：

其他权益工具投资的公允价值变动 =6.5 ×500 ×9.45 －23 250 =7 462.5（万元人民币）。

借：其他权益工具投资——公允价值变动 7 462.5

贷：其他综合收益 7 462.5

③事项（3）：

2 月 1 日：

借：交易性金融资产——成本 187

贷：银行存款——欧元（2 010 ×9.35）187

3 月 31 日交易性金融资产的公允价值变动 =1.5 ×10 ×9.45 －187 = －45.25（万元人民币）。

借：公允价值变动损益 45.25

贷：交易性金融资产——公允价值变动 45.25

④事项（4）：

2 月 5 日：

借：库存商品 4 700

贷：银行存款——欧元（1 000 ×0.5 ×9.4）4 700

3 月 31 日，存货计提跌价准备的金额 =100 ×0.5 ×9.4 －100 ×0.35 ×9.45 =139.25（万元人民币）。

借：资产减值损失 139.25

贷：存货跌价准备 139.25

（2）外币银行存款产生的汇兑损益 =（5 000 +300 +200 －5 ×500 －2 010 －1 000 ×0.5）×9.45 －（5 000 ×9.2 +300 ×9.3 +200 ×9.35 －5 ×500 ×9.3 －2 010 ×9.35 －1 000 ×0.5 ×9.4）=23 436 －22 523 =913（万元人民币）（汇兑收益）。

借：银行存款——欧元 913

贷：财务费用——汇兑差额 913

2.【答案】

（1）2 ×19 年 6 月 30 日：

专门借款利息资本化金额 =2 000 ×6% ×6/12 ×7.63 －（2 000 －600）×0.25% ×6 ×7.63 =457.8 －160.23 =297.57（万元人民币）。

账务处理为：

借：在建工程 297.57

应收利息——美元 160.23

贷：应付利息——美元 457.8

外币专门借款本金汇兑差额 =2 000 ×（7.63 －7.65）= －40（万元人民币）（汇兑收益）。

外币专门借款利息汇兑差额 =（2 000 ×6% ×6/12 －1 400 ×0.25% ×6）×（7.63 －7.63）=0。

账务处理为：

借：长期借款——美元 40

贷：在建工程 40

2 ×19 年 12 月 31 日：

专门借款利息资本化金额 =2 000 ×6% ×6/12 ×7.7 －（2 000 －600 －800）×0.25% ×

6 ×7.7 =462 - 69.3 =392.7（万元人民币）。

账务处理为：

借：在建工程　　392.7

　　应收利息——美元　　69.3

　　贷：应付利息——美元　　462

外币专门借款本金汇兑差额 = 2 000 × (7.7 - 7.63) =140（万元人民币）（汇兑损失）。

外币专门借款利息汇兑差额 =（2 000 × 6% × 6/12 - 1 400 × 0.25% × 6）×（7.7 - 7.63）+（2 000 × 6% × 6/12 - 600 × 0.25% × 6）×（7.7 - 7.7）= 2.73（万元人民币）（汇兑损失）。

账务处理：

借：在建工程　　142.73

　　应收利息——美元　　1.47

　　贷：长期借款——美元　　140

　　　　应付利息——美元　　4.2

（2）2 ×20 年 1 月 1 日实际收到的闲置资金利息 = 1 400 ×0.25% ×6 +600 ×0.25% ×6 = 30（万美元），折算为人民币 = 30 × 7.72 = 231.6（万元人民币），该金额与原账面金额 231 万元人民币（30 ×7.7）之间的差额 0.6 万元人民币（231.6 - 231）应予以资本化，冲减在建工程。

账务处理为：

借：银行存款——美元　　231.6

　　贷：应收利息——美元　　231

　　　　在建工程　　0.6

（3）2 ×20 年 6 月 30 日：

专门借款利息资本化金额 = 2 000 ×6% × 6/12 ×7.8 =468（万元人民币）。

账务处理为：

借：在建工程　　468

　　贷：应付利息——美元　　468

外币专门借款本金汇兑差额 = 2 000 × (7.8 - 7.7) = 200（万元人民币）（汇兑损失）。

外币专门借款利息汇兑差额 =2 000 ×6% × 6/12 ×(7.8 - 7.8) =0

借：在建工程　　200

　　贷：长期借款——美元　　200

# 第二十二章　租　　赁

## 本章考情分析

本章在以前年度分数都在 2 分左右，但由于今年租赁准则进行了重大修订，极可能出一道 10 分主观题，考生应格外重视。

## 本章教材变化

**租赁准则新变化**

| 变化点 | 变化内容 |
|---|---|
| 完善租赁的识别、分拆及合并等相关原则 | 新准则要求承租人在资产负债表中确认租赁的相关权利和义务，从而使租赁与服务的会计处理产生较大差异，应准确识别租赁。为此，引入了“控制”“已识别资产”等概念。 |
| 承租人会计处理由双重模型修改为单一模型 | 原租赁准则要求以风险和报酬转移为基础将租赁划分为融资租赁与经营租赁，对经营租赁承租人不确认相关资产和负债。新准则取消了承租人的融资租赁与经营租赁分类，要求承租人对除短期租赁和低价值资产租赁以外的所有租赁确认使用权资产和租赁负债，并分别确认折旧和利息费用，即采用与原融资租赁会计处理类似的单一模型。 |
| 改进出租人的租赁分类原则及相关会计处理 | 新准则继承了原租赁准则中有关出租人的会计处理规定，即保留了融资租赁与经营租赁的双重模型。在分类方面，强调了要依据交易的实质，而非合同的形式，有关融资租赁与经营租赁分类的规定更原则化，并增加了可能导致租赁被分类为融资租赁的其他情形。此外，增加了对生产商或经销商作为出租人的融资租赁的会计处理规定。 |
| 调整售后租回交易会计处理并与收入准则衔接 | 根据修订后的收入准则，对售后租回交易的会计处理进行了相应调整。即，按照收入准则评估售后租回交易中的资产转让是否满足销售的条件：资产转让属于销售的，承租人（卖方）按原资产账面金额中与所保留使用权有关的部分确认和计量租回形成的使用权资产，并对转让至出租人的权利确认相关利得或损失；出租人按照适用的准则对资产购买进行会计处理，资产出租适用租赁准则；资产转让不属于销售的，承租人（卖方）继续确认被转让资产并将取得的转让价款确认为金融负债，出租人（买方）不确认被转让资产，所支付的转让价款确认为金融资产。 |
| 完善与租赁有关的列示和信息披露要求 | 在承租人方面，对租赁相关的使用权资产、租赁负债、折旧和利息、现金流出等在财务报表中的列示作出了明确规范。<br>在出租人方面，增加了部分信息披露要求，包括出租人对其所保留的租赁资产相关权利进行风险管理的情况等。 |

## 基本内容框架

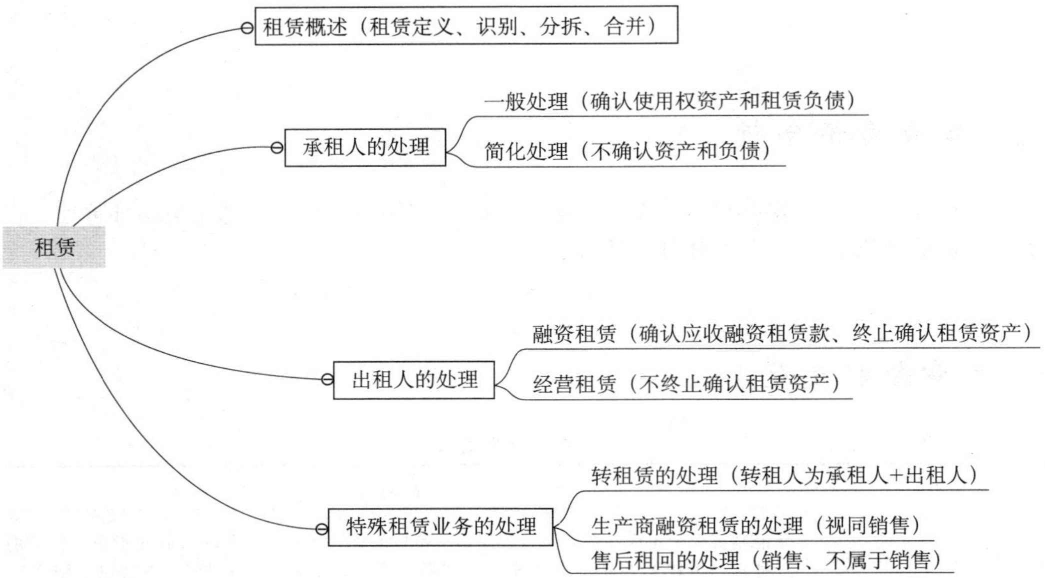


## 通关重难点例题解析

### 一、租赁的概念、识别、分拆和合并

（一）租赁的概念

租赁，是指在一定期间内，出租人将资产的使用权让与承租人以获取对价的合同。

（二）租赁的识别

在合同开始日，企业应当评估合同是否为租赁或者包含租赁（比如售后租回）。如果合同中一方让渡了在一定期间内控制一项或多项已识别资产使用的权利以换取对价，则该合同为租赁或者包含租赁。在租赁识别中，应注意以下问题：

1. 为确定合同是否让渡了在一定期间内控制已识别资产使用的权利，企业应当评估合同中的客户是否有权获得在使用期间内因使用已识别资产所产生的几乎全部经济利益，并有权在该使用期间主导已识别资产的使用。

已识别资产通常由合同明确指定，也可以在资产可供客户使用时隐性指定。但是，即使合同已对资产进行指定，如果资产的供应方在整个使用期间拥有对该资产的实质性替换权，则该资产不属于已识别资产。

2. 在评估是否有权获得因使用已识别资产所产生的几乎全部经济利益时，企业应当在约定的客户可使用资产的权利范围内考虑其所产生的经济利益。

3. 租赁发生变更且同时符合下列条件的，承租人应当将该租赁变更作为一项单独租赁进行会计处理：①该租赁变更通过增加一项或多项租赁资产的使用权而扩大了租赁范围；②增加的对价与租赁范围扩大部分的单独价格按该合同情况调整后的金额相当。

（三）租赁的分拆

1. 合同中同时包含多项单独租赁的，承租人和出租人应当将合同予以分拆，并分别各项单独租赁进行会计处理。同时符合下列条件的，使用已识别资产的权利构成合同中的一项单独租赁：

（1）承租人可从单独使用该资产或将其与易于获得的其他资源一起使用中获利；

（2）该资产与合同中的其他资产不存在高度依赖或高度关联关系。

2. 合同中同时包含租赁和非租赁部分的，有两种处理办法：

（1）一般处理：承租人和出租人应当将

租赁和非租赁部分进行分拆，租赁部分应当按照租赁准则进行会计处理，非租赁部分应当按照其他适用的企业会计准则进行会计处理。例如：甲公司租入一条生产线，同时由出租方供应原材料，则租入生产线执行租赁准则，购入原材料执行存货准则。

在分拆合同包含的租赁和非租赁部分时，承租人应当按照各租赁部分单独价格及非租赁部分的单独价格之和的相对比例分摊合同对价，出租人应当根据《企业会计准则第14号——收入》关于交易价格分摊的规定分摊合同对价。

（2）简化处理：承租人应当将各租赁部分及与其相关的非租赁部分分别合并为租赁，按照租赁准则进行会计处理。但是，对于按照《企业会计准则第22号——金融工具确认和计量》应分拆的嵌入衍生工具，承租人不应将其与租赁部分合并进行会计处理。

（四）租赁的合并

企业与同一交易方或其关联方在同一时间或相近时间订立的两份或多份包含租赁的合同，在符合下列条件之一时，应当合并为一份合同进行会计处理：①该两份或多份合同基于总体商业目的而订立并构成一揽子交易，若不作为整体考虑则无法理解其总体商业目的；②该两份或多份合同中的某份合同的对价金额取决于其他合同的定价或履行情况；③该两份或多份合同让渡的资产使用权合起来构成一项单独租赁。

（五）租赁期

租赁期是指承租人有权使用租赁资产且不可撤销的期间。确定租赁期应注意四个问题：租赁期开始日、不可撤销期间、续租选择权和终止租赁选择权、对租赁期和购买选择权的重新评估。现将要点归纳如下表。

**租赁期的确定**

| | 相关规定 |
|---|---|
| 租赁期开始日 | 租赁期开始日，是指出租人提供租赁资产使其可供承租人使用的起始日期。租赁期自租赁期开始日起计算。 |
| 不可撤销期间 | 在确定租赁期和评估不可撤销租赁期间时，企业应根据租赁条款约定确定可强制执行合同的期间。如果承租人和出租人双方均有权在未经另一方许可的情况下终止租赁，且罚款金额不重大，则该租赁不再可强制执行，就不属于不可撤销期间，不能计入租赁期。如果只有承租人有权终止租赁，则在确定租赁期时，企业应将该项权利视为承租人可行使的终止租赁选择权予以考虑。如果只有出租人有权终止租赁，则不可撤销的租赁期包括终止租赁选择权所涵盖的期间。 |
| 续租选择权和终止租赁选择权 | 在租赁期开始日，企业应当评估承租人是否合理确定将行使续租或购买标的资产的选择权，或者将不行使终止租赁选择权。通常，租赁的不可撤销期间越短，承租人行使续租选择权或不行使终止租赁选择权的可能性就越大。 |
| 对租赁期和购买选择权的重新评估 | 发生承租人可控范围内的重大事件或变化，且影响承租人是否合理确定将行使相应选择权的，承租人应当对其是否合理确定将行使续租选择权、购买选择权或不行使终止租赁选择权进行重新评估，并根据重新评估结果修改租赁期。 |

## 二、承租人的会计处理

承租人租入资产可以采用一般处理和简化处理两种办法，下面分别说明。

（一）承租人的一般处理

承租人一般处理包括三个问题：使用权资产的初始计量（含租赁负债）、使用权资产和租赁负债的后续计量、租赁变更的会计处理。

1. 使用权资产的初始计量

在租赁期开始日，承租人应当对租赁确认使用权资产和租赁负债。使用权资产应当按照成本进行初始计量，该成本包括四部分内容：①租赁负债的初始计量金额；②在租赁期开始日或之前支付的租赁付款额；③承租人发生的初始直接费用；④承租人为拆卸及移除租赁资产预计将发生的成本。下面分别说明四项成本如何确定：

（1）租赁负债的初始计量。

使用权资产成本的第一项内容是租赁负债的初始计量金额。租赁负债应当按照租赁期开始日尚未支付的租赁付款额的现值进行初始计量。为此，应先确定租赁付款额，然后确定折现率，就可以计算出租赁付款额的现值。

①租赁付款额。

租赁付款额，是指承租人向出租人支付的与在租赁期内使用租赁资产的权利相关的款项，具体包括五项内容：固定付款额、可变租赁付款额、购买选择权的行权价格、行使终止租赁选择权需支付的款项、根据承租人提供的担保余值预计应支付的款项等。详见下表：

**租赁付款额的内容**

| | 相关规定 |
|---|---|
| 固定付款额 | 固定付款额及实质固定付款额，存在租赁激励的，扣除租赁激励相关金额。租赁激励，是指出租人为达成租赁向承租人提供的优惠，包括出租人向承租人支付的与租赁有关的款项、出租人为承租人偿付或承担的成本等。 |
| 可变租赁付款额 | 可变租赁付款额，是指承租人为取得在租赁期内使用租赁资产的权利，而向出租人支付的因租赁期开始日后的事实或情况发生变化（而非时间推移）而变动的款项。可变租赁付款额可能与下列各项指标或情况挂钩：①由于市场比率或指数数值变动导致的价格变动；②承租人源自租赁资产的绩效；③租赁资产的使用。除了取决于指数或比率的可变租赁付款额之外（因为能够可靠计量），其他可变租赁付款额均不纳入租赁负债的初始计量中，而是在发生时直接计入当期损益或计入资产成本（因为不能可靠计量）。例如，年租金按照租赁资产当年运营收入的80%计算，于每年末支付给出租人。则该租赁付款额按照租赁资产年运营收入的一定比例计算，属于可变租赁付款额，但该可变租赁付款额不取决于指数或比率的变化，而是取决于租赁资产的未来绩效，因此，初始计量时取决于指数或比率的可变租赁付款额为0（因为不能可靠计量）。 |
| 购买选择权的行权价格 | 如果承租人合理确定将行使购买标的资产的选择权，则租赁付款额中应包含购买选择权的行权价格。 |
| 行使终止租赁选择权需支付的款项 | 如果承租人合理确定将行使终止租赁选择权，则租赁付款额中应包含行使终止租赁选择权需支付的款项，并且租赁期不应包含终止租赁选择权涵盖的期间。 |
| 根据承租人提供的担保余值预计应支付的款项 | 担保余值，是指与出租人无关的一方向出租人提供担保，保证在租赁结束时租赁资产的价值至少为某指定的金额。如果承租人提供了对余值的担保，则租赁付款额应包含该担保下预计应支付的款项。 |

在租赁期开始日，承租人应根据上述五项内容计算租赁付款额，也就是获得资产使用权应付出的代价。因为现金流出时间不同，需要选定恰当的折现率将其折为现值。

②折现率。

租赁负债应当按照租赁期开始日尚未支付的租赁付款额的现值进行初始计量。在折现时采用的折现率有两种：租赁内含利率和增量借款利率。详见下表。

**折现率的确定**

| | 相关规定 |
|---|---|
| 租赁内含利率 | 承租人应当采用租赁内含利率作为折现率：租赁内含利率，是指使出租人的租赁收款额的现值与未担保余值的现值之和等于租赁资产公允价值与出租人的初始直接费用之和的利率。其中：①未担保余值，是指租赁资产余值中，出租人无法保证能够实现或仅由与出租人有关的一方予以担保的部分；②初始直接费用，是指为达成租赁所发生的增量成本。增量成本是指若企业不取得该租赁，则不会发生的成本，如佣金、印花税等。无论是否实际取得租赁都会发生的支出，不属于初始直接费用，例如为评估是否签订租赁而发生的差旅费、法律费用等，此类费用应当在发生时计入当期损益。 |

续表

| | 相关规定 |
|---|---|
| 增量借款利率 | 无法确定租赁内含利率的，应当采用承租人增量借款利率作为折现率：承租人增量借款利率，是指承租人在类似经济环境下为获得与使用权资产价值接近的资产，在类似期间以类似抵押条件借入资金须支付的利率。实务中，承租人增量借款利率常见的参考基础包括承租人同期银行贷款利率、相关租赁合同利率、承租人最近一期类似资产抵押贷款利率、与承租人信用状况相似的企业发行的同期债券利率等，但承租人还需根据上述事项在参考基础上相应进行调整。 |

在确定了租赁付款额和折现率后，计算出租赁付款额的现值（即租赁负债的初始计量金额）作为使用权资产入账价值的重要组成部分。

（2）使用权资产成本的第二项内容是，在租赁期开始日或之前支付的租赁付款额，存在租赁激励的，扣除已享受的租赁激励相关金额。

（3）使用权资产成本的第三项内容是，承租人发生的初始直接费用。所谓初始直接费用，是指为达成租赁所发生的增量成本。增量成本是指若企业不取得该租赁，则不会发生的成本。

（4）使用权资产成本的第四项内容是，承租人为拆卸及移除租赁资产、复原租赁资产所在场地或将租赁资产恢复至租赁条款约定状态预计将发生的成本。如果该成本属于为生产存货而发生的，适用《企业会计准则第 1 号——存货》，应计入存货成本。

综上所述，通过上述方法分别确定了使用权资产成本的四个组成内容，从而确定了使用权资产的入账价值。承租人账务处理如下：

借：使用权资产（初始计量金额）
　　租赁负债——未确认融资费用
　贷：租赁负债——应付租赁额
　　　银行存款（已付租金、初始直接费用）
　　　预计负债（拆卸、移除租赁资产成本）

2. 使用权资产和租赁负债的后续计量

租赁期开始日，承租人将使用权资产和租赁负债入账后，在使用期间，使用权资产应参照固定资产准则计提折旧、计提减值等进行后续计量；租赁负债按摊余成本进行后续计量，如果发生了租赁变更，应重新计量租赁负债。

（1）使用权资产的后续计量。

使用权资产的后续计量应掌握三个问题：计量基础、折旧、减值。详见下表。

**使用权资产的后续计量**

| | 相关规定 |
|---|---|
| 计量基础 | ①在租赁期开始日后，承租人应当采用成本模式对使用权资产进行后续计量，即，以成本减累计折旧及累计减值损失计量使用权资产。<br>②承租人按照本准则有关规定重新计量租赁负债的，应当相应调整使用权资产的账面价值。 |
| 使用权资产的折旧 | 承租人应当参照《企业会计准则第 4 号——固定资产》有关折旧规定，自租赁期开始日起对使用权资产计提折旧。应注意：①使用权资产通常应自租赁期开始的当月计提折旧；②计提的折旧金额应根据使用权资产的用途，计入相关资产的成本或者当期损益；③承租人按直线法或其他折旧方法对使用权资产计提折旧；④承租人能够合理确定租赁期届满时取得租赁资产所有权的，应当在租赁资产剩余使用寿命内计提折旧；承租人无法合理确定租赁期届满时能够取得租赁资产所有权的，应当在租赁期与租赁资产剩余使用寿命两者孰短的期间内计提折旧。如果使用权资产的剩余使用寿命短于前两者，则应在使用权资产的剩余使用寿命内计提折旧。 |
| 使用权资产的减值 | 在租赁期开始日后，承租人应当按照《企业会计准则第 8 号——资产减值》的规定，确定使用权资产是否发生减值，并对已识别的减值损失进行会计处理：①使用权资产发生减值的，借记“资产减值损失”科目，贷记“使用权资产减值准备”科目；②使用权资产减值准备一旦计提，不得转回；③承租人应当按照扣除减值损失之后的使用权资产的账面价值，进行后续折旧。 |

（2）租赁负债的后续计量。

租赁负债的后续计量应掌握计量基础和租赁负债的重新计量，详见下表。

**租赁负债的后续计量**

| | 相关规定 |
|---|---|
| 计量基础 | 在租赁期开始日后，承租人应当按以下原则对租赁负债进行后续计量：①承租人应当按照固定的周期性利率计算租赁负债在租赁期内各期间的利息费用，并计入当期损益或计入相关资产成本的。此处的周期性利率，是指承租人对租赁负债进行初始计量时所采用的折现率，或者因租赁付款额发生变动或因租赁变更而需按照修订后的折现率对租赁负债进行重新计量时，承租人所采用的修订后的折现率。确认租赁负债的利息时，增加租赁负债的账面金额（即借记财务费用等，贷记租赁负债——未确认融资费用）；②支付租赁付款额时，减少租赁负债的账面金额（即借记租赁负债——应付租赁额，贷记银行存款）；③因重估或租赁变更等原因导致租赁付款额发生变动时，重新计量租赁负债的账面价值。 |
| 租赁负债的重新计量 | 在租赁期开始日后，当发生下列四种情形时，承租人应当按照变动后的租赁付款额的现值重新计量租赁负债，并相应调整使用权资产的账面价值。使用权资产的账面价值已调减至零，但租赁负债仍需进一步调减的，承租人应当将剩余金额计入当期损益。<br>（1）实质固定付款额发生变动。如果租赁付款额最初是可变的，但在租赁期开始日后的某一时点转为固定，该付款额成为实质固定付款额，应纳入租赁负债的计量中。承租人应当按照变动后租赁付款额采用租赁期开始日确定的折现率折成的现值重新计量租赁负债。<br>（2）担保余值预计的应付金额发生变动。在租赁期开始日后，承租人应对其在担保余值下预计支付的金额进行估计。该金额发生变动的，承租人应当按照变动后租赁付款额采用租赁期开始日确定的折现率折成的现值重新计量租赁负债。<br>（3）用于确定租赁付款额的指数或比率发生变动。①在租赁期开始日后，因浮动利率的变动而导致未来租赁付款额发生变动的，承租人应当按照变动后租赁付款额的现值重新计量租赁负债。在该情形下，承租人应采用反映利率变动的修订后的折现率进行折现；②在租赁期开始日后，因用于确定租赁付款额的指数或比率（浮动利率除外）的变动而导致未来租赁付款额发生变动的，承租人应当按照变动后租赁付款额的现值重新计量租赁负债。在该情形下，承租人采用的折现率不变；③仅当现金流量发生变动时，即租赁付款额的变动生效时，承租人才应重新计量租赁负债，以反映变动后的租赁付款额。承租人应基于变动后的合同付款额，确定剩余租赁期内的租赁付款额。<br>（4）购买选择权、续租选择权或终止租赁选择权的评估结果或实际行使情况发生变化：租赁期开始日后，发生下列情形的，承租人应采用修订后的折现率对变动后的租赁付款额进行折现，以重新计量租赁负债：①发生承租人可控范围内的重大事件或变化，且影响承租人是否合理确定将行使续租选择权或终止租赁选择权的，承租人应当对其是否合理确定将行使相应选择权进行重新评估。上述选择权的评估结果发生变化的，承租人应当根据新的评估结果重新确定租赁期和租赁付款额。前述选择权的实际行使情况与原评估结果不一致等导致租赁期变化的，也应当根据新的租赁期重新确定租赁付款额；②发生承租人可控范围内的重大事件或变化，且影响承租人是否合理确定将行使购买选择权的，承租人应当对其是否合理确定将行使购买选择权进行重新评估。评估结果发生变化的，承租人应根据新的评估结果重新确定租赁付款额。<br>上述两种情形下，承租人在计算变动后租赁付款额的现值时，应当采用剩余租赁期间的租赁内含利率作为折现率；无法确定剩余租赁期间的租赁内含利率的，应当采用重估日的承租人增量借款利率作为折现率。 |

3. 租赁变更的会计处理

租赁变更，是指原合同条款之外的租赁范围、租赁对价、租赁期限的变更，包括增加或终止一项或多项租赁资产的使用权，延长或缩短合同规定的租赁期等。租赁变更有两种处理办法：作为一项单独租赁处理或未作为一项单独租赁处理。见下表。

**租赁变更的会计处理**

| | 相关规定 |
|---|---|
| 租赁变更作为一项单独租赁处理 | 租赁发生变更且同时符合下列条件的，承租人应当将该租赁变更作为一项单独租赁进行会计处理：①该租赁变更通过增加一项或多项租赁资产的使用权而扩大了租赁范围或延长了租赁期限；②增加的对价与租赁范围扩大部分或租赁期限延长部分的单独价格按该合同情况调整后的金额相当。 |

续表

| | 相关规定 |
|---|---|
| 租赁变更未作为一项单独租赁处理 | 租赁变更未作为一项单独租赁进行会计处理的，在租赁变更生效日（即双方就租赁变更达成一致的日期），承租人应当按照有关租赁分拆的规定对变更后合同的对价进行分摊；按照有关租赁期的规定确定变更后的租赁期；并采用变更后的折现率对变更后的租赁付款额进行折现，以重新计量租赁负债。在计算变更后租赁付款额的现值时，承租人应当采用剩余租赁期间的租赁内含利率作为折现率；无法确定剩余租赁期间的租赁内含利率的，应当采用租赁变更生效日的承租人增量借款利率作为折现率。就上述租赁负债调整的影响，承租人应区分以下情形进行会计处理：<br>（1）租赁变更导致租赁范围缩小或租赁期缩短的，承租人应当调减使用权资产的账面价值，以反映租赁的部分终止或完全终止。承租人应将部分终止或完全终止租赁的相关利得或损失计入当期损益。<br>（2）其他租赁变更，承租人应当相应调整使用权资产的账面价值。 |



（二）承租人的简化处理

承租人的简化处理，应先了解简化处理的条件，然后掌握简化处理方法。

**承租人的简化处理**

| | 具体规定 |
|---|---|
| 简化处理条件 | 短期租赁和低价值资产租赁，可以选择简化处理。<br>（1）短期租赁，是指在租赁期开始日，租赁期不超过 12 个月的租赁。应注意：包含购买选择权的租赁不属于短期租赁。<br>（2）低价值资产租赁，是指单项租赁资产为全新资产时价值较低的租赁。应注意：承租人转租或预期转租租赁资产的，原租赁不属于低价值资产租赁。 |
| 简化处理方法 | 如果对短期租赁和低价值资产租赁选择简化处理，承租人不确认使用权资产和租赁负债，承租人应当将短期租赁和低价值资产租赁的租赁付款额，在租赁期内各个期间按照直线法或其他系统合理的方法计入相关资产成本或当期损益。即相当于原准则的经营租赁。 |

## 三、出租人的会计处理

出租人的会计处理应掌握三个问题：出租人的租赁分类、对融资租赁的会计处理、对经营租赁的会计处理。

（一）出租人的租赁分类

1. 出租人将租赁分为融资租赁和经营租赁

出租人应当在租赁开始日将租赁分为融资租赁和经营租赁：①如果一项租赁实质上转移了与租赁资产所有权有关的几乎全部风险和报酬，出租人应当将该项租赁分类为融资租赁；②出租人应当将除融资租赁以外的其他租赁分类为经营租赁。

租赁开始日，是指租赁合同签署日与租赁各方就主要租赁条款作出承诺日中的较早者。

2. 融资租赁的分类标准

在租赁分类时，有五种情形通常分类为融资租赁，有三种迹象可能分类为融资租赁，见下表。

**融资租赁的分类标准**

| | 相关规定 |
|---|---|
| 5 种情形 | 一项租赁存在下列一种或多种情形的，通常分类为融资租赁：<br>（1）在租赁期届满时，租赁资产的所有权转移给承租人。<br>（2）承租人有购买租赁资产的选择权，所订立的购买价款预计将远低于行使选择权时租赁资产的公允价值，因而在租赁开始日就可以合理确定承租人将行使该选择权。<br>（3）资产的所有权虽然不转移，但租赁期占租赁资产使用寿命的大部分。实务中，这里的“大部分”一般指租赁期占租赁开始日租赁资产使用寿命的 75% 以上（含 75%）。<br>（4）在租赁开始日，租赁收款额的现值几乎相当于租赁资产的公允价值。实务中，这里的“几乎相当于”，通常掌握在 90% 以上。<br>（5）租赁资产性质特殊，如果不作较大改造，只有承租人才能使用。 |

续表

| | 相关规定 |
|---|---|
| 3种迹象 | 一项租赁存在下列一项或多项迹象的，也可能分类为融资租赁：<br>（1）若承租人撤销租赁，撤销租赁对出租人造成的损失由承租人承担。<br>（2）资产余值的公允价值波动所产生的利得或损失归属于承租人。例如，租赁结束时，出租人以相当于资产销售收益的绝大部分金额作为对租金的退还，说明承租人承担了租赁资产余值的几乎所有风险和报酬。<br>（3）承租人有能力以远低于市场水平的租金继续租赁至下一期间。 |

（二）出租人对融资租赁的会计处理

出租人对融资租赁的处理应掌握三个问题：初始计量、后续计量、租赁变更。详见下表。

**出租人对融资租赁的会计处理**

| | 相关规定 |
|---|---|
| 融资租赁的初始计量 | 在租赁期开始日，出租人应当对融资租赁确认应收融资租赁款，并终止确认融资租赁资产。应注意：<br>（1）出租人对应收融资租赁款进行初始计量时，应当以租赁投资净额作为应收融资租赁款的入账价值。<br>（2）租赁投资净额为未担保余值和租赁期开始日尚未收到的租赁收款额按照租赁内含利率折现的现值之和。<br>（3）租赁内含利率，是指使出租人的租赁收款额的现值与未担保余值的现值之和（即租赁投资净额）等于租赁资产公允价值与出租人的初始直接费用之和的利率。因此，出租人发生的初始直接费用包括在租赁投资净额中，也即包括在应收融资租赁款的初始入账价值中。<br>（4）租赁收款额，是指出租人因让渡在租赁期内使用租赁资产的权利而应向承租人收取的款项，包括：①承租人需支付的固定付款额及实质固定付款额。存在租赁激励的，应当扣除租赁激励相关金额。②取决于指数或比率的可变租赁付款额。该款项在初始计量时根据租赁期开始日的指数或比率确定。③购买选择权的行权价格，前提是合理确定承租人将行使该选择权。④承租人行使终止租赁选择权需支付的款项，前提是租赁期反映出承租人将行使终止租赁选择权。⑤由承租人、与承租人有关的一方以及有经济能力履行担保义务的独立第三方向出租人提供的担保余值。 |
| 融资租赁的后续计量 | 出租人应当按照固定的周期性利率计算并确认租赁期内各个期间的利息收入。该周期性利率，是指租赁内含利率或者租赁变更后修订后的折现率。 |
| 融资租赁变更的会计处理 | （1）融资租赁发生变更且同时符合下列条件的，出租人应当将该变更作为一项单独租赁进行会计处理：①该变更通过增加一项或多项租赁资产的使用权而扩大了租赁范围或延长了租赁期限；②增加的对价与租赁范围扩大部分或租赁期限延长部分的单独价格按该合同情况调整后的金额相当。<br>（2）如果融资租赁的变更未作为一项单独租赁进行会计处理，则分两种情况处理：①满足假如变更在租赁开始日生效，该租赁会被分类为经营租赁条件的，出租人应当自租赁变更生效日开始将其作为一项新租赁进行会计处理，并以租赁变更生效日前的租赁投资净额作为租赁资产的账面价值。②满足假如变更在租赁开始日生效，该租赁会被分类为融资租赁条件的，出租人应当按照金融工具准则中关于修改或重新议定合同的规定进行会计处理。即，修改或重新议定租赁合同，未导致应收融资租赁款终止确认，但导致未来现金流量发生变化的，应当重新计算该应收融资租赁款的账面余额，并将相关利得或损失计入当期损益。重新计算应收融资租赁款账面余额时，应当根据重新议定或修改的租赁合同现金流量按照应收融资租赁款的原折现率或按照套期会计准则规定重新计算的折现率（如适用）折现的现值确定。对于修改或重新议定租赁合同所产生的所有成本和费用，企业应当调整修改后的应收融资租赁款的账面价值，并在修改后的应收融资租赁款的剩余期限内进行摊销。 |

（三）出租人对经营租赁的会计处理

出租人对经营租赁的会计处理应掌握六个问题：租金的处理、出租人对经营租赁提供激励措施、初始直接费用、折旧和减值、可变租赁付款额、经营租赁的变更。详见下表。

**出租人对经营租赁的会计处理**

| | 相关规定 |
|---|---|
| 租金的处理 | 在租赁期内各个期间，出租人应采用直线法或者其他系统合理的方法将经营租赁的租赁收款额确认为租金收入。 |
| 出租人对经营租赁提供激励措施 | 出租人提供免租期的，出租人应将租金总额在不扣除免租期的整个租赁期内，按直线法或其他合理的方法进行分配，免租期内应当确认租金收入。出租人承担了承租人某些费用的，出租人应将该费用自租金收入总额中扣除，按扣除后的租金收入余额在租赁期内进行分配。 |
| 初始直接费用 | 出租人发生的与经营租赁有关的初始直接费用应当资本化至租赁标的资产的成本，在租赁期内按照与租金收入相同的确认基础分期计入当期损益。 |
| 折旧和减值 | 对于经营租赁资产中的固定资产，出租人应当采用类似资产的折旧政策计提折旧；对于其他经营租赁资产，应当根据该资产适用的企业会计准则，采用系统合理的方法进行摊销。出租人应当按照《企业会计准则第 8 号——资产减值》的规定，确定经营租赁资产是否发生减值，并对已识别的减值损失进行会计处理。 |
| 可变租赁付款额 | 出租人取得的与经营租赁有关的可变租赁付款额，如果是与指数或比率挂钩的，应在租赁期开始日计入租赁收款额；除此之外的，应当在实际发生时计入当期损益。 |
| 经营租赁的变更 | 经营租赁发生变更的，出租人应自变更生效日开始，将其作为一项新的租赁进行会计处理，与变更前租赁有关的预收或应收租赁收款额视为新租赁的收款额。 |



## 四、特殊租赁业务的会计处理

特殊租赁业务包括三种情况：转租赁、生产商或经销商出租人的融资租赁会计处理、售后租回交易的会计处理。

（一）转租赁

转租赁就是承租人将租入的使用权资产租赁出去，形成经营租赁或融资租赁。在这种情况下，原租赁合同和转租赁合同通常都是单独协商的，交易对手也是不同的企业，因此要求转租出租人对原租赁合同和转租赁合同分别根据承租人和出租人会计处理要求，进行会计处理。应注意的是，如果转租人租入资产选择简化处理，则出租时只能是经营租赁。详见下图：

转租人租入资产
- 形成使用权资产，出租时
  - 经营租赁
  - 融资租赁
- 选择简化处理→经营租赁

（二）生产商或经销商出租人的融资租赁会计处理

出租人形成融资租赁有两种情况：一是租赁公司，属于金融类企业，融资租赁以赚取利息为目标；二是生产商或供应商（以下简称生产商），通过融资租赁方式将产品分期销售出去。对于生产商为客户提供租赁其产品形成融资租赁的，会计上应进行如下特殊处理：

（1）确认收入：生产商或经销商作为出租人的融资租赁，在租赁期开始日，该出租人应当按照租赁资产公允价值与租赁收款额按市场利率折现的现值两者孰低确认收入，并按照租赁资产账面价值扣除未担保余值的现值后的余额结转销售成本，视同销售商品。

（2）生产商或经销商出租人为取得融资租赁发生的成本，应当在租赁期开始日计入当期损益，即视同销售中发生的费用，计入销售费用。

（三）售后租回交易的会计处理

在卖方对资产拥有法定所有权的前提下，卖方将资产出售后又租回，称为售后租回。卖方（承租人）和卖方（出租人）应当按照收入准则的规定，评估确定售后租回交易中的资产转让是否属于销售，分别进行处理。

**售后租回交易的会计处理**

| | | 相关规定 |
|---|---|---|
| 资产转让属于销售 | 承租人（卖方） | ①售后租回交易中的资产转让属于销售的，承租人应当按原资产账面价值中与租回获得的使用权有关的部分，计量售后租回所形成的使用权资产，并仅就转让至出租人的权利确认相关利得或损失；②如果销售对价的公允价值与资产的公允价值不同，或者出租人未按市场价格收取租金，则企业应当将销售对价低于市场价格的款项作为预付租金进行会计处理，将高于市场价格的款项作为出租人向承租人提供的额外融资进行会计处理，承租人按照公允价值调整相关销售利得或损失。 |
| | 出租人（买方） | ①售后租回交易中的资产转让属于销售的，出租人应当根据其他适用的企业会计准则对资产购买进行会计处理，并根据租赁准则对资产出租进行会计处理；②如果销售对价的公允价值与资产的公允价值不同，或者出租人未按市场价格收取租金，出租人按市场价格调整租金收入。<br>在进行上述调整时，企业应当基于以下两者中更易于确定的项目：销售对价的公允价值与资产公允价值之间的差额、租赁合同中付款额的现值与按租赁市价计算的付款额现值之间的差额。 |
| 资产转让不属于销售 | 承租人（卖方） | 售后租回交易中的资产转让不属于销售的，承租人应当继续确认被转让资产，同时确认一项与转让收入等额的金融负债。 |
| | 出租人（买方） | 售后租回交易中的资产转让不属于销售的，出租人不确认被转让资产，但应当确认一项与转让收入等额的金融资产。 |

【例 22－1】（2017 年单项选择题）2×16 年甲公司租入一台机器设备，在租赁期开始日已确认使用权资产和租赁负债。不考虑其他因素，甲公司在分摊未确认融资费用时，应当采用的分摊率是(　　)。

A. 合同规定利率

B. 银行同期贷款利率

C. 承租人的租赁内含利率

D. 周期性利率

【答案】D

【解析】租人应当按照固定的周期性利率计算租赁负债在租赁期内各期间的利息费用，此处的周期性利率，是指承租人对租赁负债进行初始计量时所采用的折现率，或者因租赁付款额发生变动或因租赁变更而需按照修订后的折现率对租赁负债进行重新计量时，承租人所采用的修订后的折现率。在折现时采用的折现率有两种：租赁内含利率和增量借款利率。租赁内含利率，是指使出租人的租赁收款额的现值与未担保余值的现值之和等于租赁资产公允价值与出租人的初始直接费用之和的利率。承租人增量借款利率，是指承租人在类似经济环境下为获得与使用权资产价值接近的资产，在类似期间以类似抵押条件借入资金须支付的利率。选项 D 正确，其他选项不合适。

【例 22－2】（2016 年多项选择题）下列关于租赁会计处理的表述中，正确的有(　　)。

A. 取决于指数或比率的可变租赁付款额应计入租赁负债的初始计量金额中

B. 承租人在租赁中发生的初始直接费用应当计入使用权资产成本

C. 承租人在租赁开始时支付的租金应计入使用权资产成本

D. 与资产使用绩效相关的可变租赁付款额应在发生时直接计入当期损益或计入资产成本

【答案】ABCD

【解析】上述说法均正确。

## 通关演练

### 一、单项选择题

1. 甲公司从乙公司租入一项资产，租赁期为 5 年，每年年末支付租金 50 万元，承租人担保的资产余值为 30 万元。租赁期间，甲公司预计发生维修费为 25 万元，与资产使用绩效有关的可变租赁付款额预计为 10 万元。独立于承租人和出租人的第三方对出租人担保的资产余值为 15 万元，未担保余值为 5 万元。则就承租人而言，租赁付款额为（　　）万元。

A. 335　　B. 295

C. 300　　D. 280

2. 2020年2月15日，长安公司向乙公司发出邀请（约谈租赁交易一事）。2020年3月31日，长安公司与乙公司商议租赁交易，并于当日就主要条款做出了承诺，约定于2020年6月27日签订租赁协议。该租赁资产于2020年8月1日运抵长安公司。设备租赁期：2020年8月1日至2023年12月31日。则长安公司与乙公司签订租赁合同的租赁开始日为（　　）。

A. 2020年2月15日

B. 2020年3月31日

C. 2020年6月27日

D. 2020年8月1日

3. 甲公司2×20年6月30日与乙公司签订一项租赁协议，约定从乙公司租入一项管理用固定资产，当日该资产的公允价值为3 700万元。协议约定：租赁期开始日为2×20年7月1日，租赁期为3年，租赁期满归还出租方，甲公司增量借款利率为6%，2×21年起每年6月30日支付租金1 200万元。租赁期开始日租入资产的尚可使用年限为4年，甲公司担保的租赁资产余值350万元，独立于甲公司和乙公司的第三方对出租人担保的资产余值为30万元，甲公司另以银行存款支付律师费等初始直接费用15万元，该设备于2×20年7月1日达到可使用状态。已知（P/A，6%，3）=2.6730，（P/F，6%，3）=0.8396。则该项租赁对甲公司2×20年损益的影响金额是（　　）万元。

A. 800.88　　B. 105.04

C. 527.74　　D. 632.78

4. 下列关于承租人租赁业务的表述中，不正确的是（　　）。

A. 在租赁期开始日，承租人应当对租赁确认使用权资产和租赁负债

B. 租赁负债应当按照租赁期开始日尚未支付的租赁付款额的现值进行初始计量

C. 在租赁期开始日后，承租人应当采用成本模式对使用权资产进行后续计量

D. 计提的折旧金额应根据使用权资产的用途计入管理费用

5. 甲公司于2×19年12月31日签订合同，将一台公允价值为500万元的大型专用设备出租给乙公司，从2×20年1月1日起乙公司租赁该设备36个月，租赁期内每年年末支付租金160万元，乙公司的母公司担保的设备资产余值为50万元，另外独立于甲公司和乙公司的担保公司担保的设备资产余值为30万元，乙公司增量借款利率为7%，租赁开始日估计资产余值为90万元，假定不存在初始直接费用。乙公司在租赁期开始日应记入“未确认融资费用”科目的金额为（　　）万元。已知：[（P/A，7%，3）=2.6243；（P/F，7%，3）=0.8163]

A. 69.30　　B. 44.81

C. －28.66　　D. 0

6. 甲公司租入一项资产，起租日为2×20年1月1日，租赁负债初始计量金额为700万元，承租人另发生安装费40万元，设备于2×20年6月20日达到预定可使用状态并交付使用，承租人担保余值为40万元，未担保余值为30万元，租赁期为5年，设备尚可使用年限为6年。承租人对租入的设备采用年限平均法计提折旧。该使用权资产在2×20年度应计提的折旧额为（　　）万元。

A. 77.78　　B. 87.27

C. 65.45　　D. 72.73

7. 关于出租人对租赁的会计处理中，不正确的是（　　）。

A. 出租人应当在租赁开始日将租赁分为融资租赁和经营租赁

B. 在租赁期届满时租赁资产的所有权转移给承租人，通常分类为经营租赁

C. 出租人对应收融资租赁款进行初始计量时，应当以租赁投资净额作为应收融资租赁款的入账价值

D. 租赁投资净额为未担保余值和租赁期开始日尚未收到的租赁收款额按照租赁内含利率折现的现值之和

8. 出租人在租赁开始日对租赁分类时，下列各项中，不属于融资租赁的是（　　）。

A. 在租赁开始日，租赁收款额的现值几乎相当于租赁资产的公允价值

B. 租赁资产性质特殊，如果不作较大改造，只有承租人才能使用

C. 承租人有购买租赁资产的选择权，所

订立的购买价款预计将远高于行使选择权时租赁资产的公允价值

D. 资产的所有权虽然不转移，但租赁期占租赁资产使用寿命的大部分

9. 因急需新设销售门店，甲公司委托中介代为寻找门市房，并约定中介费用为10万元。2×20年2月1日，经中介介绍，甲公司与丙公司签订了租赁合同。约定：租赁期自2×20年2月1日起3年，年租金420万元，丙公司同意免除前两个月租金，第1年租金350万元，每年租金在当年2月1日支付；丙公司尚未支付的物业费100万元由甲公司支付；如甲公司提前解约，违约金为30万元；甲公司于租赁期开始日支付了当年租金350万元、物业费100万元，以及中介费用10万元。假设甲公司增量借款利率为10%，使用权资产采用直线法计提折旧，则甲公司2×20年因该事项计入销售费用的金额为（　　）万元。

A. 350　　B. 395.17

C. 395　　D. 363.28

10. 下列项目中，不会影响租赁内含利率是（　　）。

A. 出租人的租赁收款额

B. 租赁资产未担保余值

C. 租赁资产公允价值

D. 租赁资产账面价值

## 二、多项选择题

1. 下列各项关于租赁识别、分拆和合并的说法中，正确的有（　　）。

A. 如果合同中一方让渡了在一定期间内控制一项或多项已识别资产使用的权利以换取对价，则该合同为租赁或者包含租赁

B. 如果资产的供应方在整个使用期间拥有对该资产的实质性替换权，则该资产不属于已识别资产

C. 合同中同时包含多项单独租赁的，承租人和出租人应当将合同予以分拆，并分别各项单独租赁进行会计处理

D. 两份或多份合同基于总体商业目的而订立并构成一揽子交易，应当就每份合同进行单独处理

2. 下列各项关于初始直接费用及其会计处理中，正确的有（　　）。

A. 初始直接费用是指为达成租赁所发生的增量成本

B. 承租人发生的初始直接费用应计入使用权资产成本

C. 出租人在融资租赁发生的初始直接费用应包括在租赁投资净额

D. 出租人发生的与经营租赁有关的初始直接费用应当资本化至租赁标的资产的成本

3. 下列关于售后租回交易的会计处理说法中，正确的有（　　）。

A. 售后租回交易中的资产转让属于销售的，销售方仅就转让至出租人的权利确认相关利得或损失

B. 售后租回交易中的资产转让属于销售的，出租人未按市场价格收取租金，销售方应当将销售对价低于市场价格的款项作为预付租金进行会计处理

C. 售后租回交易中的资产转让属于销售的，出租人未按市场价格收取租金，销售方应当将高于市场价格的款项作为承租人向出租人提供的额外融资进行会计处理

D. 售后租回交易中的资产转让不属于销售的，购货方不确认被转让资产，但应当确认一项与转让收入等额的金融资产

4. 下列项目中，会影响使用权资产成本的有（　　）。

A. 固定付款额

B. 根据租赁资产的使用强度形成的可变租赁付款额

C. 承租人为拆卸及移除租赁资产、复原租赁资产所在场地预计将发生的成本

D. 承租人为是否进行租赁而支付的咨询费

5. 下列关于承租人经营租赁的会计处理中，正确的有（　　）。

A. 出租人提供免租期，出租人在免租期内不能确认租金收入

B. 出租人承担了承租人某些费用，租金收入总额应扣除出租人为承租人承担的费用

C. 出租人应当采用类似资产的折旧政策对经营租赁租出的固定资产计提折旧

D. 出租人取得与指数或比率挂钩的变租赁付款额，应在发生时计入当期租金收入

6. 下列关于承租人选择简化处理的会计处理中，正确的有（　　）。

A. 甲公司对租赁期3年且资产价值较大的租赁，为减轻工作量选择简化处理

B. 承租人选择简化处理时，可以不确认使用权资产，但应确认租赁负债

C. 承租人选择简化处理时，不确认使用权资产，但应确认租金费用

D. 承租人应将租金费用在租赁期内各个期间按照直线法或其他系统合理的方法计入相关资产成本或当期损益

7. 下列关于转租赁的说法中，正确的有（ ）。

A. 转租出租人租入资产应作为固定资产入账

B. 转租人租入资产可以选择简化处理，不将资产入账

C. 转租出租人租入资产选择简化处理的，出租资产只能按照经营租赁处理

D. 转租出租人将租入资产确认为使用权资产，出租的标的资产为使用权资产

8. 下列各项关于生产商融资租赁会计处理的表述中，正确的有（ ）。

A. 生产商应确认应收融资租赁款

B. 生产商将产品出租形成融资租赁应确认营业收入

C. 生产商按照租赁资产公允价值与租赁收款额按市场利率折现的现值两者孰低确认收入

D. 生产商按照租赁资产账面价值扣除未担保余值的现值后的余额结转销售成本

9. 承租人在计算利息费用及其相关处理时，正确的有（ ）。

A. 承租人应当按照固定的周期性利率计算租赁负债在租赁期内各期间的利息费用

B. 周期性利率只能是出租人的租赁内含利率

C. 在租赁期开始日后，因用于确定租赁付款额的指数或比率（浮动利率除外）的变动而导致未来租赁付款额发生变动的，承租人应当采用原折旧率按照变动后租赁付款额的现值重新计量租赁负债

D. 承租人应当将利息费用计入财务费用

10. 下列项目中，可能影响出租人租赁应收款的有（ ）。

A. 承租人需支付实质固定付款额

B. 出租人提供的租赁激励相关金额

C. 与出租人有关的、担保公司担保的资产余值

D. 承租人将行使的购买选择权的行权价格

## 三、计算分析题

1. 甲公司于2019年12月28日与乙公司签订了一份租赁合同租入一台管理用电子设备，设备于2020年1月1日运抵甲公司，当日达到预定可使用状态。合同主要条款和其他有关情况如下：

（1）租赁标的物：A管理设备。

（2）起租日：2020年1月1日。

（3）租赁期：2020年1月1日～2022年12月31日，共3年。

（4）租金支付方式：自租赁期开始日每年年末支付租金300万元。

（5）该租赁资产在2020年1月1日的账面价值为800万元，公允价值为790万元。

（6）甲公司增量借款年利率为6%（乙公司租赁内含利率未知）。

（7）甲公司在租赁谈判和签订租赁合同过程中发生可归属于租赁项目的中介费2万元。

（8）该设备的估计使用年限为8年，已使用4年，使用期满无残值。承租人采用年限平均法计提折旧，预计净残值为0。

（9）租赁期届满时，甲公司享有优惠购买该设备的选择权，购买价为5万元，估计该日租赁资产的公允价值为18万元。租赁期届满时，甲公司将行使优惠购买选择权购买该设备。

（10）租赁资产担保余值为0，未担保余值为18万元。

（11）乙公司在租赁谈判和签订租赁合同过程中发生可归属于租赁项目的直接费用1.39万元。

（12）乙公司本租赁项目的内含利率经计算为8%。

要求：

（1）编制甲公司2020年与租赁有关的会计分录。

（2）编制甲公司2021年与租赁有关的会计分录。

（3）编制甲公司2022年与租赁有关的会

计分录。

（4）编制乙公司2020年与租赁有关的会计分录。

（5）编制乙公司2021年与租赁有关的会计分录。

（6）编制乙公司2022年与租赁有关的会计分录。

2. 甲公司是一家工程机械设备生产商，与乙公司（建筑施工企业）签订了一份租赁合同，向乙公司出租所生产的工程机械设备。该租赁合同主要条款如下：

（1）租赁资产：B工程机械设备。

（2）租赁期：2020年1月1日至2022年12月31日，共3年。

（3）租金支付：自2020年起每年年末支付年租金400万元。

（4）租赁合同规定的利率：5%（年利率），与市场利率相同。

（5）该设备（库存商品）于2020年1月1日的账面价值为850万元，公允价值为1 100万元。

（6）甲公司取得该租赁发生的相关成本费用（中介费）为3万元。

（7）该设备于2020年1月1日交付乙公司，预计使用寿命为4年，无残值；租赁期届满时，乙公司可以10万元购买该设备，预计租赁到期日该设备的公允价值为120万元，乙公司已全额提供担保；租赁期内该设备的保险、维修等费用均由乙公司自行承担。

（8）假设不考虑其他因素和各项税费影响。

要求：对甲公司将存货租赁业务进行会计处理（单位：万元）。

## 答案及解析

### 一、单项选择题

1. 【答案】D

【解析】租赁付款额 = 固定付款额 5 × 50 + 与指数有关的可变租赁付款额 0 + 购买选择权的行权价格 0 + 行使终止租赁选择权需支付的款项 0 + 根据承租人提供的担保余值预计应支付的款项 30 = 280（万元）。

2. 【答案】B

【解析】租赁开始日，是指租赁合同签署日与租赁各方就主要租赁条款作出承诺日中的较早者。租赁开始日为2020年3月31日，选项B正确；2020年8月1日为租赁期开始日。

3. 【答案】D

【解析】甲公司应计算租赁负债初始确认金额和使用权资产成本。租赁付款额现值 = 1 200 × 2.6730 + 350 × 0.8396 = 3 501.46（万元），因此，固定资产入账价值 = 租赁负债 3 501.46 + 初始折旧费用 15 = 3 516.46（万元），应计折旧总额 = 使用权资产原值 3 516.46 − 担保余值 350 = 3 166.46（万元），该项租赁对甲公司 2 × 20 年损益的影响金额 = 未确认融资费用摊销额 + 折旧费用 = 3 501.46 × 6% × 6/12 + 3 166.46/3 × 6/12 = 105.04 + 527.74 = 632.78（万元）。

4. 【答案】D

【解析】选项D不正确，计提的折旧金额应根据使用权资产的用途，计入相关资产的成本或者当期损益；其他选项正确。

5. 【答案】A

【解析】乙公司该项租赁的租赁付款额 = 固定付款额 160 × 3 + 担保资产余值 50 = 530（万元）；租赁付款额的现值 = 160 ×（P/A，7%，3）+ 50 ×（P/F，7%，3）= 160 × 2.6243 + 50 × 0.8163 = 460.70（万元），未确认融资费用 = 530 − 460.70 = 69.30（万元）。

6. 【答案】A

【解析】该使用权资产在 2 × 20 年度应计提的折旧额 =（租赁负债初始计量 700 + 安装费 40 − 承租人担保余值 40）÷（12 × 5 − 6）× 6 = 77.78（万元）。

7. 【答案】B

【解析】选项B不正确，在租赁期届满时租赁资产的所有权转移给承租人，通常分类为融资租赁。

8. 【答案】C

【解析】选项C不属于融资租赁，只有承租人有购买租赁资产的选择权，所订立的购买价款预计将远低于行使选择权时租赁资产的公允价值，因而在租赁开始日就可以合理确定承租人将行使该选择权，通常分类为融资租赁；其余选项通常分类为融资租赁。

9.【答案】D

【解析】尚未支付的租赁付款额 = 固定付款额（420×2）+可变租赁付款额0+购买选择权的行权价格0+行使终止租赁选择权需支付的款项0+根据承租人提供的担保余值预计应支付的款项0=840（万元）；租赁负债初始计量金额 = $420/(1+10\%)+420/(1+10\%)^2=381.82+347.11=728.93$（万元）。使用权资产成本 = 租赁负债的初始计量金额728.93+在租赁期开始日或之前支付的租赁付款额（350+100）+承租人发生的初始直接费用10+承租人为拆卸及移除租赁资产预计将发生的成本0=1188.93（万元）；2×20年因使用权资产计提折旧计入销售费用的金额 = $(1\ 188.93-0)\div3\div12\times11=363.28$（万元）。

10.【答案】D

【解析】租赁内含利率，是指使出租人的租赁收款额的现值与未担保余值的现值之和（即租赁投资净额）等于租赁资产公允价值与出租人的初始直接费用之和的利率。选项D，租赁资产账面价值不影响租赁内含利率；其余项目会影响。

## 二、多项选择题

1.【答案】ABC

【解析】选项D不正确，两份或多份合同基于总体商业目的而订立并构成一揽子交易，应当合并为一份合同进行处理。

2.【答案】ABCD

【解析】上述项目均正确。

3.【答案】AD

【解析】选项B不正确，因为售后租回交易中的资产转让属于销售的，出租人未按市场价格收取租金，销售方应当将销售对价低于市场价格的款项作为预付租金进行会计处理；选项C不正确，因为售后租回交易中的资产转让属于销售的，出租人未按市场价格收取租金，销售方将高于市场价格的款项作为出租人向承租人提供的额外融资进行会计处理；选项A、D正确。

4.【答案】AC

【解析】使用权资产应当按照成本进行初始计量，该成本包括四部分内容：①租赁负债的初始计量金额；②在租赁期开始日或之前支付的租赁付款额；③承租人发生的初始直接费用；④承租人为拆卸及移除租赁资产预计将发生的成本。选项B不能计入租赁负债初始计量金额，从而不影响使用权资产成本；选项D，承租人为是否进行租赁而支付的咨询费，不属于增量成本，因为通过咨询做出不租赁的决策。

5.【答案】BC

【解析】选项A不正确，出租人提供免租期的，出租人应将租金总额在不扣除免租期的整个租赁期内，按直线法或其他合理的方法进行分配，免租期内应当确认租金收入；选项D不正确，出租人取得的与经营租赁有关的可变租赁付款额，如果是与指数或比率挂钩的，应在租赁期开始日计入租赁收款额。

6.【答案】CD

【解析】选择A不正确，只有短期租赁和低价值资产租赁才可以选择简化处理；选项B不正确，承租人对短期租赁和低价值租赁选择简化处理时，不确认使用权资产和租赁负债；选项C、D正确。

7.【答案】BCD

【解析】选项A不正确，转租出租人租入资产应按承租人相关规定进行处理，将租入资产确认为使用权资产和选择简化处理，不能作为固定资产；其余选项正确。

8.【答案】ABCD

【解析】上述说法均正确。

9.【答案】AC

【解析】选项B不正确，周期性利率可能是承租人增量借款利率，因为周期性利率，是指承租人对租赁负债进行初始计量时所采用的折现率；租赁负债应当按照租赁期开始日尚未支付的租赁付款额的现值进行初始计量。在折现时采用的折现率有两种：租赁内含利率和增量借款利率；选项D不正确，因为承租人应当将利息费用计入当期损益或计入相关资产成本。

10.【答案】ABD

【解析】租赁收款额，是指出租人因让渡在租赁期内使用租赁资产的权利而应向承租人收取的款项，包括：①承租人需支付的固定付款额及实质固定付款额，存在租赁激励的，应当扣除租赁激励相关金额；②取决于指数或比率的可变租赁付款额，该款项在初始计量时根据租赁期开始日的指数或比率确定；③购买选择权的行权价格，前提是合理确定承租人将行使该选择权；④承租人行使终止租赁选择权需支付的款项，前提是租赁期反映出承租人将行使终止租赁选择权；⑤由承租人、与承租人有关的一方以及有经济能力履行担保义务的独立第三方向出租人提供的担保余值。因此，选项C不会影响，因为只有由承租人、与承租人有关的一方以及有经济能力履行担保义务的独立第三方向出租人提供的担保余值才计入租赁应收款。

## 三、计算分析题

1.【答案】

（1）编制甲公司2020年与租赁有关的会计分录。

1）计算甲公司租赁期开始日租赁付款额、租赁负债的初始计量金额和使用权资产成本。

①尚未支付的租赁付款额＝固定付款额（300×3）＋可变租赁付款额0＋购买选择权的行权价格5＋行使终止租赁选择权需支付的款项0＋根据承租人提供的担保余值预计应支付的款项0＝905（万元）。

②租赁负债初始计量金额＝尚未支付的租赁付款额现值＝$300/(1+6\%)+300/(1+6\%)^2+300/(1+6\%)^3+5/(1+6\%)^3=283.02+267.00+251.88+4.20=806.10$（万元）

注：$300/(1+6\%)^2=267$，可以用普通计算器将300除以1.06两次；同理，三次方时除三次。因此，用普通计算器可以计算高次方，无需查现值系数表。

未确认融资费用＝尚未支付的租赁付款额905－尚未支付的租赁付款额现值806.1＝98.9（万元）。

③使用权资产成本＝租赁负债初始计量金额806.1＋租赁期开始日或之前支付的租金0＋初始直接费用2＋承租人为拆卸及移除租赁资产0＝808.1（万元）。

2）编制甲公司与租金有关的会计分录。

①2020年1月1日，租赁期开始日，确认使用权资产。

借：使用权资产——A设备 808.1
　　租赁负债——未确认融资费用 98.9
　贷：租赁负债——应付租赁款 905
　　　银行存款 2

②2020年12月31日。

a. 支付租金300万元。

借：租赁负债——应付租赁款 300
　贷：银行存款 300

b. 计提使用权资产折旧。

甲公司因能合理确定租赁期满时承租人将会行使优惠购买选择权，取得租赁资产所有权，所以应以租赁期开始日租赁资产的尚可使用年限4年（8－4）作为折旧期限；当月增加的使用权资产，当月应计提折旧。

2020年折旧额＝（使用权资产原值808.1－预计净残值0）÷4＝202.03（万元）

借：管理费用 202.03
　贷：使用权资产累计折旧 202.03

c. 计算利息费用。

利息费用计算表（实际利率法）

| 项目 / 时间 | 应付租金 | 利息费用 | 利息调整 | 租赁负债摊余成本 |
|---|---|---|---|---|
| | ① | ②＝上一期④×实际利率6% | ③＝②－① | ④＝上一期④－③ |
| 2020.1.1 | | | | 806.10 |
| 2020.12.31 | 300 | 48.34 | 251.66 | 554.44 |
| 2021.12.31 | 300 | 33.27 | 266.73 | 287.71 |
| 2022.12.31 | 305 | 17.29 | 287.71 | 0 |
| 合计 | 905 | 98.9 | 806.10 | |

注：17.29＝98.9－48.34－33.27

借：财务费用 48.34

贷：租赁负债——未确认融资费用 48.34

（2）编制甲公司2021年与租赁有关的会计分录。

2021年12月31日：

a. 支付租金300万元。

借：租赁负债——应付租赁款 300

贷：银行存款 300

b. 计提使用权资产折旧。

2021年折旧额 =（使用权资产原值808.1 - 预计净残值0）÷4 = 202.03（万元）

借：管理费用 202.03

贷：使用权资产累计折旧 202.03

c. 计算利息费用。

借：财务费用 33.27

贷：租赁负债——未确认融资费用 33.27

（3）编制甲公司2022年与租赁有关的会计分录。

2022年12月31日：

a. 支付租金300万元和购买设备款5万元。

借：租赁负债——应付租赁款 305

贷：银行存款 305

b. 计提使用权资产折旧。

2022年折旧额 =（使用权资产原值808.1 - 预计净残值0）÷4 = 202.03（万元）

借：管理费用 202.03

贷：使用权资产累计折旧 202.03

c. 计算利息费用。

借：财务费用 17.29

贷：租赁负债——未确认融资费用 17.29

d. 支付购买价款后，将使用权资产转为自有资产。

借：固定资产——A设备 808.1

使用权资产累计折旧（202.03×3）606.09

贷：使用权资产——A设备 808.1

累计折旧 606.09

提示：2023年按照正常方法计提剩余折旧就行了，即借记“管理费用”科目202.01万元（808.1 - 202.03×3），贷记“累计折旧”科目202.01万元。本租赁的实质是，甲公司支付租金300万元和购买价款5万元，实际上相当于分期付款305万元购入固定资产，固定资产使用成本均衡计入各年，统筹考虑四年折旧。

（4）编制乙公司2020年与租赁有关的会计分录。

①2020年1月1日。

a. 乙公司对租赁分类：电子设备使用年限4年，租赁期3年，期满后租赁资产的所有权转移给承租人，该租赁属于融资租赁。

b. 确定租赁收款额。

租赁收款额 = 承租人需支付的固定付款额（300×3）+ 取决于指数或比率的可变租赁付款额0 + 购买选择权的行权价格5 + 承租人行使终止租赁选择权需支付的款项0 + 担保资产余值0 = 905（万元）。

c. 确定租赁投资总额。

租赁投资总额 = 应收的租赁收款额905 + 未担保余值18 = 923（万元）

d. 确认租赁投资净额的金额和未实现融资收益。

租赁投资净额 = 租赁期开始日租赁资产公允价值790 + 出租人发生的租赁初始直接费用1.39 = 791.39（万元）

未实现融资收益 = 租赁投资总额923 - 租赁投资净额791.39 = 131.61（万元）

e. 计算租赁内含利率。

租赁内含利率是使租赁投资总额的现值等于租赁资产在租赁开始日的公允价值与出租人的初始直接费用之和的利率。即：

应收融资租赁款现值［300×（P/A，r，3）+5×（P/F，r，3）］+ 未担保余值现值（18×（P/F，r，3））= 租赁资产公允价值790 + 初始直接费用1.39 = 791.39，采用插值法计算得到租赁的内含利率为8%。

提示；在20多年注会考试中，只有1年要求考生计算内含利率；一般情况下，内含利率作为已知条件。

f. 甲公司2020年1月1日租赁期开始日账务处理。

2020年1月1日在融资租赁情况下，应终止确认租赁资产，确认损益：

借：应收融资租赁款——租赁收款额 905

应收融资租赁款——未担保余值 18

资产处置损益 （800－790）10

贷：融资租赁资产 800

银行存款 1.39

应收融资租赁款——未实现融资收益 131.61

②2021年12月31日。

a. 收到租金。

借：银行存款 300

贷：应收融资租赁款——租赁应收款 300

b. 确认利息收入。

利息收入计算表（实际利率法）

| 项目 / 时间 | 应付租金 | 利息费用 | 利息调整 | 租赁负债摊余成本 |
|---|---|---|---|---|
| | ① | ②＝上一期④×实际利率8% | ③＝②－① | ④＝上一期④－③ |
| 2020年1月1日 | | | | 791.39 |
| 2020年12月31日 | 300 | 63.31 | 236.69 | 554.70 |
| 2021年12月31日 | 300 | 44.38 | 255.62 | 299.08 |
| 2022年12月31日 | 305 | 23.92 | 281.08 | 18 |
| 合计 | 905 | 131.61 | 773.39 | |

注：23.92＝131.61－63.31－44.38

借：应收融资租赁款——未实现融资收益 63.31

贷：租赁收入 63.31

（5）编制乙公司2021年与租赁有关的会计分录。

2021年12月31日

a. 收到租金。

借：银行存款 300

贷：应收融资租赁款——租赁应收款 300

b. 确认利息收入。

借：应收融资租赁款——未实现融资收益 44.38

贷：租赁收入 44.38

（6）编制乙公司2022年与租赁有关的会计分录。

2022年12月31日

a. 收到租金300万元。

借：银行存款 300

贷：应收融资租赁款——租赁应收款 300

b. 确认利息收入。

借：应收融资租赁款——未实现融资收益 23.92

贷：租赁收入 23.92

c. 收到设备价款5万元，并转销未担保余值。

借：银行存款 5

资产处置损益 18

贷：应收融资租赁款——租赁应收款 5

应收融资租赁款——未担保余值 18

2.【答案】

（1）甲公司2020年的会计处理。

①2020年1月1日。

a. 对租赁进行分类：租赁期满乙公司可以远低于租赁到期日租赁资产公允价值的金额购买租赁资产，甲公司认为其可以合理确定乙公司将行使购买选择权，综合考虑其他因素，与该项资产所有权有关的几乎所有风险和报酬已实质转移给乙公司。因此，甲公司将该租赁认定为融资租赁。

b. 计算租赁期开始日租赁收款额现值，确定收入金额。

租赁收款额＝租金（400×3）＋购买价格10＝1 200＋10＝1 210（万元）。

租赁收款额按市场利率折现的现值＝

$400/(1+5\%)+400/(1+5\%)^2+400/(1+5\%)^3+10/(1+5\%)^3=380.95+362.81+345.54+8.64=1\ 097.94$（万元）。

按照租赁资产公允价值 1 100 万元与租赁收款额按市场利率折现的现值 1 097.94 万元两者孰低的原则，确认收入为 1 097.94 万元。

c. 计算租赁资产账面价值扣除未担保余值的现值后的余额，确定销售成本金额。

销售成本 = 存货账面价值 850 - 未担保余值的现值 0 = 850 - 0 = 850（万元）

d. 2020 年 1 月 1 日租赁期开始日会计分录。

借：应收融资租赁款——租赁收款额　1 210
　贷：营业收入　1 097.94
　　应收融资租赁款——未实现融资收益　112.06
借：营业成本　850
　贷：库存商品　850
借：销售费用　3
　贷：银行存款　3

②2020 年 12 月 31 日会计分录。

a. 收取租金。

借：银行存款　400
　贷：应收融资租赁款——租赁收款额　400

b. 确认 2020 年利息收入。

由于甲公司在确定营业收入和租赁投资净额（即应收融资租赁款现值）时，是基于租赁收款额按市场利率折现的现值，因此，甲公司无需重新计算租赁内含利率。

**各年利息收入计算表**

单位：万元

| 日期 | 收取租赁款项 | 确认的融资收入 | 应收租赁款减少额 | 应收赁款净额 |
|---|---|---|---|---|
| | 期末④ = 期初④ - ③ | ① | ② = 期初④ × 5% | ③ = ① - ② |
| 2020 年 1 月 1 日 | | | | 1 097.94 |
| 2020 年 12 月 31 日 | 400 | 54.90 | 345.10 | 752.84 |
| 2021 年 12 月 31 日 | 400 | 37.64 | 362.36 | 390.48 |
| 2022 年 12 月 31 日 | 400 | 19.52 * | 380.48 * | 10 |
| 2022 年 12 月 31 日 | 10 | | 10 | 0 |
| 合计 | 1 210 | 112.06 | 1 097.94 | |

注：* 作尾数调整：19.52 = 112.06 - 54.9 - 37.64；384.76 = 410 - 25.24。

借：应收融资租赁款——未实现融资收益　54.90
　贷：租赁收入　54.90

（2）甲公司 2021 年的会计处理。

2021 年 12 月 31 日会计分录：

a. 收取租金。

借：银行存款　400
　贷：应收融资租赁款——租赁收款额　400

b. 确认利息收入。

借：应收融资租赁款——未实现融资收益　37.64
　贷：租赁收入　37.64

（3）甲公司 2022 年的会计处理。

2022 年 12 月 31 日会计分录：

a. 收取租金。

借：银行存款　400
　贷：应收融资租赁款——租赁收款额　400

b. 确认利息收入。

借：应收融资租赁款——未实现融资收益　19.52
　贷：租赁收入　19.52

c. 收到购买设备款。

借：银行存款　10
　贷：应收融资租赁款——租赁收款额　10

提示：生产商将生产的库存商品出租形成融资租赁，本质上是分期收款销售。在交付商品时控制权转移，确认商品销售收入；赊销时间长、金额大，具有融资性质，确认利息收入（租金收入）。

# 第二十三章　财务报告

## 本章考情分析

本章篇幅很大，属于重点章，每年分数在8分左右，考试题型可以是客观题，但经常出主观题。本章复习重点是资产负债表、利润表、现金流量表的编制。

## 本章教材变化

本章变化较大：①根据2019年财政部发布的财务报表新格式，修订了资产负债表、利润表、所有者权益变动表和现流表附表部分项目；②根据2019年财政部发布的《企业会计准则解释第13号》，增加了存在关联方的两种情形。

## 基本内容框架

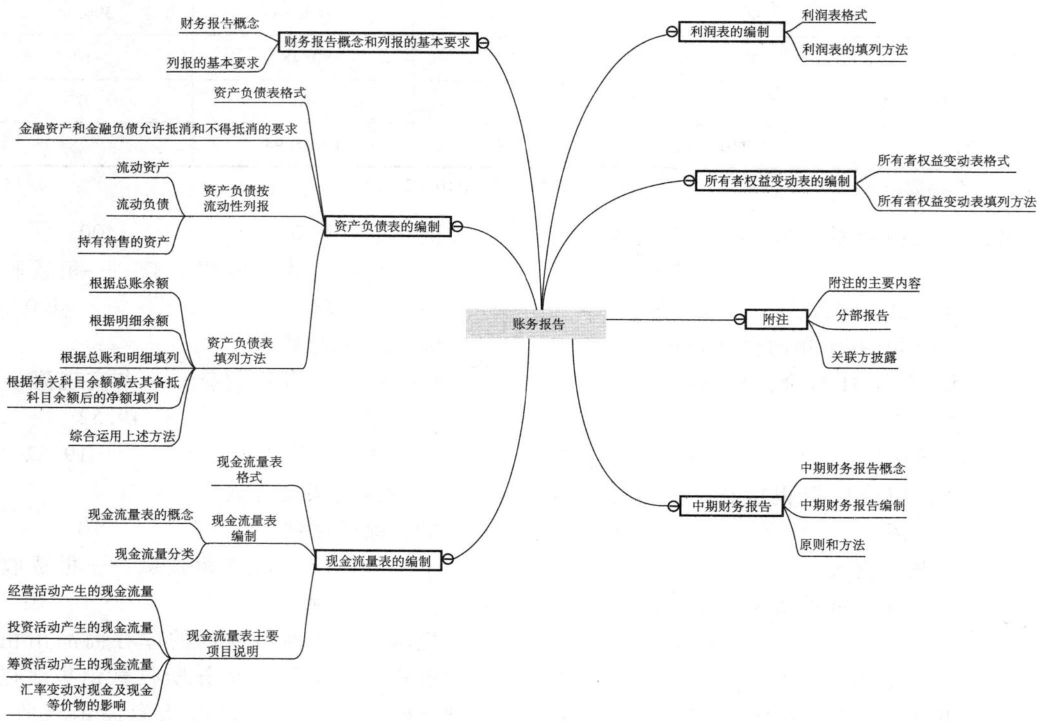

负债表、利润表中新变化的项目；掌握现流表中的部分项目、分部报告、关联方关系等。

## 通关重难点例题解析

财务报告今年变动大，应重点掌握资产

### 一、资产负债表中流动性的分类

资产负债表中流动性的分类

| | 相关内容 |
|---|---|
| 流动资产 | 资产满足下列条件之一，应当归类为流动资产：（1）预计在一个正常营业周期中变现、出售或耗用；②主要为交易目的而持有；③预计在资产负债表日起一年内变现；④自资产负债表日起一年内，交换其他资产或清偿负债的能力不受限制的现金或现金等价物。 |
| 流动负债 | 负债满足下列条件之一，应当归类为流动负债：（1）预计在一个正常营业周期中清偿；②主要为交易目的而持有；③自资产负债表日起一年内到期应予以清偿；④企业无权自主地将清偿推迟至资产负债表日后一年以上。 |

### 二、资产负债表中重点项目的编制

1. 根据总账科目的余额填列

（1）根据总账余额直接填列：“其他权益工具投资”“递延所得税资产”“长期待摊费用”“短期借款”“交易性金融负债”“应付票据”“持有待售负债”“递延所得税负债”“实收资本（或股本）”“其他权益工具”“库存股”“资本公积”“其他综合收益”“专项储备”“盈余公积”等项目，可直接根据有关总账科目的余额填列。“递延收益”项目中摊销期限只剩一年或不足一年的，或预计在一年内（含一年）进行摊销的部分，不得归类为流动负债，仍在该项目填列，不转入“一年内到期的非流动负债”项目。

（2）“货币资金”项目，应根据“库存现金”“银行存款”“其他货币资金”三个总账科目余额的合计数填列。

（3）“其他应付款”项目，应根据“其他应付款”“应付利息”“应付股利”等三个科目总账余额的合计数填列。

2. 根据有关明细账科目的余额计算填列

（1）“交易性金融资产”项目，应根据“交易性金融资产”科目的相关明细科目期末余额分析填列。自资产负债表日起超过一年到期且预期持有超过一年的以公允价值计量且其变动计入当期损益的非流动金融资产的期末账面价值，在“其他非流动金融资产”行项目反映。

（2）“应收款项融资”项目，应根据“应收票据”“应收账款”科目的明细科目期末余额分析填列。

（3）“其他债权投资”项目，应根据“其他债权投资”科目的相关明细科目期末余额分析填列。企业购入的以公允价值计量且其变动计入其他综合收益的一年内到期的债权投资的期末账面价值，在“其他流动资产”行项目反映。

（4）“开发支出”项目，应根据“研发支出”科目中所属的“资本化支出”明细科目期末余额填列。

（5）“应付账款”项目，应根据“应付账款”和“预付账款”两个科目所属的相关明细科目的期末贷方余额计算填列。

（6）“预收款项”项目，应根据“应收账款”“预收账款”明细科目的贷方余额合计填列。

（7）“应交税费”科目下的“应交增值税”“未交增值税”“待抵扣进项税额”“待认证进项税额”“增值税留抵税额”“应交所得税”等明细科目期末借方余额应根据情况，在资产负债表中的“其他流动资产”或“其他非流动资产”项目列示。

“应交税费——待转销项税额”等科目期末贷方余额应根据情况，在资产负债表中的“其他流动负债”或“其他非流动负债”项目列示。

“应交税费”科目下的“未交增值税”“简易计税”“转让金融商品应交增值税”“代扣代交增值税”等科目期末贷方余额应在资产负债表中的“应交税费”项目列示。

（8）“应付职工薪酬”项目，应根据

“应付职工薪酬”科目的明细科目期末余额分析填列；“预计负债”项目，应根据“预计负债”科目的明细科目期末余额分析填列；“未分配利润”项目，应根据“利润分配”科目中所属的“未分配利润”明细科目期末余额分析填列。

（9）按照《企业会计准则第14号——收入》（2017年修订）的相关规定确认为预计负债的应付退货款，应当根据“预计负债”科目下的“应付退货款”明细科目是否在一年或一个正常营业周期内清偿，在“其他流动负债”或“预计负债”项目中填列。

3. 根据总账科目和明细账科目的余额分析计算填列

（1）“长期借款”项目，应根据“长期借款”总账科目余额扣除“长期借款”科目所属的明细科目中将在资产负债表日起一年内到期，且企业不能自主地将清偿义务展期的长期借款后的金额计算填列，一年内到期的长期借款在“一年内到期的非流动负债”项目填列。

（2）“应付债券”项目，应根据“应付债券”总账科目余额扣除“应付债券”科目所属的明细科目中将在资产负债表日起一年内到期，且企业不能自主地将清偿义务展期的部分后的金额计算填列，一年内到期的应付债券在“一年内到期的非流动负债”项目填列。

4. 根据有关科目余额减去其备抵科目余额后的净额填列

（1）“持有待售资产”“长期股权投资”等项目，应根据“持有待售资产”“长期股权投资”等科目期末余额，减去相应的减值准备后的金额填列。

（2）“固定资产”项目，应根据“固定资产”“固定资产清理”科目的期末余额合计数，减去“累计折旧”“固定资产减值准备”科目余额后的净额填列。

（3）“在建工程”项目，应根据“在建工程”“工程物资”等科目期末余额合计数，减去相应的减值准备后的金额填列。

（4）“无形资产”项目，应根据“无形资产”科目的期末余额，减去“累计摊销”“无形资产减值准备”科目余额后的净额填列。

（5）“使用权资产”项目，应根据“使用权资产”科目的期末余额，减去“使用权资产累计折旧”“使用权资产减值准备”科目的期末余额后的净额填列。

（6）“长期应收款”项目，应根据“长期应收款”科目的期末余额，减去相应的“未实现融资收益”科目和“坏账准备”科目所属相关明细科目期末余额后的金额填列。

（7）“长期应付款”项目，应根据“长期应付款”“专项应付款”科目的期末余额，减去相应的“未确认融资费用”科目期末余额后的金额填列。

5. 综合运用上述填列方法分析填列

（1）“应收票据”项目，应根据“应收票据”科目的期末余额，减去“坏账准备”科目中相关坏账准备期末余额后的金额分析填列。

（2）“应收账款”项目，应根据“应收账款”和“预收账款”两个科目所属的相关明细科目的期末借方余额合计数，减去相应的“坏账准备”后的净额填列；“预付款项”项目，应根据“应付账款”“预付账款”明细科目的借方余额合计数，减去相应的“坏账准备”后的净额填列。其中：预付账款中的预付固定资产款、预付无形资产款、预付长期股权投资款应列示在“其他非流动资产”项目中。

（3）“其他应收款”项目，根据“应收利息”“应收股利”和“其他应收款”科目的期末余额合计数，减去“坏账准备”科目中相关坏账准备期末余额后的金额填列。

（4）“合同资产”和“合同负债”项目，应根据“合同资产”和“合同负债”科目的相关明细科目期末余额分析填列，同一合同下的合同资产和合同负债应当以净额列示，其中净额为借方余额的，应当根据其流动性在“合同资产”或“其他非流动资产”项目中填列，已计提减值准备的，还应减去“合同资产减值准备”科目中相关的期末余额后的金额填列；其中净额为贷方余额的，应当根据其流动性在“合同负债”或“其他非流动负债”项目中填列。

应注意：在建造合同业务中，“合同结算”科目为借方余额，应作为“合同资产”项目或“其他非流动资产”项目列示；“合同结算”科目为贷方余额，应作为“合同负债”项目或“其他非流动负债”项目列示。

(5)“债权投资”项目，应根据“债权投资”科目的相关明细科目期末余额，减去“债权投资减值准备”科目中相关减值准备的期末余额后的金额分析填列。自资产负债表日起一年内到期的债权投资的期末账面价值，在“一年内到期的非流动资产”项目反映。

(6)“存货”项目，应根据“材料采购”“原材料”“发出商品”“库存商品”“周转材料”“委托加工物资”“生产成本”“受托代销商品”等科目的期末余额及“合同履约成本”科目明细科目中初始确认时摊销期限不超过一年或一个营业周期的期末余额合计，减去“受托代销商品款”“存货跌价准备”科目余额及“合同履约成本减值准备”科目中相应的期末余额后的金额填列。

(7)“其他非流动资产”项目，应根据有关科目的期末余额减去将于一年内（含）收回数后的金额，及“合同取得成本”科目和“合同履约成本”科目的明细科目中初始确认时摊销期限在一年或一个营业周期以上的期末余额，减去“合同取得成本减值准备”科目和“合同履约成本减值准备”科目中相应的期末余额填列；按照《企业会计准则第14号——收入》（2017年修订）的相关规定确认为资产的应收退货成本，应当根据“应收退货成本”科目是否在一年或一个正常营业周期内出售，在“其他流动资产”或“其他非流动资产”项目中填列。

## 三、利润表中重点项目的编制

1.“营业收入”项目为主营业务收入与其他业务收入之和填列；“营业成本”项目为主营业务成本与其他业务成本之和填列。

2.“研发费用”项目，应根据“管理费用”科目的发生额分析填列。

3.“其他综合收益税后净额”项目，应根据“其他综合收益”明细科目当期发生额分析填列。



## 四、现金流量的分类

现金流量的分类

| | 具体内容 |
| --- | --- |
| 经营活动产生的现金流量 | 经营活动是指企业投资活动和筹资活动以外的所有交易和事项，包括销售商品或提供劳务、经营性租赁、购买货物、接受劳务、制造产品、广告宣传、推销产品、交纳税款等。 |
| 投资活动产生的现金流量 | 投资活动是指企业长期资产的购建和不包括在现金等价物范围内的投资及其处置活动。应掌握两句话：①投资活动包括两个内容，既包括“对内投资”（购建固定资产、无形资产和其他长期资产），也包括“对外投资”（购买股票、购买债券、投资办企业）；②投资活动包括两个方面，既包括购置时的现金流出，也包括处置时的现金流入。 |
| 筹资活动产生的现金流量 | 筹资活动是指导致企业资本及债务规模和构成发生变化的活动，包括吸收投资、发行股票、分配利润等。应掌握两句话：①筹资活动包括两个内容，既包括“资本”（接受现金投资），也包括“债务”（与金融机构形成的债务和发行债券形成的债务）；②筹资活动包括两个方面，既包括现金流入，也包括现金流出。 |

## 五、现流表部分项目

(1)“销售商品、提供劳务收到的现金”项目，反映企业本年销售商品、提供劳务收到的现金，以及前期销售商品、提供劳务本期收到的现金（包括应向购买者收取的增值税销项税额）和本期预收的款项，减去本年销售本期退回商品和前期销售本期退回商品支付的现金。企业销售材料和代购代销业务收到的现金，也在本项目反映。

(2)“购买商品、接受劳务支付的现金”项目，反映企业本期购买商品、接受劳务实际支付的现金（包括增值税进项税额），以及本期支付前期购买商品、接受劳务的未付款项和本期预付款项，减去本期发生的购货退回收到的现金。企业购买材料和代购代销业务支付的现金，也在本项目反映。

(3)“支付给职工以及为职工支付的现金”项目，反映企业实际支付给职工的现金以及为职工支付的现金，包括企业为获得职工提供的服务，本期实际给予各种形式的报酬以及其他相关支出，如支付给职工的工资、奖金、各种津贴和补贴等，以及为职工支付的其他费用，不包括支付给在建工程人员的工资。支付的在建工程人员的工资，在“购建固定资产、无形资产和其他长期资产所支付的现金”项目中反映。

(4)“支付的各项税费”项目，反映企业按规定支付的各项税费，包括本期发生并支付的税费，以及本期支付以前各期发生的税费和预交的税金，如支付的增值税、消费税、所得税、印花税、房产税、土地增值税、车船税、教育费附加等。不包括本期退回的增值税、所得税。本期退回的增值税、所得税等，在“收到的税费返还”项目中反映。

(5)“处置固定资产、无形资产和其他长期资产收回的现金净额”项目，反映企业出售固定资产、无形资产和其他长期资产(如投资性房地产)所取得的现金，减去为处置这些资产而支付的有关费用后的净额。由于自然灾害等原因所造成的固定资产等长期资产报废、毁损而收到的保险赔偿收入，在本项目中反映。如处置固定资产、无形资产和其他长期资产所收回的现金净额为负数，应作为投资活动产生的现金流量，在“支付的其他与投资活动有关的现金”项目中反映。

## 六、分部报告

企业应当以内部组织结构、管理要求、内部报告制度为依据确定经营分部。经济特征不相似的经营分部，应当分别确定为不同的经营分部。

企业应当以经营分部为基础确定报告分部。经营分部满足下列条件之一的，应当将其确定为报告分部：①该分部的分部收入占所有分部收入合计的10%或者以上；②该分部的分部利润(亏损)的绝对额，占所有盈利分部利润合计额或者所有亏损分部亏损合计额的绝对额两者中较大者的10%或者以上；③该分部的分部资产占所有分部资产合计额的10%或者以上。

## 七、关联方披露

关联方关系的存在是以控制、共同控制或重大影响为前提条件的。在判断是否存在关联方关系时，应当遵循实质重于形式的原则。

关联方关系存在于企业与企业之间的关联关系和企业与个人之间的关系，今年根据2019年财政部发布的《企业会计准则第13号》，新增了2种：①“企业与其所属企业集团的其他成员单位(包括母公司和子公司)的合营企业或联营企业”属于关联方；②“企业的合营企业与企业的其他合营企业或联营企业”属于关联方。

## 八、中期报告

中期财务报告，是指以中期为基础编制的财务报告。企业在确认、计量和披露各中期会计报表项目时，应当遵循重要性原则。企业在判断重要性程度时，应当以中期财务数据为基础，不应当以预计的年度财务数据为基础。

对于会计年度中不均匀发生的费用，除了在会计年度末允许预提或者待摊的之外，企业都应当在发生时予以确认和计量，不应当在中期会计报表中预提或者待摊。

【例23-1】(2019年多选题)甲公司20×8年12月31日持有的部分资产和负债项目包括：(1)准备随时出售的交易性金融资产2 600万元；(2)因内部研发活动予以资本化的开发支出1 200万元，该开发活动形成的资产至20×8年底尚未达到预定可使用状态；(3)将于20×9年3月2日到期的银行借款2 000万元，甲公司正在与银行协商将其展期2年；(4)账龄在1年以上的应收账款3 400万元。不考虑其他因素，上述资产和负债在甲公司20×8年12月31日资产负债表中应当作为流动性项目列报的有(　　)。

A. 应收账款

B. 开发支出

C. 交易性金融资产

D. 银行借款

【答案】ACD

【解析】开发支出属于非流动性资产，选项B不符合题意。

【例23-2】(2019年多选题)企业编制现金流量表将净利润调节为经营活动现金流量时，下列各项中，属于在净利润的基础上调整增加的项目有(　　)。

A. 无形资产摊销

B. 存货的增加

C. 公允价值变动收益

D. 资产减值损失

【答案】AD

【解析】存货的增减变动一般属于经营活动，存货增加，说明现金减少或经营性应付项目增加，属于在净利润的基础上调整减少的项目，选项 B 不符合题意；公允价值变动收益一般属于投资活动，不属于经营活动，但增加了净利润，所以需要调减公允价值变动收益，选项 C 不符合题意。

【例 23－3】（2017 年多项选择题）甲公司 2×16 年 12 月 31 日持有的下列资产、负债中，应当在 2×16 年 12 月 31 日资产负债表中作为流动性项目列报的有（　　）。

A. 持有但准备随时变现的商业银行非保本浮动收益理财产品

B. 预计将于 2×17 年 4 月底前出售的作为以公允价值计量且其变动计入其他综合收益的金融资产核算的股票投资

C. 作为衍生工具核算的 2×16 年 2 月签订的到期日为 2×18 年 8 月的外汇汇率互换合同

D. 当年支付定制生产用设备的预付款 3 000 万元，按照合同约定该设备预计交货期为 2×18 年 2 月

【答案】AB

【解析】选项 C，作为衍生工具核算的 2×16 年 2 月签订的到期日为 2×18 年 8 月的外汇汇率互换合同，应在“其他非流动金融资产”项目列示；选项 D，当年支付定制生产用设备的预付款 3 000 万元，应在“其他非流动资产”项目列示。

【例 23－4】（2017 年多项选择题）下列各项关于中期财务报告编制的表述中，正确的有（　　）。

A. 中期财务报告编制时采用的会计政策、会计估计应当与年度报告相同

B. 对于会计年度中不均衡发生的费用，在报告中期如尚未发生，应当基于年度水平预计中期金额后确认

C. 报告中期处置了合并报表范围内子公司的，中期财务报告中应当包括被处置子公司当期期初至处置日的相关信息

D. 编制中期财务报告时的重要性应当以至中期期末财务数据为依据，在估计年度财务数据的基础上确定

【答案】AC

【解析】选项 B 不正确，对于会计年度中不均衡发生的费用，在报告中期如尚未发生，不应当基于年度水平预计中期金额后确认；选项 D 不正确，企业在判断重要性程度时，应当以中期财务数据为基础，不应当以预计的年度财务数据为基础。

## 通关演练

### 一、单项选择题

1. 关于财务报表的列报，下列说法中不正确的是（　　）。

A. 企业如果采用了不恰当的会计政策，不能通过在附注中披露等形式予以改正

B. 财务报表项目的列报应当在各个会计期间保持一致，不得随意变更

C. 财务报表项目可以以总额列报，也可以以净额列报，企业可以自行决定

D. 一般情况下，在财务报表项目的列报需要发生变更时，企业应对上期比较数据按照当期列报要求进行调整，并在附注中披露调整的原因和性质

2. 2×19 年 12 月 31 日，甲公司银行借款余额为 8 500 万元，其中，自乙银行借入的 1 500 万元借款将于一年内到期，甲公司不具有自主展期清偿的权利；自丙银行借入的 4 000万元借款按照协议将于 3 年后偿还，但因甲公司违反借款协议规定的资金用途，丙银行 2×19 年 12 月 31 日要求甲公司于 2×20 年 4 月 1 日前偿还；自丁银行借入的 2 500 万元借款将于一年内到期，甲公司可以自主展期两年偿还，但尚未决定是否将该借款展期。2×19 年 12 月 31 日甲公司还持有戊公司股票投资，划分为以公允价值计量且其变动计入当期损益的金融资产，公允价值为 2 900 万元，该投资预计将在一年内出售。下列表述错误的是（　　）。

A. 乙银行的 1 500 万元借款作为流动负债列报

B. 丙银行的 4 000 万元借款作为流动负债列报

C. 丁银行的 2 500 万元借款作为非流动负债列报

D. 公允价值为2 900万元的以公允价值计量且其变动计入当期损益的金融资产作为流动资产列报

3. 甲公司对存货的核算采用实际成本法，2×19年12月31日，“生产成本”科目的余额为110万元，“原材料”科目的余额为200万元，“库存商品”科目余额为150万元，“委托加工物资”科目余额为50万元，“发出商品”科目余额为60万元，“工程物资”科目余额为40万元，“存货跌价准备”科目余额为20万元，“受托代销商品”借方余额和“受托代销商品款”贷方余额均为100万元。则2×19年12月31日资产负债表中“存货”项目应填列的金额为（　　）万元。

A. 460　　B. 490
C. 440　　D. 550

4. 甲公司对所得税采用资产负债表债务法核算，适用的所得税税率为25%。2×19年发生的营业收入为1 200万元，营业成本为600万元，税金及附加为30万元，销售费用为20万元，管理费用为50万元，财务费用为10万元，投资损失为40万元，资产减值损失为70万元，公允价值变动损失为80万元，以公允价值计量且其变动计入其他综合收益的金融资产的公允价值上升50万元，发行股票确认了资本公积100万元，营业外收入为25万元，营业外支出为15万元。甲公司2×19年利润表中综合收益总额列示的金额为（　　）万元。

A. 270　　B. 345
C. 232.5　　D. 225

5. 下列有关现金流量表项目的填列，说法正确的是（　　）。

A. 支付的在建工程人员的工资，应在“购建固定资产、无形资产和其他长期资产所支付的现金”项目反映

B. 因销售商品退回支付的现金，应在“支付其他与经营活动有关的现金”项目中反映

C. 企业购买债券时，实际支付价款中包含的已到付息期但尚未领取的债券利息，在“投资支付的现金”项目中反映

D. 本期支付的各项税费扣除本期退回的增值税和所得税等后的金额，在“支付的各项税费”项目中反映

6. 甲公司2×19年度实现净利润820万元。其他有关资料如下：长期待摊费用本期摊销额为50万元，本期财务费用为30万元（其中包括应收票据贴现利息3万元），实现投资收益45万元，发生公允价值变动损失17万元，递延所得税资产增加15万元（对应所得税费用科目），经营性应付项目增加20万元，固定资产折旧为28万元（其中计入在建工程项目的金额为8万元），无形资产摊销为16万元。假定固定资产的折旧、无形资产的摊销均影响当期利润，不存在其他调整经营活动现金流量项目，甲公司2×19年经营活动产生的现金流量净额为（　　）万元。

A. 910　　B. 913
C. 918　　D. 921

7. 东风公司2×19年发生下列有关经济业务：（1）购入固定资产支付价款200万元；（2）购入无形资产支付价款150万元；（3）购入投资性房地产支付价款250万元；（4）购入工程物资支付价款50万元；（5）支付在建工程人员薪酬20万元；（6）支付专门借款利息费用30万元，其中，资本化利息费用10万元。不考虑其他因素，则东风公司2×19年度现金流量表中“购建固定资产、无形资产和其他长期资产支付的现金”项目应列示的金额为（　　）万元。

A. 690　　B. 700
C. 670　　D. 600

8. 下列各项中，属于企业筹资活动现金流量的是（　　）。

A. 以银行存款偿还应付账款
B. 融资租入固定资产支付的租金
C. 经营租赁固定资产支付的租金
D. 收到的增值税返还款

9. 下列关于报告分部确定的说法中，不正确的是（　　）。

A. 企业应以经营分部为基础确定报告分部

B. 分部的分部收入占所有分部收入合计的10%或者以上，应将其确定为报告分部

C. 分部的分部利润（亏损）的绝对额，占所有盈利分部利润合计额或者所有亏损分部亏损合计额的绝对额两者中较大者的10%或者以上，应将其确定为报告分部

D. 报告分部的数量可以超过10个

10. 甲公司2×19年发生如下业务：

（1）生产用设备发生日常维护支出40万元，该设备生产的商品尚未实现销售；

（2）厂房所在地块的土地使用权摊销200万元；

（3）收到联营企业分派的现金股利150万元；

（4）因出租房屋取得租金收入120万元；

（5）持有的以公允价值计量且其变动计入其他综合收益的金融资产公允价值上升50万元；

（6）处置无形资产取得净收益300万元；

（7）因存货市价上升转回上年计提的存货跌价准备140万元。

不考虑其他因素，上述事项影响甲公司营业利润的金额为（　　）万元。

A. 320　　B. 70

C. 60　　D. －20

## 二、多项选择题

1. 下列项目中，企业应当按照权责发生制编制的财务报表有（　　）。

A. 现金流量表

B. 资产负债表

C. 利润表

D. 所有者权益变动表

2. 下列关于现金流量表项目填列的说法中，正确的有（　　）。

A. 外币货币性项目因汇率变动而产生的汇兑差额，应在“汇率变动对现金及现金等价物的影响”项目中反映

B. 以分期付款方式（具有融资性质）购建的长期资产每期支付的现金，应在“支付其他与投资活动有关的现金”项目中反映

C. 处置子公司所收到的现金，减去子公司持有的现金和现金等价物以及相关处置费用后的净额（大于零），合并报表中在“处置子公司及其他营业单位收到的现金净额”项目中反映

D. 处置对联营企业长期股权投资收到的现金中属于已确认的投资收益的部分，应在“取得投资收益收到的现金”项目中反映

3. 下列各项中，属于金融资产与金融负债不能相互抵消情形的有（　　）。

A. 甲公司和乙公司双方有长期合作关系，双方合同明确约定往来款项以净额结算

B. 作为某金融负债担保物的金融资产与被担保的金融负债

C. 保险公司在保险合同下的应收分保保险责任准备金与相关保险责任准备金

D. 远期合同或其他衍生工具组合中的资产和负债，拥有同样的基础风险但涉及不同的交易对手

4. 下列各项中，属于利润表项目的有（　　）。

A. 财务费用

B. 开发支出

C. 公允价值变动收益

D. 其他综合收益

5. 下列交易或事项中，不能引起经营活动现金流量发生变化的有（　　）。

A. 用银行存款购买固定资产

B. 发行长期债券取得的银行存款

C. 支付在建工程员工工资

D. 收到关税的税收返还

6. 关于现金流量的分类，下列说法中正确的有（　　）。

A. 用现金购买子公司少数股权在母公司个别现金流量表中属于投资活动现金流量

B. 用现金购买子公司少数股权在合并现金流量表中属于筹资活动现金流量

C. 不丧失控制权情况下出售子公司部分股权收到现金在母公司个别现金流量表中属于投资活动现金流量

D. 不丧失控制权情况下出售子公司部分股权收到现金在合并现金流量表中属于筹资活动现金流量

7. 下列各项中，属于企业投资活动现金流量的有（　　）。

A. 收到联营企业宣告分配的现金股利

B. 分期付款购买固定资产支付的价款

C. 发行债券收到的现金

D. 处置固定资产收到的现金

8. 在现金流量表补充资料中将净利润调整为经营活动的现金流量时，需要调减的项目有（　　）。

A. 经营性其他应收款增加

B. 存货减少

C. 影响损益的递延所得税资产增加

D. 经营性应收增加和经营性应付减少

9. 下列有关所有者权益变动表的说法中，正确的有（　　）。

A. 所有者权益变动表，是反映构成所有者权益各组成部分当期增减变动情况的报表

B. 所有者权益变动表，仅反映所有者权益总量的增减变动

C. 所有者权益变动表，可以反映所有者权益增减变动的重要结构性信息

D. 会计政策变更和差错更正的累积影响金额应当单独列示反映

10. 甲企业相关的下列各方中，与甲企业构成关联方关系的有（　　）。

A. 对甲企业施加重大影响的投资方

B. 与甲企业发生大量交易而存在经济依存关系的供应商

C. 与甲企业控股股东关键管理人员关系密切的家庭成员

D. 与甲企业受同一母公司控制的其他企业

11. 下列各项中，属于中期财务报告的有（　　）。

A. 月度财务报告

B. 季度财务报告

C. 半年度财务报告

D. 年初至本中期末的财务报告

12. 下列各项关于中期财务报告编制的表述中，正确的有（　　）。

A. 中期财务报告编制时采用的会计政策、会计估计应当与年度报告相同

B. 编制中期财务报告时的重要性应当以至中期期末财务数据为依据，在估计年度财务数据的基础上确定

C. 对于会计年度中不均衡发生的费用，在报告中期如尚未发生，应当基于年度水平预计中期金额后确认

D. 报告中期处置了合并报表范围内子公司的，中期财务报告中应当包括被处置子公司当期期初至处置日的相关信息

## 三、计算题

1. 甲有限责任公司为2019年新成立的企业，为增值税一般纳税人，销售商品的增值税税率为13%；所得税税率为25%，按10%提取盈余公积。甲公司于2019年发生了下列业务：

（1）10月1日，甲公司收到投资者投入的资本金2 000万元。

（2）10月10日，甲公司支付银行存款339万元购入A商品，收到的增值税专用发票注明的价款为300万元，增值税税额为39万元（300×13%）。

（3）11月1日，甲公司与乙公司签订合同，向其销售A商品，A商品的单独售价为50万元。合同约定，A商品于合同开始日交付，A商品发出3个月后，甲公司应从乙公司购入大体相当的货物，甲公司才有权收取A商品的合同对价。该商品发出时控制权已转移至客户，该批商品的成本为30万元。

（4）11月1日，甲公司从证券市场按面值购入丙公司当天发行的债券100万元，该债券票面利率6%，5年期，每年付息一次；同时支付相关税费2 000元。甲公司将其分类为交易性金融资产。

12月31日，该债券市价为103万元（不含利息）。根据税法规定，债券公允价值变动不计入应纳税所得额。

（5）12月2日，甲公司支付300万元投资于丁公司，持有丁公司2%的股份，作为非交易性权益工具投资指定为以公允价值计量且其变动计入其他综合收益的金融资产。12月31日，该股权公允价值为330万元。根据税法规定，股权公允价值变动不计入应纳税所得额。

（6）12月5日，甲公司为规避未来购入商品的价格波动风险，与金融公司签订了一项期限为3年的远期合同，甲公司将其分类为现金流量套期。12月31日，经计算，该远期合同产生的利得中属于套期有效的部分为60万元，不存在套期无效部分。根据税法规定，套期公允价值变动不计入应纳税所得额。

（7）12月28日，甲公司与客户签订合同，向客户销售A商品150万元（不含增值税），预先收取价款50万元（不含增值税），约定于次年1月10日发出商品。

（8）12月31日，甲公司对合同资产进行减值测试，经计算预期信用损失为5万元。根据税法规定，资产计提减值发生的损失不得在所得税前抵扣，但可以在实际发生时税前抵扣。

（9）假设不考虑增值税和所得税以外的

其他税费和其他因素。

要求：

（1）编制上述资料（1）~（8）的会计分录。

（2）根据上述业务计算甲公司2019年应交所得税、递延所得税和所得税费用，编制有关所得税的会计分录。

（3）结转本年利润，按净利润的10%提取盈余公积。

（4）根据上述资料，填列2019年资产负债表中的相关项目：

**资产负债表**

编制单位：甲公司　　2019年12月31日　　单位：万元

| 资产 | 期末余额 | 年初余额 | 负债和股东权益 | 期末余额 | 年初余额 |
|---|---|---|---|---|---|
| 流动资产： | | | 流动负债： | | |
| 货币资金 | | | 短期借款 | | |
| 交易性金融资产 | | | 交易性金融负债 | | |
| 衍生金融资产 | | | 衍生金融负债 | | |
| 应收票据 | | | 应付票据 | | |
| 应收账款 | | | 应付账款 | | |
| 预付款项 | | | 预收款项 | | |
| 其他应收款 | | | 合同负债 | | |
| 存货 | | | 应付职工薪酬 | | |
| 合同资产 | | | 应交税费 | | |
| 持有待售资产 | | | 其他应付款 | | |
| 一年内到期的非流动资产 | | | 持有待售负债 | | |
| 其他流动资产 | | | 一年内到期的非流动负债 | | |
| 流动资产合计 | | | 其他流动负债 | | |
| 非流动资产： | | | 流动负债合计 | | |
| 债权投资 | | | 非流动负债： | | |
| 其他债权投资 | | | 长期借款 | | |
| 长期应收款 | | | 应付债券 | | |
| 长期股权投资 | | | 其中：优先股 | | |
| 其他权益工具投资 | | | 永续债 | | |
| 其他非流动金融资产 | | | 长期应付款 | | |
| 投资性房地产 | | | 预计负债 | | |
| 固定资产 | | | 递延收益 | | |
| 在建工程 | | | 递延所得税负债 | | |
| 生产性生物资产 | | | 其他非流动负债 | | |
| 油气资产 | | | 非流动负债合计 | | |
| 无形资产 | | | 负债合计 | | |
| 开发支出 | | | 所有者权益（或股东权益）： | | |
| 商誉 | | | 实收资本（或股本） | | |
| 长期待摊费用 | | | 其他权益工具 | | |
| 递延所得税资产 | | | 其中：优先股 | | |
| 其他非流动资产 | | | 永续债 | | |

续表

| 资产 | 期末余额 | 年初余额 | 负债和股东权益 | 期末余额 | 年初余额 |
| --- | --- | --- | --- | --- | --- |
| 非流动资产合计 | | | 资本公积 | | |
| | | | 减：库存股 | | |
| | | | 其他综合收益 | | |
| | | | 盈余公积 | | |
| | | | 未分配利润 | | |
| | | | 所有者权益（或股东权益）合计 | | |
| 资产总计 | | | 负债和所有者权益（或股东权益）总计 | | |

（5）根据上述资料，填列2019年利润表中的相关项目：

**利　润　表**

编制单位：甲公司　　2019年　　单位：万元

| 项目 | 本期金额 | 上期金额 |
| --- | --- | --- |
| 一、营业收入 | | |
| 减：营业成本 | | |
| 税金及附加 | | |
| 销售费用 | | |
| 管理费用 | | |
| 研发费用 | | |
| 财务费用 | | |
| 其中：利息费用 | | |
| 利息收入 | | |
| 资产减值损失 | | |
| 信用减值损失 | | |
| 加：其他收益 | | |
| 投资收益（损失以“－”号填列） | | |
| 其中：对联营企业和合营企业的投资收益 | | |
| 净敞口套期收益（损失以“－”号填列） | | |
| 公允价值变动收益（损失以“－”号填列） | | |
| 资产处置收益（损失以“－”号填列） | | |
| 二、营业利润（亏损以“－”号填列） | | |
| 加：营业外收入 | | |
| 减：营业外支出 | | |
| 三、利润总额（亏损总额以“－”号填列） | | |
| 减：所得税费用 | | |
| 四、净利润（净亏损以“－”号填列） | | |
| （一）持续经营净利润（净亏损以“－”号填列） | | |
| （二）终止经营净利润（净亏损以“－”号填列） | | |

续表

| 项目 | 本期金额 | 上期金额 |
|---|---|---|
| 五、其他综合收益的税后净额 | | |
| （一）不能重分类进损益的其他综合收益 | | |
| 1. 重新计量设定受益计划变动额 | | |
| 2. 权益法下不能转损益的其他综合收益 | | |
| 3. 其他权益工具投资公允价值变动 | | |
| 4. 企业自身信用风险公允价值变动 | | |
| …… | | |
| （二）将重分类进损益的其他综合收益 | | |
| 1. 权益法下可转损益的其他综合收益 | | |
| 2. 其他债权投资公允价值变动 | | |
| 3. 金融资产重分类计入其他综合收益的金额 | | |
| 4. 其他债权投资信用减值准备 | | |
| 5. 现金流量套期储备 | | |
| 6. 外币财务报表折算差额 | | |
| …… | | |
| 六、综合收益总额 | | |
| 七、每股收益： | | |
| （一）基本每股收益 | | |
| （二）稀释每股收益 | | |



# 答案及解析

## 一、单项选择题

1. 【答案】C

【解析】财务报表项目应当以总额列报，资产和负债、收入和费用不能相互抵消，即不得以净额列报，但企业会计准则另有规定的除外，选项 C 说法不正确。

2. 【答案】C

【解析】选项 C，因甲公司尚未决定是否将该借款展期，应作为流动负债列示。

3. 【答案】D

【解析】资产负债表中“存货”项目应填列的金额 = 110 + 200 + 150 + 50 + 60 − 20 + 100 − 100 = 550（万元）。“工程物资”不属于企业的存货，应在资产负债表中并入“在建工程”项目列示。

4. 【答案】A

【解析】甲公司 2×19 年的利润表中综合收益总额应列示的金额 =（1 200 − 600 − 30 − 20 − 50 − 10 − 40 − 70 − 80 + 25 − 15）×（1 − 25%）+ 50 ×（1 − 25%）= 270（万元）。

5. 【答案】A

【解析】因销售商品退回支付的现金应冲减“销售商品、提供劳务收到的现金”项目的填列金额，选项 B 不正确；企业购买债券时，实际支付价款中包含的已到付息期但尚未领取的债券利息，在“支付其他与投资活动有关的现金”项目中反映，选项 C 不正确；本期退回的增值税、所得税等，在“收到的税费返还”项目中单独反映，选项 D 不正确。

6. 【答案】A

【解析】甲公司 2×19 年经营活动产生的现金流量净额 = 820 + 50 +（30 − 3）− 45 + 17 − 15 + 20 +（28 − 8）+ 16 = 910（万元）。

7. 【答案】C

【解析】2×19 年度现金流量表中“购建固定资产、无形资产和其他长期资产支付的现金”项目应列示的金额 = 200 + 150 + 250 + 50 + 20 = 670（万元）。

8. 【答案】B

【解析】选项 A、C 和 D，是企业经营活动产生的现金流量。

9. 【答案】D

【解析】报告分部的数量通常不应当超过 10 个。如果报告分部的数量超过 10 个，企业应当考虑将具有相似经济特征、满足经营分部合并条件的报告分部进行合并，以使合并后的报告分部数量不超过 10 个，所以最终确定的报告分部的数量不应超过 10 个，选项 D 说法不正确。

10. 【答案】C

【解析】影响甲公司营业利润的金额 = -200 + 120 + 140 = 60（万元）。

## 二、多项选择题

1. 【答案】BCD

【解析】除现金流量表按照收付实现制编制外，企业应当按照权责发生制编制其他财务报表。

2. 【答案】AC

【解析】以分期付款方式（具有融资性质）购建的长期资产每期支付的现金，应在“支付的其他与筹资活动有关的现金”项目中反映，选项 B 不正确；处置对联营企业长期股权投资收到的现金中属于已确认的投资收益的部分，应在“收回投资收到的现金”项目中反映，选项 D 不正确。

3. 【答案】BCD

【解析】甲公司和乙公司双方的合同明确约定往来款项以净额结算，满足金融资产与金融负债相互抵消的条件，选项 A 不符合题意。

4. 【答案】ACD

【解析】选项 B，开发支出属于资产负债表项目；其他选项均属于利润表项目。

5. 【答案】ABC

【解析】选项 A 和 C，属于投资活动；选项 B，属于筹资活动，不会影响经营活动现金流量。

6. 【答案】ABCD

【解析】选项 B，在合并报表中减少少数股东权益，即减少所有者权益，属于筹资活动现金流出；选项 D，在合并报表中增加少数股东权益，即增加所有者权益，属于筹资活动现金流入。

7. 【答案】AD

【解析】选项 B 和 C，均属于筹资活动现金流量。

8. 【答案】ACD

【解析】将净利润调整为经营活动的现金流量时，资产类项目增加和负债类项目减少都要调减。

9. 【答案】ACD

【解析】所有者权益变动表应当全面反映一定时期所有者权益变动的情况，不仅包括所有者权益总量的增减变动，还包括所有者权益增减变动的重要结构性信息，选项 B 不正确。在所有者权益变动表中，企业至少应当单独列示反映下列信息的项目：（1）净利润；（2）其他综合收益；（3）会计政策变更和差错更正的累积影响金额；（4）所有者投入资本和向所有者分配利润等；（5）提取的盈余公积；（6）实收资本或股本、资本公积、盈余公积、未分配利润的期初和期末余额及其调节情况。

10. 【答案】ACD

【解析】选项 B，与甲企业发生大量交易而存在经济依存关系的供应商不属于甲企业的关联方。

11. 【答案】ABCD

12. 【答案】AD

【解析】编制中期财务报告时的重要性应当以中期财务数据为基础，而不得以预计的年度财务数据为基础，选项 B 错误；对于会计年度中不均匀发生的费用，除了在会计年度末允许预提或者待摊的之外，企业均应当在发生时予以确认和计量，不应当在中期财务报表中预提或者待摊，选项 C 错误。

## 三、计算题

1. 【答案】

（1）编制上述资料（1）~（8）的会计分录。

资料（1），10 月 1 日收到资本金（单位：万元，下同）：

借：银行存款　　2 000

　贷：实收资本　　2 000

资料（2），10 月 10 日购入库存商品：

借：库存商品　　300

　应交税费——应交增值税（进项税额）　　39

贷：银行存款 339

资料（3），11月1日，发出A商品：

借：合同资产 56.5

贷：主营业务收入 50

应交税费——应交增值税（销项税额）

（50×13%％）6.5

借：主营业务成本 30

贷：库存商品 30

注：合同资产，是指企业已向客户转让商品而有权收取对价的权利，且该权利取决于时间流逝之外的其他因素。因甲公司收取A商品的款项时，还存在购入客户商品的履约风险，其债权应计入合同资产。

资料（4），11月1日购入债券：

借：交易性金融资产——成本 100

投资收益 0.2

贷：银行存款 100.2

12月31日，计算利息和反映公允价值变动：

借：应收利息

（100×6%÷12×2）1

贷：投资收益 1

借：交易性金融资产——公允价值变动

（103－100）3

贷：公允价值变动损益 3

资料（5），12月2日，甲公司投资于丁公司，持股比例2%：

借：其他权益工具投资——成本 300

贷：银行存款 300

12月31日，反映公允价值变动：

借：其他权益工具投资——公允价值变动 （330－300）30

贷：其他综合收益——其他权益工具公允价值变动 30

资料（6），12月5日，甲公司签订远期合同时不记账；12月31日反映远期合同利得：

借：套期工具——远期合同 60

贷：其他综合收益——现金流量套期储备 60

资料（7），12月28日，销售商品预收货款：

借：银行存款 50

贷：合同负债 50

资料（8），12月31日计提合同资产减值：

借：信用减值损失 5

贷：合同资产减值准备 5

（2）计算应交所得税、递延所得税和所得税费用，编制有关所得税的会计分录

根据资料（1）～（8）计算税前利润＝50－30－0.2＋1＋3－5＝18.8（万元）

应纳税所得额＝税前利润18.8－调减公允价值变动收益3＋调整信用减值损失5＝20.8（万元）

应交所得税＝应纳税所得额20.8×所得税税率25%＝5.2（万元）

由于交易性金融资产年末账面价值103万元，其计税基础为100万元，产生应纳税暂时性差异3万元，应确认递延所得税负债＝3×25%＝0.75（万元），应调增所得税费用0.75万元。

由于其他权益工具投资年末账目价值330万元，其计税基础为300万元，产生应纳税暂时性差异30万元，应确认递延所得税负债＝30×25%＝7.5（万元），应调减其他综合收益7.5万元。

由于套期工具年末账面价值60万元（资产），其计税基础为0，产生应纳税暂时性差异，应确认递延所得税负债＝60×25%＝15（万元），应调减其他综合收益15万元。

由于合同资产年末账面价值为51.5万元（56.5－5），其计税基础为56.5万元，产生可抵扣暂时性差异5万元，应确认递延所得税资产＝5×25%＝1.25万元，同时调减所得税费用1.25万元。年末有关所得税的会计分录为：

借：所得税费用 4.7

其他综合收益

（7.5＋15）22.5

递延所得税资产 1.25

贷：应交税费——应交所得税 5.2

递延所得税负债

（0.75＋7.5＋15）23.25

（3）结转本年利润，按净利润10%提取盈余公积

2019年净利润＝税前利润18.8－所得税费用4.7＝14.1（万元）

将收入等转入本年利润：

借：主营业务收入　50

　　投资收益　0.8

　　公允价值变动损益　3

　　贷：本年利润　53.8

将费用等转入本年利润：

借：本年利润　39.7

　　贷：主营业务成本　30

　　　　信用减值损失　5

　　　　所得税费用　4.7

将本年实现的净利润转入利润分配

借：本年利润

　　（53.8－39.7）14.1

　　贷：利润分配——未分配利润

　　　　14.1

按10%提取盈余公积：

借；利润分配——提取盈余公积

　　1.41

　　贷：盈余公积　1.41

借：利润分配——未分配利润

　　1.41

　　贷：利润分配——提取盈余公积

　　　　1.41

（4）根据上述资料，填列资产负债表中的相关项目：

**资产负债表**

编制单位：甲公司　　2019年12月31日　　单位：万元

| 资产 | 期末余额 | 年初余额 | 负债和股东权益 | 期末余额 | 年初余额 |
|---|---|---|---|---|---|
| 流动资产： | | 无 | 流动负债： | | 无 |
| 货币资金 | 1 310.8 | | 短期借款 | | |
| 交易性金融资产 | 103 | | 交易性金融负债 | | |
| 衍生金融资产 | | | 衍生金融负债 | | |
| 应收票据 | | | 应付票据 | | |
| 应收账款 | | | 应付账款 | | |
| 预付款项 | | | 预收款项 | | |
| 其他应收款 | 1 | | 合同负债 | 50 | |
| 存货 | 270 | | 应付职工薪酬 | | |
| 合同资产 | 51.5 | | 应交税费 | 5.2 | |
| 持有待售资产 | | | 其他应付款 | | |
| 一年内到期的非流动资产 | | | 持有待售负债 | | |
| 其他流动资产 | 32.5 | | 一年内到期的非流动负债 | | |
| 流动资产合计 | 1 768.8 | | 其他流动负债 | | |
| 非流动资产： | | | 流动负债合计 | 55.2 | |
| 债权投资 | | | 非流动负债： | | |
| 其他债权投资 | | | 长期借款 | | |
| 长期应收款 | | | 应付债券 | | |
| 长期股权投资 | | | 其中：优先股 | | |
| 其他权益工具投资 | 330 | | 永续债 | | |
| 其他非流动金融资产 | 60 | | 长期应付款 | | |
| 投资性房地产 | | | 预计负债 | | |
| 固定资产 | | | 递延收益 | | |

续表

| 资产 | 期末余额 | 年初余额 | 负债和股东权益 | 期末余额 | 年初余额 |
|---|---|---|---|---|---|
| 在建工程 | | | 递延所得税负债 | 23.25 | |
| 生产性生物资产 | | | 其他非流动负债 | | |
| 油气资产 | | | 非流动负债合计 | 23.25 | |
| 无形资产 | | | 负债合计 | 78.45 | |
| 开发支出 | | | 所有者权益（或股东权益）： | | |
| 商誉 | | | 实收资本（或股本） | 2 000 | |
| 长期待摊费用 | | | 其他权益工具 | | |
| 递延所得税资产 | 1.25 | | 其中：优先股 | | |
| 其他非流动资产 | | | 永续债 | | |
| 非流动资产合计 | 391.25 | | 资本公积 | | |
| | | | 减：库存股 | | |
| | | | 其他综合收益 | 67.5 | |
| | | | 盈余公积 | 1.41 | |
| | | | 未分配利润 | 12.69 | |
| | | | 所有者权益（或股东权益）合计 | 2 081.6 | |
| 资产总计 | 2 160.05 | | 负债和所有者权益（或股东权益）总计 | 2 160.05 | |

注①：12 月 31 日资产负债账面余额

货币资金 = 2 000 − 339 − 100.2 − 300 + 50 = 1 310.8

实收资本 = 2 000

库存商品 = 300 − 30 = 270

应交税费——应交增值税 = −39 + 6.5 = −32.5（借方余额）（其他流动资产）

合同资产 56.5

合同资产减值准备 = 5

交易性金融资产 = 100 + 3 = 103

应收利息 = 1（其他应收款）

其他权益工具投资 = 300 + 30 = 330

套期工具 = 60（借方余额）（其他非流动金融资产）

合同负债 = 50

递延所得税资产 = 1.25

递延所得税负债 = 23.25

应交税费——应交所得税 = 5.2

其他综合收益 = 22.5 + 45 = 67.5

盈余公积 = 1.41

利润分配——未分配利润 = 14.1 − 1.41 = 12.69

注②合同资产净额 = 合同资产账面余额 56.5 − 合同资产减值准备 5 = 51.5

注③损益类账户的 2019 年发生额

主营业务收入 = 50

主营业务成本 = 30

投资收益 = −0.2 + 1 = 0.8

公允价值变动损益 = 3

其他综合收益——其他权益工具投资公允价值变动 = 30 − 7.5 = 22.5

其他综合收益——现金流量套期储备 = 60 − 15 = 45

信用减值损失 = 5

所得税费用 = 4.7

（5）根据上述资料，填列利润表中的相关项目：

利　润　表

编制单位：甲公司　　2019 年　　单位：万元

| 项目 | 本期金额 | 上期金额 |
| --- | --- | --- |
| 一、营业收入 | 50 | （无） |
| 减：营业成本 | 30 | |
| 税金及附加 | | |
| 销售费用 | | |
| 管理费用 | | |
| 研发费用 | | |
| 财务费用 | | |
| 其中：利息费用 | | |
| 利息收入 | | |
| 资产减值损失 | | |
| 信用减值损失 | 5 | |
| 加：其他收益 | | |
| 投资收益（损失以“－”号填列） | 0.8 | |
| 其中：对联营企业和合营企业的投资收益 | | |
| 净敞口套期收益（损失以“－”号填列） | | |
| 公允价值变动收益（损失以“－”号填列） | 3 | |
| 资产处置收益（损失以“－”号填列） | | |
| 二、营业利润（亏损以“－”号填列） | 18.8 | |
| 加：营业外收入 | | |
| 减：营业外支出 | | |
| 三、利润总额（亏损总额以“－”号填列） | 18.8 | |
| 减：所得税费用 | 4.7 | |
| 四、净利润（净亏损以“－”号填列） | 14.1 | |
| （一）持续经营净利润（净亏损以“－”号填列） | 14.1 | |
| （二）终止经营净利润（净亏损以“－”号填列） | | |
| 五、其他综合收益的税后净额 | 67.5 | |
| （一）不能重分类进损益的其他综合收益 | 22.5 | |
| 1. 重新计量设定受益计划变动额 | | |
| 2. 权益法下不能转损益的其他综合收益 | | |
| 3. 其他权益工具投资公允价值变动 | 22.5 | |
| 4. 企业自身信用风险公允价值变动 | | |
| …… | | |
| （二）将重分类进损益的其他综合收益 | 45 | |
| 1. 权益法下可转损益的其他综合收益 | | |
| 2. 其他债权投资公允价值变动 | | |
| 3. 金融资产重分类计入其他综合收益的金额 | | |
| 4. 其他债权投资信用减值准备 | | |

续表

| 项目 | 本期金额 | 上期金额 |
|---|---|---|
| 5. 现金流量套期储备 | 45 | |
| 6. 外币财务报表折算差额 | | |
| …… | | |
| 六、综合收益总额 | 81.6 | |
| 七、每股收益： | | |
| （一）基本每股收益 | | |
| （二）稀释每股收益 | | |

# 第二十四章　资产负债表日后事项

## 本章考情分析

本章内容不多，在考试中较重要，尤其是本章中的调整事项，经常作为综合题的考试内容。近年每年平均 5 分左右。本章考试重点是调整事项。

## 本章教材变化

本章今年没有变化。

## 基本内容框架

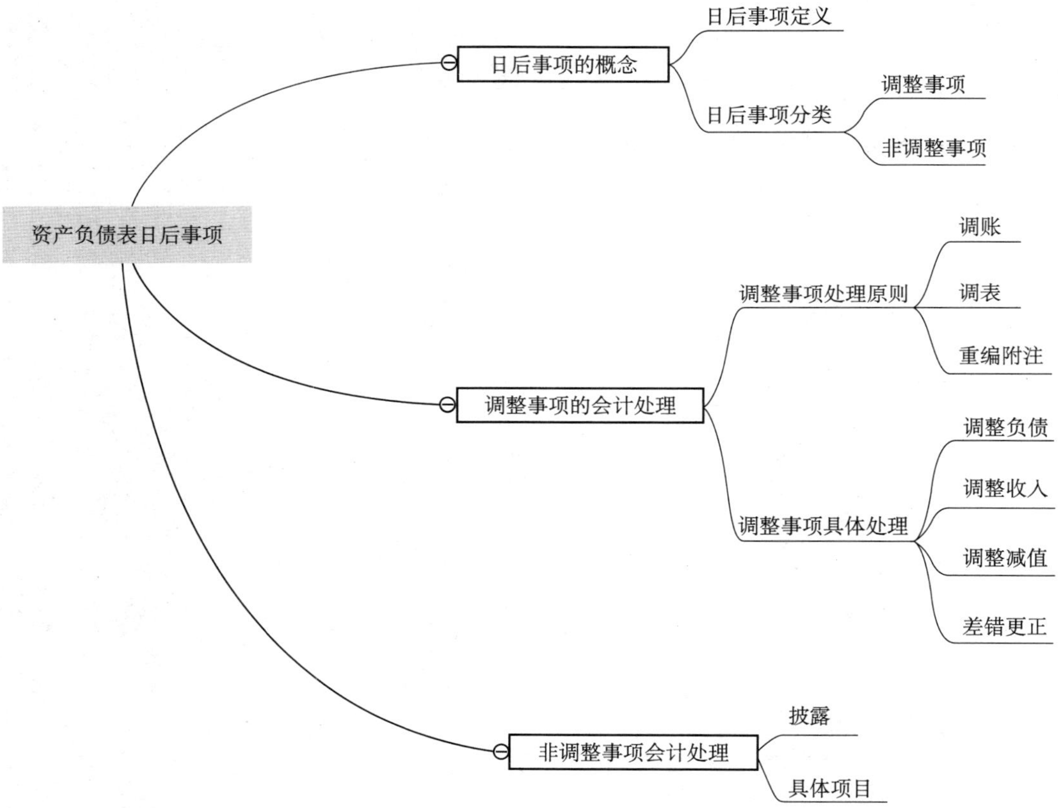

## 通关重难点例题解析

资产负债表日后事项包括调整事项和非调整事项，重点是考调整事项。应掌握的重点是：

### 一、调整事项的会计处理

（1）资产负债表日后调整事项，是指对资产负债表日已经存在的情况提供了新的或进一步证据的事项。

（2）企业发生的资产负债表日后调整事项，应当调整资产负债表日的财务报表。

（3）调整事项常见的四种类型：调整负债、调整减值、调整收入、差错更正，差错更正出题最灵活。

### 二、非调整事项的主要类型

资产负债表日后发生的非调整事项，是资产负债表日以后才发生或存在的事项，不需要对资产负债表日编制的报表进行调整，但由于事项重大，如不加以说明，将会影响财务报告使用者作出正确估计和决策，因此，应在会计报表附注中加以披露。

企业发生的资产负债表日后非调整事项，通常包括下列各项：

（1）资产负债表日后发生重大诉讼、仲裁、承诺。

（2）资产负债表日后资产价格、税收政策、外汇汇率发生重大变化。

（3）资产负债表日后因自然灾害导致资产发生重大损失。

（4）资产负债表日后发行股票和债券以及其他巨额举债。

（5）资产负债表日后资本公积转增资本。

（6）资产负债表日后发生巨额亏损。

（7）资产负债表日后发生企业合并或处置子公司。

（8）资产负债表日后，企业利润分配方案中拟分配的以及经审议批准宣告发放的股利或利润最常考的一道客观题是："下列项目中，属于调整事项的有"或"下列项目中，属于非调整事项的有"，只要记住了日后事项的主要类型，一般都能得分。

【例 24－1】（2019 年多选题）甲公司 20×8 年度财务报表于 20×9 年 3 月 20 日经董事会批准对外报出，其在 20×8 年度资产负债表日后事项期间发生的下列交易或事项中，属于调整事项的有（　　）。

A. 董事会通过 20×8 年度利润分配预案，拟每 10 股派发 1 元现金股利

B. 因 20×8 年 6 月收购的子公司当年度实际利润未达到承诺金额，确定应向交易对方收回部分已支付对价

C. 所持联营企业经审计的净利润与甲公司权益法核算时用于计算投资收益的联营企业未经审计净利润金额存在差异

D. 20×8 年 12 月已确认销售的一批商品因质量问题被买方退回，税务机关开具的红字增值税专用发票已取得

【答案】BCD

【解析】资产负债表日后，企业利润分配方案中拟分配的以及经审议批准宣告发放的现金股利或利润，属于资产负债表日后非调整事项，选项 A 不符合题意。

【例 24－2】（2018 年多选题）下列各项中，属于资产负债表日后调整事项的有（　　）。

A. 资产负债表日后期间发生重大火灾损失

B. 报告年度已售商品在资产负债表日后事项期间发生退回

C. 报告年度按暂估价值入账的固定资产在资产负债表日后事项期间办理完成竣工决算手续

D. 资产负债表日后事项期间发现报告年度不重要的会计差错

【答案】BCD

【解析】资产负债表日后调整事项指的是资产负债表日后期间发生的事项是对资产负债表日已经存在的情况进行的进一步的说明，所以选项 B、C 和 D 属于的是资产负债表日后调整事项。

【例 24－3】（2017 年多项选择题）甲公司 2×16 年财务报表于 2×17 年 4 月 10 日批准对外报出，下列各项关于甲公司 2×17 年发生的交易或事项中，属于 2×16 年资产负债表日后调整事项的有（　　）。

A. 2 月 10 日，甲公司董事会通过决议，将投资性房地产的后续计量由成本模式变更

为公允价值模式

B. 3月2日，发现2×15年度存在一项重大会计差错，该差错影响2×15年利润表及资产负债表有关项目

C. 3月10日，2×16年底的一项未决诉讼结案，法院判甲公司胜诉并获赔偿1 800万元，但甲公司无法判断对方的财务状况和支付能力

D. 4月3日，收到2×16年11月销售的一批已确认销售收入的商品发生15%的退货，按照购销合同约定，甲公司应当返还客户与该部分商品相关的货款

【答案】BD

【解析】选项A，属于会计政策变更，不属于资产负债表日后调整事项；选项C，因为无法判断支付能力，不能确认为资产，不作为资产负债表日后调整事项。选项B、D为调整事项。

【例24-4】（2016年多项选择题）甲公司2×15年财务报告于2×16年3月20日经董事会批准对外报出，其于2×16年发生的下列事项中，不考虑其他因素，应当作为2×15年度资产负债表日后调整事项的有（　　）。

A. 2月10日，收到客户退回2×15年6月销售部分商品，甲公司向客户开具红字增值税发票

B. 2月20日，一家子公司发生安全生产事故造成重大财产损失，同时被当地安监部门罚款600万元

C. 3月15日，于2×15年发生的某涉诉案件终审判决，甲公司需赔偿原告1 600万元，该金额较2×15年末原已确认的预计负债多300万元

D. 3月18日，董事会会议通过2×15年度利润分配预案，拟分配现金股利6 000万元，以资本公积转增股本，每10股转增2股

【答案】AC

【解析】选项B、D，为非调整事项。

## 通关演练

### 一、单项选择题

1. 下列关于资产负债表日后事项的表述中，不正确的是（　　）。

A. 资产负债表日后事项包括调整事项和非调整事项

B. 资产负债表日后调整事项，是指对资产负债表日已经存在的情况提供了新的或进一步证据的事项

C. 资产负债表日后非调整事项的发生同样影响资产负债表日企业的财务报表数字

D. 资产负债表日后发生的某一事项在资产负债表日或之前已经存在，则属于调整事项；反之，则属于非调整事项

2. 在资产负债表日后至财务报表批准报出日之间发生的下列事项中，属于资产负债表日后非调整事项的是（　　）。

A. 以资本公积转增股本

B. 发现了财务报表舞弊

C. 发现原资产负债表日预计的资产减值损失严重不足

D. 实际支付的诉讼费赔偿额与原资产负债表日预计金额有较大差异

3. 东方公司2×19年的财务报告于2×20年3月1日编制完成，董事会批准对外报出的日期为2×20年3月25日，实际对外报出的日期是2×20年3月31日，所得税的汇算清缴日期为2×20年5月31日。则东方公司2×19年资产负债表日后事项涵盖期间是（　　）。

A. 2×20年1月1日至2×20年3月1日

B. 2×20年1月1日至2×20年3月25日

C. 2×20年1月1日至2×20年3月31日

D. 2×20年1月1日至2×20年5月31日

4. 阳光公司为增值税一般纳税人，适用的增值税税率为13%；所得税采用资产负债表债务法核算，适用的所得税税率为25%，按净利润的10%计提盈余公积。阳光公司2×19年度的财务报告批准报出日为2×20年3月30日；2×20年3月10日，阳光公司完成了2×19年度所得税汇算清缴工作。资产负债表日后期间两笔应收款项出现如下情况：（1）2×20年1月30日接到通知，债务企业甲企业宣告破产，其所欠阳光公司账款400万元预计只能收回30%。阳光公司在2×19

年12月31日以前已被告知甲企业资不抵债，面临破产，并已经计提坏账准备80万元。(2) 2×20年3月15日，阳光公司收到乙企业通知，被告知乙企业于2×20年2月13日发生火灾，预计所欠阳光公司的300万元货款全部无法偿还。不考虑其他因素，下列说法中不正确的是（　　）。

A. 应收甲企业款项的处理应遵循资产负债表日后调整事项原则处理

B. 应收乙企业款项的处理应遵循资产负债表日后非调整事项原则处理

C. 应调减2×19年12月31日资产负债表应收账款200万元

D. 应调增2×19年利润表信用减值损失500万元

5. 东风公司2×19年的年度财务报告，经董事会批准于2×20年4月20日报出。则东风公司在2×20年1月1日至4月20日之间发生的下列事项中，属于资产负债表日后事项中的调整事项的是（　　）。

A. 2×20年3月10日，法院判决某项诉讼败诉，支付赔偿金额80万元，公司在上年年末已经确认预计负债65万元

B. 2×20年2月10日发生销售产品退回，该批产品系2×20年1月发出

C. 2×20年2月18日董事会提出资本公积转增资本方案

D. 2×20年3月18日董事会成员发生变动

6. 山水公司在2×19年度财务会计报告批准报出前发现一台管理用固定资产未入账，属于重大差错。该固定资产系2×17年6月自行建造，2×17年年末达到预定可使用状态，入账价值为1 600万元。根据山水公司的折旧政策，该固定资产2×19年应计提折旧100万元，2×18年应计提折旧80万元。山水公司按照净利润的10%提取盈余公积。不考虑其他因素，则其2×19年度所有者权益变动表“上年金额”栏目的“未分配利润年初余额”应当调整减少（　　）万元。

A. 100　　B. 80

C. 54　　D. 0

7. 甲公司在2×19年度财务会计报告批准报出前发现一台管理用固定资产已减值。该固定资产系2×18年6月购入，入账价值为2 000万元。根据甲公司的折旧政策，该固定资产2×19年应计提折旧100万元，2×18年应计提折旧80万元。至2×19年12月31日尚未计提减值准备。2×19年12月31日该项固定资产未来现金流量现值为1 780万元，公允价值扣减处置费用后的净额为1 750万元。甲公司2×19年12月31日资产负债表“固定资产”项目金额为（　　）万元。

A. 2 000　　B. 1 820

C. 1 780　　D. 1 750

8. 甲公司2×19年财务报告批准报出日为2×20年4月30日。2×20年3月4日，该公司发现2×19年一项财务报表舞弊或重要差错，该公司应调整（　　）。

A. 2×19年资产负债表的期末余额和利润表本期金额

B. 2×19年资产负债表的年初余额和利润表上期金额

C. 2×19年资产负债表的期末余额和利润表上期金额

D. 2×20年资产负债表的期末余额和本年累计数及本年实际数

9. A公司2×19年的财务报告于2×20年4月10日批准对外报出。2×20年2月10日，A公司2×19年9月10日销售给B公司的一批商品因质量问题而被退回。该批商品的售价为100万元、增值税税额为13万元、成本为80万元，B公司货款尚未支付。经核实A公司已同意退货，所退商品已验收入库。假设A公司已经为此项应收账款提取了3%的坏账准备。该事项发生后，A公司已作为资产负债表日后调整事项处理，此时尚未进行所得税汇算清缴；A公司适用的所得税税率为25%，按照净利润的10%提取法定盈余公积。不考虑其他因素，在进行财务报告调整时影响2×19年留存收益的金额是（　　）万元。

A. 16.49　　B. 13.4

C. 13　　D. 12.46

10. 甲公司2×19年12月31日应收乙公司账款2 000万元，按照当时估计已计提坏账准备200万元。2×20年2月20日，甲公司获悉乙公司于2×20年2月19日向法院申请破产。甲公司估计应收乙公司账款全部无法收回。甲公司按照净利润的10%提取盈余公

积，2×19 年度财务报表于 2×20 年 4 月 20 日经董事会批准对外报出。不考虑所得税等其他因素，甲公司因该资产负债表日后调整事项应减少 2×19 年 12 月 31 日未分配利润的金额为（　　）万元。

A. 190　　B. 1 620

C. 1 800　　D. 2 000

## 二、多项选择题

1. 下列涉及资产负债表日后事项的表述中，正确的有（　　）。

A. 2×20 年 2 月 20 日（2×19 年度财务报告批准报出日为 2×20 年 4 月 1 日），甲企业的股东将其 60% 的普通股出售给了乙企业，这一交易对甲企业来说，属于调整事项

B. 2×20 年 2 月，乙企业与债权人达成共识：将债务的 50% 转换为乙企业一定数量的普通股，降低剩余债务的利率。该事项对企业未来的经营会产生重大影响，应当作为非调整事项在 2×19 年度会计报表附注中进行披露

C. 资产负债表日后出现的情况引起固定资产发生减值，属于非调整事项

D. 资产负债表日后发生的调整事项，应当如同资产负债表所属期间发生的事项一样，做出相关账务处理，并对资产负债表日已编制的财务报表作相应的调整

2. 下列关于资产负债表日后调整事项的表述中，不正确的有（　　）。

A. 资产负债表日后取得确凿证据，表明某项资产在资产负债表日发生了减值或者需要调整该项资产原先确认的减值金额，属于资产负债表日后调整事项

B. 资产负债表日后发生重大诉讼、仲裁、承诺等属于资产负债表日后调整事项

C. 如果资产负债表日后事项对资产负债表日的情况提供了进一步的证据，证据表明的情况与原来的估计和判断不完全一致，则按照原来的估计进行会计处理

D. 资产负债表日后发现了财务报表舞弊或差错，若金额不重大，那么不作为调整事项处理

3. 2×19 年 1 月 1 日，甲公司为乙公司的 800 万元债务提供 50% 担保。2×19 年 6 月 1 日，乙公司因无力偿还到期债务被债权人起诉。至 2×19 年 12 月 31 日，法院尚未判决。但经咨询律师，甲公司认为有 55% 的可能性需要承担全部保证责任，赔偿 400 万元，并预计承担诉讼费用 4 万元；有 45% 的可能无须承担保证责任。2×20 年 2 月 10 日，法院作出判决，甲公司需承担全部担保责任和诉讼费用。甲公司表示服从法院判决，于当日履行了担保责任，并支付了 4 万元的诉讼费。2×20 年 2 月 20 日，甲公司 2×19 年度财务报告经董事会批准报出。不考虑其他因素，下列关于甲公司对该事件的处理正确的有（　　）。

A. 在 2×20 年对实际担保款项进行会计处理

B. 在 2×19 年的利润表中将预计的诉讼费用 4 万元确认为管理费用

C. 在 2×19 年的利润表中确认营业外支出 400 万元

D. 在 2×19 年的财务报表附注中披露或有负债 400 万元

4. 资产负债表日至财务报告批准报出日之间发生的调整事项在进行调整处理时，下列项目中不能调整的有（　　）。

A. 资产负债表货币资金项目

B. 资产负债表应交税费项目

C. 利润表

D. 现金流量表正表

5. 亨利公司 2×20 年 3 月 1 日发现 2×19 年 6 月 15 日一项已经达到预定可使用状态的管理用固定资产尚未转入“固定资产”科目核算，截止到此时，该公司 2×19 年度的财务报告尚未批准报出，下列关于该调整事项的相关会计处理，不正确的有（　　）。

A. 登记固定资产及以前年度损益调整等相关项目，调整 2×19 年度财务报表相关项目年末数、本年数

B. 登记 2×20 年 3 月的固定资产及折旧费用等相关科目，调整 2×20 年度财务报表相关项目的年初余额和上期金额

C. 作为 2×20 年 3 月当期会计差错更正处理

D. 登记固定资产、以前年度损益调整等相关项目，调整 2×19 年报表年初余额和上期金额

6. 甲公司系一上市公司，适用的所得税

税率为25%，采用资产负债表债务法核算，按净利润的10%提取盈余公积。甲公司2×20年2月在2×19年度财务会计报告批准报出前发现一台管理用固定资产未计提折旧，属于重大差错。该固定资产系2×18年6月接受A公司捐赠取得。根据该公司的折旧政策，该固定资产2×18年应计提折旧200万元，2×19年应计提折旧400万元。则该公司下列处理中，正确的有（　　）。

A. 甲公司2×19年年末资产负债表“固定资产”项目年末数应调减600万元

B. 甲公司2×19年年末资产负债表“未分配利润”项目年末数应调减405万元

C. 甲公司2×19年度利润表“管理费用”项目本期金额应调增600万元

D. 甲公司2×19年度利润表“净利润”项目本期金额应调减300万元

7. 大兴公司因产品质量问题被消费者起诉。2×19年12月31日法院尚未判决，考虑到消费者胜诉要求大兴公司赔偿的可能性较大，大兴公司为此确认了300万元的预计负债。2×20年2月20日，在大兴公司2×19年度财务报告批准对外报出之前，法院判决消费者胜诉，要求大兴公司支付赔偿款360万元。大兴公司决定服从判决，不再上诉，并于当日支付了赔偿款。不考虑所得税等相关税费及其他因素的影响，大兴公司会计处理正确的有（　　）。

A. 冲减预计负债300万元

B. 调整增加预计负债60万元

C. 2×19年现金流量表中经营活动现金流量不会受到影响

D. 留存收益减少360万元

8. 甲公司2×19年度财务报表批准报出日为2×20年4月30日。2×19年12月31日，甲公司有一项成本为6 000万元，期末市价为5 800万元的其他权益工具投资，2×20年2月20日因被投资单位被证监会调查引起股价波动，使该股票市价下降为3 000万元，甲公司的会计处理不正确的有（　　）。

A. 作为调整事项，调整2×19年度财务报表期末相关项目

B. 作为非调整事项，在2×19年财务报表附注中进行披露

C. 不属于资产负债表日后事项，不需要在2×19年会计报表中进行调整和披露

D. 属于资产负债表日后事项，调整2×20年财务报表期初数

9. 甲公司为一般纳税人，销售商品适用的增值税税率为13%，所得税采用资产负债表债务法进行核算，适用的所得税税率为25%，2×19年度财务报告于2×20年3月10日批准报出，2×20年度所得税汇算清缴在2×20年2月10日完成。2×20年2月26日，因产品质量问题而发生销售退回，退回的商品已收到并入库，且已开具红字增值税专用发票。该销售在2×19年12月份发生且已确认收入1 000万元，销项税额130万元，结转销售成本800万元，货款未收到。甲公司的下列处理中，正确的有（　　）。

A. 属于资产负债表日后调整事项

B. 冲减2×19年度的营业收入1 000万元

C. 冲减2×19年度的营业成本800万元

D. 冲减2×19年度的应交税费——应交所得税50万元

10. 甲公司2×19年财务报告经董事会批准对外公布日期为2×20年4月10日，实际对外公布日期为2×20年4月20日，甲公司2×20年4月15日A商品退货期满没有发生退回事项，该批商品系甲公司2×19年12月15日发出的新型产品，试用期4个月，合同约定价款5 000万元，成本3 500万元，试用期间因产品性能等问题客户可退货，甲公司无法确认其退货可能性，退货期满才能确定。假定不考虑相关税费等因素的影响，下列表述不正确的有（　　）。

A. 2×19年12月15日，甲公司在销售商品时应确认收入5 000万元，同时结转成本3 500万元

B. 2×19年12月15日，甲公司在销售商品时不应做会计处理

C. 2×20年4月15日，甲公司对上述事项应确认2×20年收入5 000万元，同时结转成本3 500万元

D. 2×20年4月15日，甲公司对上述事项应调整2×19年收入5 000万元和成本3 500万元

11. 甲公司2×19财务报表于2×20年4月10日批准对外报出，下列各项关于甲公司

2×20 年发生的交易或事项中，属于 2×19 年资产负债表日后调整事项的有（　　）。

A. 2 月 10 日，甲公司董事会通过决议，将投资性房地产的后续计量由成本模式变更为公允价值模式

B. 4 月 3 日，收到 2×19 年 11 月销售的一批已确认销售收入的商品发生 15% 的退货，按照购销合同约定，甲公司应当返还客户与该部分商品相关的货款

C. 3 月 2 日，发现 2×18 年度存在一项重大会计差错，该差错影响 2×17 年利润表及资产负债表有关项目

D. 3 月 10 日，2×19 年底的一项未决诉讼结案，法院判决甲公司胜诉并获赔偿 1 800 万元，但甲公司无法判断对方的财务状况和支付能力

12. 甲公司 2×19 年财务报告于 2×20 年 3 月 20 日经董事会批准对外报出，其于2×20 年发生的下列事项中，不考虑其他因素，应当作为 2×19 年度资产负债表日后调整事项的有（　　）。

A. 2 月 10 日，收到客户退回 2×19 年 6 月销售部分商品，甲公司向客户开具红字增值税发票

B. 2 月 20 日，一家子公司发生安全生产事故造成重大财产损失，同时被当地安监部门罚款 600 万元

C. 3 月 15 日，于 2×19 年发生的某涉诉案件终审判决，甲公司需赔偿原告 1 600 万元，该金额较 2×19 年末原已确认的预计负债多 300 万元

D. 3 月 19 日，董事会会议通过 2×19 年度利润分配预案，拟分配现金股利 6 000 万元，以资本公积转增股本，每 10 股转增 2 股

## 三、综合题

1. 甲公司为上市公司，其所得税采用资产负债表债务法核算，所得税税率为 25%。甲公司 2×19 年度的财务报告于 2×20 年 4 月 30 日批准对外报出，2×19 年度所得税汇算清缴于 2×20 年 5 月 10 日完成。A 注册会计师于 2×20 年 2 月 20 日对该甲公司 2×19 年度财务报表进行审计时，对以下交易或事项的会计处理提出疑问：

（1）2×19 年 4 月 1 日，甲公司与 A 公司签订资产置换合同，将一项租赁期满作为投资性房地产核算的办公楼与 A 公司的 500 亩土地使用权置换，相关资产所有权转移手续于当日办理完毕。投资性房地产的原值为 2 000 万元，已计提投资性房地产累计折旧 100 万元，当日公允价值为 2 500 万元。A 公司土地使用权资产置换日的公允价值为 2 400 万元，另向甲公司支付补价 100 万元。甲公司该项资产置换取得的土地使用权作为无形资产入账，采用直线法摊销，预计尚可使用年限为 30 年，残值为零。假定该项非货币性资产交换具有商业实质。

甲公司 2×19 年对上述交易或事项的会计处理如下：

借：无形资产　1 800
　　银行存款　100
　　投资性房地产累计折旧　100
　　贷：投资性房地产　2 000

借：管理费用
　　（1 800/30×9/12）45
　　贷：累计摊销　45

（2）2×19 年 4 月 25 日，甲公司与 B 公司签订债务重组协议，约定将甲公司应收 B 公司货款 450 万元转为对 B 公司的投资。经股东大会批准，B 公司于 4 月 30 日完成股权登记手续，双方当日解除债权债务关系。债务转为资本后，甲公司持有 B 公司 20% 的股权，对 B 公司的财务和经营政策具有重大影响。

甲公司该应收款项系向 B 公司销售产品形成，至 2×19 年 4 月 30 日甲公司未计提坏账准备，该应收账款账面价值为 450 万元，其公允价值 360 万元。2×19 年 4 月 30 日，B 公司 20% 股权的公允价值为 360 万元，B 公司可辨认净资产公允价值为 2 000 万元（含甲公司债权转增资本增加的价值），除一批库存商品（账面价值为 75 万元、公允价值为 150 万元）外，其他可辨认资产和负债的公允价值均与账面价值相同。

2×19 年 5 月至 12 月，B 公司发生净亏损 30 万元，除所发生的 30 万元亏损外，未发生其他引起所有者权益变动的交易或事项。甲公司取得投资时 B 公司持有的上述库存商品中至 2×19 年年末已出售 40%。

2×19 年 12 月 31 日，因对 B 公司投资出

现减值迹象，甲公司对该项投资进行减值测试，确定其可收回金额为330万元。

假定税法规定，债务重组损失允许税前扣除。甲公司拟长期持有B公司的股权投资，没有计划出售。

甲公司对上述交易或事项的会计处理为：

借：长期股权投资——投资成本　330
　　投资收益　120
　贷：应收账款　450

借：投资收益　6
　贷：长期股权投资——损益调整　6

（3）2×19年12月1日，甲公司与C公司签订商品销售合同，商品成本为400万元，公允价值即售价为500万元（不含增值税），增值税税额为65万元。同日，双方签订售后回购协议，约定2×20年5月1日，甲公司自C公司回购该商品，回购价格按照当日市场价格确定。

甲公司于2×19年12月1日发出商品并收到C公司支付的商品货款。假定税法规定与会计处理方法相同。

甲公司对上述交易或事项的会计处理为：

借：银行存款　565
　贷：其他应付款　500
　　　应交税费——应交增值税（销项税额）　65

借：发出商品　400
　贷：库存商品　400

（4）2×19年12月31日，甲公司的一生产线发生永久性损害但尚未处置。该生产线原价为3 000万元，累计折旧为2 300万元，之前未计提减值准备，可回收金额为零。该生产线的永久性损害尚未经税务部门认定。

2×19年12月31日，甲公司相关业务的会计处理如下：

①甲公司按可收回金额低于账面价值的差额计提固定资产减值准备700万元。

②甲公司对该生产线账面价值与计税基础之间的差额未确认递延所得税资产。

税法规定，企业计提的减值损失在未发生实质性损失前不得税前扣除。

要求：根据上述资料逐项判断甲公司会计处理是否正确；如不正确，简要说明理由，并编制调整分录。（不要求编制结转以前年度损益调整和调整计提盈余公积的会计分录）

## 答案及解析

### 一、单项选择题

1.【答案】C

【解析】资产负债表日后发生的非调整事项，是表明资产负债表日后发生的情况的事项，与资产负债表日存在状况无关，不应当调整资产负债表日的财务报表。选项C表述不正确。

2.【答案】A

【解析】选项A，资产负债表日后事项期间，企业以资本公积转增资本的，该事项在资产负债表日或资产负债表日以前并不存在，属于资产负债表日后非调整事项，不需对资产负债表日相关项目金额进行调整。

3.【答案】B

【解析】资产负债表日后事项所涵盖的期间是自资产负债表日次日起至财务报告批准报出日止的一段时间，选项B正确。

4.【答案】D

【解析】应收甲企业账款，在资产负债表日之前就存在相关减值迹象，资产负债表日后期间又取得进一步证据而对报告年度处理进行调整的事项，所以应遵循调整事项原则处理；应收乙企业款项，在资产负债表日之后才发生减值迹象，应遵循资产负债表日后非调整事项原则处理。应调整应收甲企业账款账面价值和信用减值损失的金额 $=400\times(1-30\%)-80=200$（万元）；应收乙企业的账款作为资产负债表日后非调整事项在财务报告附注中进行披露。

5.【答案】A

【解析】选项B，2×20年销售的商品于当期退回，不属于日后事项；选项C和D属于资产负债表日后非调整事项。

6.【答案】D

【解析】2×17年之前无错误，故所有者权益变动表“上年金额”栏目的“未分配利润年初余额”无需调整，即20×18年年初数不调整。

7.【答案】C

【解析】2×19年12月31日固定资产计提减值之前账面价值 = 2 000 - 100 - 80 = 1 820（万元），而固定资产按照未来现金流量现值和公允价值扣减处置费用后净额的较高者入账，2×19年12月31日该项固定资产可收回金额为1 780万元（1 780大于1 750），固定资产计提减值准备 = 1 820 - 1 780 = 40（万元）。因此，2×19年12月31日资产负债表“固定资产”项目金额为1 780万元，或 = 1 820 - 40 = 1 780（万元）。

8.【答案】A

【解析】在日后期间发现的报告年度的重大差错，应调整报告年度资产负债表的期末余额和利润表本期金额，选项A正确；其余选项不正确。

9.【答案】D

【解析】A公司因该项业务对2×19年净损益的影响金额 =（100 - 80 - 113×3%）×（1 - 25%）= 12.46（万元）。

10.【答案】B

【解析】甲公司因该资产负债表日后事项应调整减少未分配利润的金额 =（2 000 - 200）×（1 - 10%）= 1 620（万元）。

## 二、多项选择题

1.【答案】BCD

【解析】选项A，属于非调整事项，因为该事项是在资产负债表日后发生的，在资产负债表日并不存在出售该股权的事项，所以属于在资产负债表日后新发生的事项，并不影响报告年度报表的相应金额。

2.【答案】BCD

【解析】资产负债表日后发生重大诉讼、仲裁、承诺等属于资产负债表日后非调整事项，选项B不正确；如果资产负债表日后事项对资产负债表日的情况提供了进一步的证据，证据表明的情况与原来的估计和判断不完全一致，则需要对原来的会计处理进行调整，选项C不正确；资产负债表日后发现了财务报表舞弊或差错，无论金额是否重大，均作为资产负债表日后调整事项，选项D不正确。

3.【答案】BC

【解析】选项A，应该作为2×19年事项进行相关的账务处理，承担相关责任；选项D，应确认其他应付款404万元。

4.【答案】AD

【解析】资产负债表日后事项如涉及现金收支项目，均不调整报告年度资产负债表的货币资金项目和现金流量表正表各项目数字。

5.【答案】BCD

【解析】2×20年资产负债表日后期间发现的2×19年的会计差错，应当作为资产负债表日后调整事项，对2×19年财务报表中相关项目的年末数和本年数进行调整，选项A的做法正确；其余选项的做法不正确。

6.【答案】ABD

【解析】甲公司2×19年年末资产负债表“固定资产”项目年末数应调减的金额 = 200 + 400 = 600（万元），选项A正确；甲公司2×19年资产负债表“未分配利润”项目年末数应调减的金额 =（200 + 400）×（1 - 25%）×（1 - 10%）= 405（万元），选项B正确；甲公司2×19年度利润表“管理费用”本期金额应调增的金额为2×19年的折旧额400万元，选项C不正确；调整利润表“净利润”项目本期金额 = 400×（1 - 25%）= 300（万元），选项D正确。

7.【答案】AC

【解析】相关会计处理如下：

借：以前年度损益调整　60
　　预计负债　300
　　贷：其他应付款　360
借：其他应付款　360
　　贷：银行存款　360

8.【答案】ACD

【解析】资产负债表日后期间股票公允价值变动发生巨额损失，应该作为非调整事项，在报表附注中及时披露该事项，选项B正确；其余不正确。

9.【答案】ABC

【解析】选项D不正确，该事项发生在报告年度所得税汇算清缴之后，因此，不应冲减2×19年度的应交所得税。

10.【答案】ABD

【解析】甲公司在发出存货时由于无法确认其退货可能性，所以应将出售的商品计入发出商品，同时将收到的款项确认为一项负债，选项A和B不正确；不属于资产负债表日后期间退货，退货期满时应作为当期事项处理，确认当期收入和成本，选项 C 正确，选项 D 不正确。

11.【答案】BC

【解析】选项 B，报告年度销售商品已确认收入，在资产负债表日后期间发生退回，属于资产负债表日后调整事项；选项 C，在资产负债表日后期间发现以前年度的会计差错，作为资产负债表日后调整事项处理。

12.【答案】AC

【解析】选项 B、D，为非调整事项。

## 三、综合题

1.【答案】

事项（1）甲公司会计处理不正确；

理由：非货币性资产交换取得无形资产，应以公允价值为基础确定无形资产初始计量金额，甲公司取得无形资产入账价值 = 2 500 - 100 = 2 400（万元）

调整分录为：

借：无形资产　600（2 400 - 1 800）

　　以前年度损益调整——其他业务成本　1 900

　贷：以前年度损益调整——投资收益　2 500

借：以前年度损益调整——管理费用（600/30 × 9/12）15

　贷：累计摊销　15

借：以前年度损益调整——所得税费用　146.25

　贷：应交税费——应交所得税［（600 - 15）× 25%］146.25

事项（2）甲公司会计处理不正确；

理由：

①长期股权投资初始投资成本不正确。债权人收到的抵债资产应按放弃债权公允价值加上相关税费入账，长期股权投资入账价值 = 放弃债权公允价值 360 + 相关税费 0 = 360 万元；少计金额 = 360 - 330 = 30（万元）。

调整分录为：

借：长期股权投资——投资成本　30

　贷：以前年度损益调整——投资收益　30

注：该债务重组正确会计分录为：

借：长期股权投资——投资成本　360

　　投资收益　（450 - 360）90

　贷：应收账款　450

故投资成本增加 30 万元，投资收益冲回 30 万元。

借：以前年度损益调整——所得税费用（30 × 25%）7.5

　贷：应交税费——应交所得税　7.5

同时，初始投资成本 360 万元小于取得投资时应享有 B 公司可辨认净资产公允价值的份额 400 万元（2 000 × 20%）的差额 40 万元（400 - 360），应调整长期股权投资账面价值。

借：长期股权投资——投资成本　40

　贷：以前年度损益调整——营业外收入　40

②采用权益法核算的长期股权投资，因取得该项投资时被投资单位可辨认资产的公允价值与账面价值不等，故在期末确认投资损失时，应调整被投资单位净亏损。

B 公司 2 × 19 年 5 ~ 12 月调整后的净亏损 = 30 +（150 - 75）× 40% = 60（万元）

甲公司应调整增加投资损失 = 60 × 20% - 6 = 6（万元）

借：以前年度损益调整——投资收益　6

　贷：长期股权投资——损益调整　6

2 × 19 年 12 月 31 日计提减值准备前长期股权投资账面价值 = 330 + 30 + 40 - 6 - 6 = 388（万元）

2 × 19 年 12 月 31 日该长期股权投资可收回金额为 330 万元，小于其账面价值，应计提长期股权投资减值准备 = 388 - 330 = 58（万元）

借：以前年度损益调整——资产减值损失　58

　贷：长期股权投资减值准备　58

事项（3）甲公司的会计处理不正确。

理由：该项售后回购商品销售业务中，回购价格是按照当日市场价格确定的，与销售商品所有权相关的风险报酬已经转移，应确认商品销售收入，并结转商品销售成本，因此不需要确认其他应付款。

借：其他应付款 500

贷：以前年度损益调整——主营业务收入 500

借：以前年度损益调整——主营业务成本 400

贷：发出商品 400

借：以前年度损益调整——所得税费用 [(500－400)×25%] 25

贷：应交税费——应交所得税 25

事项（4）：

①甲公司的会计处理正确。

理由：因为固定资产发生永久性损害但尚未处置，所以应全额计提固定资产减值准备。

②甲公司的会计处理不正确。

理由：生产线发生的永久性损害尚未经税务部门认定，所以固定资产的账面价值为零，计税基础为700万元，产生可抵扣暂时性差异700万元，应确认递延所得税资产175（700×25%）万元。

调整分录为：

借：递延所得税资产 175

贷：以前年度损益调整——所得税费用 175

# 第二十五章　持有待售的非流动资产、处置组和终止经营

## 本章考情分析

本章内容不多，不属于重点章，预计今年分数在4分左右，考试题型一般是客观题。本章重点是持有待售的非流动资产的分类和计量。

## 本章教材变化

本章今年没有变化。

## 基本内容框架

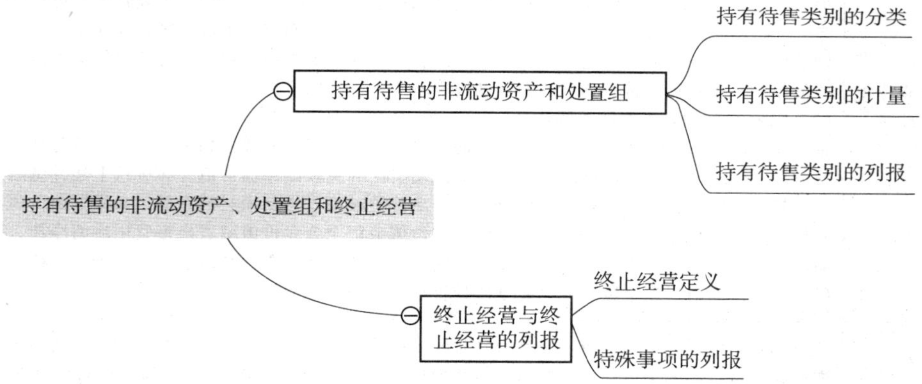


## 通关重难点例题解析

本章包括两件事：一是非流动资产划分为持有待售类别，非流动资产就转为流动资产了，能够正确反映资产的流动性；二是企业中的重要业务终止经营了，这部分业务在以后就没有业绩了，应在利润表中单独列报，以反映企业的持续经营能力。本章应重点掌握：

### 一、持有待售类别的分类要求

（1）企业主要通过出售而非持续使用一项非流动资产或处置组收回其账面价值的，应当将其划分为持有待售类别。处置组，是指在一项交易中作为整体通过出售或其他方式一并处置的一组资产，以及在该交易中转让的与这些资产直接相关的负债。处置组所属的资产组或资产组组合按照《企业会计准则第8号——资产减值》分摊了企业合并中取得的商誉的，该处置组应当包含分摊至处置组的商誉。

（2）非流动资产或处置组划分为持有待售类别，应当同时满足下列条件：①可立即出售，根据类似交易中出售此类资产或处置组的惯例，在当前状况下即可立即出售；②出售极可能发生，即企业已经就一项出售计划作出决议且获得确定的购买承诺，预计出售将在一年内完成。有关规定要求企业相

关权力机构或者监管部门批准后方可出售的，应当已经获得批准。

## 二、持有待售的计量

持有待售类别的计量应掌握划分为持有待售类别前的计量、划分为持有待售类别时的计量、划分为持有待售类别后的计量和不再继续划分为持有待售类别的计量，现将其要点归纳如下表：

**持有待售类别的计量**

| | 相关规定 |
|---|---|
| 划分为持有待售类别前的计量 | 企业将非流动资产或处置组首次划分为持有待售类别前，应当按照相关会计准则规定（如固定资产、无形资产等）计量非流动资产或处置组中各项资产和负债的账面价值。 |
| 划分为持有待售类别时的计量 | (1) 对于持有待售的非流动资产或处置组，企业在初始计量时应当按照相关会计准则规定计量流动资产、适用其他准则计量规定的非流动资产和负债。<br>(2) 如果持有待售的非流动资产或处置组整体账面价值低于其公允价值减去出售费用后的净额，企业不需要对账面价值进行调整；如果账面价值高于公允价值减去出售费用后的净额的，应当将账面价值减记至公允价值减去出售费用后的净额，减记的金额确认为资产减值损失，计入当期损益，同时计提持有待售资产减值准备。 |
| 划分为持有待售类别后的计量 | (1) 持有待售的非流动资产的后续计量。<br>企业在资产负债表日重新计量持有待售的非流动资产时，其账面价值高于公允价值减去出售费用后的净额的，应当将账面价值减记至公允价值减去出售费用后的净额，减记的金额确认为资产减值损失，计入当期损益，同时计提持有待售资产减值准备。如果后续资产负债表日持有待售的非流动资产公允价值减去出售费用后的净额增加的，以前减记的金额应当予以恢复，并在划分为持有待售类别后确认的资产减值损失金额内转回，转回金额计入当期损益；划分为持有待售类别前确认的资产减值损失不得转回。持有待售的非流动资产不应计提折旧或摊销。<br>(2) 持有待售的处置组的后续计量。<br>企业在资产负债表日重新计量持有待售的处置组时，应当首先按照相关会计准则规定计量处置组中的流动资产、适用其他准则计量规定的非流动资产和负债的账面价值。在进行上述计量后，企业应当比较持有待售的处置组整体账面价值与公允价值减去出售费用后的净额，如果账面价值高于其公允价值减去出售费用后的净额，应当将账面价值减记至公允价值减去出售费用后的净额，减记的金额确认为资产减值损失，计入当期损益，同时计提持有待售资产减值准备。对于持有待售的处置组确认的资产减值损失金额，应当先抵减处置组中商誉的账面价值。 |
| 不再继续划分为持有待售类别的计量 | 非流动资产或处置组因不再满足持有待售类别的划分条件而不再继续划分为持有待售类别或非流动资产从持有待售的处置组中移除时，应当按照以下两者孰低计量：(1) 划分为持有待售类别前的账面价值，按照假定不划分为持有待售类别情况下本应确认的折旧、摊销或减值等进行调整后的金额；(2) 可收回金额。 |

## 三、终止经营的定义和列报

**终止经营的定义和列报**

| | 相关规定 |
|---|---|
| 终止经营的定义 | 终止经营，是指企业满足下列条件之一的、能够单独区分的组成部分，且该组成部分已经处置或划分为持有待售类别：(1) 该组成部分代表一项独立的主要业务或一个单独的主要经营地区；(2) 该组成部分是拟对一项独立的主要业务或一个单独的主要经营地区进行处置的一项相关联计划的一部分；(3) 该组成部分是专为转售而取得的子公司。 |
| 终止经营列报 | 企业应当在利润表中分别列示持续经营损益和终止经营损益。终止经营的相关损益应当作为终止经营损益列报，列报的终止经营损益应当包含整个报告期间，而不仅包含认定为终止经营后的报告期间。 |

【例 25-1】（2019 年多选题）下列各项关于终止经营列报的表述中，错误的有（　　）。

A. 终止经营的相关损益作为持续经营损益列报

B. 终止经营的处置损益以及调整金额作为终止经营损益列报

C. 对于当期列报的终止经营，在当期财务报表中将处置日前原来作为持续经营损益列报的信息重新作为终止经营损益列报，但不调整可比会计期间利润表

D. 拟结束使用而非出售的处置组满足终止经营定义中有关组成部分条件的，自停止使用日起作为终止经营列报

【答案】AC

【解析】终止经营的相关损益应当作为终止经营损益列报，选项 A 不符合题意；从财务报表可比性出发，对于当期列报的终止经营，企业应当在当期财务报中将原来作为持续经营损益列报的信息重新作为可比会计期间的终止经营损益列报，调整可比期间利润表，选项 C 不符合题意。

【例 25-2】（2017 年多选题）下列各项中，不应计入发生当期损益的有（　　）。

A. 开发无形资产时发生的符合资本化条件的支出

B. 以公允价值计量的投资性房地产持有期间公允价值的变动

C. 经营用固定资产转为持有待售时其账面价值小于公允价值减去处置费用后的金额

D. 对联营企业投资的初始投资成本大于应享有投资时联营企业可辨认净资产公允价值的差额

【答案】ACD

【解析】开发无形资产时发生的符合资本化条件的支出应计入无形资产成本，不影响当期损益，选项 A 错误；经营用固定资产转为持有待售时其账面价值小于公允价值减去处置费用后的金额，不做账务处理，选项 C 错误；对联营企业投资的初始投资成本大于应享有投资时联营企业可辨认净资产公允价值的差额不进行账务处理，选项 D 错误；选项 B 以公允价值计量的投资性房地产持有期间公允价值的变动计入公允价值变动损益。

## 通关演练

### 一、单项选择题

1. 下列关于持有待售的说法中，不正确的是（　　）。

A. 企业主要通过出售而非持续使用一项非流动资产或处置组收回其账面价值的，应当将其划分为持有待售类别

B. 企业专为转售而取得的非流动资产或处置组，在取得日满足“预计出售将在一年内完成”的规定条件，且短期（通常为 3 个月）内很可能满足持有待售类别的其他划分条件的，企业应当在取得日将其划分为持有待售类别

C. 企业应当将拟结束使用而非出售的非流动资产或处置组划分为持有待售类别

D. 企业因出售对子公司的投资等原因导致其丧失对子公司控制权的，无论出售后企业是否保留部分权益性投资，应当在拟出售的对子公司投资满足持有待售类别划分条件时，在母公司个别财务报表中将对子公司投资整体划分为持有待售类别，在合并财务报表中将子公司所有资产和负债划分为持有待售类别

2. 甲公司计划出售一项固定资产，该固定资产于 2×19 年 6 月 30 日被划分为持有待售固定资产，公允价值为 320 万元，预计处置费用为 5 万元。该固定资产购买于 2×02 年 12 月，原值为 1 000 万元，预计净残值为零，预计使用寿命为 10 年，采用年限平均法计提折旧，取得时已达到预定可使用状态。不考虑其他因素，该固定资产 2×19 年 6 月 30 日应予列报的金额是（　　）。

A. 315 万元　　B. 320 万元

C. 345 万元　　D. 350 万元

3. 关于固定资产划分为持有待售类别，有关计量的说法中，不正确的是（　　）。

A. 企业将固定资产首次划分为持有待售类别前，应按固定资产准则计量固定资产的账面价值

B. 划分为持有待售类别时，如果固定资产账面价值高于公允价值减去出售费用后的

净额的，应当将账面价值减记至公允价值减去出售费用后的净额，减记的金额确认为资产减值损失，计入当期损益，同时计提持有待售资产减值准备

C. 划分为持有待售类别后，企业在资产负债表日重新计量持有待售的非流动资产时，其账面价值高于公允价值减去出售费用后的净额的，应当将账面价值减记至公允价值减去出售费用后的净额，减记的金额确认为资产减值损失，计入当期损益，同时计提持有待售资产减值准备

D. 持有待售固定资产应计提折旧

4. 下列关于持有待售类别的列报，不正确的是(　　)。

A. 持有待售资产和负债不应当相互抵消

B. 持有待售的处置组中的负债应作为流动负债列示

C. 持有待售的非流动资产应作为流动资产列示

D. 持有待售的处置组中的资产与持有待售的处置组中的负债应当以抵消后的净额列示为流动资产或流动负债

5. 2×19 年 12 月 15 日，A 公司与甲公司签订具有法律约束力的股权转让协议，将其持有子公司——乙公司 70% 股权转让给甲公司。A 公司原持有乙公司 90% 股权，转让完成后，A 公司将失去对乙公司的控制，但能够对乙公司实施重大影响。截至 2×19 年 12 月 31 日止。上述股权转让的交易尚未完成。假定 A 公司就出售的对乙公司投资满足持有待售类别的条件。不考虑其他因素，下列各项关于 A 公司 2×19 年 12 月 31 日合并资产负债表列报的表述中，正确的是(　　)。

A. 对乙公司全部资产和负债按其净额在持有待售资产或持有待售负债项目列报

B. 将乙公司全部资产在持有待售资产项目列报，全部负债在持有待售负债项目列报

C. 将拟出售的乙公司 20% 股权部分对应的净资产在持有待售资产或持有待售负债项目列报，其余乙公司 20% 股权部分对应的净资产在其他流动资产或其他流动负债项目列报

D. 将乙公司全部资产和负债按照其在乙公司资产负债表中的列报形式在各个资产和负债项目分别列报

## 二、多项选择题

1. 非流动资产或处置组划分为持有待售类别，应当同时满足的条件有(　　)。

A. 可立即出售

B. 优质资产

C. 出售极可能发生

D. 要求监管部门批准后方可出售的，应当已经获得批准

2. 关于持有待售和终止经营的列报，下列说法中正确的有(　　)。

A. 企业应当在利润表中分别列示持续经营损益和终止经营损益

B. 不符合终止经营定义的持有待售的非流动资产或处置组，其减值损失和转回金额应当作为持续经营损益列报

C. 不符合终止经营定义的持有待售的非流动资产或处置组，其处置损益应当作为终止经营损益列报

D. 终止经营的减值损失和转回金额等经营损益及处置损益应当作为终止经营损益列报

3. 下列关于持有待售处置组后续计量的说法中，正确的有(　　)。

A. 企业在资产负债表日应重新计量持有待售的处置组

B. 处置组中的存货的后续计量应执行存货准则进行相关会计处理

C. 对于持有待售的处置组确认的资产减值损失金额，应当先抵减处置组中商誉的账面价值

D. 持有待售的处置组中负债应当按公允价值计量，不再确认利息

4. 下列关于持有待售资产终止确认的会计处理中，正确的有(　　)。

A. 企业终止确认持有待售的固定资产，应当将尚未确认的利得或损失计入资产处置损益

B. 企业终止确认持有待售的长期股权投资，应当将尚未确认的利得或损失计入其他综合收益

C. 企业终止确认持有待售的无形资产，应当将尚未确认的利得或损失计入资产处置损益

D. 企业终止确认持有待售资产组时，应

当将尚未确认的利得或损失计入资产处置损益

5. 下列关于持有待售资产处置组计提减值的说法中，正确的有(　　)。

A. 如果后续资产负债表日持有待售的处置组公允价值减去出售费用后的净额增加，以前减记的金额应当予以恢复

B. 恢复已计提的减值时，应在划分为持有待售类别后适用持有待售准则计量规定的非流动资产确认的资产减值损失金额内转回

C. 恢复减值转回金额计入当期损益

D. 持有待售的处置组确认的资产减值损失后续转回金额，应当根据处置组中除商誉外适用持有待售准则计量规定的各项非流动资产账面价值所占比重，按比例增加其账面价值

## 三、计算分析题

1. 2×19 年 3 月 1 日，甲公司购入乙公司全部股权，支付价款 1 600 万元。购入该股权之前，甲公司的管理层已经做出决议，一旦购入乙公司，将在一年内将其出售给丙公司，乙公司当前状况下即可立即出售。预计甲公司还将为出售该子公司支付 12 万元的出售费用。甲公司与丙公司计划于 2×19 年 3 月 31 日签署股权转让合同，甲公司与丙公司初步议定股权转让价格为 1 620 万元。

2×19 年 3 月 31 日，甲公司与丙公司签订合同，转让所持有乙公司的全部股权，转让价格为 1 605 万元，甲公司预计还将支付 8 万元的出售费用。

2×19 年 4 月 20 日，甲公司收到股权转让款 1 607 万元，并支付了相关费用 5 万元，办理完成了有关股权转让手续。

要求：对上述业务在 3 月 1 日取得股权时、3 月 31 日以及 4 月 20 日转让时进行会计处理。

2. 甲公司有关固定资产转为持有待售资产情况如下：

（1）甲公司于 2×19 年 3 月 5 日支付 8 000 万元购入办公楼，取得普通发票。

（2）2×19 年 4 月开始计提折旧。该固定资产预计使用年限 50 年，预计净残值为零，采用直线法计提折旧。

（3）2×19 年 12 月初，甲公司因需要资金，决定将该办公楼出售，按照惯例可以立即出售，并于 2×19 年 12 月 31 日与乙公司签订了转让协议意向书，约定：该办公楼确定转让价格为 8 100 万元（不含税），拟在 2×20 年办理完转让手续。甲公司预计出售费用为 60 万元。

（4）2×20 年 3 月 20 日，甲公司收到固定资产转让款 8 829 万元，开出增值税专用发票注明的价款为 8 100 万元，增值税额 729 万元（8 100 ×9%），并办理完毕产权转让手续；另外支付出售中的中介费用 62 万元。

# 答案及解析

## 一、单项选择题

1. 【答案】C

【解析】企业不应当将拟结束使用而非出售的非流动资产或处置组划分为持有待售类别，选项 C 不正确，其余选项正确。

2. 【答案】A

【解析】持有待售固定资产按照固定资产账面价值与公允价值减去处置费用后的净额孰低计量。2×19 年 6 月 30 日公允价值减去处置费用后的净额 = 320 − 5 = 315（万元）；固定资产账面价值 = 原值 1 000 − 累计折旧［(1 000 − 0) ÷ 10 × 6.5］= 1 000 − 650 = 350（万元），按照孰低原则，持有待售固定资产应予列报金额为 315 万元。

3. 【答案】D

【解析】持有待售固定资产不应计提折旧，选项 D 不正确；其余选项正确。

4. 【答案】D

【解析】持有待售的处置组中的资产与持有待售的处置组中的负债不应当相互抵消，应当分别作为流动资产和流动负债列示。

5. 【答案】B

【解析】母公司出售部分股权，丧失对子公司控制权，但仍能施加重大影响的，应当在母公司个别报表中将拥有的子公司股权整体划分为持有待售类别，在合并财务报表中将子公司的所有资产和负债划分为持有待售类别分别进行列报。

## 二、多项选择题

1. 【答案】ACD

【解析】非流动资产或处置组划分为持有待售类别，应当同时满足下列条件：①可立即出售，根据类似交易中出售此类资产或处置组的惯例，在当前状况下即可立即出售；②出售极可能发生，即企业已经就一项出售计划作出决议且获得确定的购买承诺，预计出售将在一年内完成。有关规定要求企业相关权力机构或者监管部门批准后方可出售的，应当已经获得批准。

2. 【答案】ABD

【解析】企业应当在利润表中分别列示持续经营损益和终止经营损益。不符合终止经营定义的持有待售的非流动资产或处置组，其减值损失和转回金额及处置损益应当作为持续经营损益列报，选项C不正确；终止经营的减值损失和转回金额等经营损益及处置损益应当作为终止经营损益列报。选项A、B、D正确。

3. 【答案】ABC

【解析】持有待售的处置组中负债的利息和其他费用应当继续予以确认，选项D不正确；其余选项正确。

4. 【答案】ACD

【解析】企业终止确认持有待售的非流动资产或处置组时，应当将尚未确认的利得或损失计入当期损益，选项B不正确；其余选项正确。

5. 【答案】ABCD

【解析】以上说法均正确。

## 三、计算分析题

1. 【答案】

（1）乙公司是专为转售而取得的子公司，其不划分为持有待售类别情况下的初始计量金额应当为1 600万元，当日公允价值减去出售费用后的净额为1 608万元（1 620－12），按照两者孰低计量，因净额1 608万元大于1 600万元，按照1 600万元计量。甲公司2×19年3月1日的账务处理如下：

借：持有待售资产——长期股权投资 16 000 000

贷：银行存款 16 000 000

（2）2×19年3月31日，甲公司持有的乙公司的股权公允价值减去出售费用后的净额为1 597万元（1 605－8），账面价值为1 600万元，以二者孰低计量，应计提减值3万元。甲公司2×19年3月31日的账务处理如下：

借：资产减值损失 30 000

贷：持有待售资产减值准备——长期股权投资 30 000

（3）2×19年4月20日，甲公司收到股权转让款1 607万元，并支付了相关费用5万元，甲公司账务处理如下：

借：银行存款 16 070 000

持有待售资产减值准备——长期股权投资 30 000

投资收益 5

贷：持有待售资产——长期股权投资 16 000 000

银行存款 5

2. 【答案】

（1）2×19年2月5日甲公司购入固定资产，甲公司的账务处理为（单位：万元）：

借：固定资产——办公楼 8 000

贷：银行存款 8 000

（2）2×19年4～12月折旧额＝（8 000－0）÷50÷12×9＝120（万元）。甲公司计提折旧的账务处理：

借：管理费用 120

贷：累计折旧 120

（3）2×19年12月31日，甲公司应将该办公楼划分为持有待售类别，当日该固定资产的账面价值＝原值8 000－累计折旧120＝7 880（万元），公允价值－出售费用＝8 100－60＝8 040（万元），根据“孰低”原则，不调整固定资产账面价值。甲公司的账务处理是：

借：持有待售资产——固定资产 7 880

累计折旧 120

贷：固定资产——仓库 8 000

（4）2×20年3月20日，收到股权转让款并办理完毕股权转让手续。甲公司账务处理为：

借：银行存款 8 829

贷：持有待售资产——固定资产 7 880

应交税费——应交增值税（销项税额） 729

银行存款 62

资产处置损益 158

# 第二十六章　企业合并

## 本章考情分析

企业合并在考试中属于重点内容，几乎每年必出大题。由于企业合并一定是结合长期股权投资来考，大部分知识点已经在长期股权投资章阐述了，本章主要补充说明企业合并的概念和特殊情况，内容就不多了。本章预计分数在 8 分左右。

## 本章教材变化

本章教材今年没有变化。

## 基本内容框架

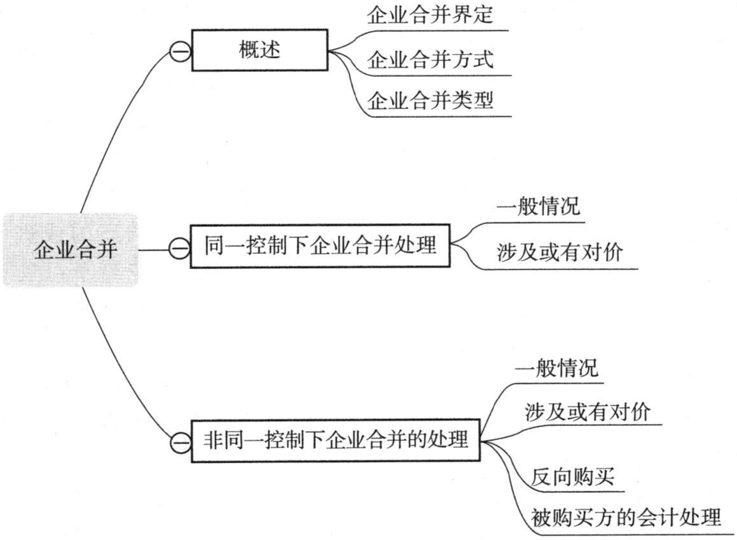


## 通关重难点例题解析

企业合并可分为控股合并、吸收合并和新设合并；控股合并形成长期股权投资，已在第 7 章阐述；新设合并就是新成立一家公司，不按照企业合并准则处理。所以本章内容就不多了。本章应掌握企业合并的界定、合并类型、合并日如何并账并表。

### 一、企业合并的界定

企业合并，是指将两个或两个以上单独的企业合并形成一个报告主体的交易或事项。企业合并的界定图示如下：

控制权转移 ⟶ 报告主体变化 }
形成新的业务 } ⟶ 企业合并

## 二、企业合并类型

企业合并类型可分为同一控制（集团内）和非同一控制（集团外），具体情况如下：

企业合并类型

| | 定义 |
|---|---|
| 同一控制下企业合并 | 参与合并的企业在合并前及合并后均受同一方或相同的多方最终控制且该控制并非暂时性的，为同一控制下的企业合并。同一控制下的企业合并，在合并日取得对其他参与合并企业控制权的一方为合并方，参与合并的其他企业为被合并方。 |
| 非同一控制下企业合并 | 非同一控制下的企业合并，是指参与合并各方在合并前后不受同一方或相同的多方最终控制的合并交易，即除判断属于同一控制下企业合并的情况以外其他的企业合并。 |

企业合并的会计处理与合并类型高度相关：同一控制下企业合并属于资源的整合，企业集团不能因为合并增加资产、负债，不能因为合并本身增加收入、利润，因此应采用“账面价值”并账和并表；非同一控制下企业合并则采用“公允价值”并账和并表。

## 三、同一控制下企业合并的会计处理

1. 合并方在合并中确认取得的被合并方的资产、负债仅限于被合并方账面上原已确认的资产和负债，合并中不产生新的资产和负债，即按原有资产、负债确认。

2. 合并方在合并中取得的被合并方各项资产、负债应维持其在被合并方的原账面价值不变，即按原账面价值计量。

3. 合并方在合并中取得的净资产的入账价值相对于为进行企业合并支付的对价账面价值之间的差额，不作为资产的处置损益，不影响合并当期利润表，有关差额应首先调整资本公积（资本溢价或股本溢价），资本公积（资本溢价或股本溢价）的余额不足冲减的，应依次调整盈余公积和未分配利润。即集团内的并购不能因为并购本身产生利润，否则，就可以通过并购调节利润了。

## 四、非同一控制下企业合并的会计处理（特殊处理部分）

1. 确定企业合并成本

（1）企业合并成本是购买方为进行企业合并支付的现金或非现金资产、发行或承担的债务、发行的权益性证券等在购买日的公允价值。

（2）或有对价的处理（对赌协议）。

①某些情况下，当企业合并合同或协议中规定视未来或有事项的发生，购买方通过发行额外证券、支付额外现金或其他资产等方式追加合并对价，或者要求返还之前已经支付的对价。购买方应当将合并协议约定的或有对价作为企业合并转移对价的一部分，按照其在购买日的公允价值计入企业合并成本。或有对价符合金融负债或权益工具定义的，购买方应当将支付或有对价确认为一项负债或权益；符合资产定义并满足资产确认条件的，购买方应当将符合合并协议约定条件的、对已支付的合并对价中可收回部分的权利确认为一项资产。

②同时规定，购买日 12 个月内出现对购买日已存在情况的新的或进一步证据需要调整或有对价的，应当予以确认并对原计入合并商誉的金额进行调整；其他情况发生的或有对价变化或调整，应当区分情况进行会计处理：或有对价为权益性质的，不进行会计处理；或有对价为资产或负债性质的，如果属于会计准则规定的金融工具，应当采用公允价值计量，公允价值变动计入当期损益；如不属于金融工具，则应按或有事项等准则的规定处理。

2. 反向购买

反向购买是少见的业务类型，20 多年来只考过一次分数较多的题（5 分）。

（1）反向购买的概念

非同一控制下的企业合并，以发行权益性证券交换股权的方式进行的，通常发行权益性证券的一方为购买方。但某些企业合并中，发行权益性证券的一方因其生产经营决策在合并后被参与合并的另一方所控制的，发行权益性证券的一方虽然为法律上的母公司，但其为会计上的被购买方，该类企业合并通常称为“反向购买”。

（2）企业合并成本的确定

反向购买中，法律上的子公司（购买方）的企业合并成本是指其如果以发行权益性证券的方式为获取在合并后报告主体的股权比例，应向法律上母公司（被购买方）的股东发行的权益性证券数量与权益性证券的公允价值计量的结果。购买方的权益性证券在购买日存在公开报价的，通常应以公开报价作为其公允价值；购买方的权益性证券在购买日不存在可靠公开报价的，应参照购买方的公允价值和被购买方的公允价值二者之中有更为明显证据支持的作为基础，确定假定应发行权益性证券的公允价值。

（3）合并财务报表的编制

①合并财务报表中，法律上子公司的资产、负债应以其在合并前的账面价值进行确认和计量。因为最终母公司是法律上子公司的原母公司，属于同一企业集团，应采用账面价值编入合并报表。

②合并财务报表中的留存收益和其他权益余额应当反映的是法律上子公司在合并前的留存收益和其他权益余额。

【例 26－1】（2017 年试题）下列项目中应计入当期损益的有(　　)。

A. 取得交易性金融资产发生的交易费用

B. 非同一控制下企业合并发生的评估费

C. 同一控制下的企业合并发生的咨询费

D. 取得持有至到期投资发生的交易费用

【答案】ABC

【解析】选项 D，取得持有至到期投资发生的交易费用计入持有至到期投资成本。

【例 26－2】（2016 年综合题，考核企业合并或反向购买以及合并报表编制）甲公司为境内上市公司，专门从事能源生产业务。2×15 年，甲公司发生的企业合并及相关交易事项或事项如下：

（1）2×15 年 2 月 20 日，甲公司召开董事会，审议通过了以换股方式购买专门从事新能源开发业务的乙公司 80% 股权的方案。2×15 年 3 月 10 日，甲公司、乙公司及乙公司控股股东丙公司各自内部决策机构批准了该交易方案。2×15 年 6 月 18 日，证券监管机构核准了甲公司以换股方式购买乙公司 80% 股权的方案。

2×15 年 6 月 30 日，甲公司以 3：1 的比例向丙公司发行 6 000 万股普通股（即 3 甲：1 乙），取得乙公司 80% 股权，有关股份登记和股东变更手续当日完成；同日，甲公司、乙公司的董事会进行了改选，丙公司开始控制甲公司，甲公司开始控制乙公司。甲公司、乙公司普通股每股面值均为 1 元，2×15 年 6 月 30 日，甲公司普通股的公允值为每股 3 元，乙公司普通股的公允值为每股 9 元。

2×15 年 7 月 16 日，甲公司支付为实施上述换股合并而发生的会计师、律师、评估师等费用 350 万元，支付发行股票佣金 1 200 万元。

（2）甲公司、乙公司资产、负债等情况如下：

2×15 年 6 月 30 日，甲公司账面资产总额 17 200 万元，其中固定资产账面价值 4 500 万元，无形资产账面价值 1 500 万元，负债账面价值 90 000 万元，账面所有者权益（股东权益）合计 8 200 万元，其中：股本 5 000 万元（每股面值 1 元），资本公积 1 200 万元，盈余公积 600 万元，未分配利润 400 万元；2×15 年 6 月 30 日，甲公司除一项无形资产外，其他资产、负债的公允值与其账面价值相同，该无形资产为一项商标权，账面价值 1 000 万元，公允值 3 000 万元，按直线法摊销，预计尚可使用 5 年，预计净残值为 0。

2×15 年 6 月 30 日，乙公司账面资产总额 34 400 万元，其中固定资产账面价值 8 000 万元，无形资产账面价值 3 500 万元，负债账面价值 134 000 万元，账面所有者权益（股东权益）合计 21 000 万元，其中：股本 2 500 万元（每股面值 1 元），资本公积 500 万元，盈余公积 1 800 万元，未分配利润 16 200 万元；2×15 年 6 月 30 日，乙公司除一项固定资产外，其他资产、负债的公允值与其账面价值相同，该固定资产为一栋办公楼，账面价值 3 500 万元，公允值 6 000 万元，按年限平均法计提折旧，预计尚可使用 20 年，预计净残值为 0。

（3）2×15 年 12 月 20 日，甲公司向乙公司销售一批产品，销售价格（不含增值说）为100万元，成本为80万元，款项已收回。截至2×15年12月31日，乙公司从甲公司购入的产品已对外出售50%，其余50%形成存货。

（4）其他相关资料如下：

合并前，丙公司、丁公司分别持有乙公司80%和20%股权，甲公司与乙公司、丙公司、丁公司不存在关联方联系；合并后，甲公司与乙公司除材料（3）所述内部交易外，不存在其他交易。

甲公司和乙公司均按照年度净利润的10%计提法定盈余公积，不计提任意盈余公积。企业合并后，甲公司和乙公司没有向股东分配利润。

甲公司和乙公司适用的所得税税率为25%。甲公司以换股方式购买乙公司80%股权的交易适用特殊处理规定，即收购企业、被收购企业的原有各项资产和负债的计税基础保持不变，甲公司和乙公司合并前的各项资产、负债的账面价值和计税基础相同，不存在前期未确认暂时性差异所得税的影响的事项。甲公司和乙公司预计未来年度均有足够的应纳税所得额用以抵扣暂时性差异。

除所得税外，不考虑增值税及其他相关税费，不考虑其他因素。

要求：

（1）根据资料（1）~（2）及其他相关资料，判断该项企业合并的类型及会计上的购买方和被购买方，并说明理由。

（2）根据资料（1）~（2）及其他相关资料，确定该项企业合并的购买日（或合并日），并说明理由。

（3）根据资料（1）~（2）及其他相关资料，计算甲公司取得乙公司80%股权投资的成本，并编制相关会计分录。

（4）根据资料（1）~（2）及其他相关资料，计算该企业合并的合并成本和商誉（如有）。

（5）根据资料（1）~（2）及其他相关资料，计算甲公司购买日（或合并日）合并资产负责表中固定资产、无形资产、递延所得税资产（或负债）、盈余公积和未分配利润的列报金额。

（6）根据资料（3），编制甲公司2×15年度合并财务报表相关的抵消分录。

【答案】

（1）合并类型：反向购买；会计上的购买方：乙公司；被购买方：甲公司；

理由：2×15年6月30日，甲公司以3∶1的比例向丙公司发行6 000万股普通股，取得乙公司80%股权，有关股份登记和股东变更手续当日完成；同日，甲公司、乙公司的董事会进行了改选，丙公司开始控制甲公司，甲公司开始控制乙公司。因此，发行权益性证券的甲公司因其生产经营决策在合并后被参与合并的丙公司所控制，甲公司虽然为法律上的母公司，但其为会计上的被购买方，乙公司为会计上的购买方，该类企业合并称为“反向购买”。

（2）购买日：2×15年6月30日；理由：2×15年6月30日，甲公司以3∶1的比例向丙公司发行6 000万股普通股，取得乙公司80%股权，有关股份登记和股东变更手续当日完成；当日，甲公司、乙公司的董事会进行了改选，购买方取得对被购买方的控制权。

（3）甲公司取得乙公司80%股权投资的成本，并编制相关会计分录。

甲公司取得乙公司80%股权投资的成本=6 000×3=18 000（万元），相关会计分录为：

借：长期股权投资——乙公司　18 000
　贷：股本　（6 000×1）6 000
　　资本公积——股本溢价　12 000

借：管理费用　350
　资本公积——股本溢价　1 200
　贷：银行存款　1 550

（4）合并成本：企业合并后，乙公司原股东丙公司持有甲公司的股权比例为6 000/（6 000+5 000）=54.55%；假定乙公司发行本公司普通股对甲公司进行企业合并，在合并后主体享有同样的股权比例，乙公司应当发行的普通股股数为（2 500×80%）/54.55%−2 500×80%=3 666.67−2 000=1 666.67（万股）。

企业合并成本 = 1 666.67 × 9 = 15 000（万元）。

企业合并商誉 = 合并成本 15 000 − 取得净资产公允价值份额（8 200 + 2 000 × 75%）= 15 000 − 9 700 = 5 300（万元）。

注：购买日甲公司账面净资产 8 200 万元，无形资产公允比账面大 2 000 万元，考虑所得税影响确认递延所得税负债后，净资产增加 2 000 × 75% = 500（万元）。

（5）固定资产的列报金额 = 甲 4 500 + 乙 8 000 = 12 500（万元）

无形资产的列报金额 = 甲［1 500 +（3 000 − 1 000）］+ 乙 3 500 = 7 000（万元）

递延所得税资产的列报金额 = 0

递延所得税负债的列报金额 =（3 000 − 1 000）× 25% = 500（万元）

盈余公积的列报金额 = 甲 600 + 乙 1 800 × 80% − 抵消 600 = 1 440（万元）

未分配利润的列报金额 = 甲 1 400 + 乙 16 200 × 80% − 抵消 1 400 = 12 960（万元）。

（6）2 × 15 年末编制合并报表时，编制抵消分录：

借：营业收入　　100
　　贷：营业成本　　100
借：营业成本　　10
　　贷：存货［（100 − 80）× 50］　10

企业因该内部交易应确认的递延所得税资产 = 10 × 25% = 2.5（万元）

借：递延所得税资产　　2.5
　　贷：所得税费用　　2.5

## 通关演练

### 一、单项选择题

1. 下列各项中，不属于企业合并准则中所界定的企业合并的是（　　）。

A. A 公司通过发行债券自 B 公司原股东处取得 B 公司的全部股权，交易事项发生后 B 公司仍维持其独立法人资格持续经营

B. A 公司以其资产作为出资投入 B 公司，取得对 B 公司的控制权，交易事项发生后 B 公司仍维持其独立法人资格继续经营

C. A 公司支付对价取得 B 公司全部净资产，交易事项发生后 B 公司失去法人资格

D. A 公司购买 B 公司 40% 的股权，对 B 公司的生产经营决策产生重大影响

2. 下列关于合并类型的说法中，不正确的是（　　）。

A. 同一控制下的企业合并在合并前后均受同一方或相同多方的最终控制且该控制并非暂时性的

B. 同一控制下的企业合并一般发生与企业集团内部

C. 凡是同受国家控制的企业之间发生的合并均属于同一控制下的企业合并

D. 非同一控制下是指参与合并各方在合并前后不受同一方或相同的多方最终控制的合并交易

3. A 公司为一家规模较小的上市公司，B 公司为一家规模较大的未上市公司。B 公司拟通过收购 A 公司的方式达到上市目的，但该交易是通过 A 公司向 B 公司原股东发行普通股用以交换 B 公司原股东持有的对 B 公司股权方式实现。该项交易后，B 公司原控股股东持有 A 公司 60% 以上股权，A 公司持有 B 公司 70% 以上股权，则下列表述中不正确的是（　　）。

A. 该合并为反向购买

B. A 公司为法律上的母公司，B 公司为法律上的子公司

C. A 公司为购买方，B 公司为被购买方

D. A 公司为被购买方，B 公司为购买方

4. 甲公司所得税采用资产负债表债务法核算，适用的所得税税率为 25%。2 × 19 年 1 月 1 日，甲公司以增发 1 000 万股普通股（每股市价 1.5 元）作为对价，从 W 公司处取得乙公司 80% 的股权，能够对乙公司实施控制，另用银行存款支付发行费用 80 万元。当日，乙公司可辨认净资产账面价值为 1 600 万元，公允价值为 1 800 万元，差额为乙公司一项固定资产所引起的，该项固定资产的账面价值为 300 万元，公允价值为 500 万元。合并前甲公司与 W 公司不具有关联方关系。则对于该项企业合并的递延所得税影响，甲公司在合并日应做的处理为（　　）。

A. 确认递延所得税负债50万元

B. 确认递延所得税资产60万元

C. 不需确认递延所得税

D. 确认递延所得税资产50万元

5. 在法律上子公司发行的普通股股数在比较期间内和自反向购买发生期间的期初至购买日之间未发生变化的情况下，下列关于每股收益分母的计算中正确的是（　　）。

A. 发生反向购买当期，用于计算每股收益的发行在外普通股加权平均数应区分自当期期初至购买日和自购买日至期末发行在外的普通股数量考虑

B. 发生反向购买当期，用于计算每股收益的发行在外普通股加权平均数为法律上母公司实际发行在外的普通股数量

C. 发生反向购买当期，用于计算每股收益的发行在外普通股加权平均数为法律上母公司向法律上子公司股东发行的普通股数量

D. 比较合并财务报表的基本每股收益，应以在反向购买中法律上子公司向法律上母公司股东发行的普通股股数计算确定

## 二、多项选择题

1. 下列关于企业合并涉及的或有对价的处理中，正确的有（　　）。

A. 同一控制下企业合并涉及或有对价确认预计负债或确认资产后，该预计负债或资产金额与后续或有对价结算金额的差额应调整资本公积，资本公积（资本溢价或股本溢价）不足冲减的，调整留存收益，不影响损益

B. 非同一控制下企业合并涉及或有对价，购买方应按照其在购买日的公允价值计入企业合并成本

C. 非同一控制下企业合并涉及或有对价，购买日12个月内出现对购买日已存在情况的新的或进一步证据需要调整或有对价的，应当予以确认并对原计入合并商誉的金额进行调整

D. 非同一控制下企业合并涉及或有对价，购买日12个月后出现对购买日已存在情况的新的或进一步证据需要调整或有对价的，或有对价为资产或负债性质，如果属于会计准则规定的金融工具，则不进行会计处理

2. A公司（上市公司）于2×19年9月30日通过定向增发本公司普通股对B企业进行合并，以2股换1股的比例自B企业股东处取得了B企业全部股权（非同一控制下企业合并）。合并前A公司流通股1 200万股，2×19年9月30日A公司普通股的公允价值为15元/股，可辨认净资产账面价值为15 000万元，公允价值为17 000万元；合并前B企业可辨认净资产账面价值30 000万元，其中股本1 600万元，每股面值1元，留存收益28 400万元。以下合并报表上有关项目的填列，正确的有（　　）。

A. 合并日股本金额为2 200万元

B. 合并日留存收益为28 400万元

C. 合并日资本公积为17 400万元

D. 合并日商誉为3 000万元

3. 下列关于反向购买的说法中，不正确的有（　　）。

A. 法律上母公司取得对子公司的长期股权投资，按照合并财务报表中确定的合并成本计量

B. 法律上母公司的有关可辨认资产、负债在并入合并财务报表时，应以其在购买日确定的公允价值进行合并，企业合并成本大于合并中取得的法律上母公司（被购买方）可辨认净资产公允价值的份额体现为商誉，小于合并中取得的法律上母公司（被购买方）可辨认净资产公允价值的份额确认为合并当期损益

C. 编制合并财务报表时，比较信息应当是法律上母公司的比较信息

D. 法律上子公司的有关股东在合并过程中未将其持有的股份转换为对法律上母公司股份的，该部分股东享有的权益份额在合并财务报表中应作为少数股东权益列示

4. A公司于2×19年1月2日以2 000万元取得B公司10%的股份，取得投资时B公司可辨认净资产的公允价值为27 000万元。因能够参与B公司的生产经营决策，A公司对持有的该投资采用权益法核算。2×20年1月2日A公司又支付价款12 000万元取得B公司50%的股份，从而能够对B公司实施控制，发生法律服务、评估咨询等中介费用500万元。购买日B公司可辨认净资产公允价值为32 000万元。原10%股份的公允价值为

3 200 万元。自 A 公司 2×19 年取得投资后至 2×20 年增资前，B 公司共实现净利润 900 万元（假定不存在需要对净利润进行调整的因素），未进行利润分配，B 公司所持有的其他债权投资的公允价值变动（增加）额为 500 万元。A 公司按照 10% 提取盈余公积。假定购买日之前 A 公司与 B 公司没有任何关联方关系，则下列关于 A 公司在购买日的会计处理表述中，正确的有（　　）。

A. 购买日个别财务报表中追加投资的成本 12 000 万元计入长期股权投资成本

B. 购买日个别财务报表中原长期股权投资的账面价值为 2 840 万元

C. 在合并财务报表中，对于购买日之前持有的被购买方的股权，应当按照该股权在购买日的公允价值进行重新计量

D. 在合并财务报表中，企业合并成本为 14 840 万元

5. 关于同一控制下企业合并形成母子公司关系的，合并日的下列说法中正确的有（　　）。

A. 合并资产负债表中被合并方的各项资产、负债，应当按其账面价值计量

B. 合并资产负债表中被合并方的各项资产、负债，应当按其公允价值计量

C. 合并利润表应当包括合并方与被合并方自合并当期期初至合并日所发生的收入、费用和利润

D. 合并日需要编制合并资产负债表、合并利润表和合并现金流量表

## 三、计算分析题

1. 2×19 年 7 月 31 日乙公司以银行存款 1 200 万元取得丙公司 80% 股权，能够控制其生产经营决策。乙、丙公司合并前无关联方关系，双方适用的所得税税率均为 25%。购买日丙公司一项固定资产公允价值为 800 万元，账面价值为 600 万元，除该项固定资产外，其他可辨认净资产、负债公允价值和账面价值相等，丙公司可辨认净资产账面价值总额为 1 100 万元，其中股本 550 万元，资本公积 200 万元，盈余公积 150 万元，未分配利润 200 万元。

要求：

（1）编制乙公司购买日个别财务报表的会计分录。

（2）编制乙公司购买日合并财务报表调整抵消分录。

（答案中的金额单位用万元表示）

2. 甲公司为生产加工企业，其在 2019 年度发生了以下与股权投资相关的交易：

（1）甲公司在若干年前参与设立了乙公司并持有其 30% 的股权，将乙公司作为联营企业，采用权益法核算。2019 年 1 月 1 日，甲公司自 A 公司（非关联方）购买了乙公司 60% 的股权并取得了控制权，购买对价为 3 000 万元，发生与合并直接相关费用 100 万元，上述款项均以银行存款转账支付。2019 年 1 月 1 日，甲公司原持有对乙公司 30% 长期股权投资的账面价值为 600 万元（长期股权投资账面价值的调整全部为乙公司实现净利润，乙公司不存在其他综合收益及其他影响权益变动的因素）；当日乙公司净资产账面价值为 2 000 万元，可辨认净资产公允价值为 3 000 万元，乙公司 100% 股权的公允价值为 5 000 万元，30% 股权的公允价值为 1 500 万元，60% 股权的公允价值为 3 000 万元。

（2）2019 年 6 月 20 日，乙公司股东大会批准 2018 年度利润分配方案，提取盈余公积 10 万元，分配现金股利 90 万元，以未分配利润 200 万元转增股本。

（3）2019 年 1 月 1 日，甲公司与 B 公司出资设立丙公司，双方共同控制丙公司。丙公司注册资本 2 000 万元，其中甲公司占 50%。甲公司以公允价值为 1 000 万元的土地使用权出资，B 公司以公允价值为 500 万元的机器设备和 500 万元现金出资。该土地使用权系甲公司于 10 年前以出让方式取得，原值为 500 万元，期限为 50 年，按直线法摊销，预计净残值为零，至投资设立丙公司时账面价值为 400 万元，后续仍可使用 40 年。

丙公司 2019 年实现净利润 220 万元。

（4）2019 年 1 月 1 日，甲公司自 C 公司购买丁公司 40% 的股权，并派人参与丁公司生产经营决策，购买对价为 4 000 万元，以银行存款转账支付。购买日，丁公司净资产账面价值为 5 000 万元，可辨认净资产公允价值为 8 000 万元，3 000 万元增值均来自于丁公

司的一栋办公楼。该办公楼的原值为2 000万元，预计净残值为零，预计使用寿命为40年，采用年限平均法计提折旧，自甲公司取得丁公司股权之日起剩余使用寿命为20年。

丁公司2019年实现净利润900万元，实现其他综合收益200万元。

(5) 其他资料：本题中不考虑所得税等税费及其他相关因素。

要求：

(1) 根据资料 (1)，计算甲公司在进一步取得乙公司60%股权后，个别财务报表中对乙公司长期股权投资的账面价值，并编制相关会计分录；计算甲公司合并财务报表中与乙公司投资相关的商誉金额，计算该交易对甲公司合并财务报表损益的影响。

(2) 根据资料 (2)，针对乙公司2018年利润分配方案，说明甲公司个别财务报表中的相关会计处理，并编制相关会计分录。

(3) 根据资料 (3)，编制甲公司对丙公司出资及确认2019年投资收益相关的会计分录。

(4) 根据资料 (4)，计算甲公司对丁公司的初始投资成本，并编制相关会计分录。计算甲公司2019年因持有丁公司股权应确认的投资收益金额，并编制调整长期股权投资账面价值相关的会计分录。

## 答案及解析

### 一、单项选择题

1. 【答案】D

【解析】企业合并是指将两个或两个以上单独的企业合并形成一个报告主体的交易或事项。从企业合并的定义看，是否形成企业合并，关键要看相关交易或事项发生前后是否引起报告主体的变化。选项D，A公司不能对B公司实施控制，不会引起报告主体的变化，不属于企业合并。

2. 【答案】C

【解析】同受国家控制的企业之间发生的合并，不应仅仅因为参与合并各方在合并前后均受国家控制而将其作为同一控制下企业合并，选项C不正确；其余选项正确。

3. 【答案】C

【解析】本业务属于反向购买。在反向购买下，A公司为法律上的母公司，但为实质上的被购买方；B公司为法律上的子公司，但为实质上的购买方，选项C不正确，其余选项正确。

4. 【答案】A

【解析】购买日乙公司该项固定资产在合并报表上的账面价值为500万元，计税基础为300万元，应确认递延所得税负债 $=(500-300)\times25\%=50$（万元）。

5. 【答案】A

【解析】选项B和C，发生反向购买当期，用于计算每股收益的发行在外普通股加权平均数为：(1) 自当期期初至购买日，发行在外的普通股数量应假定为在该项合并中法律上母公司向法律上子公司股东发行的普通股数量，(2) 自购买日至期末发行在外的普通股数量为法律上母公司实际发行在外的普通股股数；选项D，比较合并财务报表的基本每股收益，应以在反向购买中法律上母公司向法律上子公司股东发行的普通股股数计算确定。

### 二、多项选择题

1. 【答案】ABC

【解析】非同一控制下企业合并涉及或有对价，购买日12个月后出现对购买日已存在情况的新的或进一步证据需要调整或有对价的，或有对价为资产或负债性质，如果属于会计准则规定的金融工具，应当按照以公允价值计量且其变动计入当期损益进行会计处理。

2. 【答案】ABC

【解析】选项A，合并日股本金额 $=(1\ 600+600)\times1=2\ 200$（万元）（披露结构为A公司4 400万股）；选项B和C，合并日会计上购买方留存收益28 400万元，资本公积 $=(2\times15-1)\times600=17\ 400$（万元）；选项D，合并日商誉 = 合并成本 $15\times1\ 200$ − 被购买方公允价值 $17\ 000=1\ 000$（万元）。

3. 【答案】AC

【解析】法律上母公司在该项合并中形成的对法律上子公司长期股权投资成本的确定，应当遵从《企业会计准则第2号——长期股权投资》的相关规定，选项A错误；编制合并财务报表时，比较信息应当是法律上子公司的比较信息，选项 C 错误。

4.【答案】ABC

【解析】选项 B，购买日个别财务报表中原长期股权投资的账面价值 = 2 000 + (27 000 × 10% − 2 000) + 900 × 10% + 500 × 10% = 2 840（万元）；选项 D，企业合并成本 = 3 200 + 12 000 = 15 200（万元）。

5.【答案】ACD

【解析】同一控制下的企业合并，合并资产负债表中被合并方的各项资产、负债，应当按其账面价值计量。合并利润表应当包括合并方与被合并方自合并当期期初至合并日所发生的收入、费用和利润。合并日需要编制合并资产负债表、合并利润表和合并现金流量表。

## 三、计算分析题

1.【答案】

（1）购买日乙公司个别财务报表的会计分录：

借：长期股权投资　　1 200

　贷：银行存款　　1 200

（2）乙公司购买日合并财务报表调整抵消分录：

①调整分录：

借：固定资产　　200

　贷：资本公积　　150

　　递延所得税负债　　50

②抵消分录：

借：股本　　550

　资本公积（200 + 150）350

　盈余公积　　150

　未分配利润　　200

　商誉　　200

　　[1 200 − (1 100 + 200 − 50) × 80%]

　贷：长期股权投资　　1 200

　　少数股东权益　　250

　　[(550 + 200 + 150 + 150 + 200) × 20%]

2.【答案】

（1）根据资料（1），计算甲公司在进一步取得乙公司 60% 股权后，个别财务报表中对乙公司长期股权投资的账面价值，并编制相关会计分录；计算甲公司合并财务报表中与乙公司投资相关的商誉金额，计算该交易对甲公司合并财务报表损益的影响。

甲公司个别财务报表中长期股权投资的账面价值 = 600 + 3 000 = 3 600（万元）

会计分录如下：

借：长期股权投资　　3 000

　贷：银行存款　　3 000

借：管理费用　　100

　贷：银行存款　　100

甲公司合并财务报表中的商誉计算过程如下：

商誉 = 甲公司原持有 30% 股权的公允价值 + 新增 60% 股权的购买成本 − 乙公司可辨认净资产公允价值的份额 = (1 500 + 3 000) − 3 000 × 90% = 4 500 − 2 700 = 1 800（万元）

该交易对甲公司合并财务报表的损益影响 = −100 + (1 500 − 600) = 800（万元）

注：原投资作为先卖后买，账面价值 600 万元与公允价值 1 500 万元之间的差额计入当期投资收益。

（2）根据资料（2），针对乙公司 20×5 年利润分配方案，说明甲公司个别财务报表中的相关会计处理，并编制相关会计分录。

自 2019 年 1 月 1 日起，甲公司对乙公司持股 90% 并采用成本法核算。对乙公司宣告分配的现金股利按照应享有的份额确认投资收益，不区分是属于取得投资之前的利润还是取得投资之后的利润。

对乙公司提取盈余公积和以未分配利润转增股本，不属于分配现金股利或利润，甲公司不进行会计处理。

甲公司应确认的投资收益为 81 万元（90 × 90%），会计分录如下：

借：应收股利——乙公司　　81

　贷：投资收益　　81

（3）根据资料（3），编制甲公司对丙公司出资及确认 2019 年投资收益相关的会计分录。

2019 年 1 月 1 日投资时

借：长期股权投资　　1 000

　累计摊销　（10 × 10）100

　贷：无形资产　　500

　　营业外收入

　　（1 000 − 400）600

年末确认权益：

对于投资企业向合营企业出售资产的顺流交易，在该交易存在未实现内部交易损益的情况下，投资企业按照持股比例计算确定归属于本企业的部分不予确认。

丙公司调整后净利润 = 调整前净利润 220 - 未实现内部损益 [(600 + (25 - 10)] = -365（万元）

注：甲公司将账面价值为 400 万元的土地投入丙公司，公允价值为 1 000 万元，毛利为 600 万元；丙公司将土地 1 000 万元按 40 年摊销，每年摊销 25 万元，按原 400 万元，则每年摊销 10 万元。

借：投资收益

（365 × 50%）182.5

贷：长期股权投资 182.5

（4）根据资料（4），计算甲公司对丁公司的初始投资成本，并编制相关会计分录。计算甲公司 2019 年因持有丁公司股权应确认的投资收益金额，并编制调整长期股权投资账面价值相关的会计分录。

甲公司购买丁公司 40% 股权的初始投资成本为 4 000 万元。会计分录如下：

借：长期股权投资 4 000

贷：银行存款 4 000

丁公司自身报表中该办公楼的年折旧额 = 2 000/40 = 50（万元）

购买日办公楼的账面价值 = 原值 2 000 - 累计折旧 50 × 20 = 1 000（万元）

购买日办公楼的公允价值 = 账面 1 000 + 增值 3 000 = 4 000（万元）

基于购买日公允价值计算的办公楼年折旧额 = 4 000/20 = 200（万元）

在进行权益法核算时，应该将丁公司的年度净利润调减 150 万元

甲公司应确认投资收益 = (丁公司净利润 + 基于公允价值的折旧调整) × 甲公司的持股比例 = (900 - 150) × 40% = 750 × 40% = 300（万元）

甲公司在权益法下应享有的丁公司其他综合收益的份额 = 丁公司其他综合收益 × 甲公司的持股比例 = 200 × 40% = 80（万元）

会计分录如下：

借：长期股权投资 300

贷：投资收益 300

借：长期股权投资 80

贷：其他综合收益 80

# 第二十七章　合并财务报表

## 本章考情分析

本章篇幅最多，在考试中特别重要，每年分数在15分左右，每年必有一道大题。本章复习重点是合并范围的确定、调整分录和抵销分录的编制以及特殊交易在合并报表中的会计处理。

## 本章教材变化

本章今年稍有变化：根据2019年财政部发布的合并报表新格式，修改了例子中合并报表的部分项目，考生应熟悉报表的新格式，以提高应试能力和实战能力。

## 基本内容框架

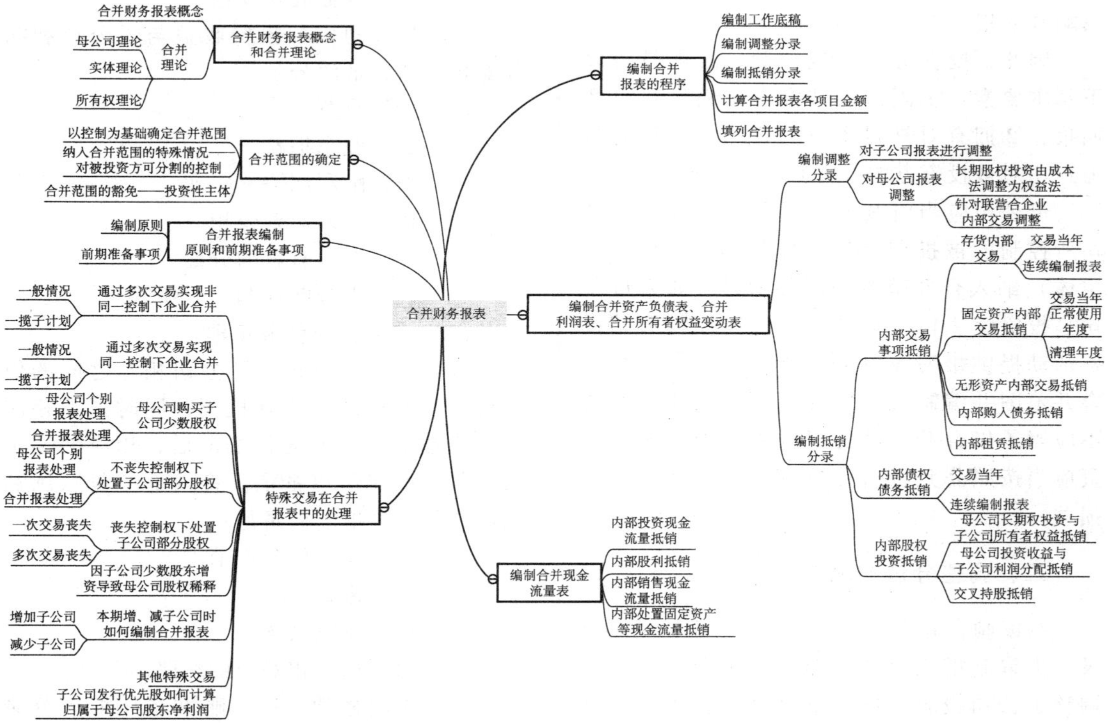

## 通关重难点例题解析

合并财务报表与企业合并高度相关，企业合并是解决合并日如何并账并表，合并财务报表是合并日后合并报表如何编制。本章应重点掌握合并范围的确定、合并调整分录的编制和合并抵消分录的编制和多次交易实现企业合并的处理。

### 一、合并范围的确定

合并范围的增减变化是企业集团调节利润最有效的方法，因此，合并范围的确定就变得很重要。合并范围的确定应以控制为基础加以确定（定性），同时，以持股比例作为参考标准（定量）。

控制，是指投资方拥有对被投资方的权力，通过参与被投资方的相关活动而享有可变回报，并且有能力运用对被投资方的权力影响其回报金额。

因此，投资方要实现控制，必须具备以下基本要素：①因涉入被投资方而享有可变回报；②拥有对被投资方的权力，并且有能力运用对被投资方的权力影响其回报金额。

母公司应当将其全部子公司（包括母公司所控制的被投资单位可分割部分、结构化主体）纳入合并范围。例外的是，如果母公司是投资性主体，则母公司应当仅将为其投资活动提供相关服务的子公司（如有）纳入合并范围并编制合并财务报表；其他子公司不应当予以合并，母公司对其他子公司的投资应当按照公允价值计量且其变动计入当期损益。

### 二、调整分录的编制

在编制合并财务报表时，应编制调整分录，再编制抵消分录。编制调整分录时，先调整子公司报表，再调整母公司报表。子公司报表的调整在考试中考的是集团外并购情况下，应将子公司报表基于购买日子公司资产、负债的公允价值为基础持续计量的金额进行调整；母公司报表则应将对子公司的长期股权投资由成本法调整为权益法。

### 三、编制抵消分录

根据“一体性”原则，在合并报表编制中，必须将母子公司看成是一个整体，因此，母子公司之间的交易就成为内部交易，应进行抵消。抵消分录包括三类：内部股权投资的抵消、内部债权债务的抵消、内部交易的抵消。

（1）内部股权投资抵消。

①将母公司对子公司的长期股权投资与子公司所有者权益抵消。

按照一体性原则，应将母公司长期股权投资与子公司所有者权益抵消，抵消分录是：

借：实收资本<br>
　　资本公积<br>
　　其他综合收益<br>
　　盈余公积<br>
　　未分配利润<br>
　　（商誉）<br>
　　贷：长期股权投资<br>
　　　　少数股东权益

②将母公司内部投资收益与子公司利润分配相抵消，抵消分录是：

借：投资收益<br>
　　少数股东损益<br>
　　未分配利润——年初<br>
　　贷：提取盈余公积<br>
　　　　对所有者的分配<br>
　　　　未分配利润——年末

（2）内部债权债务抵消。

母公司与子公司、子公司相互之间的债权与债务项目应当相互抵消，同时抵消相应的减值准备；减值准备抵消后，相应的递延所得税资产应予以抵消。将内部应收账款和内部应付账款抵消分录是：

①将内部债权债务抵消：

借：应付账款<br>
　　贷：应收账款

②将内部债权相对应的坏账准备抵消

借：应收账款——坏账准备（抵消分录采用报表项目）<br>
　　贷：信用减值损失

③ 由于在计提坏账准备时产生了可抵扣暂时性差异，母公司已确认递延所得税资产；因坏账准备已抵消，对应的递延所得税资产

应冲回，在合并工作底稿中应做抵消分录：

借：所得税费用

贷：递延所得税资产

（3）内部交易抵消：

**内部交易抵消**

| | 内容 |
|---|---|
| 存货内部交易的抵消 | 按照一体性原则，母公司与子公司、子公司相互之间销售商品所产生的营业收入和营业成本应当抵消，因抵消未实现内部销售损益导致合并资产负债表中资产、负债的账面价值与其在所属纳税主体的计税基础之间产生暂时性差异的，在合并资产负债表中应当确认递延所得税资产或递延所得税负债，同时调整合并利润表中的所得税费用，但与直接计入所有者权益的交易或事项及企业合并相关的递延所得税除外。购入当年假设子公司内部购入存货全部未销，则抵消分录如下：<br>借：营业收入<br>　　贷：营业成本<br>　　　　存货<br>借：递延所得税资产<br>　　贷：所得税费用 |
| 固定资产内部交易的抵消 | 在对母公司与子公司、子公司相互之间销售商品形成的固定资产所包含的未实现内部销售损益进行抵消的同时，也应当对固定资产的折旧额与未实现内部销售损益相关的部分进行抵消。购入当年的抵消分录是：<br>a. 将固定资产相关的销售收入、销售成本以及其原价中包含的未实现内部销售利润的抵消：<br>借：营业收入<br>　　贷：营业成本<br>　　　　固定资产——原价<br>b. 将固定资产本年虚提的折旧抵消：<br>借：固定资产——累计折旧<br>　　贷：管理费用<br>c. 抵消所得税影响：<br>借：递延所得税资产<br>　　贷：所得税费用 |

## 四、通过多次交易实现非同一控制下的企业合并

**多次交易实现非同一控制企业合并的一般处理**

| | 母公司个别报表处理 | 合并报表处理 |
|---|---|---|
| 公允价值转成本法（如2% +50% =52%） | 投资方因追加投资等原因能够对非同一控制下的被投资单位实施控制的，购买日之前持有的股权采用金融工具确认和计量准则进行会计处理的，应当将按照该准则确定的股权投资的公允价值加上新增投资成本之和，作为改按成本法核算的初始投资成本。原持有股权分类为交易性金融资产的，原持有股权的公允价值与账面价值之间的差额应当计入当期投资收益；原持有股权指定为其他权益工具投资的，原持有股权的公允价值与账面价值之间的差额以及原计入其他综合收益的累计公允价值变动应当全部转入留存收益。 | 在合并财务报表中，对于分步实现的非同一控制下企业合并，购买日之前持有的被购买方的股权，应当按照该股权在购买日的公允价值进行重新计量，如果原持有股权按金融资产核算的，母公司个别报表已按公允价值计量，合并报表无须单独处理；如果原持有股权按权益法核算的，公允价值与其账面价值的差额计入当期投资收益；购买日之前持有的被购买方的股权涉及权益法核算下的其他综合收益、其他所有者权益变动的，应当转为购买日所属当期收益，由于被投资方重新计量设定受益计划净负债或净资产变动而产生的其他综合收益除外。 |

续表

| | 母公司个别报表处理 | 合并报表处理 |
|---|---|---|
| 权益法转成本法（如20% +40% =60%） | 投资方因追加投资等原因能够对非同一控制下的被投资单位实施控制的，在编制个别财务报表时，应当按照原持有的股权投资账面价值加上新增投资成本之和，作为改按成本法核算的初始投资成本。购买日之前持有的股权投资因采用权益法核算而确认的其他综合收益，应当在处置该项投资时采用与被投资单位直接处置相关资产或负债相同的基础进行会计处理。 | |

## 五、母公司购买子公司少数股权（如70% +20% =90%）

企业在取得对子公司的控制权，形成企业合并后，自子公司的少数股东处取得少数股东拥有的对该子公司全部或部分少数股权，该类交易或事项发生以后，应当遵循以下原则分别母公司个别财务报表以及合并财务报表两种情况进行处理：

1. 母公司个别报表：其自子公司少数股东处新取得的长期股权投资应当按照支付资产、承担负债与发行权益性证券的公允价值以及与取得长期股权投资直接相关费用、税金和其他必要支出确定其入账价值。

2. 合并报表：母公司购买子公司少数股东拥有的子公司股权，在合并报表中，因购买少数股权新取得的长期股权投资与按照新增持股比例计算应享有子公司自购买日或合并日开始持续计算的净资产份额之间的差额，应当调整资本公积（资本溢价或股本溢价），资本公积不足冲减的，调整留存收益。

## 六、因子公司少数股东增资导致母公司股权稀释

如果子公司的其他股东对子公司进行增资，稀释了母公司对子公司的股权比例，则应当按照增资前的母公司股权比例计算其在增资前子公司账面净资产中的份额，该份额与增资后按母公司持股比例计算的在增资后子公司账面净资产份额之间的差额计入资本公积（资本溢价或股本溢价），资本公积不足冲减的，调整留存收益。

【例 27－1】（2017 年单项选择题）甲公司拥有对四家公司的控制权，其下属子公司的会计政策和会计估计均符合会计准则规定。不考虑其他因素，甲公司在编制 2×16 年合并财务报表时，对其子公司进行的下述调整中，正确的是（　　）。

A. 将子公司（乙公司）1 年以内应收账款坏账准备的计提比例由 3% 调整为与甲公司相同的计提比例 5%

B. 将子公司（丙公司）投资性房地产的后续计量模式由成本模式调整为与甲公司相同的公允价值模式

C. 将子公司（戊公司）闲置不用但没有明确处置计划的机器设备由固定资产调整为持有待售非流动资产并相应调整后续计量模式

D. 对 2×16 年通过同一控制下企业合并取得的子公司（丁公司），将其固定资产、无形资产的折旧和摊销年限按照与甲公司相同的期限进行调整

【答案】B

【解析】选项 A 不正确，不能将子公司（乙公司）1 年以内应收账款坏账准备的计提比例由 3% 调整为与甲公司相同的计提比例 5%，因为计提坏账比例属于会计估计，应根据各家公司的实际情况确定；选项 B 正确，因为会计准则要求，同一企业只能采用一种模式，编制合并报表时，企业集团为一个会计主体；选项 C 不正确，因为闲置不用但没有明确处置计划的机器设备不符合持有待售的定义，不能由固定资产调整为持有待售非流动资产并相应调整后续计量模式；选项 D 不正确，固定资产、无形资产的折旧和摊销年限属于会计估计，应根据不同企业处理，不能按照与甲公司相同的期限进行调整。

【例 27－2】（2017 年多项选择题）2×16

年甲公司所属企业集团内各公司发生的下列交易或事项中，不考虑其他因素，会引起甲公司合并财务报表中归属于母公司所有者的权益金额减少的有(　　)。

A. 2月3日，甲公司向其控股60%的子公司（乙公司）捐赠货币资金3 000万元

B. 8月20日，甲公司的子公司（戊公司）以资本公积金转增股本，每10股转增3股

C. 9月10日，甲公司控股70%的子公司（丙公司）向所有股东按持股比例派发1亿元的股票股利

D. 12月31日，甲公司的子公司（丁公司）持有的作为以公允价值计量且其变动计入其他综合收益的金融资产的股票投资公允价值相对年初下降1 200万元

【答案】AD

【解析】选项A，会影响合并报表中归属于母公司所有者权益金额的减少，因为母公司向子公司捐赠后，母公司仅持有子公司60%股份，会增加少数股东权益；选项B不会影响，因为子公司以资本公积转增股本，所有者权益总额不变；选项C不影响，因为子公司同比例派发股票股利，所有者权益总额不变；选项D，因为子公司因其他权益工具投资公允价值减少导致所有者权益减少，会引起母公司所有者权益减少。

【例27-3】(2017年多项选择题) 甲公司为集团母公司，其所控制的企业集团内部各公司发生的下列交易或事项中，应当作为合并财务报表附注中关联方关系及其交易披露的有(　　)。

A. 甲公司支付给其总经理的薪酬

B. 甲公司的子公司（乙公司和丙公司）的有关信息

C. 甲公司为其子公司（丁公司）银行借款提供的连带责任担保

D. 乙公司将其生产的产品出售给丙公司作为固定资产使用，出售中产生高于成本20%的毛利

【答案】AB

【解析】选项C和D均无需披露，因为在编制合并报表时，企业集团内部的交易已被抵消，已不属于交易。

【例27-4】(2015年综合题) 甲公司与股权投资相关资料如下：

(1) 甲公司原持有乙公司30%的股权。20×3年1月1日，甲公司进一步取得乙公司50%的股权，支付银行存款13 000万元，原投资账面价值为5 400万元（投资成本明细4 500万元、损益调整840万元、其他权益变动60万元），原投资在购买日的公允价值为6 200万元。

(2) 购买日，乙公司的所有者权益的账面价值为18 000万元（股本10 000万元、资本公积100万元、盈余公积1 620万元、未分配利润6 280万元），公允价值为20 000万元，该差异是由一项无形资产评估增值引起的，使用年限为10年，净残值为0，采用直线法摊销。

(3) 乙公司在当年实现净利润为500万元，由于其他债权投资公允价值上升产生其他综合收益80万元。

(4) 在20×4年年初出售持有乙公司股权70%，出售价款为20 000万元，剩下10%股权的公允价值为2 500万元。对乙公司不具有控制、共同控制和重大影响。

假定甲公司按10%提取法定盈余公积，不提取任意盈余公积，不再作其他分配，且不考虑相关税费。

要求：

(1) 确认个别财务报表的投资成本，并编制取得该投资的相关分录。

(2) 确定合并财务报表中的合并成本并计算合并报表中商誉的金额。

(3) 计算合并财务报表进一步取得50%投资确认的投资收益并作出相关的调整分录。

(4) 编制资产负债表日的合并财务报表相关的调整分录和抵消分录。

(5) 计算个别财务报表中处置70%的股权投资应确认的投资收益。

(6) 计算合并财务报表中处置70%的投资应确认的收益。

【答案】

(1) 确认个别财务报表的投资成本，并编制取得该投资的相关分录。

个别财务报表中应当按照原持有的股权投资账面价值加上新增投资成本之和作为改按成本法核算的初始投资成本。所以，投资成本＝原持有30%股权账面价值5 400＋新增

50%公允价值13 000=18 400（万元）。

借：长期股权投资　13 000

　贷：银行存款　13 000

（2）确定合并财务报表中的合并成本并计算合并报表中商誉的金额。

合并财务报表中的合并成本=购买日之前所持被购买方的股权于购买日的公允价值+购买日新购入股权所支付对价的公允价值=6 200+13 000=19 200（万元）

合并商誉=合并成本-应享有被购买方可辨认净资产公允价值的份额=19 200-20 000×80%=19 200-16 000=3 200（万元）。

（3）计算合并财务报表进一步取得50%投资确认的投资收益并作出相关的调整分录

合并财务报表层面，视同为处置原有的股权再按照公允价值购入一项新的股权，因此，购买日之前持有的被购买方的股权涉及权益法核算下的其他综合收益、其他所有者权益变动的，应当转为购买日所属当期收益（由于被投资方重新计量设定受益计划净负债或净资产变动而产生的其他综合收益除外）。

合并财务报表中确认的投资收益=30%股权的公允价值6 200-30%股权的账面5 400+其他资本公积转入60=860（万元）。

借：长期股权投资　800

　贷：投资收益　800

借：资本公积——其他资本公积　60

　贷：投资收益　60

（4）编制资产负债表日的合并财务报表相关的调整分录和抵消分录。

①编制调整分录：

对子公司报表进行调整：

借：无形资产　2 000

　贷：资本公积　2 000

借：管理费用　200

　贷：无形资产——累计摊销（2 000÷10）200

对母公司报表进行调整：

调整后的净利润=（500-2 000÷10）=500-200=300（万元）。

借：长期股权投资　240

　贷：投资收益（300×80%）240

借：长期股权投资　64

　贷：其他综合收益（80×80%）64

注：调整后的长期股权投资的账面价值=18 400+800+240+64=19 504（万元）

②编制抵消分录：

将母公司长期股权投资与子公司所有者权益抵消

借：股本　10 000

　资本公积（100+2 000）2 100

　其他综合收益　80

　盈余公积（1 620+500×10%）1 670

　未分配利润（6 280+300-50）6 530

　商誉　3 200

　贷：长期股权投资　19 504

　　少数股东权益（20 380×20%）4 076

注：子公司20×3年末净资产=10 000+2 100+80+1 670+6 530=20 380（万元）。

将母公司投资收益与子公司利润分配抵消：

借：投资收益（300×80%）240

　少数股东损益（300×20%）60

　未分配利润——年初　6 280

　贷：提取盈余公积（500×10%）50

　　未分配利润——年末　6 530

（5）计算个别财务报表中处置70%的股权投资应确认的投资收益。

因处置投资等原因导致对被投资单位由能够实施控制转为公允价值计量的，首先应按处置投资的比例结转应终止确认的长期股权投资成本；在丧失控制权之日剩余股权的公允价值与账面价值之间的差额计入当期投资收益；即视同为处置原持有的全部股权、再按照公允价值购入一项新的股权。

个别财务报表中的确认的投资收益=（20 000-18 400×70%÷80%）+（2 500-18 400×10%÷80%）+60=3 900+200+60=4 160（万元）

注：将原30%的投资确认的其他权益变动对应的资本公积60结转到投资收益。

（6）计算合并财务报表中处置70%的投资应确认的收益。

在合并财务报表中，处置股权取得的对价与剩余股权的公允价值之和，减去按原持股比例计算应享有原有子公司自购买日开始持续计算的净资产账面价值份额与商誉之和，形成的差额计入丧失控制权当期的投资收益；与原有子公司的股权投资相关的其他综合收益、其他所有者权益变动，应当在丧失控制权时转入当期损益（由于被投资方重新计量设定受益计划净负债或净资产变动而产生的其他综合收益除外）。

合并报表当期的处置投资收益=[（处置股权取得的对价+剩余股权公允价值）-原有子公司自购买日开始持续计算的可辨认净资产×原持股比例]-商誉+其他综合收益、其他所有者权益变动=（20 000+2 500）-（20 000+300+80）×80%-3 200+64=3 060（万元）。

## 通关演练

### 一、单项选择题

1. 下列各项中，表述不正确的是（　　）。

A. 母公司理论下，对于子公司少数股东的权益，在合并资产负债表中通常视为一项负债来处理

B. 实体理论下，对于少数股东权益，通常视为股东权益的一部分，在合并资产负债表中股东权益部分列示和反映

C. 所有权理论下，对于某拥有所有权的企业的资产、负债和当期实现的净损益，均按照一定的比例合并计入合并财务报表

D. 编制合并财务报表的理论，到目前为止主要有母公司理论、实体理论以及所有权理论等，我国企业会计准则主要采用母公司理论

2. 下列关于合并范围的说法中，错误的是（　　）。

A. 在判断投资方是否拥有被投资方的权利时，应仅考虑投资方和其他方享有的实质性权利

B. 在判断投资方是否拥有被投资方的权利时，应考虑投资方和其他方享有的保护性权利和实质性权利

C. 实质性权利通常是当前可执行的权利，但某些情况下目前不可行使的权利也可能是实质性权利

D. 投资方仅仅持有保护性权利不能对被投资方实施控制，也不能阻止其他方对被投资方实施控制

3. 甲公司拥有乙公司50%有表决权股份，乙公司的其他股份由与甲公司无关联方关系的其他股东拥有。甲公司持有乙公司的债务工具，下列项目中，可能导致甲公司当期取得乙公司的控制权的是（　　）。

A. 乙公司当期发行一般公司债券

B. 乙公司当期可转换的可转换公司债券

C. 乙公司在2年后转换的可转换公司债券

D. 乙公司在任何情况下都不可能转换为实际表决权的其他债务工具

4. 如不考虑其他特殊因素，下列各情形中，甲公司应纳入A公司合并范围的是（　　）。

A. A公司拥有B公司40%的表决权股份，B公司拥有甲公司60%的表决权股份

B. A公司拥有甲公司40%的表决权股份

C. A公司拥有C公司60%的表决权股份，C公司拥有甲公司40%的表决权股份

D. A公司拥有D公司70%的表决权股份，D公司拥有甲公司50%的表决权股份，同时A公司直接拥有甲公司20%的表决权股份

5. 关于各项中，表述错误的是（　　）。

A. 母公司是投资性主体，只应将那些为投资性主体的投资活动提供相关服务的子公司纳入合并范围

B. 母公司是投资性主体，应将全部子公司纳入合并范围

C. 当母公司由投资性主体转变为非投资性主体时，应将原未纳入合并财务报表范围的子公司于转变日纳入合并财务报表范围

D. 当母公司由非投资性主体转变为投资性主体时，除仅将为其投资活动提供相关服务的子公司纳入合并财务报表范围编制合并财务报表外，企业自转变日起对其他子公司不应予以合并

6. 编制合并现金流量表时，下列应予抵

消的项目是（　　）。

A. 子公司的少数股东依法从子公司抽回权益性投资

B. 子公司向其少数股东支付的现金股利

C. 子公司吸收母公司投资收到的现金

D. 子公司吸收少数股东投资收到的现金

7. 非同一控制下控股合并，购买方在购买日编制合并财务报表时，调整被购买方资产、负债公允价值与账面价值的差额应（　　）。

A. 调整公允价值变动收益

B. 不作处理

C. 调整营业外收入

D. 调整资本公积

8. 甲公司和乙公司没有关联方关系，甲公司2×19年1月1日投资1 000万元购入乙公司80%股权。当日，乙公司可辨认净资产公允价值为1 000万元，账面价值为800万元，其差额为一项管理用无形资产导致，该无形资产采用直线法摊销，预计尚可使用年限为5年，预计净残值为0。2×19年乙公司实现净利润200万元，分配现金股利120万元，无其他所有者权益变动；2×20年乙公司实现净利润240万元，其他综合收益增加200万元，无其他所有者权益变动。2×20年12月31日乙公司可辨认净资产的公允价值为1 500万元。假定不考虑内部交易、所得税等因素的影响。2×20年12月31日，甲公司编制合并财务报表时由成本法调整为权益法后长期股权投资的金额为（　　）万元。

A. 1 192　　B. 1 352

C. 1 320　　D. 1 240

9. 甲公司只有一个子公司——乙公司，2×20年度甲公司和乙公司个别现金流量表中“销售商品、提供劳务收到的现金”项目的金额分别为500万元和250万元，“购买商品、接受劳务支付的现金”项目的金额分别为450万元和200万元。2×20年甲公司向乙公司销售商品收到现金25万元，不考虑其他事项，甲公司2×20年编制的合并现金流量表中“销售商品、提供劳务收到的现金”项目的金额为（　　）万元。

A. 750　　B. 650

C. 625　　D. 725

10. 下列关于处置子公司部分股权的表述中，正确的是（　　）。

A. 处置子公司部分股权不丧失控制权的，个别财务报表和合并财务报表均不确认损益

B. 处置子公司部分股权不丧失控制权的，处置日应当减少合并财务报表商誉金额

C. 处置子公司部分股权丧失控制权的，个别财务报表和合并财务报表均确认损益

D. 处置子公司部分股权丧失控制权的，处置日不减少合并财务报表商誉金额

11. 甲公司拥有乙公司80%的有表决权股份，能够控制乙公司财务和经营决策。2×20年6月1日，甲公司将本公司生产的一批产品出售给乙公司，售价为600万元（不含增值税），成本为400万元，未计提存货跌价准备。至2×20年12月31日，乙公司已对外出售该批存货的20%，结存的存货期末未发生减值。则2×20年度合并利润表中因该事项应列示的营业成本为（　　）万元。

A. 400　　B. 80

C. 320　　D. 480

## 二、多项选择题

1. 下列有关企业合并的表述中，正确的有（　　）。

A. 合并财务报表是以母公司和子公司组成的企业集团为会计主体，以母公司和子公司单独编制的个别财务报表为基础，由母公司编制的反映企业集团财务状况、经营成果及现金流量的财务报表

B. 合并财务报表主要包括合并资产负债表、合并利润表、合并所有者权益变动表、合并现金流量表和附注等

C. 编制的合并财务报表应当遵循重要性原则

D. 编制的合并财务报表应当遵循一体性原则

2. 下列各项中，属于在判断是否控制时，应当考虑的相关事实和情况的有（　　）。

A. 被投资方设立的目的和设计

B. 被投资方的相关活动，以及如何对相关活动作出决策

C. 投资方享有的权利是否使其目前有能力主导被投资方的相关活动

D. 投资方是否通过参与被投资方的相关

活动享有可变回报

3. 下列各项中，属于结构化主体特征的有（　　）。

A. 业务活动范围受限

B. 有具体明确的目的，且目的比较单一

C. 股本（如有）不足以支撑其业务活动，必须依靠其他次级财务支持

D. 通过向投资者发行不同等级的证券（如分级产品）等金融工具进行融资，不同等级的证券，信用风险及其他风险的集中程度也不同

4. 甲公司（从事外贸业务）投资的下列各公司中，应当纳入其合并财务报表合并范围的有（　　）。

A. 设在实行外汇管制国家的境外子公司

B. 已宣告清理整顿的原子公司

C. 资金调度受到限制的境外子公司

D. 从事矿产开采业务的子公司

5. 长江公司系甲公司的母公司，2×20年6月30日，长江公司向甲公司销售一件产品，销售价格为900万元，增值税税额为117万元，成本为800万元，未计提存货跌价准备，相关款项已收存银行。甲公司将购入的该产品确认为管理用固定资产（增值税进项税额可抵扣）并于当日投入使用，预计使用寿命为10年，预计净残值为零，采用年限平均法计提折旧。长江公司采用资产负债表债务法核算所得税，适用的所得税税率为25%，不考虑其他因素。长江公司编制2×20年合并财务报表时的抵消调整中正确的有（　　）。

A. 抵消营业收入900万元

B. 抵消营业成本900万元

C. 抵消管理费用10万元

D. 调增递延所得税资产23.75万元

6. 甲公司拥有乙公司80%有表决权股份，能够对乙公司实施控制。有关资料如下：

（1）2×19年乙公司从甲公司购入A产品，累计购入800件，购入价格为0.8万元/每件。甲公司A产品的销售成本为0.6万元/每件。

（2）2×19年12月31日，乙公司从甲公司购入的A产品尚有600件未对外出售，600件A产品的可变现净值为420万元。

（3）2×20年12月31日，乙公司存货中包含上述从甲公司购入的A产品100件，其账面成本总额为80万元。

（4）2×20年12月31日，100件A产品的可变现净值为40万元。

假定不考虑所得税的影响，下列关于甲公司2×20年年末编制合并财务报表时的调整分录中，正确的有（　　）。

A. 借：营业成本　20
　　贷：存货　20

B. 借：存货——存货跌价准备　60
　　贷：未分配利润——年初　60

C. 借：营业成本　50
　　贷：存货——存货跌价准备　50

D. 借：存货——存货跌价准备　10
　　贷：资产减值损失　10

7. 甲公司为乙公司的母公司，甲公司2×20年个别资产负债表中对乙公司内部应收账款账面价值与2×19年相同，仍为2 500万元，坏账准备余额仍为50万元。2×20年内部应收账款对应的坏账准备计提比例未发生增减变化。乙公司个别资产负债表中应付账款2 550万元系2×19年向甲公司购入商品发生的应付购货款。不考虑所得税等其他因素的影响，则在2×20年合并工作底稿中应编制的抵消分录有（　　）。

A. 借：应付账款　2 550
　　贷：应收账款　2 550

B. 借：应付账款　2 500
　　贷：应收账款　2 500

C. 借：应收账款——坏账准备　50
　　贷：信用减值损失　50

D. 借：应收账款——坏账准备　50
　　贷：未分配利润——年初　50

8. 关于报告期内增减子公司，下列说法中不正确的有（　　）。

A. 因非同一控制下的企业合并增加的子公司，应调整合并资产负债表的期初数

B. 因同一控制下的企业合并增加的子公司，编制合并资产负债表时，应调整合并资产负债表的期初数

C. 母公司在报告期内处置子公司，应当

将该子公司期初至处置日的收入、费用、利润纳入合并利润表

D. 报告中期新增的符合纳入合并财务报表范围条件的子公司，如无法提供可比中期合并财务报表，可不将其纳入合并范围

9. A公司2×19年6月30日以12 000万元取得B公司60%股权，能够对B公司实施控制。2×20年6月30日又以4 800万元取得原少数股东持有的B公司20%股权，2×19年6月30日B公司可辨认净资产公允价值18 000万元（假设与账面价值相同），其中股本1 200万元，资本公积10 800万元，留存收益6 000万元，2×20年6月30日B公司自购买日开始按公允价值持续计算的净资产价值为21 000万元，差额均为留存收益增加。A公司与B公司合并前不存在关联方关系，不考虑其他因素的影响，在2×20年6月30日合并财务报表中，以下表述正确的有（　　）。

A. 购买日合并报表商誉为1 200万元

B. 取得20%股权时合并商誉为600万元

C. 合并财务报表上资本公积调减数为11 400万元

D. 合并财务报表上少数股东权益为4 200万元

10. 下列关于处置子公司部分股权且不丧失控制权的会计处理的表述中，正确的有（　　）。

A. 母公司个别财务报表作为长期股权投资处置，处置损益计入投资收益

B. 处置后个别财务报表用权益法核算长期股权投资

C. 合并财务报表中处置价款与处置长期股权投资相对应享有子公司净资产差额部分作为商誉

D. 合并财务报表中处置价款与处置长期股权投资相对应享有子公司净资产差额部分计入资本公积（股本溢价或资本溢价）

11. 2×19年A公司和B公司分别出资750万元和250万元设立C公司，A公司、B公司的持股比例分别为75%和25%。C公司为A公司的子公司。2×20年B公司对C公司增资500万元，增资后占C公司股权比例为35%。交易完成后，A公司仍控制C公司。C公司自成立日至增资前实现净利润1 000万元，除此以外，不存在其他影响C公司净资产变动的事项（不考虑所得税等影响）。A公司下列会计处理中正确的有（　　）。

A. B公司对C公司增资前A公司享有的C公司净资产账面价值为1 500万元

B. B公司对C公司增资后A公司增资前享有的C公司净资产账面价值为1 625万元

C. 增资后A公司合并资产负债表中应调增资本公积125万元

D. 增资后A公司个别负债表中应调增资本公积125万元

12. 下列各项中，表述正确的有（　　）。

A. 子公司持有的母公司股权，应当按照子公司取得母公司股权日所确认的长期股权投资的初始投资成本，将其转为合并财务报表中的库存股，作为所有者权益的减项，在合并资产负债表中所有者权益项目下以“减：库存股”项目列示

B. 母子公司之间发生逆流交易，应当按照母公司对该子公司的分配比例在“归属于母公司所有者的净利润”和“少数股东损益”之间分配抵消

C. 站在企业集团合并财务报表角度的确认和计量结果与其所属的母公司或子公司的个别财务报表层面的确认和计量结果不一致的，在编制合并财务报表时，应站在企业集团角度对该特殊交易事项予以调整

D. 由于子公司的少数股东对子公司进行增资，导致母公司股权稀释，母公司应当按照增资前的股权比例计算其在增资前子公司账面净资产中的份额，该份额与增资后按母公司持股比例计算的在增资后子公司账面净资产份额之间的差额计入资本公积，资本公积不足冲减的，调整留存收益

## 三、综合题

1. 甲公司是一家上市公司，有关资料如下：

（1）2×20年1月1日，甲公司以定向增发普通股股票的方式，从非关联方处取得了乙公司70%的股权，于同日通过产权交易所完成了该项股权转让手续，并完成了工商变更登记，取得股权后甲公司能够控制乙公司的生产经营决策。甲公司定向增发普通股股票10 000万股，每股面值为1元，每股市场价格为5元，甲公司另支付券商佣金、手续

费 500 万元。甲公司与乙公司均为增值税一般纳税人，销售商品适用的增值税税率均为 13%，适用的所得税税率均为 25%，所得税均采用资产负债表债务法核算。

（2）乙公司 2×20 年 1 月 1 日（购买日）资产负债表有关项目信息列示如下：股东权益总额为 64 000 万元。其中：股本为 10 000 万元，资本公积为 50 000 万元，盈余公积为 400 万元，未分配利润为 3 600 万元。除一批存货外，乙公司其他可辨认资产、负债的公允价值与账面价值相等。该批存货的账面价值为 20 000 万元，经评估的公允价值为 21 000 万元。

（3）乙公司 2×20 年全年实现净利润 5 000 万元，当年提取盈余公积 500 万元，年末向股东宣告分配现金股利 2 000 万元，尚未支付。2×20 年 11 月 10 日，乙公司取得一项以公允价值计量且其变动计入其他综合收益的金融资产的成本为 1 000 万元，2×20 年 12 月 31 日其公允价值为 1 400 万元。除上述事项外，无其他所有者权益变动。

（4）截至 2×20 年 12 月 31 日，购买日发生评估增值的存货当年已对外销售 80%。

（5）2×20 年，甲公司和乙公司内部交易和往来事项列示如下：

①2×20 年 1 月 2 日，甲公司与乙公司签订租赁协议，将甲公司一栋办公楼出租给乙公司，租赁期开始日为协议签订日，年租金为 100 万元，租赁期为 10 年。乙公司将租赁的资产作为其办公楼。甲公司将该栋出租办公楼作为投资性房地产核算，并按公允价值模式进行后续计量。该办公楼在租赁期开始日的公允价值为 3 500 万元，2×20 年 12 月 31 日的公允价值为 3 700 万元。该办公楼于 2×19 年 6 月 30 日达到预定可使用状态并交付使用，其建造成本为 3 000 万元，预计使用年限为 20 年，预计净残值为零。甲公司对所有固定资产均按年限平均法计提折旧。

②2×20 年 7 月 10 日，甲公司将其原值为 500 万元，账面价值为 360 万元的某无形资产，以 424 万元（含增值税 24 万元）的价格出售给乙公司，甲公司未收款。该无形资产预计剩余使用年限为 5 年，无残值，甲公司和乙公司均采用直线法对其进行摊销，无形资产摊销计入管理费用。2×20 年 11 月 30 日，甲公司与乙公司协商确定，乙公司用一批存货抵偿上述应付账款 424 万元，该批存货成本为 280 万元，公允价值为 300 万元。当日，甲公司应收账款账面价值 424 万元，其公允价值 339 万元，甲公司确认投资损失 85 万元，乙公司确认其他收益 105 万元。至 2×20 年 12 月 31 日，甲公司将该商品的 40% 对外销售，对剩余存货进行检查，并未发生存货跌价损失。

假定

（1）不考虑除增值税和所得税以外的其他相关税费；

（2）不考虑现金流量表项目的抵消。

要求：

（1）编制甲公司取得乙公司股权投资有关的会计分录。

（2）计算合并商誉的金额。

（3）编制 2×20 年 12 月 31 日合并财务报表中与调整乙公司存货相关的调整分录。

（4）编制 2×20 年 12 月 31 日合并财务报表中将长期股权投资由成本法调整到权益法的会计分录。

（5）编制 2×20 年 12 月 31 日合并财务报表中有关抵消分录。

2. 甲股份有限公司（以下简称“甲公司”）2×19 年及 2×20 年发生了以下交易事项：

（1）2×19 年 4 月 1 日，甲公司以定向发行本公司普通股 2 000 万股为对价，自乙公司取得 A 公司 30% 股权，并于当日向 A 公司派出董事，参与 A 公司生产经营决策。当日，甲公司发行股份的市场价格为 5 元/股，另支付中介机构佣金 1 000 万元；A 公司可辨认净资产公允价值为 30 000 万元，除一项固定资产公允价值为 2 000 万元、账面价值为 800 万元外，其他资产、负债的公允价值与账面价值相同。A 公司增值的固定资产原取得成本为 1 600 万元，原预计使用年限为 20 年，自甲公司取得 A 公司股权时起仍可使用 10 年，采用年限平均法计提折旧，预计净残值为零。

A 公司 2×19 年实现净利润 2 400 万元，假定 A 公司有关损益在年度中均衡实现；2×19 年 4 月至 12 月产生其他综合收益 600 万元。

甲公司与乙公司及 A 公司在发生该项交

易前不存在关联方关系。

（2）2×20年1月2日，甲公司追加购入A公司30%股权并自当日起控制A公司。购买日，甲公司用作合并对价的是本公司一项土地使用权及一项专利技术。土地使用权和专利技术的原价合计为6 000万元，已累计摊销1 000万元，公允价值合计为12 600万元。

购买日，A公司可辨认净资产公允价值为36 000万元；A公司所有者权益账面价值为26 000万元，具体构成为：股本6 667万元、资本公积（资本溢价）4 000万元、其他综合收益2 400万元、盈余公积6 000万元、未分配利润6 933万元。

甲公司原持有A公司30%股权于购买日的公允价值为12 600万元。

（3）2×20年6月20日，甲公司将其生产的某产品出售给A公司。该产品在甲公司的成本为800万元，销售给A公司的售价为1 200万元（不含增值税）。

A公司将取得的该产品作为管理用固定资产，预计可使用10年，预计净残值为零，采用年限平均法计提折旧。

截至2×20年12月31日，甲公司应收A公司上述货款尚未收到。甲公司对1年以内应收账款（含应收关联方款项）按照期末余额的2%计提坏账准备。

甲公司应收A公司货款于2×21年3月收到，A公司从甲公司购入的产品处于正常使用中。

其他资料：

本题不考虑增值税、所得税等相关税费。

要求：

（1）确定甲公司2×19年4月1日对A公司30%股权投资成本，说明甲公司对该项投资应采用的核算方法及理由，编制与确认该项投资相关的会计分录。

（2）计算甲公司2×19年因持有A公司30%股权应确认的投资收益，并编制2×19年与调整该项股权投资账面价值相关的会计分录。

（3）确定甲公司合并A公司的购买日、企业合并成本及应确认的商誉金额，分别计算甲公司个别财务报表、合并财务报表中因持有A公司60%股权投资应计入损益的金额，确定购买日甲公司个别财务报表中对A公司60%股权投资的账面价值并编制购买日甲公司合并A公司的抵消分录。

（4）编制甲公司2×20年合并财务报表时，与A公司内部交易相关的抵消分录。

（5）编制甲公司2×21年合并财务报表时，与A公司2×20年内部交易相关的抵消分录。

## 答案及解析

### 一、单项选择题

1.【答案】D

【解析】选项D，目前国际财务报告准则及我国企业会计准则主要采用的是实体理论。

2.【答案】B

【解析】选项B，在判断投资方是否拥有对被投资方的权利时，应仅考虑投资方及其他方享有的实质性权利，不考虑保护性权利。

3.【答案】B

【解析】当期可转换的可转换公司债券，可能导致当期甲公司持有乙公司的有表决权股份超过50%，取得对乙公司的控制权，选项B正确。

4.【答案】D

【解析】选项D，A公司通过直接和间接方式合计拥有甲公司70%的表决权股份，属于A公司的子公司，应纳入A公司的合并范围。

5.【答案】B

【解析】如果母公司是投资性主体，则只应将那些为投资性主体的投资活动提供相关服务的子公司纳入合并范围，其他子公司不应予以合并，母公司对其他子公司的投资应按照公允价值计量且其变动计入当期损益，选项B表述错误。

6.【答案】C

【解析】子公司吸收母公司投资收到的现金，属于内部现金流量，在编制合并现金流量表时应予抵消。子公司与少数股东之间发生的现金流入或现金流出，从整个企业集团看，也影响到其整体的现金流入和现金流出的变动，因此不属于内部现金流量，不应予以抵消，必须要在合并现金流量表中予以反映。

7. 【答案】D

【解析】购买日调整被购买方资产、负债公允价值与账面价值的差额即调整取得可辨认净资产公允价值与账面价值的差额，应直接计入所有者权益（资本公积）。

8. 【答案】B

【解析】2×20年12月31日，编制合并财务报表时应将成本法调整为权益法核算，调整后的长期股权投资金额 = 1 000 + [200 + 240 − 120 − (1 000 − 800)/5 × 2] × 80% + 200 × 80% = 1 352（万元）。

9. 【答案】D

【解析】2×20年度合并现金流量表中“销售商品、提供劳务收到的现金”项目的金额 = (500 + 250) − 25 = 725（万元）。

10. 【答案】C

【解析】处置子公司部分股权不丧失控制权，个别财务报表确认损益，合并财务报表不确认损益，处置日不减少合并财务报表商誉金额；处置子公司部分股权丧失控制权的，个别财务报表和合并财务报表均确认损益，处置日合并财务报表对减少的该子公司的商誉金额为零，选项C正确。

11. 【答案】B

【解析】2×20年合并利润表中应列示的营业成本 = 400 × 20% = 80（万元）。

## 二、多项选择题

1. 【答案】ABCD

2. 【答案】ABCD

3. 【答案】ABCD

4. 【答案】ACD

【解析】所有子公司都应纳入母公司的合并财务报表的合并范围。以下被投资单位不应纳入合并范围：一是已宣告被清理整顿的原子公司；二是已宣告破产的原子公司；三是母公司不能控制的其他被投资单位，如联营企业、合营企业等。

5. 【答案】AD

【解析】正确处理为：①抵消营业收入900万元；②抵消营业成本800万元；③抵消管理费用 = (900 − 800) ÷ 10 × 6/12 = 5（万元）；④调增递延所得税资产 = (100 − 5) × 25% = 23.75（万元）。

6. 【答案】ABCD

7. 【答案】AD

【解析】2×20年合并工作底稿中应编制的抵消分录：

借：应付账款 2 550

　贷：应收账款 2 550

借：应收账款——坏账准备 50

　贷：未分配利润——年初 50

8. 【答案】AD

【解析】选项A，因非同一控制下的企业合并增加的子公司，不应调整合并资产负债表的期初数；选项D，合并财务报表的合并范围应当以控制为基础予以确定。

9. 【答案】ACD

【解析】选项A，购买日合并商誉 = 12 000 − 18 000 × 60% = 1 200（万元）；选项B，购买少数股权不确认商誉；选项C，取得20%股权时调减资本公积 = 4 800 − 21 000 × 20% = 600（万元），合并报表上资本公积调减数 = 10 800 + 600 = 11 400（万元）；选项D，合并财务报表上少数股东权益 = 21 000 × 20% = 4 200（万元）。

10. 【答案】AD

【解析】选项B，处置后因不丧失控制权所以个别财务报表采用成本法核算长期股权投资；选项C，合并财务报表中处置价款与处置长期股权投资相对应享有子公司净资产差额部分计入资本公积（股本溢价或资本溢价）。

11. 【答案】ABC

【解析】A公司持股比例原为75%，由于少数股东增资而变为65%。增资前，A公司按照75%的持股比例享有的C公司净资产账面价值为1 500万元（2 000 × 75%），选项A正确；增资后，A公司按照65%持股比例享有的净资产账面价值为1 625万元（2 500 × 65%），两者之间的差额125万元，在A公司合并资产负债表中应调增资本公积，选项B和C正确，选项D错误。

12. 【答案】ABCD

## 三、综合题

1. 【答案】

(1)

借：长期股权投资

(5 × 10 000) 50 000

贷：股本　10 000
　资本公积　40 000
借：资本公积　500
　贷：银行存款　500

（2）乙公司可辨认净资产公允价值 = 64 000 +（21 000 − 20 000）×（1 − 25%）= 64 750（万元），合并商誉 = 50 000 − 64 750 ×70% =4 675（万元）。

（3）
借：存货
　（21 000 − 20 000）1 000
　贷：资本公积　1 000
借：资本公积
　（1 000 ×25%）250
　贷：递延所得税负债　250
借：营业成本
　（1 000 ×80%）800
　贷：存货　800
借：递延所得税负债
　（800 ×25%）200
　贷：所得税费用　200

（4）乙公司按购买日公允价值调整后的净利润 =5 000 −（21 000 − 20 000）×80% ×（1 −25%） =4 400（万元）
借：长期股权投资
　（4 400 ×70%）3 080
　贷：投资收益　3 080
借：投资收益
　（2 000 ×70%）1 400
　贷：长期股权投资　1 400
借：长期股权投资
　[（1 400 − 1 000）×（1 −25%）×70%] 210
　贷：其他综合收益　210

（5）
①母公司长期股权投资与子公司所有者权益抵消
借：股本　10 000
　资本公积
　（50 000 +1 000 −250）50 750
　其他综合收益
　[（1 400 − 1 000）×（1 − 25%）] 300
　盈余公积（400 +500）900
　未分配利润
　（3 600 +4 400 − 500 −2 000）5 500
　商誉　4 675
　贷：长期股权投资
　（50 000 +3 080 − 1 400 +210）51 890
　少数股东权益
　[（10 000 +50 750 +300 +900 + 5 500）×30%] 20 235

②投资收益与利润分配抵消：
借：投资收益　3 080
　少数股东损益
　（4 400 ×30%）1 320
　未分配利润——年初 3 600
　贷：提取盈余公积　500
　对所有者（或股东）的分配　2 000
　未分配利润——年末 5 500

③应收股利与应付股利的抵消：
借：其他应付款——应付股利　1 400
　贷：其他应收款——应收股利
　（2 000 ×70%）1 400

注：从 2020 年开始，应付股利应该并入“其他应付款”项目列报；应收股利应该并入“其他应收款”项目列报。

④内部投资性房地产业务的抵消：
借：固定资产（3 000 −3 000 ÷ 20 ×6/12）2 925
　其他综合收益　575
　贷：投资性房地产　3 500
借：公允价值变动收益　200
　贷：投资性房地产
　（3 700 −3 500）200
借：营业收入　100
　贷：管理费用　100
借：管理费用（3 000 ÷20）150
　贷：固定资产　150
借：递延所得税负债　231.25
　贷：其他综合收益
　（575 ×25%）143.75
　所得税费用
　[（200 +150） ×25%] 87.5

⑤内部无形资产以及债务重组等业务的抵消

a. 无形资产内部交易。

甲公司将账面价值为360万元的无形资产出售给乙公司400万元，资产处置收益为40万元，同时无形资产虚增40万元，应抵消：

借：资产处置收益

[(424－24)－360] 40

贷：无形资产 40

借：无形资产（40÷5×6/12）4

贷：管理费用 4

借：递延所得税资产

[(40－4)×25%] 9

贷：所得税费用 9

注：甲公司将无形资产出售给乙公司：

借：应收账款 424

累计摊销 140

贷：无形资产 500

应交税费——应交增值税（销项税额）（400×6%）24

资产处置收益

(400－360) 40

乙公司购入无形资产

借：无形资产 400

应交税费——应交增值税（销项税额）（400×6%）24

贷：应付账款 424

b. 债务重组内部交易。

先列出甲乙公司债务重组的账务处理，分析虚增的损益。乙公司用存货抵偿债务，乙公司债务重组账务处理：

借：应付账款 424

贷：库存商品 280

应交税费——应交增值税（销项税额）（300×13%）39

其他收益 105

甲公司债务重组账务处理：

借：库存商品 300

应交税费——应交增值税（进项税额）（300×13%）39

投资收益 (424－339) 85

贷：应收账款 424

因此，应把内部债务重组虚增的其他收益、投资收益抵销；同时，因虚增存货，出售到集团外时，虚增了营业成本，应把虚增的营业成本和剩余虚增资产抵销：

借：其他收益 105

贷：投资收益 85

营业成本 (20×40%) 8

存货

[(300－280)×60%] 12

借：递延所得税资产

(12×25%) 3

贷：所得税费用 3

借：少数股东权益

[(12－3)×30%] 2.7

贷：少数股东损益 2.7

2.【答案】

(1) 甲公司对A公司初始投资成本为10 000万元（2 000×5）。

该项投资应采用权益法核算；

理由：甲公司向A公司董事会派出成员，参与其生产经营决策，能够施加重大影响。

借：长期股权投资——投资成本

10 000

贷：股本 2 000

资本公积——股本溢价

8 000

借：资本公积——股本溢价

1 000

贷：银行存款 1 000

(2) 甲公司因持有A公司股权投资应确认的投资收益＝[2 400－(2 000÷10－800÷10)]×9÷12×30%＝513（万元）。

借：长期股权投资——损益调整

513

——其他综合收益

180

贷：投资收益 513

其他综合收益 180

(3)

①购买日为2×20年1月2日；

②企业合并成本＝购买日之前持有的被购买方的股权于购买日的公允价值＋购买日新购入股权所支付对价的公允价值＝12 600＋12 600＝25 200（万元）；

③商誉＝合并成本－应享有被购买方可辨认净资产公允价值的份额＝25 200－36 000×60%＝3 600（万元）；

④个别财务报表视同处置土地使用权和专利技术应确认的损益＝12 600－(6 000－1 000)＝7 600（万元）。

借：长期股权投资 12 600
　　累计摊销 1 000
　　贷：无形资产 6 000
　　　　营业外收入 7 600

⑤合并财务报表层面，视同为处置原有的股权再按照公允价值购入一项新的股权，因此，购买日之前持有的被购买方的股权涉及权益法核算下的其他综合收益、其他所有者权益变动的，应当转为购买日所属当期损益（由于被投资方重新计量设定受益计划净负债或净资产变动而产生的其他综合收益除外）。

所以，合并财务报表应确认的损益 = 7 600 + ［12 600 -（10 000 + 693）］ + 180 = 9 687（万元）。

⑥甲公司在个别财务报表中长期股权投资的账面价值 =（10 000 + 693）+ 12 600 = 23 293（万元）。

购买日抵消分录：

借：股本 6 667
　　资本公积
　　　（4 000 + 10 000）14 000
　　其他综合收益 2 400
　　盈余公积 6 000
　　未分配利润 6 933
　　商誉 3 600
　　贷：长期股权投资 25 200
　　　　少数股东权益
　　　　　（36 000 × 40%）14 400

（4）

借：营业收入 1 200
　　贷：营业成本 800
　　　　固定资产 400
借：固定资产（累计折旧） 20
　　贷：管理费用 20
借：应付账款 1 200
　　贷：应收账款 1 200
借：应收账款（坏账准备） 24
　　贷：信用减值损失 24

（5）

借：年初未分配利润 400
　　贷：固定资产 400
借：固定资产（累计折旧） 20
　　贷：年初未分配利润 20
借：固定资产（累计折旧） 40
　　贷：管理费用 40

或：

借：固定资产（累计折旧） 60
　　贷：年初未分配利润 20
　　　　管理费用 40
借：信用减值损失 24
　　贷：年初未分配利润 24

# 第二十八章　每股收益

## 本章考情分析

本章在考试中居于一般地位，每年分数在4分左右，一般出客观题。本章复习重点是基本每股收益的计算和发行可转债、认股权证下稀释每股收益的计算。

## 本章教材变化

本章今年没有变化。

## 基本内容框架

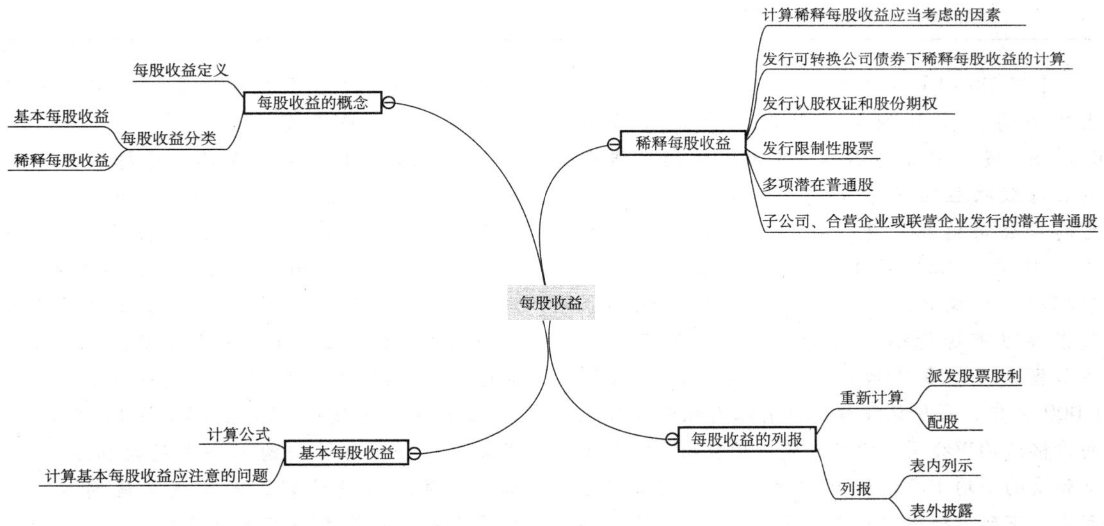


## 通关重难点例题解析

每股收益用于反映规模不同的企业的盈利能力，应重点掌握基本每股收益的计算、稀释每股收益的计算：

### 一、基本每股收益的计算

**基本每股收益的计算**

| | 具体内容 |
|---|---|
| 定义 | 基本每股收益是按照归属于普通股股东的当期净利润除以发行在外普通股的加权平均数计算的每股收益。 |
| 计算公式 | 基本每股收益＝归属于普通股股东的当期净利润/当期实际发行在外普通股的加权平均数。 |

续表

| | 具体内容 |
|---|---|
| 注意问题 | （1）计算基本每股收益的分子为归属于普通股股东的当期净利润，应将净利润扣除优先股股利。因为优先股股利是按约定股息率或定额支付的股利，不反映盈利水平。<br>（2）以合并财务报表为基础计算的每股收益，分子应当是归属于母公司普通股股东的当期合并净利润，即扣减少数股东损益后的余额。因为分母是发行在外的母公司普通股股东的加权平均数，这样分子、分母的口径才一致。 |

## 二、稀释每股收益的计算

**稀释每股收益的计算**

| | 具体内容 |
|---|---|
| 定义 | 稀释每股收益是以基本每股收益为基础，假定企业所有发行在外的稀释性潜在普通股均已转换为普通股，从而分别调整归属于普通股股东的当期净利润以及发行在外普通股的加权平均数计算的每股收益。基本每股收益仅考虑当期实际发行在外的普通股股份，而稀释每股收益的计算和列报主要是为了避免每股收益虚增可能带来的信息误导。 |
| 计算公式 | 稀释性潜在普通股，是指假设当期转换为普通股会减少每股收益的潜在普通股，主要包括可转换公司债券、认股权证、股份期权等。应分别调整分子和分母。比如，可转换公司债券假设转成股份，则不存在利息了，分子就应调增利润；而假设债转股，则分母发行在外的普通股也会增加，以调整后的分子、分母相除的结果，就是稀释每股收益。 |

【例 28－1】（2018 年单选题）甲公司为上市公司，其 20×8 年度基本每股收益为 0.43 元/股。甲公司 20×8 年度发生的可能影响其每股收益的交易或事项如下：（1）发行可转换公司债券，其当年增量股的每股收益为 0.38 元；（2）授予高管人员 2 000 万股股票期权，行权价格为 6 元/股；（3）接受部分股东按照市场价格的增资，发行在外普通股股数增加 3 000 万股；（4）发行认股权证 1 000 万份，每份认股权证持有人有权利以 8 元的价格认购甲公司 1 股普通股。甲公司 20×8 年度股票的平均市场价格为 13 元/股。不考虑其他因素，下列各项中，对甲公司 20×8 年度基本每股收益不具有稀释作用的是（　　）。

A. 股票期权

B. 认股权证

C. 可转换公司债券

D. 股东增资

【答案】D

【解析】增量股每股收益小于基本每股收益时，可以判断出该事项具有稀释性。可转换公司债券增量股每股收益小于基本每股收益，具有稀释作用，选项 C 不符合题意；对于盈利企业，认股权证和股票期权等的行权价低于当期普通股平均市场价格时，具有稀释作用，选项 A 和选项 B 不符合题意；因按市价增资导致发行在外的股数增加不具有稀释作用，选项 D 正确。

【例 28－2】（2017 年单项选择题）甲公司为上市公司，2×16 年期初发行在外普通股股数为 8 000 万股。当年度，甲公司合并财务报表中归属于母公司股东的净利润为 4 600 万元，发生的可能影响其发行在外普通股股数的事项有：（1）2×16 年 4 月 1 日，股东大会通过每 10 股派发 2 股股票股利的决议并于 4 月 12 日实际派发；（2）2×16 年 11 月 1 日，甲公司自公开市场回购本公司股票 960 万股，拟用于员工持股计划。不考虑其他因素，甲公司 2×16 年基本每股收益是（　　）。

A. 0.49 元/股　　B. 0.51 元/股

C. 0.53 元/股　　D. 0.56 元/股

【答案】A

【解析】选项 A 正确，基本每股收益 = 4 600/(8 000 × 1.2 － 960/12 × 2) = 4 600/9 440 = 0.49 元/股

【例 28－3】（2016 年多项选择题）甲公司 2×15 年除发行在外普通股外，还发生以下可能影响发行在外普通股数量的交易或事项：（1）3 月 1 日，授予高管人员以低于当期普通股平均市价在未来期间购入甲公司普通股的股票期权；（2）6 月 10 日，以资本公积转增股本，每 10 股转增 3 股；（3）7 月 20

日，定向增发3 000万股普通股用于购买一项股权；（4）9月30日，发行优先股8 000万股，按照优先股发行合同约定，该优先股在发行后2年，甲公司有权选择将其转换为本公司普通股。不考虑其他因素，甲公司在计算2×15年基本每股收益时，应当计入基本每股收益计算的股份有(　　)。

A. 为取得股权定向增发增加的发行在外股份数

B. 因资本公积转增股本增加的发行在外股份数

C. 因优先股于未来期间转股可能增加的股份数

D. 授予高管人员股票期权可能于行权条件达到时发行的股份数

【答案】AB

【例28－4】（2016年多项选择题）下列各项中，应该重新计算各项报表期间每股收益的有(　　)。

A. 报告年度以盈余公积转为股本

B. 报告年度资产负债表日后期间分拆股份

C. 报告年度以发行股份为对价实现非同一控制下企业合并

D. 报告年度因发生企业前期重大会计差错而对财务报告进行调整

【答案】ABD

【解析】选项C，通过发行股票实现非同一控制下企业合并，企业的资产与所有者权益均发生变动，不需要重新计算各列报期的每股收益。

## 通关演练

### 一、单项选择题

1. 甲公司2×19年归属于普通股股东的净利润为500万元，期初发行在外的普通股股数为1 000万股。2×19年4月30日发行普通股股票120万股。不考虑其他因素，甲公司2×19年基本每股收益为（　　）元/股。

A. 0.04　　B. 0.46

C. 0.28　　D. 0.5

2. 甲公司2×19年度实现净利润为200 000万元，发行在外普通股加权平均数为250 000万股。2×19年1月1日，甲公司按票面金额发行600万股优先股，优先股每股票面金额为100元。该批优先股股息不可累积，即当年度未向优先股股东足额派发股息的差额部分，不可累积到下一计息年度。2×19年12月31日，甲公司宣告并以现金全额发放当年优先股股息，股息率为6%。根据该优先股合同条款规定，甲公司将该批优先股分类为权益工具，优先股股息不在所得税前列支。不考虑其他因素，甲公司2×19年基本每股收益为（　　）元/股。

A. 0.80　　B. 0.79

C. 0.81　　D. 1.25

3. 丙公司为上市公司，2×19年1月1日发行在外的普通股为10 000万股。2×19年，丙公司发生以下与权益性工具相关的交易或事项：（1）3月1日，丙公司与另一企业签订合同，约定于4月1日定向增发4 000万股普通股作为对价进行非同一控制下企业合并；（2）7月1日，根据股东大会决议，以2×19年6月30日股份为基础分派股票股利，每10股送2股；（3）10月1日，根据经批准的股权激励计划，授予高级管理人员2 000万份股票期权，每份股票期权行权时可按5元的价格购买丙公司的1股普通股；（4）丙公司2×19年10月至12月的普通股平均市价为每股10元，2×19年度合并净利润为13 000万元，其中归属于丙公司普通股股东的净利润为12 000万元。不考虑其他因素，下列各项关于丙公司每股收益计算的表述中，正确的是（　　）。

A. 在计算合并财务报表的每股收益时，其分子应包括少数股东损益

B. 计算稀释每股收益时，股票期权应假设于当年10月1日转换为普通股

C. 为进行非同一控制下企业合并发行的普通股应当自合同签订之日起计入发行在外普通股股数

D. 丙公司2×19年度的稀释每股收益为0.78元/股

4. 甲公司2×19年归属于普通股股东的净利润为35 500万元，期初发行在外普通股股数10 000万股，年内普通股股数未发生变化。2×18年1月1日按每份面值100元发行

了100万份可转换公司债券，发行价格为10 000万元，无发行费用。该债券期限为3年，票面年利率为6%，利息每年12月31日支付。债券发行一年后可转换为普通股，2×19年度该债券尚未转换。转股价格为每股10元，即每100元债券可转换为10股面值为1元的普通股。债券利息不符合资本化条件，直接计入当期损益，所得税税率为25%。假设不具备转换选择权的类似债券的市场利率为9%，已知（P/A，9%，3）=2.5313，（P/F，9%，3）=0.7722。甲公司2×19年度稀释每股收益为（　　）元/股。

A. 3.55　　B. 3.27

C. 3.23　　D. 3.29

5. 甲公司2×19年1月1日发行在外的普通股股数为5 600万股。3月31日，经股东大会同意并经相关监管部门核准，甲公司以2×19年3月20日为股权登记日，向全体股东每10股发放4份认股权证，共计发放2 240万份认股权证，每份认股权证可以在2×19年3月31日按照每股4元的价格认购1股甲公司普通股股票。10月1日，经股东大会批准，甲公司以10月1日股份总额为基数，向全体股东每10股派发2股股票股利。甲公司2×19年度归属于普通股股东的净利润为8 000万元。甲公司股票2×19年4月至12月平均市场价格为每股3元。甲公司2×19年度稀释每股收益为（　　）元/股。

A. 1.24　　B. 1.05

C. 1.43　　D. 1.04

6. 甲公司2×19年3月1日与本公司股东签订合同承诺一年后以每股5元的价格回购360万股流通在外的普通股，2×19年3月至12月每股普通股平均市价为3元，当年归属于普通股股东的净利润为600万元，期初发行在外普通股股数为1 200万股，2×19年度发行在外普通股股数未发生变化。则甲公司2×19年基本每股收益和稀释每股收益分别为（　　）元/股。

A. 0.5，0.42

B. 0.5，0.43

C. 0.6，0.42

D. 0.6，0.43

7. 甲公司2×18年和2×19年归属于普通股股东的净利润分别为31 000万元和50 000万元，2×18年1月1日发行在外普通股股数为12 000万股。2×19年6月10日，该企业发布增资配股公告，向截止到2×19年6月30日（股权登记日）所有登记在册的老股东配股，配股比例为每3股配1股，配股价格为每股8元，除权交易基准日为2×19年7月1日。假设行权前一日的市价为每股12元，不存在其他股数变动。2×19年利润表中列示的2×18年和2×19年基本每股收益分别为（　　）元/股。

A. 2.58，3.0

B. 2.37，3.0

C. 2.58，3.44

D. 2.37，3.44

8. 甲公司2×18年和2×19年归属于普通股东的净利润分别为6 500万元和7 500万元，2×18年1月1日发行在外的普通股股数为20 000万股，2×18年3月1日按市价新发行普通股10 800万股，12月1日回购普通股4 800万股，以备将来奖励职工。2×19年10月1日分派股票股利，以2×18年12月31日总股本为基数每10股送2股，假设不存在其他股数变动因素。2×19年利润表中列示的2×16年和2×19年基本每股收益分别为（　　）元/股。

A. 0.19，0.19　　B. 0.19，0.24

C. 0.23，0.24　　D. 0.24，0.24

## 二、多项选择题

1. 下列关于每股收益的说法中，表述正确的有（　　）。

A. 每股收益是指普通股股东每持有一股普通股所享有的企业净利润或需承担的净亏损

B. 计算基本每股收益时既要考虑发行在外的普通股股数，还要考虑潜在普通股的稀释性

C. 每股收益属于利润表项目

D. 每股收益可以用以评价企业的盈利能力以及预测企业的成长潜力

2. 下列有关基本每股收益的表述中，正确的有（　　）。

A. 企业应当按照归属于普通股股东的当期净利润，除以发行在外普通股的加权平均数计算基本每股收益

B. 企业应当按照归属于普通股和优先股股东的当期净利润，除以发行在外普通股的加权平均数计算基本每股收益

C. 发行在外普通股加权平均数 = 期初发行在外普通股股数 + 当期新发行普通股股数 × 已发行时间 ÷ 报告期时间 − 当期回购普通股股数 × 已回购时间 ÷ 报告期时间

D. 已发行时间、报告期时间和已回购时间一般按照天数计算；在不影响计算结果合理性的前提下，也可以采用简化的计算方法

3. 下列各项中，在每股收益列报时应重新计算各列报期间每股收益的有（　　）。

A. 派发股票股利

B. 公积金转增资本

C. 并股

D. 发行认股权证

4. 下列项目中，属于潜在普通股的有（　　）。

A. 公司库存股

B. 可转换公司债券

C. 企业承诺将回购其股份的合同

D. 股份期权

5. 乙公司适用的所得税税率为 25%，2×19 年度归属于普通股股东的净利润为 8 000 万元，发行在外普通股加权平均数为 2 000 万股。年初已发行在外的潜在普通股包括：（1）股份期权 3 600 万份，每份股份期权拥有在授权日起 4 年内以 6 元的行权价格购买 1 股本公司新发股票的权利；（2）按面值发行的 3 年期可转换公司债券 10 000 万元，债券每张面值 100 元，票面年利率 2%，转股价格为每股 10 元。乙公司当期普通股平均市场价格为每股 12 元，本年度内没有期权被行权，也没有可转换公司债券被转换或赎回。假定债券利息不符合资本化条件，直接计入当期损益，不考虑可转换公司债券在负债和权益成分之间的分拆。下列表述中正确的有（　　）。

A. 2×19 年度基本每股收益为 4 元/股

B. 股份期权调整增加的股数为 1 800 万股

C. 可转换债券调整增加的净利润为 150 万元

D. 2×19 年稀释每股收益为 1.70 元/股

6. 下列关于合并财务报表每股收益的表述中，正确的有（　　）。

A. 计算合并财务报表基本每股收益的净利润应扣减少数股东损益

B. 投资者稀释每股收益的计算应包括合营企业、联营企业发行的稀释性潜在普通股

C. 合并财务报表稀释每股收益的计算应包括子公司发行的稀释性潜在普通股

D. 合并财务报表稀释每股收益的计算不应包括子公司发行的稀释性潜在普通股

7. 甲上市公司（以下简称“甲公司”）2×19 年 1 月 1 日发行在外的普通股为 18 000 万股。2×19 年度甲公司与计算每股收益相关的事项如下：

（1）6 月 1 日，以年初发行在外普通股股数为基数每 10 股送 2 股红股，以资本公积转增股本每 10 股转增 4 股；（2）7 月 1 日，甲公司与股东签订一份远期股份回购合同，承诺 3 年后以每股 12 元的价格回购股东持有的 1 000 万股普通股；（3）8 月 1 日，根据经批准的股权激励计划，授予高级管理人员 1 500 万份股票期权，每一份股票期权行权时可按每股 6 元的价格购买甲公司 1 股普通股；（4）10 月 1 日，发行 3 000 万份认股权证，行权日为 2×20 年 4 月 1 日，每份认股权证可在行权日以每股 6 元的价格认购 1 股甲公司普通股。假定甲公司 2×19 年度各期普通股平均市场价格均为每股 10 元。不考虑其他因素，下列各项关于甲公司在计算 2×19 年稀释每股收益时调整发行在外普通股加权平均数的表述中，正确的有（　　）。

A. 因送红股和资本公积转增股份调整增加的普通股加权平均数为 10 800 万股

B. 因承诺回购股票调整增加的普通股加权平均数为 100 万股

C. 因发行认股权证调整增加的普通股加权平均数为 300 万股

D. 因授予高级管理人员股票期权调整增加的普通股加权平均数为 250 万股

8. 下列关于每股收益的相关信息，企业应当在附注中披露的有（　　）。

A. 基本每股收益和稀释每股收益分子、分母的计算过程

B. 列报期间不具有稀释性但以后期间很可能具有稀释性的潜在普通股

C. 在资产负债表日至财务报告批准报出

日之间，企业发行在外潜在普通股股数发生重大变化的情况

D. 在资产负债表日至财务报告批准报出日之间，企业发行在外普通股股数发生重大变化的情况

9. 下列各项中，应该重新计算各项报表期间每股收益的有（　　）。

A. 报告年度以盈余公积转为股本

B. 报告年度资产负债表日后期间分拆股份

C. 报告年度以发行股份为对价实现非同一控制下企业合并

D. 报告年度因发生企业前期重大会计差错而对财务报告进行调整

## 三、计算分析题

1. 甲公司为上市公司，2×18 年至 2×19 年的有关资料如下：

（1）2×18 年 1 月 1 日发行在外的普通股股数为 90 000 万股。

（2）2×18 年 5 月 1 日发行可转换公司债券，债券面值 10 000 万元，票面利率为 6%，规定每份面值为 100 元的债券可转换为面值 1 元的普通股 80 股，债券自发行之日起 3 年内可转换为股权。假设不考虑可转换公司债券在负债成分和权益成分之间的分拆，且票面利率等于实际利率。

（3）2×18 年 12 月 1 日回购普通股 24 000 万股，以备将来奖励职工。

（4）2×19 年 1 月 1 日，上述可转换公司债券有 40% 行权。

（5）2×19 年 3 月 1 日分派股票股利，以 2×19 年 1 月 1 日总股本（行使转换权之后）为基数每 10 股送 3 股。

（6）甲公司归属于普通股股东的净利润 2×18 年度为 50 000 万元，2×19 年度为 62 000 万元。

不考虑所得税等其他因素。

要求：

（1）计算 2×18 年度利润表中列示的基本每股收益和稀释每股收益。

（2）计算甲公司 2×19 年度利润表中列示的基本每股收益和稀释每股收益以及经重新计算的 2×18 年基本每股收益。（计算结果保留 2 位小数）。

# 答案及解析

## 一、单项选择题

1.【答案】B

【解析】甲公司 2×19 年发行在外普通股加权平均数 = 1 000 × 12/12 + 120 × 8/12 = 1 080（万股）；甲公司 2×19 年基本每股收益 = 500/1 080 = 0.46（元/股）。

2.【答案】B

【解析】归属于普通股股东的净利润 = 200 000 − 600 × 100 × 6% = 196 400（万元），基本每股收益 = 196 400/250 000 = 0.79（元/股）。

3.【答案】B

【解析】以合并财务报表为基础计算每股收益，分子应当是归属于母公司普通股股东的当期合并净利润，即扣减少数股东损益后的余额，选项 A 错误；计算稀释每股收益时，当期发行的股票期权应假设于发行日转换为普通股，选项 B 正确；为进行非同一控制下企业合并发行的普通股应当自发行日起计入发行在外普通股股数，选项 C 错误；丙公司 2×19 年度发行在外普通股加权平均数 = (10 000 + 4 000 × 9/12) × 1.2 = 15 600（万股），调整增加的普通股加权平均数 = (2 000 − 2 000 × 5/10) × 3/12 = 250（万股），丙公司 2×19 年度的稀释每股收益 = 12 000/(15 600 + 250) = 0.76（元/股），选项 D 错误。

4.【答案】D

【解析】2×19 年度基本每股收益 = 35 500 ÷ 10 000 = 3.55（元/股），2×18 年 1 月 1 日该债券负债成分的公允价值 = 10 000 × 6% ×（P/A，9%，3）+ 10 000 ×（P/F，9%，3）= 9 240.78（万元），2×19 年 1 月 1 日该债券摊余成本 = 9 240.78 ×（1 + 9%）− 10 000 × 6% = 9 472.45（万元），假设转换所增加的净利润 = 9 472.45 × 9% ×（1 − 25%）= 639.39（万元），假设转换所增加的普通股股数 = 10 000 ÷ 10 = 1 000（万股），增量股的每股收益 = 639.39 ÷ 1 000 = 0.64（元/股），增量股的每股收益小于基本每股收益，可转换公司债券具有稀释作用，稀释每股收益 =

$(35\ 500+639.39)\div(10\ 000+1\ 000)=3.29$（元/股）。

5.【答案】D

【解析】2×19 年调整增加的普通股加权平均数 $=(2\ 240-2\ 240\times4\div8)\times9/12=840$（万股），稀释每股收益 $=8\ 000\div[(5\ 600+840)\times1.2]=1.04$（元/股）。

6.【答案】B

【解析】甲公司 2×19 年基本每股收益 $=600/1\ 200=0.5$（元/股）；调整增加的普通股股数 $=360\times5/3-360=240$（万股），稀释每股收益 $=600/(1\ 200+240\times10/12)=0.43$（元/股）。

7.【答案】D

【解析】甲公司 2×18 年基本每股收益 $=31\ 000/12\ 000=2.58$（元/股）。每股理论除权价格 $=(12\times12\ 000+8\times12\ 000/3)\div(12\ 000+12\ 000/3)=11$（元），调整系数 $=12\div11=1.09$；因配股重新计算的 2×18 年度基本每股收益 $=2.58\div1.09=2.37$（元/股）；2×19 年基本每股收益 $=50\ 000\div[12\ 000\times1.09\times6/12+(12\ 000+12\ 000/3)\times6/12]=3.44$（元/股）。

8.【答案】B

【解析】2×19 年发行在外的普通股加权平均数 $=(20\ 000+10\ 800-4\ 800)\times1.2=31\ 200$（万股），2×19 年基本每股收益 $=7\ 500/31\ 200=0.24$（元/股）；2×18 年基本每股收益 $=6\ 500/(20\ 000+10\ 800\times10/12-4\ 800\times1/12)=0.23$（元/股），2×19 年重新计算的 2×18 年基本每股收益 $=0.23\div1.2=0.19$（元/股），选项 B 正确。

## 二、多项选择题

1.【答案】ACD

【解析】基本每股收益只考虑当期实际发行在外的普通股股份，按照归属于普通股股东的当期净利润除以当期实际发行在外普通股的加权平均数计算确定，选项 B 不正确。

2.【答案】ACD

【解析】计算基本每股收益时，分子为归属于普通股股东的当期净利润，不包括归属于优先股股东的当期净利润，选项 B 错误。

3.【答案】ABC

【解析】企业派发股票股利、公积金转增资本、拆股或并股等，会增加或减少其发行在外普通股，但不影响所有者权益总额，也不改变企业的盈利能力，影响的是本期基本每股收益和以前年度基本每股收益、稀释每股收益。企业应当在相关报批手续全部完成后，按调整后的股数重新计算各列报期间的每股收益。上述变化发生于资产负债表日至财务报告批准报出日之间的，应当以调整后的股数重新计算各列报期间的每股收益，选项 A、B 和 C 正确。

4.【答案】BCD

【解析】潜在普通股是指赋予其持有者在报告期或以后期间享有取得普通股权利的一种金融工具或其他合同，公司库存股不属于潜在普通股。

5.【答案】ABCD

【解析】乙公司 2×19 年基本每股收益 $=8\ 000\div2\ 000=4$（元/股）；股份期权调整增加的普通股股数 $=3\ 600-3\ 600\times6/12=1\ 800$（万股）；可转换债券调整增加的净利润 $=10\ 000\times2\%\times(1-25\%)=150$（万元），调整增加的股数 $=10\ 000\div10=1\ 000$（万股），稀释每股收益 $=(8\ 000+150)/(2\ 000+1\ 000+1\ 800)=1.70$（元/股）。

6.【答案】ABC

【解析】计算合并财务报表基本每股收益的净利润应当是归属于母公司普通股股东的当期合并净利润，即扣除少数股东损益后的金额，选项 A 正确；投资者稀释每股收益的计算应包括合营企业、联营企业发行的稀释性潜在普通股，选项 B 正确；合并财务报表稀释每股收益的计算应包括子公司发行的稀释性潜在普通股，选项 C 正确，选项 D 错误。

7.【答案】BCD

【解析】选项 A，因送红股和资本公积转增股本增加的普通股加权平均数 $=18\ 000\times2/10+18\ 000\times4/10=10\ 800$（万股），此项在计算基本每股收益时考虑，在计算稀释每股收益时无需再进行调整；选项 B，因承诺回购股票调整增加的普通股加权平均数 $=(1\ 000\times12/10-1\ 000)\times6/12=100$（万股）；选项 C，因发行认股权证调整增加的普通股加权平均数 $=(3\ 000-3\ 000\times6/10)\times3/12=300$（万股）；选项 D，因授予高级管理人员股票期权调整增加的普通股加权平均数 =

（1 500 - 1 500 × 6/10）× 5/12 = 250（万股）。

8.【答案】ABCD

【解析】上述选项均应披露。

9.【答案】ABD

【解析】选项 C，通过发行股票实现非同一控制下企业合并，企业的资产与所有者权益均发生变动，不需要重新计算各列报期的每股收益。

## 三、计算分析题

1.【答案】

（1）甲公司 2 × 18 年度利润表中列示的基本每股收益 = 50 000/（90 000 × 12/12 - 24 000 × 1/12）= 0.57（元/股）。假设行权调整增加的股数 = 10 000/100 × 80 = 8 000（万股），增量股每股收益 = 10 000 × 6% × 8/12/（8 000 × 8/12）= 0.08（元/股），小于基本每股收益，具有稀释作用，稀释每股收益 =（50 000 + 10 000 × 6% × 8/12）/（90 000 × 12/12 - 24 000 × 1/12 + 8 000 × 8/12）= 0.54（元/股）。

（2）2 × 19 年基本每股收益 = 62 000/[（90 000 - 24 000 + 8 000 × 40%）× 1.3] = 0.69（元/股）。2 × 19 年稀释每股收益 =（62 000 + 10 000 × 6% × 60%）/[（90 000 - 24 000 + 8 000 × 40% + 8 000 × 60%）× 1.3] = 0.65（元/股）。

重新计算的 2 × 18 年基本每股收益 = 0.57/1.3 = 0.44（元/股）。

（3）分派股票股利会增加其发行在外普通股或潜在普通股的数量，但并不影响所有者权益总额，这既不影响企业所拥有或控制的经济资源也不改变企业的盈利能力。为了保持会计指标的前后期可比性，企业应当在相关报批手续全部完成后，按调整后的股数重新计算各列报期间的每股收益。

# 第二十九章　公允价值计量



## 本章考情分析

本章内容不多，预计分数在2分左右，不属于重点章。本章复习重点是公允价值的概念和估值技术的应用。

## 本章教材变化

本章今年没有变化。

## 基本内容框架

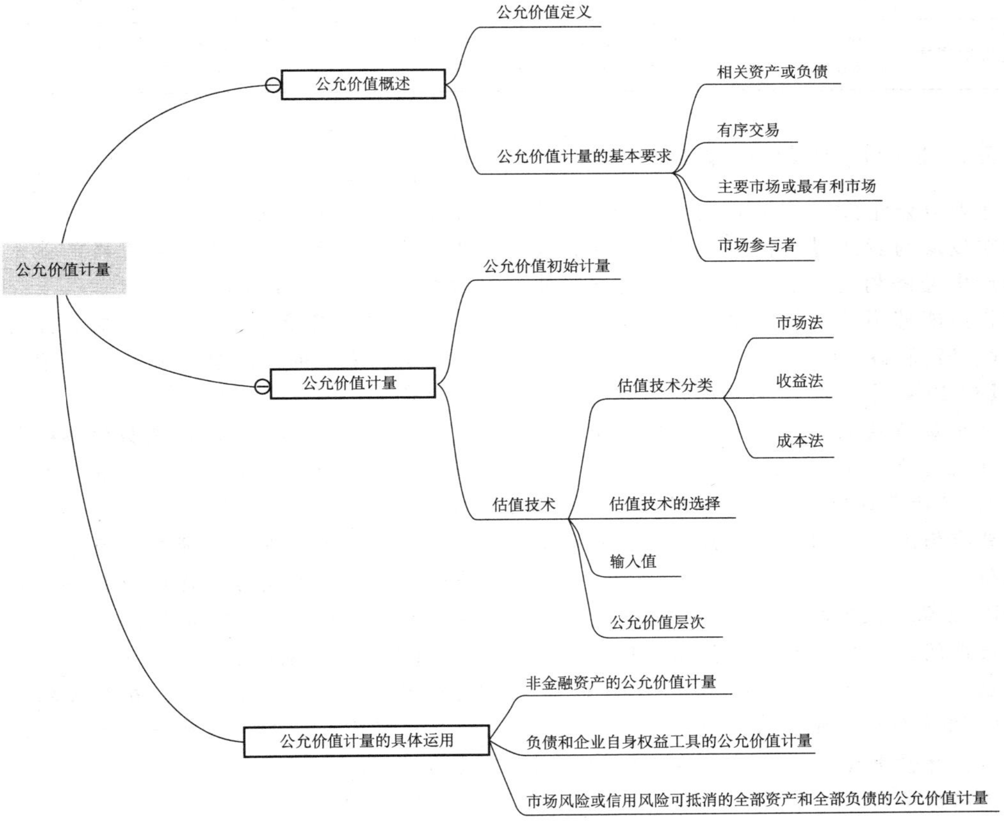


## 通关重难点例题解析

公允价值计量主要解决如何确定资产负债的公允价值金额，分数很少（2分），应重点掌握公允价值的概念、公允价值计量要求、公允价值计量的具体应用：

## 一、公允价值的概念

公允价值，是指市场参与者在计量日发生的有序交易中，出售一项资产所能收到或者转移一项负债所需支付的价格。

企业以公允价值计量相关资产或负债，应当假定市场参与者在计量日出售资产或者转移负债的交易，是当前市场情况下的有序交易。

企业以公允价值计量相关资产或负债，应当假定出售资产或者转移负债的有序交易在该资产或负债的主要市场进行。

企业以公允价值计量相关资产或负债，应当充分考虑市场参与者之间的交易，采用市场参与者在对该资产或负债定价时为实现其经济利益最大化所使用的假设。

## 二、公允价值计量要求

**公允价值计量要求**

| | 相关内容 |
|---|---|
| 公允价值初始计量 | 相关资产或负债的公允价值是脱手价格，即出售该资产所能收到的价格或者转移该负债所需支付的价格。 |
| 估值技术 | 企业以公允价值计量相关资产或负债，应当使用在当前情况下适用并且有足够可利用数据和其他信息支持的估值技术，估值技术通常包括市场法、收益法和成本法。 |
| 输入值 | 企业以公允价值计量相关资产或负债，应当考虑市场参与者在对相关资产或负债进行定价时所使用的假设。市场参与者所使用的假设即为输入值，可分为可观察输入值和不可观察输入值。 |
| 公允价值层次 | 企业应当将估值技术所使用的输入值划分为三个层次，并最优先使用活跃市场上相同资产或负债未经调整的报价（第一层次输入值），最后使用不可观察输入值（第三层次输入值）。 |

## 三、公允价值计量的具体应用

企业以公允价值计量非金融资产，应当考虑市场参与者通过直接将该资产用于最佳用途产生经济利益的能力，或者通过将该资产出售给能够用于最佳用途的其他市场参与者产生经济利益的能力。

【例 29－1】（2019 年单选题）下列各项关于公允价值层次的表述中，不符合企业会计准则规定的是（　　）。

A. 在计量日能够取得的相同资产或负债在活跃市场上未经调整的报价属于第一层次输入值

B. 除第一层次输入值之外相关资产或负债直接或间接可观察的输入值属于第二层次输入值

C. 公允价值计量结果所属的层次，由对公允价值计量整体而言重要的输入值所属的最高层次确定

D. 不能直接观察和无法由可观察市场数验证的相关资产或负的输入值属于第三层次输入值

【答案】C

【解析】选项 C，公允价值计量结果所属的层次，由对公允价值计量整体而言重要的输入值所属的最低层次决定。

【例 29－2】（2017 年单项选择题）企业在按照会计准则规定采用公允价值计量相关资产或负债时，下列各项有关确定公允价值的表述中，正确的是(　　)。

A. 在确定资产的公允价值时，可同时获取出价和要价的，应使用要价作为资产的公允价值

B. 在根据选定市场的交易价格确定相关资产或负债的公允价值时，应当根据交易费用对有关价格进行调整

C. 以公允价值计量资产或负债，应当首先假定出售资产或转移负债的有序交易在该资产或负债的最有利市场进行

D. 使用估值技术确定公允价值时，应当使用市场上可观察输入值，在无法取得或取得可观察输入值不切实可行时才能使用不可观察输入值

【答案】D

【例 29－3】（2018 年多选题）下列有关公允价值计量结果所属层次的表述中，正确的有(　　)。

A. 公允价值计量结果所属层次，取决于估值技术的输入值

B. 公允价值计量结果所属层次由对公允

价值计量整体而言重要的输入值所属的最高层次决定

C. 使用第二层次输入值对相关资产进行公允价值计量时，应当根据资产的特征进行调整

D. 对相同资产或负债在活跃市场上的报价进行调整的公允价值计量结果应划分为第二层次或第三层次

【答案】AC

【解析】公允价值计量结果所属的层次，由对公允价值计量整体而言重要的输入值所属的最低层次决定，因此选项 B 不正确；企业使用相同资产或负债在活跃市场的公开报价对资产或负债进行公允价值计量的，通常不应进行调整，因此选项 D 不正确。

## 通关演练

### 一、单项选择题

1. 下列项目中，不属于估值技术的是（　　）。

A. 市场法　　B. 收益法

C. 成本法　　D. 售价法

2. 关于计量单元，下列说法中正确的是（　　）。

A. 是指相关资产单独进行计量的最小单位

B. 是指相关负债单独进行计量的最小单位

C. 是指相关资产和负债单独进行计量的最小单位

D. 是指相关资产或负债以单独或者组合方式进行计量的最小单位

3. 关于公允价值准则中的相关资产和负债，下列说法中正确的是（　　）。

A. 是指其他相关会计准则要求或允许企业以公允价值计量的资产或负债，也包括企业自身权益工具

B. 包括部分资产和企业自身权益工具，不包括负债

C. 包括部分资产和负债，不包括企业自身权益工具

D. 包括所有资产和负债

4. 企业以公允价值计量相关资产或负债时，下列说法中错误的是（　　）。

A. 相关资产或负债，是指其他相关会计准则要求或允许企业以公允价值计量的资产或负债，也包括企业自身权益工具

B. 相关资产或负债以公允价值计量的计量单元，是指相关资产或负债以单独或者组合方式进行计量的最小单位

C. 企业应用于相关资产或负债公允价值计量的有序交易，是在计量日前一段时期内该资产或负债具有惯常市场活动的交易，包括被迫清算和抛售

D. 企业以公允价值计量的相关资产或负债，应当基于市场参与者之间的交易确定该资产或负债的公允价值

5. 为了避免重复计算或者忽略风险因素的影响，折现率与现金流量应当保持一致，下列项目中不正确的是（　　）。

A. 企业使用了合同现金流量的，应当采用能够反映预期违约风险的折现率

B. 企业使用了概率加权现金流量的，应当采用能够反映预期违约风险的折现率

C. 企业使用了包含了通货膨胀率影响的现金流量的，应当采用名义折现率

D. 企业使用了排除了通货膨胀影响的现金流量的，应当采用实际利率

### 二、多项选择题

1. 企业以公允价值对相关资产或负债进行初始计量的，不应将取得资产或者承担负债的交易价格作为该资产或负债的公允价值的有（　　）。

A. 关联方之间的交易

B. 被迫进行的交易或者资产出售方（或负债转移方）在交易中被迫接受价格的交易

C. 交易价格所代表的计量单元不同于以公允价值计量的相关资产或负债的计量单元

D. 进行交易的市场不是该资产或负债的主要市场（或者在不存在主要市场情况下的最有利市场）

2. 下列公允价值层次中，属于第三层输入值的有（　　）。

A. 股票投资期末收盘价

B. 无风险利率

C. 股票波动率

D. 期望股息率

3. 企业以公允价值计量相关资产或负债，需要考虑资产或负债特征的因素有（　　）。

A. 资产状况

B. 资产所在位置

C. 针对相关资产本身的出售或使用的限制

D. 针对该资产持有者的出售或使用的限制

4. 下列有关估值技术的说法中，正确的有（　　）。

A. 市场法是利用相同或类似资产、负债或资产和负债组合的价格以及其他相关市场交易信息进行估值的技术

B. 收益法是企业将未来金额转换成多个现值的估值技术

C. 现金流量折现法是企业在收益法中最常见到的估值方法

D. 企业主要使用现行重置成本法估计与其他资产或其他资产和负债一起使用的有形资产的公允价值

5. 企业以公允价值计量非金融资产，在判断其最佳用途的时候，应该考虑的因素有（　　）。

A. 市场参与者通过直接将该资产用于最佳用途产生经济利益的能力

B. 通过将该资产出售给能够用于最佳用途的其他市场参与者产生经济利益的能力

C. 考虑用途上是否为法律上允许

D. 实物上可能以及财务上可行的使用方式

## 答案及解析

### 一、单项选择题

1. 【答案】D

【解析】估值技术通常包括市场法、收益法和成本法。

2. 【答案】D

【解析】计量单元可以是单项资产或负债，也可以是资产组合、负债组合或者资产和负债的组合。

3. 【答案】A

【解析】公允价值准则中的相关资产或负债是指其他相关会计准则要求或允许企业以公允价值计量的资产或负债，也包括企业自身权益工具。

4. 【答案】C

【解析】企业应用于相关资产或负债公允价值计量的有序交易，是在计量日前一段时期内该资产或负债具有惯常市场活动的交易，不包括被迫清算和抛售，选项C不正确。

5. 【答案】B

【解析】选项B，使用概率加权现金流量的，应当采用无风险利率。

### 二、多项选择题

1. 【答案】ABCD

【解析】以上选项均符合题意。

2. 【答案】CD

【解析】选项A，为第一层输入值；选项B，为第二层输入值；选项C和D，为不可观察的输入值，属于第三层次。

3. 【答案】ABC

【解析】如果该限制是针对该资产持有者的，那么此类限制并不是该资产的特征，只会影响当前持有该资产的企业，而其他企业可能不会受到影响，因此，企业以公允价值计量该资产时，也不应考虑针对该资产持有者的限制因素，选项D不正确。

4. 【答案】ACD

【解析】收益法是企业将未来金额转换成单一现值的估值技术，选项B错误。

5. 【答案】ABCD

【解析】以上选项均符合题意。

# 第三十章　政府及民间非营利组织会计

## 本章考情分析

本章阐述政府会计（行政、事业单位）和民间非营利组织会计，今年考试预计 10 分左右，有可能出一道计算题。本章复习重点是政府单位特定业务的会计核算。

## 本章教材变化

本章今年在文字上进行了补充完善，基本内容没有变化。

## 基本内容框架

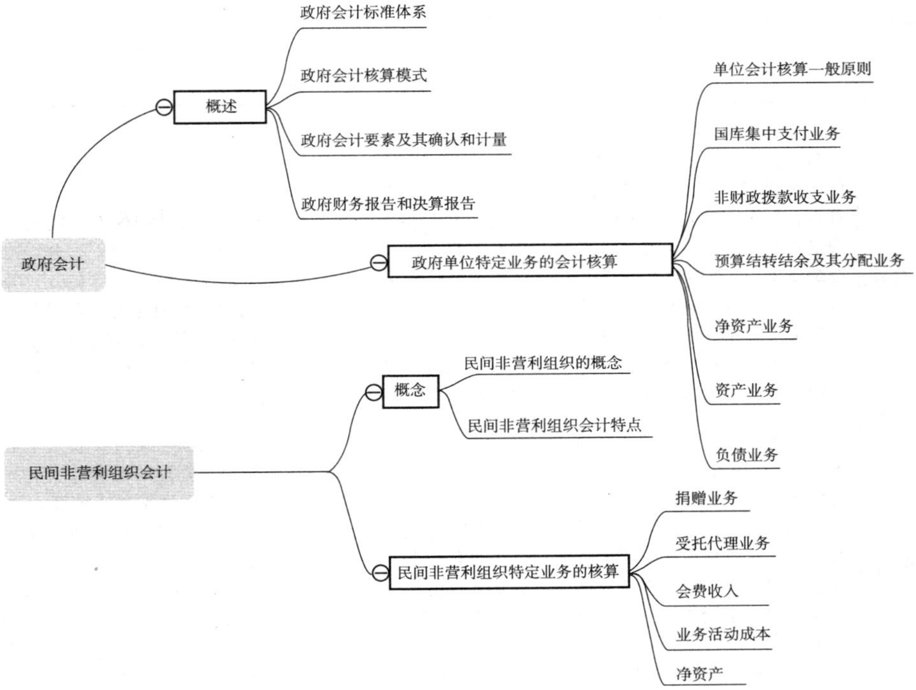


## 通关重难点例题解析

本章包括两个会计制度：一是政府会计制度，适用于行政事业单位，从 2019 年 1 月 1 日实施，今年还是考试重点，应重点掌握政府会计标准体系、政府会计核算模式、行政事业单位具体业务核算；二是民间非营利组织会计，应掌握其特定业务的核算。

### 一、政府会计标准体系

我国的政府会计标准体系由政府会计基本准则、具体准则（存货、投资、固定资产、无形资产、公共基础设施、政府储备物资、会计调整、负债和财务报表编制和列报、政府和社会资本合作项目合同等10项）及应用指南和政府会计制度等组成，考试重点是政府会计制度。

## 二、政府会计核算模式

**政府会计核算模式**

| | 相关规定 |
|---|---|
| 政府预算会计和财务会计的“适度分离” | ①“双功能”：政府会计应当实现预算会计和财务会计双重功能。预算会计应准确完整反映政府预算收入、预算支出和预算结余等预算执行信息，财务会计应全面准确反映政府的资产、负债、净资产、收入、费用等财务信息。<br>②“双基础”：预算会计实行收付实现制，国务院另有规定的，从其规定；财务会计实行权责发生制。<br>③“双报告”：政府会计主体应当编制决算报告和财务报告。政府决算报告，以预算会计核算生成的数据为准；政府财务报告的编制主要以权责发生制为基础，以财务会计核算生成的数据为准。 |
| 政府预算会计和财务会计的“相互衔接” | 政府预算会计和财务会计“适度分离”，并不是要求政府会计主体分别建立预算会计和财务会计两套账，对同一笔经济业务或事项进行会计核算，而是要求政府预算会计要素和财务会计要素相互协调，决算报告和财务报告相互补充，共同反映政府会计主体的预算执行信息和财务信息。 |

## 三、政府单位特定业务的会计核算

政府会计分为预算会计和财务会计两条线，这是本次政府会计改革最大的特点，也是快速掌握政府会计的关键：

**政府会计核算的会计处理**

| | 相关规定 |
|---|---|
| 单位预算会计 | ①预算会计恒等式为“预算收入 - 预算支出 = 预算结余”；②为了保证预算会计要素单独循环，单位应当设置“资金结存”科目，有“零余额账户用款额度”“货币资金”“财政应返还额度”三个明细科目，年末预算收支结转后“资金结存”科目借方余额与预算结转结余科目贷方余额相等；③为了满足决算报表的编制要求，单位应当在预算会计“行政支出”“事业支出”科目下，分别按照“财政拨款支出”“非财政专项资金支出”和“其他资金支出”，“基本支出”和“项目支出”等进行明细核算，并按照《政府收支分类科目》中“支出功能分类科目”的项级科目进行明细核算；“基本支出”和“项目支出”明细科目下应当按照《政府收支分类科目》中“部门预算支出经济分类科目”的款级科目进行明细核算，同时在“项目支出”明细科目下按照具体项目进行明细核算；④预算收入和预算支出包含了销项税额和进项税额，实际缴纳增值税时计入预算支出。 |
| 单位财务会计 | ①反映单位财务状况的等式为“资产 - 负债 = 净资产”，反映运行情况的等式为“收入 - 费用 = 本期盈余”，本期盈余经分配后最终转入净资产；②单位对于纳入部门预算管理的现金收支业务，在采用财务会计核算的同时应当进行预算会计核算；对于其他业务，仅需进行财务会计核算；这里的“现金”，包括库存现金、银行存款、其他货币资金、零余额账户用款额度、财政应返还额度，以及通过对财政直接支付方式支付的款项。对于单位受托代理的现金以及应上缴财政的现金所涉及的收支业务，仅需要进行财务会计处理，不需要进行预算会计处理。③为了满足成本核算需要，单位可在财务会计“业务活动费用”和“单位管理费用”科目下，按照“工资福利费用”“商品和服务费用”“对个人和家庭的补助费用”“对企业补助费用”“固定资产折旧费”“无形资产摊销费”“公共基础设施折旧（摊销）费”“保障性住房折旧费”“计提专用基金”等成本项目设置明细科目，归集能够直接计入业务活动或采用一定方法计算后计入业务活动的费用。 |

## 四、民间非营利组织会计特定业务

民间非营利组织会计适用于通过筹集社会民间资金举办的、不以营利为目的，从事教育、科技、文化、卫生、宗教等社会公益事业，提供公共产品的社会服务组织。这些组织因不以营利为目的，业务都比较简单。比如，收入来源于捐赠收入、会费收入，取得收入时，借记“银行存款”等科目，贷记“捐赠收入”等科目；发生受托代理业务收到货币资金，借记“银行存款”等科目，贷记“受托代理负债”科目。因业务简单老旧，分数一般不超过2分。

【例30-1】（2018年单选题）下列各项

关于非营利组织会计处理的表述中，正确的是(　　)。

A. 捐赠收入于捐赠方做出书面承诺时确认

B. 接收的劳务捐赠按照公允价值确认捐赠收入

C. 如果捐赠方没有提供有关凭证，受赠的非现金资产按照名义价值入账

D. 收到受托代理资产时确认受托代理资产，同时确认受托代理负债

【答案】D

【解析】一般情况下，对于无条件捐赠，应当在捐赠收到时确认收入，对于附有条件的捐赠，应当在取得捐赠资产控制权时确认收入，选项A错误；接收的劳务捐赠不予确认，但应在附注中披露，选项B错误；如果捐赠方没有提供有关凭证，受赠的非现金资产应以其公允价值作为入账价值，选项C错误。

【例30-2】(2019年多选题) 下列各项中，属于民间非营利组织会计要素的有(　　)。

A. 资产　　B. 费用

C. 利润　　D. 所有者权益

【答案】AB

【解析】民间非营利组织的会计要素划分为反映财务状况的会计要素和反映业务活动情况的会计要素：反映财务状况的会计要素包括资产、负债和净资产；反映业务活动情况的会计要素包括收入和费用。

【例30-3】(2019年多选题) 下列各项关于政府单位特定业务会计核算的一般原则中，正确的有(　　)。

A. 政府单位财务会计实行权责发生制

B. 除另有规定外，单位预算会计采用收付实现制

C. 对于纳入部门预算管理的现金收支业务，同时进行财务会计和预算会计核算

D. 对于单位应上缴财政的现金所涉及的收支业务，进行预算会计处理

【答案】ABC

【解析】对于单位受托代理的现金以及应上缴财政的现金所涉及的收支业务，仅需要进行财务会计处理，不需要进行预算会计处理，选项D不符合题意。

## 通关演练

### 一、单项选择题

1. 下列项目中，不属于政府会计标准体系内容的是(　　)。

A. 政府会计基本准则

B. 政府会计具体准则

C. 政府会计制度

D. 政府会计讲解

2. 下列项目中，不属于政府会计预算会计和财务会计的“适度分离”内容的是(　　)。

A. 双功能　　B. 双基础

C. 双分录　　D. 双报告

3. 政府会计中的预算会计应设置“资金结存”科目，下列项目中，不属于“资金结存”科目明细科目的是(　　)。

A. 零余额账户用款额度

B. 货币资金

C. 财政应返还额度

D. 其他应收款

4. 2019年4月2日，甲事业单位根据经过批准过的部门预算和用款计划，向同级财政部门申请支付电费3万元。4月15日，财政部门经审核后，以财政直接支付方式向供电公司支付了该单位的电费3万元。4月18日，该事业单位收到了“财政直接支付入账通知书”，则甲单位的下列会计处理中，不正确的是(　　)。

A. 计入“事业支出”科目3万元

B. 计入“财政拨款预算收入”科目3万元

C. 计入“业务成本”科目3万元

D. 财政拨款收入30 000元

5. 2019年5月，甲科研事业单位（为增值税一般纳税人）对外开展技术咨询服务，开具的增值税专用发票上注明的劳务收入为10万元，增值税税额为6万元，款项已存入银行。甲单位对此笔业务的会计处理中，不正确的是(　　)。

A. 计入“事业收入”科目100 000元

B. 计入“应交增值税——应交税金（销项税额）”科目6 000元

C. 计入“资金结存——货币资金”科目106 000元

D. 计入“事业预算收入”科目100 000元

6. 关于民间非营利组织受托代理业务的核算，下列表述中不正确的是（　　）。

A. “受托代理负债”科目的期末贷方余额，反映民间非营利组织尚未清偿的受托代理负债

B. 如果委托方没有提供受托代理资产有关凭据的，受托代理资产应当按照其公允价值作为入账价值

C. 在转赠或者转出受托代理资产时，应当按照转出受托代理资产的账面余额，借记“受托代理负债”科目，贷记“受托代理资产”科目

D. 收到的受托代理资产即使为现金或银行存款的，也必须要通过“受托代理资产”科目进行核算

7. 全国高校图书情报资料研究会为民间非营利组织，按照规定每位会员需缴纳年费100元且无限定用途，2019年1月2日实际收到2019年度会费120万元，假定按月确认收入。2019年该研究会的下列会计处理中，不正确的是（　　）。

A. 2019年1月2日实际收到2019年度会费时，借记“银行存款”120万元，贷记“预收账款”120万元

B. 2019年1月末确认会费收入时，借记“预收账款”10万元，贷记“会费收入——非限定性收入”10万元

C. 2019年年末，借记“会费收入——非限定性收入”120万元，贷记“非限定性净资产”120万元

D. 2019年年末，借记“会费收入——限定性收入”120万元，贷记“限定性净资产”120万元

8. 某民间非营利组织2019年年初“限定性净资产”科目的余额为500万元。2019年年末有关科目贷方余额如下：“捐赠收入——限定性收入”1 000万元、“政府补助收入——限定性收入”200万元。不考虑其他因素，2019年年末该民间非营利组织积存的限定性净资产为（　　）万元。

A. 1 200　　B. 1 500

C. 1 700　　D. 500

9. 2019年6月6日，某民办研究所收到财政部门100万元拨款，用于补助某项科研项目，研究成果归该研究所。下列关于该业务的会计核算中，不正确的是（　　）。

A. 贷记“政府补助收入”科目

B. 期末将“政府补助收入”科目余额全部转入“非限定性净资产”科目

C. 期末将“政府补助收入”科目余额全部转入“限定性净资产”科目

D. 期末“政府补助收入”科目无余额

10. 某民间非营利组织2019年年初“非限定性净资产”科目余额为100万元。2019年年末有关科目贷方余额如下：“捐赠收入——非限定性收入”5 000万元、“会费收入——非限定性收入”1 000万元、“提供服务收入——非限定性收入”2 000万元、“政府补助收入——非限定性收入”800万元、“商品销售收入——非限定性收入”100万元、“投资收益——非限定性收入”80万元、“其他收入——非限定性收入”20万元。有关科目借方余额如下：“业务活动成本”7 000万元、“管理费用”1 000万元、“筹资费用”10万元、“其他费用”90万元。不考虑其他因素，2019年年末该民间非营利组织历年积存的非限定性净资产为（　　）万元。

A. 2 000　　B. 1 000

C. 1 100　　D. 900

## 二、多项选择题

1. 下列项目中，属于政府会计中预算会计要素的有（　　）。

A. 预算收入　　B. 预算费用

C. 预算支出　　D. 预算结余

2. 下列项目中，属于政府会计财务报表内容的有（　　）。

A. 资产负债表　　B. 收入费用表

C. 现金流量表　　D. 附注

3. 2019年12月31日，甲行政单位财政直接支付指标数与当年财政直接支付实际支出数之间的差额为30万元。2020年初，财政部门恢复了该单位的财政直接支付额度。2020年1月10日，该单位以财政直接支付方式购买一批办公用物资（属于上年预算指标数），支付给供应商4万元价款。对该笔业务，甲单位下列账务处理中，正确的有（　　）。

A. 计入“银行存款”科目300 000元

B. 计入“财政拨款预算收入”科目300 000元

C. 计入“行政支出”科目40 000元

D. 计入“财政应返还额度”科目40 000元

4. 政府会计中，下列关于固定资产的会计处理中，正确的有(　　)。

A. 无偿调入的固定资产其成本按照调出方账面价值加上相关税费等确定

B. 文物和陈列品应当按月计提折旧

C. 因改建、扩建等原因而延长固定资产使用年限的，应当重新确定固定资产的折旧年限

D. 固定资产处置收益应计入营业外收入

5. 政府会计中，下列关于无形资产的会计处理中，正确的有(　　)。

A. 研究阶段的支出应当于发生时计入当期费用

B. 开发阶段的支出先按合理方法进行归集，如果最终形成无形资产的，应当确认为无形资产

C. 研究开发项目按法律程序已申请取得无形资产的，应当将依法取得时发生的注册费，聘请律师费等费用确认为无形资产

D. 研究支出费用化的，应计入“业务活动费用”等科目

6. 下列各项中，属于民间非营利组织应确认为捐赠收入的有（　　）。

A. 接受劳务捐赠

B. 接受有价证券捐赠

C. 接受公用房捐赠

D. 接受货币资金捐赠

7. 民间非营利组织的收入来源有（　　）。

A. 捐赠收入

B. 会费收入

C. 提供服务收入

D. 政府补助收入

8. 下列关于民间非营利组织业务活动成本的表述，正确的有（　　）。

A. 业务活动成本是指民间非营利组织为了实现其业务活动目标、开展其项目活动或提供服务发生的费用

B. 业务活动成本包括直接成本与直接费用

C. 为专项资金补助项目发生的所有费用，应计入业务活动成本

D. 会计期末应将当期发生的业务活动成本转入限定性净资产

9. 2019年3月，ABC民间非营利扶贫基金会收到国家财政补助500万元，协议规定该资金只能用于贫困山区母亲的救助项目，如果违反协议需退还政府补助。至2019年12月31日，有450万元用于救助贫困山区母亲，其余50万元违反协议规定需退还并已实际支付。ABC扶贫基金会接受政府补助的处理，正确的有（　　）。

A. 2019年3月，扶贫基金会收到国家财政补助时，借记“银行存款”500万元，贷记“政府补助收入——限定性收入”500万元

B. 2019年12月31日，确认退款时，借记“管理费用”50万元，贷记“其他应付款”50万元

C. 2019年12月31日，实际退款时，借记“其他应付款”50万元，贷记“银行存款”50万元

D. 2019年12月31日，将“政府补助收入——限定性收入”科目余额500万元中的450万元转入“政府补助收入——非限定性收入”科目的贷方，50万元转入“限定性净资产”科目

10. 期末，民间非营利组织应将非限定性收入转入“非限定性净资产”科目的贷方，借记的会计科目可能有（　　）。

A. 捐赠收入——非限定性收入

B. 会费收入——非限定性收入

C. 提供服务收入——非限定性收入

D. 政府补助收入——非限定性收入

11. 期末，民间非营利组织应将各费用类科目的余额转入“非限定性净资产”科目的借方，贷记的会计科目可能有（　　）。

A. 业务活动成本

B. 管理费用

C. 筹资费用

D. 其他费用

## 三、计算题

1. 甲事业单位（下称“甲单位”）已执行政府会计制度，发生下列业务和事项：

（1）甲单位购入事业用需要安装的A设

备80万元。为了保证设备的质量，甲单位扣留质量保证金10万元（质保期3个月）。有关款项70万元已由零余额账户用款额度支付。

（2）甲单位发生安装费用3万元，已由零余额账户用款额度支付。该设备安装完毕转为固定资产。

（3）A设备转为固定资产当月开始计提折旧。该设备预计使用年限5年，预计净残率为0.2万元，采用直线法计提折旧，每月折旧额为1.38万元。

（4）3个月质保期到期，无质量问题，甲单位采用零余额账户用款额度支付质保金10万元。

（5）5年使用期到期，A设备经批准报废。报废时，设备原值83万元，固定资产累计折旧82.8万元，出售价款0.3万元已收存银行。

假设不考虑相关税费。

要求：对上述业务进行账务处理。

2. 甲单位为事业单位，2019年发生如下业务事项：

（1）甲单位采用财政直接支付方式，支付上月电费30万元。其中，业务部门用电24万元、行政管理及后勤部门用电6万元。

（2）甲单位收到财政授权支付到账额度金额100万元。

（3）甲单位从零余额账户购买物品用于专业活动10万元。

（4）业务部门领用库存物品3万元。

（5）甲单位采用财政直接支付方式购入一项专利技术用于专业活动，并收到相关发票，发票中注明的金额为65万元。当月计提摊销1万元。

（6）年终对账鉴证后，按照有关规定，甲单位注销零余额账户财政授权支付额度48万元。

（7）甲单位本年度财政授权支付预算指标数大于零余额账户用款额度下达数，两者差额为30万元。

（8）下年度1月份收到财政部门批复的上年末下达零余额账户用款额度30万元以及恢复零余额账户用款额度48万元。

假设不考虑相关税费。

要求：对上述业务进行账务处理。

## 答案及解析

### 一、单项选择题

1. 【答案】D

【解析】我国的政府会计标准体系由政府会计基本准则、具体准则及应用指南和政府会计制度等组成。

2. 【答案】C

【解析】政府会计的“适度分离”，是指适度分离政府预算会计和财务会计功能，决算报告和财务报告功能，全面反映政府会计主体的预算执行信息和财务信息。主要体现在以下几个方面：一是“双功能”，在同一会计核算系统中实现财务会计和预算会计双重功能，通过资产、负债、净资产、收入、费用五个要素进行财务会计核算，通过预算收入、预算支出和预算结余三个要素进行预算会计核算。二是“双基础”，财务会计采用权责发生制，预算会计采用收付实现制，国务院另有规定的，依照其规定。三是“双报告”，通过财务会计核算形成财务报告，通过预算会计核算形成决算报告，选项C不属于政府会计适度分离的内容。

3. 【答案】D

【解析】为了保证预算会计要素单独循环，单位应当设置“资金结存”科目，有“零余额账户用款额度”“货币资金”“财政应返还额度”三个明细科目，年末预算收支结转后“资金结存”科目借方余额与预算结转结余科目贷方余额相等，选项D不属于资金结存科目的明细科目。

4. 【答案】

【解析】选项C不正确，其余选项正确。甲单位应做如下账务处理：

①预算会计：

借：事业支出　　30 000

　　贷：财政拨款预算收入　　30 000

②同时，财务会计：

借：单位管理费用　　30 000

　　贷：财政拨款收入　　30 000

5. 【答案】D

【解析】选项D不正确，其余选项正确。

甲单位账务处理如下：

（1）收到劳务收入时：

借：银行存款　106 000

　贷：事业收入　100 000

　　应交增值税——应交税金（销项税额）　6 000

同时，

借：资金结存——货币资金　106 000

　贷：事业预算收入　106 000

特别注意：财务会计收入不含税；预算会计收入包含增值税。

6.【答案】D

【解析】收到的受托代理资产如果为现金或银行存款的，可以不通过“受托代理资产”科目核算，而在“现金”“银行存款”科目下设置“受托代理资产”明细科目进行核算。

7.【答案】D

【解析】本题的会费收入没有限定用途，应作为非限定性收入核算，期末应转入非限定性净资产。

8.【答案】C

【解析】2019年年末该民间非营利组织积存的限定性净资产 = 500 +（1 000 + 200）= 1 700（万元）

9.【答案】B

【解析】拨款用途为“补助某项科研项目”，属于限定性收入。

10.【答案】B

【解析】非限定性净资产历年积存余额 = 100 +（5 000 + 1 000 + 2 000 + 800 + 100 + 80 + 20）-（7 000 + 1 000 + 10 + 90）= 1 000（万元）

## 二、多项选择题

1.【答案】ACD

【解析】预算会计要素包括预算收入、预算支出和预算结余，选项B不正确；其余选项正确。

2.【答案】ABCD

【解析】政府财务报表包括会计报表和附注，会计报表至少应当包括资产负债表、收入费用表和现金流量表，上述选项均属于政府财务报表的内容。

3.【答案】BCD

【解析】选项A不正确，其余选项正确。甲单位应进行下列会计处理：

（1）2019年12月31日补记指标（预算会计）：

借：资金结存——财政应返还额度　300 000

　贷：财政拨款预算收入　300 000

同时（财务会计）：

借：财政应返还额度——财政直接支付　300 000

　贷：财政拨款收入　300 000

（2）2020年1月15日使用上年预算指标购买办公用品（预算会计）：

借：行政支出　40 000

　贷：资金结存——财政应返还额度　40 000

同时（财务会计）：

借：库存物品　40 000

　贷：财政应返还额度——财政直接支付　40 000

4.【答案】AC

【解析】选项B不正确，单位应当按月对固定资产计提折旧，下列固定资产除外：文物和陈列品；动植物；图书、档案；单独计价入账的土地；以名义金额计量的固定资产；选项D不正确，固定资产报经批准出售，按照被出售、转让固定资产的账面价值，借记“资产处置费用”科目，按照固定资产已计提的折旧，借记“固定资产累计折旧”科目，按照固定资产账面余额，贷记“固定资产”科目；同时，按照收到的价款，借记“银行存款”等科目，按照处置过程中发生的相关费用，贷记“银行存款”等科目，按照其差额，贷记“应缴财政款”科目。

5.【答案】ABCD

【解析】上述说法均正确。

6.【答案】BCD

【解析】对于捐赠承诺和劳务捐赠，不予以确认，但应在会计报表附注中披露。

7.【答案】ABCD

8.【答案】ABC

【解析】会计期末应将当期发生的业务活动成本转入非限定性净资产。

9.【答案】ABCD

【解析】对违反协议规定需退还的金额，借记“管理费用”科目，贷记“其他应付款”科目。

10.【答案】ABCD

11.【答案】ABCD

## 三、计算题

1.【答案】

(1) 购入A设备时。

借：在建工程 80
　贷：零余额账户用款额度 70
　　其他应付款 10

同时，

借：事业支出 70
　贷：资金结存——零余额账户用款额度 70

(2) 支付安装费，完工转固。

借：在建工程 3
　贷：零余额账户用款额度 3

同时，

借：事业支出 3
　贷：资金结存——零余额账户用款额度 3

安装完毕交付使用时

借：固定资产 83
　贷：在建工程 83

(3) 每月计提折旧时。

借：业务活动费用 1.38
　贷：固定资产累计折旧 1.38

(4) 3个月的质保期满设备质量合格，支付质量保证金时。

借：其他应付款 10
　贷：零余额账户用款额度 10

同时，

借：事业支出 10
　贷：资金结存——零余额账户用款额度 10

(5) 报废时。

借：资产处置费用 0.2
　固定资产累计折旧 82.8
　贷：固定资产 83

借：银行存款 0.3
　贷：应缴财政款 0.3

2.【答案】

(1) 支付电费时。

借：业务活动费用 24
　单位管理费用 6
　贷：财政拨款收入 30

同时，

借：事业支出 30
　贷：财政拨款预算收入 30

(2) 收到财政授权支付到账额度。

借：零余额账户用款额度 100
　贷：财政拨款收入 100

同时，

借：资金结存——零余额账户用款额度 100
　贷：财政拨款预算收入 100

(3) 购买物品时。

借：库存物品 10
　贷：零余额账户用款额度 10

同时，

借：事业支出 10
　贷：资金结存——零余额账户用款额度 10

(4) 领用库存物品时。

借：业务活动费用 3
　贷：库存物品 3

(5) 购入专利权，计提摊销时。

借：无形资产 65
　贷：财政拨款收入 65

同时，

借：事业支出 65
　贷：财政拨款预算收入 65

计提摊销：

借：业务活动费用 1
　贷：无形资产累计摊销 1

(6) 年终注销零余额账户用款额度。

借：财政应返还额度 48
　贷：零余额账户用款额度 48

同时，

借：资金结存——财政应返还额度 48
　贷：资金结存——零余额账户用款额度 48

(7) 甲单位记录本年度财政授权支付预算指标数大于零余额账户用款额度下达数差额。

借：财政应返还额度 30
　贷：财政拨款收入 30

同时，

借：资金结存——财政应返还额度　30

　贷：财政拨款预算收入　30

（8）下年度1月份收到财政部门批复的上年末下达零余额账户用款额度30万元以及恢复零余额账户用款额度48万元。

借：零余额账户用款额度　78

　贷：财政应返还额度　78

同时，

借：资金结存——零余额账户用款额度　78

　贷：资金结存——财政应返还额度　78

# 第二部分

## 跨章节综合题演练

## 跨章节综合题

### 一、计算分析题

（一）考核非货币性资产交换和债务重组

甲公司、乙公司和丙公司均为增值税一般纳税人，有关非货币性资产交换和债务重组资料如下：

（1）2020 年 4 月 1 日，甲公司经与丙公司协商，甲公司以一项非专利技术和固定资产（设备）换入丙公司持有的对戊公司长期股权投资（持股比例 30%，按权益法核算）。

甲公司非专利技术的原价为 1 200 万元，已摊销 200 万元，未计提减值准备，账面价值 1 000 万元，转让时开具的专用发票注明的价款（公允价值）为 1 100 万元，增值税税额为 66 万元（1 100 × 6%）；固定资产原值为 500 万元，已计提折旧 50 万元，账面价值为 450 万元，转让时开具的专用发票注明的价款（公允价值）为 400 万元，增值税税额为 52 万元（400 × 13%）。甲公司换入的对戊公司长期股权投资采用权益法核算。该转让已完成产权转移手续，控制权转移，符合资产确认和终止确认的条件。

丙公司对戊公司长期股权投资的账面价值为 1 100 万元（其中：投资成本为 600 万元，损益调整为 500 万元），未计提减值准备，公允价值为 1 300 万元。丙公司另外以一张商业汇票作为补价转让给甲公司，该商业汇票账面价值为 320 万元，公允价值为 318 万元。

假定上述资产交换均具有商业实质。

（2）2020 年 4 月 15 日，甲公司获悉乙公司发生财务困难，对应收乙公司货款 2 260 万元进行债务重组。有关协议内容是：乙公司用银行存款偿还 360 万元；另用一批库存商品抵债，该库存商品账面价值为 650 万元，开具的增值税专用发票注明的价款为 800 万元，增值税税额为 91 万元（800 × 13%）；再用一项交易性金融资产（股票）抵债，该股票账面价值 660 万元（其中：成本 460 万元，公允价值变动 200 万元），公允价值 720 万元。

甲公司对该应收账款已计提坏账准备 280 万元，账面价值为 1 980 万元，其公允价值为 1 971 万元。取得的存货作为库存商品入账；取得的股票作为交易性金融资产入账。

甲公司与乙公司签订协议后，当日完成产权转移手续，解除了债权债务手续。

假定不考虑所得税等其他因素。（答案中的金额单位用万元表示）

要求：

（1）根据资料（1），分析判断甲公司和丙公司之间的资产交换是否属于非货币性资产交换。

（2）根据资料（1），编制甲公司有关非货币性资产交换业务的会计分录。

（3）根据资料（1），编制丙公司有关非货币性资产交换业务的会计分录。

（4）根据资料（2），编制甲公司有关债务重组业务的会计分录。

（5）根据资料（2），编制乙公司有关债务重组业务的会计分录。

（二）练习所得税

甲公司 2 × 19 年年初的递延所得税资产借方余额为 30 万元，与之对应的预计负债贷方余额为 200 万元；递延所得税负债无期初余额。甲公司 2 × 19 年度实现的利润总额为 9 200 万元，甲公司 2 × 19 年度发生的有关交易和事项如下：

（1）2 × 19 年 11 月，甲公司以银行存款支付产品保修费用 300 万元，同时冲减了预计负债年初贷方余额 200 万元。2 × 19 年年末，保修期结束，甲公司不再预提保修费。

（2）甲公司与乙企业签订了一项租赁协议，将其原先自用的一栋写字楼出租给乙企业使用，租赁期开始日为 2 × 19 年 12 月 31 日。2 × 19 年 12 月 31 日，该写字楼账面余额为 50 000 万元，已计提累计折旧 10 000 万元，未计提减值准备，公允价值为 52 000 万元，甲公司对该项投资性房地产采用公允价值模式进行后续计量。假定转换前该写字楼的计税基础与账面价值相等。

（3）2 × 19 年 12 月 31 日，甲公司收到与资产相关的政府补助 4 000 万元，该政府补助不满足免税条件，税法规定应当计入取得当期的应纳税所得额。甲公司采用总额法核算政府补助。

（4）自 3 月 1 日起自行研发一项新技术，

2×19年发生研发支出共计500万元（用银行存款支付60%，40%为研发人员薪酬），其中研究阶段支出100万元，开发阶段符合资本化条件前支出100万元，符合资本化条件后支出300万元，研发活动至2×19年底仍在进行中。税法规定，企业为开发新技术、新产品、新工艺发生的研究开发费用，未形成资产计入当期损益的，在按规定据实扣除的基础上，按照研究开发费用的75%加计扣除；形成无形资产的，按照无形资产成本的175%摊销。

（5）2×19年12月31日，甲公司以定向增发公允价值为21 000万元的普通股股票为对价取得乙公司100%有表决权的股份，形成非同一控制下控股合并。乙公司当日可辨认净资产的账面价值为20 000万元，其中，股本8 000万元，未分配利润12 000万元；除一项账面价值与计税基础均为400万元、公允价值为600万元的库存商品外，其他各项可辨认资产、负债的账面价值与其公允价值、计税基础均相同。乙公司适用的所得税税率为25%。

假定甲公司2×19年适用的所得税税率为15%，从2×20年开始适用的所得税税率为25%，且预计在未来期间保持不变；预计未来期间能够产生足够的应纳税所得额用以抵扣可抵扣暂时性差异。不考虑其他因素。

要求：

（1）根据资料（1）至资料（4），分别确定是否应确认递延所得税负债或递延所得税资产，并说明理由。

（2）说明哪些暂时性差异的所得税影响应直接计入所有者权益。

（3）计算甲公司2×19年度应交所得税，并编制与所得税有关会计分录。

（4）根据资料（5），计算甲公司购买日合并财务报表时应确认的递延所得税和商誉的金额。

（三）练习股份支付

甲公司为乙公司的母公司，2×20年1月1日，经股东大会批准，甲公司向乙公司的200名管理人员每人授予100份现金股票增值权，每份现金股票增值权在2×20年1月1日的公允价值为15元。乙公司管理人员需在该公司连续服务3年，即可按照当时股价的增长幅度获得现金，该现金股票增值权应在2×24年12月31日前行使完毕。据估计，该增值权在负债结算之前的每一资产负债表日以及结算日的公允价值和可行权后的每份增值权现金支出额如下：

单位：元

| 年份 | 公允价值 | 支付现金 |
|---|---|---|
| 2×20 | 12 | |
| 2×21 | 15 | |
| 2×22 | 18 | 21 |

第一年有20名管理人员离开乙公司，乙公司估计未来两年中还将有15名管理人员离开；第二年又有10名管理人员离开乙公司，乙公司估计还将有10名管理人员离开；第三年又有15名管理人员离开。第三年年末，未离开公司的管理人员全部行权。

要求：

（1）编制乙公司个别财务报表关于上述股份支付的相关会计分录。

（2）编制甲公司个别财务报表关于上述股份支付的相关会计分录。

（3）编制合并财务报表上关于上述股份支付的相关抵消分录。

（答案中的金额单位用元表示）

（四）练习借款费用

甲股份有限公司（以下简称“甲公司”）拟自建一条生产线，与该生产线建造相关的资料如下：

（1）2×19年1月1日，甲公司发行一般公司债券，专门筹集生产线建设资金。该债券为3年期分期付息、到期还本债券，面值为6 000万元，票面年利率为5%，发行价格为6 139.5万元，另在发行过程中支付中介机构佣金300万元，实际募集资金净额为5 839.5万元。

（2）甲公司除上述所发行公司债券外，还存在两笔一般借款：一笔于2×18年10月1日借入，本金为4 000万元，年利率为6%，期限2年；另一笔于2×18年12月1日借入，本金为6 000万元，年利率为7%，期限3年。

（3）生产线建造工程于2×19年1月1日开工，采用外包方式进行，预计工期1年。有关建造支出情况如下：

2×19年1月1日，支付建造商2 000

万元；

2×19 年 5 月 1 日，支付建造商 3 200 万元；

2×19 年 8 月 1 日，支付建造商 2 800 万元。

（4）2×19 年9 月1 日，因资金周转发生了困难生产线建造工程发生中断，至 2×20 年1 月1 日恢复建造，当日向建造商支付工程款2 400 万元。建造工程于2×20 年3 月31 日完成，并经有关部门验收，试生产出合格产品。

（5）甲公司将闲置专门借款资金投资固定收益理财产品，月收益率为 0.5%。

其他资料：

（P/A，5%，3）=2.7232，（P/A，6%，3）=2.6730，（P/A，7%，3）=2.6243。

（P/F，5%，3）=0.8638，（P/F，6%，3）=0.8396，（P/F，7%，3）=0.8163。

假定不考虑实际建造起不足 1 年的时间性要求，不考虑所得税等相关税费以及其他因素。

要求：

（1）确定甲公司生产线建造工程借款费用的资本化期间，并说明理由。

（2）计算甲公司发行公司债券的实际利率，并编制甲公司发行债券的会计分录。

（3）分别计算甲公司2×19 年专门借款、一般借款利息应予资本化的金额，并编制与生产线建造工程相关的会计分录。

（4）分别计算甲公司2×20 年专门借款、一般借款利息应予资本化的金额，并编制与生产线建造工程相关的会计分录。

（涉及小数的保留两位小数）

（五）练习政府会计

甲病毒研究所为事业单位，为了抗击新型冠状病毒，开展了如下业务和事项：

（1）甲单位采用政府采购方式，使用财政资金购入不需安装的科研设备，用于研究新型冠状病毒分型、致病机理、防治方法，该设备成本 800 万元，款项已经由财政直接支付。当月计提折旧 12 万元。

（2）甲单位将设备捐赠给某指定收治新型冠状病毒肺炎患者的医院，该设备账面原值169 万元，累计折旧 62 万元；用银行存款支付运费 0.1 万元。

（3）甲单位采用授权支付方式采购科研试剂，发票注明的采购成本金额为 20 万元，代理银行已将 20 万元划入供应商账户，试剂已经验收入库。

（4）甲单位自行开发专利权，在研究开发过程中所发生的材料费用 100 万元、工资及福利费用 80 万元，共计 180 万元（其中研究支出 60 万元，开发支出 120 万元可以资本化）；之后按法律程序申请取得专利权，支付注册费等费用 3 万元。该专利权期限为 8 年，每月摊销 1.28 万元。上述工资支出、注册费等均用银行存款支付。

（5）甲单位接受国家有关部门无偿拨入的抗疫物资，在原单位账面价值 30 万元，甲单位支付运输费 0.24 万元，已验收入库。

假设不考虑相关税费。

要求：按照政府会计制度，对上述甲单位业务进行会计处理。

## 二、综合题

（一）练习资产负债表日后事项

甲公司 2×19 年度财务报告于 2×20 年 3 月 31 日批准报出。注册会计师 2×20 年 3 月在对甲公司 2×19 年度财务报表进行审计时，关注到以下交易或事项的会计处理：

（1）2×18 年1 月1 日，甲公司向乙银行借款 2 亿元。借款期限为 5 年，年利率为 6%，利息按年支付，本金到期一次偿还。借款协议约定：如果甲公司不能按期支付利息，则从违约日起按年利率 7% 加收罚息。2×18 年甲公司均按时支付乙银行借款利息。2×19 年 1 月起，因受国际国内市场影响。甲公司出现资金困难，当年未按时支付全年利息。为此，甲公司按 7% 年利率计提该笔借款自 2×19 年 1 月 1 日起的罚息 1 400 万元。

2×20 年 2 月 20 日，甲公司与乙银行签订了《罚息减免协议》，协议的主要内容是，从 2×20 年起，如果甲公司于借款到期前能按时支付利息并于借款到期时偿还本金，甲公司只需按照 6% 的年利率支付 2×19 年及以后各年的利息；同时，免除 2×19 年的罚息 1 400 万元。甲公司根据与乙银行签订的《罚息减免协议》，做了如下会计处理。

借：应付利息　　　　1 400

　　贷：营业外支出　　　　1 400

（2）2×19年12月31日，甲公司与丙公司达成一笔售后租回交易，将一栋新建办公楼出售给丙公司后再租回，租期为16年，年租金为400万元。出租时该办公楼账面价值为5 000万元，售价为6 200万元，预计尚可使用年限为20年。甲公司将售价6 200万元与账面价值5 000万元的差额1 200万元计入了资产处置损益。在本次交易中，甲公司未办理产权过户等相关手续，办公楼控制权未转移。

（3）从2×16年开始，甲公司受政府委托进口某特种商品A，再将商品A销售给国内的生产企业，加工出产品B销售给最终顾客。产品B的销售价格由政府确定。由于国际市场上商品A的价格上涨，而国内产品B的价格保持稳定不变，形成进销倒挂的局面。2×18年12月31日之前，甲公司销售给生产企业的时候以商品A的进口价格为基础定价，国家财政对生产企业进行补贴；2×19年1月1日之后，国家规范补贴款管理，改为限定甲公司对生产企业的销售价格，然后对甲公司的进销差价损失由国家财政给予返还，差价返还金额以销售价格减去加权平均采购成本的价差乘以销售给生产企业的数量计算。甲公司2×19年因销售商品A收到财政返还款6 000万元。甲公司将其计入其他收益。

（4）甲公司于2×19年1月1日购入10套商品房，每套商品房购入价为200万元，并以低于购入价20%的价格出售给10名高级管理人员，出售住房的合同中规定这部分管理人员至少为公司服务5年。甲公司将购入价2 000万元与售价1 600万元的差额400万元直接计入2×19年管理费用。

（5）为扩大销售量，甲公司推出了购车赠A级保养服务的销售推广策略，个人消费者从甲公司购买乘用车的同时可获赠一张A级保养卡，个人消费者可凭卡在购车之日起1年内到甲公司的销售公司免费做一次A级保养。该A级保养卡也单独对外销售，销售价格为每张3 000元。

甲公司在销售乘用车时按照实际收取的价款确认营业收入，对赠送的A级保养卡不单独进行会计处理，仅设立备查簿对其发放和使用情况进行登记。当个人消费者实际使用A级保养卡时，各销售公司将相关的保养服务成本在发生时计入当期的销售费用。

（6）2×19年12月31日，经甲公司董事会批准，甲公司与非关联公司W公司签订了一份不可撤销的资产转让协议，将一项账面价值为800万元的固定资产（原价1 000万元，累计折旧200万元）以810万元的价格转让给W公司。双方约定于2×20年3月31日前完成转让资产的交割。甲公司预计上述转让将发生30万元处置费用。由于截至2×19年12月31日上述交易尚未实施，除计提折旧外，甲公司于2×19年末对上述固定资产进行任何其他会计处理。

假定：

（1）不考虑所得税、增值税及其他相关税费。

（2）不考虑折现及其他因素。

要求：

（1）根据资料（1）至（4），判断甲公司对相关事项的会计处理是否正确，并说明理由；对于不正确的事项，编制更正分录（无需通过“以前年度损益调整”科目核算）。

（2）根据资料（5），分析甲公司的会计处理是否恰当，并简要说明理由。

（3）根据资料（6），假定不考虑其他条件，判断甲公司的会计处理是否恰当。如存在不当之处，简要说明理由，并提出恰当的处理意见。

（二）练习企业合并和合并报表编制

甲公司为一上市的集团公司，原持有乙公司30%股权，能够对乙公司施加重大影响。甲公司2×18年及2×19年发生的相关交易事项如下：

（1）2×18年1月1日，甲公司以发行股份10 000万股为对价从乙公司的控股股东——丙公司处受让乙公司50%股权，该日股票收盘价为1.3元，并办理了股东变更登记手续。购买日，乙公司可辨认净资产的账面价值为19 000万元，公允价值为20 000万元（含原未确认的无形资产公允价值1 000万元），除原未确认入账的无形资产外，其他各项可辨认资产及负债的公允价值与账面价值相同。上述无形资产系一项商标权，自购买日开始尚可使用10年，预计净残值为零，采用直线法摊销。

甲公司受让乙公司50%后，共计持有乙公司80%股权，能够对乙公司实施控制。甲公司受让乙公司50%股权时，所持乙公司30%股权的账面价值为6 400万元，其中，投资成本5 500万元，损益调整800万元，其他权益变动100万元；公允价值为7 600万元。

（2）2×18年1月1日，乙公司个别财务报表中所有者权益的账面价值为19 000万元，其中，实收资本16 000万元，资本公积100万元，盈余公积为290万元，未分配利润2 610万元。

该项交易中，甲公司以银行存款支付法律、评估等中介机构费用60万元。

甲公司与丙公司协议约定，丙公司承诺本次交易完成后的2×18年、2×19年和2×20年三个会计年度乙公司实现的净利润分别不低于600万元、800万元和1 000万元。乙公司实现的净利润低于上述承诺利润的，丙公司将按照出售股权比例，以现金对甲公司进行补偿。各年度利润补偿单独计算，且已经支付的补偿不予退还。

2×18年1月1日，甲公司认为乙公司在2×18年至2×20年期间基本能够实现承诺利润，发生业绩补偿的可能性较小。

（3）乙公司2×18年实现净利润500万元，较原承诺利润少100万元。2×18年末，根据乙公司利润实现情况及市场预期，甲公司估计乙公司2×19年和2×20年实现净利润分别为600万元和700万元；经测试该时点商誉未发生减值。2×18年度，乙公司因其他债权投资公允价值变动产生的其他综合收益80万元，无其他所有者权益变动。

2×19年2月10日，甲公司收到丙公司2×18年业绩补偿款50万元。

（4）2×19年1月1日，甲公司向丁公司转让所持乙公司股权70%，转让价格为21 000万元，款项已经收到，并办理了股东变更登记手续。出售日，甲公司所持乙公司剩余10%股权的公允价值为3 000万元。转让乙公司70%股权后，甲公司不能对乙公司实施控制，也不能够对乙公司施加重大影响，将剩余划分为以公允价值计量且其变动计入当期损益的金融资产核算。

（5）其他相关资料：

甲公司与丙公司、丁公司于交易发生前无任何关联方关系。甲公司受让乙公司50%股权后，甲公司与乙公司无任何关联方交易。

乙公司按照净利润的10%计提法定盈余公积，不计提任意盈余公积。

不考虑相关税费及其他因素。

要求：

（1）计算甲公司2×18年度个别报表中受让乙公司50%股权后长期股权投资的初始投资成本，并编制与取得该股权相关的会计分录。

（2）计算甲公司2×18年度合并财务报表中因购买乙公司发生的合并成本及应列报的商誉。

（3）计算甲公司2×18年度合并财务报表中因购买乙公司50%股权应确认的投资收益。

（4）对于因乙公司2×18年未实现承诺利润及估计2×19年和2×20年不能实现承诺利润，说明甲公司应进行的会计处理及理由，并编制相关会计分录。

（5）根据资料（1）至（3）编制甲公司2×18年度合并资产负债表和合并利润表相关的调整及抵消分录。

（6）根据上述资料，计算甲公司2×19年度个别财务报表中因处置70%股权应确认的投资收益，并编制相关会计分录。

（7）根据上述资料，计算甲公司2×19年度合并财务报表中因处置70%股权应确认的投资收益。

（三）练习差错更正

甲公司为上市公司，该公司2×20年5月在对其2×19年度财务报表进行检查时，对以下交易或事项的会计处理提出疑问。

（1）2×19年4月1日，甲公司与乙公司签订合同，自乙公司购买ERP销售系统软件供其销售部门使用，合同价格3 000万元。因甲公司现金流量不足，按合同约定价款自合同签订之日起满1年后分3期支付，每年4月1日支付1 000万元。该软件取得后即达到预定用途。甲公司预计其使用寿命为5年，预计净残值为零，采用年限平均法摊销。

甲公司2×19年对上述交易或事项的会计处理如下：

借：无形资产　　　　3 000

贷：长期应付款　　　　3 000

借：销售费用　　　　450

贷：累计摊销　　　　450

（2）甲公司为了减少当年度亏损，2×19年1月1日，将其作为以公允价值计量且其变动计入其他综合收益的金融资产核算的一项股权投资重分类为以公允价值计量且其变动计入当期损益的金融资产，并作为会计政策变更处理。该以公允价值计量且其变动计入其他综合收益的金融资产为甲公司于2×17年6月份取得，投资成本为500万元，至2×18年年末已确认了其他综合收益1 400万元。2×19年年末，该股权投资的公允价值为4 900万元。

（3）甲公司生产销售的生物疫苗产品属于国家发改委指令计划内的产品，其零售价受到发改委的限制，2×19年甲公司因销售疫苗产品实际收取的价款为1 050万元，实际发生产品成本及费用1 250万元；本年年末自财政部门收到400万元拨款，用于补贴企业疫苗产品销售的亏损。甲公司将取得的400万元拨款作为与收益相关的政府补助计入其他收益。

（4）甲公司2×19年9月30日与丙公司签订一项不可撤销的销售合同，将其不再使用的厂房转让给丙公司。合同约定，厂房市场价格为960万元，处置该厂房将发生支出50万元。该厂房所有权的转移手续将于2×20年5月10日前办理完毕。甲公司厂房系2×16年9月达到预定可使用状态并投入使用，成本为1 500万元，预计使用年限为10年，预计净残值为0，采用年限平均法计提折旧，至2×19年9月30日签订销售合同时未计提减值准备。2×19年9月30日资产负债表中，“持有待售资产”项目的列报金额为1 050万元。

（5）2×19年12月31日，甲公司有以下尚未履行的合同：

2×19年2月，甲公司与丁公司签订一份不可撤销合同，约定在2×20年3月以每箱6万元的价格向丁公司销售1 000箱A产品；丁公司应预付定金500万元，若甲公司违约，双倍返还定金。2×19年12月31日，甲公司的库存中没有A产品及生产该产品所需原材料。因原材料价格大幅上涨，甲公司预计每箱A产品的生产成本为6.9万元。甲公司未进行会计处理。

假设按10%的比例计提法定盈余公积，不考虑相关税费及其他因素。

要求：根据上述资料，逐项判断甲公司会计处理是否正确；如不正确，编制更正有关会计差错的会计分录（有关会计差错更正按前期重要差错处理，不要求编制调整盈余公积的会计分录，涉及小数的保留两位小数）。

（四）练习长期股权投资和合并报表编报

甲公司是一家上市的股份有限公司，2×19年对乙公司股权投资有关资料如下：

（1）2×19年1月1日，甲公司以定向增发普通股股票的方式，从非关联方处取得了乙公司70%的股权，于同日通过产权交易所完成了该项股权转让手续，并完成了工商变更登记，取得股权后甲公司能够控制乙公司的生产经营决策。甲公司定向增发普通股股票5 000万股，每股面值为1元，每股市场价格为5元，甲公司另支付发行费用500万元。甲公司与乙公司适用的所得税税率分别为15%和25%，所得税均采用资产负债表债务法核算。

（2）乙公司2×19年1月1日（购买日）资产负债表有关项目信息列示如下：

股东权益总额为32 000万元。其中：股本为5 000万元，资本公积为25 000万元，盈余公积为200万元，未分配利润为1 800万元。

除一批存货外，乙公司其他资产、负债的公允价值与账面价值相等。该批存货的账面价值为10 000万元，经评估的公允价值为10 500万元。

（3）乙公司2×19年全年实现净利润2 500万元，当年提取盈余公积250万元，年末向股东宣告分配现金股利1 000万元，尚未支付。

2×19年11月10日，乙公司取得一项以公允价值计量且其变动计入其他综合收益的金融资产的成本为500万元，2×19年12月31日其公允价值为700万元。除上述事项外，无其他所有者权益变动。

（4）截至2×19年12月31日，购买日发生评估增值的存货当年已对外销售80%。

(5) 2×19 年，甲公司和乙公司内部交易和往来事项如下：

①2×19 年 7 月 10 日，乙公司将其原值为 250 万元，账面价值为 190 万元的某无形资产，以 212 万元（含增值税 12 万元）的价格出售给甲公司，该无形资产预计剩余使用年限为 5 年，无残值，甲公司和乙公司均采用直线法对其进行摊销，无形资产摊销计入管理费用。截至 2×19 年 12 月 31 日，乙公司尚未收到甲公司应支付的款项，乙公司对其计提坏账准备 10 万元。

②2×19 年 8 月 1 日，乙公司向甲公司销售一批商品，销售价格为 2 000 万元，增值税税额 260 万元（增值税税率 13%），商品销售成本为 1 400 万元，乙公司收到款项存入银行。甲公司购进该商品本期全部未实现对外销售，2×19 年年末，甲公司对剩余存货进行检查，发现该商品已经部分陈旧，其可变现净值已降至 1 840 万元。为此，甲公司期末对该存货计提存货跌价准备 160 万元，并在其个别财务报表中列示。

假定：

(1) 不考虑除增值税和所得税以外的其他相关税费。

(2) 不考虑现金流量表项目的抵消。

要求：

(1) 编制甲公司取得乙公司股权投资有关的会计分录。

(2) 计算合并商誉的金额。

(3) 编制 2×19 年 12 月 31 日合并财务报表中与调整乙公司存货相关的会计分录。

(4) 编制 2×19 年 12 月 31 日合并财务报表中将长期股权投资由成本法调整为权益法的会计分录。

(5) 编制 2×19 年 12 月 31 日合并财务报表中的相关抵消分录。

## 跨章节综合题参考答案及解析

### 一、计算分析题

(一)【答案】

(1) 分析判断甲公司和丙公司之间的资产交换是否属于非货币性资产交换。

对甲公司而言：

补价所占比重 = 收到补价公允价值 318/换出资产公允价值（1 100 + 400）= 21.2% < 25%，属于非货币性资产交换。

对丙公司而言：

补价所占比例 = 支付补价公允价值 318/[换出资产公允价值 1 300 + 支付补价公允价值 318] = 19.65% < 25%，属于非货币性资产交换。

(2) 编制甲公司有关业务的会计分录。

根据规定：收到补价的，以换出资产的公允价值，减去收到补价的公允价值，加上应支付的相关税费，作为换入资产的成本，换出资产的公允价值与其账面价值之间的差额计入当期损益。长期股权投资入账价值 = 换出资产公允价值（1 100 + 400）+ 应支付相关税费（销项 66 + 销项 52）- 收到补价公允价值 318 = 1 300（万元）。甲公司对非货币性资产交换账务处理如下：

借：固定资产清理　　450
　　累计折旧　　50
　　贷：固定资产　　500
借：应收票据　　318
　　长期股权投资　　1 300
　　累计摊销　　200
　　贷：无形资产　　1 200
　　　　固定资产清理　　450
　　　　资产转让损益
　　[(400 - 450) + (1 100 - 1 000)]50
　　　　应交税费——应交增值税（销项税额）
　　　　(400×13% + 1 100×6%)118

(3) 编制乙公司有关非货币性资产交换业务的会计分录。

根据规定：对于同时换入的多项资产，按照换入的金融资产以外的各项换入资产公允价值相对比例，将换出资产公允价值总额（涉及补价的，加上支付补价的公允价值或减去收到补价的公允价值）扣除换入金融资产公允价值后的净额进行分摊，以分摊至各项换入资产的金额，加上应支付的相关税费，作为各项换入资产的成本进行初始计量。对于同时换出的多项资产，将各项换出资产的公允价值与其账面价值之间的差额，在各项换出资产终止确认时计入当期损益。

换入无形资产和固定资产入账价值总额 = 换出资产公允价值 1 300 - 取得的进项税额

(66 + 52) + 支付补价的公允价值 318 = 1 500 (万元)

无形资产入账价值 = 1 500 × [1 100/(1 100 + 400)] = 1 100 (万元)

固定资产入账价值 = 1 500 × [400/(1 100 + 400)] = 400 (万元)

借：无形资产 1 100
　固定资产 400
　应交税费——应交增值税（进项税额） (66 + 52)118
　贷：长期股权投资 1 100
　　应收票据 320
　　投资收益
[(1 300 - 1 100) + (318 - 320)]198

(4) 根据资料 (2)，编制甲公司有关债务重组业务的会计分录。

根据规定：以多项资产清偿债务或者组合方式进行债务重组的，债权人应当首先按照金融工具准则的规定确认和计量受让的金融资产和重组债权，然后按照受让的金融资产以外的各项资产的公允价值比例，对放弃债权的公允价值扣除受让金融资产和重组债权确认金额后的净额进行分配，并以此为基础按照规定分别确定各项资产的成本。放弃债权的公允价值与账面价值之间的差额，应当计入投资收益。

抵债取得的库存商品入账价值 = 放弃债权公允价值 1 971 - 金融资产公允价值 (360 + 720) - 进项税额 91 = 800 (万元)。甲公司债务重组账务处理如下：

借：银行存款 360
　交易性金融资产——成本 720
　库存商品 400
　应交税费——应交增值税（进项税额） 91
　坏账准备 280
　投资收益(1 971 - 1 980) 9
　贷：应收账款 2 260

(5) 根据资料 (2)，编制乙公司有关债务重组业务的会计分录。

根据规定：以多项资产清偿债务或者组合方式进行债务重组的，债务人应当按照金融工具类准则规定确认和计量权益工具和重组债务，所清偿债务的账面价值与转让资产的账面价值以及权益工具和重组债务的确认金额之和的差额，应当计入其他收益或投资收益（仅涉及金融工具时）。乙公司债务重组的账务处理如下：

借：应付账款 2 260
　贷：银行存款 360
　　库存商品 650
　　应交税费——应交增值税（销项税额） (800 × 13%)91
　　交易性金融资产 660
　　其他收益 499

（二）【答案】

(1) 资料一，应转回递延所得税资产 30 万元。

理由：2 × 19 年年末保修期结束，不再预提保修费，本期支付保修费用 300 万元，冲减预计负债年初余额 200 万元，因期末不存在暂时性差异，需要转回原确认的递延所得税资产 30 万元 (200 × 15%)。

资料二，应确认递延所得税负债 3 000 万元。

理由：该投资性房地产的账面价值为 52 000 万元，计税基础为 40 000 万元，产生应纳税暂时性差异 12 000 万元，从而确认递延所得税负债 3 000 万元 (12 000 × 25%)。

资料三，应确认递延所得税资产 1 000 万元。

理由：该项与资产相关的政府补助不满足免税条件，递延收益账面价值为 4 000 万元，计税基础为 0，产生可抵扣暂时性差异 4 000 万元，从而确认递延所得税资产 1 000 万元 (4 000 × 25%)。

资料四，开发支出的计税基础 = 300 × 175% = 525 (万元)，与其账面价值 300 万元之间形成的可抵扣暂时性差异不确认递延所得税资产。

理由：该项交易不是企业合并，交易发生时既不影响会计利润，也不影响应纳税所得额，若确认递延所得税资产，违背历史成本计量属性。

(2) 资料 (2) 应直接计入所有者权益。

理由：将自用写字楼转换为公允价值模式计量的投资性房地产公允价值大于账面价值的差额计入其他综合收益，即投资性房地产账面价值大于计税基础的差额计入其他综合收益，因此确认的递延所得税负债应影响其他综合收益。

（3）甲公司2×19年度应交所得税=（9 200-200+4 000-200×75%）×15%=1 927.5（万元）。

借：所得税费用 957.5
　　递延所得税资产
　　　　（1 000-30）970
　　贷：应交税费——应交所得税
　　　　　　1 927.5

借：其他综合收益 3 000
　　贷：递延所得税负债 3 000

（4）

①购买日合并财务报表中应确认的递延所得税负债=（600-400）×25%=50（万元）。

②商誉=合并成本-购买日应享有被购买方可辨认净资产公允价值（考虑递延所得税后）的份额=21 000-（20 000+200-50）×100%=850（万元）。

（三）【答案】

（1）乙公司没有结算义务，个别财务报表中应作为权益结算股份支付核算。

2×20年1月1日，授予日不作会计处理。

2×20年12月31日：

借：管理费用
　　［100×（200-20-15）×15×1/3］82 500
　　贷：资本公积——其他资本公积
　　　　82 500

2×21年12月31日：

借：管理费用
　　［100×（200-20-10-10）×15×2/3-82 500］77 500
　　贷：资本公积——其他资本公积
　　　　77 500

2×22年12月31日：

借：管理费用
　　［100×（200-20-10-15）×15-82 500-77 500］72 500
　　贷：资本公积——其他资本公积
　　　　72 500

借：资本公积——其他资本公积
　　（82 500+77 500+72 500）232 500
　　贷：资本公积——股本溢价
　　　　232 500

（2）甲公司应将其作为以现金结算的股份支付核算。

2×20年1月1日，授予日不作会计处理。

2×20年12月31日：

借：长期股权投资
　　［100×（200-20-15）×12×1/3］66 000
　　贷：应付职工薪酬 66 000

2×21年12月31日：

借：长期股权投资
　　［100×（200-20-10-10）×15×2/3-66 000］94 000
　　贷：应付职工薪酬 94 000

2×21年12月31日：

借：长期股权投资
　　［100×（200-20-10-15）×18-66 000-94 000］119 000
　　贷：应付职工薪酬 119 000

借：应付职工薪酬 （66 000+94 000+119 000）279 000
　　管理费用 46 500
　　贷：银行存款 ［100×（200-20-10-15）×21］325 500

（3）2×20年1月1日，授予日不作会计处理。

2×20年12月31日：

借：资本公积 82 500
　　贷：长期股权投资 66 000
　　　　管理费用 16 500

2×21年12月31日：

借：资本公积
　　（82 500+77 500）160 000
　　管理费用 16 500
　　贷：长期股权投资
　　　　（66 000+94 000）160 000
　　　　年初未分配利润 16 500

2×21年12月31日：

借：资本公积 （82 500+77 500+72 500）232 500
　　管理费用 46 500
　　贷：长期股权投资
（66 000+94 000+119 000）279 000

（四）【答案】

（1）甲公司生产线建造工程借款费用的

资本化期间：2×19年1月1日借款费用开始资本化，2×20年3月31日借款费用停止资本化，其中：2×19年9月1日至2×19年12月31日期间借款费用暂停资本化。

理由：2×19年1月1日资产支出已经发生、借款费用已经发生、有关建造活动已经开始，符合借款费用开始资本化的条件；2×19年9月1日至12月31日期间因资金周转困难发生非正常中断且连续超过3个月，借款费用应暂停资本化；2×20年3月31日试生产出合格产品，生产线已达到预定可使用状态，借款费用应停止资本化。

（2）采用插值法计算实际利率，假设实际利率为6%，则该债券预计未来现金流量的现值=6 000×5%×（P/A，6%，3）+6 000×（P/F，6%，3）=300×2.6730+6 000×0.8396=5 839.5（万元），与该应付债券的初始入账金额相等，因此该债券的实际利率为6%。

发行债券的分录如下：

借：银行存款　　5 839.5

　　应付债券——利息调整　　160.5

　贷：应付债券——面值　　6 000

（3）2×19年专门借款利息资本化金额=5 839.5×6%×8/12－［（5 839.5－2 000）×0.5%×4+（5 839.5－2 000－3 200）×0.5%×3］=147.2（万元）；

2×19年专门借款利息费用化金额=5 839.5×6%×4/12=116.79（万元）。

一般借款平均资本化率=（4 000×6%+6 000×7%）/（4 000+6 000）×100%=6.6%，

2×19年一般借款利息资本化金额=（2 000+3 200+2 800－5 839.5）×1/12×6.6%=11.88（万元）；

2×19年一般借款利息费用化金额=（4 000×6%+6 000×7%）－11.88=648.12（万元）。

①2×19年累计支付8 000万元工程款。

借：在建工程　　8 000

　贷：银行存款　　8 000

②2×19年专门借款的会计处理。

借：在建工程　　147.2

　　财务费用　　116.79

　　应收利息（或银行存款）　　86.38

　贷：应付利息　　300

　　　应付债券——利息调整　　50.37

③2×19年一般借款的会计处理。

借：在建工程　　11.88

　　财务费用　　648.12

　贷：应付利息　　660

（4）2×20年第一季度专门借款利息资本化金额=（5 839.5+50.37）×6%×3/12=88.35（万元）。

2×20年第一季度一般借款平均资本化率=（4 000×6%×3/12+6 000×7%×3/12）/（4 000×3/3+6 000×3/3）×100%=1.65%，第一季度累计支出加权平均数=（2 000+3 200+2 800+2 400－5 839.5）×3/3=4 560.5（万元），第一季度一般借款利息支出资本化金额=4 560.5×1.65%=75.25（万元），2×20年第一季度一般借款利息费用化金额=（4 000×6%+6 000×7%）×3/12－75.25=89.75（万元）。

2×20年第一季度借款费用资本化金额=88.35+75.25=163.6（万元）。

①2×20年支付2 400万元工程款。

借：在建工程　　2 400

　贷：银行存款　　2 400

②2×20年第一季度专门借款的会计处理。

借：在建工程　　88.35

　贷：应付利息　　（6 000×5%×3/12）75

　　　应付债券——利息调整　　（88.35－75）13.35

③2×20年第一季度一般借款的会计处理。

借：在建工程　　75.25

　　财务费用　　89.75

　贷：应付利息　　165

（五）【答案】

（1）购入设备用于科研。

借：固定资产　　800

　贷：财政拨款收入　　800

同时，

借：事业支出　　800

　贷：财政拨款预算收入　　800

计提折旧时：

借：业务活动费用　　12

贷：固定资产累计折旧 12

（2）对外捐赠设备时。

借：固定资产累计折旧 62

资产处置费用 107.1

贷：固定资产——原值 169

银行存款 0.1

同时，

借：其他支出 0.1

贷：资金结存——货币资金 0.1

（3）采购试剂入库时。

借：库存物品 20

贷：零余额账户用款额度 20

同时，

借：事业支出 20

贷：资金结存——零余额账户用款额度 20

（4）发生研发支出时。

借：研发支出——研究支出 60

——开发支出 120

贷：库存物品 100

应付职工薪酬 80

支付工资时：

借：应付职工薪酬 80

贷：银行存款 80

同时，

借：事业支出 80

贷：资金结存——货币资金 80

期末，将研究支出转让当期费用：

借：业务活动费用 60

贷：研发支出——研究支出 60

申请专利权：

借：无形资产——专利权 123

贷：研发支出——开发支出 120

银行存款 3

同时，

借：事业支出 3

贷：资金结存——货币资金 3

每月摊销时：

借：业务活动费用 1.28

贷：无形资产累计摊销 1.28

（5）收到无偿拨入物资。

借：库存物品 30.24

贷：无偿调拨净资产 30

银行存款 0.24

同时，

借：其他支出 0.24

贷：资金结存——货币资金 0.24

## 二、综合题

（一）【答案】

（1）①甲公司对事项（1）会计处理不正确。

理由：应付利息和预计负债不同，每个资产负债表日账面价值不反映会计估计的变动，只要企业的合同义务没有全部或者部分解除，债务条款没有发生实质修改，就不能终止确认原来的债务。协议签订日期为2×20年2月20日，资产负债表日后期间签订的《罚息减免协议》是一项新发生的事件，该事件在资产负债表日尚未存在，不能作为报告年度资产负债表日后调整事项。

更正分录：

借：营业外支出 1 400

贷：应付利息 1 400

②甲公司对事项（2）的会计处理不正确。

理由：该售后租回中的资产转让不符合销售的条件，不能终止确认办公楼，应将收到的价款确认为金融负债。

更正分录：

借：固定资产 5 000

资产处置损益 1 200

贷：长期应付款 6 000

③甲公司对事项（3）会计处理不正确。

理由：甲公司与政府发生交易销售商品等日常经营活动相关的，且来源于政府的经济资源是企业商品对价的组成部分，应当按照《企业会计准则第14号——收入》的规定进行会计处理。

更正分录：

借：其他收益 6 000

贷：主营业务收入 6 000

④甲公司对事项（4）的会计处理不恰当。

理由：将商品房以低于其取得成本的价格向职工出售的属于职工福利，出售住房的合同中规定了职工在购得住房后至少应当提供服务的年限，甲公司应当将该项差额作为长期待摊费用处理，并在合同或协议规定的服务年限内平均摊销，计入管理费用。

2×19年应计入管理费用的金额=400÷5=80（万元）。

更正分录：

借：长期待摊费用 320

贷：管理费用 （400-80）320

（2）资料（5）中甲公司会计处理不恰当。

理由：赠送的A级保养卡可以视为一种销售奖励，该奖励以单独销售可取得的金额3 000元作为确认其公允价值的基础。在销售车辆的同时，应当将销售取得的货款在本次销售车辆产生的收入与奖励的公允价值之间进行分配，将取得的货款扣除奖励公允价值的部分确认为营业收入，奖励的公允价值确认为递延收益。获得奖励的消费者使用奖励时，应将所使用奖励相关的部分从递延收益转出确认为营业收入，相关的保养服务成本在发生时计入当期的营业成本。若消费者在1年期限届满时仍未使用该奖励，应将原计入递延收益的金额在期满之日确认为营业收入。

（3）资料（6）中甲公司的会计处理不恰当。

理由：尽管于2×19年年末交易未实施，但甲公司拟出售的资产在2×19年年末已满足划分为持有待售固定资产的条件。对于持有待售的固定资产，应在2×19年年末按账面价值与公允价值减去处置费用后的净额孰低进行计量，并在划分为持有待售时停止计提折旧。

处理意见：将固定资产转入持有待售资产，该项固定资产的预计净残值为其公允价值810万元减去处置费用30万元后的金额780万元，原账面价值800万元高于调整后预计净残值780万元的差额20万元，应在2×19年年末确认为资产减值损失计入当期损益。账务处理是：

借：持有待售资产 780

累计折旧 200

资产减值准备 20

贷：固定资产——原价 1 000

（二）【答案】

（1）甲公司2×18年度个别报表中受让乙公司50%股权后长期股权投资的初始投资成本=6 400+13 000=19 400（万元）。

借：长期股权投资 19 400

贷：长期股权投资——投资成本 5 500

——损益调整 800

——其他权益变动 100

股本 10 000

资本公积 3 000

借：管理费用 60

贷：银行存款 60

（2）合并成本=7 600+13 000=20 600（万元）；

商誉=20 600-20 000×80%=4 600（万元）。

（3）应确认的投资收益=（7 600-6 400）+100=1 300（万元）。

（4）甲公司应将预期可能取得的补偿款计入预期获得年度（2×18年）损益。

理由：该部分金额是企业合并交易中的或有对价，因不属于购买日12个月内可以对企业合并成本进行调整的因素，应当计入预期取得当期损益。

交易性金融资产公允价值=（600-500）×50%+（800-600）×50%+（1 000-700）×50%=300（万元）。

借：交易性金融资产 300

贷：公允价值变动损益 300

2×19年2月收到补偿款时：

借：银行存款 50

贷：交易性金融资产 50

（5）

借：无形资产 1 000

贷：资本公积 1 000

借：管理费用 100

贷：无形资产 100

借：长期股权投资

（7 600-6 400）1 200

贷：投资收益 1 200

借：资本公积 100

贷：投资收益 100

借：长期股权投资 384

贷：投资收益

［（500-100）×80%］320

其他综合收益

（80×80%）64

借：实收资本　　16 000
　　资本公积
　　　　（1 000 +100）1 100
　　其他综合收益　　80
　　盈余公积　（290 +50）340
　　未分配利润
　（2 610 +500 -100 -50）2 960
　　商誉　　4 600
　　贷：长期股权投资
　　　（19 400 +1 200 +384）20 984
　　　　少数股东权益　［（16 000 +
　　　　　1 100 +80 +340 +2 960）
　　　　　　×20%］4 096

借：投资收益　　320
　　少数股东损益　　80
　　年初未分配利润　　2 610
　　贷：提取盈余公积　　50
　　　　未分配利润　　2 960

（6）甲公司2×19年度个别财务报表中因处置70%股权应确认的投资收益 =（21 000 + 3 000）-19 400 +100 =4 700（万元）。

借：银行存款　　21 000
　　贷：长期股权投资
　　　　（19 400 ×7/8）16 975
　　　　投资收益　　4 025

借：资本公积　　100
　　贷：投资收益　　100

借：交易性金融资产　　3 000
　　贷：长期股权投资
　　　　（19 400 ×1/8）2 425
　　　　投资收益　　575

（7）甲公司2×19年度合并财务报表中因处置70%股权应确认的投资收益 =（21 000 + 3 000）-（20 000 +500 -100 +80）×80% - 4 600 +80 ×80% =3 080（万元）。

（三）【答案】

（1）资料（1），甲公司的会计处理不正确。

理由：购买无形资产的价款超过正常信用条件延期支付，实质上具有融资性质的，无形资产的成本以购买价款的现值为基础确定。

无形资产入账金额 =1 000 ×2.4869 = 2 486.9（万元）；

2×18 年无形资产摊销金额 =2 486.9 ÷ 5 ×9/12 =373.04（万元）；

2×18 年未确认融资费用摊销 =2 486.9 × 10% ×9/12 =186.52（万元）。

更正会计分录为：

借：未确认融资费用
　　（3 000 -2 486.9）513.1
　　贷：无形资产　　513.1

借：累计摊销
　　（450 -373.04）76.96
　　贷：以前年度损益调整——销售费用　　76.96

借：以前年度损益调整——财务费用
　　　　186.52
　　贷：未确认融资费用　　186.52

（2）资料（2），甲公司的会计处理不正确。

理由：企业划分为以公允价值计量且其变动计入其他综合收益的金融资产的股权投资不能因为减少亏损而重分类为以公允价值计量且其变动计入当期损益的金融资产。

更正会计分录为：

借：其他权益工具投资　　4 900
　　盈余公积　　140
　　利润分配——未分配利润
　　　　1 260
　　公允价值变动损益　　3 000
　　贷：交易性金融资产　　4 900
　　　　其他综合收益　　4 400

（3）事项（3），甲公司的会计处理不正确。

理由：企业与政府发生交易所取得的收入，如果是与企业销售商品等日常经营活动密切相关的，且来源于政府的经济资源是企业商品销售对价的组成部分，应当确认为营业收入。

更正会计分录为：

借：以前年度损益调整——其他收益
　　　　400
　　贷：以前年度损益调整——主营业务收入　　400

（4）资料（4），甲公司的列报金额不正确。

理由：对于持有待售的非流动资产，企业在初始计量时，如果持有待售的非流动资产的账面价值低于其公允价值减去出售费用后的净额，企业不需要对账面价值进行调整；

如果账面价值高于其公允价值减去出售费用后的净额，企业应当将账面价值减记至公允价值减去出售费用后的净额，减记的金额确认为资产减值损失，计入当期损益，同时计提持有待售资产减值准备。

甲公司该固定资产的公允价值减去处置费用后的净额 = 960 - 50 = 910（万元），2×19 年 9 月 30 日该固定资产的账面价值 = 1 500 - 1 500/10×3 = 1 050（万元），按照孰低原则计量，账面价值大于公允价值减去处置费用后的净额的差额 = 1 050 - 910 = 140（万元），应计提资产减值准备。

更正会计分录为：

借：以前年度损益调整——资产减值损失 140

贷：持有待售资产减值准备——固定资产 140

甲公司在资产负债表中"持有待售资产"项目的列报金额为 910 万元。

（5）资料（5），甲公司的会计处理不正确。

理由：待执行合同变成亏损合同时，企业拥有合同标的资产的，应当先对标的资产进行减值测试并按规定确认减值损失，如预计亏损超过该减值损失，应将超过部分确认为预计负债。无合同标的资产的，亏损合同相关义务满足预计负债确认条件时，应当确认为预计负债。预计负债的金额应是执行合同发生的损失和撤销合同发生的损失两者中的较低者。

执行合同发生的损失 = 1 000×（6.9 - 6）= 900（万元），不执行合同发生的损失为 500 万元（多返还的定金），应选项不执行合同，确认预计负债为 500 万元。

更正会计分录为：

借：以前年度损益调整——营业外支出 500

贷：预计负债 500

（四）【答案】

（1）甲公司取得乙公司股权投资有关的会计分录：

借：长期股权投资（5×5 000）25 000

贷：股本 5 000

资本公积——股本溢价 20 000

借：资本公积——股本溢价 500

贷：银行存款 500

（2）计算合并商誉的金额：

考虑递延所得税后的乙公司可辨认净资产公允价值 = 32 000 +（10 500 - 10 000）×（1 - 25%）= 32 375（万元）；

合并商誉 = 25 000 - 32 375×70% = 2 337.5（万元）。

（3）2×19 年 12 月 31 日合并财务报表中与调整乙公司存货相关的会计分录：

借：存货（10 500 - 10 000）500

贷：资本公积 500

借：资本公积（500×25%）125

贷：递延所得税负债 125

借：营业成本（500×80%）400

贷：存货 400

借：递延所得税负债（400×25%）100

贷：所得税费用 100

（4）乙公司按购买日公允价值调整后的净利润 = 2 500 -（10 500 - 10 000）×80%×（1 - 25%）= 2 200（万元）。

借：长期股权投资（2 200×70%）1 540

贷：投资收益 1 540

借：投资收益（1 000×70%）700

贷：长期股权投资 700

借：长期股权投资［（700 - 500）×（1 - 25%）×70%］105

贷：其他综合收益 105

调整后的长期股权投资的账面价值 = 25 000 + 1 540 - 700 + 105 = 25 945（万元）。

（5）①长期股权投资与子公司所有者权益抵消：

借：股本 5 000

资本公积（25 000 + 500 - 125）25 375

其他综合收益［（700 - 500）×（1 - 25%）］150

盈余公积（200 + 250）450

未分配利润（1 800 + 2 200 - 250 - 1 000）2 750

商誉 2 337.5

贷：长期股权投资 25 945

少数股东权益

[（5 000 +25 375 +150 +450 +2 750）×30%] 10 117.5

②投资收益与利润分配抵消：

借：投资收益

（2 200 ×70%）1 540

少数股东损益

（2 200 ×30%）660

年初未分配利润 1 800

贷：提取盈余公积 250

对所有者（或股东）的分配 1 000

年末未分配利润 2 750

③应收股利与应付股利的抵消：

借：其他应付款——应付股利

（1 000 ×70%）700

贷：其他应收款——应收股利 700

注：应付股利科目余额列入其他应付款列报；应收股利科目余额列入其他应收款列报。

④内部无形资产以及债权债务的抵消：

借：资产处置收益

[（212 －12） －180] 20

贷：无形资产 20

借：无形资产（20 ÷5 ×6/12）2

贷：管理费用 2

借：递延所得税资产

[（20 －2） ×15%] 2.7

贷：所得税费用 2.7

借：少数股东权益

[（20 －2 －2.7） ×30%] 4.59

贷：少数股东损益 4.59

借：应付账款 212

贷：应收账款 212

借：应收账款——坏账准备 10

贷：信用减值损失 10

借：所得税费用

（10 ×25%）2.5

贷：递延所得税资产 2.5

借：少数股东损益

[（10 －2.5） ×30%] 2.25

贷：少数股东权益 2.25

⑤内部存货的抵消：

借：营业收入 2 000

贷：营业成本 2 000

借：营业成本 600

贷：存货 600

借：存货——存货跌价准备 160

贷：资产减值损失 160

借：递延所得税资产 66

贷：所得税费用 66

【提示】

方法一：合并财务报表中账面价值为1 400 万元，计税基础为2 000 万元，应确认递延所得税资产＝（2 000 －1 400） ×15% ＝90（万元）；因个别财务报表中已确认递延所得税资产＝160 ×15% ＝24（万元），所以合并报表中调整金额＝90 －24 ＝66（万元）。

方法二：抵消分录存货贷方发生额与借方发生额的差额乘以所得税税率作为递延所得税资产的调整金额＝（600 －160）×15% ＝66（万元）。

借：少数股东权益

[（600 －160 －66） ×30%] 112.2

贷：少数股东损益 112.2